交通工程教学指导分委员会"十三五"规划教材
交通版高等学校交通工程专业规划教材
"十二五"江苏省高等学校重点教材(编号:2015-1-140)

JIAOTONG GUANLI YU KONGZHI
交通管理与控制

(第二版)

陈　峻　徐良杰　朱顺应
张国强　王　昊　李淑庆　编

徐建闽　主审

人民交通出版社股份有限公司
China Communications Press Co.,Ltd.

内容提要

本书在第一版的基础上进行修订，主要介绍如何在最小化改变既有交通基础设施条件下，运用交通法规或政策措施、工程设计规范和行业标准、交通信号控制方法等方面理论方法和工程技术，实现道路交通系统的安全、有序、通畅和可持续发展等目标。全书共12章，主要内容包括：交通需求管理和系统管理、交通管理法规及标志标线、机动车交通运行管理、慢行交通管理、停车交通管理、平面交叉口管理、单点交叉口信号控制基础、单点交叉口信号控制分析、干线交叉口信号协调控制、区域交叉口信号协调控制、高速公路交通管理与控制。

本书采用纸质与数字化教学资源相结合的形式进行制作，既可作为高等院校交通工程专业的必修课程教材，也可作为交通运输类相关专业选修课程教材，并可供从事专业交通运输规划与管理的工程技术人员参考使用。

图书在版编目(CIP)数据

交通管理与控制／陈峻等编．—2版．—北京：
人民交通出版社股份有限公司，2017.11
ISBN 978-7-114-14323-6

Ⅰ．①交… Ⅱ．①陈… Ⅲ．①公路运输—交通管理②公路运输—交通控制 Ⅳ．①U49

中国版本图书馆 CIP 数据核字(2017)第 278027 号

交通工程教学指导分委员会"十三五"规划教材
交通版高等学校交通工程专业规划教材
"十二五"江苏省高等学校重点教材

书　　名：	交通管理与控制（第二版）
著 作 者：	陈　峻　徐良杰　朱顺应　张国强　王　昊　李淑庆
责任编辑：	郭红蕊　崔　建
出版发行：	人民交通出版社股份有限公司
地　　址：	(100011)北京市朝阳区安定门外外馆斜街3号
网　　址：	http://www.ccpcl.com.cn
销售电话：	(010)59757973
总 经 销：	人民交通出版社股份有限公司发行部
经　　销：	各地新华书店
印　　刷：	北京科印技术咨询服务有限公司数码印刷分部
开　　本：	787×1092　1/16
印　　张：	24.75
字　　数：	561 千
版　　次：	2012年8月　第1版 2017年11月　第2版
印　　次：	2024年7月　第2版　第6次印刷　累计第9次印刷
书　　号：	ISBN 978-7-114-14323-6
印　　数：	23001—24000 册
定　　价：	45.00 元

(有印刷、装订质量问题的图书由本公司负责调换)

交通版高等学校交通工程专业规划教材
编审委员会

主 任 委 员：徐建闽（华南理工大学）
副主任委员：马健霄（南京林业大学）
　　　　　　王明生（石家庄铁道大学）
　　　　　　王建军（长安大学）
　　　　　　吴　芳（兰州交通大学）
　　　　　　李淑庆（重庆交通大学）
　　　　　　张卫华（合肥工业大学）
　　　　　　陈　峻（东南大学）
委　　　员：马昌喜（兰州交通大学）
　　　　　　王卫杰（南京工业大学）
　　　　　　龙科军（长沙理工大学）
　　　　　　朱成明（河南理工大学）
　　　　　　刘廷新（山东交通学院）
　　　　　　刘博航（石家庄铁道大学）
　　　　　　杜胜品（武汉科技大学）
　　　　　　郑长江（河海大学）
　　　　　　胡启洲（南京理工大学）
　　　　　　常玉林（江苏大学）
　　　　　　梁国华（长安大学）
　　　　　　蒋阳升（西南交通大学）
　　　　　　蒋惠园（武汉理工大学）
　　　　　　韩宝睿（南京林业大学）
　　　　　　靳　露（山东科技大学）
秘 书 长：张征宇（人民交通出版社股份有限公司）

（按姓氏笔画排序）

第二版前言

交通管理与控制是交通工程学的重要组成部分之一,主要研究如何在最小化改变既有交通基础设施条件下,通过交通法规或行政管理、工程技术、交通信号控制技术等方面的综合技术应用,实现交通系统的安全、有序、通畅和可持续发展等目标。

随着社会发展和科技进步,交通管理与控制的技术手段也在不断更新。本书在参考国内外优秀教材和著作成果的基础上,形成编写内容的主要特色包括:

(1)教材整体结合编写单位近年承担的国家自然科学基金项目、国家"863计划"、国家科技支撑计划、地方工程应用项目等多个科研项目所取得的成果,大幅度丰富了传统交通管理教材中的"交通需求管理、机动车行车管理、行人和自行车交通管理、停车交通管理、平面交叉口管理"等方面的内容,重点体现成熟理论方法和最新科研成果相结合。

(2)在交通管理部分,总结与融入了我国近年来最新颁布的与道路交通管理与控制相关的规范和技术标准,如2009年发布的《道路交通标志和标线》(GB 5768—2009)、《城市道路路内停车泊位设置规范》(GA/T 850—2009),2010年发布的《城市道路交叉口设计规程》(CJJ 152—2010)、《城市道路交叉口规划规范》(GB 50647—2011)等。同时结合大量国外参考文献,对相关规范和标准进行了补充,以保证读者能够结合最新的技术要求进行内容的学习。

(3)在交通控制部分,侧重增加与单点交叉口信号控制、干线交叉口协调控制相关的基本参数、基本理论的计算方法,并设计了大量的计算例题和课后习题,为学生基本知识的掌握和工程应用能力的强化提供帮助。

(4)针对本书中的重点、难点章节,制作了与之配套的数字教学资源(包括教学录像、辅助视频、三维动画三种形式),读者可通过扫描相应的二维码进行观看,辅助交通管理与控制相关理论方法与工程实践的深入理解。

本教材第二版的修订重点包括:

(1)更新和增加了教材中关键知识点的 PPT 文档等数字化教学资源,并配合教材在中国大学 MOOC 网站建设了在线开放课程,读者可通过浏览网站 http://www.icourse163.org/course/SEU-1001755394,或下载手机客户端进行学习和讨论交流。

(2)将近年来新出版和发布的城市道路交通标志标线设置规范、变向交通管理等学术专著文献资料融入教材内容的更新。

(3)在第2、第4等章中,对节的顺序进行适当调整和内容补充,知识点学习的顺序更为合理。

1

(4) 部分章节新增了课后探究型、研讨型习题设计,致力于综合培养学生相关能力。

(5) 对原教材中部分图表、例题进行了勘误。

本教材由陈峻担任主编,徐良杰、朱顺应、张国强、王昊、李淑庆担任副主编,6 所高校老师为主共同完成。编写分工如下:

第 1 章、第 5 章、第 12 章:陈峻(东南大学),李淑庆(重庆交通大学);

第 2 章:朱顺应(武汉理工大学);

第 3 章:陈峻(东南大学),袁黎(河海大学);

第 4 章:张国强(东南大学),白翰(山东交通学院);

第 6 章:陈峻(东南大学);

第 7 章:徐良杰(武汉理工大学),张国强(东南大学);

第 8 章、第 9 章:王昊(东南大学);

第 10 章:张国强(东南大学),徐良杰(武汉理工大学),吕斌(兰州交通大学);

第 11 章:徐良杰(武汉理工大学)。

本书在编写过程中,还得到了国内很多兄弟院校的支持和辛勤付出,在此表示诚挚的谢意!同时,教材编写中参考了国内外大量书籍、文献,这里谨向文献作者表示崇高的敬意和衷心的感谢!

本教材入选"十二五"江苏省高等学校重点教材、交通工程教学指导分委员会"十三五"规划教材,并得到"江苏高校品牌专业建设工程资助项目(PPZY2015B148,交通工程专业)"资助。

限于水平,书中难免存在错误和疏漏之处,敬请广大读者给予批评指正和意见反馈。编者邮箱:chenjun@seu.edu.cn,特此致谢!

编 者

2017 年 10 月

第一版前言

　　交通管理与控制是交通工程学的重要组成部分之一，主要研究如何在最小化改变既有交通基础设施条件下，通过交通法规或行政管理、工程技术、交通信号控制技术等方面的综合技术应用，实现交通系统的安全、有序、通畅和可持续发展等目标。

　　随着社会发展和科技进步，交通管理与控制的技术手段也在不断更新。本书在参考国内外优秀教材和著作成果的基础上，形成编写内容的主要特色包括：

　　(1) 教材整体结合编写单位近年承担的国家自然科学基金项目、国家"863 计划"、国家科技支撑计划、地方工程应用项目等多个科研项目所取得的成果，大幅度丰富了传统交通管理教材中的"交通需求管理、机动车行车管理、行人和自行车交通管理、停车交通管理、平面交叉口管理"等方面的内容，重点体现成熟理论方法和最新科研成果相结合。

　　(2) 在交通管理部分，总结与融入了我国近年来最新颁布的与道路交通管理与控制相关的规范和技术标准，如 2009 年发布的《道路交通标志和标线》(GB 5768—2009)、《城市道路路内停车泊位设置规范》(GA/T 850—2009)，2010 年发布的《城市道路交叉口设计规程》(CJJ 152—2010)、《城市道路交叉口规划规范》(GB 50647—2011) 等。同时结合大量国外参考文献，对相关规范和标准进行了补充，以保证读者能够结合最新的技术要求进行内容的学习。

　　(3) 在交通控制部分，侧重增加与单点交叉口信号控制、干线交叉口协调控制相关的基本参数、基本理论的计算方法，并设计了大量的计算例题和课后习题，为学生基本知识的掌握和工程应用能力的强化提供帮助。

　　(4) 针对本书中的重点、难点章节，制作了与之配套的数字教学资源（包括教学录像、辅助视频、三维动画三种形式），读者可通过扫描相应的二维码进行观看，辅助交通管理与控制相关理论方法与工程实践的深入理解。

　　本教材由陈峻担任主编，徐良杰、朱顺应、张国强、王昊、李淑庆担任副主编，6 所高校老师为主共同完成。编写分工如下：

　　第 1 章、第 5 章、第 12 章：陈峻（东南大学），李淑庆（重庆交通大学）；

　　第 2 章：朱顺应（武汉理工大学）；

　　第 3 章：陈峻（东南大学），袁黎（河海大学）；

　　第 4 章：张国强（东南大学），白翰（山东交通学院）；

　　第 6 章：陈峻（东南大学）；

　　第 7 章：徐良杰（武汉理工大学），张国强（东南大学）；

第8章、第9章:王昊(东南大学);

第10章:张国强(东南大学),徐良杰(武汉理工大学),吕斌(兰州交通大学);

第11章:徐良杰(武汉理工大学)。

本书在编写过程中,还得到了国内很多兄弟院校的支持和辛勤付出,在此表示诚挚的谢意!同时,教材编写中参考了国内外大量书籍、文献,这里谨向文献作者表示崇高的敬意和衷心的感谢!

限于水平,书中难免存在错误和疏漏之处,敬请广大读者给予批评指正和意见反馈。编者邮箱:chenjun@seu.edu.cn,特此致谢!

编 者

2012年5月

目 录

第1章　绪论 ··· 1
1.1　交通管理与控制的概念、目的与作用 ······································ 1
1.2　交通管理与控制的主要内容与重点 ·· 2
1.3　交通管理与控制的演变与发展 ··· 3
1.4　交通管理与控制的主要原则 ·· 4
习题及思考题 ·· 6
本章参考文献 ·· 7

第2章　交通需求管理和系统管理 ··· 8
2.1　交通需求管理的含义、目的及意义 ·· 8
2.2　交通需求管理策略 ··· 9
2.3　交通需求管理规划 ·· 17
2.4　交通需求管理计划 ·· 20
2.5　交通需求管理与公众参与 ··· 29
2.6　交通需求管理的实施保障 ··· 35
2.7　交通系统管理 ··· 37
2.8　交通管理效果评价 ·· 40
习题及思考题 ·· 45
本章参考文献 ·· 46

第3章　交通管理法规及标志标线 ·· 48
3.1　全局性管理与局部性管理 ··· 48
3.2　交通法规及其内容 ·· 48
3.3　道路交通标志和标线 ··· 50
3.4　其他交通管理设施 ·· 66
习题及思考题 ·· 70
本章参考文献 ·· 70

第4章　机动车交通运行管理 ·· 71
4.1　道路的主要功能及分类 ·· 71
4.2　机动车速管理 ··· 73

1

4.3　机动车运行方向管理 ··· 77
　　4.4　机动车道交通管理 ·· 85
　　4.5　常规公共交通优先通行管理 ··· 92
　　习题及思考题 ·· 107
　　本章参考文献 ·· 109

第5章　慢行交通管理 ·· 110
　　5.1　步行交通管理 ·· 110
　　5.2　自行车交通管理 ·· 127
　　习题及思考题 ·· 142
　　本章参考文献 ·· 143

第6章　停车交通管理 ·· 144
　　6.1　停车设施类型划分及特征指标 ··· 144
　　6.2　机动车停车设施供需平衡管理方法 ································· 149
　　6.3　机动车路内停车设施管理方法 ··· 155
　　6.4　路外停车设施交通管理方法 ··· 162
　　6.5　机动车停车设施的信息化管理 ··· 166
　　习题及思考题 ·· 175
　　本章参考文献 ·· 175

第7章　平面交叉口管理 ·· 177
　　7.1　平面交叉口的类型划分及交通管理原则 ························· 177
　　7.2　平面交叉口功能区界定 ·· 185
　　7.3　平面交叉口渠化方法 ·· 189
　　习题及思考题 ·· 199
　　本章参考文献 ·· 201

第8章　单点交叉口信号控制基础 ·· 202
　　8.1　单点交叉口信号控制基本要求 ··· 202
　　8.2　单点交叉口的基本信号控制设计 ····································· 213
　　8.3　单点交叉口早启迟断式信号控制 ····································· 235
　　8.4　单点交叉口感应式信号控制 ··· 241
　　8.5　其他类型信号交叉口 ·· 253
　　习题及思考题 ·· 263
　　本章参考文献 ·· 265

第9章　单点交叉口信号控制分析 ·· 266
　　9.1　复杂的饱和流率分析 ·· 266
　　9.2　通行能力分析 ·· 275
　　9.3　延误分析与服务水平 ·· 275
　　9.4　主要信号控制设计参数的测量方法 ································· 283
　　习题及思考题 ·· 288

本章参考文献 ……………………………………………………………… 288

第10章 干线交叉口信号协调控制 ………………………………………… 289
10.1 基本概念 ……………………………………………………………… 289
10.2 协调控制的理想时差 ………………………………………………… 293
10.3 单向行驶道路的协调控制 …………………………………………… 294
10.4 双向行驶道路和道路网络协调控制 ………………………………… 300
10.5 带宽的概念及最大带宽 ……………………………………………… 305
10.6 协调控制的方式选择策略 …………………………………………… 308
10.7 双向协调控制系统时差的确定方法 ………………………………… 316
习题及思考题 ……………………………………………………………… 321
本章参考文献 ……………………………………………………………… 323

第11章 区域交叉口信号协调控制 ………………………………………… 324
11.1 区域信号控制基本原理 ……………………………………………… 324
11.2 典型定时式脱机控制系统——TRANSYT系统 …………………… 330
11.3 典型方案选择式区域协调控制系统——SCATS系统 …………… 336
11.4 典型方案生成式区域协调控制系统——SCOOT系统 …………… 342
11.5 集方案生成和方案选择于一体的区域协调控制系统——ACTRA控制系统 … 348
习题及思考题 ……………………………………………………………… 350
本章参考文献 ……………………………………………………………… 350

第12章 高速公路交通管理与控制 ………………………………………… 351
12.1 高速公路交通管理与控制的主要内容 ……………………………… 351
12.2 高速公路交通管理与控制方法 ……………………………………… 357
习题及思考题 ……………………………………………………………… 374
本章参考文献 ……………………………………………………………… 375

附录 本书配套数字教学资源 ……………………………………………… 376

第1章 绪 论

1.1 交通管理与控制的概念、目的与作用

PPT

1.1.1 概念

交通管理是根据有关交通法规和政策措施,采用交通工程科学与技术,对交通系统中的人、车、路和环境进行管理,特别是对交通流合理地引导、限制和组织,以保障交通安全、有序、畅通、舒适、高效。

交通控制是运用各种控制软硬设备,如人工、交通信号、电子计算机、可变标志等手段来合理地指挥和控制交通。

从宏观上讲,交通管理包含了交通控制的内容,交通控制是交通管理的某一表现方式。因此,交通管理与交通控制是一个有机体。

1.1.2 目的

交通管理与控制的目的在于认识并遵守道路交通流所固有的客观规律,运用现代化的技术手段和科学的原则、方法、措施,不断地提高交通管理与控制的效率和质量,以求得交通安全性更高、延误更少、运行时间更短、通行能力更大、秩序更好和运行费用更低,从而获得最好的社会与经济、交通与环境效益,为国民经济发展、人民生活水平与出行质量的提高服务,使交通运输达到安全、有序、畅通与高效。

1.1.3 作用

提高交通参与者的交通意识与素质、加快交通基础设施建设和提高交通管理与控制水平,是解决我国交通问题的根本途径,单纯的道路建设不仅不能根本解决交通问题,反而会刺激吸引交通流,加剧交通流的盲目增长,使交通问题与矛盾更加尖锐。交通管理与控制的作用主要体现在:第一,科学合理的交通管理与控制能挖掘现有道路设施的潜力,提高道路使用效率,充分发挥其通行能力;第二,通过交通管理与控制能协调解决路少、车多、人多、交通拥塞、公害严重的矛盾;第三,交通管理与控制具有指导作用,先进的交通管理与控制理念能引导合理的交通需求,指导交通基础设施的建设与发展;第四,实施交通管理与控制需要

的投入较少,但效率又高,因此社会效益与经济效益都很好。总之,交通管理与控制是实现交通运输的基本条件,再好的交通基础设施,没有交通管理与控制也不能高效发挥其作用[1]。

1.2 交通管理与控制的主要内容与重点

交通是人类社会经济活动的纽带,对城市和区域经济发展、人民生活水平的提高起着极为重要的作用。然而近年来,随着我国国民经济的高速发展,以及城市化、机动化进程的快速推进,道路交通需求急剧增长,由此而产生的交通拥堵、交通事故、环境污染、资源与能源消耗等问题也日益突出,迫切需要交通工程学等学科研究提出解决这些问题的理论、措施与方法。

产生交通问题的深层次原因是交通需求与设施供给的不平衡,以及交通流运行状态的不稳定。从交通工程学的基本原理解决上述问题,重点是通过降低道路交通负荷,使交通设施服务能力能够适应交通需求的增长和变化规律。主要包括以下3个方面:

(1)道路交通基础设施建设。通过新增或改建交通基础设施以提升交通供给容量,达到降低交通负荷的目的。通过道路基础设施建设解决交通问题往往是交通决策部门首选的措施,也是交通规划相关课程研究的重点。但是,道路交通基础设施建设往往投资巨大(如新建城市干道需投入0.5亿~1.0亿元/km,修建地铁需花费4.0亿~8.0亿元/km),建设周期很长。而且相对交通需求的动态变化而言,基础设施基本建设完善后相对稳定,通过再建设施所能够增加的网络运输效率相对降低,并可能会刺激潜在交通需求的进一步增加[2]。

(2)交通管理与控制。作为交通工程学的重要分支,交通管理与控制的侧重点是结合交通需求的变化规律,在最小化改变既有交通基础设施条件下,通过交通法规或行政管理、工程技术管理、交通信号控制技术等方面的综合技术应用,实现交通系统的安全、有序、通畅和可持续发展等目标。其主要途径包括:①通过削减交通需求总量、优化交通出行方式结构等措施提高交通需求的合理性,减少交通流量(特别是个体机动车交通流量);②通过对交通系统的运行组织、引导和控制,实现交通流在时间、空间上的均衡分布,均匀交通负荷,提高道路交通资源供给的有效性,缓解交通压力。上述内容是本课程的研究重点,如图1-2-1所示。

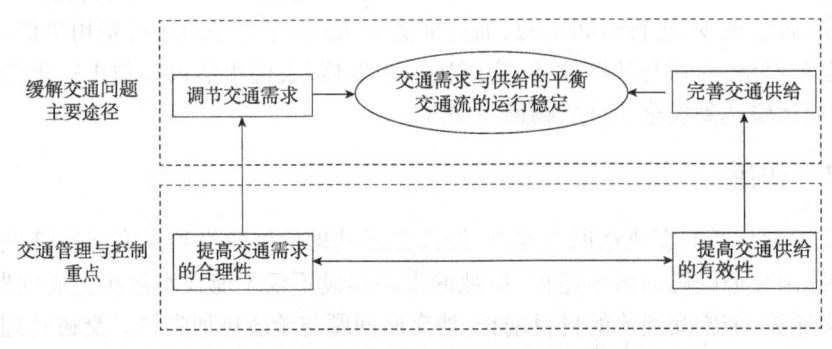

图1-2-1 交通管理与控制的重点及其与交通系统优化的关系

(3)交通设计。它以交通安全、通畅、高效、便利及其与环境的协调为目的,优化现有和未来交通系统及其设施的建设。它既贯穿于交通规划和交通管理与控制之中,又是交通规划与管理控制相衔接的必要环节。交通管理与控制方案只有通过必要的交通设计方能体现其真正的价值[3]。

现代交通工程学的理念中,交通管理与控制对于交通规划和交通设计都具有积极的相互反馈作用,宏观的交通规划和微观的交通管理之间的相互渗透、融会贯通是发展的必然趋势。

1.3 交通管理与控制的演变与发展

交通管理与控制的研究,随车辆与道路交通的发展而产生。随着社会及汽车工业的发展,交通管理与控制的目的与技术措施也在不断变化。初期的交通管理,其目的是保障交通安全。随着车辆数量的增加,道路上出现了车辆拥挤、阻塞的现象,因此,在保障交通安全的基础上,还要求交通管理与控制达到疏导交通、保障交通畅通的目的。在采取各种疏导措施之后,车辆仍然不断增长,交通拥挤、阻塞现象日趋严重,而道路交通基础设施的建设速度总是跟不上车辆的增长速度,由此产生了交通需求管理方法,来减少道路上的汽车交通量的需求。随着信息化与智能技术的发展,智能化交通管理应运而生。

总结交通管理与控制的发展历程,大体上可分为以下 4 个阶段[4,5]:

(1)第一阶段,交通管理的产生与传统交通管理(Traditional Traffic Management,简称TTM)。汽车交通出现初期,交通问题主要体现为交通事故的预防。治理交通的目标,在交通建设上,是建设适合汽车行驶的道路;在交通管理上,主要是克服因机动化快速交通的出现而引起的频繁交通事故,保障交通安全。采取的管理措施,主要是针对性的分道行驶、限制车速、在交叉口上指挥相交车辆运行,避免发生冲突等。

随着汽车交通总量的增长,交通拥堵逐渐成为主要交通问题,治理交通的目标,主要是在交通建设上,增建道路以满足汽车交通需求的增长;在交通管理上,除交通安全外,最直接的目标是缓解交通拥堵、疏导交通,需要提高道路交通的通行效率,由此出现了如单向交通、变向交通、交叉口信号控制等措施,形成以"按需增供"为主要特点的传统交通管理方法。

传统交通管理的特点是:一般针对局部交通问题进行治理,或采用单一的交通治理措施,短期效果明显,但是交通问题容易向其他方向转移。

(2)第二阶段,交通系统管理(Traffic System Management,简称 TSM)。进入 20 世纪 70 年代,由于社会对环境保护的重视,加上土地资源的限制、石油危机以及当时的财政状况等因素;同时,科学技术上,系统工程、计算机技术的发展,给交通管理与控制提供了强大的技术支持。在这些社会、科技背景下,治理交通问题的理念从增建道路满足交通需求转向以提高现有道路交通效率为主,即从"按需增供"的传统交通管理方法变为"按需管供"的交通系统管理方法。

交通系统管理的特点是:将人、车、路、环境作为一个统一体,从系统角度探求使现有交通发挥最优效益的交通问题综合治理方案,从而避免交通问题的转移。

(3)第三阶段,交通需求管理(Traffic Demand Management,简称 TDM)。20 世纪 70 年代末,在汽车交通需求不断增长的情况下,人们在治理交通的实践中逐步认识到,仅仅通过增建道路、提高道路交通效率永远满足不了交通需求的增长,反而会刺激潜在交通需求,并增加交通污染的严重程度。因此,逐步形成并提出了"交通需求管理"的理念与方法。这是在交通治理观念上的一次重要变革:从历来由增建道路来满足交通需求的增长转变为对交通需求加以管理,降低需求总量和优化出行结构,以适应已有道路交通设施能够容纳的程度,即改"按需增供""按需管供"为"按供管需",达到交通可持续发展的目的。

交通需求管理的特点是:在基本不增加交通供给的情况下,减少交通需求,使交通供求平衡,从而解决交通问题。

(4)第四阶段,智能化交通管理(Intelligent Transportation System,简称ITS)。20世纪80年代后期,随着信息技术、人工智能技术、计算机及通信技术的发展,在70年代研究"自适应交通信号控制系统"与"路线导行系统"的基础上,逐步扩展成智能交通运输系统的研究。到90年代,"智能交通运输系统"已成为各交通发达国家交通科研、技术与产品市场竞争的热点。"智能交通运输系统"将成为21世纪现代化地面交通运输体系的模式和发展方向,是交通进入信息时代的重要标志。

智能化交通管理的特点是:在基本不进行交通基础设施建设的同时,采用高新技术,增加交通供给能力来满足交通需求,使交通供求平衡,以解决交通问题。

进入21世纪以来,人们逐步认识到,交通管理不能仅满足当代人的交通需求,还应当不危及后代人满足其交通需求的能力,因此,又提出了可持续交通发展的理念。2004年,世界可持续发展工商理事会可持续交通研究课题组的研究报告《2030年交通:应对可持续的挑战》认为,可持续交通就是既要能够满足不损害当前和未来基本的人类和生态价值的基本要求,又要满足自由交通、获取机会、沟通交往、贸易和建立联系的社会需求。为了使交通能够可持续发展,交通管理不仅要着眼于当代,也要着眼于未来。要以先进的科学技术为基础,在资源合理利用和生态环境保护的思想指导下,既要提高交通系统利用效率和服务水平,又要兼顾交通公平,提供人人平等地享受交通的机会,在经济合理地满足当前社会发展需求的同时,为整个社会的可持续发展提供保证。

1.4 交通管理与控制的主要原则

交通管理与控制的原则随其要达到的主要目的而不断发展变化,主要包括分离、限速、疏导、节源等方面。

PPT

1.4.1 分离原则

车辆出现之初,为避免车辆与行人以及不同方向的行车发生冲突,就很自然地产生了应该人、车分道和分方向行车的极其朴素的管理原则,这就是分离原则。它是维护交通秩序、保障交通安全的一条基本原则。这条原则不但用在交通管理上,还广泛应用在交通规划、道路设计与交通设施设计上。随着交通量的不断增长,这条原则的内涵也在不断地扩展。初始的分离原则,只是道路平面上的分离,"各行其道"就体现了这种分离原则。在出现了高速度的汽车交通之后,跟着出现了机动车与非机动车分离和快慢车辆分离的要求;交叉口上无法平面分离的交通冲突的发展,导致了在交叉口上行驶方向的分离和通行时间的分离;交通量的发展,又出现了立体交叉的空间分离。

从行驶方向和通行时间的分离,又派生出通行权与先行权的概念。通行权的基本含义是指在平面分离上，车辆、行人按规定在其各自的道路上有通行的权利；在时间分离上，车辆、行人按交通信号、标志或交通警指挥指定在其通行的时间内有通行的权利。

先行权是指各种车辆或行人在指定平面和时间内共同有通行权的前提下，对车辆、行人在通行先后次序上确定优先通行的权利。它包括两方面的含义：

（1）按平面分离原则，在指定道路上有通行权的车辆和行人当然有先行权，临时因故变换车道、借道通行或进入、穿过者不得妨碍其先行权。

（2）按时间分离原则，在指定平面、时间内，对共同拥有通行权的双方，必须规定一方有先行权。譬如在两相位信号控制的交叉口上，东西方向绿灯时间内，西向东直行车和东向南左转车都有通行权，这时就要规定直行车有先行权，左转车不得妨碍直行车的先行权，以避免冲突。

相应于分离原则的方法有：规定一切车辆靠右侧行驶，方向隔离，车道隔离，用信号灯控制交叉口，无信号灯的交叉口上用停车让行标志或减速让行标志控制，划定人行横道等。

1.4.2 限速原则

高速行驶的汽车出现之后，非机动车与行人的安全受到汽车的严重威胁。一开始，英国就有所谓"红旗法"来限制汽车的行驶速度。在汽车发展初期，"红旗法"虽因遭反对而取消，但以后在交通事故多发的危险路段仍想到用限速来预防交通事故。高速道路出现以后，也有用最高限速与最低限速的规定来保障交通安全的做法。在石油危机年代，以限速来节约燃油消耗。特别是近年来的研究发现，驾驶员的视觉反应，随车速提高而变得迟钝。统计表明：原联邦德国在石油危机时，车速限制从 100km/h 降至 80km/h，交通死亡事故下降了 22%；石油危机后，车速限制恢复到 100km/h，交通死亡事故上升了 12%。英国车速从 105km/h 限制至 80km/h 时，交通受伤事故减少了 10%；车速限制从 80km/h 提高到 105km/h 时，死亡和重伤事故增加了 7%。芬兰、瑞典等国也有类似统计。

相应于这条原则，各国交通法规中都列有按道路条件及恶劣气候条件下限制最高车速的规定。在事故多发地段，多采取限制车速的措施以避免事故的发生。为提高干线协调控制或网络信号控制的效果，往往也规定行驶车速。

1.4.3 疏导原则

随着车辆数量的增长，道路上的交通量也在不断地增长，道路上的交通拥挤、阻塞及交通事故也随之增加，分离、限速的方法已不能像在通常流量情况下取得较好的效果。因此，在交通管理与控制上出现了新的思路：从着眼于局部扩展到着眼于整个道路系统，在整个道路系统上来疏导交通，以充分发挥原有道路的通车效率。一段时期内出现了很多按疏导原则制订的交通管理与控制措施，如单向交通、变向车道、专用道、过境交通路线、增加交叉口进口道、改善交叉口渠化设计、关键交叉口上禁止左转、禁止任意停车、自行车道系统及步行系统等。还有些社会性措施，如弹性工作时间、分区轮休日等。

1.4.4 节源原则

从交通"供求"关系上分析，交通的"供应"总是无法满足交通增长的"需求"。节源原则从

单纯着眼于提高交通"供应"转到着眼于降低交通"需求",与之对应的一些管理控制方法如下:

(1)转变居民出行方式。发展轨道交通,实施公共交通优先政策与技术,包括公共交通专用车道、公共交通专用道路、公共交通优先信号控制等,以及各式换乘系统,提高公共交通的服务水平,吸引人们少用私车,多用公交车。

(2)发展合乘系统。包括合乘车优先车道、合乘车免收过路费、过桥费、停车费等,鼓励多人合乘,以减少路上的汽车交通量。

(3)限制私人车辆或其他车种进入交通紧张地区。

(4)停存车管理等。

节源原则的措施,涉及交通政策、税收政策、城市规划、交通系统布局等各个方面。

1.4.5 均衡原则

交通流是一种网络流。均衡原则是均衡路网上的交通流,在空间上均衡交通流的分布,在时间上均衡交通网络的利用。在一定时间段内,一个城市或一个区域的交通状况一般不可能全面拥堵,往往会出现部分路段或交叉口拥堵,而其他路段与交叉口相对畅通的状况。这是由于交通需求集中与交通流分布不均导致的,这时可均衡布局调整交通需求,采用交通诱导的交通管理措施,诱导交通流流向比较畅通的路段,从而疏通拥堵路段,达到区域交通流均衡,片区或城市总体畅通的目的[6]。

1.4.6 可持续发展原则

随着人们对保护生态环境及自然资源认识的提高,提出了要建设可持续发展社会的理念后,人们从汽车交通对生态环境及消耗燃油与土地资源的危害中,认识到汽车交通是一种不可持续发展的交通方式。于是,提出了在交通建设与管理上,必须改变过去"以车为本"的为汽车建路与管理交通的传统观念,建立为运人运货而建路与管理交通的"以人为本"的观念。必须以改善运人运货的条件与提高运人运货的效率为目的来建路与管理交通,以减少道路汽车交通的出行量、降低汽车交通对生态环境的危害及对燃油、土地等紧缺自然资源的损耗,使交通也能符合建设可持续发展社会的要求。

(1)在交通发展战略上,要明确发展绿色交通与大容量交通。

(2)在建设方针与技术措施上,要落实"公交优先"的政策,采取各种有利于减少汽车交通量的交通需求管理措施。

(3)在路权分配程序上,首先要安排大容量公交车辆的路权与通行权,其次是安排行人与绿色交通工具的路权与通行权,然后再安排小轿车的路权。

(4)在交通管理上,首先要保障公交车辆及其乘客、绿色交通工具与行人的安全、方便与畅通。

习题及思考题

1. 交通管理与控制解决交通问题的侧重点是什么?
2. 现代交通管理的目的是什么?
3. 交通管理与控制的主要原则有哪些?简述各种原则的侧重点。

4. 结合主要原则的学习,选择日常生活中的某种交通现象,分析存在的主要交通管理问题,提出解决问题的初步思路。

本章参考文献

[1] 王炜,等. 交通工程学[M]. 2版. 南京:东南大学出版社,2011.
[2] 王炜,等. 交通规划[M]. 北京:人民交通出版社,2008.
[3] 杨晓光,等. 交通设计[M]. 北京:人民交通出版社,2010.
[4] 徐建闽. 交通管理与控制[M]. 北京:人民交通出版社,2007.
[5] 吴兵,李晔. 交通管理与控制[M]. 4版. 北京:人民交通出版社,2009.
[6] 李淑庆. 交通工程导论[M]. 北京:人民交通出版社,2010.

第2章　交通需求管理和系统管理

　　交通管理的目标是实现人和物的高效、有序和安全的移动。随着社会经济的发展和交通问题的演化，交通管理的方法和措施也在不断丰富。从交通管理的发展阶段看，大致形成两类主要理念：一是交通需求管理，侧重交通"源"的管理，通过影响出行者的行为，达到减少或重新分配各种交通出行对空间和时间需求的目的；二是交通系统管理，侧重交通"流"的管理，对已经发生的交通流进行合理引导和管制，均匀交通负荷，提高系统运输效率。本章重点介绍交通需求管理的规划、计划、公众参与、评价方法和实施保障相关内容，并简要说明交通系统管理的特点、措施及工作过程，其他系统管理方法将分别在后续章节进行具体解释。

2.1　交通需求管理的含义、目的及意义

2.1.1　交通需求管理的含义

　　对于交通需求管理，国内外目前还没有一个统一的定义，其英文的表述主要有 Transportation Demand Management、Traffic Demand Management 和 Travel Demand Management 3 种。目前提法较多的是 Transportation Demand Management，英文缩写为 TDM。国内外许多交通工程专家，结合各自研究内容对其进行了不同的定义。

　　美国联邦公路管理局和公共交通管理局定义为：通过增加车辆的占有率或者通过影响出行的时间和需要，使运输系统运送旅客的能力达到最大[1]。

　　加拿大维多利亚运输政策研究所出版的《交通需求百科全书》[2]定义为：采取多方面的策略改变人的出行行为（出行的时间地点和交通方式），以增加交通系统的效率，实现具体的规划目标。

　　澳大利亚交通工程专家 R・T・Underwood，Hardstedtet 认为：交通需求管理是一种缓和交通增长和减少交通拥挤的负面效应的方法，同时提出了交通需求管理的一些具体措施，包括减少出行需要、改变出行方式、避免交通高峰、鼓励更有效地使用可得到的道路条件，以便车辆在高峰期间放弃出行[3]。

　　国内一些学者将交通需求管理定义为：在满足资源（土地、能源）和环境容量限制条件下，政府运用土地利用规划、经济杠杆、政策、法规和信息发布等交通行为控制方法，对交通需求总量、出行方式及时空分布进行科学的控制与调节，从而使供需达到相对平衡，保证城市交通系统的可持续发展[4,5]。

综合以上交通需求管理含义,交通需求管理就是根据交通出行产生的内在动力,出行过程中所表现出来的时空消耗特性,通过各种政策、法令、现代化信息系统、合理开发土地使用等对交通需求进行管理、控制、限制或诱导,减少出行的发生,降低出行过程中时空消耗,诱导交通流避开拥挤路径,建立平衡可达的交通系统。

2.1.2 交通需求管理的目的

交通需求管理的目的是在适度的交通建设规模下,控制交通需求总量,削减不合理交通需求,保证交通系统有效运行,让客货出行迅速、安全地到达目的地,缓解交通拥挤,改善城市生态环境和生活环境质量,保持城市健康有序发展。具体来说,现代交通需求管理目的主要包括以下 4 个方面[6]:

(1)适度控制城市小汽车出行总量,鼓励出行者采取对社会更加有效的交通行为,引导机动车出行者合理使用有限的道路资源,使道路交通设施发挥最佳效能,从而缓解由交通供给不足带来的交通供需之间的矛盾。

(2)通过政策和管理手段合理配置各类交通方式的用户属性,从全局优化、可持续发展角度引导出行者的方式选择行为,在满足运输需求与服务质量的前提下,努力实现区域内合理的交通系统结构目标。

(3)通过各种途径和手段,综合系统地规划用地性质、类型和强度,减少跨区的长距离出行,对交通敏感地区严格控制土地开发类型和用地强度,适度控制或减少拥挤区域内交通发生源和交通吸引源。

(4)促进城市与区域用地的合理化,并协调城市用地规划和城市交通设施之间的矛盾,为区域总体规划目标的实现和经济发展提供基础。

2.1.3 交通需求管理的意义

交通需求管理作为城市交通系统管理的一个重要内容,对解决交通事故、交通拥挤、交通能源消耗和环境污染等城市交通问题起到了积极作用。交通需求管理研究的目的,并不是限制人们出行,而是在有限的交通路网上如何让客货迅速、安全地到达目的地,以及在出行过程中如何以尽可能少的时空消耗完成出行目的,从而缓解交通拥挤,改善环境质量,减小交通建设规模,节约能源、土地、资金,解决供需矛盾。TDM 研究也为规划建设、管理一体化研究、建立交通规划新理论体系打下基础。对我国城市而言,由于人口密集、用地紧张、资金短缺、交通拥挤混乱等原因,迅速开展 TDM 技术研究并将其及时推广应用,有着极大的理论意义和深远的现实意义。

2.2 交通需求管理策略

2.2.1 交通需求管理原则

交通需求管理如同双刃剑,实施得当能促进城市经济的发展、交通的流畅;实施不当会对城市经济产生不良的影响[7]。因此,在实施过程中应当遵循以下原则。

PPT

1) 公平合理原则

交通是为了满足全体市民的出行需要，必须体现公平的原则。不仅要改善少数人出行条件，更要解决广大市民，特别是工薪人员上班和学生上学的出行，不能只为轿车行驶的快速、舒适服务，更要关心大众的公共交通条件的改善。

2) 经济与环境可持续发展原则

城市交通是城市经济与社会可持续发展的重要条件，交通需求管理不能以抑制社会经济发展为代价，也不能以恶化环境为代价来换取交通的改善，而要在保证经济与环境可持续发展的前提下，各得其利，即在交通改善的同时促进经济发展与环境的改善。

3) 优先发展公共交通原则

从某种意义上来说，交通设施是一种产品，作为产品就应该有偿使用，并体现等价交换原则。对于占用土地资源、城市空间较多的个体交通方式收费太低，若不考虑其引起的外部成本，会导致使用者过多，总体效益下降，道路设施供不应求，最终将导致交通拥挤。对于占用空间资源较少的公共交通服务，其舒适性差、速度低，收费不能太高，必要时政府进行适当补贴，提高服务质量，改善服务态度，鼓励市民使用公交，增加公交客运量和份额，以提高城市交通系统的总体效益，满足城市社会经济的发展和大众的出行需求。通过经济杠杆的调控有助于优化交通结构，充分发挥道路设施的潜在能力。

4) 道路时空资源均衡使用原则

通过交通需求管理充分利用现有的道路时空资源，使道路网无论在空间或时间方面均能得到充分高效的利用，即尽可能使车流量较为均匀地分布在城市道路网络上，在一天的时间内也尽可能地减少由于交通过分集中而造成的拥堵现象。

5) 多方结合协调发展原则

交通需求管理政策、措施与方案，应坚持宏观与微观相结合的原则。应通过宏观分析制订需求管理的总体战略方案，并在宏观战略指导与微观分析的基础上，制定具体的有效措施，两者应分工协作、紧密配合、相互协调。同样，动态交通与静态交通的需求管理也要互相结合、协调发展，动与静是相对的、伴随的，必须在重视城市动态交通的同时，也重视静态交通。

6) 坚持因地制宜原则

交通需求管理的策略方案不能千篇一律、生搬硬套，对不同的用地性质、街区环境、区位、路网结构、交通结构、车辆组成、管理体制等，要区别对待、具体分析、充分论证。

7) 社会可接受原则

道路交通需求管理的政策措施涉及面广，要取得成功、收到实效，须获得各相关部门的理解、信任和支持，特别是使用者的理解和支持。使公众乐于接受或愿意接受，是道路需求管理获得成功的重要前提。

2.2.2 交通需求管理策略的层次性

交通需求管理影响面广，社会性、政策性、系统性强，许多问题涉及城市性质、土地使用、生产力布局等各个方面、各个层次。根据实践和研究，不同层次的问题需要在相应的层次去解决,错位解决有时很难实现。因此,交通需求管理,首先应争取在高层次和源头上实施,能在高层次解决的不应推延到低层次[8]。

交通需求管理基本策略归纳为3种途径:

(1)通过交通源的调整,减少交通发生量、吸引量。

(2)通过交通方式的引导和私人小汽车的高效利用,减少汽车交通量。

(3)通过出行车辆的出行时间和路径的诱导,实现交通在资源上的时空均衡分布。

对于一个城市来说,交通需求管理的实施可分为以下几个层次[7]。

1)城市性质、规模、结构与功能定位层次

城市性质、规模、结构与功能定位层次是实施TDM的最高层次,也是从源头上解决交通问题的最佳层次,牵涉未来交通发展的战略,处理好交通与城市发展的关系事关重大。

2)城市总体规划层次

城市总体规划层次是实施TDM的次高层次,或称基础层次,这个层次决定了土地利用、功能分区,人口、就业岗位等空间分布,也决定了交通发生、吸引、分布、集聚强度和城市交通的主要流向与流量。

3)城市综合交通规划层次

城市综合交通规划层次是实施TDM的关键层次,任务是落实城市交通网络布局、网络结构功能、交通枢纽、交通结构、站场、港口布局及对外交通干线等专业规划,从而确定了客货运与交通设施在城市空间范围的分布。它是解决城市交通问题的重要阶段,对实现需求与供给的平衡起着关键性作用。

4)交通监控、组织与管理层次

交通监控、组织与管理层次是TDM最后发挥作用的层次。这一层次是在现有既定布局的基础上做好快慢分流、动静分流、客货分流等,以改善交通秩序,提高道路通行能力与交通运行质量。其特点:一是直接显现需求管理措施对车流、人流的效果;二是前面几个层次未解决的问题或解决不好的问题,都会在实践中暴露出来。因此,这个层次的问题往往是前面层次问题的累积。

2.2.3 交通需求管理主要策略

交通需求管理策略主要分布在交通行为的各个阶段[9]。

(1)出行产生阶段。人们要在不同的时间和地点去参加不同的活动,因此产生了出行。人们很难抑制活动的发生,但是可以改变活动的时间、地点和实现的方式,在出行产生阶段减少出行量的生成,可使拥堵问题的治理延伸到需求产生之前去解决。例如,鼓励出行者应用电话、电报、网络、电视会议等现代信息手段进行非出行联系,减少实际出行的产生。

(2)出行分布阶段。人类活动的分布和活动强度是决定交通需求量多少的重要因素。为了从源头上缓解交通拥挤问题,可以在城市土地利用规划阶段引入交通需求管理理念,通过对土地利用的合理规划配置,综合控制城市各行业在不同区域的发展规模,实现出行需求在空间上合理分布。例如,通过控制和调整大型交通集散地的分布,使之从交通拥挤地区转向不拥挤地区,从而解决这些地区的拥挤问题。

(3)出行方式选择阶段。当交通需求总量基本确定后,城市的交通方式结构就成了道路资源利用程度和交通拥挤程度的决定性因素。因此,加强公共交通的吸引力,将大量的个人交通转变成为高效、节能的公共交通,可以有效降低道路上机动车交通量,改善交通状况。例如,建立快速公交系统,提高公交服务水平,增加公交吸引力,限制小汽车出行等。

(4) 出行路径和时间选择阶段。交通拥挤发生的直接原因是同一时点(时段)、同一地点(路段)交通量过于集中。因此,在出行路径和时间选择阶段,可以通过调整交通需求的时空分布,使一天中的交通量在时间上达到均衡分布,同一时段内的交通量在路网上达到均衡分布,从而减少某一时段、路段的交通拥堵,有效发挥城市交通系统运力。例如,采取错时上下班制度,使一部分通勤出行错开高峰时段;采取拥挤收费策略,减少进入城市中心拥挤区域的交通量等。

表2-2-1给出了国内外当前交通需求管理的主要策略[2]。

交通需求管理主要策略　　　　　　　　　　表2-2-1

改善运输模式	鼓励替代交通方式	停车和土地使用管理	政策与机构改革
1. 公共交通改善;	1. 道路收费;	1. 可持续增长;	1. 变动管理;
2. 改善非机动车交通;	2. 按里程收费;	2. 新型城市开发;	2. 全面的市场改革;
3. 拼车计划;	3. 通勤财政激励;	3. 土地高效利用;	3. 机构改革;
4. 弹性工作时间;	4. 停车收费;	4. 停车管理;	4. 最低成本规划;
5. 合乘车;	5. 提高燃油税费;	5. 交通引导土地利用;	5. 运营和管理计划;
6. 远程办公;	6. 拥挤收费;	6. 交通宁静;	6. 优先运输政策;
7. 改善出租车条件;	7. 鼓励非机动车交通;	7. 无车计划;	7. 规章制度的改革;
8. 自行车/公交一体化;	8. 道路空间再分配;	8. 共享停车设施	8. 应急规划
9. 停车换乘;	9. 高承载率车辆优先;		
10. 快速公交系统;	10. 限制轿车使用		
11. 轻轨交通;			
12. 往返班车(Shuttle Bus)			

一个完整的交通需求管理计划通常由若干个单个策略组成,尽管许多单个的交通需求管理策略都具有一定的效果,但是多个策略同时实施,有时会产生明显的协同效果(总体影响会大于单个影响的总和),而有时很难实现累积和协同效果,甚至出现相互抵消和矛盾。因此,对交通需求管理策略的总体规划和效果评估要比对单一策略研究更为重要。常见交通需求管理策略之间的关系及实施方法见表2-2-2。

常见交通需求管理策略之间的关系及实施方法　　　　　　　　表2-2-2

类别	TDM措施	与其他策略关系	实施方法
土地利用管理	面向公交的土地利用(Transit Oriented Development,TOD)	**属于**:新兴城市开发、可持续增长、土地高效利用、出入口管理 **相互支持**:减少通勤交通、改善公共交通、土地高效利用、停车管理、停车收费、交通宁静、学校交通管理、大学校园交通管理、合乘车	TOD由当地规划部门进行规划设计,有计划地在公共交通站点附近规划新的住宅小区,并进行混合用地规划

续上表

类别	TDM 措施	与其他策略关系	实施方法
土地利用管理	无车计划	**相互支持**：非机动车设施管理、交通宁静、改善公共交通、完善非机动车交通、合乘车、集约化增长、停车管理	要全面考虑城市环境条件及道路交通条件，提供及时便捷的交通替代方式
	土地高效利用	**属于**：集约化增长、新型城市开发、TOD、出入口管理 **相互支持**：改善非机动车交通、改善公共交通、停车管理、合乘车	要考虑房价的增长及居民生活水平，对停车场进行合理的规划和利用
	新兴城市开发	**意义相似**：集约化增长、TOD、土地高效利用 **相互支持**：交通宁静、改善非机动车交通、道路空间再分配、合乘车、道路收费、停车收费、停车管理、改善公共交通	对规划者和开发者进行相关政策的教育，加强个人与集体的合作，提供多种交通方式的选择
	停车管理	**属于**：交通需求管理、减少通勤交通、校园交通管理 **相互支持**：改善非机动车交通、改善公共交通、集约化增长、新型城市开发、运输定价改革	资源有效利用，加强相关服务措施，停车措施要与当地管理部门进行协调，加强新技术的使用
	可持续增长	**相互支持**：改善非机动车交通、交通宁静、改善公共交通、停车管理、停车收费、合乘车、新兴城市开发、TOD	制订全面的城市发展战略，合理利用现有资源，提供多种交通方式的选择，与土地利用政策相协调
	共享停车设施	**属于**：交通需求管理、减少通勤交通、校园交通管理 **相互支持**：改善非机动车交通、改善公共交通、可持续增长、新兴城市开发、运输定价改革	建立标准的实施步骤，对最小停车需求进行准确计算，设置合适的交通标志，对相关政策法规进行制定
	交通宁静	**相互支持**：车辆限制、速度限制、改善非机动车交通、集约化增长、新型城市开发、校园交通管理	应加强公众参与，按照行业标准进行相关设计，改善街道环境，增强出行者的安全感
改善交通行为模式	公共交通的改善	**相互支持**：减少通勤交通、面向公交的土地利用（TOD）、集约化增长、改善非机动车交通、新型城市开发 **包含**：往返班车服务 **配合**：通勤财政鼓励、按里程收费、停车收费、道路收费 **竞争**：合乘车	与其他相关规划相结合，更有效地进行土地利用，运用价格优惠等措施增强吸引力，考虑弱势群体，提高竞争力
	改善非机动车交通	**被支持**：交通宁静、解决安全问题、自行车/公交一体化、新型城市开发、集约化增长、面向公交的土地利用（TOD）、最小成本规划、机构改革 **支持**：拼车计划、公共交通的改善	要与交通和土地规划相结合，提高道路交通安全性，建立非机动车商业区和社区
	拼车计划	**相互支持**：高承载率车辆（HOV）优先、减少通勤交通、停车管理、通勤财政鼓励、可变工作时间、改善非机动车交通 **竞争**：公共交通、非机动车交通	线网尽可能覆盖所有区域，增加服务范围，加强相关机构和单位的参与
	可变工作时间	**属于**：减少通勤交通 **配合**：远程办公 **支持**：拼车计划、公共交通的使用 **被支持**：拥挤收费	政府指导、各单位及员工参与

续上表

类别	TDM 措施	与其他策略关系	实施方法
改善交通行为模式	合乘车	**相互支持**:公共交通的改善、拼车计划、改善非机动车交通、面向公交的土地利用(TOD)、土地高效利用、无车计划、改善出租车条件、校园交通管理、停车管理	由员工自己组织或由工作单位组织车辆供员工上下班通勤使用。需要提前进行宣传;大的合乘计划中使用计算机系统进行合乘人员的组合,考虑每个通勤者的出发点、目的地和特殊的需求。小的项目只是人工进行组合,或者使用搭乘信息板
	远程办公	**被支持**:减少通勤交通、通勤财政鼓励、停车收费、道路收费、停车管理、按里程收费、提高燃油税费	需雇主和管理人员、雇员,以及政府一起来制定合适的网络办公政策和实践方式
	改善出租车条件	**支持**:减少通勤交通、旅游交通管理、校园交通管理 **属于**:往返班车服务、公共交通改善 **被支持**:监管改革	将出租车作为交通系统的重要组成部分,改善出租车条件,允许出租车合乘
	自行车/公交一体化	**支持**:改善非机动车交通、公共交通改善、穿梭巴士服务 **属于**:面向公交的土地利用(TOD)、减少通勤交通、校园内部交通管理	自行车与运行线路的组合通常由政府部门来执行。需要安全和有利于自行车交通的环境
	快速公交系统	**相互支持**:改善公共交通、高承载率车辆(HOV)优先、减少通勤交通、面向公交的土地利用(TOD)、停车管理 **替代**:轻轨交通	能够提供高质量的服务,确保行人和乘客的安全舒适,与其他交通方式衔接及土地利用开发相配合
	往返班车	**属于**:交通需求管理计划、停车管理 **支持**:减少通勤交通、校园交通管理、改善公共交通、高承载率车辆(HOV)优先、特殊事件交通管理	应当考虑特殊事件及产生交通拥挤时的相关服务,积极进行相关的体制改革
	轻轨交通	**相互支持**:减少通勤交通、面向公交的土地利用(TOD)、可持续增长、非机动车运输规划、新兴城市开发 **促进**:通勤财政激励、停车收费、道路收费 **竞争**:快速公交系统、合乘车	政府和专业机构需要提供相应的支持
	高承载率车辆(HOV)优先	**相互支持**:减少通勤交通、停车管理、停车换乘	新建HOV道路来实施HOV优先,也可利用现有车道
鼓励替代交通方式	鼓励非机动车交通	**密切相关**:非机动车交通规划、非机动车设施管理、公共自行车系统 **相互支持**:减少通勤交通、学校周边交通管理、大学校园内部交通管理、其他减少机动车出行的策略	地区政府、个体商业来协作实施
	提高燃油税	**属于**:综合市场改革、货运交通管理 **替代**:道路收费、按里程收费	由政府定价实施
	通勤财政激励	**属于**:减少通勤交通、大学校园内部交通管理 **相互支持**:改善公共交通、合乘车、改善非机动车交通、集约化增长	由政府指导,员工和其他工作单位实施,需要严格的监督制度

续上表

类别	TDM措施	与其他策略关系	实施方法
鼓励替代交通方式	道路收费	**支持**:公共交通改善、拼车计划、停车管理、减少通勤交通、停车换乘、可变工作时间 **被支持**:机构改革 **属于**:运输市场化改革	由收费站或当地运输管理部门来执行,执行前须经过政府部门的批准。在严重拥挤的道路和区域实施,拥挤收费路段及区域周围具有良好的公共交通替代方式
	按里程收费	**包含**:道路收费、燃油税费 **支持**:拼车计划、公共交通改善、改善非机动车交通、远程办公、集约化增长 **属于**:运输市场化改革	根据里程收费(注册费,购置税,按距离收费,排放费等),将通过政府立法来实施
	停车收费	**属于**:减少通勤交通、校园交通管理、集约化增长、新型城市开发、土地高效利用 **相互支持**:改善公共交通、停车换乘、往返班车	由当地政府进行指导,由交管部门和私人企业实施
	减少通勤交通	**相互支持**:停车收费、停车管理、通勤财政激励、改善公共交通、拼车计划、合乘车、改善非机动车交通、集约化增长	增加激励措施,保证措施的多样性和灵活性,协调好各个单位之间的关系
	道路空间再分配	**支持**:合乘车、高承载率车辆(HOV)优先、货运交通管理、交通宁静、旅游交通管理、改善公共交通、新兴城市开发、可持续增长 **被支持**:出入口管理、综合交通规划、制度改革	建立明确的道路空间分配原则,对高效率的交通方式给予优先通行权。在高峰期间进行灵活的道路空间分配
	限制轿车使用	**支持**:无车计划、改善公共交通、交通宁静、可持续增长、高效土地利用、减少通勤交通	执行过程中应当紧密结合城市发展规划,并且注意相关替代交通方式的配合
政策与机构改革	变动管理 (Change Management)	**支持**:最低成本规划、规章制度的改革、市场改革、机构改革、减少通勤交通计划	建立一种支持创新和承担适当风险的工作氛围,明确最终目标、阶段性目标和业绩指标,建立一个团队来执行变动管理,对利益相关者进行新政策和新计划的宣传、教育,接受变动管理中可能出现的风险,明确交通需求管理对不同的利益群体的益处
	全面的市场改革	**包含**:增加燃油税费、按里程收费、道路收费、停车收费、机构改革	具有可预见性和渐进性,并根据市场进行调节,考虑各种价格改革,考虑多种效益:经济发展、交通改善、环境保护等,考虑公平问题,有利于改善出行者的出行选择

续上表

类别	TDM 措施	与其他策略关系	实施方法
政策与机构改革	机构改革	**支持**:大多数 TDM 政策和计划 **属于**:最小成本规划、变动管理、规章制度的改革、市场改革、TDM 计划、减少通勤交通计划、应急规划	建立一个多模式、区域交通规划和筹资的体制框架。应用最小成本规划的原则,进行合理投资。为替代出行方式和 TDM 策略,建立更有效的建模、评价方法。在交通运输部门内部建立交通需求管理计划。广泛定义交通改善的目标,为交通问题考虑一系列解决方案。更多考虑交通的可达性而非移动性,考虑各种社会成本。对交通运输机构的员工进行培训。鼓励创新的运输计划
	最低成本规划	**支持**:大多数 TDM 策略 **密切相关**:机构改革、综合交通规划、优先运输、交通运营、TDM 计划、变动管理、应急规划、全面的市场改革	建立综合运输的模拟和评价技术,预测出行用户的需求。定义满足用户运输需求的交通目标。制订一个运输服务的完整列表,制订一个可选择交通方式的行动计划。评价实施结果
	运营和管理计划	**支持**:可变工作时间、减少通勤交通、通勤财政激励、弹性工作制支持、货运管理、智能交通系统、停车管理、非机动交通改善、拼车计划、往返班车服务、特殊事件交通管理、交通需求管理的营销、远程工作、完善公共交通、交通通道指南、最低成本规划	应当支持广泛的管理策略。实现减少拥挤、保障安全等目标
	优先运输政策	**支持**:可替代出行方式(公共交通、拼车、自行车、步行、HOV 优先、出租车)、TDM 计划(道路空间重新分配、货运管理、交通宁静、停车管理、进出口管理、旅游管理) **属于**:应急规划、特殊事件规划 **被支持**:综合交通规划、机构改革、最小成本规划、环境敏感设计	建立明确的优先运输的原则,考虑不同类型运输活动的社会成本和社会效益。让利益相关者都参与到运输优先政策的规划和实施的过程中。给予高效益低成本的运输方式更高的优先权。灵活发展运输优先策略
	规章制度的改革	**相互支持**:机构改革、TDM 计划、市场改革、集约化增长、最低成本规划 **支持**:出租车完善、完善公共交通、往返班车服务、拼车计划、减少通勤交通、旅游交通管理、大学校园交通管理	规章制度的改革在保证运输服务质量的基础上,鼓励竞争和创新。考虑企业和用户的利益

2.3 交通需求管理规划

2.3.1 交通需求管理规划的含义

交通需求管理规划,是一个在特定时空条件下决定如何实施交通需求管理措施的过程。有效的规划能够将人们的需要、喜好和价值观在决策中反映出来[3]。

规划和管理是类似的活动,它们的区别是规划往往只涉及一个单一的决定;而管理往往涉及一个持续的决策过程,但这些决策之间会有重叠。

2.3.2 交通需求管理规划的基本原则

1) 协调短期决策,支持长期目标

一个良好的交通需求管理规划,不仅能够简单地识别并解决某个特定的问题,而且能对交通、土地利用、经济发展及其他相关规划中的各种决策进行协调,建立一个社区发展框架,找到一种识别并预防其他潜在问题的方法。例如,可能有很多方法可以减少社区的交通拥挤情况。这些解决方案中,有些方案可能还有助于减少诸如停车拥挤、环境污染等问题,而其他解决方案可能会加剧这些问题。在规划过程中,就应当考虑不同方案的综合协调。

2) 考虑对各利益相关者的影响

一个规划的决策会产生广泛的影响,其中有些影响是间接的或只对某个特殊的群体产生影响,这样的影响有时候会被忽视或低估。但是,在规划实施的过程中,人们如何参与、互动并沟通,也会明显影响着规划实施的结果。

3) 保证规划的前瞻性

良好的交通需求管理规划要具有前瞻性、综合性、战略性,要考虑需要实现的长期结果。规划不能仅包括简单的趋势外推预测,它需要在理解基本变化趋势的基础上,模拟未来可能产生的影响,并确定最佳的应对措施。

2.3.3 交通需求管理规划层次

交通需求管理规划的分析和执行有若干个层次,下面列出最一般的层次和最具体的层次。一个良好的规划过程中通常从最一般的概念开始,并产生越来越多的具体计划、方案和任务,最终使各部分之间达到一体化的目标[2]。

规划的一般性层次如下:
(1) 原则。用于决策的基本规则或概念。
(2) 政策。一般性的执行路线。
(3) 规划。行动(action)方案和计划,广义规划是一个战略,狭义规划是一项措施。
(4) 计划。行动的具体组织和计划,包括具体目标、职责、员工和作业。
(5) 任务和措施。需要完成的具体事项。

一些重要的规划原则如下:
(1) 明确的决策过程。决策过程中的每一个规定都要根据所有不同利益相关者加以界定,并取得他们的理解。

（2）利益相关者的参与。受到规划决策影响的利益相关者应该享有知情权和参与权。

（3）准确的信息。好的决策需要充足的信息。

（4）各种备选方案。规划决策者的选择范围越广泛,做出的决策越能真实地反映人们的需求。

如果一个规划不能满足以上原则,规划则可能陷入混乱和冲突,不能实现预期目标,甚至造成浪费。

2.3.4 交通需求管理规划目标

1）最终目标

交通需求管理规划的目标,从广义上来讲应该包括研究范围应实现的各种经济、社会和环境等目标。

有些狭义的交通改善目标,只是为了解决某个具体的问题而制订。其劣势在于,它将会缩小规划过程所应考虑的影响范围,并且限制了可选择的解决方案,甚至有可能使其他方面的问题加剧。事实上,缓解拥堵或停车问题,只是阶段性的目标,不能算是规划的最终目标。规划应该是以改善一个地区的整体情况为最终目标。

2）阶段性目标

阶段性目标是实现最终目标的途径,在交通需求管理规划中,阶段性目标的实现有三个层次[2]。

（1）鼓励政策

交通需求管理运用各种鼓励政策来诱导人们改变出行行为。例如,改善交通的可选择性,提供完善的出行信息,提供速度与舒适度兼备的可替代出行模式,这些能够诱导人们改变出行行为的鼓励政策,就可以作为交通需求管理的第一级阶段性目标。

（2）出行改变

交通需求管理的第二级阶段性目标是改变出行行为。交通需求管理可以影响出行的时间安排、路线、交通方式、目的地、出行距离与出行次数等。

（3）预期成果

交通需求管理的第三级阶段性目标是改变出行行为后预计实现的成果,如缓解交通拥堵、减少交通冲突、降低交通污染等。常见的预期成果包括：

①改善交通的运输性和可达性；

②缓解交通拥堵和停车问题；

③提高安全性和舒适性；

④提高交通系统的适应性；

⑤提高运输的公平性；

⑥改善交通的可选择性；

⑦提高土地利用率；

⑧提高社区的宜居性；

⑨节能减排。

2.3.5 交通需求管理规划过程

1）通用规划过程

进行交通需求管理规划的过程,首先要建立在明确全局问题或者总体目标的基础上。在某些情况下的目标和目的,已经由立法或行政机构在整个规划过程开始之前就设立了。但是,一个有效的规划过程,仍然要保证各利益相关者对规划的参与以及理解。

下面是通用性的交通需求管理规划过程,可以适用于很多决策过程。当然,在具体应用规划的过程中,要根据需要对它进行适当的调整[2]。

（1）明确规划过程的负责人。
（2）明确利益相关者和合作伙伴。建立信息网络和咨询委员会。
（3）通过组织会议、学术交流和调查,来实现信息共享和问题讨论。
（4）建立规划的最终目标。
（5）确定问题的关注点、约束条件以及面临的机遇和挑战。
（6）建立评价标准,明确数据要求。
（7）收集基础数据。
（8）开发与交通需求管理政策和计划相关的信息资源。
（9）依据评价标准评估政策和计划。
（10）进行总体规划,确定政策的调整和所需实施的计划(包括计划的目标、职责、人员编制、经费、任务、交付、进度等),制订应急方案。
（11）执行政策的调整,实施计划。
（12）收集评价信息。
（13）对计划进行评估。
（14）适当修改总体规划。
（15）如需要,重复步骤(11)～(14)。

2）策略选择过程

交通需求管理是一个相对较新的概念。因此,很多交通需求管理策略的潜在影响力还未被重视。交通需求管理规划往往只重视少数的可行策略,而忽略很多重要的影响。在解决某个问题时,规划不应只选择单一的最佳方案,应该综合考虑尽可能多的选择方案。总之,通过综合交通规划的过程使交通需求管理达到最大的效益。

一个有效的交通需求管理规划,不会忽略每一个适用的策略。在规划之前,首先应对所有的可行策略进行概述,并列出它们对不同规划目标可能产生的效益。

交通需求管理规划,必须要克服很多制度上的障碍。相对于传统的交通规划,交通需求管理规划需要更多不同部门、不同企业之间的合作。例如,在解决交通问题时,要使交通需求管理策略和其他可行策略同样被选择,就需要改变政策来支持最小成本规划;为了实施个别交通需求管理措施,可能需要制订新的计划来建立一个合适的政策框架。

在进行交通需求管理规划时,要考虑很多交通需求管理特有的优势。交通专业人员和民众都越来越清楚地意识到,以扩大容量为基础的传统方法不能根本解决交通问题。很多情况下,交通需求管理比其他方法更具成本效益,尤其是在考虑所有可能的效益的情况下。

决策者在进行规划之前,要了解可行交通需求管理策略对机动车交通的潜在影响,权衡它们的成本和效益。

3)规划任务

以下列举的各项任务,是交通需求管理综合规划步骤中的一部分。

(1)识别民众所面临的交通问题(民众包括各类居民、雇主、零售企业、旅游者、旅游企业、城市机构、应急机构)。

(2)明确改善城市交通的具体目标和阶段性目的(包括改善可达性、增加可选性、提高安全性、保护环境)。

(3)实施优先运输政策,优先通行高承载率、低占用率的交通方式。

(4)确保分区法案和发展实践支持交通规划目标(例如,停车需求最小化,人行道发展政策)。

(5)检查现有交通规划和投资方案,为建立更平衡的交通系统和更先进的综合交通方式提供机会。要特别注意评估交通规划中最小成本原则的应用。

(6)明确影响道路资源和停车资源有效利用的政策性障碍(例如,不同城市机构的目标和职责的冲突,增进政府机构和利益相关者之间合作时遇到的障碍),为解决这些冲突推荐合理的政策改革。

(7)鼓励更有效地利用停车资源,如采用更有效的收费政策,实施停车泊位共享,提供替代停车选择,收取停车资源费用等停车管理措施。

(8)在进行通勤交通管理、停车管理、行人自行车交通管理以及推广车辆合乘政策时,增加城市、雇主和其他企业之间的合作。

(9)评估进行交通需求管理计划的必要性和可行性,并为推荐计划确定合适的目标和阶段性目的。

(10)评估进行非机动交通发展计划的必要性和可行性,并为推荐计划确定合适的目标和阶段性目的。

(11)明确因政策改变带来的潜在问题,并为缓和这些问题推荐合适的策略(尤其是关于停车收费政策、通勤交通管理政策等)。

2.4 交通需求管理计划

交通需求管理计划,是实施需求管理规划以及一系列具体策略的体制框架。一个完整的计划,应包含总体目标、阶段性目标、影响范围确定、计划确定、方案概预算、人员分工以及与项目利益相关者的明确关系[2]。交通需求管理计划的目的,是保证具体策略之间能够相辅相成、相互协调,达到效益最大化。

2.4.1 交通需求管理计划目标和影响范围

1)目标

交通需求管理计划是交通需求管理规划的具体实施和细化,计划的总体目标应与相应 TDM 规划目标保持一致性和协调性,同时更侧重于解决计划实施过程中的具体问题。例如,交通需求管理规划以改善一个地区的整体情况为总体目标,包括所要实现的各种经济、社会和环境等目标,而一个交通需求管理计划可能是为了缓解某个地区的交通拥堵或者停车问题而制订的。与规划类似,交通需求管理计划同样要制订阶段性目标,它们是实现总体目标的途径。不同的是计划的阶段性目标具有更明确的方向性,通常也包括3个层次:首先是通过鼓励政策诱导人们改变出行行为,进而改变出行特征如出行距离、出行次数等,最终实现如缓解交通拥堵、减少交通冲突、降低交通污染等预计成果。一般来说,阶段性目标预计实现的成果之和要不少于总体目标。

2)影响范围

很多交通需求管理计划的决策,有直接和间接的影响范围。

第一级:直接影响。改变出行的条件和费用。

第二级:现阶段间接影响。改变出行行为、税收和其他外部影响。

第三级:长期间接影响。改变土地利用和经济发展。

例如,增加局部道路供给容量,其对减少交通拥堵、提高车辆通行速度有着直接的影响,属于第一级影响。其可能会吸引原本选择其他路线和时间的出行,也可能会对步行和自行车交通造成障碍,属于第二级影响。从长期角度看来,道路扩容会导致土地利用更加分散,并且对机动车的依赖性更强,这是第三级影响。

2.4.2 常见交通需求管理计划

1)通勤交通需求管理

通勤交通需求管理,是一种给乘客提供资源和激励机制,以减少机动车出行的管理模式。

(1)相关策略

通勤交通需求管理,通常包括以下交通需求管理策略:

①通勤财政激励策略;

②车辆共乘策略;

③停车管理和停车收费策略;

④弹性工作时间制度和压缩工作周的策略;

⑤远程工作策略(让员工在家里工作,并利用电信以及其他方式代替实际出行);

⑥交通需求管理的营销和推广策略;

⑦鼓励步行和骑自行车;

⑧慢行交通系统改善策略;

⑨自行车停车换乘设施;

⑩提供自动寻找路线的多模式导航工具;

⑪提供就近幼儿教育场所、餐馆与商店,减少短途机动车出行需求;

⑫公司差旅费报销政策,在与自驾车速度有可比性的基础上,对商务行程中自行车、公共交通的费用报销;

⑬公司班车政策(消除员工自驾车上班的需求);

⑭特殊事件交通管理,例如,在特殊事件、购物的高峰期,公路建设项目或紧急情况时为

个别员工提供交通服务；

⑮工作区选址策略，要反映出高效发展的选址原则。

实行通勤交通需求管理的前提，是必须能够满足员工多样化和多变的需要。如果给予适当的支持和鼓励措施，许多员工会选择可替代的运输方式。

(2) 实施与执行

①保证通勤管理计划的多样性和灵活性来满足员工们的不同需求；

②提供尽可能多的奖励措施；

③让员工参与到通勤管理计划的策划和营销过程；

④制作《年度通勤报告》，对每个社区交通需求管理的计划、资源和出行趋势进行总结，并将不同社区之间进行对比；

⑤在有公共交通服务和车辆共乘计划的商业中心提高就业密度；

⑥实施停车管理计划，通勤交通计划可以减少停车需求，从而减少雇主的停车财政开支；

⑦建立交通运输管理协会，协调同一地区不同雇主的通勤交通计划。

2) 学校周边交通需求管理

学校周边交通管理的理念是，鼓励家长、学生和工作人员，在往返于学校和家之间时，尽量减少汽车的行驶而选择其他可替代的交通方式。

学校周边交通管理既可以为学校和家长节省资金，又可以减少校园周边的停车和交通问题，降低污染，并提供安全和健康保障。在缓解当地交通拥堵问题方面，学校周边交通管理的方案会比增加停车容量的方案成本更少，并能同时为学校提供校车服务。

(1) 相关策略

①举办推广活动、特别活动和竞赛，鼓励家长、学生和工作人员减少驾驶汽车到学校；

②对非机动车的行车条件进行评估，并针对现有的障碍和问题对步行和自行车交通进行改善；

③修建自行车停车场；

④对步行交通和自行车交通进行鼓励和安全教育；

⑤从家长和员工入手，促进车辆合乘；

⑥鼓励学生和员工使用公共交通工具去学校；

⑦实行停车管理；

⑧在学校周围执行稳静化交通管理和低速交通管理；

⑨提供一个"多方式可达性指南"，介绍如何通过步行、自行车和公共交通工具到达学校；

⑩在组织校外实践活动时尽可能减少驾驶行为，多采用车辆共乘、租赁大客车的交通方式；

⑪保证学校的最大可达性，例如，要尽量保证学校的老校区和新校区不在城市边缘地区，而是在住宅区附近，使学生、教职工能步行或骑行到学校；

⑫调查学生、家长和员工如何决定出行模式，找出出行选择的原因，以及改变出行模式的契机和障碍。

(2)实施与执行

①计划实施对象,包括学校官员、家长、学生和当地交通部门;
②为每个学校定制方案,以满足不同学校的特定需要;
③对学生和家长进行调查,以确定步行、行车等交通障碍;
④在条件允许的情况下,将该计划纳入学校课程;
⑤实施交通安全改善措施,保障行人、非机动车安全,倡导交通宁静和安全教育;
⑥解决安全问题;
⑦执行让人更易接受的政策。

3)校园内部交通需求管理

面积的扩大和开放程度的增加,使得校园内部的交通日趋复杂。校园内部交通需求管理方案是以改善学院、大学及其他校园设施内的交通方式,减少通勤次数为目的的管理措施。交通需求管理在管理校园内交通方面尤其有效,它比其他方法更符合成本效益。

(1)相关策略

①提供校园往返班车服务;
②优化校园公交车的运输线路和票价折扣;
③对小汽车交通比例过大的校园,鼓励汽车合乘;
④实施校园内停车收费和停车管理;
⑤减少校园内部通勤出行(制订可变工作日程安排,远程工作);
⑥校园内的交通宁静和无车交通规划;
⑦行人和自行车交通的改进;
⑧建造自行车停车场;
⑨设计能容纳残障人士和其他有特殊需求人员的交通系统;
⑩为解决校园内行人和骑车人的安全问题进行规划;
⑪校园内休闲活动和特殊事件的交通管理;
⑫制作校园交通访问指南(简要介绍如何通过步行、骑车及运载工具到达校园各处)。

(2)实施与执行

①为校园内部的休闲出行和特殊事件等提供专项服务;
②使学校的管理员、经营者、学生和员工都参与到计划的策划与实施过程中;
③明确校园交通服务改善给学生和员工带来的利益;
④同时改善校园内和校园周边的自行车交通与步行交通的条件。

4)旅游交通需求管理

旅游交通需求管理(也称为度假社区交通需求管理),其内容包括为改善休闲旅游可选择的交通方式,减少度假区的机动车交通。

旅游交通具有以下特点:旅游交通的模式和交通需求可以被预测;旅游地区往往处在具有独特自然和社会环境的地区,这些地区的环境比较敏感,会因过多的机动车交通而恶化。

旅游交通需求管理计划,可以包括各种各样的具体策略。通过这些策略可以改善交通设施,为旅游活动融入可替代的交通方式,对机动车交通采取适当的抑制措施,促进替代出行模式的发展。

（1）相关策略

①往返班车服务；

②出租车服务改善；

③自行车和步行交通的改进；

④提供公共自行车系统；

⑤建设自行车停车场；

⑥交通宁静（降低车速，改善街景）；

⑦可持续增长，新型城市开发；

⑧无车计划和车辆限制计划。

（2）实施与执行

①在不使用私人汽车的情况下，保证度假区交通的经济性、便捷性及舒适性；

②协调利益相关者，来提供和促进无车景区的旅游套票；

③为旅行者提供详细的出行信息，包括可选交通方式以及各种方式的使用方法；

④充分考虑游客的需求和爱好；

⑤向不使用私人汽车的游客提供优惠措施；

⑥实施减少通勤交通的计划，减少刚性出行；

⑦建立功能完善、更具吸引力的机动车停车换乘、行人和自行车交通设施。

5）特殊事件交通需求管理

特殊事件交通需求管理，是在发生吸引大量人群的偶然事件时，鼓励人们使用可替代的出行方式，来解决如节假日、运动会、交易会、建设项目或发生灾难时产生的临时性的交通问题。

这种需求管理的作用是，能够在发生特殊事件时，减少停车和交通问题，提高安全保障，减轻交通压力，尤其是为非驾驶员提供更多的交通方式选择。

（1）相关策略

①提供专门的运载工具、班车、共乘服务，降低使用者所需支付的费用；

②步行、自行车交通的改善；

③停车管理和停车共享策略；

④车辆限制策略；

⑤减少通勤交通计划；

⑥可替代交通方式的推广；

⑦集约化增长的土地利用模式，保证城市主要活动中心的可达性强；

⑧出租车服务的改进，如出租共乘模式；

⑨提高紧急车辆、服务性车辆、货运车辆以及大容量车辆在行车和停车时的优先级别；

⑩为满足特殊和紧急的交通需求，在规划时，提供适当的冗余；

⑪训练相关人员完成关键的管理和维修服务。

（2）实施与执行

①在特殊事件、活动的前期计划和发生过程中，应对交通管理措施进行考虑；

②专门的运载工具、班车、共乘服务,应作为活动计划的一部分;
③活动的宣传与推广过程,应包含对可替代交通方式信息的发布;
④为高载客量的汽车提供优先访问和优先停车的权利;
⑤步行交通和自行车交通的改善;
⑥保证交通运输系统的多样性、冗余性、高效性、自主性以及关键组成部分的可靠性。

6) 拥挤收费管理

广义的交通拥挤收费,是指为了解决城市严重的交通拥挤问题,而对城市道路使用者从车辆拥有到道路使用的全过程中的收费,它不仅包括道路使用费,而且包括了为解决城市交通拥挤采取的其他形式的拥挤费用或税收(如停车收费、燃油税费等)。

狭义的拥挤收费,是指交通出行者在进入交通拥挤区域时,必须支付的那部分道路拥挤费用。在拥挤的城市道路上,对道路交通使用者征收一定的费用(使用税)的目的,是将边际个人成本提高到边际社会成本水平,用于补偿由于该交通的加入而给社会带来的外部经济损失,以期通过提高交通出行者的出行成本,促使交通出行者重新选择自己的出行行为,减少交通需求,从而使得原来拥挤的城市道路的交通需求与交通供给相适应,最终实现缓解或者消灭拥挤。

(1) 拥挤收费分类

按照收费地点不同,拥挤收费可分为:

①区域交通拥挤收费

区域交通拥挤收费,就是根据城市分区划分不同的收费区域,在这些区域的出入口设收费点,在某些特殊的时段对进入该区域的车辆征收一定的拥挤费用,以减少进入该区域的车辆。

②单条道路交通拥挤收费

单条道路交通拥挤收费,主要是通过对道路网络中发生拥挤的个别道路进行收费,不同时间用不同的费率来影响道路使用者的出发时间和路径选择方式,使道路网上的交通流重新趋于平衡。

根据收费时间、空间的不同,拥挤收费可分为:

①固定费率的交通拥挤收费

固定费率收费,仅仅从空间的角度对道路使用者进行收费,进入拥挤区的车辆必须支付的费用是固定不变的。固定费率的交通拥挤收费适用于稳态的交通流情况,它不考虑交通的时变性。因而,这种收费方法往往难以消除时变拥挤,但是收费费率方案的制订比较简单,易于操作。

②时变费率的交通拥挤收费

由于出行者的需求和路径选择随时间的变化而变化,许多国家在拥挤收费时采用了时变费率交通拥挤收费方案。该方案就是根据时间和交通流的变化来调整收费费率。这种方式更加贴近实际,也能达到更好的收费效果。但是这种收费方式能否得以实施,很大程度上取决于交通信息系统的发展程度。

(2) 实施与执行

①为方便策略的实施和用户的出行,选择合理的收费方式,并且能够准确地反映出每次

出行产生的费用；

②运用时变费率方式,在高峰时段增加收费费率,以减少交通拥挤；

③不仅对新建道路实施拥挤收费,还要对现有设施进行相关措施；

④鼓励替代出行模式的发展,包括弹性工作时间、合乘车、公共交通的改善以及非机动交通方式的条件改善；

⑤配合其他交通需求管理措施的实施,对在相关区域采用替代交通方式的出行者进行一定程度的奖励；

⑥加强道路收费的透明性和公众参与程度；

⑦尽可能地对收费进行合理的预测。

7) 货运交通需求管理

货运交通需求管理的内容,主要包括增加货运效率和商业运输效率的各种策略。

(1) 相关策略

①鼓励货主使用社会成本较低的运输模式。例如,长距离的运输尽量使用铁路和水路运输,少使用公路运输。虽然只有某些商品和货物可以转化运输方式,但是采用公路运输远多于采用铁路或水路运输所消耗的能源,在很多情况下,它们之间有10倍左右的差距。

②改善铁路和水上运输的基础设施与服务,使这些运输模式与公路运输相比更加具有竞争力。但同时要注意,降低运输成本可能造成总货运交通量的增加,这就导致很少甚至无法降低能源的消耗量、排放量或其他外部因素。

③改善行程安排和运输路线,从而减少货运车辆行驶里程,增加装载量,尽量避免回程时空载。这可以通过信息化和加强经销商之间的协调来实现。

④组织区域运送系统,使用共同的运营商合并运载,而不是多公司的运输队分别运送,从而可以减少配送物品的车辆。

⑤降低总货运量。可以通过减少产品数量和不必要的包装,更多地采用本地产品,使制造和装配过程的选址更加接近其目标市场。

⑥实施车队管理计划,包括减少车辆行驶里程、每次使用最适合的车型运输、确保该车队车辆的维护和运营方式能够尽量减少外部成本(拥挤、污染、事故风险等)。

⑦调整货物的交货时间,以减少交通阻塞。

⑧增加土地使用的可通达性(accessibility),可以通过将相同目的的土地使用聚在一起,从而减少因货物配送而产生的运输量。

⑨增加货运车辆的燃油效率,并通过设计改进和新技术来减少排放量。相关措施包括减少载重量、降低机件的摩擦、改善发动机和变速器的设计、使用高效的轮胎和附件等。

⑩定价和税收政策,鼓励有效货运运输。

⑪改进车辆操作人员的培训,鼓励更有效的驾驶。

(2) 实施与执行

①集约化:发展综合交通运输网络。

②目标化:为可持续发展的货物运输制订具体目标。

③优先权:对于可持续发展的货物运输模式,提供优先发展的规划和投资决策。
④公平竞争:纠正市场的偏向性,从偏向不可持续发展的货运到偏向可持续发展的货运。
⑤价格制定:落实价格自付政策,保证价格反映所有成本。
⑥提供服务:如通过开放铁路网络和减少竞争障碍,鼓励自由进入货运市场和合理竞争等。
⑦减少货运总量:通过增加本地产品的生产、减少产品重量和包装、减少车辆空驶回程等来减少货运总量。

8)航空运输需求管理

航空运输交通需求管理的作用,是鼓励更有效地利用航空运输资源,减少不必要的空中交通运行。

(1)相关策略
①拥挤收费;
②最低成本规划;
③定价改革;
④增加航空燃油税;
⑤促进与其竞争的高效铁路发展;
⑥对机场的地面交通实施交通需求管理;
⑦对休闲出行实施旅游交通管理;
⑧将可持续发展的目标纳入航空运输规划;
⑨更换更加节油环保的新型飞机。

(2)实施与执行
①将可持续发展作为航空运输规划的目标之一;
②在机场容量分配中,针对停机位的选择应用拥挤收费政策;
③全面考虑航空成本定价,应当包括设施和环境的外部性;
④在机场规划中考虑所有的利益相关者;
⑤改善短距离出行的交通替代方式;
⑥避免使用飞行旅行积分和长距离度假作为对用户的奖励,这些将会影响税收所得;
⑦在机场和航空运输服务规划中运用最小费用计划,在航空运输问题上允许在能力范围内进行公平竞争。

9)应急交通需求管理

应急响应,是指通过有组织的活动,来减小不寻常的事件,如火灾、撞击、飓风、地震、洪水和暴风雪造成的集中损失和风险。发生这些事件可能产生以下交通问题:
①事件发生之前或之后需要进行疏散工作;
②应急物资和服务的交付,包括水、食品、医疗保健、公用事业维护和法律执行等;
③搜索与救援工作;
④隔离灾区;
⑤交通基础设施修复。

(1) 交通影响概述

应对不同类型和规模的灾难,有不同的应急交通需求管理活动(表2-4-1)。许多灾难可能会带来各种其他灾害情况,如地震,同时可能造成火灾和有毒化学品泄漏。

不同灾害类型所产生的交通问题　　　　表2-4-1

灾害类型	影响范围	交通疏散	应急物资与服务	搜救工作	隔离灾区	交通基础设施修复
飓风	非常大	√	√	√		√
地震	大	√	√	√		
海啸	非常大	√	√	√		√
洪水	大	√	√	√		√
森林火灾	小—大	√	√	√		
火山爆发	小—大	√	√	√		
暴风雪	非常大		√	√		
建筑火灾	小		√	√		
爆炸	小—大	√	√	√		
撞击事故	小—大		√	√		
辐射/有毒物质泄漏	小—大	√	√	√	√	
瘟疫	小—大	√	√		√	
暴乱	小—大					
战争	小—大	√	√	√		√
山崩、雪崩	小—中	√	√	√		√

许多地区和机构的应急计划,往往缺乏细节。紧急行动计划应该指定谁在什么时间、什么地点做什么,而且这些计划必须经过多个机构相互配合,且偶尔演习。

(2) 实施与执行

①将灾害应急作为交通规划的一部分;

②制订一项紧急行动计划,明确灾害发生时每个部门的具体任务,并定期更新计划,确保其有效性;

③发展多式运输系统,为用户提供多种动态选择;

④在交通设施设计时,考虑其承受极端条件的可能性;

⑤建立交通系统网络,为出行提供多种交通方式;

⑥改善交通规划,以保证各种情况下的基本交通活动,如满足有特殊需求人员(残疾人、低收入者等)的交通需求;

⑦确保正常条件和极端条件下,通信系统的有效运行;

⑧在需要时,明确交通资源的优先级别;

⑨交叉培训员工,完成重要的管理和维修服务;

⑩鼓励有效地利用资源,使交通节能、方便、高效地发展。

2.5 交通需求管理与公众参与

公众参与最先出现于北美国家的城市规划中,是美国城市规划理论和实践的一个基本组成部分,起初是为了协调平衡各方(普通民众,政府与投资商之间)的利益而采用的一种规划方法,后来发展到作为一种规划技术原理和法规而被广泛应用。我国对公众参与的研究也主要是从城市规划的角度进行介绍和探讨,从城市交通需求管理的角度来研究公众参与的还比较少,仅有的研究文献也只是从公众参与交通规划的必要性和在具体的交通活动中公众参与的操作策略进行了介绍,并没有将公众参与和城市交通管理的关系上升到理论的高度进行研究。

2.5.1 交通需求管理与公众参与的关系

公众作为公共关系的基本构成要素,有泛指公众、民众的含义[10]。公众参与的交通需求管理是指政府或相关交通部门,在制定和实施城市需求交通管理措施的过程中,以合理的方式和途径,组织代表广大公众利益的社会团体、企业组织等机构,进行讨论协商、听取并反馈意见,从而最大限度地权衡多方利弊,使最后的决策得到公众理解、接受、支持、执行和监督的系统过程。

政府和交通部门通过制定相关的交通需求管理政策措施,以保障社会公共利益的最大化,这难免会牺牲或限制部分公众出行者的选择自由,在一定程度上也损害了个体利益。一部分人的交通利益获取,不宜通过牺牲另外一部分人的利益实现,除非获得补偿,否则会产生矛盾。因此,交通需求管理不应该只是一个技术性或行政性决策制定的结果,更应该是一个合理权衡公共与个体利益的博弈过程。如何使公众理解、接受并支持执行相关政策,是交通需求管理措施有效实施的关键。

2.5.2 公众参与的意义

随着社会生活水平的提高,公众越来越重视生活的环境和质量。对城市居民来说,其生活态度、与政府间的相互关系,以及对政府所提供决策与服务的态度都已经发生改变,公众的参与意识在不断增强,表明了在政府的公共决策过程中,越来越多地开始关注和考虑公众参与的必要性和法律性[11,12]。

在交通需求管理实施过程中,公众态度具有重要作用,其原因有两个:一是几乎所有公众都是交通的参与者,交通需求管理涉及他们的切身利益;二是交通需求管理实施需要公众的理解、配合和支持,这样才能保证交通需求管理实施达到预期的效果。交通需求管理措施的实施最终是要合理控制和消减人的出行需求,公众参与的交通需求管理有助于打破以政府部门或相关职能部门作为单一决策主体的现状,使城市交通需求管理真正体现"以人为本"的理念,增强城市交通需求管理政策的科学性、合理性和协同性。城市交通需求管理中的公众参与不应该是短期的,而应该是为了解决城市交通拥堵问题而进行的长效的、法制化的建设过程。

2.5.3 公众参与相关理论

1) 公平公正理论

公平与公正是构建社会主义和谐社会的基石,对于它们的界定,学术界探讨的角度很多[12]。在实际的社会生活中,公正不仅包含公平、平等和自由等几个方面的内容,并且涉及社会关系、社会的主要结构、社会的主要制度和主要政策等内容;公平则指按照一定的社会标准(法律、道德、政策等)正当、合理地待人处事,是制度、系统、重要活动的重要道德质量。在一定社会制度下的现实操作中,并不一定能完全保持所有的事情都是公正的,而公平可以在实际的操作中对公正的失当进行适当的矫正。公平公正是所有理论与策略的前提,也是社会公众所期望和追求的[13]。

城市交通服务作为一种准公共产品,其受益范围和不同社会成员的受益程度在很大程度上取决于提供主体的决策。如果在具体提供过程中,政府对某些特定的群体或地区予以照顾或进行歧视,那么公众间公共服务的水平必然存在较大的差距。

交通需求管理的政策和实施中必须遵循公平公正原则,以更好地满足公众的多种不同合理出行需求。首先,在政策的制定过程中要保证公正,而公众参与正是政策合法性和公平公正性的体现;其次,实现交通服务均等化,即公众享有大体相同的交通服务,也要承担大体相同的公共服务成本,如交通拥挤费的征收等体现了受益与成本的均等化。只有这样,一些带有强制色彩的交通需求管理策略,才能得到所有出行者的拥护、支持和参与。

2) 需求行为惯性理论

公众的出行需求既有刚性,也有弹性。不管是刚性出行还是弹性出行,公众的出行行为具有一定的历史惯性。长期的交通行为,久而久之会演变成一种交通习惯。习惯一旦形成,就很难改变。为了防止根深蒂固习惯的形成,可通过像无车日活动、公交日、自行车日、步行日、远程办公日等活动,间断公众交通行为惯性的连续,防止习惯成为根深蒂固的交通文化。

根据牛顿定律,交通行为惯性需要有外在的作用力才能改变。惯性的时间越长,发生及时的改变就越难,改变的力量就越大。外力的大小,可影响惯性行为改变的多少。两种性质的出行,虽然出行过程中的时空消耗均存在可压缩性,可产生时空消耗总量上的变化[14],但这种变化,仍然需要外在的作用力。不同的习惯,需要不同类型的外在作用力。在制定交通管理政策措施的时候,要考虑公众的出行心理特征和出行行为特征,以较合理的方式施加外力,来改变公众在出行路径、出行方式和出行时空上的出行惯性。

个人交通行为的聚集形成公众的交通行为,关键个人的交通行为在公众交通行为中具有放大效应。公众交通行为惯性有好与坏之分,保持好的惯性,克服不良的惯性,同样需要外在的作用力。好的惯性在交通需求管理中具有牵引与示范效果,形成良好的交通文化具有正向作用;坏的惯性具有破坏作用,同样会促使不良交通文化的形成。两种惯性,在公众参与的交通需求管理中都应给予足够的重视,不可偏颇。

3) 需求控制平衡理论

解决城市交通拥堵的传统方法是:直接增加或通过交通控制变相增加交通供给,提高道路设施的容量[3]。然而国内外城市交通发展表明,解决城市交通问题不能仅靠片面增加交通供给的传统方法进行,还要寻找基于交通需求管理理论实现交通供需控制平衡的新方法,在合理增加供给的同时,通过交通需求管理方法措施来实现需求与供给的动态平衡。传统方法与新方法实现平衡的过程如图 2-5-1 所示。个人出行时空消耗改变虽小,但公众的改变量集聚会使交通需求发生数量级的变化,可实现交通供需平衡,勿"善小而不为"。

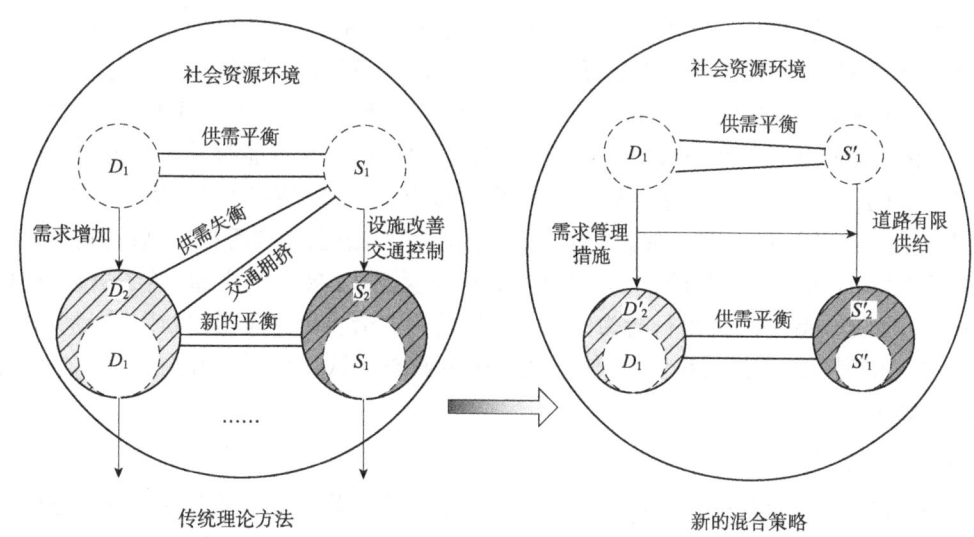

图 2-5-1　传统理论方法与新的混合策略实现交通供需平衡

4) 时空消耗弹性压缩理论

同一出行若采用不同的交通方式,其时空消耗值不一样[3],常见交通方式的人均时空消耗比为步行:自行车:公交车:小汽车 = 1:2.22:0.272:8.192。应根据出行特性鼓励公众选择时空消耗较小的方式出行,适当压缩其弹性,防止"弹性"再度持续地膨胀。

5) 效用参照理论

和物理学中的参照物相似,在生活中人们在改变参照物时会对同一事物的判断发生改变,同时行为和反应也将发生相应的改变。根据经济学大师特维斯基提出的前景理论中的损失厌恶特性可以知道,等量的损失比等量的获得,对人们的感觉产生更大的影响[15]。居民在选择出行方式和路线时的准则,是为了追求个人交通效用的最大化,每种交通方式的服务水平和运输效率是不一样的,不同的出行路线带给居民的交通效用也具有差别性。

如果交通管理政策措施限制了公众某些方式的出行权利,就需要有另一种方式可以替代来实现公众的出行目的。该替代方式的效率和服务水平所带给公众的交通效用,相对原有效用参照水平下是否增加,将直接影响公众的方式选择结果和意愿。这种效应增加的替代方式,还应具备实施简单性、可体验性、效应增量可观察性、交通心理行为冲击小、个体转变成本投入小等特征。在采用区域交通控制与组织时也应当考虑出行路线的可替代性和效用参照性,如禁左设置、单向道路设置等,应使替代路线在合理和可接受的范围,避免因路线间效用的过度失衡而导致交通组织措施的作用不能有效发挥。

通过个人的替代交通行为效应增大,实现个人交通行为的改变,从而实现公众的交通效应的增加,两者效应的增加应是互补的、相互作用的。不同的城市,需要结合城市交通硬件和软件的发展水平和特点,考虑效用增加因素,来拟定合理的交通管理政策措施。

6) 心理认知理论

心理学上把人的普遍价值称作共效测度,承认人的动机多元(主要是四对元动机状态:有目的和超越目的、顺从和逆反、控制与同情、自我中心与他人取向)以及情绪的作用[15]。在交通需求管理中,要充分考虑公众动机与心理认知对出行行为的影响作用。

交通需求管理的政策措施首先要使公众接受,这是获得成功的重要前提[16]。交通需求管理政策的公众的可接受性程度,即公众的心理认知程度,对是否能有效改变公众出行行为是非常重要的[17]。不少学者将交通需求管理政策分为"硬策略"和"软策略",即所谓的"推、拉政策",前者带有一定的强制性,如采取行政手段、法规、处罚等措施;后者则主要是从公众宣传教育、个人社会关系网推动、提供信息服务援助、发展公共交通、经济激励、初期免费体验等方面来引导个体的出行行为向公共交通转移。诸多研究表明,"拉"(激励)比"推"(强制)更能得到公众的接受和认可,使公众产生正面心理认知效果,同时"推""拉"结合可产生协同效果。

7) 权利义务对等理论

市场经济的发展,依法行政的真正实现,都要求在公众关心和有关公众切身利益的活动中有公众参与,在享有参与权利的同时,也需要承担与之对等的义务,加强法律的保障机制和公众的监督职能,是实现权利义务对等的关键[13]。公众参与发挥作用的程度依赖于参与权相关的法律制度的建立和完善,所以必须通过行政立法把公民的参与权加以固定而成为法定权利。我国目前还没有统一的行政程序法,只有个别单行法中有关于参与的零散规定,而且对参与的形式往往未作细致的程序性规定。虽然有些学者规定了"参与原则",但仍然缺少法定化的参与程序、司法救济等。

完善的法律保障和公众监督,可以保障公众利益在政策执行上的公平公正性,杜绝不合理的特权行为,增强政策执行的效果,确保公众参与交通管理政策制定、实施与意见反馈的合法性、公平性和可行性。

2.5.4 公众参与的交通需求管理目标架构

交通系统中"人"的复杂性、多样性和偏好禀赋性,导致公众参与交通需求管理的目标与过程不具有绝对可控性。在相关理论与策略、策略与目标之间不是简单的一对一的关系,而是一个多元输入输出系统,在工程实践中具有可叠加性和协同效应,需结合公众出行特征和交通需求管理具体目标,对理论策略与目标进行架构,如图 2-5-2 所示。

2.5.5 公众参与的方法

涉及社会问题的公共决策,其公众参与的方法都具有一定的共性。公众参与实施较为成熟的美国,在 20 世纪 70 年代做过很多相关的研究和总结,根据交通需求管理政策措施的制定与实施过程,常用的公众参与主要方法如表 2-5-1 所示[18]。

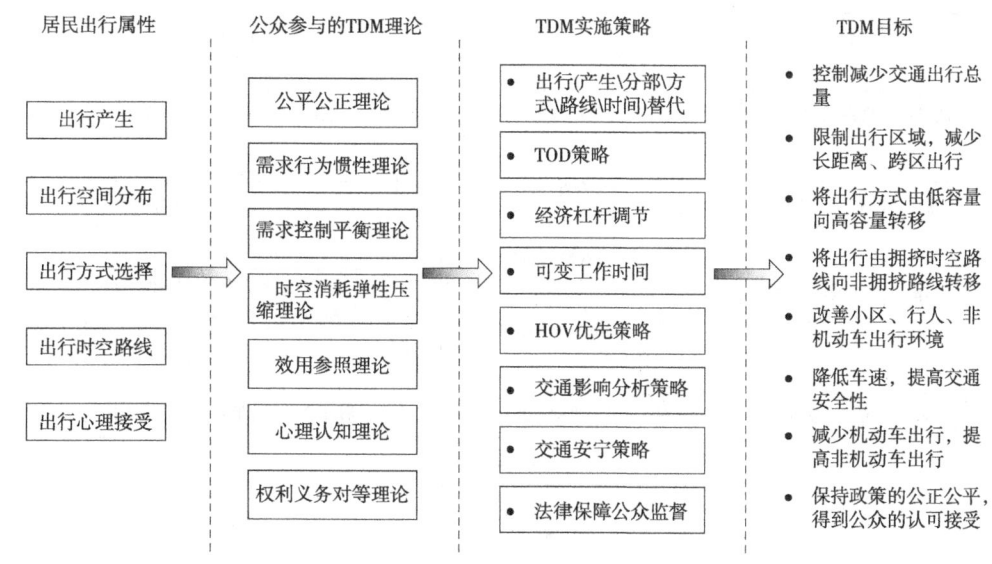

图 2-5-2　公众参与的交通需求管理目标架构

公众参与交通需求管理的主要方法　　　　　　　　　表 2-5-1

适用的阶段	参 与 方 法
适用各个阶段	问题研讨会、信息发布会、座谈会、公众听证会
问题调研与目标分析阶段	居民顾问委员会、企业联合会、公众 SP/RP 调查
方案比选与前评价阶段	公众投票表决、公众专业协助、公众免费体验、公告宣传册
方案实施阶段	交通影响费折减、出行减少条例、企业协商协议、公众培训
意见反馈与后评价阶段	电话热线、监督申诉委员会、媒体访问报道

注：意向调查(Stated Preference Survey，简称 SP 调查)；实际调查(Revealed Preference Survey，简称 RP 调查)。

2.5.6　公众参与的交通需求管理流程与实施框架

公众参与在交通需求管理规划、计划以及策略中，都起着至关重要的作用。根据交通需求管理政策措施的制定方法与技术，考虑公众参与过程的实施，得到公众参与的交通需求管理主要流程。首先，找出现状交通问题与原因，调查分析相关利益团体和公众参与对象；然后，在此基础上明确交通需求管理目标与范围并拟订初步方案；接着，考虑公众参与对各方案进行前评价并确定最终实施方案；最后，将公众反馈意见和实施方案进行同步协调，并有相应的法律法规保障过程实施，具体如图 2-5-3 所示。

公众参与的交通需求管理是一项涉及政府、行业、公众等多方利益的复杂的系统工程，影响面较大。实施前应该开展充分论证，并在交通需求管理政策措施制定的过程当中就考虑公众参与，体现社会的公平公正性，最大限度争取社会公众的理解支持。

交通需求管理的理想(最终)境界，是要落实到政策与法规层面。因此，从向公众进行信息发布和成立交通管理联合会，到组织协调和政策措施实施，需要有一套可行的法律法规保障程序，而且在操作实施过程中也需要根据不同的情况进行灵活调整，并在实践中不断进行完善。根据流程中的各个阶段，可以确定公众参与交通需求管理的环节和具体内容，如图 2-5-4 所示。

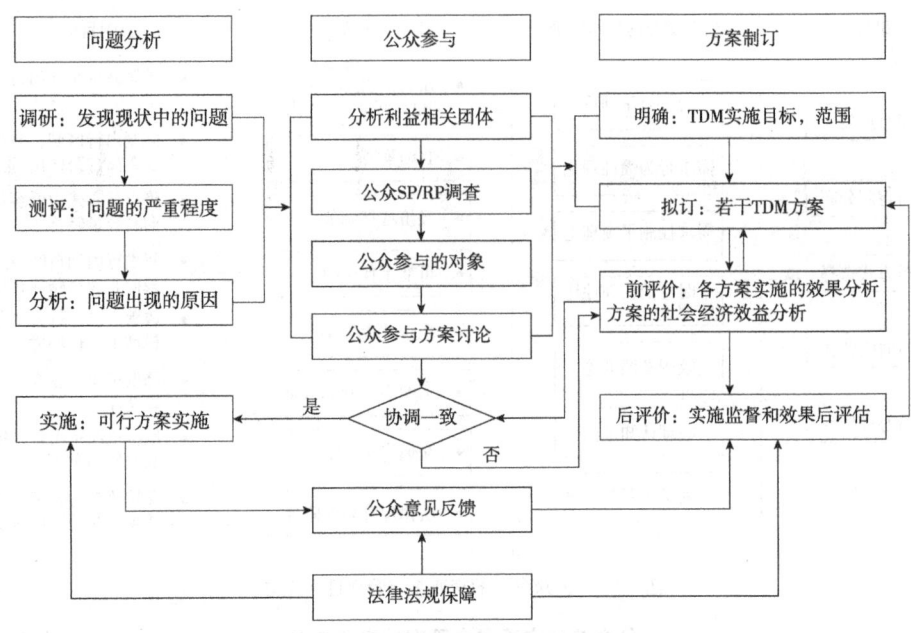

图 2-5-3 公众参与交通需求管理的主要流程

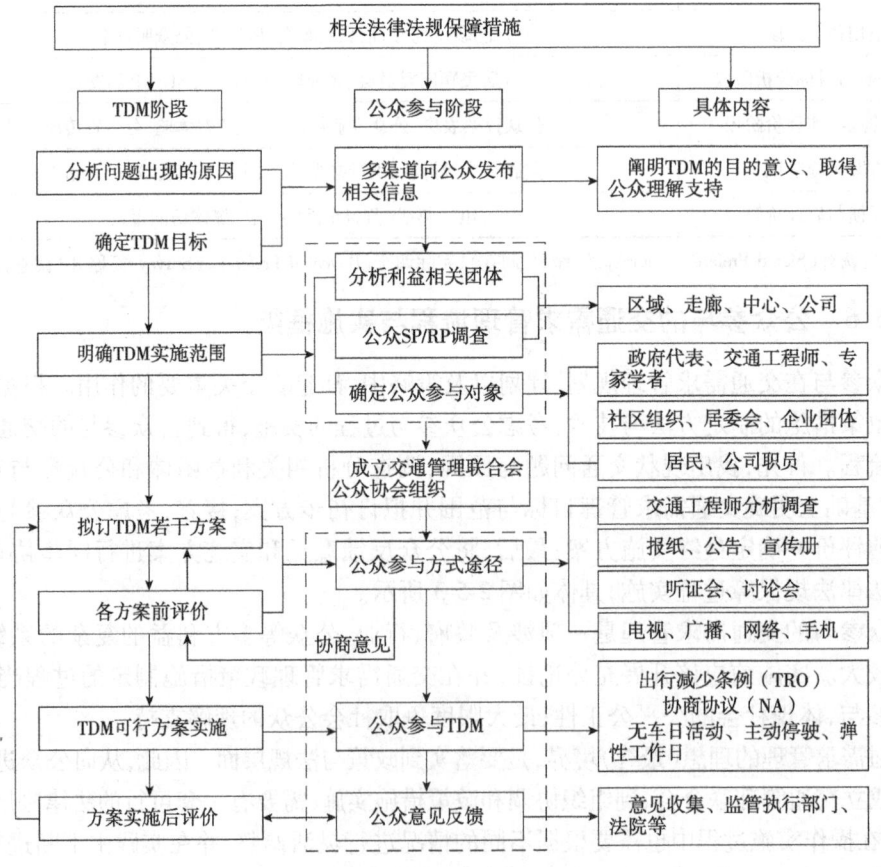

图 2-5-4 公众参与交通需求管理的实施框架

总之,公众参与贯穿于交通需求管理的各个阶段,广泛公众参与的交通需求管理是获得更大交通管理效果、减少冲突的重要途径,交通需求管理不应该只是一个技术性或行政性决策制定的结果,在政策制定和实施过程中需要公众的全过程参与。

新的社会发展阶段需要政府转变交通需求管理理念,完善公众参与立法的机制、程序和方法,提高公共政策执行中的公众参与性。公众参与的交通需求管理不同于以前的一般意义上的交通管理,在规划、计划、理论、方法、策略、决策、实施和评估上都要体现公众参与的特性。

公众参与的交通需求管理是通过个人出行者出行行为的理性优化和高的效率,实现交通系统的优化和高效率,其实现离不开良好的交通文化氛围的支持。

2.6 交通需求管理的实施保障

2.6.1 政策保障

(1) 各项交通需求管理措施必须与交通保障措施同时实施,相互辅助,才能够达到较好的实施效果[19]。例如,在限制小汽车单双号行驶的同时,必须增加公共交通保障措施,才能实现受限居民出行交通工具转化的需求。

(2) 强制类交通需求管理措施在整体方案中能够发挥重要的作用,对居民出行方式转换的影响最为显著。但是虽然短期内效果明显,从居民出行各种利益考虑,实行区域和时间长短还应该进一步研究,反复论证后由政府强制执行。

(3) 宣传是必不可少的辅助措施,广大市民接受交通需求管理的科学理念,是政策顺利推行和有效实施的重要保障。

(4) 对于较有争议的拥挤收费、错时上下班等交通需求管理政策,可以在小范围内短期实施,综合考虑效率、公平的原则和效果评价,在实践中不断完善。

(5) 深刻研究居民出行特征,特别是交通方式选择特征,通过定量定性分析,把握影响出行结构的敏感因素,针对性制定有效的交通需求管理措施。例如,模型结果显示,经济因素的敏感性显著,经济类政策的制定对方式结构的调整效果则往往较为明显。

(6) 国外及国内香港地区有较为成熟的交通需求管理政策经验,对我国城市交通发展和大型活动交通管理政策的制定,具有一定的启发作用。

2.6.2 技术保障

交通需求管理政策的实施,需要先进的信息提供、调度、通信、收费等技术保障[25]。为此,需要加强智能交通系统(ITS)研究、开发与应用,提高交通管制与管理技术水平,推进先进的交通管理系统(ATMS)、先进的出行者信息管理系统(ATIS)、先进的公共交通运输系统(APTS)、先进的商业车辆运输管理系统(ACVO)及不停车电子收费等技术的研究和开发,依靠 ITS 等新技术和先进的管理手段实现机动车辆在有限的道路空间上交通流量合理分配。同时,应加强先进的通信系统研究,保障网络办公和电话会议的可靠性。

为保证以上先进技术的研制,还应当在以下方面加以保障。

(1) 在政策上、财政上给予 ITS 研究支持。

(2)加强国内外相关部门之间的技术合作与交流。
(3)降低通信资费标准。
(4)开展技术交流合作,进行系统研发。
(5)加强媒体部门和交通部门的合作。

2.6.3 实施机构及监控机制保障

加强政府对交通需求管理政策与措施开展实施的集中统一领导[25]。建立一个由相关部门共同组成的统一领导、统一协调的交通需求管理实施领导小组、研究小组及专家咨询小组。确保城市交通需求管理政策与措施的顺利实施,并取得预期的实施效果。

实施机构要加强对交通需求管理措施实施过程的监督及效果评估。定期对居民出行、车辆使用、出入口流量和道路交通状况进行调查,建立交通信息数据库,及时为交通需求管理政策的调整与动态决策提供定量分析数据。

2.6.4 融资方案

1) 融资方案简介

一个成功的运输计划或者项目,往往需要充足的资金。而资金的来源有多种渠道,其中有些融资方案尤为合适,它们能够为交通需求管理的其他阶段性目标提供更好的支持,如缓解交通拥堵和停车紧张问题,促进土地开发使用,降低污染等[2]。

下面是常用的一些融资方案。
(1)停车收费。
(2)收取专用停车税。
(3)收取过路费。
(4)增加燃油附加税和超载费。
(5)征收二氧化碳排放税。
(6)收取工资税。
(7)收取项目建设对交通影响的费用。
(8)特别物业税。
(9)收取机动车影响费。
(10)根据业务性质和员工数量征收费用。
(11)专项补贴。
(12)为解决交通问题的特殊拨款。

2) 融资方案评估

一个好的融资方案应该具有以下特点。
(1)稳定性和可预见性。
(2)公平性。
(3)支持交通需求管理的目标。
(4)容易管理。

在所有的融资方案中,以机动车的出行发生为征收依据的费用和税收,都能为交通需求管理提供有力的支持。不同的费用会达到不同的需求管理目标,如表2-6-1所示。

常见融资方案的评估等级　　　　表2-6-1

等级	收费类型	示例
最好	针对具体时间、地点的道路和停车收费	高峰时段和路段收取高费率的过路费和停车费用,低峰时段和路段采用低费率
好	根据里程收费	按重量和距离收费,按里程计算的排污费用
较好	燃油附加费	燃油附加税
一般	对固定车辆收费	机动车辆费用、汽车购置税
最差	不专门对机动车驾驶员收取费用	一般购置税、一般财产税、营业税收等

2.7 交通系统管理

2.7.1 交通系统管理的定义与特点

1) 交通系统管理的定义

城市交通运输系统,是由汽车、公共交通、出租汽车、行人和自行车等多种交通方式组成的一个整体。交通系统管理(Transportation System Management,简称TSM),是在建设、运营和制度建立的过程中,对交通系统进行低成本的改进,从而提高系统的运营效率,使现有交通设施、交通服务、交通方式具有尽可能高的容量、效率、安全性和服务水平[20]。

交通系统管理的基本目标,是通过改善车辆和道路的管理、运营,实现更有效地利用现有的交通设施。交通系统管理的基本原则,是不增加或尽可能少地增加现有交通设施的供给,以充分利用现有交通设施为基础,提高现有交通系统的容量、效率和安全。

2) 交通系统管理的特点

与着眼于局部交通问题的传统交通管理相比,交通系统管理的显著特点是:能够从整个交通运输系统着眼,探求能使现有系统发挥其最优效益的综合治理方案,可避免各种局部措施仅转移交通问题产生地点的弊端,可得到系统效益最优的方案。

与侧重影响交通行为的交通需求管理不同,交通系统管理强调通过运营手段和相对较小的物理改进提高运输服务水平,更注重使交通供给更好地适应现有交通需求,从而更加充分地利用现有交通系统[21]。不同管理方法的特点如表2-7-1所示。

不同管理方法的特点比较　　　　表2-7-1

管理方法 项目	传统的交通管理	交通系统管理	交通需求管理
着眼点	着眼于局部交通问题的单一的孤立的治理措施	从整个交通系统着眼,探求能使现有系统发挥最优效益的综合治理方案	从管理交通需求的源头入手,使交通需求和交通供给达到平衡
管理效果	仅能对当地的问题起到缓解作用,往往把该地的交通问题转移到附近的地区	避免各个局部措施把交通问题转移地点的弊端,得到系统效益最优的方案,是对已发生交通进行的管理	控制交通需求总量,消减不合理的交通需求,使供需平衡,是对将要发生的交通进行管理

2.7.2 交通系统管理的主要措施

交通系统管理一般从需求和供给两个角度采取措施,需求角度以改变人们的出行方式为目的,供给角度以改善现有设施为目的。

美国及西欧采取交通系统管理的经验较多[22-24],基本措施可归纳为以下几类。

1) 交通系统管理的常用措施

(1) 公共交通管理:主要有改善路线及行车时刻表、改善终点站及停靠站、开辟公交专用道、开设直达快车、改善收费方法、改善运行监控、公共交通辅助系统、合乘车辆等。

(2) 行人、自行车管理:主要有行人过街、行人专用区、自行车专用道、交叉口自行车管理等。

(3) 停车管理:主要有路边停车管理、路外停车管理、换乘系统停车管理、优先停车管理、停车路线引导等。

(4) 优先通行管理:主要有高承载率车辆(HOV)优先车行道、优先交通信号等。

(5) 交通工程技术措施:主要有交叉口渠化、匝道控制、可变方向车道、交通监控、交通信号控制系统、智能交通系统(ITS)等。

(6) 高峰交通管理:主要有错开上班时间、实行弹性工作制、家中上班等。

(7) 货运交通管理:主要有改善行驶线路、改善装卸操作、建立货运枢纽、采用高峰时间限制、实行电话叫车等。

(8) 收费管理:主要有加收牌证费、汽油税、过路过桥费、存车收费管理、电子收费、污染收费、减免合乘车辆及公共交通车辆收费等。

以上各项措施,有些互相类似或排斥,只能选择使用;有些可互相补充,组合运用,以提高效益。交通系统管理技术,视各地原有道路交通系统的条件及问题症结,选用有关措施,组合成多种综合方案,根据交通效益评价结果提出最优方案。

2) 交通系统管理的实施效果

交通系统管理的基本着眼点是充分挖掘现有交通基础设施的作用,用最小的代价(资金投入和工程量)获得最大的交通效益。通过交通系统管理措施的实施,期望达到的效果主要分以下4个方面[8]。

(1) 提高效率:若以时空资源的观点来看待交通设施资源,交通主体(人或货物)利用私人交通工具在一定时间占有的交通时空资源是公共交通的十几倍,因此交通系统管理的首要措施即是各类提高公共交通服务水平和效率的措施,引导人们从低效率的私人交通转向高效率的公共交通。

(2) 改善供应:在道路交通设施网络中,由于历史的原因或在单项交通基础设施建设中缺乏系统的考虑,特别是道路系统存在道路交叉口这类天然的瓶颈,使得这些瓶颈点成为道路交通设施通行能力发挥的制约点。通过交通系统管理分析,找出这些控制现有交通基础设施通行能力发挥的瓶颈点、瓶颈段或瓶颈部位,通过较少量的改造投入,特别是对关键交叉口的交通组织与渠化设计,可获得整体通行能力较大幅度的提高。

(3) 调整需求:交通现象是一种随机现象,服从于统计规律,交通需求具有明显的时间性,例如某些城市有明显的早晚高峰。交通系统管理通过错时上下班、弹性工作制等措施进行交通需求的削峰填谷，从而减少交通系统高峰时间的拥挤程度，提高交通系统效率。

（4）促进均衡：交通问题的本质是交通供应与交通需求之间的失衡。交通系统管理通过各类交通限制措施、收费措施，通过建立交通衔接与转换枢纽，对过境交通、货运交通、城市快速路系统、城市非机动车交通系统、城市公交客运走廊等进行系统组织，使得各类交通流在交通系统内有序运转，力图达到交通需求与供应的匹配与均衡。

3）交通系统管理措施分类

根据实施效果的不同，交通系统管理措施分类如表2-7-2所示。

交通系统管理措施分类　　　　表2-7-2

交通系统管理措施	提高效率	改善公共交通	1. 公交优先措施； 2. 公交辅助系统； 3. 公交运行管理
		限制小汽车	1. 限制使用； 2. 限制拥有； 3. 限制停车
		鼓励合乘	1. 合乘补贴； 2. 合乘收费优惠； 3. HOV车道
	改善供应	工程技术措施	1. 可变方向车道； 2. 单向交通； 3. 交叉口改善
		科学技术措施	智能控制
	调整需求	时间调整	1. 拥挤收费； 2. 家中上班； 3. 错时上下班； 4. 弹性工作日
		空间调整	1. 区域执照； 2. 限制过境车辆； 3. 拥挤收费
	促进均衡	交通组织	1. 慢行交通系统； 2. 快速路系统
		科学技术措施	路径诱导
		交通衔接	1. 货运交通枢纽； 2. 客运交通枢纽； 3. 综合交通枢纽

2.7.3 交通系统管理过程

1）交通系统管理技术路线

交通系统管理着重于用尽量少的资金和工程投入，尽可能用管理措施来充分发挥现有交通基础设施的效益，因此交通系统管理遵循问题导向的技术路线。如图2-7-1所示。

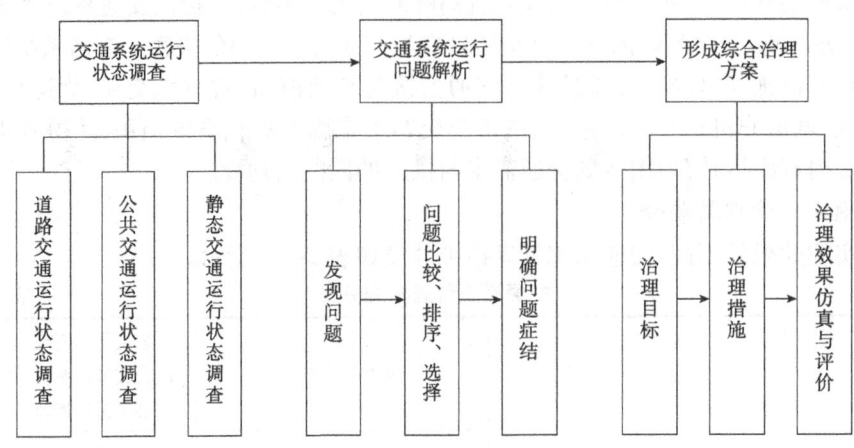

图 2-7-1　交通系统管理技术路线

首先，对交通系统运行状态进行调查，其中包括对道路交通、公共交通、静态交通等运行状态的调查。在此基础上，对交通系统运行问题进行识别、分析和排序，明确问题的症结，这是交通系统管理的核心环节。最后，提出目标导向明确且具有整体、全局、系统意识的综合治理方案，而不是提出将问题转移或转向的局部处治方案，并且对治理效果进行系统仿真与科学评价。

2）交通系统管理工作过程

交通系统管理工作应用系统工程、系统分析的理论和方法，一般遵循如下工作过程[8]。

(1) 对现有道路交通运输系统的调查与存在问题的分析。
(2) 确定治理任务和目标。
(3) 提出治理问题的各种备选的综合治理方案。
(4) 确定评价方案的效益指标。
(5) 对各备选方案作出综合评价。
(6) 根据评价结果，提出优选方案。
(7) 对优选方案中的各项治理措施作出详细设计。
(8) 方案的实施执行。
(9) 方案实施情况的监测与调整。

这样一套实施过程，手工操作是有困难的。因此，要开发城市或城市分区的"交通系统管理决策支持系统"应用软件，来用作交通系统管理方案优选的工具。

2.8　交通管理效果评价

各种交通管理措施的制订与实施，既会带来交通系统效益的提升，也会产生相应的成本支出，并影响公众和措施制订者的可接受程度。如何科学评价交通管理的效果，具有重要的意义。本节涉及的评价内容以交通需求管理措施为主，相关方法同样适用于交通系统管理。

2.8.1 评价内容

1）效益评价

交通管理措施实施后,将对交通和社会经济产生不同的直接影响和间接影响。这些影响既有正面又有负面,评价内容涉及交通系统效益、社会效益、经济效益、环境效益和资源利用效益等,需要系统综合评价[25]。对交通系统及城市发展带来正面影响及效益,主要包括拥堵减少、道路资源节约、停车空间节约、出行费用节约、多方式选择、道路安全、环境保护、土地有效使用等。在不同的城市或地区,交通管理效益分析的递阶层次和不同的需求管理措施,对交通的影响程度是不同的,需具体情况具体分析[26,27]。具体来讲包括以下几个方面:

(1) 交通功能指标。主要用于表征交通基础设施对交通需求的满足程度,以及交通网络运行质量状况。主要指标包括:出行特征指标,如居民平均出行时间、居民平均出行距离、居民公交出行结构以及各种出行方式匹配性等;交通基础设施服务水平指标,如路段、交叉口的饱和度,停车供需比,整体路网饱和度,车公里等;车辆运行指标,如平均运行车速、车辆平均延误等。

(2) 社会经济效益指标。主要包括交通出行费用和交通安全两个方面。相关指标包括:居民出行费用占居民收入的百分比、万人/万车事故率、万人/万车死亡率等。

(3) 环境影响指标。主要表征城市交通系统对城市居民居住环境的影响程度,以及城市交通系统影响人与自然和谐共处的环境的程度。相关指标包括:生态环境、噪声污染、空气污染等方面的指标。

(4) 资源利用指标。表征城市交通系统对城市资源(土地、石油)消耗程度以及城市交通内部资源的合理利用程度两方面。主要指标包括:道路时空资源消耗、人均交通油耗等。

2）成本评价

交通管理措施实施后会产生多种成本或费用,主要包括以下几个方面[28-30]:

(1) 计划费用。许多交通管理计划有直接的资源成本,包括财政开支、道路空间改造、交通管理优先权确定和实施、公众时间消耗等。

(2) 出行者费用。有些交通管理措施增加了乘车者的交通费用或减少了他们的出行时间。由于这些高额的费用,一些出行者会提前出行或转向其他的交通模式。

(3) 交易费用。一些交通管理策略增加了交易费用,如向乘车者直接和强制征收停车或道路使用费时,通过各种手段(自动电子系统收费、零售店征收)产生的交易费用。

(4) 管理费用。一些交通管理策略会产生管理人员费用或设施费用。

3）公平性评价

公平性指的是资源与机会的合理分配。交通系统常常耗费大量公共资源,交通活动产生的外部效应,如噪声、空气污染、交通事故等对社会、自然环境及人身安全的公平性都产生了影响[3]。对需求管理措施的公平性,可通过以下指标来进行评价。

(1) 平等对待每个人。该指标反映交通管理措施或政策是否能够对每个人或群体公平地分配资源(除非因特别的原因需对个体或群体进行优待)。对有同样需求的个体或群体,政策的倾斜将被视为不公平。对有同样需求的个体或群体,每个人分配资源越公平,则平等对待每个人的指数越大,公平性越好。

(2)用户支付应承担的费用。指标反映了政策措施是否使出行者承担了应付的费用。交通管理应使应付价格更真实地反映社会成本,用户与其应该承担的费用偏差越小,则用户支付应承担的费用越公平。

(3)有利于低收入人群。该指标反映了政策措施应该有利于低收入群体。交通需求管理措施应该是低收入人群在一定程度上得到绝对或相对地受益,以体现公平性。

(4)有利于弱势群体。该指标反映了政策措施是否通过增加方式选择及费用节约有利于弱势群体。假设交通管理应满足弱势群体的交通需求,则有利于提高弱势群体的机动性及可达性的措施,均视为有助于改善该指标,公平性也越好,否则相反。

(5)改善基本可达性。该指标反映了政策措施是否有利于更重要的交通可达性的实现。合理的交通管理,应在保证出行者交通基本可达性的同时,有利于具有高价值的出行可达性(如紧急车辆、重要的商务或货运车辆,比普通交通工具具有较高的优先级)。有利于改善基本可达性的政策,均视为有助于改善该指标,公平性也越好,否则相反。

4)可接受性评价

不同的交通管理措施,将对不同利益群体产生不同的影响。由于道路拥挤条件的不同,出行者出行目的、收入状况等因素的不同,将影响其对各项措施的接受程度。如何在保证整体利益的情况下,使个体利益不受到损害,是交通管理措施能否有效实施的关键。

5)可实施性评价

作为交通管理措施的实施者,政府将面临一系列难题。如机构的协调,土地的征用,投资的渠道,单位及出行者的配合、监督与管理等。不同的交通需求管理措施,其实施难度也不同。研究影响各项措施实施的难点并进行合理的评价,有利于保证其顺利实施,并确保实施后的效果。

6)批评性评价

国外部分专家提出,交通管理策略的实施会损害交通参与者的利益。例如,限制车辆出行的策略对于低收入的驾驶员是不公平的,对于自由市场是一种不正当的介入。同时,交通管理对经济的发展以及运输水平的提高都是不利的。以上观点,是进行评价的过程中需要考虑的[2]。

但是,大多数交通管理策略应当是正面的激励,这些积极的措施提高了土地利用效益及交通工具效率。交通参与者在出行过程中,可以选择采取更有效率的交通方式。表2-8-1中所示是交通管理策略对交通参与者的直接影响示例。

由表2-8-1可以看出,就交通参与者的直接利益而言,大多数策略都是积极的影响,它们提高了运输能力或者通过采取一些其他激励措施来减少车辆的出行。车辆出行者由于这些措施,将会选择更为高效的出行方式。这些行为将会同时带来一些间接的好处,例如,降低交通拥挤、设施成本以及环境污染,同时,由于出行风险的降低,将会大大地保障非机动车交通参与者的出行利益。那些消极刺激的策略,可以看作是一种经济过渡。它对整体的影响,取决于收取的费用如何使用。如果这些收费用于减少税收或增加投入,将立刻会转化成激励措施来促进整个交通系统的高效运转。因此,在交通管理策略的评价过程中,应当综合考虑这些正面及负面的作用,从全局角度出发进行系统的评价。

交通管理策略对交通参与者的直接影响　　　　　表2-8-1

正面激励	中立措施	消极刺激
1. 可变工作时间；	1. 出入口管理；	1. 提高燃油税；
2. 交通一体化；	2. 综合市场改革；	2. 停车收费；
3. 小汽车合乘；	3. 大承载率车辆优先；	3. 道路收费；
4. 通勤财政激励；	4. 停车管理；	4. 车辆使用限制
5. 提高安全性；	5. 可持续增长；	
6. 新型城市开发；	6. 街道利用；	
7. 停车换乘；	7. 交通宁静	
8. 非机动车交通保障；		
9. 学校出行管理；		
10. 穿梭运输服务；		
11. 交通需求管理市场化；		
12. 在家办公；		
13. 改进公共交通；		
14. 交通引导土地利用		

2.8.2 常见评价方法

根据是否通过建模预测或计算评价指标的值，可将交通管理策略评价分为软评价和硬评价两种方法[9]。

(1) 软评价方法，通过应用定性分析方法或直接对调查数据信息进行统计分析，来评价策略的可行性。由于评价过程不包括复杂的数据计算和预测，因此评价指标的选取依赖于调查所得的数据项，一般为交通方式分担率、出行时间分布、交通事故率等。该方法比较简单，但评价指标有限，不够全面和细致。

(2) 硬评价方法，通常依据调查数据建模，预测策略实施后出行特征和交通、环境等系统性能指标的改变或分析策略实施效果相对于一些影响因素的敏感度变化，据此进行策略评价。与软评价方法相比，硬评价方法可以通过预测或计算得到未来年的指标值或不能直接由调查获得的指标值，从而解决软评价方法存在的问题。

从评价的作用及发生的时间角度，交通管理评价可分为实施前评价和实施后评价[31,32]。

(1) 实施前评价，是指在策略实施前通过建模进行指标计算和效果预测，从而评价策略的可行性。其主要作用是通过预测策略可能产生的效果，对实施方案进行必要改进，避免对交通系统产生消极影响。

(2) 实施后评价，是在交通需求管理计划实施后通过采集相关数据，比较实施前后交通相关指标的变化，从而评价各项策略的实施效果。其作用是分析策略的短期影响，对方案进行必要的调整和改进，以利于方案的进一步实施。

根据策略评价中指标的预测计算方法不同，可以分为非集计出行行为分析方法、基于活动的出行行为分析方法、仿真评价方法及其他模型和方法[9]。

（1）非集计出行行为分析方法，是指应用非集计预测模型，如 MNL 模型、NL 模型、Probit 模型等预测策略实施后居民的出行行为变化，通过各影响指标，包括出行方式、出行目的、出行时间、路线选择等的实施前后对比，考查策略的实施效果。

以下给出基本 Logit 模型在出行方式选择模型中的应用示例。

$$P_m = \frac{\exp(U_m)}{\sum\limits_{m' \in M} \exp(U_{m'})}$$

$$U_m = \beta_m + \beta_1 t_{in}^m + \beta_2 t_{out}^m + \beta_3 C_m$$

式中： P_m——个人选择 m 的概率；

U_m——选择 m 的效用函数；

t_{in}——车内时间；

t_{out}——车外时间；

β_1、β_2、β_3——参数，对每一种模式都是一样的；

C_m——参数，对每种模式都是不同的，如果只有两种模式，则其中一种模式的出行效用的常数项可以置为 0。

基于离散数据的出行方式选择行为模型可以通过模型的集计，转为对集体行为的需求分析，预测与评估交通管理措施的实施效果，这里给出简单例子进行说明。

【例题 2-1】 某市，人们对小汽车出行的效用函数为

$$U_{Auto} = -0.13 - 0.03 t_{in}^{Auto} - 0.05 t_{out}^{Auto} - 0.1 C_{Auto}$$

公交车出行的效用函数为

$$U_{Bus} = -0.03 t_{in}^{Bus} - 0.05 t_{out}^{Bus} - 0.1 C_{Bus}$$

假设从 A 地到 B 地，出行情况如下

$$t_{in}^{Auto} = 11.3 \min \quad t_{in}^{Bus} = 14 \min$$

$$t_{out}^{Auto} = 5 \min \quad t_{out}^{Bus} = 8 \min$$

$$C_{Auto} = 12 \quad C_{Bus} = 8$$

则 $U_{Auto} = -0.13 - 0.03 \times 11.3 - 0.05 \times 5 - 0.1 \times 12 = -1.919$

$$U_{Bus} = -0.03 \times 14 - 0.05 \times 8 - 0.1 \times 8 = -1.62$$

$$P_{Bus} = \frac{\exp(U_{Bus})}{\exp(U_{Auto}) + \exp(U_{Bus})} = \frac{0.20}{0.15 + 0.20} = 0.57$$

$$P_{Auto} = 0.43$$

由此可知，从 A 地到 B 地，将有 57% 的人选择公交车，43% 的人选择小汽车出行。注意，这里没有考虑个体属性的差异，实际上工资收入不同、是否拥有小汽车、出行目的不同等，都会影响出行方式的选择结果。

【例题 2-2】 继【例题 2-1】，进一步考虑费用的变化对出行需求的影响。如果公交车的费用从现在的 8 元改变为 0 元、4 元、12 元、16 元，在其他条件不变的情况下，公交车的分担结果如图 2-8-1 所示。

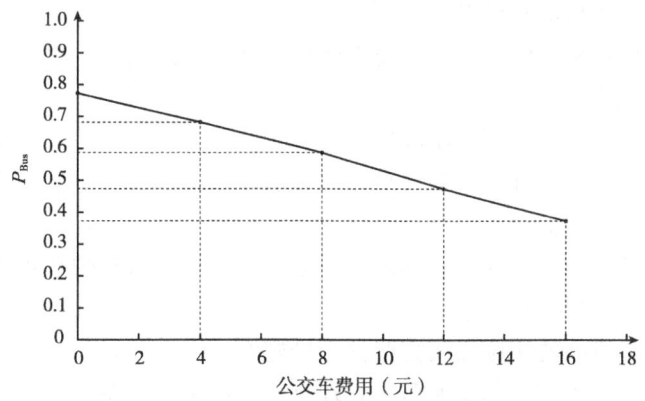

图 2-8-1 改变公交车费用对运输分担率的影响

【例题 2-3】 继【例题 2-2】,考虑时间的变化对出行需求的影响。公交车的车外时间从现在的 8min 改变为 2min、4min、12min、16min,在其他条件不变的情况下,公交车的分担结果如图 2-8-2 所示。

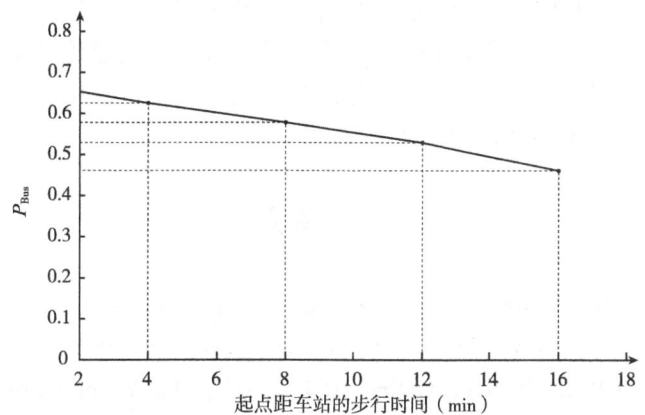

图 2-8-2 改变起点距公交车站距离对运输分担率的影响

(2) 基于活动的出行行为分析方法,是以实际产生出行的个人为单位进行预测,主要研究居民出行行为特征及活动—出行的决策特征,预测居民的出行方式、出行时间和目的地等信息。该方法在美国和德国得到一定程度的发展,并用于实际的出行行为预测。

(3) 仿真评价方法,运用交通模拟仿真手段,得到交通管理措施实施后交通系统的运行状况数据,从而通过指标的前后对比,得出评价结论。与前述非集计和基于活动方法相比,仿真方法一般用于计算一些微观的交通系统运行数据,如路段交通流量、交叉口延误等,而前者通常用于预测宏观交通影响指标,如出行时间、出行方式等。

(4) 其他模型和方法,包括线性回归模型、交通管理策略评价软件等。

习题及思考题

1. 交通需求管理的含义是什么?它与交通管理、交通系统管理之间有哪些区别和联系?

2. 简述交通需求管理的目的及意义。

3. 交通需求管理策略之间的关系主要有哪些？针对不同出行阶段需要采取的交通需求管理策略进行简要说明。

4. 交通需求管理规划的原则及阶段性目标有哪些？

5. 什么是交通需求管理计划？简要分析交通需求管理规划、交通需求管理计划和交通需求管理策略之间的相互关系。

6. 交通需求管理计划中哪些内容体现了公众参与？公众参与的必要性是什么？

7. 公众参与的方法主要有哪些？

8. 交通需求管理策略的实施需要哪些保障措施？

9. 什么是交通系统管理？与交通需求管理有哪些区别和联系？

10. 交通系统管理按实施效果可分为哪几类？每一类有哪些具体的管理措施？

11. 交通管理效果评价有哪些内容？简述常用的评价方法。

12. 学习本书表2-2-1、表2-2-2 中"常见交通需求管理主要策略及其相互关系、实施方法"，选择其中的一种措施进行研究。要求：

(1) 检索学习国内外2篇以上相关文献（作业中详细列出文献信息）。

(2) 提交一份报告，内容包括（可拓展）：隶属哪一层次的需求管理措施；影响居民出行的哪些阶段；对应哪些具体管理措施；分析管理措施的适应条件及可能效果（可引用举例说明）；措施效果的评价方案选择；启发及建议。

本章参考文献

[1] Federal Highway Administration, U. S. Department of the Transportation. "Evaluation of Travel Demand Management(TDM) Measures to Relieve Congestion". 1990.

[2] Victoria Transport Policy Institute. Online TDM Encyclopedia. Victoria, British Columbia. 2010.

[3] 朱顺应. 城市交通需求管理基础理论研究[D]. 南京：东南大学，1996.

[4] 江薇. 城市交通需求管理策略及其评价技术研究[D]. 南京：东南大学，2004.

[5] 朱顺应，杨涛. 城市交通需求管理理论研究初探[J]. 重庆交通学院学报，1997，16(1)：107-113.

[6] 郭继孚，毛保华. 交通需求管理——一体化的交通政策及实践研究[M]. 北京：科学出版社，2009.

[7] 李都厚. 西安市交通需求管理(TDM)研究[D]. 西安：长安大学，2003.

[8] 吴兵. 交通管理与控制[M]. 北京：人民交通出版社，2002.

[9] 宗芳. 基于非集计模型的交通需求管理策略评价研究[D]. 上海：上海交通大学，2008.

[10] 彭治平. 城市规划中的公众参与研究[D]. 长沙：湖南大学，2006.

[11] 赵奕. 城市规划公众参与机制研究[D]. 山东：山东大学，2008.

[12] 郭建，孙惠莲. 城市规划中公众参与的法学思考[J]. 城市规划，2004(1)：65-68.

[13] 王冬梅，李德. 对公正与公平伦理学意义的解读[J]. 理论观察，2005，6：38-39.

[14] 王红，朱顺应，王毅. 对我国城市推行交通需求管理(TDM)战略的几点认识[J]. 城市

问题,1998,6:55-57.

[15] 董志勇. 行为经济学原理[M]. 北京:北京大学出版社,2006.

[16] 周鹤龙,徐吉谦. 大城市交通需求管理研究[J]. 城市规划,2003,27(1):57-60.

[17] Louise Eriksson,Jo¨rgen Garvill,Annika M. Nordlund. Acceptability of travel demand management measures:The importance of problem awareness,personal norm,freedom,and fairness[J]. Journal of Environmental Psychology,2006,15-26.

[18] 鄢勇飞,朱顺应,王红. 公众参与的交通需求管理[J]. 城市交通,2010(03).

[19] 刘婧. 交通需求管理政策对城市结构的影响研究[D]. 北京:北京交通大学,2008.

[20] Center for Urban Transportation Research. TMA Handbook:A Guide to Successful Transportation Management Associations,2001.

[21] Arlington Master Transportation Plan:Demand and System Management Element,2008.

[22] The Joint Policy Advisory Committee on Transportation, Regional Transportation System Management and Operations Plan 2010-2020,2010.

[23] DKS Associates. Transportation System Alternatives Study. 2011.

[24] Oregon Department of Transportation,David Evans and Associates,Inc. TSM/TDM Operations Corvallis Willamette River Crossing/Van Buren Bridge Proposed Solutions. 2009.

[25] 陈艳艳,刘小明,等. 城市交通需求管理及应用[M]. 北京:人民交通出版社,2009.

[26] Phil L. Winters and Sara J. Hendricks. Quantifying The Business Benefits of TDM,Center for Urban Transportation Research,for the Office of Research and Special Programs. USDOT,2003.

[27] Federal Highway Administration. U. S. Department of transportation. Evaluation of travel demand management (TDM) measures to relieve congestion. 1990:24-35.

[28] Todd Litman. "Congestion Costs",Transportation Cost and Benefit Analysis:Techniques,Estimates and Implications. Victoria Transport Policy Institute,2002.

[29] David J. Forkenbrock and Glen E. Weisbrod. Guidebook for Assessing the Social and Economic Effects of Transportation Projects,NCHRP Report 456,Transportation Research Board. National Academy Press,2001.

[30] 朱顺应,王炜,杨涛,等. 交通需求管理费用—效益分析[J]. 东南大学学报,1997,11.

[31] Sukumar Kalmanje,Kara M. Kockelman. Credit-Based Congestion Pricing:Travel Land Value and Welfare Impacts[J]. Transportation Research Record,2004,n 1864,45-53.

[32] Eileen Kadesh,William T Roach. Commute trip reduction-a collaborative approach[J]. Energy Policy,1997,25(14-15):1217-1225.

第3章　交通管理法规及标志标线

　　交通管理法规是国家各级交通行政管理部门依法施行交通管理权力的主要依据,也是技术人员实施交通管理方案的前提。建立完善的交通管理法规体系,做到交通管理有法可依、执法必严、违法必究,是充分发挥交通管理作用的主要前提。

　　交通系统随社会经济和科学技术的进步而不断发展,交通管理事项也随交通的不断发展而变化,因此交通管理的主要依据也必将随着时代的进步不断修改和完善。本章重点介绍交通管理法规的分类、制定原则及作用范围,以及交通标志、标线和其他交通管理设施的基本功能和设置要点。

3.1　全局性管理与局部性管理

　　交通管理的实施措施众多,各种措施的有效性所涉及的范围广狭不一,涉及的时间长短也不同[1]。

PPT

1) 全局性管理

　　是指在全国或某地区范围内,在较长时间内有效的管理措施。如对驾驶员的管理、对车辆的管理、对道路的管理等,特别是交通信号、标志、标线等给道路交通使用者传递法定含义的管理设施。对这些管理措施和设施应有一个全国统一执行的规定,以避免各地区之间的管理方法存在差异而产生混乱。

2) 局部性管理

　　是指仅在局部范围内,在较短时间内才有效的一些管理措施。譬如对市区某一区域,在规定时间内限制某种车辆进入该区;对某一交叉口,在规定时间内禁止车辆转弯、掉头等。这些措施可根据当地、当时的特殊道路交通条件,适应当地、当时的交通需要而提出,虽然并不列入交通管理规则,但是必须通过具有法律含义的交通标志、标线强制实施。

3.2　交通法规及其内容

　　交通法规,是道路交通使用者在通行、停放中所必须遵守的法律、法令、规则和条例的统称。交通法律或法令由国家制定并颁布执行,交通规则、条例属于政令,由主管机关根据国家的交通法律、法令制定并颁布执行。

3.2.1 交通法规的制定

1) 交通立法的目的

道路上集中了大量的不同类型、不同速度的车辆以及行人,如果都以各自的意愿运行,必然导致到处发生冲突或阻塞。为此,必须制定所有道路使用者共同遵守的基本规则,以维护基本的交通秩序,保障交通安全与交通畅通。同时,在发生冲突事故时,可据此论处事故的责任。

交通立法的目的,并非是要把不必要或不合理的限制强加给道路交通使用者,而是要以法律的形式,通过正确运用法律的权威来保障交通安全、舒适与通畅,以维护道路交通的合法使用者不受其他不正当使用者的伤害或干扰。

2) 交通法规的层次

对交通法规进行层次划分,是为了适应交通环境和交通特点因地、因时而异的需要,使法规既具有全局的统一性,又具有局部的适应性。

交通法规按其有效性的范围,可分为3个层次。

(1) 全国性法规

全国性法规应具有全局性意义,是一种必须在全国统一执行的一些规定。全国性法规是制定地方性法规的依据。

(2) 地方性法规

地方性法规应是当地具有全局性意义的管理措施。可根据当地自然环境、城市建设及交通特点,在全国性法规为依据的前提下,制定当地必须统一执行的一些补充规定。地方性法规是对全国性法规作的一些不相矛盾的补充。

(3) 局部性管理措施

局部性管理措施可认为是交通法规的补充或外延。

3) 我国道路交通基本法规的制定

2003年,由全国人大常委会颁布的《中华人民共和国道路交通安全法》[2](以下简称《道路交通安全法》)以及由国务院制定并颁布的《中华人民共和国交通安全法实施条例》[3](以下简称《实施条例》),是目前为止最新的全局性道路交通法规,自2004年5月1日起在全国施行;是我国进一步加强道路交通管理,维护交通秩序,保障交通安全、舒适与畅通的重要法规;也可以说是我国交通管理的基本法规。《实施条例》是国家在管理道路交通方面的一项行政法规,是车辆、行人在交通活动中所必须遵守的行为规范,也是交通管理人员执法和对事故论处责任的依据。

《道路交通安全法》和《实施条例》由总则、车辆和驾驶员、道路通行条件、道路通行规定、交通事故处理、执法监督、法律责任和附则等8个章节构成。

3.2.2 交通法规的内容

道路交通是由人、车、路、环境组成的一个系统。交通法规的基本内容应针对构成道路交通系统的这几个要素。《道路交通安全法》和《实施条例》条文众多,解析其基本内容,也就是对"人""车""路""环境"四者的管理规则。

1)对"人"的管理

道路交通使用者包括车辆驾驶员及行人。对交通事故原因的分析,包含众多复杂的因素。其中有道路设计和使用的问题,有车辆机件失灵、驾驶员的技能和人们的守法观念等问题。在这些错综复杂的因素中,关键因素是"人"。如果车辆驾驶员和行人都能按道路实际情况及交通管理的要求正确、谨慎地通行,交通事故的数量及严重程度都可降到最低限度。可以说,"人"是交通问题的核心。

国内外交通事故有70%~90%是由人的因素所造成。对人的管理中的主要对象是驾驶员,要求驾驶员能以合格的驾驶技术在道路上正确地驾车行驶;要求行人遵守道路交通规则,在人行设施上行走,不得破坏交通秩序。

2)对"车"的管理

车,特别是机动车,是道路上各种交通使用者中体形最大、速度最快的一种。因车辆运行安全设施性能低劣而在行驶中出现机件故障所造成的交通事故,在发达国家约占5%,我国约占10%。对车辆的管理,主要是对车辆运行安全设施性能进行经常性的监督、检查与维护,以保证车辆的安全行驶。

3)对"路"的管理

路是道路交通使用者赖以通行的基础,是使用者通行环境的主要组成部分。道路所提供的使用状况的优劣,对使用者正确使用道路具有重大影响。譬如人行道被任意占用,行人无道可行,只能占用车行道,于是人车混行,背离了人车分离原则,交通事故因之而生。

国内外统计资料表明,约有10%的交通事故是由于道路条件的不安全或道路使用不当所造成。对道路的管理,主要是要保证道路能为交通所用,以便道路交通使用者能正确使用道路。

4)对"环境"的管理

环境主要是指道路周围的环境。环境对于驾驶员具有重大的影响。譬如在交通干道的两旁,令人眼花缭乱的广告、交通干道路侧行道树的树影等,都对驾驶员驾车不利;设在交通标志附近杂乱的牌、杆、栏等,特别是在交通标志上附挂广告牌,影响驾驶员辨认标志;遮蔽、扰乱信号灯的树梢、广告牌、霓虹灯等,影响驾驶员辨认信号灯色;街角上的树、杆、牌等各类阻挡驾驶员视线的杂物,使驾驶员视距缩短;这些都足以成为交通事故发生的主要因素。

3.3 道路交通标志和标线

道路交通标志和标线是交通管理的重要基础设施,被称之为"无声的交警",引导道路使用者有秩序地使用道路,以增强道路交通安全、提高道路运行效率。通过不同颜色的图案、符号与文字告知道路使用者道路通行权力,明示道路交通禁止、限制、遵行状况,告示道路状况和交通状况等信息。

PPT

道路交通标志和标线的设置,应符合道路交通安全、畅通的要求和《道路交通标志和标线》(GB 5768—2009)[4]、《城市道路交通标志和标线设置规范》(GB 51038—2015)[5],适用于公路、城市道路和虽在单位管辖范围但允许社会机动车通行的地方,包括广场、公共停车场等用于公众通行的场所。其他机动车通行的地方、停车场等设置的交通标志和标线,可参照执行。

3.3.1 道路交通标志基本规定

1）交通标志的功能

道路交通标志是以颜色、形状、字符、图形等向道路使用者传递信息,用于管理交通的设施。交通标志应结合道路及交通情况设置。通过交通标志,提供准确、及时的信息和引导,使道路使用者顺利、快捷地抵达目的地,促进交通畅通和行车安全。

2）交通标志设置的基本要求

(1)交通标志的设置应综合考虑、布局合理,防止出现信息不足或过载的现象。信息应连续,重要的信息宜重复显示。

(2)交通标志一般情况下应设置在道路行进方向右侧或车行道上方,也可根据具体情况设置在左侧,或左右两侧同时设置。

(3)为保证视认性,同一地点需要设置两个以上标志时,可安装在一个支撑结构上,但原则上最多不应超过 4 个;分开设置的标志,应先满足禁令、指示和警告标志的设置空间。

(4)原则上要避免不同种类的标志并设。解除限制速度标志、解除禁止超车标志、路口优先通行标志、会车先行标志、会车让行标志、停车让行标志、减速让行标志应单独设置;如条件受限制无法单独设置时,一个支撑结构上最多不应超过两种标志。标志板在一个支撑结构上并设时,应按禁令、指示、警告的顺序,先上后下、先左后右地排列;当指路标志和分向行驶车道标志需并列设置时,应按分向行驶车道标志、指路标志顺序从左至右排列。

(5)警告标志不宜多设。同一地点需要设置两个以上警告标志时,原则上只设置其中最需要的一个。

(6)各类交通标志及支撑的任何部分不得侵入道路建筑界限以内。

3）交通标志的分类

(1)交通标志按其作用分类,分为主标志和辅助标志两大类。其中主标志 7 类,分别为:
①警告标志:警告车辆、行人注意道路交通的标志。
②禁令标志:禁止或限制车辆、行人交通行为的标志。
③指示标志:指示车辆、行人应遵循的标志。
④指路标志:传递道路方向、地点、距离信息的标志。
⑤旅游区标志:提供旅游景点方向、距离的标志。
⑥作业区标志:告知道路作业区通行的标志。
⑦告示标志:告知路外设施、安全行驶信息以及其他信息的标志。
辅助标志为附设在主标志下,对其进行辅助说明的标志。

(2)交通标志按显示位置分类,分为路侧和车行道上方两种,对应的支撑结构形式为柱式、路侧附着式、悬臂式、门架式、车行道上方附着式。

(3)交通标志按光学特性分类,分为逆反射式、照明式和发光式 3 种,其中照明式又分为内部照明式和外部照明式。

(4)交通标志按版面内容显示方式分类,分为静态标志和可变信息标志。

(5)交通标志按设置的时效分类,分为永久性标志和临时性标志。

(6)按标志传递信息的强制性程度分类,分为必须遵守标志和非必须遵守标志。其中:

禁令标志和指示标志为道路使用者必须遵守标志,其他标志仅提供信息,如指路标志、旅游区标志。

（7）补充说明:禁令、指示标志套用于无边框的白色底板上,为必须遵守标志,而停车让行、减速让行标志不得套用于无边框的白色底板上。对事故多发路段,以及标志视认条件受道路行驶环境影响较大路段设置的警告标志,宜采用套用于无边框的荧光黄色底板上的版面。禁令、指示标志套用于指路标志上,仅表示提供相关禁止、限制和遵行信息,只能作为补充说明或预告方式,并应在必要位置设置相应的禁令、指示标志等,如图3-3-1所示。

4）交通标志的颜色

一般情况下,交通标志颜色的基本含义如下:

（1）红色:表示禁止、停止、危险,用于禁令标志的边框、底色、斜杠,也用于叉形符号和斜杠符号、警告性诱导标的底色等。

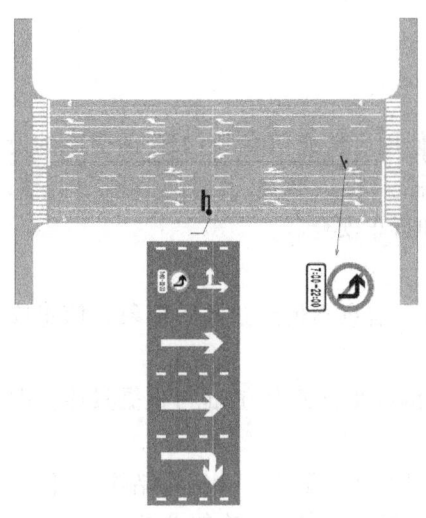

图3-3-1　禁令标志的套用独立设置图例

（2）黄色或荧光黄色:表示警告,用于警告标志的底色。

（3）蓝色:表示指令、遵循,一般用于指示标志的底色,表示地名、路线、方向等行车信息。

（4）绿色:表示地名、路线、方向等的行车信息,用于高速公路和城市快速路指路标志的底色。

（5）棕色:表示旅游区及景点项目的指示,用于旅游区标志的底色。

（6）黑色:用于标志的文字、图形符号和部分标志的边框。

（7）白色:用于标志的底色、文字和图形符号以及部分标志的边框。

（8）橙色或荧光橙色:用于道路作业区的警告、指路标志。

（9）荧光黄绿色:表示警告,用于注意行人、注意儿童等警告标志。

5）交通标志的形状

交通标志形状的一般使用规则如下:

（1）正等边三角形:用于警告标志。

（2）圆形:用于禁令和指示标志。

（3）倒等边三角形:用于"减速让行"禁令标志。

（4）八角形:用于"停车让行"禁令标志。

（5）叉形:用于"铁路平交道口叉形符号"警告标志。

（6）方形:用于指路标志,部分警告、禁令和指示标志,旅游区标志,辅助标志,告示标志等。

6）交通标志的边框和衬边

除个别标志外,标志边框的颜色应与标志的图形或字符的颜色一致;除指示标志外,标志衬边的颜色应与标志底色一致。

7）交通标志的字符

（1）道路交通标志的字符应规范、正确、工整。按从左至右、从上至下顺序排列。一般一个地名不写成两行或两列。

(2)根据需要,可并用汉字和其他文字。标志上的汉字应使用规范汉字,除有特殊规定之外,汉字应排在其他文字上方。

(3)除特殊规定外,指路标志汉字高度一般值应根据设计速度,按表3-3-1选取。汉字字宽和字高相等。字高可考虑设置路段的运行速度(v_{85})进行调整。

汉字高度与设计速度的关系　　　　　　表3-3-1

设计速度(km/h)	100~120	71~99	40~70	<40
汉字高度(cm)	60~70	50~60	35~50	25~30

8)交通标志的设置位置

(1)禁令、指示标志应设置在禁止、限制或遵循路段开始的位置。部分禁令、指示标志开始路段的路口前适当位置应设置相应的指路标志提示,使被限制车辆能够提前绕道行驶。

(2)指路标志设置位置,应符合每一指路标志的具体规定。

(3)警告标志前置距离,一般根据道路的设计速度按表3-3-2选取。也可考虑所处路段的最高限制速度或运行速度等,按表3-3-2进行适当的调整。

警告标志前置距离一般值(单位:m)　　　　　　表3-3-2

设计速度(km/h)	条件A	减速到下列速度(km/h) 条件B										
		0	10	20	30	40	50	60	70	80	90	100	110
40	*	*	*	*									
50	*	*	*	*	*								
60	30	*	*	*	*								
70	50	40	30	*	*	*	*						
80	80	60	55	50	40	30	*						
90	110	90	80	70	60	40	*	*	*				
100	130	120	115	110	100	90	70	60	40	*			
110	170	160	150	140	130	120	110	90	70	50	*		
120	200	190	185	180	170	160	140	130	110	90	60	40	

注:1.条件A——道路使用者有可能停车后通过警告地点,典型的标志如注意信号灯的标志、交叉口警告标志、铁路道口标志等。

2.条件B——道路使用者应减速通过警告地点,典型的标志如急转弯标志、连续弯路标志、陡坡标志等。

3.*——不提供具体建议值,视当地具体条件确定。

3.3.2 道路交通标志作用分类说明

1)指示标志

指示标志,用以指示车辆和行人按规定方向、地点行驶,道路使用者应遵循,为强制性标志。

(1)除个别标志外,指示标志颜色为蓝底、白图案。形状分为圆形、长方形和正方形,如

图 3-3-2 的"向左和向右转弯""路口优先通行"与"分向行驶车道"标志。

(2)指示标志设置于指示路段的起点附近。

(3)有时间、车种等规定时,应用辅助标志说明。除特别说明外,指示标志上不允许附加图形。附加图形时,原指示标志的图形位置不变。

(4)城市道路不宜使用路口优先通行标志和会车先行标志。因特殊需要使用时,应符合现行国家标准《道路交通标志和标线》(GB 5768)相关规定。

(5)直行标志和转弯标志应设置于需要控制车辆行驶方向的交叉口或路段前 30 ~ 90m 处。

a)"向左和向右转弯"标志　　b)"路口优先通行"标志　　c)"分向行驶车道"标志

图 3-3-2　指示标志示例

2)指路标志

指路标志,表示道路信息的指引,为驾驶员提供去往目的地所经过的道路、沿途相关城镇、重要公共设施、服务设施、地名、距离和行车方向等信息。为非强制性标志。

(1)除特别说明外,指路标志的颜色一般为蓝底、白图案、白边框、蓝色衬边;高速公路和城市快速路指路标志为绿底、白图案、白边框、绿色衬边。形状除个别标志外,为长方形和正方形。

(2)指路标志信息依据重要程度、道路等级、服务功能等因素分层。

①A 层信息:指高速公路、国道、城市快速路,省会、自治区首府、直辖市等控制性城市,及其他本区域内相对重要的信息。

②B 层信息:指省道、城市主干道路、县及县级市,及其他本区域内相对较重要的信息。

③C 层信息:指县道、乡道、城市次干道路、支路、乡、镇、村,及其他本区域内的一般信息。

④根据地区特点,可继续下分。

(3)指路标志信息选取,应遵循以下原则。

①关联、有序。

②便于不熟悉路网的道路使用者顺利到达目的地。

③信息量适中:一块指路标志版面中,各方向指示的目的地信息数量之和不宜超过 6 个;一般道路交叉路口预告标志和交叉路口告知标志版面中,同一方向指示的目的地信息数量不应超过 2 个,同一方向需选取 2 个信息时,应在一行或两行内按照信息由近到远的顺序由左至右或由上至下排列,如图 3-3-3 所示。

图 3-3-3　指路标志示例（版面信息排列及路径方向箭头）

3）警告标志

警告标志，为警告车辆驾驶员、行人前方有危险的标志，道路使用者需谨慎行动。为非强制性标志。

（1）警告标志的颜色为黄底、黑边、黑图案。"注意信号灯"标志的图形为红、黄、绿、黑四色。"叉形符号""斜杠符号"为白底红图案。形状为等边三角形或矩形，三角形的顶角朝上。

（2）警告标志前置距离的设置可参考表 3-3-2。应考虑道路的限速、运行速度等实际情况适当调整。

（3）警告标志可以和禁令标志、辅助标志等联合使用，如图 3-3-4 所示。

（4）警告标志不应过量使用，并应符合下列要求：当同一地点需要设置 2 个以上警告标志时，可设置其中最需要的 1 个；当需要 2 个以上的警告标志并列设置时，应将提醒道路使用者危险主因的标志设置在上部或左侧。内容受季节影响或为临时性内容的警告标志，当设置条件发生变化时，应及时取消或覆盖版面。

a）和限制速度标志联合使用　　b）和建议速度标志联合使用　　c）附加说明急弯半径的辅助标志

图 3-3-4　警告标志和其他标志联合使用示例

4）禁令标志

禁令标志，表示禁止、限制及相应解除的含义，道路使用者应严格遵守。

（1）除个别标志外，禁令标志的颜色为白底、红圈、红杠、黑图案、图形压杠。形状为圆形，但"停车让行标志"为八角形，"减速让行标志"为顶角向下的倒等边三角形，如图 3-3-5 所示。

a)禁止驶入　　　　　　　b)停车让行　　　　　　　c)减速让行

图 3-3-5　禁令标志示例

(2)禁令标志设置于禁止、限制及相应解除开始路段的起点附近。

(3)对于车辆如未提前绕行则无法通行的禁令标志设置的路段,应在进入禁令路段的路口前或适当位置设置相应的预告或绕行标志,提示被限制车辆提前绕道行驶。

(4)除特别说明外,禁令标志上不允许附加图形、文字。

5)旅游区标志

旅游区标志,是为吸引和指引人们从高速公路或其他道路上前往邻近的旅游区,在通往旅游景点的路口设置的标志,使旅游者能方便地识别通往旅游区的方向和距离,了解旅游项目的类别。旅游区标志的颜色为棕底、白字(图形)、白边框、棕色衬边。形状为矩形。

旅游区标志分为指引标志和旅游符号标志两大类,为非强制性标志。

(1)旅游区指引标志提供旅游区的名称、有代表性的图形及前往旅游区的方向和距离,如图 3-3-6a)、b)所示。

(2)旅游区旅游符号标志提供旅游项目类别、有代表性的图形及前往旅游景点的指引,如图 3-3-6c)所示。

a)旅游区距离　　　　　　b)旅游区方向　　　　　　c)旅游区符号

图 3-3-6　旅游区标志示例

6)作业区标志

作业区标志用以通告道路交通阻断、绕行等情况。设在道路施工、养护等路段前适当位置。用于作业区的标志有警告标志、禁令标志、指示标志及指路标志,其中警告标志为橙底黑图形,指路标志为在已有的指路标志上增加橙色绕行箭头或者为橙底黑图形,如图 3-3-7和图 3-3-8 所示。

a) b) c)

图 3-3-7 作业区标志示例（道路施工及封闭）

a) b) c)

图 3-3-8 作业区标志示例（行驶方向改变）

作业区标志设置时，应与禁令、指示、警告等标志，以及其他作业区交通安全设施配合使用。各作业区预告标志应由作业区标志与说明距离的辅助标志组成。

当道路施工完成后，应及时撤除道路施工相关标志。

7）告示标志

告示标志，用以解释、指引道路设施、路外设施，或者告示有关《道路交通安全法》和《实施条例》的内容。告示标志的设置有助于道路设施、路外设施的使用和指引。取消其设置，不影响现有标志的设置和使用。

（1）告示标志一般为白底、黑字、黑图形、黑边框。版面中的图形标识，如果需要可采用彩色图案。如图 3-3-9 所示。

 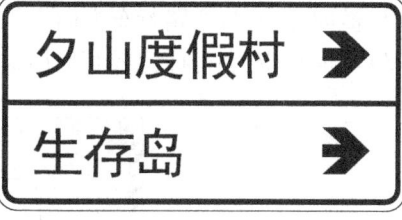

a) b)

图 3-3-9 告示标志示例（法规条文解释和路外设施指引）

（2）告示标志的设置不应影响警告、禁令、指示和指路标志的设置和视认性。

（3）告示标志和警告、禁令、指示和指路标志设置在同一位置时，禁止并设在同一根立柱上，应独立设置在警告、禁令、指示和指路标志的外侧。

8）辅助标志

辅助标志的颜色为白底、黑字（图形）、黑边框、白色衬边。形状为矩形，如图 3-3-10 所示。

（1）凡主标志无法完整表达或指示其规定时，为保障行车安全与交通畅通的需求，应设置辅助标志。

（2）辅助标志应设置在主标志下方，紧靠主标志下缘。

（3）当需说明的内容较多时，可采用组合辅助标志同时说明车辆种类、作用时间、空间等特殊规定，但组合的内容不宜多于 3 种。

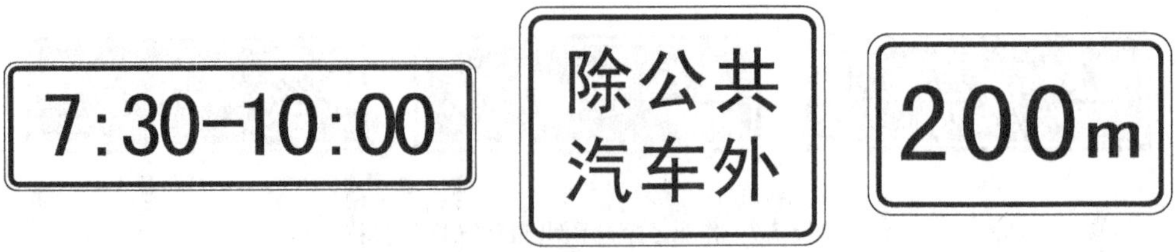

a) b) c)

图 3-3-10　辅助标志示例（时间范围、车种及距离规定）

3.3.3　道路交通标线基本规定

道路交通标线，是由施划或安装于道路上的各种线条、箭头、文字、图案及立面标记、实体标记、突起路标和轮廓标等所构成的交通设施，它的作用是向道路使用者传递有关道路交通的规则、警告、指引等信息，可以与交通标志配合使用，也可以单独使用。

1）道路交通标线分类

道路交通标线，按功能可划分为以下 3 类。

（1）指示标线：指示车行道、行车方向、路面边缘、人行道、停车位、停靠站及减速丘等信息的标线。

（2）禁止标线：告示道路交通的遵行、禁止、限制等特殊规定的标线。

（3）警告标线：促使道路使用者了解道路上的特殊情况，提高警觉、准备应变、防范措施的标线。

道路交通标线，按设置方式可分为以下 3 类。

（1）纵向标线：沿道路行车方向设置的标线。

（2）横向标线：与道路行车方向交叉设置的标线。

（3）其他标线：字符标记或其他形式标线，如图 3-3-11 所示。

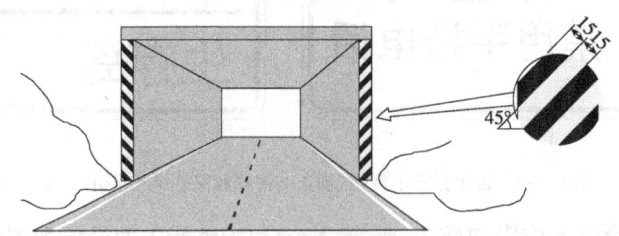

图 3-3-11　立面交通标线示例（单位：mm）

道路交通标线按形态可分为以下 4 类。

（1）线条：施划于路面、缘石或立面上的实线或虚线。

（2）字符：施划于路面上的文字、数字及各种图形、符号。

（3）突起路标：安装于路面上，用于标示车道分界、边缘、分合流、弯道、危险路段、路宽变化、路面障碍物位置等信息的反光体或不反光体。

（4）轮廓标：安装于道路两侧，用以指示道路边界轮廓、道路的前进方向的反光柱（或反光片）。

2）道路交通标线颜色、线条

道路交通标线的颜色为白色、黄色、蓝色或橙色，路面图形标记中可出现红色或黑色的图案或文字。道路交通标线的形式、颜色及含义如下。

(1)白色虚线:画于路段中时,用以分隔同向行驶的交通流或作为行车安全距离识别线;画于交叉口时,可用以引导车辆行进。

(2)白色实线:画于路段中时,用以分隔同向行驶的机动和非机动车,或指示车行道的边缘;画于交叉口时,可用作导向车道线或停止线;画为停车位标线时,指示收费停车位。

(3)黄色虚线:画于路段中时,用以分隔对向行驶的交通流,或作为公交专用车道线;画于交叉口时,用以告示非机动车禁止驶入的范围或用于连接道路中心线的路口导向线;画于路侧或路缘石上时,禁止车辆长时在路边停放。

(4)黄色实线:画于路段中时,用以分隔对向行驶的交通流或作为公交车、校车专用停靠站标线;画于路侧或路缘石上时,禁止车辆长时或临时在路边停放;画为网格线时,表示禁止停车的区域;画为停车位标线时,表示专属停车位。

(5)双白虚线:画于交叉口时,作为减速让行线。

(6)双白实线:画于路口,作为停车让行线。

(7)白色虚实线:用于指示车辆可临时跨线行驶的车行道边缘,虚线侧允许车辆临时跨线,实线侧禁止车辆跨线。

(8)双黄实线:画于路段中时,用以分隔对向行驶的交通流。

(9)双黄虚线:画于城市道路路段中,用于指示潮汐车道。

(10)黄色虚实线:画于路段中时,用于分隔对向行驶的交通流,实线侧禁止车辆越线,虚线侧准许车辆越线。

(11)橙色虚、实线:用于作业区标线。

(12)蓝色虚、实线:作为非机动车专用道标线;画为停车位标线时,指示免费停车位。

3.3.4 道路交通标线专用分类说明

1)指示标线

指示道路上机动车、非机动车、行人等通行的位置和方向,应设置指示标线。

指示标线,由纵向标线、横向标线和其他标线组成。

(1)纵向标线包括:

①可跨越对向车行道分界线;

②可跨越同向车行道分界线;

③潮汐车道线;

④车行道边缘线;

⑤左转弯待转区线;

⑥路口导向线;

⑦导向车道线,如图3-3-12所示。

(2)横向标线包括:

①人行横道线;

②车距确认线。

(3)其他标线包括:

①道路出入口标线；
②停车位标线；
③停靠站标线；
④减速丘标线；
⑤导向箭头；
⑥路面文字标记；
⑦路面图形标记。

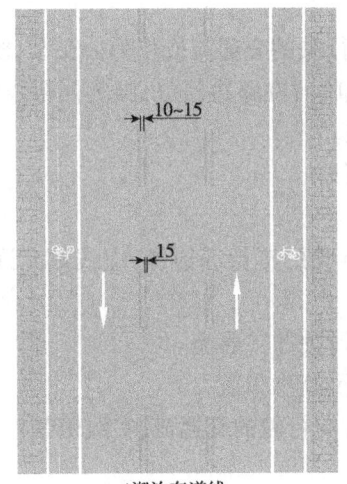

图 3-3-12　指示标线示例（单位：mm）

2）禁止标线

当严格禁止道路使用者某些交通行为时，应设置禁止标线。

禁止标线，由纵向禁止标线、横向禁止标线和其他禁止标线组成。

(1) 纵向禁止标线包括：

①禁止跨越对向车行道分界线；

②禁止跨越同向车行道分界线；

③禁止停车线，如图 3-3-13a)所示。

(2) 横向禁止标线包括：

①停止线；

②停车让行线；

③减速让行线。

(3) 其他禁止标线包括：

①非机动车禁驶区标线；

②导流线；

③网状线；

④专用车道线；

⑤禁止掉头(转弯)线，如图 3-3-13b)所示。

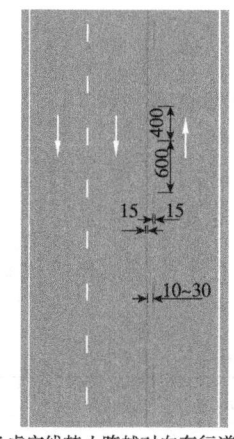
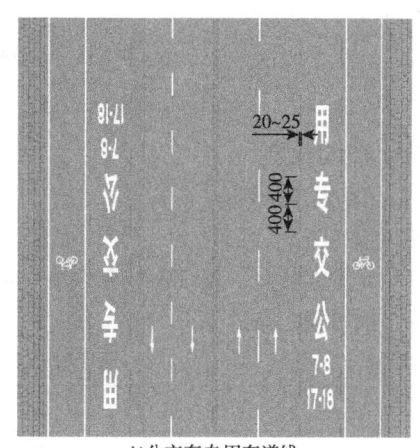

a) 黄色虚实线禁止跨越对向车行道分界线　　　b) 公交车专用车道线

图 3-3-13　禁止标线示例（单位：mm）

3）警告标线

当警示道路使用者注意道路通行规则时，应设置警告标线。

警告标线，由纵向标线、横向标线和其他标线组成。

(1) 纵向标线包括：

①路面(车行道)宽度渐变段标线；

②接近障碍物标线；

③铁路平交道口标线。

(2) 横向标线包括：横向减速标线。

(3) 其他标线包括：

①立面标记；

②实体标记。

路面(车行道)宽度渐变段标线用于警告车辆驾驶员路宽或车道数变化，应谨慎行车，并禁止超车，如图 3-3-14 所示。标线颜色为黄色。渐变段的长度 L 按式(3-3-1)确定。

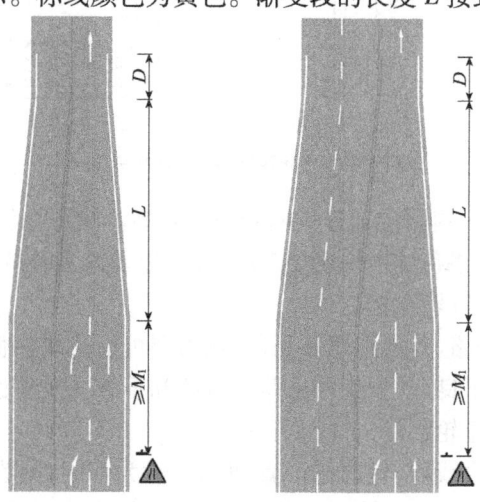

a) 三车道变为双车道渐变段标线　　b) 四车道变为三车道渐变段标线

图 3-3-14　警告标线示例

$$L = \begin{cases} \dfrac{v^2 \cdot W}{155} & (v \leqslant 60\mathrm{km/h}) \\ 0.625 \times v \cdot W & (v > 60\mathrm{km/h}) \end{cases} \qquad (3\text{-}3\text{-}1)$$

式中：L——渐变段的长度，m；

v——设计速度，km/h；

W——变化宽度，m。

式(3-3-1)计算结果大于表 3-3-3 所示最小值时，采用计算结果作为设计渐变段长度，否则采用表 3-3-3 推荐值。

渐变段长度最小值　　　　表 3-3-3

设计速度 v(km/h)	最小值 L(m)	设计速度 v(km/h)	最小值 L(m)
20	20	60	40
30	25	70	70
40	30	80	85
50	35	>80	100

4）其他标线

其他标线，包括突起路标、轮廓标和弹性交通柱。

(1)突起路标，是固定于路面上起标线作用的突起标记块，可用来标记对向车行道分界线、同向车行道分界线、车行道边缘线等，也可用来标记弯道、进出口匝道、导流标线、道路变窄、路面障碍物等危险路段，如图 3-3-15 所示。突起路标可分为反光和不反光两大类，除特殊要求外，突起路标高度应为 10~25mm。

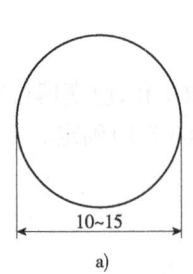 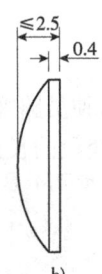 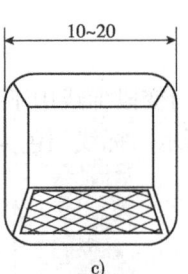 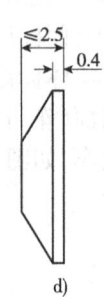

图 3-3-15　突起路标形状示例（单位：cm）

(2)轮廓标，用以指示道路的前进方向和边缘轮廓。轮廓标设置规定如下：

①高速公路、一级公路和城市快速干道的主线，以及其互通立交、服务区、停车场的进出匝道或连接道，应连续设置轮廓标。

②二级公路、三级公路、其他道路和路段，视需要可沿主线两侧连续设置轮廓标；在小半径弯道、连续转弯、视距不良、易发生冲出路侧事故和事故多发等路段，宜结合其他安全处置措施沿主线两侧连续设置轮廓标。

③高速公路的主线直线段，轮廓标设置间隔一般为 50m，附设于护栏上时，其设置间隔可为 48m。一级公路和城市快速干道的主线直线段，轮廓标设置间隔一般为 40m。二级公路、三级公路和其他道路的主线直线段，轮廓标设置间隔一般为 30m。

④轮廓标在道路左、右侧对称设置。轮廓标结构按设置条件可分为埋设于土中和附着两种。轮廓标的标准设置高度为70cm,最小设置高度为60cm。

(3)弹性交通柱应设置在道路上,并预告危险区间的出现,起到引导、防护和隔离作用,宜和路面标线配合使用。弹性交通柱的设置高度宜控制在60~80cm,标准高度应为70cm;设置间隔宜为2~4m,在危险的路段可适当加密间隔,在中央分隔带安全岛的设置间隔宜为1~2m。

3.3.5 交通标志、标线设置原则及配合使用要求

1)交通标志设置原则

设置交通标志是以确保交通畅通和行车安全为目的,应结合道路线形、交通状况、沿线设施等情况,根据交通标志的不同种类来设置。这样利于向道路使用者提供正确、及时的信息,使其通过交通标志的指令引导,能顺利、快捷地抵达目的地,不致发生违规等错误行驶。

(1)根据客观需要设置

《道路交通标志和标线》(GB 5768—2009)规定的各类标志,每一种都有一定的设置条件,应根据实际需要进行总体布局,结合具体情况合理设置,为保证交通畅通和行车安全,防止出现信息不足或过载的现象。对于重要的信息应给予重复显示的机会。例如,某一道路机动车流量增加,可通过限制车速来减少交通事故,同时还可使一些车辆改道,起到分流作用。如不从实际情况考虑,一旦道路上发生多起交通事故,盲目地在该路上连续设置警告标志,这对驾驶员并不能起到期望的警告作用。

(2)统一性和连续性相结合

交通标志的设置应充分考虑道路使用者的行动特性,即充分考虑在动态条件下发现、判读标志及采取行动的时间和前置距离。

①统一性。是指在一定距离内,交通标志之间及和其他交通设施之间应是协调的,即不矛盾的。总体考虑布局,避免出现标志内容相互矛盾、重复的现象,尽量用最少的标志把必需的信息展现出来。如在50m内设置禁止停放车辆及指示停放车辆标志两块,这将使驾驶员不知所措。另外,交通标志和交通标线、隔离墩、交通信号应是统一设置。

②连续性。是指交通设施的设置要使驾驶员在其观念上有时空上的连续性。一般驾驶员对城市的交通标志设置有一个从不熟悉到熟悉习惯的转变过程,形成相对稳定的观念。若交通标志的设置地点、标志内容发生突然变化,则驾驶员对交通标志所具有时空上的连续性观念就会中断,将造成驾驶员心理紧张,发生辨认错误。故设置交通标志时,应充分考虑驾驶员的心理特点,并作好宣传。

统一性是从整体上考虑布设交通标志,连续性是从时空顺序上考虑布设交通标志,两者之间既有联系,又有区别。

(3)设在易见位置

交通标志应设在车辆行进正面方向最容易看清的地方,根据具体情况可设置在道路右侧、中央分隔带或车行道上方。

①同一地点需要设置两种以上标志时,可以安装在一根标志柱上,但最多不应超过

4种。

②路侧式标志应尽量减少标志板面对驾驶员的眩光。在装设时,应尽可能与道路中线垂直或成一定角度:禁令和指示标志为0~45°,指路和警告标志为0~10°(角度是道路中线与标志牌的法线之间的夹角)。

(4)昼夜性作用标志的照明或反光性

除了少数交通标志只在白天起作用外,大部分标志都是昼夜起作用的。故交通标志必须设置在照明条件较好,或者有发光或反光装置的位置,否则将不能保障夜间行车安全。夜间交通量较大的道路,应尽量采用反光标志。

2)交通标线设置原则

道路交通标线的视认性,取决于其颜色对比度和标线长、宽的尺寸。

(1)道路交通标线的颜色

传统的道路交通标线采用白色,是因为白色比较醒目,尤其在沥青路面上的色度对比下,它的视认性效果较好。近年来,许多国家在交通标线中使用了黄色标线,作为分隔限制道路上对方向车流的相互跨越和干扰。黄色标线主要解决了原来标线的单调色彩,使驾驶员消除长途驾驶后的疲劳感,对交通安全是一个有利的因素。但黄色标线对光的反射性比白色标线低53%,白色标线的亮度是黄色标线的1.3倍。另外,黄色标线漆价格高于白色标线漆。我国目前较少使用黄色交通标线,一般在同方向有两条以上机动车道且道路照明条件较好的情况下才使用。

(2)道路交通标线的宽度

驾驶员的行车视觉对纵向和横向交通标线的宽度有着不同的要求。国外对纵向标线研究表明:其宽度对道路交通和驾驶员的心理、生理指标没有影响。就宽度分别为10cm、15cm、20cm 的交通标线进行测验,当速度分别为 20km/h、40km/h、60km/h、80km/h、100km/h时,不同宽度的纵向标线对行车可见性无甚影响。各国对纵向标线宽度一般取为10~15cm,最小和最大值分别为7.5cm和20cm。标线宽度应与道路宽度成正比。

横向标线宽度应比纵向标线宽,因为驾驶员在行车中发现横向标线往往是由远到近,尤其在距横向标线较远的时候其视角范围很小,加上远小近大的原理,加宽横向标线是很有必要的,一般宽度为20~40cm。

(3)道路交通标线的虚线间隔长度的确定

根据心理学家的研究,虚线中的实线段与间隔长度的比值与车辆的行驶速度直接有关。实线段与间隔长度的比值过小,会造成闪现率过高而使虚线出现连续感,对驾驶员产生过分的刺激。但是,如果闪现率太低,驾驶员在行驶中获得的信息量太少,就起不到标线应有的作用。线段与间隔长度的比值对道路上的车速有一定影响,在郊外公路上线段与间隔的闪现率不大于4次/s被认为是可以接受的,闪现率为2.5~3.0次/s时效果最好。

(4)导向箭头最佳形式的确定

由于受视线高度的限制,车辆驾驶员在道路上行进时辨认路面上的导向箭头的平面形状,应与观察距离成正比地拉长。所以,漆画在路面上的箭头的形状,同正常的箭头形状有很大的不同。

为寻求导向箭头的最佳形式,需要对各种直行、转弯以及直行和转弯组合箭头进行比较,在对比试验中控制箭头的尺寸、亮度、对比度,并考虑路面颜色不均匀所产生的干扰等因素。而上述因素的变化将会影响认读速度。试验中认读速度最快、错误率(混淆率)最小的,就被认为是最佳的箭头形状。

对认读速度和错误率试验的结果进行统计分析,可以区别各种箭头形式的好坏。最终的箭头形式,可根据试验结果的平均值加以选用。

3) 交通标志、标线配合使用的建议

(1) 如果条件具备,原则上应同时设置交通标志和标线。
(2) 路面未铺装,则应设置标志;道路空间受限无法设标志,则应设置标线。
(3) 可以只设标线的,要考虑积雪的影响,确定是否设标志。
(4) 可以只设标志的,要考虑车辆遮挡等的影响,确定是否设标线。

交通标志和标线的配合建议,见表3-3-4。

交通标志和标线的配合建议 表3-3-4

情　形		标　志	标　线	说　明
禁止掉头		必设	可选	
禁止超车		可选	必设	如果需要,在起点、终点设置标志
禁止占用对向车道			只设标线	
禁止车辆停放		原则上必设	可选	要考虑积雪的影响;需要对对象车辆及时间进行限制时,标志必设
最高限速		必设	可选	
禁止驶入的渠化			只设标线	
平面交叉中心禁止停车			只设标线	
分车型分车道行驶		原则上必设	可选	路面标记可选
专用车道		原则上必设	原则上必设	
公交专用、BRT等车道		原则上必设	原则上必设	
导向车道		原则上必设	原则上必设	可变导向车道,标志为可变标志
转弯方法(中心圆)			只设标线	
环岛		原则上必设	可选	标志指环岛环形车辆优先的指示标志
停车位		可选	原则上必设	有时段、时长要求时,以标志表示;车种要求可以用标线表示
自行车在平面交叉的行为			只设标线	专用或禁止
人行横道	设有信号灯的场所		只设标线	未铺装路、积雪等原因,标线的设置及管理困难时,只设标志
	没有设信号灯的场所	必设	必设	标志指人行横道的指示标志,是否设置"人行横道"警告标志根据实际情况

续上表

情　形		标　志	标　线	说　明
平面交叉处停、让控制	停车让行	必设	原则上必设	未铺装路、积雪等原因,标线的设置及管理困难时,只设标志
	减速让行	必设	原则上必设	未铺装路、积雪等原因,标线的设置及管理困难时,只设标志
铁道路口	无人看守	原则上必设	原则上必设	如果需要,设警告标志;路面未铺装、存在积雪等,要设斜杠标志

注:必设、原则上必设,均指符合设置条件情况下。

3.4　其他交通管理设施

1) 隔离设施

道路交通隔离设施,是交通管理部门在道路上设置的一种分隔交通流,保证车辆和行人交通安全、畅通的交通设施。它的特点是以物理实体强制分隔道路和车道,从而达到分离交通流的目的。交通管理部门在道路上设置的主要隔离设施有护栏、隔离墩、绿化隔离带及水泥体等。

（1）护栏

护栏设置在路肩的外侧、分隔带、人行道等处。设置护栏是为了防止车辆冲出路外或冲到对向车道,减轻碰撞后果,保护车辆和乘客的安全;诱导驾驶员视线,提高驾驶员注意力;限制行人横穿,保护行人安全。为实现不同的功能,可选用不同的护栏。按设置位置的不同,可分为路侧护栏、分隔带护栏、行人护栏 3 种;按结构不同,可分为刚性护栏、柔性护栏、半刚性护栏 3 种。

（2）隔离墩

隔离墩,主要用钢筋混凝土制作或生铁铸造,表面涂刷红白相间油漆或贴反光膜、镶嵌视线诱导器,目的是为提高夜间行车时驾驶员的视认距离。隔离墩的高度为 0.50~1.00m,间距为 3~5m,中间用钢管或环链连接。在城市道路中,可在中心线上设置隔离墩分隔对向机动车,减少对向机动车之间的碰撞;可在同向外侧机动车与非机动车之间设置隔离墩,以减少非机动车对机动车的干扰;也可在环形立交桥或交织型立交桥上设置,把机动车与非机动车充分隔离,减少因相互交织而引起的非机动车对机动车的干扰。另外,也常在城市道路平面交叉口各进口道处,设置 20~60m 长的机非车道隔离墩或在中心线处设置中心隔离墩。隔离墩在城市道路中被普遍采用,是一种制造简便、安装容易、移动方便的交通设施。

（3）绿化隔离带

绿化隔离带,是在对向机动车道之间或同向机动车道与非机动车道之间,用水泥混凝土路缘石围砌成的一定宽度的空间,其上可以种植花草树木。绿化隔离带是分隔车辆行驶的一种交通设施,同时起到美化城市或道路环境的作用,如图 3-4-1 所示。公路干线上和城市道路上常用绿化隔离带做中心隔离带,在机动车道与非机动车道之间也常常采用此种隔离形式。缺点是占用了一定的道路宽度,此外,如果绿化作物长势过高而未定期修剪,当有行人从中穿越时,易造成交通事故。

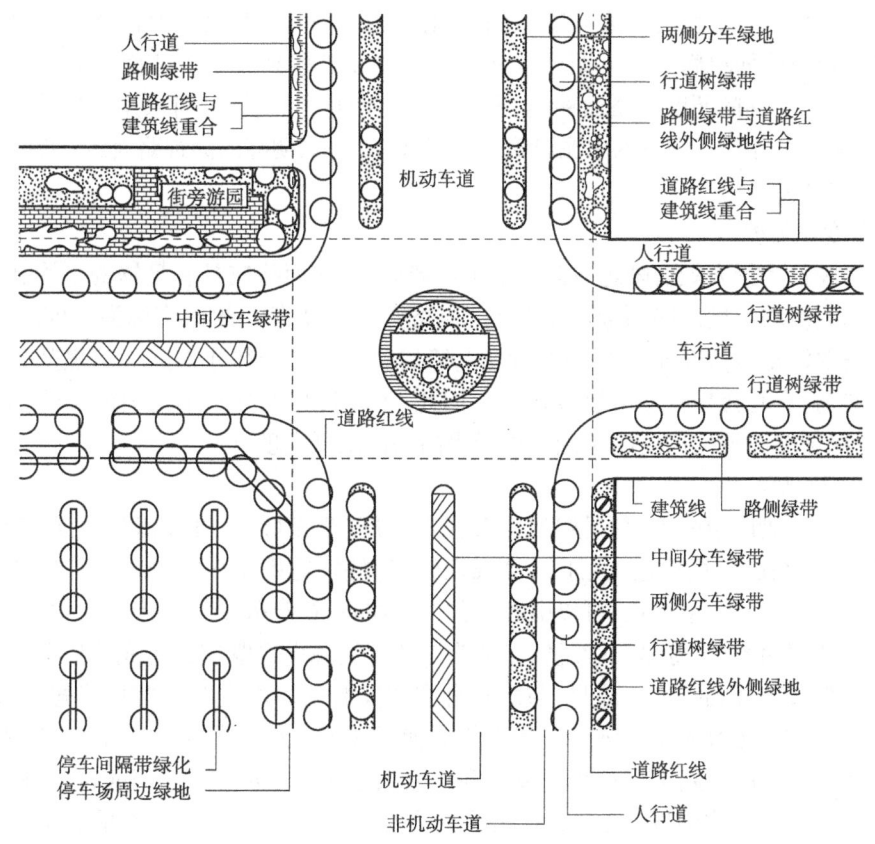

图 3-4-1　道路和交叉口主要绿化隔离带位置及名称示意图[6]

(4)水泥体

水泥体,是由钢筋混凝土浇灌而成的交通分隔设施,宽 0.3～1m,高 0.3～0.5m。一般用于中心隔离,有时也在机动车道与非机动车道之间设置,既起到分隔交通流作用,又起到公共汽(电)车停靠站的作用。具有安全性强,驾驶员不易受对向来车干扰等优点。

2)道路照明

设置道路照明的目的,是确保车辆驾驶员、行人及非机动车骑行者夜间出行时能随时、清楚地掌握道路交通状况,改善视觉环境,保证出行安全、迅速,减少因视线不清而引发的交通事故。

英、美、瑞士等国调查表明:安装路灯后,高速公路的事故率减少 40%～60%,一般公路减少 30%～70%,城市道路则减少 20%～50%。考虑道路交通状况,照明可以是全线连续照明,也可对必要地点局部照明。夜间交通量较大的城市主干道、快速干道应全线连续照明;一般道路的重要地点,如交叉口、人行横道、桥梁、铁路道口、事故多发地点等,可局部照明。我国城市中,主干道、部分次干道及居民住宅小区、快速路等均设有照明设施,而绝大多数公路则不设照明设备。良好的照明设计应满足路面亮度、亮度均匀性的要求,防止眩光产生,并具有较好的诱导视线的作用。

(1) 路面亮度

路面亮度,是道路上的障碍物经照明设施照射,在路面中形成的背影。也可定义为照明光线照射到路面上所产生的反光亮度,其平均值称为平均路面亮度。路面亮度,与投射到路面上的照度以及路面材料有关。照度以光源等的亮度扩散到某个单位面上的大小来表示,单位为 cd/m^2。路面的照度随路面种类、干湿不同而变化,照明设计时采用干燥路面的照度。路面亮度 $1cd/m^2$,相当于明亮的水泥混凝土路面 10~13lux,明亮的沥青路面 15~17lux,深色沥青路面 20~30lux。

(2) 亮度均匀度

为使驾驶员和行人能清晰地看到路面上的障碍物,路面除应具有足够的平均亮度外,还应有一定的亮度均匀度。路面最低亮度 L_{min} 与路面平均亮度 L_r 的比值称为亮度均匀度 U_0,一般道路需要满足 $U_0 \geq 0.4$。亮度均匀度差,障碍物的一部分往往被路面暗黑部分遮挡,出行者不易看清,有时会导致交通事故发生。因此,为改善亮度分布不均匀的影响,应采取必要措施,在保证路面平均亮度的基础上尽量提高路面最低亮度。

(3) 光源与灯具

道路照明一般使用的光源有钠光灯、荧光水银灯、荧光灯、汞灯或卤化金属灯等。钠光灯色为橙白色(高压)、橙黄色(低压),透视性较好,特别适用于多雾的山区。另外,将它用于交叉口、急转弯处、危险地点,可以引起驾驶员的注意,视觉效果好。荧光水银灯是道路照明中最常用的照明光源,寿命长、经济,光色为白色。光源设置既应满足充分照明的要求,还应保证不使驾驶员感到眩目。眩目,与灯具种类和安装的高度有关。灯具按配光特性分为围遮型、半遮光型、无遮光型3种。遮光型灯具使用于避免眩光的主干道上,半遮光型使用于道路两侧较明亮的道路上。灯具安装高度一般大于 8~12m,以 5~15m 较经济。为了确保路面有良好的亮度均匀度,应考虑灯具排列方法。灯具排列方式分为单侧排列、交错排列、对向排列3种。

(4) 道路照明方式

照明器安装在 10~15m 高的灯杆顶端,沿道路两侧或一侧布置,此方式应用最为广泛。在 15~40m 的高杆上装有多个大功率照明灯进行大面积照明,此方式适用于复杂的立体交叉口、汇合点、停车场、收费站、广场等处的照明。在道路中央分隔带中,安置高为 15~20m 的灯杆,在灯杆之间拉钢索,把照明器悬挂在钢索上进行照明,此方式用于有隔离带的道路上。在车道两侧的护栏上约 1m 高的位置,设置照明器。

3) 其他附属设施

(1) 视线诱导标

①视线诱导标的概念和分类

视线诱导标,是为保持安全、畅通行驶,使驾驶员夜间行车时看清前方路况,而沿车道两侧设置的,用以指示道路方向、车行道边界及危险路段位置的设施的总称。视线诱导设施分为轮廓标、分流诱导标、线形诱导标3种。一般国道、省道、县道个别路段,常沿道路两侧植树,并在树干上涂白色反光漆,车灯照射下起诱导视线作用。公路线形、路面宽度等变化处,仅以树木难以辨清,应设置反光性视线诱导标。高速公路、汽车专用一级公路,应设置由反射器、立柱和各种连接件、基础等组成的反光性视线诱导标,以确保高速行车安全。

②视线诱导标的构造及设置要求

视线诱导标,一般由反射器、立柱和基础组成。分流诱导标和线形诱导标都是由反射器、底板、立柱、连接件和基础等组成。反射器一般为圆形或长方形,颜色有白色与橘黄色,所用材料为合成树脂、玻璃或反光镜片。立柱为铁管,颜色一般为白色,有时也可涂黑白相间线条,便于白天分辨。干线公路除视线良好的路段外,都应按要求设置视线诱导标。反射器的位置设置在行车道右侧路肩外缘、中央分隔带上,高度在路面上 0.9～1.2m 范围,设置间距为 40～50m。若是小半径右向曲线,应设在外侧。在城市快速路上应设置视线诱导标,在照明设施很完善的城市主干道和一般街道上不予考虑。立交桥左右转弯匝道,在左右两侧均应设置连续视线诱导标,反射器的颜色为橘黄色,最大间距为 25m。

(2)道路反光镜

道路反光镜,一般设在道路视距不足的小半径曲线或无控制的小型平面交叉口、铁路道口等处。驾驶员或行人通过反光镜辨认前方道路、交通状况,便于提前采取动作,预防事故发生,属于临时措施。尤其在山岭地区拐弯处、事故多发路段,根据实际情况适当设置反光镜,有一定的安全效果。道路反光镜由反光镜和立柱构成,分为圆形、方形与椭圆形,其中圆形反光镜最常用、最普遍,有单面镜和双面镜。反光镜采用凸形镜,凸形镜反映的图像必须清晰明白,其镜面半径应满足标准规定要求。圆形镜适用于纵向需要有宽阔视野的情况;方形镜或椭圆形镜适用于横向需要有宽阔视野的情况。在平面交叉口通常设双面圆形镜,镜面材料有丙烯树脂、玻璃不锈钢、聚碳酸酯等。圆形反光镜的直径有 90cm、120cm、160cm 3 种,常用直径为 90cm。镜面中心离地面约 1.5m,支柱用警戒色——黄色涂刷。

(3)反光道钉和反光几何体

反光道钉,俗称反光路钮或猫眼道钉,是由铝合金铸成或用其他材料铸成(其中铝合金占较大比重)。从结构上分为直柄式、宽体式和黏附式。反光道钉多用在城市快速路、主干路、高速公路以及汽车专用一级公路上,如城市道路中心线、分道线,或交通岗四周、道路建筑物四周、环道四周,以及立交桥上和道路转弯处。在高速公路上多用于进出口匝道的转弯处和桥梁隧道内,也可以在部分路段设置连续反光道钉。成串反光道钉在夜间形成夜间导向带,对驾驶员夜间视线诱导起着重要作用,有利于交通安全。

反光几何体,是用有色或无色的透明塑料制成,是一种与道钉功能相同的反光体。其反光原理是利用光线在几何体内折射形成。常用在路缘栅栏上,或中央护栏上,也可用在道路中心的实线中间。

(4)减速垄和阻车器

减速垄,由橡胶、金属材料或水泥混凝土制成,设于停车场出入口处,形状为人字形,两边有 5%～10% 的斜坡,目的是使进入、驶出停车场的车辆减速,确保安全。由橡胶材料制成的减速器,价格便宜,安装方便,其上可涂刷黄、黑相间的管理线以引起驾驶员注意。减速垄也常设置在城市主干路、快速路的出入口处。

阻车器,是由生铁或其他金属材料制成的,设于停车场内的停车泊位一端,可阻止停放车辆溜车或限制车辆倒车,以防碰撞的一种安全设施。

(5)交通岛

交通岛,是为控制、引导车辆行驶,保护行人安全,在道路上设置的安全设施。交通岛按使用要求分为导流岛、安全岛等。导流岛一般采用缘石围成高于路面的实体岛。当岛面窄小时,可采用路面柱线表示的隐形岛。对于行车速度大于 60km/h 的公路,当平面交叉口处横穿的行人较多,且横穿距离较长时,则应设置安全岛。在无地下通道和人行天桥的城市主干道、快速路,人行横道中间应设置安全岛,以确保行人安全。安全岛由钢骨架和铁皮制成,外侧涂成黄色底漆、红色线条,并写有安全岛字样;也有采用钢筋混凝土结构的安全岛。安全岛一般设在路面宽度超过 24m,且车流量大、行人量也较大,行人常常不能一次通过的道路上。

此外,还有橡胶护角、护墙胶、路栏、路障、导向标、道口标柱等其他交通管理设施。

习题及思考题

1. 全局性管理和局部性管理的差异性及共同点是什么?
2. 交通管理法规的内容是什么?
3. 交通标志按作用可分为几类?交通标线按功能可分为几类?
4. 多种类型交通标志并设时,应注意哪些要求?
5. 标志、标线配合使用时,应考虑哪些问题?
6. 道路横向交通标线有哪几种,其功能及作用是什么?
7. 提示行人过街设施的标志在警告标志和指示标志中均存在,说明其作用的差异和共同点。
8. 某条道路设计车速为 50km/h,试分别计算车道由 8m 变化为 5m 和 6m 时,道路渐变段长度的设计方案。
9. 为保证交通标志的良好视认性,同一支撑结构上标志设置不宜超过几个?一块指路标志版面上的信息数量不宜超过几个?

本章参考文献

[1] 吴兵,李晔. 交通管理与控制[M]. 4 版. 北京:人民交通出版社,2009.
[2] 中华人民共和国道路交通安全法[S]. 北京:法律出版社,2008.
[3] 中华人民共和国道路交通安全法实施条例[S]. 北京:法律出版社,2008.
[4] 中华人民共和国国家标准. GB 5768—2009 道路交通标志和标线[S]. 北京:中国标准出版社,2009.
[5] 中华人民共和国国家标准. GB 51038—2015 城市道路交通标志和标线设置规范[S]. 北京:中国计划出版社,2015.
[6] 中华人民共和国行业标准. CJJ 75—97 城市道路绿化规划与设计规范[S]. 北京:中国建筑工业出版社,1998.

第4章 机动车交通运行管理

机动车交通运行管理以交通运行效率最大和交通安全性能最佳为管理目标,交通管理应以道路网络布局为基础,并根据道路功能确定交通管理的方式。本章重点介绍机动车交通运行管理的方法,包括机动车道类型及功能划分、机动车运行方向管理、机动车道交通管理和公交优先通行管理等内容。

4.1 道路的主要功能及分类

了解道路的功能、分类及车道宽度等基本特性,是实施机动车交通运行管理的前提。

4.1.1 道路主要交通功能

道路的功能分类,是根据道路在整个路网中所担当的主要任务的角色定义的,一般具有两种功能:交通功能(机动性)和接入功能(可达性)。这两个功能的实现,在实际过程中往往相互矛盾,增强其中的某个功能必然要以另一个功能的减弱为代价。等级高的道路,在路网中主要是实现快速的交通运行,即交通功能占主导地位;等级较低的道路,主要是实现方便地接入,即接入功能占主导地位。概括而言,道路的交通功能随着道路功能等级的上升而提升,道路的接入功能随着道路功能等级的下降而提升。如图4-1-1所示。

对应不同道路功能,机动车交通运行管理的侧重点也有所差异。

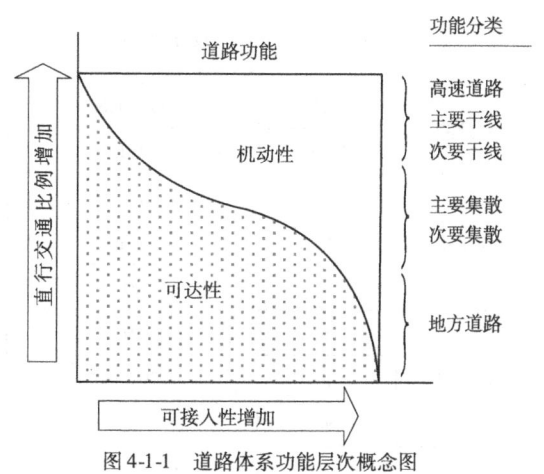

图4-1-1 道路体系功能层次概念图

4.1.2 道路功能分级

我国城镇道路工程技术标准,对于道路分类与分级做出如下规定:

(1)根据城镇道路在道路网中的地位、交通功能以及对沿线建筑物的服务功能等,城镇道路分为快速路、主干路、次干路、支路4种类型。根据城镇道路功能、设计交通量、地形条件等,将各类道路均分为3个等级。

(2)快速路为交通性干道,主要根据设计交通量和地形条件进行分级选择,设计交通量较大且位于平原区应采用Ⅰ级,低山、丘陵区宜采用Ⅱ级,山区城市可采用Ⅲ级,并应结合车道数的计算满足通行能力和服务水平的要求。其他等级的道路根据其功能和地形条件进行分级选择,以交通功能为主的平原区采用Ⅰ级,以服务功能为主的低山、丘陵区和山区城市宜采用Ⅲ级,其他可采用Ⅱ级。

(3)特殊困难情况下,经技术经济论证后可采用较低一级的等级标准;有特殊功能需要的城市道路亦可提高道路等级。需变更道路等级性质时,应经规划审批部门批准后采用。

(4)有特殊功能的专用道路,如货运专用通道、防洪专用通道、消防专用通道、旅游道路等,应根据规划等级执行相应的技术标准,并须满足通行车辆的特殊要求。

(5)人行专用道路、非机动车专用道路不列入道路分类等级,可参照执行。

城镇道路设计速度的规定,见表4-1-1。

城镇道路等级分类及设计速度　　　　　　表4-1-1

道路类别	快速路			主干路			次干路			支路		
道路级别	Ⅰ	Ⅱ	Ⅲ	Ⅰ	Ⅱ	Ⅲ	Ⅰ	Ⅱ	Ⅲ	Ⅰ	Ⅱ	Ⅲ
设计速度(km/h)	100	80、60	60	60、50	50	40	50	40、30	30	40	30、20	20

4.1.3 行车道宽度条件

(1)机动车道宽度应根据车型及设计行车速度确定,机动车道宽度见表4-1-2。

不同类型道路机动车道宽度　　　　　　表4-1-2

道路类别	级别	设计速度(km/h)	车道宽度(m)	
			大型客、货车或混行车	小汽车
快速路	主路	100,80,60	3.75	3.5
	辅路	40,30	3.5	3.5、3.25
主干路	Ⅰ	60	3.75、3.5	3.5、3.25
	Ⅱ	50,40	3.5	3.25
	Ⅲ	40	3.5、3.25	3.25
次干路	Ⅰ	50	3.5	3.25
	Ⅱ	40,30	3.5	3.25
	Ⅲ	30	3.5、3.25	3.25
支路	Ⅰ	40	3.5	3.25
	Ⅱ	30,20	3.5、3.25	3.25
	Ⅲ	20	3.25	3

(2)一般机动车道路面宽度,包括车行道宽度及两侧路缘带宽度。

(3)公交专用道车道宽度,不宜小于3.5m。

(4)大容量公共交通的专用道车道宽度,应根据选用的车型具体确定。

4.2 机动车速管理

4.2.1 限速及其依据

车速管理,是指运用交通管制的手段,强制性地要求机动车按照规定的速度范围在道路上运行,以确保道路交通安全。《中华人民共和国道路交通安全法实施条例》[1]对路上行驶最高车速的规定,见表4-2-1所示。

部分道路类型最高行驶车速规定表　　　　表4-2-1

道 路 类 型		最高行驶速度(km/h)
没有道路中心线的道路	城市道路	30
	公路	40
同方向只有1条机动车道的道路	城市道路	50
	公路	70

从各地发生的交通事故情况分析来看,由于违章超速行驶所造成的交通事故占有很大比重。这就使我们不能不对行驶车速进行严格的管理和控制,特别是对那些不符合设计技术标准的路段,必须严格采取限速措施以确保行车安全。

(1)对于因受条件限制,实际通视距离不能满足最小视距要求的路段,应按实际通视距离验算该路段的限制车速。

汽车停车视距 S_s 为:

$$S_s = \frac{v}{3.6}t + \frac{v^2}{2g(\Phi \pm i) \times 3.6^2} + l_0 \qquad (4\text{-}2\text{-}1)$$

式中:S_s——汽车停车视距,m;

　　v——汽车行驶速度,km/h;

　　t——反应时间(通常取为2.5s,其中判断时间为1.5s,操作时间为1.0s),s;

　　g——重力加速度,9.8m/s²;

　　Φ——汽车轮胎和路面的纵向摩阻系数;

　　i——道路纵坡(上坡 i 取正值,下坡 i 取负值);

　　l_0——前后两车的安全距离(通常取5m),m。

式(4-2-1)前两项分别表示反应距离和制动停车距离。制动停车距离在路面湿润的情况下,取 $\Phi = 0.29 \sim 0.44$。进行道路限速设计时,应考虑潮湿路面上的实际车速,按设计车速的85%~100%计算,参见表4-2-2。

对于迎面驶来的车辆,采用表4-2-2中所列停车视距值的2倍,即会车视距 S_h 为:

$$S_h = 2S_s \qquad (4\text{-}2\text{-}2)$$

在弯道、凸形竖曲线路段中间有严格实物分隔设施时,验算该路段停车视距;实际通视距离小于设计停车视距时,须按实际通视距离计算该路段应采取的限制车速。路段中间无严格的实物分隔设施时,应验算该路段会车视距;实际通视距离小于设计会车视距时,须按实际通视距离计算该路段应采取的限制车速。

在水平路段上路面湿润时的制动停车距离与停车视距   表4-2-2

设计速度 (km/h)	行驶速度 (km/h)	Φ	反应距离 $S_1=0.694v(m)$	制动停车距离 $S_2=0.00394v^2/\Phi(m)$	S_s	S_s^*
120	102	0.29	70.7	141.3	217.0	210
100	85	0.30	58.9	94.8	158.7	160
80	68	0.31	47.1	58.7	110.8	110
60	54	0.33	37.4	34.8	77.2	75
50	45	0.35	31.2	22.8	59.0	55
40	36	0.38	24.9	13.4	43.3	40
30	30	0.44	20.8	8.1	33.9	30
20	20	0.44	13.8	3.5	22.3	20

注：S_s^* 为日本《道路工程技术标准》规定值。

(2) 在该设而未设或不便设超高的小弯道上，应按弯道的转弯半径验算可通过的安全行驶车速作为通过该弯道的限制车速，即

$$v_1 = \sqrt{127(\mu - i_0)R} \quad (4-2-3)$$

式中：v_1——限制车速，km/h；

R——转弯半径，m；

μ——路面横向力系数；

i_0——路面横坡度。

另外，在住宅区内道路上，为保障住宅区内居民在路上行走时的安全、维护住宅区的环境安宁、限制过境车辆穿越住宅区道路，也可在住宅区道路上规定极低的限制车速。

(3) 驾驶员视野与车速关系研究结果表明：驾驶员视野随行驶车速的增加而减小、注视点前移、形成隧洞视，如图4-2-1所示。同时，视焦距变长，视认景物模糊，视认能力减退，导致事故率上升。表4-2-3反映了驾驶员注视点、视野与行驶车速间的关系。

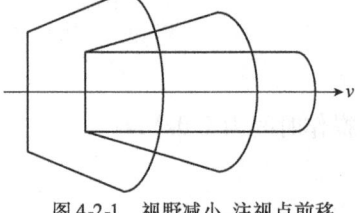

图4-2-1 视野减小，注视点前移

驾驶员注视点、视野与行驶车速间关系   表4-2-3

行驶车速(km/h)	注视点(前方)(m)	视野(°)
40	183	90~100
72	366	60~80
105	610	40

为降低随着行车速度增加时驾驶员视野减小、视点前移、形成隧洞视的现象对驾驶员造成的影响，除了采取在道路线形设计中适当加入弯道等措施外，还要在交通管理和控制上采取限速措施，以确保车辆行驶安全和畅通。

4.2.2 限速措施

1) 车速限制

最高行驶车速的限制,是指对各种机动车辆在无限速标志路段上行驶时的最高行驶车速的规定。它是由道路设计车速或实际地点车速的累计频率分布曲线上的 $v_{85\%}$ 值等因素确定的,如图 4-2-2 所示[2]。

PPT

道路上某点的时间平均车速,是单位时间内各辆车在该点上的地点车速分布平均值,这种地点车速分布平均值可通过车速频率分布曲线及车速累计频率分布曲线来确定。

地点车速频率分布曲线及累计频率分布曲线,反映了所观测路段上地点车速的统计特征。从中选出以下特征指标:

$v_{85\%}$(85%位地点车速):地点车速累计频率分布曲线图中,对应累计频率为85%的地点车速,记为 $v_{85\%}$。它表示观测路段有85%的行驶车辆,其地点车速 $\leq v_{85\%}$。它被用来确定路段的最大限制车速,简称它为车速上限。$v_{85\%}$ 被确定后,实际上仅对15%的驾驶员进行了限制。

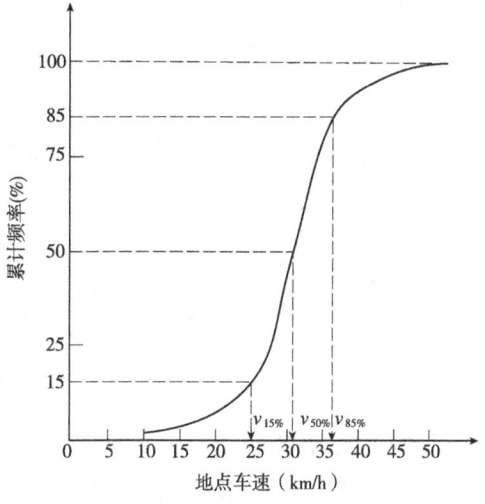

图 4-2-2　车速累计频率分布曲线

$v_{15\%}$(15%位地点车速):地点车速累计频率分布曲线图中,对应累计频率为15%的地点车速,记为 $v_{15\%}$。它表示观测路段有15%的行驶车辆,其地点车速 $\leq v_{15\%}$。换言之,有85%的车辆,其地点车速高于 $v_{15\%}$。它被用来确定路段的最小限制车速,简称车速下限。此指标在高速道路上尤为重要。

$v_{50\%}$(中位地点车速):地点车速累计频率分布曲线图中,对应累计频率为50%的地点车速,记为 $v_{50\%}$。

2) 特殊情况下的车速限制

在道路条件与交通条件的影响下(如交叉口、街巷、穿越铁路、下陡坡等),对行驶车速应有一定的限制。如在交通信号控制系统(线控、面控等)中的车辆要求以适应"绿波带"的所谓"推荐车速"行驶;在车辆运行中途发生故障(如喇叭、灯光、机体等损坏但仍能行驶)时,根据交通规则进行现场限速管理;在天气条件恶劣(如遇到风、沙、雨、雪、雾天气,道路能见度在30m以内,或者道路结冰、有积雪等情况)时,依据交通规则进行现场限速管理。

3) 控制行驶车速的方法

(1) 法规控制

法规控制,是指根据交通规则中的规定对车速加以限制。如通过交通信号、标志、标示对车速进行限速,道路上的最高限速和高速公路上的最低限速等都属于这类情形。如图 4-2-3、图 4-2-4 所示。

教学录像

a) 最低限速　　　b) 最高限速　　　c) 解除限速

图 4-2-3　主要限速标志示意图

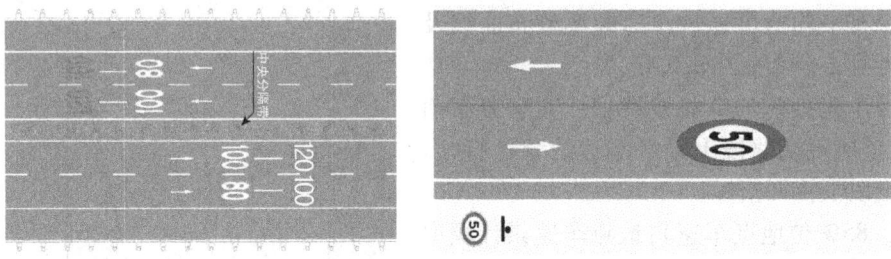

图 4-2-4　主要限速标线和标志示意图

(2) 心理控制

心理控制,是指利用人的心理作用对车速加以控制。它是根据人们的心理特点,起到对车速有所限制的作用。运用视力判断方法,使驾驶员对前方道路条件产生不良反应,本能地降低车速。如在急转弯处路面上画有斑马线、横线;在下陡坡处画有鱼骨刺形条纹,使驾驶员产生车速过快的不安全感及道路条件不良感,从而自觉地放慢驾驶速度;在接近有横向干扰的交叉路口,有意识地使道旁树木的树梢互相靠近,从心理上给驾驶员造成道路狭窄之感,从而促使驾驶员自动减速,如图 4-2-5 所示。

图 4-2-5　心理限速管理示意图

(3) 工程控制

工程控制,是指通过道路工程设施对车速进行强制减速的控制。如在住宅区道路或高速公路、快速道路的出口处设置颠簸路面、波状路面、齿状路面和分隔岛(设障碍物强迫车辆减速绕行)等,如图 4-2-6 所示。

图 4-2-6　工程限速管理示意图

4.3　机动车运行方向管理

本节主要介绍机动车交通运行方向的管理方法。

4.3.1　单向交通管理

PPT　　PPT

单向交通又称单行线,是指道路上的车辆只能按一个方向行驶的交通。

当城市道路上的交通量超出其自身的通行能力时,将造成城市交通拥塞、延误及交通事故增多等问题。此时,在道路交通系统中,若对某一条或几条道路,甚至对某些路面较宽的巷、弄,考虑组织单向交通,则将会使上述交通问题明显地得到缓解和改善。单向交通是在城市道路交通系统中,充分利用现有城市道路网容量,缓解城市交通拥挤的一种经济、有效的交通管制措施。

应该强调指出,在旧城区街道狭窄、路网密度很大的地方,需要且有可能在一些街道上组织单向交通。说它需要,是因为这些街道车行道狭窄;说它可能,是由于道路网密度大,便于划出平行的单向交通街道。

1) 单向交通的种类

(1) 固定式单向交通

对道路上的车辆在全部时间内都实行单向交通,称为固定式单向交通。常用于一般辅助性的道路上,如立体交叉桥上的匝道交通多是固定式单向交通。

(2) 定时式单向交通

对道路上的车辆在部分时间内实行单向交通,称为定时式单向交通。如城市道路交通在高峰时间内,规定道路上的车辆只能按重交通流方向单向行驶,而在非高峰时间内,则恢复双向运行。所谓重交通流方向,是指方向分布系数 $K_D > 2/3$ 的车流方向。必须注意,实行定时式单向交通时,应给非重交通流方向的车流安排出路,否则会带来交通混乱。

(3) 可逆性单向交通

可逆性单向交通,是指道路上的车辆在一部分时间内按一个方向行驶,而在另一部分时间内按相反方向行驶的交通。这种可逆性单向交通常用于车流流向具有明显不均匀性的道路上。其实施时间应依据全天的车流量及方向分布系数确定,一般当 $K_D > 3/4$ 时,即可实行可逆性单向交通。同样,应注意给非重交通流方向的车流以出路。

(4) 车种性单向交通

车种性单向交通,是指仅对某一类型的车辆实行单向交通。这种单向交通常应用于具有明显的方向性及对社会秩序、居民生活影响不大的车种,如货车。实行这类单向交通的同时,对公共汽车和自行车仍可维持双向通行,目的是充分利用现有道路的通行能力。

2) 单向交通的优缺点

(1) 单向交通的优点

单向交通在路段上减少了与对向行车的可能冲突,在交叉口上大量减少了冲突点,故单向交通在改善交通方面具有以下较为突出的优点。

① 简化交叉口交通组织,提高通行能力

在交叉口,大量的机动车及非机动车汇集于此,由于车辆的行驶方向和交汇方式不同,会形成许多冲突点和交织点。实施单向交通后,可以大大减少在交叉口的冲突点数和交织点数。机动车与机动车,机动车与非机动车之间的干扰也明显减少,因而也就提高了交叉口的通行能力。

② 提高路段通行能力

由于单向交通减少了对向行车的可能冲突及减轻了快慢车之间的干扰,故道路通行能力将会有明显的提高。据美国资料介绍,宽为 12m 的街道,在禁止路旁停车的情况下,双向交通的通行能力为 2800 辆/h,单向交通的通行能力可达 3400 辆/h,提高了 20% 以上。

③ 降低交通事故

冲突点可被看成是交通事故可能发生的地点。由于单向交通能起到大量减少冲突点数目的作用,即一些交通事故的可能发生点将不存在,自然地,行车的安全性将会有明显的提高。如苏联实行单向交通的城市,事故平均减少了 20%～30%,有的减少了 50% 以上。

④ 提高行车速度

实行单向交通可使行车速度得以提高,行程时间得以缩短,这些都已被实践所证明。如英国伦敦的一些街道实行单向交通后,平均行驶车速从 13～16km/h 提高到了 26～32km/h;苏联 20 个城市的单向交通调查资料表明,实行单向交通后,促使交通条件明显改善,车速提高了 10%～20%;美国实行单向交通的城市,其车速也提高了 20% 以上。

⑤ 其他优点

单向交通道路,有利于实施各交叉口间交通信号的协调联动控制。

单向交通有助于解决停车问题。狭窄道路上的双向交通如有停车,就会引起交通阻塞;若能允许路旁停车,而将留下的道路改为单向交通,则能有效地解决窄路上停车困难及交通阻塞的问题。据美国的有关资料表明,12m 宽的街道,在可以停车的情况下,单向交通的通行能力为 1600 辆/h,双向交通为 1250 辆/h。

为减轻复杂交叉口的交通拥挤与混乱,若将进口道改为单向交通,则可减少交叉口的停车次数,且汽车尾气对空气的污染也会有所改善。

此外,单向交通可充分利用狭窄的街巷,减轻主干道上的交通负荷,在一定程度上避免了旧城道路的改建,以带来较大的经济效益。

(2) 单向交通的缺点
① 增加了车辆绕道行驶的距离,增加附近道路上的交通量。
② 给公共车辆乘客带来不便,增加步行距离。
③ 容易导致迷路,特别是对不熟悉情况的外地驾驶员。
④ 增加了为单向管制所需的道路公用设施。

3) 单向交通的实施条件

总的说来,单向交通对于改善交通条件,其优点多于缺点。但并非无论什么道路条件与交通条件,都可实施单向交通。一般来说,当各条平行的横向街道的间距不大,车行道狭窄又不能拓宽,而交通量很大造成严重交通阻塞时;或者,当车行道的条数为奇数时;或者,在复杂地形条件下或对向交通在陡坡上产生很大危险性时等情况下,实施单向交通能取得很好的效果。

国内外实行单向交通的经验表明,实行单向交通一般应具备以下条件。

(1) 具有相同起终点的两条平行道路,它们之间的距离在 350~400m 以内。

(2) 具有明显潮汐交通特性的街道,其宽度不足 3 车道的可实行可逆性单向车道。

(3) 复杂的多路交叉口,某些方向的交通可另有出路的,才可将相应的进口道改为单向交通。

应认识到,当现有的道路系统出现负荷过大,但尚未到达超负荷之前,就应根据条件着手考虑组织实施单向交通,规划出完善、合理并设置易于识别的交通标志的单向交通系统。例如,单向交通与双向交通的过渡段,提前设置预告标志、夜间照明及反光标志等。同时应该认识到,位于街道中心的有轨电车道是组织单向交通的严重障碍。

4) 单向交通实施效果分析

(1) 交叉口的复杂性

采用交通枢纽复杂性指标 A 来评价交叉口的复杂程度。计算公式为[2]:

$$A = n_B + 3n_M + 5n_C \tag{4-3-1}$$

式中:n_B、n_M、n_C——分别为交通流在交叉口内的分流冲突点数、合流冲突点数和交叉冲突点数。

随着交叉口进口道车道条数的增加,机动车冲突点数可由下式计算:

$$n_C = n_{lc} + n_{nc} = (8n+4) + 4n^2 \tag{4-3-2}$$

式中:n_{lc}——交叉口左转机动车交叉冲突点数;

n_{nc}——交叉口非左转机动车交叉冲突点数;

n——交叉口进口道机动车车道条数(适用于十字交叉口且进口车道数相等的情况)。

当交通枢纽复杂性指标 $A=10\sim25$ 时,认为枢纽是简单的;当 $A=25\sim55$ 时,认为枢纽属于中等复杂程度;当 $A>55$ 时,则枢纽为复杂的。

交叉口进口 2 车道和 3 车道时,冲突点如图 4-3-1 所示。

比较按双向和单向原则组织交通的道路网的一个局部,如图 4-3-2 所示,就能算出这两种组织原则下交叉口的总复杂程度[2]。计算表明,单向交通所有 4 个交叉口的复杂程度仅为双向交通的 11.6%,见表 4-3-1。

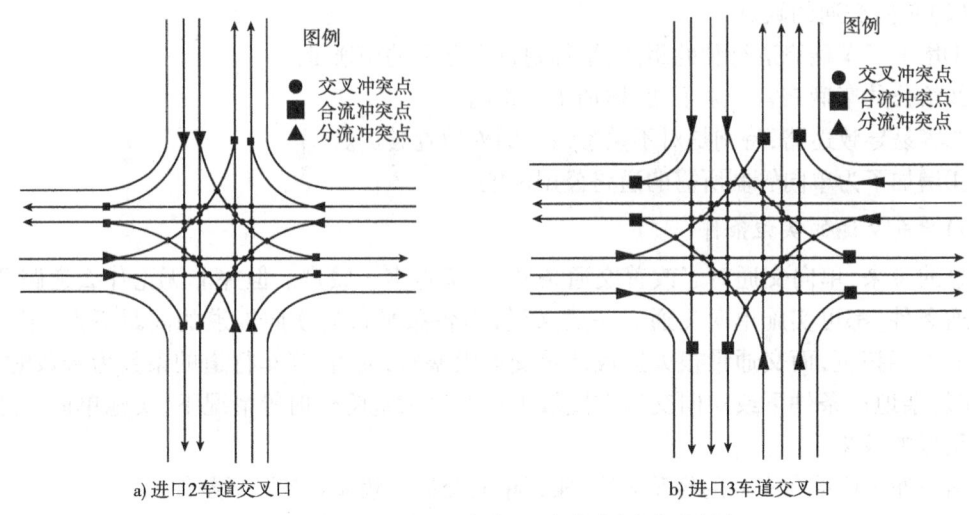

a) 进口2车道交叉口　　　　　　　　　b) 进口3车道交叉口

图 4-3-1　交叉口进口 2 车道和 3 车道时冲突点示意图

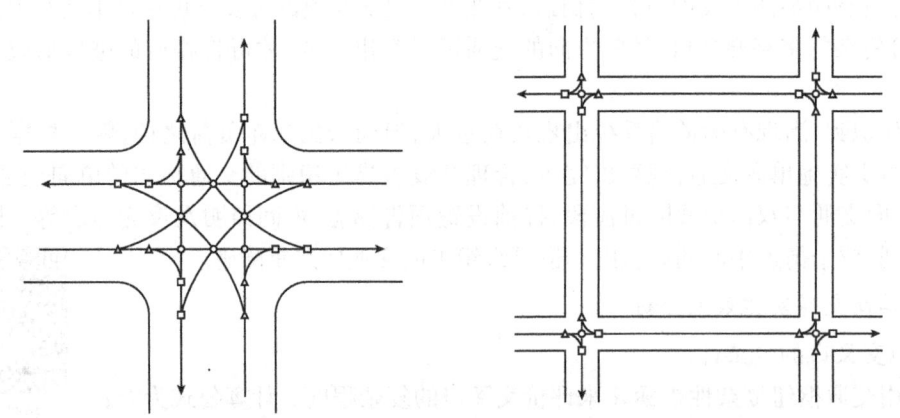

○-冲突点；□-合流点；△-分流点

a) 双向交通　　　　　　　　　　　　b) 单向交通

图 4-3-2　双向交通与单向交通交叉口的复杂程度比较

按双向和单向组织交通 4 个交叉口的总复杂程度　　　　　表 4-3-1

名　称		冲 突 点 数							
		双向交通				单向交通			
		交叉点 (n_C)	合流点 (n_M)	分流点 (n_B)	合计	交叉点 (n_C)	合流点 (n_M)	分流点 (n_B)	合计
在 1 个枢纽点上	实际数值	16	8	8	32	1	2	2	5
	考虑换算系数时	80	24	8	112	5	6	2	13
在 4 个枢纽点上	实际数值	64	32	32	128	4	8	8	20
	考虑换算系数时	320	96	32	448	20	24	8	52

如图 4-3-3 所示的交叉口，采用单向交通可完全避免交叉口上的车流交叉。

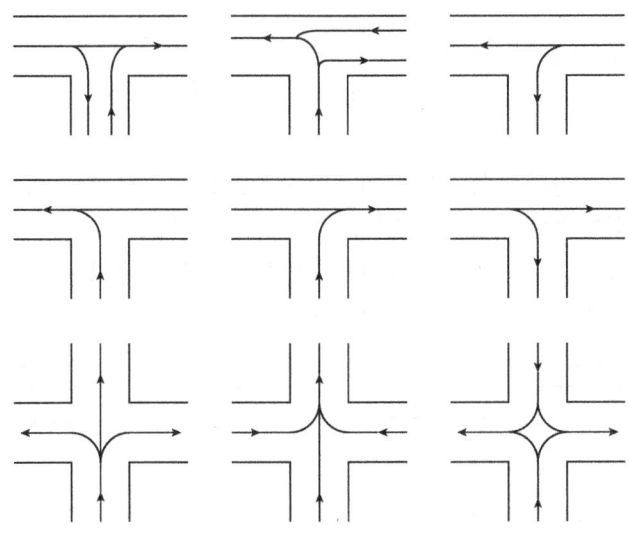

图 4-3-3　没有交叉车流的交叉口

(2) 信号(灯)控制实效

分析证明,组织单向交通可使信号灯控制收到实效。表现在以下几点。

①在保持主流方向绿灯信号时间不变的情况下,缩短红灯和黄灯信号时间,从而缩短信号周期。

②由于减少黄灯信号的损失时间,而提高交叉口的有效通车时间。

③因与交通主流方向同时解决左转和右转交通,而提高绿灯信号的利用率。

(3) 干道线控实效

干道线控的实效,表现在以下几个方面。

①不因交叉口间距不等而产生问题,相反,十分容易地根据交叉口间距安排绿灯起步时差。

②绿灯时间可得到充分利用而增长"通过带"的宽度。

③通过带宽与绿灯时间的比值,称为线控交通效率系数,用 η_c 表示。单向交通情形,$\eta_c = 1$;双向交通情形,$\eta_c < 1$,甚至 $\eta_c < 0.5$。

(4) 对偶干道上的逆时针与顺时针运行

如图 4-3-4 所示的对偶干道(南北方向)上顺时针组织单向交通有很大优点,其复杂度指标为逆时针运行的 1/2.25。

5) 经济效益

实行单向交通能有效提高车速和减少道路交通事故,经济效益显著。其估算公式为:

$$B_1 = B_D + B_A \quad (4\text{-}3\text{-}3)$$

式中:B_1——实行单向交通的经济效益;

B_D——减少延误和提高车速的经济效益;

B_A——减少交通事故的经济效益。

B_D 和 B_A 的估算公式如下:

$$B_D = 365Q[(C_2 - C_1)L + (t_{2D} - t_{1D})R] \quad (4\text{-}3\text{-}4)$$

$$B_A = 365Q \cdot L \cdot a \cdot (A_{1B} - A_{1A}) \times 10^4 \qquad (4\text{-}3\text{-}5)$$

式中： Q——日交通量,辆/d;

C_1、C_2——分别为单向及双向交通的营运成本,元/(车·km);

L——道路长度,km;

t_{1D}、t_{2D}——分别为单向及双向交通车辆在不熄火行驶时的总延误时间,h/辆;

R——车辆不熄火停车的平均消耗定额,元/(车·h);

A_{1B}、A_{1A}——分别为实行单向交通以后和以前的相对交通事故数,起/(100万车·km);

a——每起交通事故的平均代价,元/起。

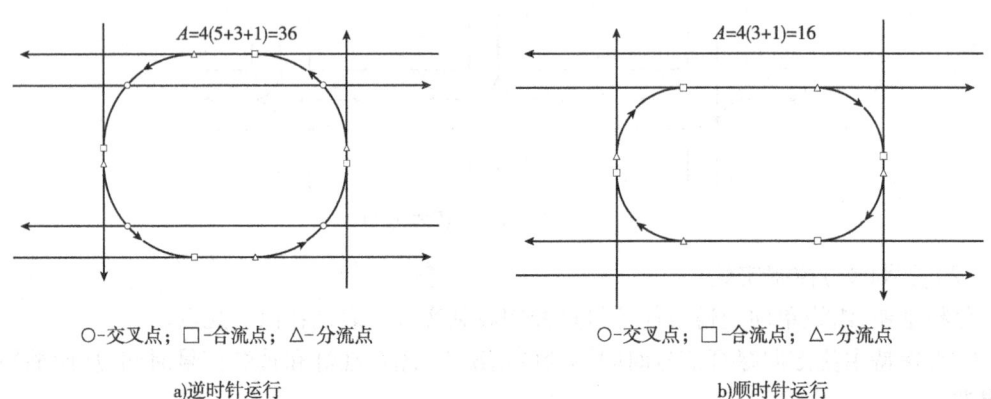

a) 逆时针运行　　　　　　　　　　　b) 顺时针运行

图 4-3-4　对偶干道上逆时针和顺时针单向交通组织的复杂度比较

4.3.2　变向交通管理

变向交通是指在不同的时间内变换某些车道上的行车方向或行车种类的交通。

三维动画　　　　PPT

1) 变向交通管理分类

变向交通按其作用可分为两类:方向性变向交通和非方向性变向交通。

(1) 方向性变向交通,是指在不同时间内变换某些车道上的行车方向。这类变向交通可使车流量方向或转向分布的不均匀现象得到缓和,从而提高道路的利用率。变向交通的实施对象可分为两类:一类是对交叉口进口道各转向车道(左转、直行等)交通量不均衡的动态管理,通常对应可变导向车道管理(图 4-3-5);二是对路段双向交通量不均衡的动态管理,通常对应潮汐交通管理(图 4-3-6)。

a) 可变导向车道(指示牌形式)　　　　b) 可变导向车道(路面标线形式)

图 4-3-5　可变导向车道交通管理(编号为 2)标志标线设置示意图

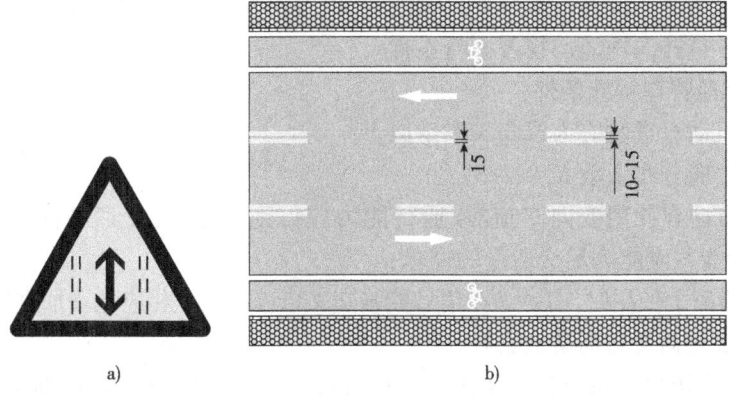

图 4-3-6 潮汐交通管理车道标志标线示意图（单位：cm）

（2）非方向性变向交通，是指在不同时间内变换某些车道上的行车种类。它可分为车辆与行人、机动车与非机动车之间相互变换使用的变向车道。这类变向交通对缓和各种类型的交通在时间分布上不均匀性的矛盾有较好的效果。例如，在早晨自行车出行高峰时间，变换机动车外侧车道为自行车道，到了机动车出行高峰时间，则变换非机动车道为机动车道。另外，在中心商业区变换车行道为人行道及设置定时步行街等，这些都是非方向性的变向交通。

变向交通的优点是合理使用道路，充分提高道路的利用率，从而提高了道路的通行能力，这对解决交通流方向和各种类型的交通在时间分布上不均匀性的矛盾都有较好的效果。

变向交通的缺点是增加了交通管制的工作量和相应的设施，且要求驾驶人有较好的素质，集中注意力，特别是在过渡地段。

2）方向性变向交通的实施条件

方向性变向交通的实施需要特定的道路交通条件，如果对于车道、转向流量、信号配时的协同设置不当，则不仅会降低道路通行效率，还可能产生变道冲突等问题。

当存在以下转向不均衡交通特性时，可考虑运用变向交通管理技术：

教学录像

①交叉口进口道各转向交通流比例在不同时段有明显差异，并由于其明显的差异性造成一定时段内某一转向交通量过大，甚至拥堵，而此时该进口道另一转向车道流量很小。

②由于城市职住分离导致的转向不均衡交通现象，并具有一定周期性、规律性。这种情况多出现在以通勤出行为目的的主干道上，出现的时间与早晚上下班的高峰时间相吻合。

③由于大型活动、节假日等导致的转向不均衡交通现象，具有突发性、剧烈性。

变向交通的主要实施条件为：

（1）可变导向车道管理实施条件

①进口道应保证除了一条用于设置可变导向车道外，还要满足各转向车辆能独立占用车道。因此，对于常规信号控制的十字交叉口，进口道数一般不低于 4 条，并包括至少 1 条独立左转车道、直行车道、右转车道或直右共用车道。

②进口道展宽段应保证一定的长度。一方面是交通流检测器对不同转向车流的检测的要求，另一方面为车道功能变换时的清空提供足够空间，保证交通秩序。

③信号配时条件。设置可变导向车道的交叉口进口道应设有独立左转、直行相位信号,保障可变导向车道转向功能切换及通行条件。

(2)潮汐交通管理实施条件

①道路上机动车道数应为双向3车道以上;

②交通量方向分布系数$K_D > 2/3$;

③重交通方向在使用变向车道后,通行能力应得到满足;轻交通方向在去掉变向车道后,剩余的通行能力应能满足交通量的需求;

④在城市道路上使用时,需考虑在信号控制交叉口进口道上相应地增加进口道的车道数。

3)非方向性变向交通的实施条件

(1)自行车借用机动车道仅适用于一块板、两块板的道路,借用后机动车剩余车道的通行能力应能满足机动车交通量的需求;

(2)机动车借用自行车道后,剩余车道应能保证自行车通行的安全;

(3)行人借用车行道适用于中心商业区,除定时步行街外,要对机动车流进行分流疏导和控制。

对可变导向车道和潮汐交通具体管理方法感兴趣的读者,可参考文献《城市道路交通流非均衡运行特性及时空资源协同控制方法》[3]。

4)变向交通的管制设施

(1)对于方向性和非方向性变换车道中机动车和自行车道相互借用的情形,需要增加必要的交通标志、标线明确方向变换管理细节措施(图4-3-7、图4-3-8),或者利用可变交通标志以及交通信号灯显示进行动态控制,并尽可能使用交通路标进行分隔。

a)

b)

注:图a)中,上方标志表示星期一至星期五,下午4:00~6:30,内侧车道允许左、直、右转向;下方标志表示其他时间段,内侧车道仅允许直行和左转。图b)中,上方标志表示星期一至星期五,上午6:15~10:00,本方向仅允许左转通行;中间标志(对上方标志的进一步细化说明)表示星期一至星期五,上午6:15~10:00(除节假日外),本方向3条车道中,自左向右分别为2条车道对向通行、1条车道本方向左转;下方标志表示其他时间段,本方向3条车道中,自左向右分别为对向车道通行、本方向直行、本方向左转。

图4-3-7 国外车道转向随时间段变化的设置方案示意图

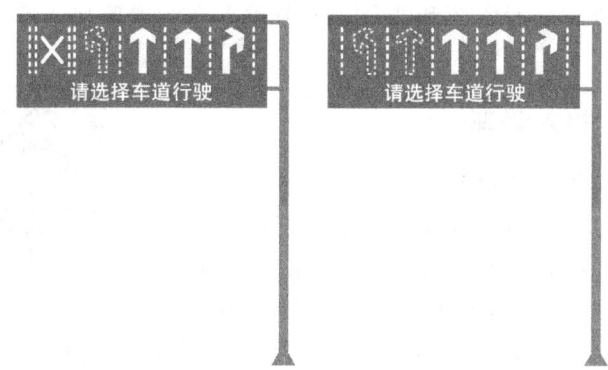

a)可变导向车道为左转　　　　b)可变导向车道为直行

图 4-3-8　变向交通指示标志设置示意图

(2)对于非方向性变换车道中行人借用车行道的情形,可采用报纸、电视、广播等宣传公告及轻质材料护栏等分隔设施。

(3)在高等级快速路上,除采用门式变换车道标志外,还可配合使用液压式栏式缘石来分隔车道。

(4)在变换车道上应配备警力,有警车巡逻,清除、处罚违章者,以确保交通安全。

4.3.3　禁行交通管理

为了调节道路上的交通流,将一部分交通流量均分到其他负荷较低的道路上去,或满足某些特殊的通行要求,根据道路条件和交通条件,实行对机动车和非机动车的某种限制通行的管理,称为禁行管理。禁行管理大致有以下几种情形。

(1)时段禁行

根据机动车和非机动车的不同高峰时段,安排其不同的通行时间,如上午7:00至下午7:00禁止载货车辆进入城市中心地区的道路。

(2)错日禁行

如某些主要街道规定某些车辆单日通行,某些车辆双日通行;或牌照号为单数的车辆规定单日通行,双数的双日通行。

(3)车种禁行

如禁止某几种车(载货车和各类拖拉机)进入城市道路和城市中心区。

(4)转弯禁行

在某些交通拥挤的交叉口,禁止机动车和非机动车左(右)转弯。应注意在禁止左转弯交叉口的邻近路口必须允许左转弯,尤其是自行车,如可安排它们在支路上完成左转或变左转为右转。当然,这些措施应依据交通流量及道路、交通条件而定。

(5)重量(高度、超速等)禁行

规定机动车和非机动车,按规定的吨位(高度、速度)通行。

4.4　机动车道交通管理

除了车辆运行方向管理方法外,对既有道路设施的精细化管理同样有助于保障交通安全、提高运行效率、节约交通资源和能耗。本节重点介绍道路接入管理和机动车道管理方法。

4.4.1 道路的接入管理

PPT　　　辅助视频

道路功能的分类,明确了对道路的机动性和可达性的优先性要求。为了保证道路功能的有效实现,接入管理(Access Management)从政策层面和技术层面同时进行积极主动的干预,对于维护道路的畅通和安全性能发挥了非常重要的作用。接入管理源于20世纪早期的道路接入控制(Access Control),美国的《接入管理手册》[4]给出了明确的定义:接入管理,是指针对特定道路,对其接入支路的位置、间距、设计及运营、中央分隔带开口、立交、接入的街道,进行系统的控制。接入管理的目的,是在保证道路运输系统的安全和高效的前提下,为道路周边地区所产生的交通需求提供安全、方便地接入。譬如,高等级道路需要具有很高的机动性功能,以便给直行车辆提供更高的服务水平,这就需要采取更多的接入控制,接入道路之间必须保持较长的距离(较长的接入间距)。而局域性道路,主要功能在于为道路两侧的土地开发所产生的交通出行提供方便的接入,其服务于直行车辆的交通功能必须加以弱化,以便保护道路周边的环境,保障临近街道上的行人和自行车使用者的交通安全。

接入管理,从涉及的范围来看,包括公路与城市道路;从内容上来看,可分为战略层面及战术层面。其中,战略层面,倾向于宏观、系统的管理,包括接入管理政策、接入前的审批、接入区域土地利用规则等方面的内容;战术层面,主要包括各种具体的接入管理技术。

美国相关研究表明,有效的接入管理项目能减少50%左右的交通事故,提高道路通行能力23%~45%,并可缩短旅行时间及延误40%~60%。此外,有效的接入管理可以延长道路的使用年限,节约大量的改建、扩建资金,促进土地利用的稳健开发,降低对周边环境的影响[5]。

1) 道路接入管理的步骤及类型划分

对道路网络系统实施接入管理,涉及如下步骤:

(1) 定义接入管理分类。接入分类是将接入管理标准应用于道路或者路段的行政管理体系,按照机动性由高到低的顺序,给出某个行政区域范围内道路的功能等级划分类型。

(2) 为每一类型道路建立适当的接入管理标准。根据接入管理分类,为每一类型道路建立接入管理和设计标准,限制标准随着级别的降低而降低。低级别的道路(如集散类型的道路)可以容许更多的接入,以方便道路周边地区的交通出行。

(3) 为每一条道路或者路段分配接入管理类型。根据每条道路的各个路段在整个道路网络中的功能定位,为道路或者路段分配一个接入类别,并根据该类别的接入管理标准对道路实施接入管理。当道路周边地带进行建设项目的开发和获取接入许可时,将根据该类别的要求对道路的接入进行管理和设计。

2) 道路接入管理的主要措施

道路接入管理的应用,主要涉及以下措施[4]:

(1) 提供一个分工明确的道路系统

不同类型的道路服务于不同的道路功能。在工程实践中,应根据道路所期望达到的主要功能去设计和管理,形成一个层次分明、功能清晰、分工明确的道路系统。

(2) 限制对主要道路的直接接入

主要道路的功能服务于跨越整个地域的长距离交通出行,需要采取更为严格的接入控制,以避免或减少短距离的局域性交通出行对长距离的直行交通的干扰,维护其主要的道路功能。频繁和直接的道路接入,主要服务于短距离的局域性交通,更适合那些局域性和集散性道路的功能。

(3) 为不同功能等级的道路交通提供合理的转换

一个高效率的道路交通网络应该能够让出行者从某一功能等级的道路向另一功能等级的道路进行合理的转换。总的思想是:同等等级以及相邻等级的道路可以直接相交,尽量避免等级相差大的道路直接相交。譬如,高速公路和主要干道之间的直接转换是合理的,可以经由互通式立体交叉得以实现;次要集散道路上的出行者可以通过平面交叉口依次转换到主要集散道路、次要干线道路以及主要干线道路,然后再经由互通立交转换到高速公路。

(4) 合理布置交叉口的位置以利于交通信号协调控制

在主要干道上,等间距、长距离的信号控制交叉口有利于提高干线信号灯协调控制的能力,确保交通流以期望的速度连续运行。接入点和中央分隔带开口位置的不合理布置,会导致在这些地点安装的交通信号灯难以实现高效率的协调控制,极大地增加了主干道的车辆延误时间。信号控制交叉口的布置不当所引起的延误甚至无法通过计算机控制的信号协调控制系统加以修正。

(5) 保护交叉口和立交桥功能区的正常发挥

交叉口和立交桥的功能区,对其功能的正常发挥具有重要的作用。在该区域,驾驶员根据交叉口或立交桥的道路状况和交通状况采取相应的驾驶操作:减速,选择车道停驶,进行左转弯或右转弯。如果接入点距离交叉口或者立交桥的匝道太近,处于这些设施的功能区之内,进出接入点的车辆就会与其他车辆产生各种交通冲突,妨碍道路设施功能的正常发挥。因此,在交叉口和立交桥功能区内应该严格禁止各类道路的接入。

(6) 减少冲突点的个数

当驾驶员面临来自多个方向的交通冲突时,驾驶任务将变得极其繁重;驾驶员在这种秩序混乱的情形之下非常容易出错,从而引发各类交通事故。而减少冲突点的数量可以达到简化驾驶操作和改善交通运行的效果,从而实现减少交通事故的目的。在交叉口,通过特定的几何设计可以限制车辆的运行,从而有效地减少冲突点的个数(图4-4-1)。这种措施使得驾驶员的驾车环境得到改善,驾驶任务得以简化,交通安全水平也因此而得到提高。如果考虑了行人和自行车与机动车的交通冲突,冲突点数量的减少会更加显著(图4-4-2)。

(7) 分离冲突区域

在空间上分离冲突区域有助于简化驾驶操作,从而改善交通运行和交通安全。如果必须应对多个交通冲突,驾驶员应有充足的时间逐一应对各个交通冲突。因此,冲突区域之间应保持一定的距离,使得驾驶员能够从容地应对所预期的各种交通冲突,避免同时应对多个交通冲突所产生的安全隐患。当车辆的行驶速度提高时,冲突区域之间所应保持的距离也要相应地增加,以便给驾驶员充足的感知和反应时间。

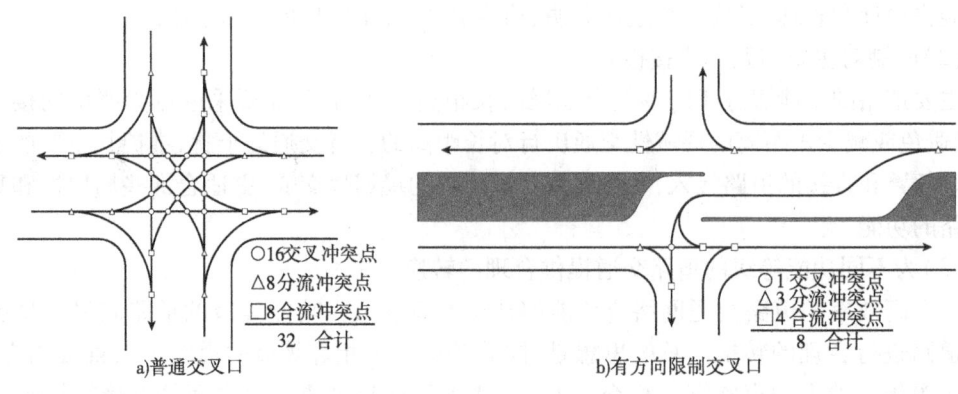

a) 普通交叉口　　　　　　　　　　　b) 有方向限制交叉口

图 4-4-1　机动车冲突点对比

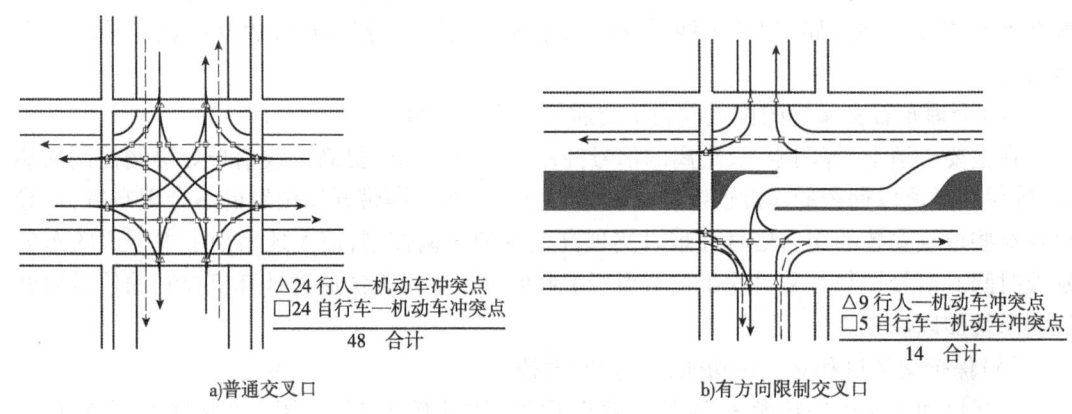

a) 普通交叉口　　　　　　　　　　　b) 有方向限制交叉口

图 4-4-2　行人—机动车冲突点和自行车—机动车冲突点对比

（8）设置转弯车道，将转弯车辆从直行车道中分离出来

在交叉口进口道设置转弯车道（包括左转车道和右转车道），可以让驾驶员在减速的过程中逐渐驶离直行车道，在一个受到保护的区域内等待机会完成转弯。这样就可以减少直行车辆与转弯车辆之间相互冲突的持续时间和严重程度，从而改善交叉口的安全性能和运行效率。

（9）使用不可穿越的中央分隔带管理左转弯交通

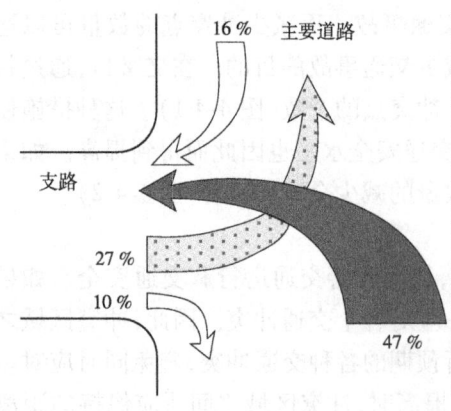

图 4-4-3　按车辆转弯方向划分的交通事故比例

在交叉口设置不可穿越的中央分隔带可以对转弯交通进行渠化，对左转弯交通进行限制或引导，使其沿着某个固定的路线到达指定的地点。如图 4-4-3 所示，与支路接入主要道路有关的绝大部分交通事故都涉及左转交通。因此，要使用不可穿越的中央分隔带以及其他相关技术最小化左转弯交通流，减少驾驶员的驾驶操作负担。通过对交叉口左转弯车辆的管理可以极其有效地改善交通安全和运行效率。在信号控制交叉口和主要干道与集散道路相交的交叉口可以使用中央分隔带的完全

开口形式,所有车辆都可以在开口处左转弯。对于其他类型的交叉口,采用中央分隔带的完全开口形式,则有可能会对安全和交通流的运行带来不利的影响,可以考虑有方向限制的开口形式。在工程实践中,应在详细的分析之后再决定中央分隔带的开口形式。

(10)构建辅助性的街道和循环道路系统

规划良好的社区需要建造一个由局域性道路和集散性街道所组成的辅助系统,统一与主干道相连的接入道路和循环道路系统,以适应社区的发展。相互连接起来的街道和循环道路系统为行人、自行车和驾驶员提供了多条备选路径(图4-4-4)。在缺乏规划的商业带状开发中,道路两侧的每一家公司和单位都有独立的接入道路与主干道相连,使得短距离的出行也必须经过主干道路,这就背离了主干道路的功能定位,极大地破坏了主干道路的安全性和通畅性。局域性街道在与主要道路相接时,要确保接入点的间距符合规定的标准,在实现接入管理目标的同时保证周边社区与主干道路的连接。

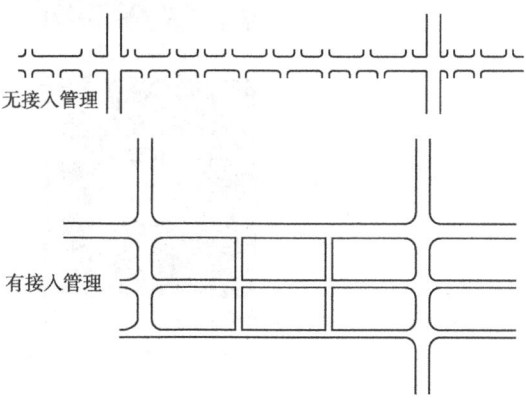

图 4-4-4 辅助性的街道系统提供了与主干道相接的多条路径

4.4.2 专用车道管理

规划专用车道(或专用道路系统)是缓解城市交通问题的途径之一。专用车道包括多乘员车辆专用车道、多乘员收费车道、公交车辆专用车道和自行车专用车道,简要介绍如下。

PPT

1)多乘员车辆专用车道(HOV 车道)

多乘员车辆专用车道,是指为多乘员车辆(High Occupancy Vehicle,简称 HOV)提供专门通行的车道。可使用 HOV 车道的车辆包括:公共汽车(Bus)、乘坐 2 人(或 3 人)以上的小客车(Car pools)、乘坐 2 人(或 3 人)以上的货车(Van pools)以及出现紧急事故的车辆(Emergency Vehicles)。有时将公交车与 HOV 其他类型的车辆进行区分,也将公共汽车与 HOV 分开。

多乘员车辆专用车道为高承载车辆提供专用的通行空间,从而减少道路上机动车总出行量,减轻道路拥堵程度。同时,车道受外界因素影响较小,可以提供较为可靠的服务。这种车道,较多地应用在高峰期道路上阻塞最为严重、时间节约显得尤为重要的路段。

根据道路断面形式及运营政策的不同,常见的 HOV 车道主要有以下 5 类[6,7]。

(1)同向 HOV 车道。这是最为常用的一种形式,用交通标线和标志标示(图4-4-5),其车流方向与相邻普通车道的车流方向一致。按照与相邻普通车道间的隔离情况,又可分为有缓冲和无缓冲 2 种。其中,缓冲式 HOV 车道与普通车道间有一定宽度的分隔。

(2)隔离 HOV 车道。HOV 车道与相邻的交通流间用护栏隔开,控制车道出入口。在交通流方向性明显的辐射型交通廊道上,HOV 车道的行车方向一般不会变换。

多乘客专用车道标志

有人数规定的多乘客专用车道标志

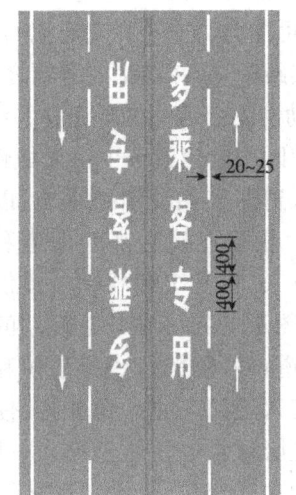

图 4-4-5　多乘员车辆专用车道主要标志标线示意图(单位:cm)

(3)逆向 HOV 车道。设置在潮汐交通明显的路段,HOV 车道"借用"一侧多余的通行能力,用锥形路标或自动移动式护栏隔开,供高峰车流使用,其交通流方向与普通车道的车流方向相反。

(4)绕行车道。在交叉路口、匝道入口、收费站卡等瓶颈地段仅供 HOV 车辆使用的车道。

(5)公共汽车专用的 HOV 车道。只允许公共交通车辆使用,并限定车站及相应的辅助设施。

2)多乘员收费车道(HOT 车道)

多乘员收费(High Occupancy Toll,HOT)车道是一类特殊的车道或道路系统,它兼有 HOV 车道和收费道路的某些特征。HOT 车道对多乘员车辆和其他可免费车辆给予免除收费的优待,而对其他车辆征收可变费用。HOT 车道与收费道路的主要区别在于,驾驶员可以自由选择是否使用普通车道(不收费车道)。

HOT 车道也可以设计成变向交通的形式,以便于解决交通需求在时间分布上的不均匀;在上班的早高峰时期沿着一个方向通行,在下午的下班高峰时期则变换为相反的方向。费用的收取可以采用电子收费系统、车牌自动识别技术或者人工收费。免费车辆通常包括多乘员车辆、摩托车、清洁能源车辆、公交车辆和救援车辆。所收取的费用以显著的形式展现在 HOT 车道的入口处,并且随着交通需求的变化而调整,以便动态地调节交通量,从而保证系统内车辆的行驶速度和服务水平维持在一个较高的水平。

3)公交车辆专用道

公交车辆专用道作为 HOV 车道的特殊形式,是指服务于公交车辆供其专门运行的道路。

辅助视频

公交车辆载客量大,人均占用道路面积小,且可有效地利用道路。故采用公交车辆专用道路的办法,来提高公交车辆的运行效率和服务水平,达到减少城市小汽车交通量的目的,使整个城市的交通服务质量得到改善,带来较大的社会经济效益。

根据道路断面形式及服务对象的不同,常见的公交专用道路主要有以下 5 类[6,7]。

(1) 公交车专用车道

公交车专用车道,是指在城市道路路段上通过特定的交通标志、标线或其他隔离设施将其中一条或多条车道分隔出来,仅供公共汽车在全天或一天中的某一时段使用,而社会车辆(特殊车辆如消防车、救护车、警车等除外)在该时段内禁止使用。当一条路段所有车道均为公交专用时,该路段就成为公交专用路。公交专用道(路)是实施路段公交优先通行的有效技术措施。

公交专用车道按车辆运行方向的管理,又分为顺向式和对向式两种。顺向式是指公交车运行的方向与其他车辆运行的方向一致,而对向式是允许公交车的运行方向与其他车辆的运行方向相反。

需要和可以设公交专用车道的条件是:除特殊要求外,公交车交通量大于 90 辆/h,单向最好有 3 条以上机动车道;特别是路段上有 3 条车道,而交叉口进口道最多只有 5 条时,更应设公交专用车道。

公交车专用车道是车行道的一部分。为了同其他车辆分离,常采用路面交通标示的方法,或在对向式公交车专用车道上采用实物分隔的方法使这种公交车专用的车道与其他车道严格分隔开来。公交专用车道交通标志标线示意图,如图 4-4-6 所示。

公交线路专用车道

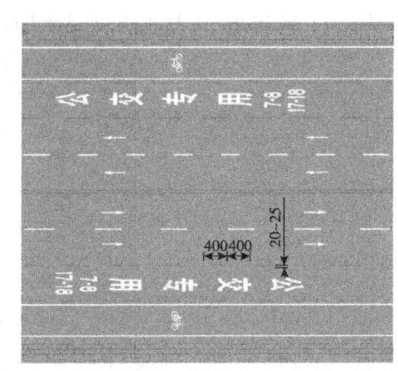

图 4-4-6　公交专用车道交通标志标线示意图(单位:cm)

(2) 公交车专用街

公交车专用街,是指只让公交车和行人通行的街道。其好处是:可以将其他车辆从这种街道上排除出去,以提高公交车的速度;可以腾出街道空间以确保公交车有适当面积的停靠站;可以使行人较安全地横过街道;可以改善城市环境。采取这种公交车专用街,设施简单,投资少,只要加强管理,限制其他车辆通行,采用适当的交通标志就可达到目的。这样的街道一般比较短,而且也可让自行车通行。市中心商业区或只有两个车道的窄街道,如其附近有平行的街道,可以将这种街道开辟为公交车专用街道。

(3) 公交车专用道路

公交车专用道路,是指专门供公交车行驶的道路。在建设卫星城时可考虑建设这种道路,它可以连接居住区和工厂或商业区。一般来说,公交车专用道路是公交车的"高速道路",站距长、速度快。在这种道路上,要求有比其他道路更完善的交通安全设施和严格的交通管理措施。

(4) 公交车专用进口车道

公交车专用进口车道,是指在交叉口的进口道中设置一条或若干条专门供公交车行驶的车道,这可以提高公交车在交叉口的通过率,减小在交叉口的延误。

(5) 公交车、自行车专用道路

公交车、自行车专用道路,是指专门供公交车和自行车行驶的道路。这同"公交车专用街"有相类似的地方,考虑到我国城市交通中自行车的比例较高,采用此管理措施可以在不对自行车交通采取任何限制的条件下提高公交车的运行速度。

4.5 常规公共交通优先通行管理

PPT

对比其他交通出行方式,城市常规公共交通具有以下优点。

(1) 与轻轨、地铁等轨道交通相比,常规城市公共交通具有投资小、见效快、线路易调整等优点。

(2) 与其他机动化交通方式相比,公交单车运量大、运输效率高。据统计,4辆小汽车所占用的道路面积与1辆公交车所占的道路面积相同,而公交车单车载客量通常是小汽车单车载客量的30~40倍,由此可以得出以公交出行时人均占用的道路面积只相当于以小汽车出行时的12%左右。各种客运方式人均占用道路面积比较结果,如表4-5-1所示[8]。

各种客运方式人均占用道路面积比较 表4-5-1

客运方式	公交车服务水平*			自行车	摩托车	单位及私人小汽车	出租车
	高	中	低				
占路面积(m²/人)	1.75	1	0.7	3.75	11.66	14	10.5
占路长度(m)	7	7	7	1.5	2	3	3
占路宽度(m)	3.5	3.5	3.5	1.5	3.5	3.5	3.5
纵向安全净空(m)	3	3	3	1	3	3	3
平均承载人数	20	35	50	1	1.5	1.5	2

注:* 公交服务水平分为高、中、低三级:高级指定员20人,中级指定员35人,低级指定员50人。

(3) 与其他机动化交通方式相比,公交车人均消耗的能源和人均排放的污染量等都是较低的。不同交通方式的能源消耗差别是很大的,表4-5-2所示的是各种交通工具能源消耗的比较结果[9],可以看出小汽车的每人公里能源消耗在各种交通方式中是最大的,公交车(单车)的人均能源消耗虽然不是最少的,但却只相当于小汽车的10%左右。

各种交通工具能源消耗比较(以公共汽车单车为1) 表4-5-2

交通工具类别	自行车	摩托车	小汽车	公交车(单车)	公交车(铰接车)	公交车(专用道)	无轨电车(铰接车)	无轨电车(专用道)	有轨电车	轻轨	地铁
每人公里能源消耗	0	5.6	8.1	1	0.9	0.8	0.8	0.7	0.4	0.45	0.5

(4) 按照运送同样数量的乘客来计算,公交车与小汽车相比,分别节省75%的土地资源、80%的建筑材料、83.3%的投资,空气污染是小汽车的10%,交通事故是小汽车的1%。

基于上述优点,要缓解我国城市交通需求和基础设施供给之间的矛盾,无疑应优先发展城市公共交通,即实施"公交优先"的策略。"公交优先"从广义上理解,是指实施一切有利于公交发展的政策和技术措施;从狭义上理解,是指在交通控制管理范围内,公交车辆在道路上优先通行的技术措施。城市公交优先通行管理,主要是指提高公交车运行速度与准时率的措施和方法,包括道路交叉口、路段和区域公交优先通行技术等,其是公交优先的重要保障与体现。

4.5.1 公交专用道的设置

教学录像

公交专用道的设置方法有两种,即隔离路段原有车道和新增车道。所谓隔离,就是保持原有道路上的车道数不变,只是将每个方向上的一条车道划分给公交车辆专用,这种方法适用于道路不易拓宽,且公交车比例较高的情况。一般在老城区的干道上或公交走廊,可以采用这种方法设置公交专用道。所谓新增车道,就是将原有道路进行拓宽来增加机动车道,或者将非机动车道的一部分与人行道合并(以适当加宽自行车和行人共同通行的空间),另一部分则与原先的机动车道合并,从而增设一条公交专用道。

无论是采取隔离还是新增车道的方法,根据所选择的车道位置的不同,公交专用道都可分为3种设置形式,即:沿路外侧机动车道设置的公交专用道(以下简称"路外侧公交专用道",如图4-5-1所示)、沿路中间机动车道设置的公交专用道(以下简称"路中间公交专用道",如图4-5-2所示)、沿路内侧机动车道设置的公交专用道(以下简称"路内侧公交专用道",如图4-5-3和图4-5-4所示)[10]。下面,分别对这3种设置形式的特点进行分析。

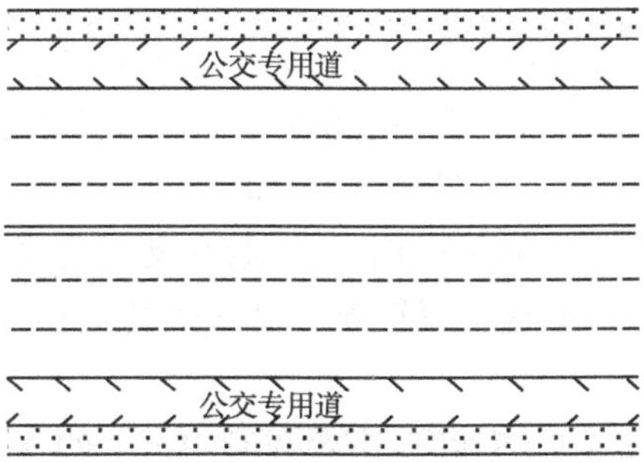

图4-5-1 路外侧公交专用道示意图

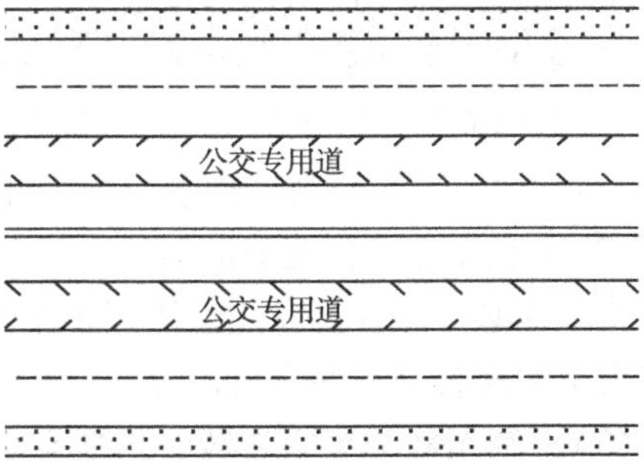

图4-5-2 路中间公交专用道示意图

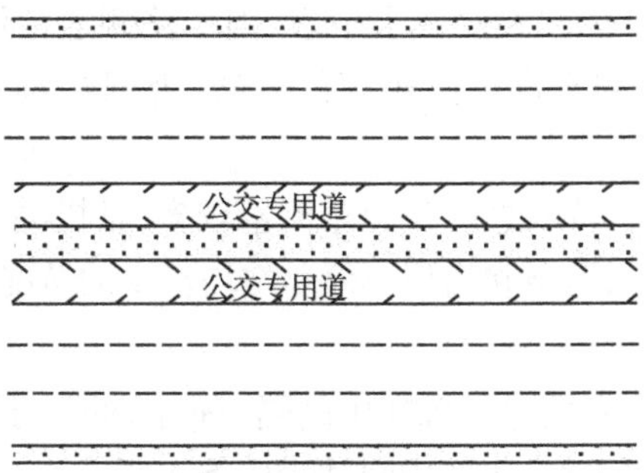

图4-5-3 路内侧公交专用道示意图(专用道在路中间隔离带两侧)

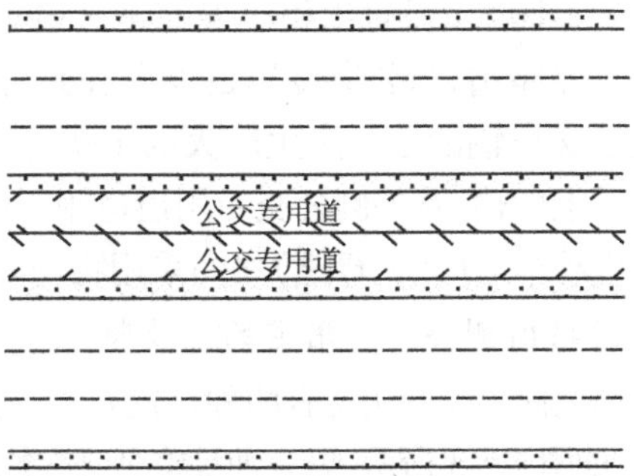

图4-5-4 路内侧公交专用道示意图(专用道将路中间隔离带分开)

1) 路外侧公交专用道的主要特点

路外侧公交专用道设置在道路的外侧机动车道上，是最普遍的一种公交专用道设置形式，我国已有的公交专用道基本都是采用这一形式。

路外侧公交专用道的主要优点是：

(1) 便利于设置公交停靠站。传统的公交停靠站一般都是设置在路外侧的人行道上或机非分隔带上，这种停靠站对乘客等候、上下车及出行都比较方便，不需要穿越道路，保障了乘客的出行安全，符合人们的出行心理。而当公交专用道设置在路外侧时，停靠站也应该设置在道路外侧，因而仍然可以发挥这种停靠站的上述优势。此外，道路外侧用地也更有利于设置港湾式停靠站。

(2) 不需要对公交车辆的乘客门进行改造。传统公交车辆运行时都是靠路侧停靠，因此公交车乘客门都是设置在靠路侧的车身一边，而当公交专用道设置在路外侧时，由于停靠站仍然设置在道路外侧，因此不需要在公交车辆的另外一侧设置乘客门。

(3) 实施方便易行，投资少。通常可以利用已有的公交停靠站，甚至可以利用非机动车道。在机动化发展较快或公交服务较好的城市，自行车出行比例已逐渐萎缩，这就使得原有的非机动车专用道路得不到有效利用，甚至出现非机动车道处于闲置状态，而机动车道上经常出现交通拥挤和阻塞现象。因此，可以因地制宜，将道路的非机动车道改造成公交专用道，原有的非机动车可以移至人行道上（当人行道宽度较大且非机动车流量较小时）或相关平行道路上（当非机动车流量较大时）行驶。

路外侧公交专用道的主要缺点是：

(1) 容易受到干扰。如果在公交专用道与非机动车道（或人行道）之间不采用物理隔离，则公交车辆的运行很容易受到非机动车和行人的干扰。此外，路侧接入道路车辆进出时，将和专用道上的公交车辆进行交织，因此也容易干扰公交车辆的正常运行。

(2) 不利于左转公交车的运行。当公交专用道设置在路外侧时，在下游交叉口需要左转的公交车辆必须从外侧专用道跨越多个车道向内侧移动，这不仅影响社会车辆的运行，而且也阻碍了左转公交车的运行。

(3) 不利于社会车辆右转。当社会车辆在下游交叉口右转时，需要和专用道上的直行公交车交织，因而既不利于社会车辆在前方交叉口右转，同时社会车辆在前方交叉口右转也干扰了直行公交车辆的运行。

(4) 不利于设置出租车停靠站。由于出租车经常需要在路侧上下客，因而路侧通常设置出租车停靠站，当公交专用道设置在路外侧时，则不利于设置出租车停靠站，否则会对专用道上公交车辆的运行产生较大的干扰。

综上所述，路外侧公交专用道适用于前方交叉口右转或直行公交车流量较多，且机动车道与非机动车道（或人行道）之间采用物理分隔，路侧接入道路和出租车停靠站均较少的情况。

2) 路内侧公交专用道的主要特点

路内侧公交专用道有两种设置方法，一种是将公交专用道设置在中间隔离带相邻的两侧车道上，如图4-5-3所示；另一种是将公交专用道设置在中间隔离带的中间，如图4-5-4所示。

路内侧公交专用道可以减少许多干扰公交车辆运行的因素，具体表现在：

(1) 不受路边停车和非机动车交通运行的影响。

(2)不受路侧接入道路机动车进出交通的影响。

因此,公交车辆可以较高的速度运行,有利于减少公交车辆的路段延误。相对于路外侧公交专用道而言,它是一种比较彻底的公交专用道模式。

路内侧公交专用道设置的主要缺点表现在:

(1)不利于设置公交停靠站。为方便公交车辆的停靠,路内侧公交专用道的停靠站最好应设置在中央分隔带上,这样可以利用分隔带的宽度提供乘客候车所需要的空间。如果道路没有中间分隔带,或中间分隔带较窄(宽度在 2m 以下)时,则难以设置停靠站。此外,为方便乘客进出公交停靠站,停靠站需要设置在信号交叉口的进出口道附近,以借助交叉口的人行信号灯。如果停靠站设在路段,则需要加装信号灯,这不仅会加大对路段车辆的影响,而且不利于节约成本。

(2)不利于交叉口进口道右转公交车的运行。当公交专用道如图 4-5-3 所示的设置在路内侧时,在前方交叉口右转的公交车辆必须从内侧专用道跨越多个车道向外侧移动,这不仅影响直行和左转社会车辆的运行,而且也阻碍了右转公交车的运行。

(3)不利于社会车辆左转。当社会车辆在前方交叉口左转时,需要和专用道上的直行公交车交织,因而既不利于社会车辆在前方交叉口左转,同时也干扰了直行公交车的运行。

(4)乘客出行的安全隐患比较大。车辆沿中央分隔带行驶并且停靠,乘客上下车就必须穿越道路,从这个角度而言,路内侧公交专用道降低了安全性能。此外,由于一般道路中央分隔带宽度有限,难以采用人行天桥或地道的设置方式进行交通组织,而增设行人过街信号又将给正常的车流运行造成延误。

综上所述,路内侧型公交专用道适用于道路交叉口间距比较大,在前方交叉口左转或直行公交车流量较多的情况,且道路中间有较宽(最好有 3m 以上宽度)的物理分隔带(如绿化带),以方便将公交停靠站设置在道路中间分隔带上,或设置在高架道路下面具有干线条件的路段上。

由于路内侧公交专用道对道路条件要求较高,且乘客出行的安全隐患也较大,因此实施起来困难较多,不易推广。

3)路中间公交专用道的主要特点

路中间公交专用道,是将公交专用道设置在道路每个方向上的中间车道上,即公交专用道的两侧都有同方向的社会车道,如图 4-5-2 所示。

这种类型的公交专用道与路内侧公交专用道的优点基本相同,即公交车辆行驶时不受路边停车、非机动车、单位建筑物进出口等因素干扰,且公交专用道可以一直延伸到下游交叉口,减少公交车与社会车辆的交织,也便于为公交车辆提供优先通行信号。此外,路中间公交专用道对路幅的要求不高,投资少,实施方便,在合适的路段设置可以更好地体现公交优先。

路中间公交专用道存在的主要缺点在于:

(1)不利于公交车辆进站停靠。由于公交停靠站通常只能设置在路侧或路中分隔带上,因此在路中间公交专用道上行驶的公交车辆如果要进站停靠,就必须变换车道,不仅对社会车辆的正常行驶将产生干扰,而且增加了公交车辆的延误。

(2)不利于转向公交车辆的运行。如果公交车辆需要在下游交叉口左转或右转,就会与直行社会车辆存在相互干扰。

(3)对社会车辆的行驶造成一定的阻隔。公交专用道左侧车道上的社会车辆如需在下游交叉口右转和公交专用道右侧车道上的社会车辆如需在下游交叉口左转,都必须穿越公交专用道,因此路中间公交专用道也容易被社会车辆占用。

综上所述,路中间公交专用道适用于直行公交车流量较多,道路交叉口间距较短或大站快运公交,且路段上不设置公交停靠站的情况。此外,为减少路中间公交专用道对社会车辆行驶阻隔的影响,需要在路段起始点上通过交通标志提示社会车辆分道行驶。如可以在路段起始点上规定:路中间公交专用道左侧车道供直行和左转社会车辆行驶,而路中间公交专用道右侧车道供直行和右转社会车辆行驶。

4.5.2 公交专用道中途停靠站点设置方法

教学录像

公交停靠站对公交车辆的运行有着较大的影响,公交专用道上的停靠站的设置位置、站距、停靠泊位等可以参考一般公交停靠站的设置方法。下面将以我国车辆靠右侧行驶的交通规则为前提,着重讨论与路外侧公交专用道和路内侧公交专用道相匹配的停靠站的设置方法。

1)路外侧公交专用道停靠站的设置方法

在没有公交专用道的情况下,城市的公交车停靠站基本都是沿人行道,或机动车与非机动车道的隔离带设置的,对于乘客上下车具有一定的便利性。路外侧公交专用道停靠站的设置形式和常规公交停靠站的设置形式基本相似,分为直线式(即无港湾式)和港湾式两种。

(1)直线式公交停靠站的设置方法

直线式公交停靠站将公交停靠区直接设置在机动车道上,如图4-5-5所示。因此,当公交车辆停靠时就容易形成交通瓶颈路段,对社会车辆的正常行驶和公交车辆的超车产生很大影响,当路段机动车饱和度较大时甚至会造成交通阻塞。因此,直线式公交停靠站一般适用于设置在公交停靠站不易拓宽处,同时机动车饱和度不大的路段。此外,要求直线式公交停靠站的公交车辆到达不出现"列车化"现象,因为如果乘客量过大且公交车到达频率较高,则会出现前面车辆还没离站,后面车辆又到达的情况,如果是画线隔离式的公交专用道,后面的公交车辆要超车时就会占用相邻社会车辆的车道而造成交通流的紊乱;如果是硬质设施隔离的公交专用道,后面的公交车辆就无法超车,只能等待前面的公交车离站,增加了公交车辆的延误。

为克服直线式公交停靠站容易形成交通瓶颈的缺点,可将机动车道线进行适当弯曲并压缩社会车辆的车道宽度,以使得停靠站路段的车道数与正常路段车道数相同,其设置方法如图4-5-6所示。

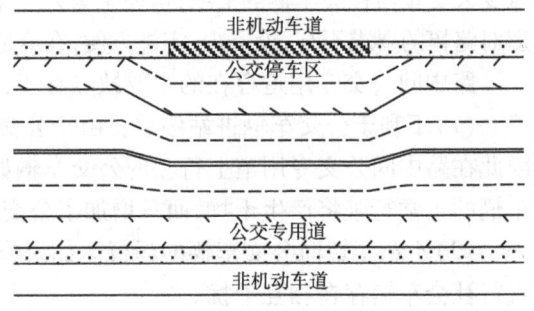

图4-5-5 路外侧直线式无超车道公交停靠站示意图　　图4-5-6 路外侧直线式有超车道公交停靠站示意图

(2)港湾式公交停靠站的设置方法

港湾式停靠站是指在公交停靠站处将道路适当拓宽,将公交车辆的停靠位置设置在正常行驶的车道之外,以减少公交车辆停靠时形成的交通瓶颈对社会车辆和后到先走的公交车辆超车的影响,保证路段车流的正常运行。为保障公交车辆在港湾式停靠站能完全进入港湾停靠,港湾宽度通常与车道宽度相等,也可以略小于车道宽度,但鉴于公交车辆的车身宽度通常为2.5m,所以港湾宽度至少要大于3m才能满足要求。设置这种形式的停靠站,通常需要挤占人行道和非机动车道,因此只能在用地条件满足要求的路段才可以设置港湾式公交停靠站。公交专用道位于外侧车道时,港湾式停靠站的设置可以采用以下两种方法。

①全港湾式公交停靠站。机动车道在公交停靠站处没有弯曲,公交停靠区完全没有挤占机动车道,而只是向外侧拓宽挤占机动车道与非机动车道之间的隔离带(以下简称"机非隔离带")或将非机动车道与人行道进行局部弯曲而形成港湾区,这样设置的港湾式停靠站称为全港湾式公交停靠站,如图4-5-7所示。如上所述,港湾宽度要大于3m才能满足公交车辆的停靠需求,而为了乘客安全,乘客候车站台宽度通常应大于1m。因此,当机非隔离带宽度大于4m时,港湾区域只需要占用该隔离带;而当该隔离带宽度小于4m时,通常需要将非机动车道和人行道进行适当弯曲。全港湾式公交停靠站没有改变原有机动车道的宽度和走向,当公交车辆进站停靠时对后续车流的影响很小,是一种比较彻底的港湾式停靠站。这种形式的停靠站是通过在机动车道之外去获得港湾区,适用于道路两侧用地较宽裕的路段。

②半港湾式公交停靠站。当机动车道与非机动车道之间只是采用栅栏隔离或隔离带的宽度小于4m,而道路外侧用地又不允许将人行道和非机动车道进行弯曲,或虽然允许将人行道和非机动车道进行适当弯曲,但由此获得的港湾区宽度不能满足大于3m的要求时,可以将机动车道在公交停靠站处也进行适当弯曲,并在满足机动车辆行驶要求的前提下将机动车道宽度进行适当压缩。这种既挤占机非隔离带或非机动车道又挤占原有机动车道而形成的港湾式停靠站,称为半港湾式停靠站,如图4-5-8所示。由于半港湾式公交停靠站改变了原有机动车道的宽度和走向,当公交车辆进站停靠时对后续车流有一定的影响,是一种不彻底的港湾式停靠站。在我国许多城市的中心区,由于早期道路交通规划没有考虑公交港湾停靠站的建设用地,往往难以建设全港湾式的公交停靠站,可以考虑建设半港湾式公交停靠站。

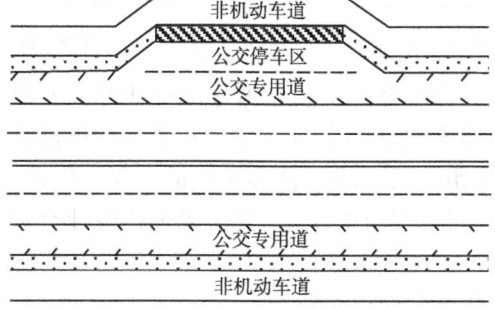

图4-5-7 路外侧公交专用道的全港湾式公交停靠站示意图

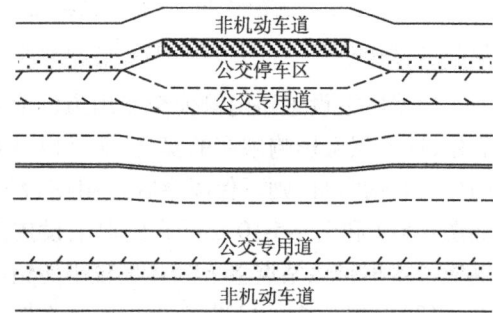

图4-5-8 路外侧公交专用道的半港湾式公交停靠站示意图

2）路内侧公交专用道停靠站的设置方法

为避免公交车辆进出停靠站时变换过多的车道，路内侧公交专用道停靠站通常应设置在中间分隔带上。根据设置位置的不同，路内侧公交专用道停靠站可分为设置在路段上的停靠站和设置在交叉口进出口道上的停靠站。当专用道按如图4-5-4所示的方法布置时，其停靠站的设置方法类似于路外侧公交专用道停靠站的设置方法（如图4-5-6、图4-5-7和图4-5-8所示）。下面重点分析专用道按如图4-5-3所示的方法布置时的停靠站设置方法。

(1) 设置在路段上的路内侧公交专用道公交停靠站

图4-5-9上方的停靠站台是直接设置在中间绿化带上，这种设置形式需要对公交车的乘客门进行改造。因为我国的交通规则是车辆靠右侧行驶，所以公交车辆的乘客门也都是设置在车身右边。如果在这种停靠站停靠，则为了方便乘客上下车，就必须在左侧车身上设置乘客门。在一条公交线路上往往难以做到所有公交停靠站都设置为这种类型。这样一来，为方便乘客上下车，就需要在公交车辆车身两侧都设置乘客门（类似于飞机场使用的摆渡客运车辆）。图4-5-9下方的停靠站设置在公交专用道与非公交专用道之间。为设置乘客候车站台，将非公交专用道进行适当弯曲。这样设置的停靠站，不需要在公交车辆车身两侧开设乘客门。

图4-5-9所示的路内侧公交专用道停靠站的共同缺点是，在停靠站处没有公交车辆的超车道。为克服这一不足，当道路条件允许（如中间隔离带较宽、车道宽度允许适当压缩等），可以将路段上的路内侧公交专用道停靠站设置成如图4-5-10所示的形式，其方法是在停靠站处向路中间隔离带上拓宽一个车道。如果中间隔离带宽度有限，可在向中间隔离带上拓宽的同时，弯曲并压缩本向和对向机动车道宽度来增加车道（图4-5-10所示的正是采用这种方法）。

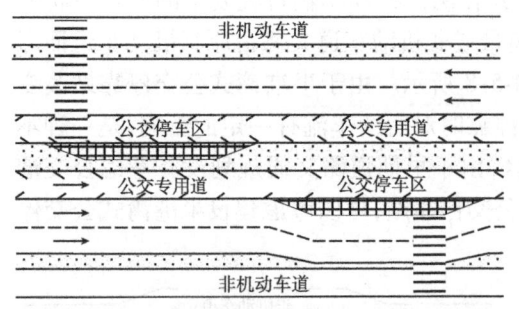 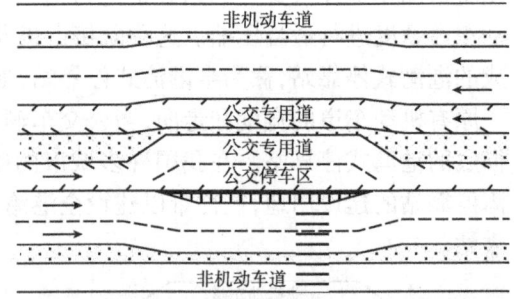

图4-5-9 设置在路段上的公交停靠站示意图（无超车道）　　图4-5-10 设置在路段上的公交停靠站示意图（有超车道）

在路段上设置路内侧公交专用道停靠站时，乘客需要穿越机动车道才能到达和离开停靠站，这不仅会影响乘客的安全，而且也会影响社会车辆的正常行驶。如果在乘客进出停靠站处安装信号灯，则可保障乘客进出站台的安全，但由此又会增加社会车辆的延误。因此，如图4-5-9和图4-5-10那样在路段上设置路内侧公交专用道停靠站，只适用于路段社会车辆流量较小且该站点上下乘客量较小的情况。

(2) 设置在交叉口进出口道上的路内侧公交专用道公交停靠站

图4-5-11和图4-5-12分别所示的是设置在交叉口进口道和出口道上的路内侧公交专用道公交停靠站示意图（图中所示都设置了公交超车道）。这种设置方法的最大优点是，乘客

可以通过交叉口人行斑马线进出停靠站,并受交叉口人行信号灯的控制,而不需要另外设置信号灯,保障了乘客安全,节省投资,也不会额外增加社会车辆的延误。但在交叉口进口道上设置的路内侧公交专用道公交停靠站对右转公交车辆不利,因此其主要适用于左转和直行公交车辆较多的情况。相比较而言,在交叉口出口道上设置的路内侧公交专用道公交停靠站不存在影响车辆转向的问题,而且公交车停靠也不受交叉口信号灯的影响。但出口道上的停靠站必须要有足够的停靠能力,否则过多的停靠车辆会延伸到交叉口内,严重影响交叉口的交通秩序。

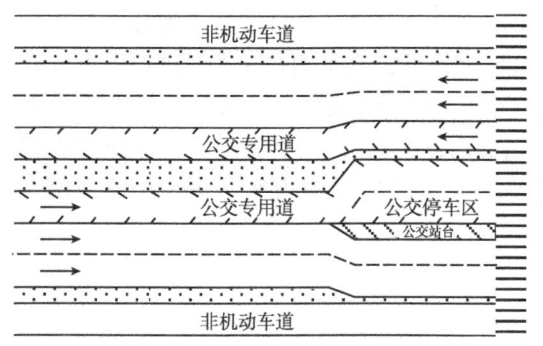 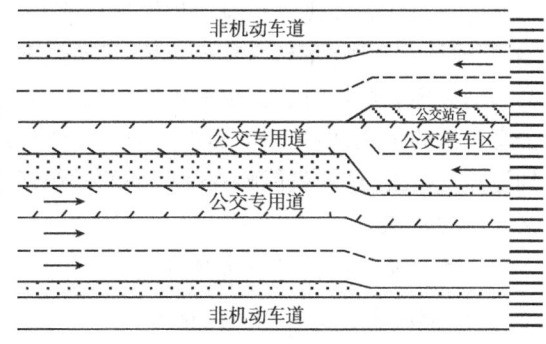

图 4-5-11　设置在交叉口进口道上的公交停靠站示意图　　图 4-5-12　设置在交叉口出口道上的公交停靠站示意图

综上所述,在交叉口出口道上设置的路内侧公交专用道停靠站是一种比较好的形式。

4.5.3　公交专用道回授区的设置方法

交叉口是制约道路通行能力的咽喉,也是影响公交车运行准时性的关键因素。对交叉口采取合理的处理方式,能有效地提高交叉口的通行能力,减少绿灯期间的延误。路段上的公交车道,在交叉口处有两种处理方式:一是设置回授区,结束公交专用道;二是设置公交专用进口道。

如果公交专用道一直延伸到交叉口停车线,可能会导致这样的问题:在信号控制交叉口,公交专用进口道排队的车辆很少,而其他车辆的进口道排队很长;如果专用道沿最外侧机动车道设置,并一直延伸到交叉口,还会出现右转车辆与公交车辆冲突的问题,因此提出了设置回授区的方法,即公交专用道在路段上连续设置,延伸到离交叉口停车线前一段距离处终止,这样非公交车辆就能够使用原本属于公交车辆专用的进口道,这段距离称作"回授距离"或者"回授区",具体方法如图 4-5-13 所示。

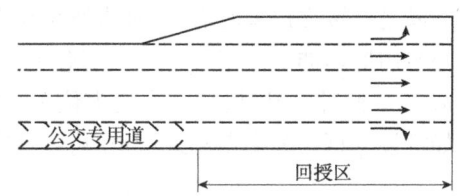

图 4-5-13　交叉口进口道回授区示意图

回授区的长度主要受下列因素影响:

(1)回授区内公交车与社会车辆的交织。回授区的最短长度不能小于公交车和社会车辆的最短交织长度。

(2)车辆排队长度的影响。当公交专用道设置在路外(内)侧且有右(左)转专用信号灯时,回授区长度为右(左)转进口道排队长度与相邻直行进口道排队长度的较大值再加上公交车与社会车辆的交织长度;当公交专用道设置在路中时,回授区长度为相邻两个车道方向上的车辆排队长度的较大值再加上公交车与社会车辆的交织长度。

（3）公交停靠站的影响。一般把交叉口附近的公交停靠站设在公交专用道内,且在公交专用道的末端,也就是回授区,最好设在公交停靠站前方。在满足行车条件的前提下,回授区的长度越短越好。

4.5.4 公交专用进口道的设置方法

在信号交叉口设置公交专用进口道,是实施公交优先通行的有效技术措施之一。它是指通过交通标志标线或其他工程措施将信号交叉口的一个或多个进口道指定为公交车辆专用,其他社会车辆(不包含特殊车辆)不允许进入,以此保证公交车辆在交叉口进口道上同社会车辆分离。红灯时公交车辆不需混杂在其他社会车辆中间排队等待,减少了社会车辆对公交车辆的干扰,而且当前面没有公交车辆排队时,在社会车辆之后到达的公交车辆可直接到达停车线处,这样就能够在绿灯亮的时候以第一时间通过交叉口,从而可减少公交车辆在交叉口的延误。

1）直行公交专用进口道的设置

（1）路段有公交专用道的情况

当交叉口进口道所连接的路段有公交专用道时,直行公交专用进口道的设置需要考虑与路段公交专用道的匹配。如果设置不合理,则容易引起交通混乱。路段有公交专用道时,直行公交专用进口道可采用以下几种方法设置。

①将公交专用道直接延伸到交叉口停车线,即直通式公交专用进口道。当路段公交专用道位于道路右侧车道,进口道右侧用地条件可以满足向右拓宽一个或多个进口车道,而且由此增设的一条或多条右转进口车道能满足右转交通量的需要,则直行公交专用进口道可以采用图4-5-14所示的设置形式,即公交专用道延伸至停车线,同时在进口道开始前设置一段交织段(图4-5-14中以方格线表示),便于右转社会车辆变换车道[10]。同样,当路段公交专用道位于道路左侧,道路和对向交通条件允许将交叉口进口道附近的道路中心线向左偏移(或将中间绿化带向左拓宽)一个或多个车道,而且由此增设的一条或多条左转进口车道能满足左转交通量的需要,则直行公交专用进口道可以采用图4-5-15所示的设置形式,即公交专用道延伸至停车线,同时在进口道开始前设置一段交织段,便于左转社会车辆变换车道[10]。此外,当路段公交专用道位于路段的中间车道时,其对转向交通的影响很小。因此,如需设置直行公交专用进口道,可将公交专用道直接延伸到交叉口停车线。

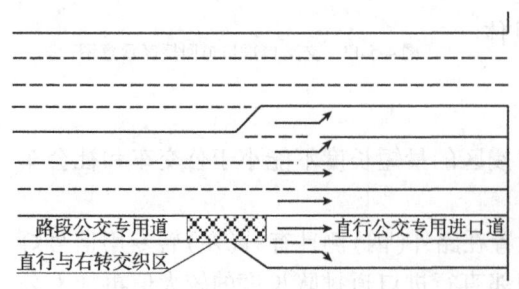

图4-5-14 直通式公交专用进口道(公交专用道在右侧时)

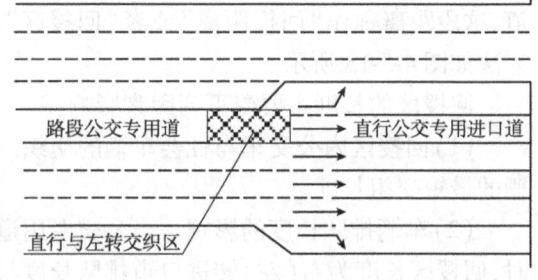

图4-5-15 直通式公交专用进口道(公交专用道在左侧时)

②公交专用进口道与路段公交专用道不在同一车道,即错开式公交专用进口道。当路段公交专用道位于道路右侧,且右转交通量较大,而进口道右侧用地条件不能满足向右拓宽进口车道时,可以采用图 4-5-16 所示的设置形式[10]。或者虽然可以向进口道的右侧拓宽,但由此增设的右转进口车道不能满足右转交通量的需要时,可以采用图 4-5-18 所示的设置形式[10]。图 4-5-16 和图 4-5-18 所示的形式都是将公交专用进口道由最右侧车道向左侧移一个车道,同时在进口道开始前设置一段交织段,以便于公交车辆和右转社会车辆变换车道。同样,当路段公交专用道位于道路左侧,且左转交通量较大,而道路和交通条件不适合将交叉口进口道附近的道路中心线向左偏移一个或多个车道,或者虽然可以将交叉口进口道附近的道路中心线向左偏移一个或多个车道,但由此增设的左转进口车道不能满足左转交通量的需要时,可分别采用图 4-5-17 和图 4-5-19 所示的设置形式,即将公交专用进口道由最左侧车道向右侧移一个车道[10]。上述 4 种设置方法都是将公交专用进口道与路段公交专用道错开一个车道,而不是错开多个车道,以便减少公交车变换车道时的困难和对其他交通流的影响。

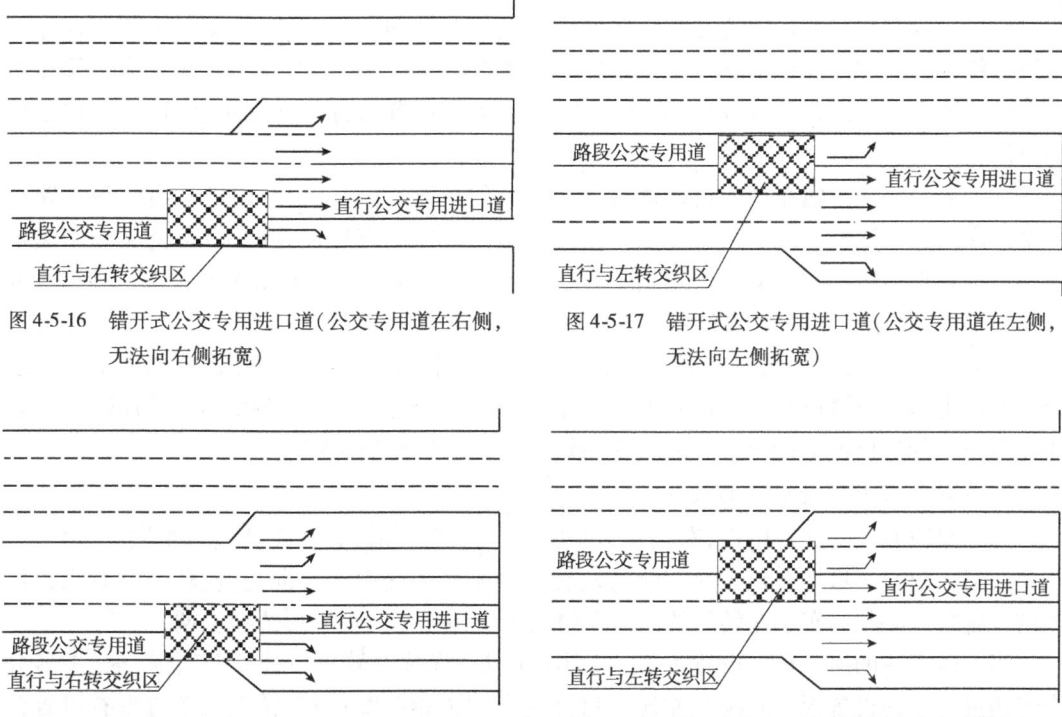

图 4-5-16　错开式公交专用进口道(公交专用道在右侧,无法向右侧拓宽)

图 4-5-17　错开式公交专用进口道(公交专用道在左侧,无法向左侧拓宽)

图 4-5-18　错开式公交专用进口道(公交专用道在右侧,向右侧拓宽一条车道)

图 4-5-19　错开式公交专用进口道(公交专用道在左侧,向左侧拓宽一条车道)

③直行公交车辆与转向车辆混行进口道。当路段公交专用道位于道路右侧,右转车辆很少,且右转和直行车流共用一个信号相位或右转车辆不受信号控制时,可以采用图 4-5-20 所示的设置形式,即右侧进口道为右转车辆与直行公交车辆共用[10]。同样,当路段公交专用道位于道路左侧,左转车辆很少,且左转和直行车流共用一个信号相位时,可以采用图 4-5-21 所示的设置形式,即左侧进口道为左转车辆与直行公交车辆共用[10]。

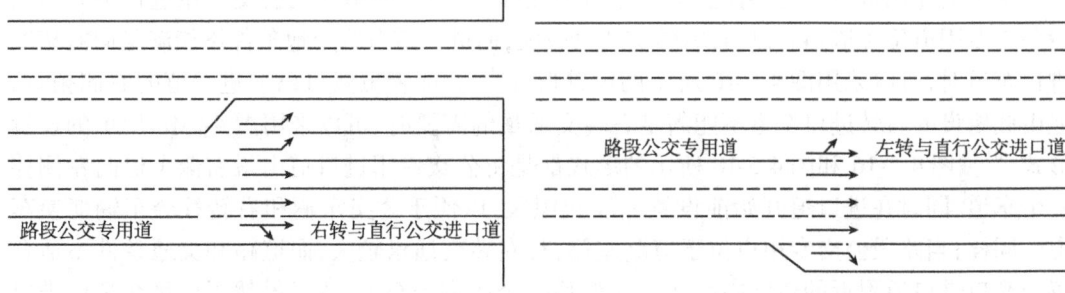

图 4-5-20　直行公交车辆与右转车辆共用一个进口道　　图 4-5-21　直行公交车辆与左转车辆共用一个进口道

以上方法中，直通式公交专用进口道对交通流的影响最小，尤其有利于直行公交车辆的行驶，因为直行公交车辆不需要变换车道。而错开式公交专用进口道对公交车辆和社会车辆的行驶影响均较大，因为两者在进入交叉口时都需要变换车道，交织过程中容易引起交通混乱。对于直行公交车辆与转向车辆混行进口道，不利于转向车辆的行驶，增加了转向交通的延误。

(2) 路段无公交专用道的情况

公交车辆在路段的行驶特性往往要受到公交停靠站的影响，因为公交车辆需要在停靠站进行停靠，为方便进出停靠站，大多数公交车辆驾驶员习惯将公交车辆行驶在靠近停靠站一侧的车道上。为此，当路段没有公交专用道时，如需设置直行公交专用进口道，必须遵循如下原则。

① 为避免公交车辆在进入进口道时变换过多的车道，直行公交专用进口道应该和路段公交停靠站的设置相协调。当公交停靠站沿着道路最右侧车道设置时，直行公交专用进口道应该设置在路段右侧车道的进口道上（类似于图 4-5-14 所示的形式）或紧邻右侧车道的进口道上（类似于图 4-5-16 或图 4-5-18 所示的形式）。

② 同样，当公交停靠站沿着道路最左侧车道设置时（即设置在道路中间隔离带上），直行公交专用进口道应该设置在路段左侧车道的进口道上（类似于图 4-5-15 所示的形式）或紧邻左侧车道的进口道上（类似于图 4-5-17 或图 4-5-19 所示的形式）。

2) 左转公交专用进口道的设置

无论路段有无公交专用道，左转公交专用进口道都必须设置在左转进口车道上，但为了避免在左转出口车道上左转公交车辆与左转社会车辆的交织产生混乱，左转公交专用进口道的设置形式必须与车辆左转后的出口车道及公交停靠站的设置形式相协调。

当左转车辆的出口车道设置了公交专用道（以下简称左转出口公交专用道）时，左转公交专用进口道的设置形式必须与左转出口公交专用道相匹配；当左转出口车道没有设置公交专用道时，左转公交专用进口道的设置形式必须与左转出口车道公交停靠站的设置形式相匹配。具体地说，应按照如下方法来设置左转公交专用进口道。

(1) 当左转出口公交专用道位于左转出口车道的右侧车道，或虽然没有左转出口公交专用道，但公交停靠站位于左转出口车道的右侧时，左转公交专用进口道应该设置在左转进口车道的右侧车道上。这样，一方面可以避免公交车辆在进入左转公交专用进口道时变换较多的车道和过多的交织对交通带来的影响，另一方面可避免左转公交车辆在进入出口车道的公交专用道或停靠站时与左转社会车辆发生交织。图 4-5-22 所示的由东向南设置的左转公交专用进口道是合理的,其左转公交车辆的行驶轨迹(图中用带箭头的虚线表示)与左转社会车辆的行驶轨迹(图中用带箭头的实线表示)没有交织;而图 4-5-22 所示的由西向北设置的左转公交专用进口道是不合理的,其左转公交车辆的行驶轨迹与左转社会车辆的行驶轨迹存在交织[10]。

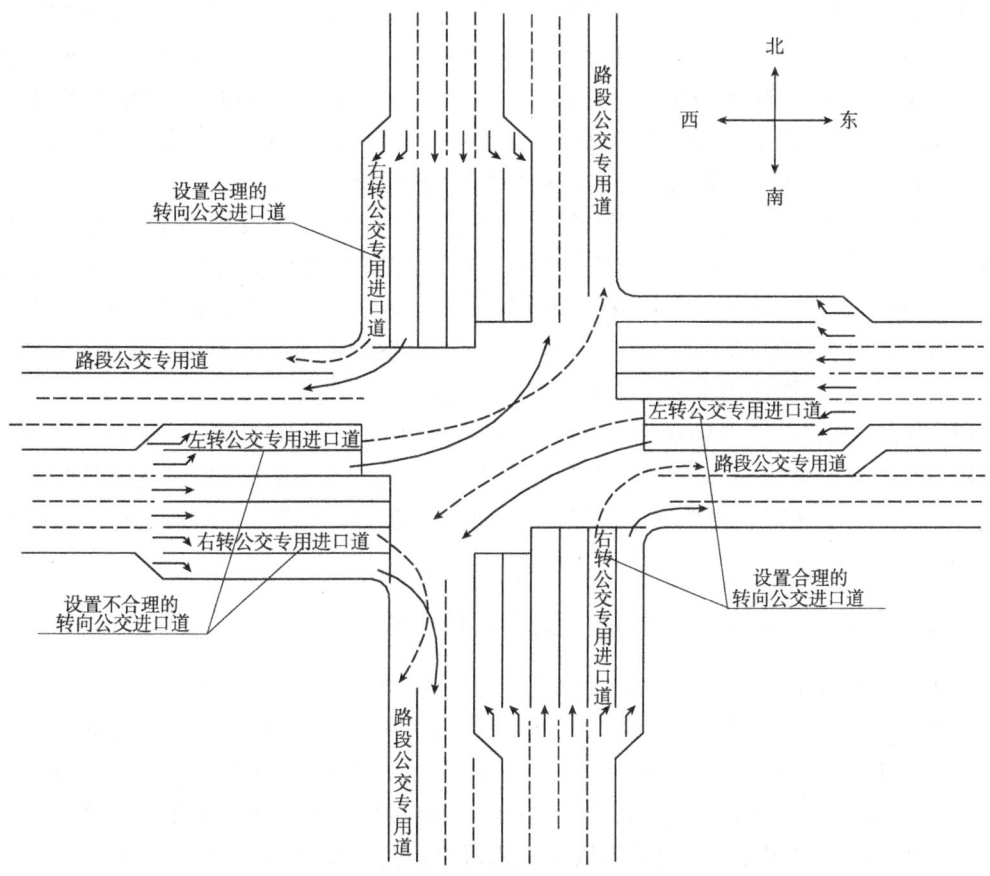

图 4-5-22　转向公交专用进口道设置合理与不合理对比示意图

(2)当左转出口公交专用道位于左转出口车道的左侧车道,或虽然没有左转出口公交专用道,但公交停靠站位于左转出口车道的左侧(即设置在道路中间隔离带上)时,左转公交专用进口道应该设置在左转进口车道的左侧车道上。

(3)当左转出口公交专用道位于左转出口车道的中间车道,或左转出口车道没有设置公交专用道与公交停靠站时,为避免公交车辆在进入左转公交专用进口道时变换较多的车道和过多的交织对交通带来的影响,左转公交专用进口道也应该设置在左转进口车道的右侧车道上。

3)右转公交专用进口道的设置

在信号交叉口通常不需要设置右转公交专用进口道,但当右转车道上也设置有信号灯(目的是为减少右转机动车交通流对行人与非机动车的干扰)或右转公交车流量比较大时,往往也需要设置右转公交专用进口道。

与左转公交专用进口道的设置相类似,为了避免在右转出口车道上右转公交车辆与右转社会车辆的交织带来的混乱，右转公交专用进口道的设置形式必须与车辆右转后的出口车道的公交专用道（以下简称右转出口公交专用道）及公交停靠站的设置形式相协调。具体地说，应按照如下方法来设置右转公交专用进口道。

(1) 当右转出口公交专用道位于右转出口车道的右侧车道，或虽然没有右转出口公交专用道，但公交停靠站位于右转出口车道的右侧时，右转公交专用进口道应该设置在右转进口车道的右侧车道上。图 4-5-22 所示的由北向西设置的右转公交专用进口道是合理的，其右转公交车辆的行驶轨迹（图中用带箭头的虚线表示）与右转社会车辆的行驶轨迹（图中用带箭头的实线表示）没有交织；而图 4-5-22 所示的由西向南设置的右转公交专用进口道是不合理的，其右转公交车辆的行驶轨迹与右转社会车辆的行驶轨迹存在交织。

(2) 当右转出口公交专用道位于右转出口车道的左侧车道，或虽然没有右转出口公交专用道，但公交停靠站位于右转出口车道的左侧（即设置在道路中间隔离带上）时，右转公交专用进口道应该设置在右转进口车道的左侧车道上。图 4-5-22 所示的由南向东设置的右转公交专用进口道是合理的，其右转公交车辆的行驶轨迹（图中用带箭头的虚线表示）与右转社会车辆的行驶轨迹（图中用带箭头的实线表示）没有交织。

(3) 当右转出口公交专用道位于右转出口车道的中间车道，或右转出口车道没有设置公交专用道与公交停靠站时，为避免公交车辆在进入右转公交专用进口道时变换较多的车道和过多的交织对交通带来的影响，右转公交专用进口道也应该设置在右转进口车道的左侧车道上。

4.5.5　基于公交优先通行的交叉口预信号设置

基于公交优先通行的交叉口预信号控制方法是：在交叉口进口道的通行区域内设置前后两条停车线，通过在后一根停车线上设置预信号来控制社会车辆的通行，即社会车辆在预信号控制的候驶区排队等待，而公交车辆可以通过公交专用道直接进入主信号控制的前一根停车线之后的候驶区排队等待，这样可确保红灯期间到达的公交车辆总是在社会车辆的前面排队等待，其目的是提供优先通行权给公交车辆，以减少公交车辆在交叉口的延误。

基于公交优先的预信号控制下，交叉口进口道设置方法有两种。

(1) 将信号交叉口一个流向全部进口道设置双停车线（图 4-5-23 和图 4-5-24），该流向在预信号红灯期间到达的全部社会车辆在预信号控制的候驶区排队等待，而公交车辆通过专用道进入主信号控制的候驶区排队等待[10]。

(2) 将信号交叉口一个流向部分进口道设置双停车线（图 4-5-25 和图 4-5-26），这样该流向在预信号红灯期间到达的社会车辆，一部分可以通过没有设置预信号的进口道直接进入主信号控制的候驶区排队等待，而另一部分社会车辆在预信号控制的候驶区排队等待，公交车辆则在主信号控制的候驶区排队等待[10]。

图 4-5-27 所示的是左转进口道设置预信号控制时进口道的布局方法[10]。在信号交叉口通常不需要设置右转预信号控制，但有时为了减少右转机动车对行人与非机动车的干扰，且在右转公交车流量比较大时，往往也需要设置信号灯进行控制。如果在右转进口道上设置了右转预信号控制，其进口道布局方法与左转预信号控制时的进口道布局方法相类似。

为避免社会车辆干扰公交车辆进入候驶区,无论是在直行、左转还是右转进口道上设置预信号控制,都必须有公交车辆进入其候驶区的专用通道。当路段有公交专用道时,可将其延伸到公交候驶区(图 4-5-23 ~ 图 4-5-26);当路段没有设置公交专用道时,可在进口道的一段设置公交专用进口道(图 4-5-27)。

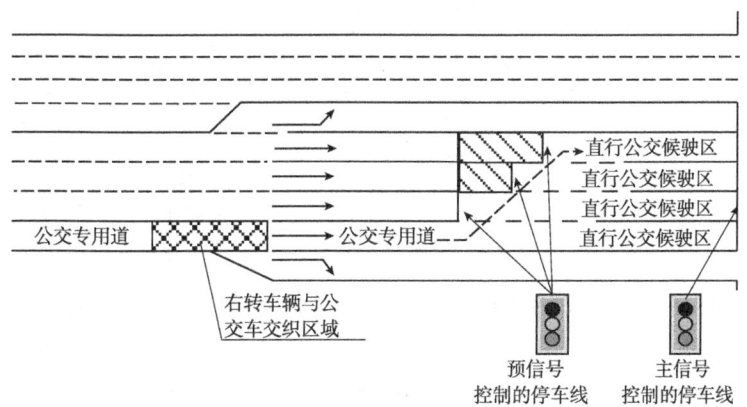

图 4-5-23　路段公交专用道在最外侧车道时的预信号控制直行进口道布局方法(全部直行进口道都设置双停车线)

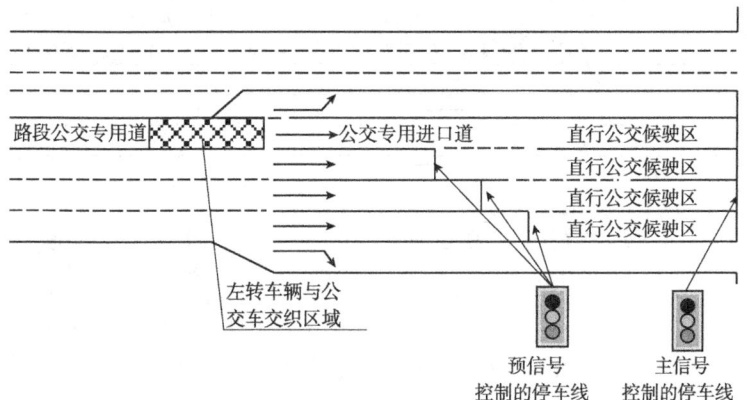

图 4-5-24　路段公交专用道在最内侧车道时的预信号控制直行进口道布局方法(全部直行进口道都设置双停车线)

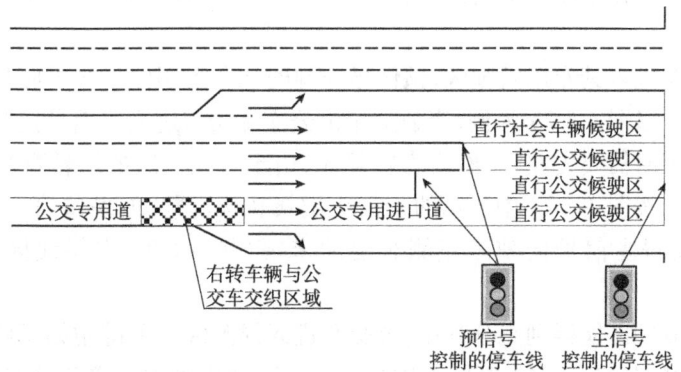

图 4-5-25　路段公交专用道在最外侧车道时的预信号控制的直行进口道布局方法(部分直行进口道设置双停车线)

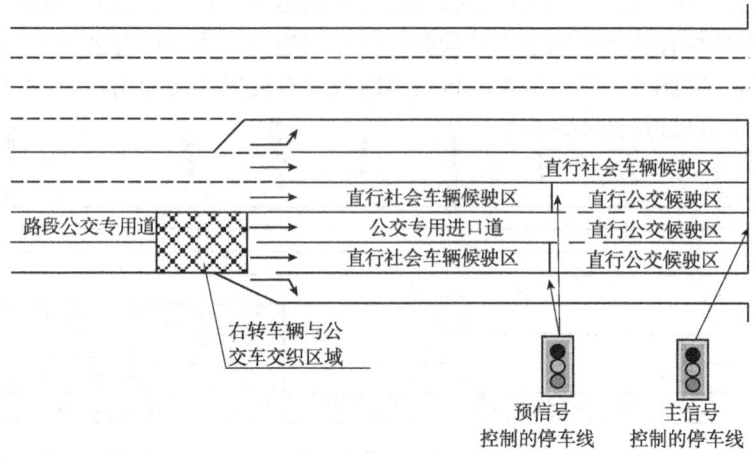

图 4-5-26　路段公交专用道在中间车道时的预信号控制直行进口道布局方法（部分直行进口道设置双停车线）

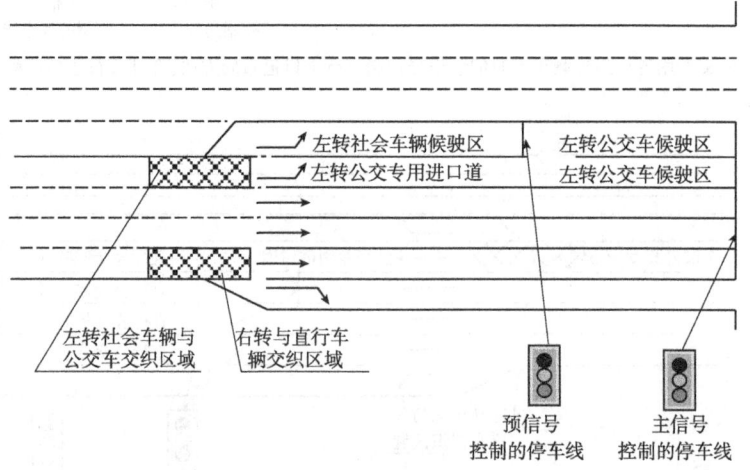

图 4-5-27　预信号控制的左转进口道布局方法

为提高交叉口的利用效率，应该在左、直、右3个方向中选择公交车到达率最高的方向来设置预信号控制。在道路和交通条件许可的情况下，可同时在左、直、右3个进口方向设置预信号控制。

为方便公交车进入其专用候驶区，预信号控制的社会车辆停车线不应是平齐的，而应该设计成错位式的。以图 4-5-23 为例，当公交车由公交专用道进入主信号控制的候驶区时，在进入最左侧进口道时需要先左转，然后直行停靠，由于存在一定的左转弯半径，公交车辆进入左侧车道时只能按图 4-5-23 中所示的带箭头虚线轨迹行驶，如果预信号停车线设置为平齐的形式，则会使得主信号候驶区左侧车道的末端（图 4-5-23 中斜线区域）得不到完全利用。

为确保公交候驶区能得到充分利用，公交车进入候驶区必须遵循如下停靠规则：当主信号红灯亮时，先到的公交车必须进入内侧进口道停靠，在内侧进口道已没有停靠空间时才能停靠次内侧进口道，依此类推。如果不制定上述停靠规则，先到的公交车辆占满外侧进口道之后,后到的公交车辆将不能进入内侧进口道,使得公交候驶区得不到充分利用。

4.5.6 公交优先感应信号控制

交通感应信号控制措施是一种通过检测技术来实时调整信号配时,以便给被检测到的车辆及时提供通行信号。公交优先感应信号控制的工作过程是:公交优先信号控制系统利用车辆检测技术检测公交车辆的到达,将公交车辆的标识号码传到系统的控制器,控制器激活一个"公交优先权申请"并将其发送给交通信号控制机。系统的控制器持续这一呼叫,直到公交车辆通过交叉口。过分长的公交优先权申请将会导致检出无效,所以系统通过预先确定的"最大"计时器来结束一个过分长的公交优先申请。系统的控制器可以记录每辆公交车的到达和离开时间,及主要道路交叉口每周期优先绿灯相位的起讫时间。

公交优先感应信号控制的目的是尽量减少公交车辆在信号交叉口的延误,为此感应信号控制应能做到:当公交车辆到达交叉口时,如果交叉口的信号相位已经是绿灯且绿灯即将结束时,为确保公交车辆在绿灯末期能顺利通过交叉口,绿灯可以适当延长而超过它的正常结束时间;当公交车辆到达交叉口时,如果信号相位是红灯,为减少公交车辆停车等待时间,绿灯可以较正常时间提前启亮。

采用公交优先感应信号控制方法要根据交叉口的交通状况来实施,如果使用不当将难以取得预想的效果,甚至会导致交叉口的交通秩序混乱。公交优先感应信号控制,比较适合于以下几种情况。

(1)交叉口饱和度较低。给予有"公交优先"请求的相位延长绿灯时间,将会增加其余相位车辆的停车等待时间。如果周期不变时,给予有"公交优先"请求的相位延长绿灯时间,则是通过缩短其余相位的绿灯时间来实现的。当交叉口饱和度较大时,这样可能会造成其他相位的交通拥挤和延误的大量增加,可能会使得这种公交优先的措施得不偿失。为减少这种影响,这种因保障公交车优先通行而延长个别相位绿灯时间的措施是有条件的,也就是说,延长绿灯或缩短红灯时间要综合考虑各进口道的到达交通量。

(2)最好只有一个相位有公交车辆或一个相位公交车辆比例较高。如果交叉口的多个相位有公交车辆(实际情况通常是这样),且各相位公交车辆的到达率比较接近,这种情况下往往难以做到整个交叉口公交车辆的同时优先。因为当给其中一个相位延长绿灯时间或缩短红灯时间时,其余相位上同时到达的公交车辆将可能被迫停车等待,或多个相位同时有公交优先请求时将容易产生混乱。

(3)公交车辆流量较小且前后公交车辆到达交叉口间隔的时间较长。因为当交叉口某进口道公交车辆流量较大且呈集结到达的形式(即一个进口道上多辆公交车同时到达)时,如果要使得这些公交车辆都在绿灯结束时通过交叉口,则可能需要将绿灯时间延长很多,这将使得其余相位车辆等待时间太长,所以如上所述,感应信号需要在系统通过预先确定的"最大"计时器来结束一个过分长的公交优先申请,由此又使得该进口道部分公交车辆难以获得优先通行的权利。如果公交车流量较低,则不会存在上述两难的局面。

习题及思考题

1. 简述限速的主要依据以及控制车速的主要措施。

2. 简述单向交通实施的条件。

3. 简述单向交通的优点和缺点。

4. 双向2车道T形交叉口如习题4-4图所示。

(1) 交叉口无车流转向限制时,绘制和计算合流冲突点、分流冲突点和交叉冲突点的位置及数量;

(2) 当交叉口实施自西向东单向交通时,绘制和计算合流冲突点、分流冲突点和交叉冲突点的位置及数量。

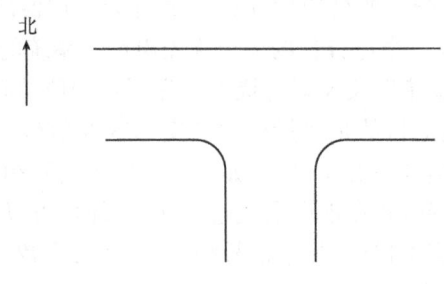

习题4-4图

5. 分析变向交通管理的主要特点,选择学习相关文献和应用实例,说明变向交通在解决特定问题时的优点和缺点,提出改进意见。

6. 什么是接入管理?说明其主要目的。

7. 接入管理的主要措施有哪些?

8. 习题4-8图中,东西向为主要干道,南北向为次要接入道路,设计接入管理方案,具备以下功能:

(1) 自西向东车流在交叉口①处禁止左转,在交叉口②处可以左转和掉头;

(2) 自东向西车流在交叉口②处禁止左转,在交叉口①处可以左转和掉头;

(3) 交叉口①和②车流只能右进和右出。

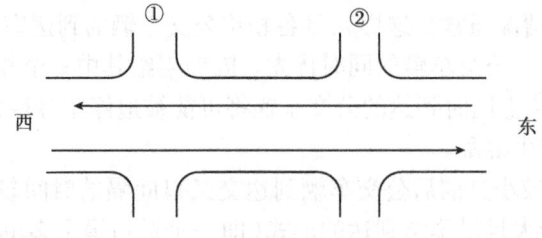

习题4-8图

9. 论述公交专用道的设置形式及其优缺点。

10. 论述路外侧公交专用道停靠站的设置方法及其适应性。

11. 论述基于公交优先通行的交叉口预信号控制方法。

12. 论述公交优先感应信号控制的适用条件。

13. 检索一篇以上单向交通管理的相关文献资料。分析:

(1) 单向交通组织的主要缺点;

(2) 选择特定缺点,提出具体改善方法及效果说明(可举例);

(3)启发和建议。

14.学习接入管理辅助视频,检索一篇以上相关文献资料。分析:
(1)接入管理的主要作用;
(2)选择特定作用,给出接入管理具体改善方案设计方法及效果说明;
(3)启发和建议。

本章参考文献

[1] 中华人民共和国道路交通安全法实施条例[S].北京:法律出版社,2008.

[2] 吴兵,李晔.交通管理与控制[M].北京:人民交通出版社,2008.

[3] 陈峻.城市道路交通流非均衡运行特性及时空资源协同控制方法[M].北京:人民交通出版社股份有限公司,2014.

[4] Committee on Access Management. Access management manual. Transportation Research Board,Washington D C, 2003.

[5] 陆键,张国强,项乔君,袁黎.公路平面交叉口交通安全设计理论与方法[M].北京:科学出版社,2009.

[6] 毕仁忠.国外HOV专用车道的现状及发展趋势[J].公路,1997(2):16-18.

[7] 李鹏飞,韩舒,林航飞.HOV车道在上海城市交通管理中的应用探讨[J].交通与运输(学术版),2007(2).

[8] 王炜,等.城市公共交通系统规划方法与管理技术[M].北京:科学出版社,2002.

[9] 周溪召.大城市客运交通的发展方向[J].综合运输,1996(12).

[10] 张卫华.城市公共交通优先通行技术及评价方法研究[D].南京:东南大学,2003.

第5章 慢行交通管理

慢行交通是相对于快速和高速机动化交通而言的,一般情况下慢行交通的平均出行速度不大于20km/h。慢行交通,通常由步行及非机动车交通方式组成。在中国,这两种交通方式占据了居民出行中相当大的比例(表5-0-1),因此对其进行交通管理具有十分重要的意义。本章内容包括步行交通管理和自行车交通管理两个主要部分。

我国不同类型城市的居民出行交通方式分担率对比[1]　　　　表5-0-1

城市类型	城市名称	沈阳	苏州	秦皇岛	常德	湖州	蚌埠	晋城	昆山
	城市布局形态	单中心密集连片	多中心密集	多中心带状分散	多中心带状密集	单核点状	带状密集连片	多中心带状	单核点状
	人口规模(人)	200万~500万	100万~200万		50万~100万			20万~50万	<20万
	人均GDP(元)	21836	24358	14236	5871	—	6159	8153	33804
	建成区面积(km²)	455	187	141.8	41.6	51.4	52	29.5	25.8
出行距离(km)		5.05	4.31	3.3	4.7	3.6	3.1	3.4	3.1
出行时耗(min)		28.8	24.4	18.0	29.0	18.3	20.8	19.7	18.1
人均出行次数		2.44	2.43	2.7	2.3	2.5	2.9	3.3	2.6
步行出行比例(%)		29.7	27.8	24.2	40.5	26.7	37.9	39.8	32.2
自行车出行比例(%)		39.6	42.0	48.0	27.3	31.9	31.0	25.1	38.0
常规公交出行比例(%)		19.1	6.6	10.2	17.0	6.6	23.8	4.9	6.9
统计年份(年)		2004	2000	2005	2001	2004	2002	2004	2002

5.1 步行交通管理

步行是人类最基本的交通手段,其他出行方式的始端和终端一般都伴随着步行,步行还是一种生活方式,具有休闲、锻炼、交往等功能。行人在年龄、身高、身体素质、视觉灵敏度、感知周围环境和反应时间方面有很大差异。步行交通的主要特

PPT

点为：

（1）自主灵活与随意性。步行交通无须也不可能像汽车交通那样以整齐的队列分车道运行，而是在可能的宽度内以不规律方式或交错向前运动，呈现随机分布状态，独立、连续性较好。但灵活与随机性，也造成交通个体行为意图难以把握、不易于管理等问题相继出现，增加了交通事故的隐患。

（2）高可达性。步行是人类最基本的移动方式，严格地说，任何借助于机械外力的交通出行都可能在其前后、中间存在着与步行或其他方式转换的过程。步行行为较其他方式更能克服路线上的各类物理性限制，环境适应性强，可达性高。

（3）高容量性。在城市各类交通方式中，步行行为是单位道路面积占用率最低的一种。相对来讲，步行方式的空间容量大，道路有效面积的利用率高，而且不存在环境污染、停车场的问题。

（4）有限性。步行行为也受到客观条件的限制和影响，其中最主要的是其自身机能的限制。步行速度一般要低于其他交通方式，且消耗体力较大，不适宜中、长距离出行。

5.1.1 步行交通行为特征

1）空间需求

行人空间需求，分为行人静态空间需求和动态空间需求：①行人静态空间主要是指行人的身体在静止状态下所占的空间范围，身体前后胸方向的厚度和两肩的宽度是行人设施设计中所必需的基本尺寸；②动态空间需求可分为步幅区域、放置（两脚）区域、感应区域、行人视觉区域以及避让与反应区域等。行人以常速行走时，也会在自己面前预留一个可见的区域，以保证有足够的反应时间，以便采取避让行为。这个区域可以通过反应时间与正常速度相乘而得出。

图 5-1-1 说明了人在走路和坐的时候的大致尺寸，其中：单人行走横向宽度约 0.915m，步幅在 0.9~1.7m 之间。另外，为了容纳两个人并排坐着或者两个人在相反的方向交会行走平均需要的宽度是 1.4m。带有残疾的行人所需要的空间，根据他们的身体素质和所使用的辅助器械的类型变化。坐轮椅的行人所需要的空间，由其他行人来提供[2]。

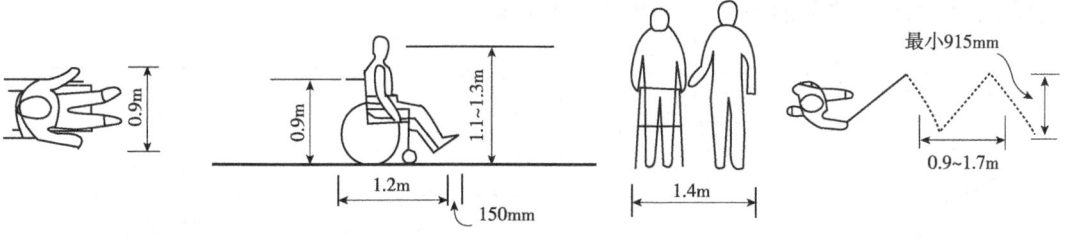

图 5-1-1　步行交通空间尺寸示例

2）步行速度

行人在人行道上的步行速度变化范围很大。据统计，各类步行速度的平均值一般变化于 0.5~2.16m/s 之间，主要集中在 1.0~1.3m/s 之间。

影响步行速度的因素众多，例如，美国道路通行能力手册（HCM 2000）[3]提出，行人步行速度高度依赖于步行人群中老年人（≥65 岁）所占的比例。当老年人的比例在 0%~20% 时，平均速度为 1.2m/s；当老年人的比例超过 20% 时，平均步行速度为 1.0m/s。同时，人行道坡度每增加10%,步行速度降低0.1m/s。人行道上的行人自由步行速度为1.5m/s。

步行速度的变化,在那些行人与车辆相互影响的地方(如十字路口或平交口)就更加显著。例如,行人在横穿道路过程中穿过的车道数越多,其暴露在被撞的危险中的时间越长,类似的,行人步行速度越慢,就需要用越长的时间穿越道路。相关研究[4]通过调查分析得到,信号控制人行横道处,步行平均速度为1.18m/s;无控制人行横道处,步行平均速度为1.20m/s。

3) 行人交通流特性

由于步行交通的随意性,传统的机动车流量、速度、密度及饱和度等参数难以全面描述步行交通的运行状态和服务水平,需要引入单位宽度(面积)指标进行修正。主要包括:

(1) 行人交通量及通行能力

行人交通量的定义通常有2种表达,一是道路行人总流量Q_p,定义为单位时间内通过人行道(带)某一断面的人数(人/h);二是特定宽度下行人流量C_p,定义为单位时间单位宽度内通过人行道(带)某一断面的人数[人/(h·m)]。后者用于人行道、人行横道、人行天桥、人行地道等单位宽度内的基本通行能力的计算,计算公式表达为[3,4]:

$$C_p = \frac{3600 \cdot v_p}{S_p b_p} = 3600 \cdot v_p \cdot D_p \tag{5-1-1}$$

式中:C_p——人行设施的基本通行能力,人/(h·m);

v_p——平均步行速度,m/s;

S_p——行人行走时纵向间距,m;

b_p——行人(一条步行带)占用的横向宽度,m;

D_p——行人密度,人/m²。

(2) 行人密度及服务水平

行人密度D_p定义为单位面积步行空间中的行人数(人/m²),行人密度的倒数即为人均步行面积(m²/人)。HCM 2000[3]给出了购物、上班、上学的行人速度与流量、行人速度与密度之间的关系模型,如图5-1-2和图5-1-3所示。结果表明,随着行人步行速度的增加,交通流量呈现先增加再降低的趋势,而密度则单调降低。

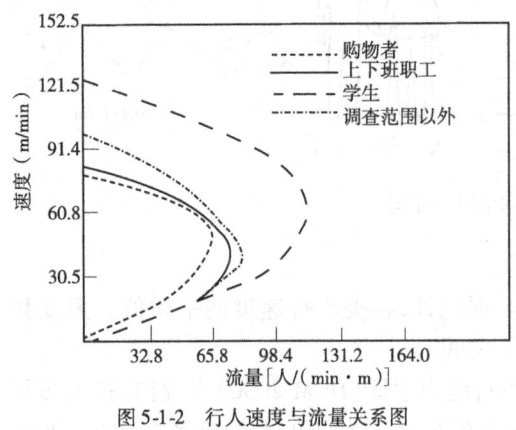

图5-1-2 行人速度与流量关系图

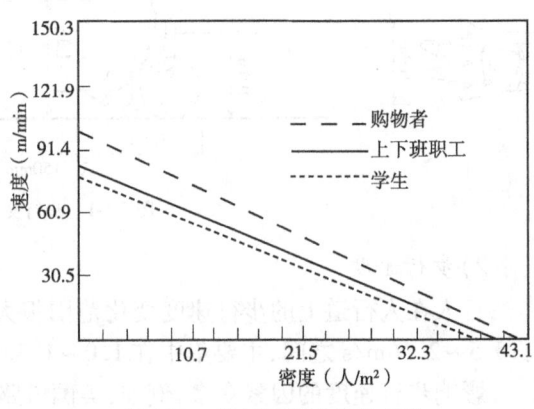

图5-1-3 行人速度与密度关系图

基于人均步行面积的量化指标,表5-1-1给出正常行走行人服务水平分级标准。当人行服务水平低于 E 级时,需要对既有设施进行设计改造或交通管理。

《HCM 2000》中正常行走行人服务水平分级标准　　　　表 5-1-1

服务水平等级	人均空间（m²/人）	状态描述	图形说明
A	≥5.58	行人能在所希望的路线上行走,不受其他行人的干扰而改变自己的行动。步行速度可以自由选择,行人之间不会产生冲突	
B	3.72～5.58	有足够的面积供行人自由选择步行速度、绕越其他行人和避免与其他行人的穿行冲突。行人开始感觉到其他行人的影响,在选择行走路线时也感觉到其他行人的存在	
C	2.23～3.72	有足够的面积供行人选择正常步行速度及在原方向上绕越其他行人。当有反方向或横穿行人存在时,产生轻微冲突,速度和流率有所降低	
D	1.40～2.23	选择步行速度和绕越其他行人的自由受到限制。当存在横向或反向人流时,冲突的概率较高,为避免碰撞行人需要经常改变速度和位置。该状态下仍能形成比较流畅的行人流动,但是行人之间还可能出现一定的接触和相互影响	
E	0.74～1.40	所有行人的正常步行速度受到限制,需经常调整步子。用于超越行走较慢的行人,横穿或反向行走十分困难。会产生人流堵塞和流动中断	
F	≤0.74	所有行人的步行速度受到严重限制,向前走只能是拖着脚走。与其他行人经常发生不可避免的接触。不可能横向或反向行走,人流极不稳定,空间的排队行人特性多于运动的行人特性	

5.1.2 步行交通设施管理与设计原则及主要交通标志说明

步行交通设施,主要由路段人行道、交叉口行人过街以及道路中段(路段)人行过街设施组成(包括人行横道、人行过街立体设施)。本节在步行交通行为特性分析的基础上,重点提出基于以上设施的交通管理设计原则、步行通行规则及相关标志标线。

1)步行交通设施管理与设计的总体原则

步行交通管理与设计的总体原则为[2,5]:

(1)安全性和连续性。步行交通系统应以步行人流的流量和流向为基本依据,并应因地制宜地采用各种有效措施,满足行人活动的要求,保障行人的交通安全和交通连续性,避免无故中断和任意缩减人行道。

(2)系统性。步行交通设施的设置应与居住区、车站和码头集散广场、游憩集会广场等的步行系统紧密结合,构成一个完整的城市步行系统。包括家庭、学校、购物中心、公共服务与娱乐场所和公交等步行系统。

(3)可达性和易用性。在步行交通目的地之间提供连续、直接的路线和舒适的连接,设施的设计能够使得人们容易识别和使用,并符合无障碍交通的要求。

(4)提供良好的环境。行人环境,包括开放的空间,例如广场、运动场、大广场和构成街道门面的建筑物门面。美化设施,如街道家具、广告、艺术品、种植物和专门的路面铺设,再加上历史文化元素就会改善环境。

(5)鼓励不同用途。行人环境是公共活动和社会交换的场所。商业活动,诸如餐饮、贩卖和广告,在不影响安全和可达性的条件下可以进行。

2)步行交通通行规则

参照《中华人民共和国道路交通安全法实施条例》[6]及相关规定,与步行交通相关的主要通行规则为:

(1)根据道路条件和通行需要,道路划分为机动车道、非机动车道和人行道的,机动车、非机动车、行人实行分道通行。没有划分机动车道、非机动车道和人行道的,机动车在道路中间通行,非机动车和行人在道路两侧通行。

(2)行人横过机动车道,应当从行人过街设施通过;没有行人过街设施的,应当从人行横道通过;没有人行横道的,应当观察来往车辆的情况,确认安全后直行通过,不得在车辆临近时突然加速横穿或者中途倒退、折返。

(3)行人列队在道路上通行,每横列不得超过2人,但在已经实行交通管制的路段不受限制。

3)与步行交通管理相关的主要交通标志

用于步行交通管理的主要标志包括"指示标志、指路标志、警告标志、禁令标志"等,标线则以斑马线为主,如图5-1-4、图5-1-5所示。

步行
a)

人行横道
b)

人行天桥
c)

人行地下通道
d)

图5-1-4 用于行人交通管理的指示、指路标志实例

a) 禁止行人进入　　b) 注意残疾人　　c) 注意行人　　d) 注意儿童

图 5-1-5　用于行人交通管理的禁令、警告标志实例

5.1.3　路段人行道设施管理与设计

当路段人行道的设置,是以步行更加容易和安全为主要目的时,人行道条件的管理,包括净空、照明、景观、树木和街头家具及维护,有助于提高人行道的服务水平。

PPT

1) 路段人行道功能区划分

在管理城市和乡村路段人行道时,其主要功能区包括以下 3 个部分。

(1) 行人通行区。也可称为"行人出行区",是大多数行人行走的区域,是行人出行最重要的部分。通行区内应该清除所有物体和干扰,无论是永久性的还是暂时性的。

(2) 缓冲区。也可称为"路旁区"或者"保护区"。缓冲区保护了路段行人交通,并为树木、信号灯柱、标志、路灯、自行车停放提供了空间。它包含了行人通行区和外侧车道的所有特征,包括路内停车、自行车道和绿化带等。

(3) 建筑物延伸区。它是指行人通行区和毗邻建筑物前墙或路权标线之间的区域。在商业区,这里是人们摆设摊点和进出建筑物的地方,如图 5-1-6 所示。

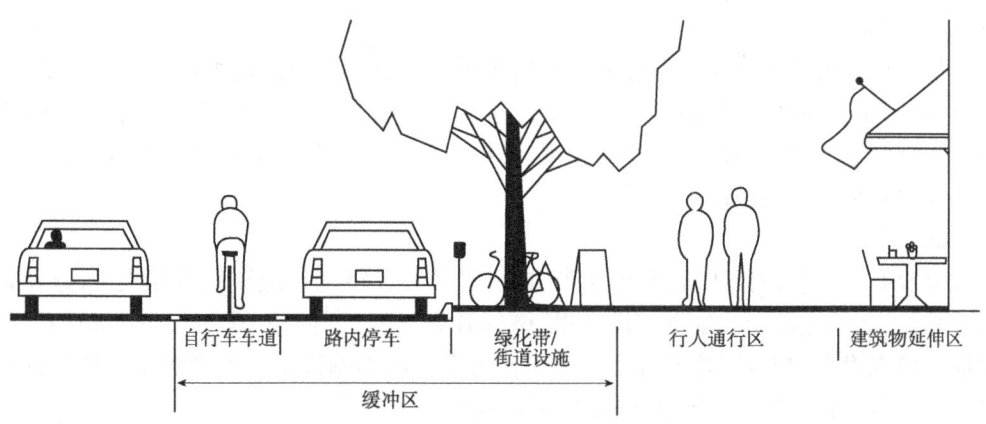

图 5-1-6　路段人行道功能区划分示意图

2) 路段人行道位置设置

(1) 在商业中心和沿着主要的居住街道,需要在道路两侧均设置人行道,这样能够使行人到达沿街所有目的地并且最小化行人过街需求。

(2) 在两侧无密集建筑物的街道或低密度居住区,可以沿道路两侧或仅在一侧设置人行道。

(3) 在乡村和郊区,人行道主要用于对学校、商业中心、公园、办公楼、工厂以及住宅新开发地提供接入服务。同时,乡村道路由于车速相对较快,且缺乏照明条件,因此加强了对人行道路的需求。

表 5-1-2 给出了不同用地性质和区域的人行道设置建议[7]。

推荐人行道位置建议表　　　　　　　　　　　　　　　表 5-1-2

用地性质和区域	人行道设置建议
商业区	所有道路的两侧
主要居住街道	尽量在两侧
低密度居住区	尽量在两侧,至少在一侧,另一侧有合适的路肩
乡村居住区	尽量在一侧,另一侧有合适的路肩,两侧至少有一个路肩

3) 路段人行道尺寸设置

(1) 行人通行区宽度

我国《城市道路工程设计规范》(CJJ 37—2012)[8] 提出,人行道宽度必须满足行人安全顺畅通过的要求,并应设置无障碍设施。人行道最小宽度应符合表 5-1-3 的规定。

人行道最小宽度　　　　　　　　　　　　　　　　表 5-1-3

项　目	人行道最小宽度(m)	
	一般值	最小值
各级道路	3.0	2.0
商业或公共场所集中路段	5.0	4.0
火车站、码头附近路段	5.0	4.0
长途汽车站	4.0	3.0

(2) 缓冲区宽度

任何提供车道最外边缘和人行道最近边缘平面分离的事物都可被认为是一个缓冲,包括路肩、自行车道、路内停车和绿化带。在人行道和车道之间的缓冲区提升了行人的安全并改善了步行交通环境。缓冲区为道路景观、路缘斜坡、道路照明、电线杆、交通信号装置、积雪储存和防止积水飞溅提供了空间。

① 绿化带

如果没有其他缓冲特征(例如停车带、自行车道或者路肩),应该设置绿化带,绿化带的宽度应满足《城市道路绿化规划与设计规范》(CJJ 75—97)[9] 的相关要求。车行道边的行道树应满足侧向净宽的要求,并不得侵入道路建筑限界和影响视距。如果绿化带作为仅有的缓冲设施被设置在毗邻车道的地方,建议满足表 5-1-4[2] 的宽度要求。

行人道路绿化带宽度推荐值　　　　　　　　　　　　表 5-1-4

推荐宽度(m)	具 体 情 况
0.6~1.2	次要和集散道路
1.2~1.8	主干道或主要街道
1.5~2.4	特殊树种栽种的位置,以及汽车速度和重交通车辆比例特别高的地方

②无路缘人行道

当无路缘的人行道毗邻设置在道路旁时,在铺装路面边缘和人行道最近边缘推荐使用1.5m最小宽度的空间分离。在这个区域上建议种植一定宽度的绿化带(参见表5-1-4)。这样,能在道路和人行道之间提供视距阻隔,能够给行人提供重要的安全和舒适保障。

③以自行车道作为隔离

当自行车道设置在机动车道和人行道之间时,自行车道就成为机动车道和人行道之间的缓冲带。自行车道可设置在毗邻人行道的地方,垂直路缘、绿化带或者二者结合,如图5-1-7所示。

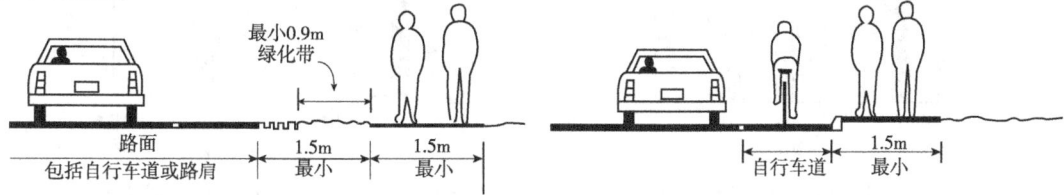

图 5-1-7　自行车道作为人行道和机动车道之间的缓冲

④以路内停车带作为隔离

在那些需要设置路内停车的地方,建议给平行设置的停车带到行人通行区之间提供至少0.6m的宽度净空;给较大角度停车或者垂直停车提供0.9m净空,可使得车头(车尾)适当进入人行道,如图5-1-8所示。

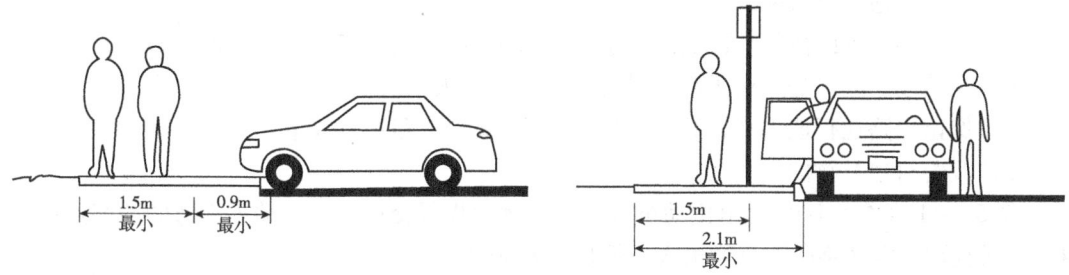

图 5-1-8　停车时的最小净空距离

⑤其他缓冲区设施

包括护栏、照明灯柱、标志牌、信号灯、城市公共服务设施等,最小宽度不应小于1m。设施带内各种设施布局应综合考虑,可与绿化带合并设置。

(3)路段人行道净空宽度

无阻碍的人行道净空宽度是不靠近所有障碍物(道路景观、建筑物附属物、路缘斜坡、路灯、电线杆和标志等)的宽度。相关障碍物都应设置于人行道净空之外或者在缓冲区内,而且不应影响行人及驾驶员在交叉口、车道和过街处的视距。

但是,实际情况下,逐渐占据人行道的那些障碍物的设计,往往超过交通管理的控制范围。参考文献[10]提出如下净空设置的指导原则。

①人行道净空内物体的悬挂不能低于2.5m。

②可以移动物体和固定在墙上或者杆柱上的物体,不能在物体之下有展开空间,这些物体建议高于地面0.675m。

③高于0.675m以及连接在墙上的物体,不能突出墙体超过0.1m。
④突出部分不能减少人行道通行区的净空宽度。

图5-1-9、图5-1-10为优化前后的人行横道净空设置。

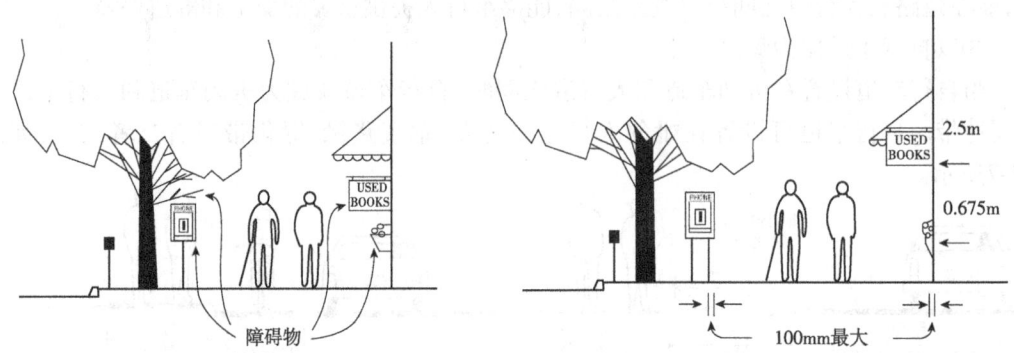

图5-1-9　优化前路段人行道净空设置　　　　图5-1-10　优化后路段人行道净空设置

4)路段人行道接入管理

大部分路段上的行人和机动车的冲突,发生在建筑物出入口或路外停车场出入口位置。道路沿线机动车辆的无控制接入,会增加人行道上的行人和进出道路车辆的潜在冲突。对其进行接入管理可以达到如下目的:

(1)保证交通运行效率。
(2)减少冲突点的数量(尤其是采用中央分隔带减少左转车辆和行人冲突数量)。
(3)在路段出入口处采用无障碍设计以便于残疾人出行。
(4)保留道路通行能力和延长道路使用寿命,减少道路拓宽成本。
(5)改善对建筑物的接入。

图5-1-11和图5-1-12给出机动车进出建筑物对步行交通和非机动车交通的冲突点位置和数量的示意,定义路段建筑物出入口数量为n,则:

(1)机动车无控制接入对于步行交通的冲突点为$4n$,对于非机动车交通的冲突点为$4n$,机动车—机动车交通冲突点数量为n。
(2)改造后的接入条件下,机动车对于步行交通、自行车交通和机动车交通冲突点的数量将分别减小为$2n$、$2n$和0。

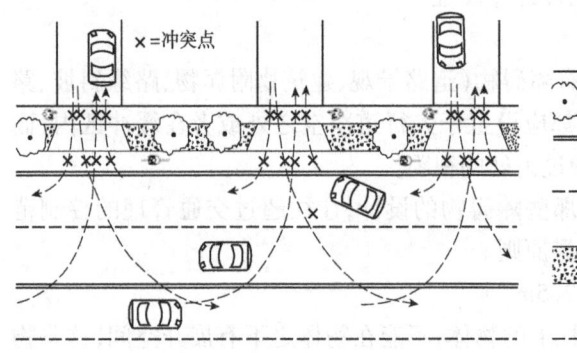 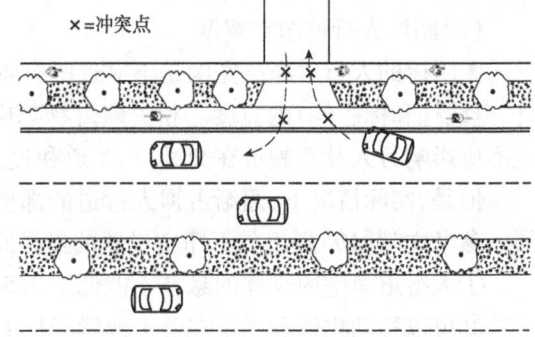

图5-1-11　无控制接入产生多个潜在冲突点　　　　图5-1-12　改造后的中央分隔带和接入减少了冲突点

在一些以服务于行人交通为主的面积较小的次要道路交叉口,采用如下技术可以降低行人交通隐患。

(1)道路表面材料不要覆盖到人行道的路面上,而是采用人行道的材料,在人行道穿过车道的地方可以采用连续的高度提升,以提醒驾驶员知道他们进入了步行区域。

(2)尽量减小转弯半径,以降低车辆速度。

(3)尽量减小车道的宽度,刚好满足车辆进出。

(4)在转弯交通量特别大的地方,应考虑右转渠化,或者设置行人优先通行路权。如果转弯车流较大,则应考虑设置信号灯控制方式。

图 5-1-13、图 5-1-14 为改进交叉口处车道设置以降低机动车速度的对比。

图 5-1-13　交叉口类型的车道造成高车速转弯　　　图 5-1-14　改进后的车道减小机动车速度

5.1.4　交叉口步行交通设施管理与设计

1)交叉口行人过街横道设置的一般原则[11]

(1)设在车辆驾驶员容易看清楚的位置,尽可能靠近交叉口。与行人的自然流向一致,并尽量与车行道垂直,以缩短行人过街的步行距离。

教学录像

(2)当行人过街横道过长(>15m)时,为了缩短行人过街时间,确保过街行人安全,体现以人为本的宗旨,应在过街横道中间设置行人安全岛,其宽度应大于 1.5m。

(3)人行横道的宽度与过街行人数及信号显示时间相关,顺延干路的人行横道宽度不宜小于 5m,顺延支路的人行横道宽度不宜小于 3m,以 1m 为单位增减。

(4)人行横道位置应平行于路段人行道的延长线并适当后退(见图 5-1-15 中的 a 部分),在右转机动车容易与行人发生冲突的交叉口,为了减少右转机动车对相邻的两个进口道的行人过街交通的影响,其横道线不应相交,至少应留有存放一辆右转车的空间,该后退距离宜取 3~4m(见图 5-1-15 中的 b 部分),当自行车过街横道与行人过街道平行设置时,该位置还应作相应的顺延。

(5)人行横道的转角部分(见图 5-1-15 中的 c 部分),长度应不小于小车的车身长 6.0m,并应设置护栏等隔离设施。

(6)有中央分隔带的进口道,行人过街横道应设置在中央分隔带端部后退 1.0~2.0m,或中央分隔带应满足于此设计,为行人过街驻足提供安全保障(见图 5-1-15 中的 d 部分)。

(7)当过街人流量很大时,可设置左右分隔式人行横道,增加其通行能力,如图 5-1-16 所示。

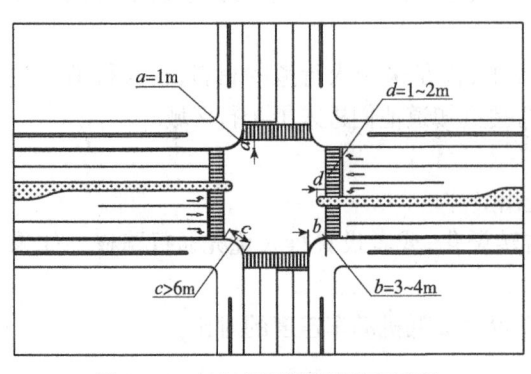
图 5-1-15 行人过街横道的设置示意图

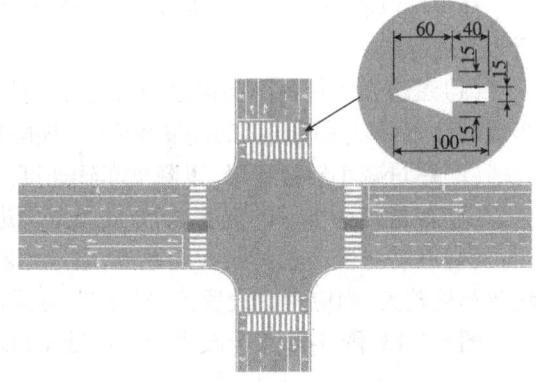
图 5-1-16 左右分隔式人行横道示意图(单位:cm)

(8)行人过街横道及与之衔接的人行道或交通岛交接处应做成坡道,且不得有任何阻碍行人行走的障碍物。为了确保行人交通的安全,防止机动车或非机动车随意驶上人行道,避免行人随意横穿道路,在行人过街横道和必要的道路进、出口以外的地方,可沿人行道缘石设置绿化带或美观的分隔栏。

2)交叉口行人过街控制方式

交叉口行人过街的控制方式,包括信号控制和无信号控制两种。其中:

(1)信号控制交叉口的行人过街按照行人信号灯的红绿灯设置分配通行权,避免与机动车和其他车辆运行发生冲突。当行人过街交通及其相交的机动车流饱和度、人均待行区面积同时满足表 5-1-5 的条件时[12],建议设置行人过街专用相位,相位时长应根据过街行人所需过街时间而定。

城市主、次干路设置行人过街专用相位的基本条件 表 5-1-5

道路性质	行人过街交通平均饱和度	机动车交通平均饱和度	人均待行区面积	待行时间
主干路	≥0.85	≥0.7	行人待行区人均空间 <0.6m²/人	超过一个周期
次干路	≥0.85	≥0.75		

注:1.行人待行区人均空间,可用行人待行驻足面积(m²)除以待行行人数得到;
　　2.饱和度=车辆(或行人)交通量/通行能力。

(2)对于无信号控制交叉口且允许行人通过的断面,应尽可能设置行人过街斑马线,以明确行人过街通行权,在交叉口进口道提前设置减速让行或停车让行交通标志与标线,如图 5-1-17 所示。

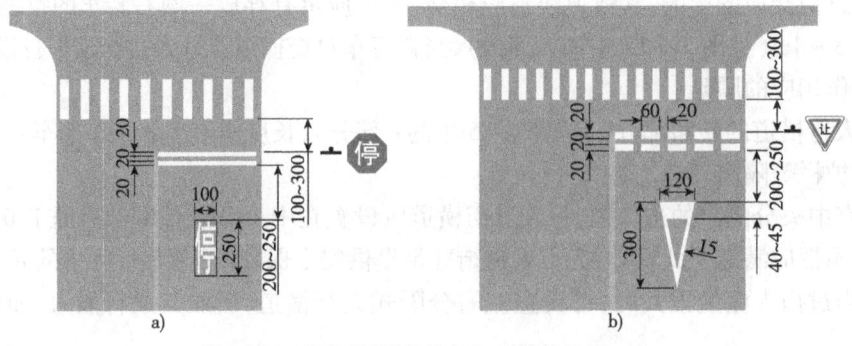
图 5-1-17 停车或减速让路交叉口控制(单位:cm)

3）交叉口行人过街中央分隔带和安全岛设置

在交叉口及机动车道中段的中央分隔带以及安全岛设置，可以为行人过街提供等待区域，它们能够明确行人步行的空间，可以提供行人远离车辆的保护。我国《城市道路交通规划设计规范》（GB 50220—95）规定，当道路宽度超过 4 条机动车道时，人行横道应在车行道的中央分隔带或机动车道与非机动车道之间的分隔带设置行人安全岛。

中央分隔带和安全岛推荐设计采用如下指导原则[7]：

（1）中央分隔带和安全岛推荐宽度为 2.4~3m，最小宽度为 1.8m，以容纳随护所推的轮椅、骑自行车的人和车道之外的散步者。

（2）为了获得合适的中央分隔带宽度，机动车进口车道可以适当减少宽度，以达到降低机动车在交叉口处速度的效果。

（3）中央分隔带和道路两侧的树木，会减小来车驾驶员在大范围内的视野，以促使他们在靠近交叉口处减速。在安全岛处的道路景观，不能阻挡交叉口区域的行人和驾驶员的视线。

（4）在中央分隔带两侧设置突出的"鼻端"，能够保护行人等待安全。鼻端的设置应被明确标出以给驾驶员充分提醒，可以通过照明、反光、标线、标志等进行设置，鼻端的位置和尺寸应考虑到车辆的转弯运动，如图 5-1-18 所示。

（5）当中央分隔带较窄，为容纳较多的等待人流，或交叉口综合布局设计需要时，可设置错位行人过街安全岛，如图 5-1-19 所示。

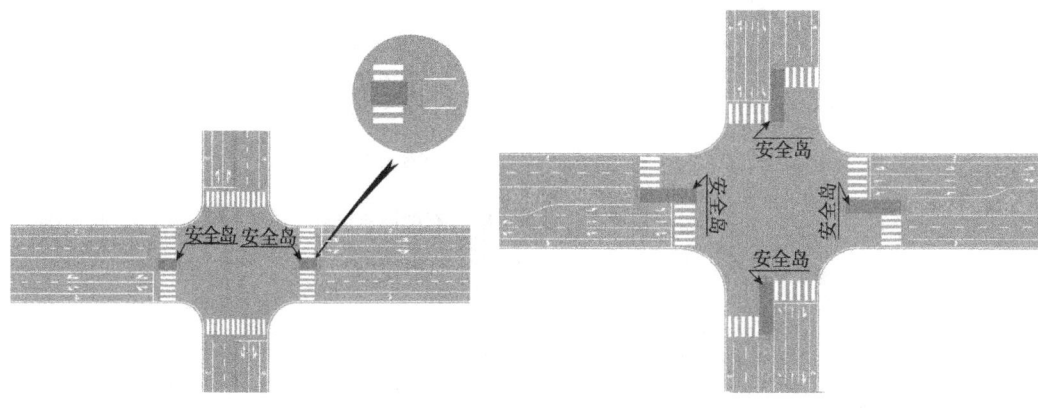

图 5-1-18　典型交叉口行人过街中央分隔带/安全岛（鼻端）　　　　图 5-1-19　错位行人过街安全岛

4）交叉口行人过街转弯半径设置

一般来说，和大转弯半径交叉口相比，小转弯半径的交叉口对于行人过街比较有利，在转弯处能够提供更多的行人等候区域，为步行过街提供了更好的灵活性和更短的街道转弯，并且能够降低机动车车辆转弯时的速度。如图 5-1-20、图 5-1-21 所示。

可以根据以下条件，综合考虑交叉口转角转弯半径的设置[2]：

（1）交叉口的线型（车道数，路肩宽度，交叉口角度等）条件和改造难易程度。

（2）转弯半径的设置，应不妨碍机动车流的转向通过（右转）。

（3）交叉口行人过街流量。流量越大，则转弯半径越小。

(4) 机动车转向车流的大小。流量越大,则转弯半径越大。

(5) 在车道和路边是否有停车道或者是自行车道。由于停车带设置或者自行车道的设置,将带来更大的机动车转弯半径(图5-1-22)。

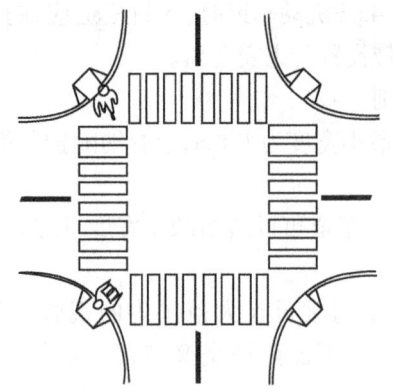
图5-1-20 大半径路边转角要求更长的交叉过街口距离

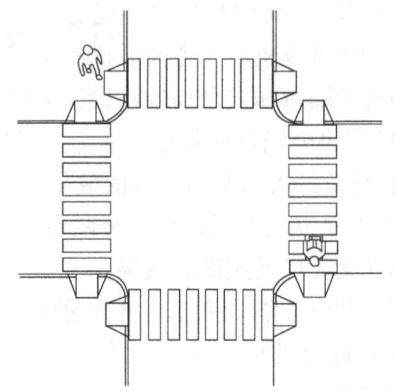
图5-1-21 小半径路边转角提供短距离过街条件

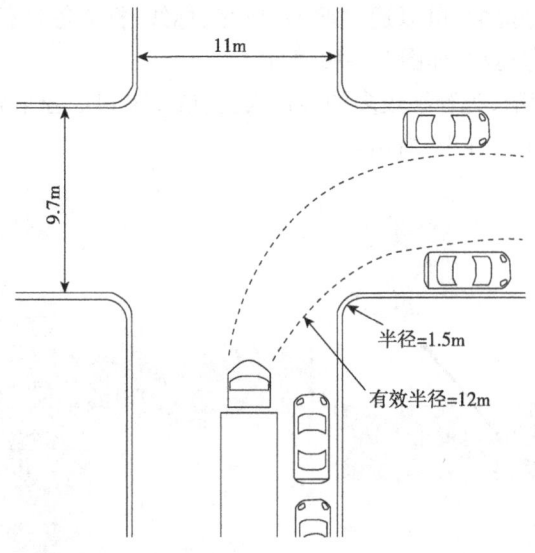
图5-1-22 路内停车带设置对机动车转弯半径的影响

交通管理者必须平衡所有因素,保持所选择的半径在各个环境下的最小可能性。在没有转弯车流的情况下,建议转弯半径最小值为1.2m,或者存在转弯车流的情况下,转弯半径最小值为1.5m。当交叉口转弯半径大于9m时,需要在交叉口考虑行人等待区域的设置。

5) 交叉口行人过街路缘延伸设置

路缘石的拓宽可以减少交叉口行人过街距离,增加驾驶员和行人之间的视距(同样适用于道路中段行人过街)。在所有允许路边停车的路段交叉口都应考虑拓宽路缘石,减少行人过街的距离,并同步考虑自行车道的设置。

拓宽路缘石的主要优点在于:

(1) 减少行人过街必须行走的距离,减少行人暴露在机动车交通流中的时间。

(2)增加机动车驾驶员和行人的视距。
(3)使得在交叉口设置路缘斜坡(无障碍设计)更有效率。
(4)为公共基础设施或街道相关设施提供空间。
(5)为需要进行限速控制的交叉口提供更好的减速条件。

交叉口路缘石拓宽,主要适用于以下道路交通条件:
(1)路段和交叉口的公交车和大型机动车流量较小,对于临时停靠和交叉口转弯影响较小。
(2)实施单向交通管理的道路,路段车流运行和交叉口转向复杂性较低。
(3)城市次要道路,并具有较大的机动车停车需求。
(4)信号控制交叉口为行人过街分配的相位,对整体信号配时影响较大的位置,可大幅度缩短行人过街时间。

图 5-1-23、图 5-1-24 为交叉口路缘石拓宽前后的对比;图 5-1-25 为路段中段路缘石拓宽案例。

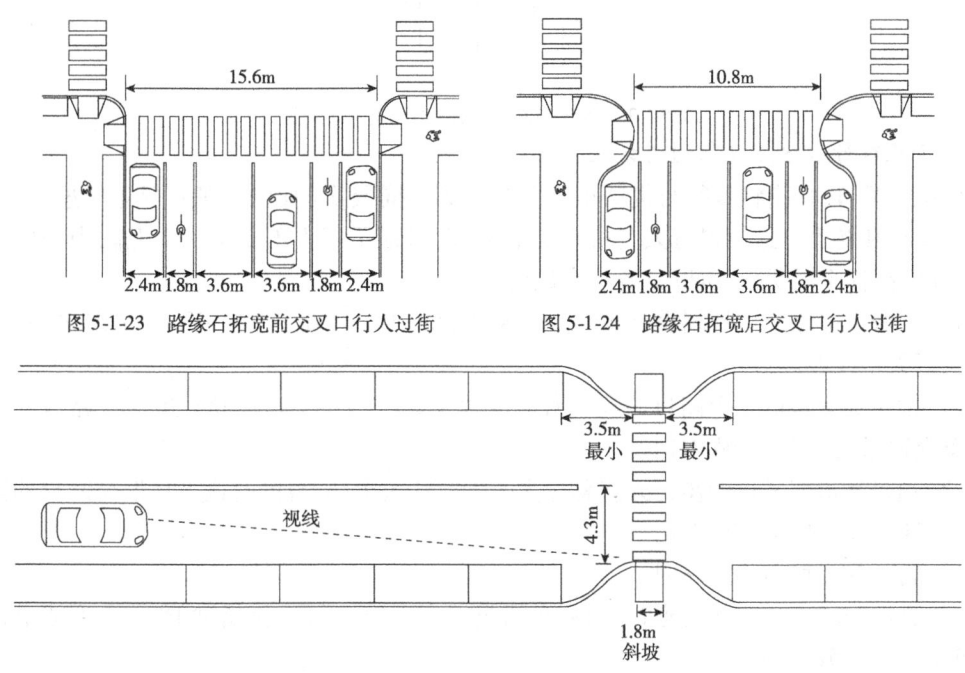

图 5-1-23　路缘石拓宽前交叉口行人过街　　图 5-1-24　路缘石拓宽后交叉口行人过街

图 5-1-25　路缘石拓宽后道路中段行人过街

6)结合交叉口右转渠化岛设置行人过街设施

在交叉口设置机动车右转渠化道,将允许右转机动车辆保持较高速度的持续运行通过,但是在一定程度上增加了行人过街的距离和降低了便利性,因此在设置时需要辅助一定的设计和管理措施。

(1)渠化岛以及右转车道的设计,应能够使驾驶员容易看到行人(保障安全)和他们左侧的车辆(寻找交通流的穿越间隙),行人能够顺利到达安全岛并等待通过。
(2)交叉口路缘石不宜采用统一的转弯半径。在渠化岛右转弯车道进口处,采用大转弯半径设计,为大型车的右转弯提供便利;在渠化岛右转弯车道出口处,采用小转弯半径设计,降低车辆速度,降低其与左侧车流合流时发生冲突的可能性。

(3)在渠化岛内应该设置突起以提供垂直障碍,增加车辆和行人之间的保护。安全岛应该提供路缘斜坡或者便道作为行人和自行车可达通道。当交叉口信号配时无法满足所有行人在一个相位内全部通过时,建议提供行人按钮的交通控制装置,如图 5-1-26 所示。

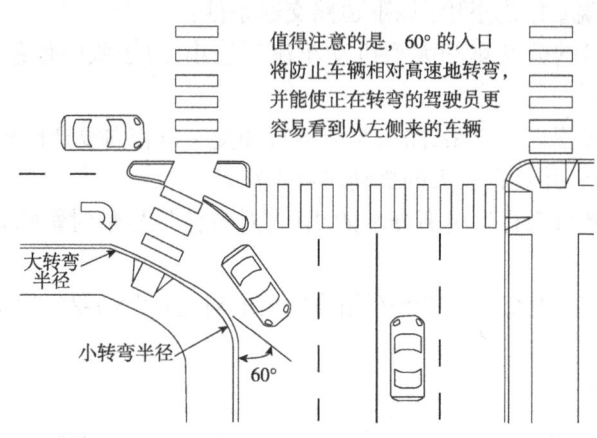

图 5-1-26　交叉口右转车道及行人安全岛设置

7)交叉口行人分层过街通道设置

分层交叉口,是指将步行与机动车交叉分开到不同层次的设施,即人行立体过街设施,例如立交桥和隧道。这使得行人与机动交通分离,保证了行人不受干扰。但因为分层交叉口造价昂贵,且应用受限,所以只能当作最后手段。

我国《城市道路交通规划设计规范》(GB 50220—95)[5]提出,属于下列情况之一时,宜设置人行天桥或地道:

(1)横过交叉口的一个路口的步行人流量大于 5000 人次/h,且同时进入该路口的当量小汽车交通量大于 1200 辆/h 时。

(2)通过环形交叉口的步行人流总量大于 18000 人次/h,且同时进入环形交叉口的当量小汽车交通量达到 2000 辆/h 时。

(3)行人横过城市快速路时。

(4)铁路与城市道路相交道口,因列车通过一次阻塞步行人流超过 1000 人次或道口关闭的时间超过 15min 时。

(5)人行天桥或地道设计应符合城市景观的要求,并与附近地上或地下建筑物密切结合;人行天桥或地道的出入口处应规划人流集散地,其面积不宜小于 $50m^2$。

(6)地震多发地区的城市,人行立体过街设施宜采用地道。

分层式行人过街通道应该满足无障碍设计的要求,包括匝道或者电梯。延伸的匝道应该能够允许轮椅和自行车的出行,但是过长的距离和高度都不鼓励使用。研究表明,如果能够在街道上用相同时间过街,多数行人将不会使用立交桥或者隧道。

8)交叉口行人过街信号设置

一般交叉口行人过街与车流交通的信号相位与配时设计,是整体统筹考虑。在交叉口处,应充分利用"车辆停,则行人行"的时空分配机制,提高交叉口的整体通行效率与安全性。

5.1.5 道路中段行人过街管理与设计

PPT

多数的行人都不愿为过街而步行很远的距离,道路中段人行道路的设置不仅可以提高行人(尤其是孩童和老人)出行的舒适性和安全性,而且合理的设置可以减少行人随意穿越街道的现象。

1)道路中段行人过街位置设置

道路中段行人过街设施的布置,应遵循如下原则[5]:

(1)整条道路统一考虑,宜先根据交叉口形式布设交叉口处人行过街设施,再考虑路段上的人行过街设施的设置,且应优先考虑人行地面过街。

(2)人行横道、人行天桥和人行地道的设置,应根据行人横穿道路的实际需要确定。在快速路和主干路上人行横穿设施的间距宜为300~500m,次干路上宜为150~300m。

(3)学校、幼儿园、医院、养老院等门前,应设置人行过街设施。

(4)在那些土地利用模式会导致高密度的行人等待过街的区域设置人行过街设施,例如住宅区对面有零售商店或娱乐设施,或公交站台对面有住宅区或工作单位。

(5)当路段或路口进出口机动车道超过4条以上时,应在中央分隔带或机非分隔带上的人行横道处设置行人安全岛,安全岛宽度应不小于1.5m。

(6)人行横道的宽度与过街行人数及信号显示时间相关,顺延主干路的行人横道宽度不宜小于5m,顺延其他道路的行人横道宽度不宜小于3m,以1m为单位增减。

(7)过街设施应设置在驾驶员和行人都有足够视距的地方。任何会影响到过街视距的障碍(邮箱,电线杆,街道设施,标志和绿化等)都最好能拆除或迁移,或者设置缩窄路口来保证过街视距。

在下列的位置,不宜设置道路中段人行过街设施:

(1)视距受限制的路段和急弯陡坡等危险路段,以及车行道宽度渐变路段,不应设置人行横道。

(2)在一个信号灯或公交站台的下游90m以内的地方,或者在机动车驾驶员很难意料到会有行人过街的地方。

(3)距离下一个过街处90m以内的地方,除非在城市中心区或者其他有明确需要的位置。

(4)在限速高于60km/h的街道上。

2)道路中段行人无信号控制过街管理

对于无信号控制的道路中段人行道需要标识有明显的斑马线,并具备较强的可视性。主要管理措施包括:

(1)在可能的条件下,人行道尽量设置安全岛或中间隔离带,为行人过街提供等候空间。安全岛或中间隔离带的设置如果能与道路保持一定的角度,则有助于行人看清楚驶来的车辆(图5-1-27)。

(2)对于没有设置路缘斜坡或中间隔离带的道路中段人行道,必须配有明显的警告标志和行人过街标志(图5-1-28)。

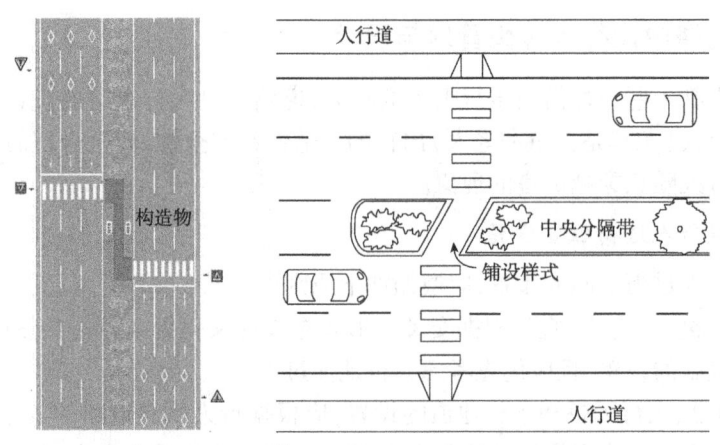

图 5-1-27 道路中段交叉口中间隔离带安全岛设置

（3）突起的道路中段行人过街设计。在道路中段设置人行道缘突起（或减速带）既可以延伸人行道，也可以允许行人一定程度的连续过街，同时也能起到降低机动车速度的作用。通常这种过街人行道只适用于低速、小流量的次要道路（图 5-1-29）。

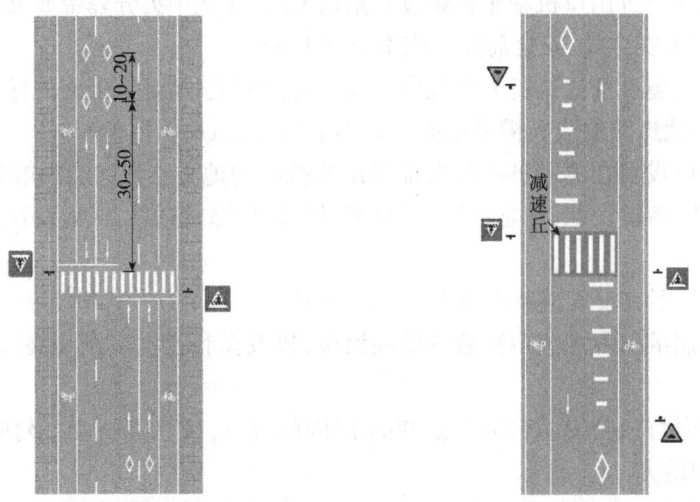

图 5-1-28　干道上街廊中段过街（单位：m）　　图 5-1-29　在路中段过街处的典型路缘突出设计

在那些提供过街人行道的路段过街处，并且道路一侧或者两侧允许路内停车的地方，路缘突出的使用可以减少过街的距离，而且行人和驾驶员会有更好的可见性。

3）道路中段行人过街信号控制管理

在没有信号控制的道路中段过街处，行人必须等待车流出现一个足够保证其过街而又不影响机动车流行驶的间隙。如果过街间隙的出现频率低于行人等待时间的容忍值，就需要一些设置信号控制辅助行人过街。文献[1]给出无控和信号控制人行横道行人过街的满意及容忍等待时间的调查结果，如表 5-1-6 所示。

（1）行人信号控制设置形式

①定时式信号控制。适用于具有固定的行人过街流量，且机动车流量或车速较小的路段，这种信号控制的设置还可以为其下游交叉口提供集中车队的功能。

②按钮(触发)式信号控制。适用于机动车流量或车速较大的道路,以及双向4车道或更多车道数的道路。由于这种信号灯只针对步行交通,所以在行人流量较低时,不会引起机动车的不必要的延误。

③黄闪信号控制。它是道路中段过街中一种低成本的处理形式。当行人在过街人行横道上时,闪光灯可以提醒驾驶员减速或停车。可用于有较大机动车交通量的路段,且不造成过度的延误。另外,当道路中段行人过街流量极小时(如夜间),定时式信号控制和按钮式信号控制也可转换为黄闪控制的形式。

人行横道行人过街满意的等待时间和可容忍的等待时间调查结果(单位:s) 表 5-1-6

控制方式	内容	最小值	最大值	均值
无控人行横道	满意等待时间	0	80	26
	可容忍等待时间	3	90	44
信号控制人行横道	满意等待时间	0	90	31
	可容忍等待时间	10	120	56

(2)行人信号灯控最短绿灯时间

行人绿信号时间,应该能够满足大多数人步行速度下的过街需求。在老龄行人或残障行人比例较高的地区,行人绿信号时间应该增加。

行人过街所需的最短绿灯时间 G_{min},可根据人行横道长度及行人过街步行速度确定。美国采用如下公式计算[11]:

$$G_{min} = 7 + \frac{D}{v_r} - Y \tag{5-1-2}$$

式中:G_{min}——行人过街所需的最短绿灯时间,s;

v_r——采用第15百分位步行速度,m/s;

Y——绿灯间隔时间,s;

D——人行道长度,m。

澳大利亚则采用下列公式计算:

$$G_{min} = 6 + \frac{D}{v_r} \tag{5-1-3}$$

式中:v_r——采用 1.2m/s。

5.2 自行车交通管理

在一定的出行距离条件下,自行车与其他交通方式相比有着独特的优势。即使是在城市交通机动化进程不断推进的今天,自行车仍是城市居民出行的重要交通工具。

自行车交通的优点主要有:

(1)节能环保。与机动车相比,自行车没有尾气排放,噪声也远远小于机动车,是目前最为节能环保型的交通工具之一。

(2)方便灵活。方便、灵活、机动性高、自主性高及对道路的适应性强,是自行车交通的主要优点。自行车是门到门的交通,短距离出行无须换乘。大量的统计数据表明,自行车在出行距离为 0.5~3km 范围内是具有较强竞争力的出行方式。

(3)道路利用率高。无论是从静止还是行驶状态来看,自行车的占地面积远远小于机动车,相对机动车而言,自行车是一种对道路使用效率较高的交通工具。

(4)有益健康。自行车是名副其实的绿色交通,有利于生态和环境保护,有利于骑行者的身心健康。美国交通部调查数据表明,在美国有49.6%的自行车出行是为了锻炼身体,有43.2%的自行车出行是作为上班、上学或探亲访友的交通工具[13]。

自行车交通的缺点主要有:

(1)稳定性差。自行车运行时处于动态平衡状态,当速度发生剧烈的变化或受到外力的横向干扰时很容易失去平衡或改变行驶状态,尤其在冰雪覆盖的路面上,其稳定性远远小于机动车。

(2)安全性差。由于骑行者水平的差异,在高密度车流中行驶时,相互间容易发生碰撞;在与机动车并排行驶时,骑行者在心理上受到来自机动车的横向心理压力,容易产生误操作而导致交通事故;由于自行车自身没有保护设施,相对机动车而言是弱势群体,一旦与机动车发生事故,将给自行车骑行者带来严重伤害。

(3)舒适性和适应性差。受体力的限制,在坡度较大、地形复杂的地区,自行车的使用受到极大的限制。由于自行车没有像机动车驾驶室那样的防护设备,因而受气候条件及季节变化影响较大,在风、雪、雨、雾等恶劣气象条件下,其使用也受到了一定的限制。此外,老人、儿童、残疾人等体弱的人均难以利用。

(4)管理难度较大。由于自行车极大的机动灵活性,启动快、转向、聚集、消散、随意等特性强,给交通秩序管理与交通安全管理带来很大难度。

5.2.1　自行车交通行为特征

1)自行车交通空间需求

(1)自行车的样式和尺寸

国内外自行车的种类和设计样式众多,现阶段最为常见的成人自行车包括公路自行车(或旅行自行车)和山地自行车(特点是具有防滑的轮胎)。在中国,电动自行车(以蓄电池作为辅助能源,能实现人力骑行、电动或电助动功能的特种自行车)所占自行车的比例呈现出快速上升的趋势。

图5-2-1给出多种自行车的尺寸范围,其长度在1.0～2.4m之间,高度在0.9～1.1m之间[14]。

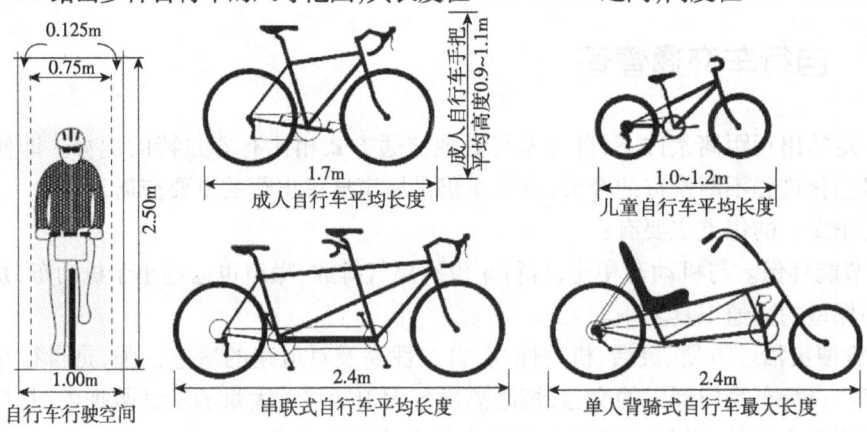

图5-2-1　自行车样式和尺寸

(2) 自行车行驶宽度

静止条件下,自行车骑行者占用的宽度空间约为 0.75m,但是自行车骑行过程中会产生摇摆,因此自行车行驶者的行驶宽度通常取 1.0m。随着爬坡高度的增加,自行车速度降低,摇摆的幅度也会随之增加,这样就需要更宽的行驶宽度。同时,下坡时提供额外的行驶宽度可以允许自行车骑行者在较高的速度下,安全地躲避路面障碍。因此,在可行的情况下,建议在超过 5°的上坡和下坡的地方提供 1.8m 宽的铺设路肩或自行车道。

我国《城市道路交通规划设计规范》(GB 50220—95)中规定[5],自行车道路路面宽度应按车道数的倍数计算,车道数应按自行车设计高峰小时交通量确定。自行车道路每条车道宽度宜为 1m,靠路边的和靠分隔带的一条车道侧向净空宽度应加 0.25m。自行车道路双向行驶的最小宽度宜为 3.5m,混有其他非机动车的,单向行驶的最小宽度应为 4.5m。

2) 自行车交通速度和通行能力

自行车专用路应按设计速度 20km/h 的要求进行线型设计。自行车道路的规划通行能力的计算应符合下列规定。

(1) 路段每条车道的规划通行能力应按 1500 辆/h 计算;平面交叉口每条车道的规划通行能力应按 1000 辆/h 计算。

(2) 自行车专用路每条车道的规划通行能力,应按上述的规定乘以 1.1~1.2。

(3) 在自行车道内混有人力三轮车、板车等,应按表 5-2-1 乘以非机动车的换算系数,当这部分的车流量与总体车流量之比大于 30% 时,每条车道的规划通行能力应乘折减系数 0.4~0.7。

非机动车换算系数 表 5-2-1

车　种	换算系数	车　种	换算系数
自行车	1	人力板车或畜力车	5
三轮车	3		

在非机动车道上行驶的车辆,绝大多数是自行车。因此,非机动车道通行能力应以自行车作为标准车辆。

一条自行车道的理论最大通行能力 C_p,可按"车头间距"的理论进行计算[15],即:

$$C_p = \frac{1000v_b}{L} = \frac{1000v_b}{\dfrac{v_b \cdot t}{3.6} + \dfrac{v_b^2}{254(\varphi \pm i)} + l_0 + L_{车}} \tag{5-2-1}$$

式中:v_b——自行车运行速度,大多数自行车在 15km/h,km/h;

L——前后车辆净空距离,m;

t——骑车人反应时间,通常在 0.5~1.0s 之间,可取平均值为 0.7s,s;

φ——轮胎与路面间的黏着系数,通常在 0.3~0.6 之间,可取 0.5;

i——道路纵坡度,在平原城市可取 0;

l_0——安全间距,取值范围 0~1m,通常取 0.5m 或者 1.0m,m;

$L_{车}$——自行车的车身长度,常用 1.9m,m。

由于自行车实际骑行过程中,通常不按照理论的车道行驶,因此实际通行能力往往采用自行车实际最大断面通过量进行确定。实际通过量是较长时间连续通过断面的自行车数量除以统计时间,再换算为单车道的通行量,也称为路段平均通过量,以下式表示:

$$N_{可} = \frac{N_t}{B_b - 0.5} \times \frac{3600}{t} \quad (5\text{-}2\text{-}2)$$

式中:$N_{可}$——每米宽度内自行车连续1h内通过断面的数量,实际为1h内连续车流的平均通过量,辆/(h·m);

t——为连续车流的通行时间,s;

N_t——t时间内通过观测断面的自行车数量;

B_b——自行车道的宽度,m。

根据文献[15],有无机非分隔带条件下,$N_{可}$自行车取值分别为2100辆/(h·m)和1800辆/(h·m)。

3) 自行车交通服务水平

描述自行车交通服务水平的指标很多,文献[15]建议用自行车骑行速度、占用道路面积、交通量负荷系数(饱和度)与车流状况等指标描述路段自行车交通服务水平,对于交叉口,则采用停车延误时间、交通量负荷系数和路口停车率指标。其中:交通量负荷系数,定义为所评定路段高峰小时自行车交通量与该路段通行能力的比值;车流状况,是指在某种服务水平条件下车辆可以自由行动的程度,如加速减速、超车转向等;路口停车率,主要说明通过路口时停车等候的自行车车辆数占全部流量的百分率。

表5-2-2和表5-2-3给出建议的自行车道路路段和交叉口交通服务水平标准值。当服务水平低于三级时,需要对既有设施进行改善设计或交通管理。

建议的自行车道路路段交通服务水平标准　　　　表5-2-2

等级	一	二	三	四	五
骑行速度(km/h)	>25	25~20	20~15	15~10	10~5
占用道路面积(m²/辆)	>9.0	9~7	7~5	5~3	<3
交通量负荷系数(V/C)	<0.4	0.4~0.55	0.55~0.7	0.7~0.85	>0.85
车流状况	自由骑行	基本自由骑行	车流基本稳定	非稳定车流受限	间断式束缚交通流
适用条件与运行状态描述	在公路或独立的自行车道上,骑行舒适无干扰,可以自选速度或超车,行人也可穿越	在独立自行车道路或专用自行车道上,很少干扰,骑行人尚舒适,车速可以变化,但稍有约束,可以超车,行人亦可穿越	在专用自行车道或独立自行车道上常有干扰,速度受限不能变更骑车线路,可以维持安全车速,行人横穿难	在物体隔离设施的自行车专用路上,车流密集,干扰多,速度低,行人横穿车道已不可能	在仅有画线混行道路上,车流密集,干扰严重,车速很低,一车倒下后面跟车倒,行人不能穿越

建议的自行车道路交叉口交通服务水平标准　　　　　　　表5-2-3

等级	一	二	三	四	五
过交叉口骑行速度(km/h)	>16	16~13	13~9	9~6	6~4
停车延误时间(s)	<30	30~40	40~60	60~90	>90
交通量负荷系数(V/C)	<0.5	0.5~0.7	0.7~0.8	0.8~0.9	>0.9
路口停车率(%)	<20	20~30	30~40	40~50	>50
占用道路面积(m²/辆)	8	8~6	6~4	4~2	<2
适用条件与运行状态描述	车辆有较大的自由度,过交叉口方便,基本上在本相位内通过	车辆自由度较小,过交叉口尚易,大部分车辆在本相位通过	车辆成队列前进,过交叉口需等待较长时间,部分车辆等到下一周期才可通过	车辆前进速度极低,骑车者随时准备下车推行,大部分车辆等到下一周期方能通过	自行车首尾相接,拥挤严重,大部分骑车者下车推行,有时停止等候红灯,大部分车辆等到下一周期方能通过,甚至还通不过

5.2.2　自行车交通设施管理与设计原则及主要交通标志说明

自行车交通设施主要由路段自行车道、交叉口自行车交通设施组成。本节在自行车交通行为特性分析的基础上,重点提出基于以上设施的交通管理和设计原则及相关标志标线。

1) 自行车交通设施管理与设计的总体原则

自行车交通管理与设计的总体原则为[5,7]：

(1) 连续性。自行车道路网,应由单独设置的自行车专用路、城市干路两侧的自行车道、城市支路和居住区的道路,共同组成一个能保证自行车连续交通的网络。

(2) 专用性。对于城镇高等级道路,或者机动车道设计速度不小于40km/h时,应使自行车与机动车分道行驶。

(3) 分流性。自行车单向流量超过10000辆/h的路段,应设平行道路分流。在交叉口,当每个路口进入的自行车流量超过5000辆/h时,应在道路网规划中采取自行车的分流措施。

(4) 安全性。若出租车、公交停靠站点等公用设施设置在自行车专用道上,它们不应对自行车的安全行驶造成影响。自行车专用道,不应该设置在停车车道和路缘石之间。

(5) 方向性。自行车专用道应该承担毗邻的相同方向的自行车流(例如,街道或道路右侧的自行车流)。同时,当存在繁忙的街道双穿越或使用人行道的需求时,应该考虑短距离双向自行车道。

2) 自行车交通通行规则

参照《中华人民共和国道路交通安全法实施条例》[7]及相关规定,与自行车交通相关的主要通行规则为：

（1）非机动车应当在非机动车道内行驶；在没有非机动车道的道路上，应当靠车行道的右侧行驶。

（2）非机动车应当在规定地点停放。未设停放地点的，非机动车停放不得妨碍其他车辆和行人通行。

（3）因非机动车道被占用无法在本车道内行驶的非机动车，可以在受阻的路段借用相邻的机动车道行驶，并在驶过被占用路段后迅速驶回非机动车道。机动车遇此情况应当减速让行。

（4）驾驶非机动车在路段上横过机动车道，应下车推行，有人行横道或者行人过街设施的，应当从人行横道或者行人过街设施通过；没有人行横道、没有行人过街设施或者不便使用行人过街设施的，在确认安全后直行通过。

（5）非机动车通过有交通信号灯控制的交叉路口，应当按照下列规定通行：（一）转弯的非机动车让直行的车辆、行人优先通行；（二）遇有前方路口交通阻塞时，不得进入路口；（三）向左转弯时，靠路口中心点的右侧转弯；（四）遇有停止信号时，应当依次停在路口停止线以外。没有停止线的，停在路口以外；（五）向右转弯遇有同方向前车正在等候放行信号时，在本车道内能够转弯的，可以通行；不能转弯的，依次等候。

（6）非机动车通过没有交通信号灯控制也没有交通警察指挥的交叉路口，除应遵守上一条第（一）至第（三）项的规定外，还应当遵守下列规定：（一）有交通标志、标线控制的，让优先通行的一方先行；（二）没有交通标志、标线控制的，在路口外慢行或者停车瞭望，让右方道路的来车先行；（三）相对方向行驶的右转弯的非机动车让左转弯的车辆先行。

3）与自行车交通管理相关的主要交通标志

用于自行车交通管理的主要标志，包括"指示标志、指路标志、警告标志、禁令标志"等。如图 5-2-2、图 5-2-3 所示。

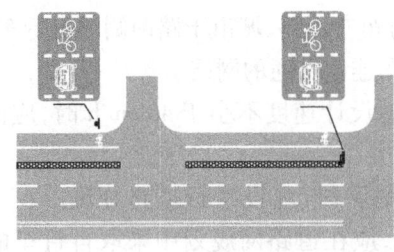
非机动车行驶

非机动车车道

图 5-2-2 用于自行车交通管理的指示、指路标志示例

禁止非机动车进入

注意非机动车

图 5-2-3 用于自行车交通管理的禁令、警告标志示例

5.2.3 路段自行车交通设施管理与设计

PPT

1) 路段自行车交通设施分类及设计

路段自行车交通设施按照与其他交通方式隔离形式的不同,可以分为自行车专用道路和自行车—机动车共享道路。本部分内容重点对这两种道路提出交通管理和设计方法,如图 5-2-4 的自行车专用道标线的设计示例。

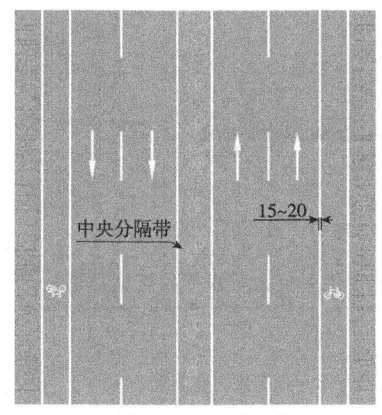
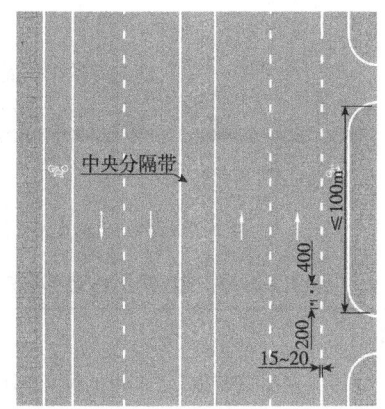

a) 车行道边缘白色实线　　　　b) 车行道边缘白色虚线

图 5-2-4　路段自行车专用道路标线设置示例(单位:cm)

(1) 路段自行车专用道类型及宽度设置

自行车专用道路。包括与机动车道间有物理隔离(护栏、绿化带等)的自行车专用道(横断面表现为 3 幅以上的道路),以及与机动车道间无物理隔离的自行车专用道(通过标志和路面标记分离通行权利)。本部分内容重点提出无物理隔离的自行车专用道类型及宽度设置。

① 自行车专用道,禁止路边停车

该类型自行车专用道的设置又包含有路缘石和无路缘石两种,参照文献[2],建议单条自行车专用车道宽度为 1.2~1.8m,如单条自行车道无法满足流量要求,则按倍数增加车道数量,如图 5-2-5、图 5-2-6、表 5-2-4、表 5-2-5 所示。

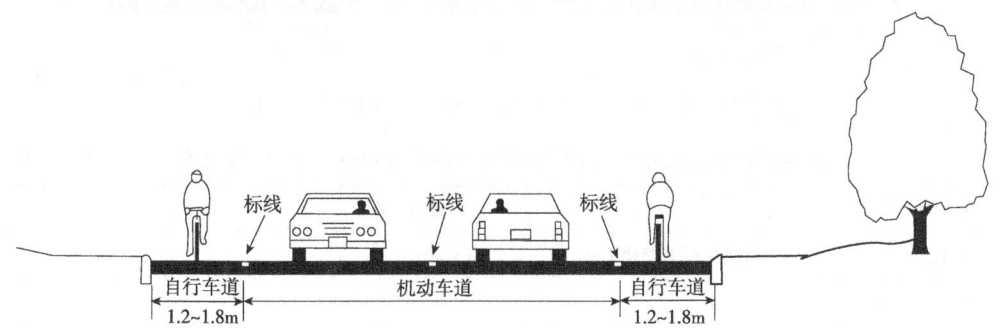

图 5-2-5　有路缘石、禁止路边停车的单条自行车道设置示意图

有路缘石的街道,禁止路边停车条件下的单条自行车专用道宽度值　　表 5-2-4

最小值	道路条件
1.2m	城市或乡村有路缘石且禁止路边停车的街道,自行车专用道设置在路缘石旁边
推荐值	道路条件
1.8m	当自行车流量较大时,或者道路纵坡度大于5%

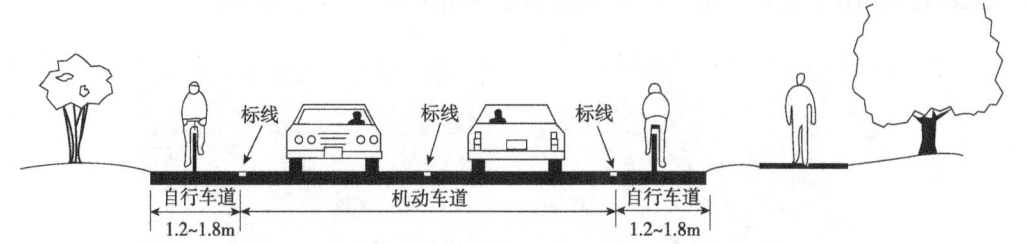

图 5-2-6　无路缘石、禁止路边停车的单条自行车道设置示意图

无路缘石的街道,禁止路边停车条件下的单条自行车专用道宽度值　　表 5-2-5

最小值	道路条件
1.2m	受道路边界条件限制,没有额外的自行车车道宽度可供支配
推荐值	道路条件
1.5m	没有路缘石的道路,机动车设计速度低于60km/h
1.8m	没有路缘石的道路,机动车设计速度超过60km/h
1.8m	自行车流量较大,或者道路纵坡度大于5%

②自行车专用道,允许路边停车

路边机动车辆的停放将直接占用道路空间资源,建议该条件下,单条自行车专用车道宽度为1.5~2.1m,如单条自行车道无法满足流量要求,则按倍数增加车道数量,如图5-2-7、图5-2-8、表5-2-6、表5-2-7所示。

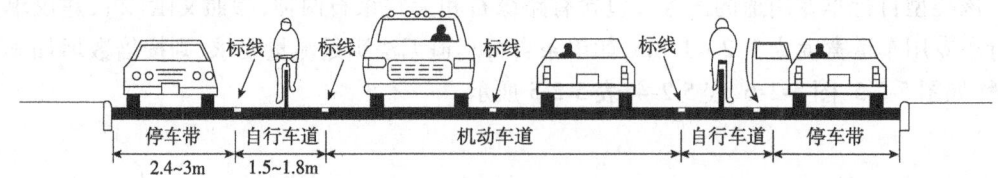

图 5-2-7　有路缘石、允许路边停车的单条自行车道设置示意图

有路缘石的街道,允许路边停车条件下的单条自行车专用道宽度值　　表 5-2-6

最小值	道路条件
1.5m	城市或乡村有路缘石的街道,同时有路边停车线
推荐值	道路条件
1.8m	城市或乡村有路缘石的街道,有路边停车线,同时自行车流量较大,或者道路纵坡度大于5%

注:最小值和推荐值宽度,是指从路缘石到自行车专用道标线的中间。

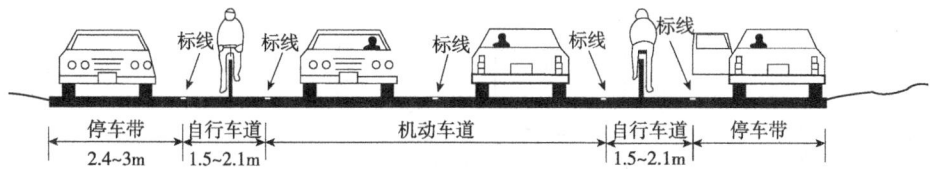

图 5-2-8 无路缘石、允许路边停车的单条自行车道设置示意图

无路缘石的街道,允许路边停车条件下的单条自行车专用道宽度值 表 5-2-7

最 小 值	道 路 条 件
1.5m	受道路边界条件限制,没有额外的自行车车道宽度可供支配
推 荐 值	道 路 条 件
1.8m	没有路缘石的道路,机动车设计速度低于60km/h
2.1m	没有路缘石的道路,机动车设计速度超过60km/h
2.1m	自行车流量较大,或者道路纵坡度大于5%

(2)路段自行车—机动车共享道路类型及宽度设置

自行车—机动车共享道路,是比正常机动车车道稍宽的道路,可以更好地让自行车和机动车共享一条道路而不用转变车道。

在没有足够的空间设置自行车专用道的乡村或城市区域,适合设置自行车—机动车共享道路(或混合运行道路)。它和自行车专用道的主要不同点在于,不采用专门的物理设施或是标志、标线将机动车道和自行车道进行路权分离。

共享道路设置的主要目的是通过额外空间的设置,更好地满足自行车和机动车在同一条车道上行驶,且机动车可以不需要改变车道直接超过自行车。其主要设置依据为[2]:

①当道路宽度条件不足以设置单条物理或画线隔离的自行车专用道,且允许自行车通行时,应设置自行车—机动车共享道路。

②对现有道路进行车道划分时,通过缩窄机动车道宽度或是减少机动车道数量,可以提供空间设置自行车—机动车共享道路,但是这种重新设置是建立在对道路交通流特性进行仔细分析的基础上的。

③在存在陡坡的地方,应该增加自行车—机动车共享道路的车道宽度,以保障骑行者的安全。

④在自行车—机动车共享车道和路边停车带中间,应设置明确的交通标线。

自行车—机动车共享道路的最小宽度的设置,受道路等级、设计速度和道路流量等多个条件的影响。当道路上存在大量的大型车通过(货车或公交车),或者视距有限时,应该考虑提供额外的宽度。

无路边停车道的共享道路宽度推荐值为4.0m以上,有路边停车道的共享道路宽度推荐值为4.3m以上,如图5-2-9、图5-2-10、表5-2-8所示。

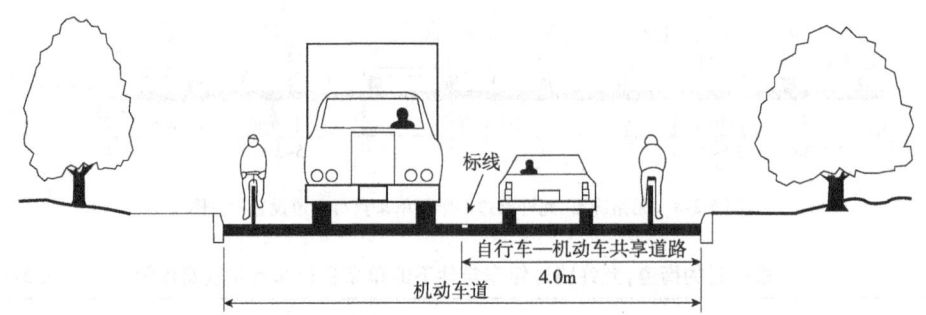

图 5-2-9　无路边停车带的自行车—机动车共享道路设置示意图

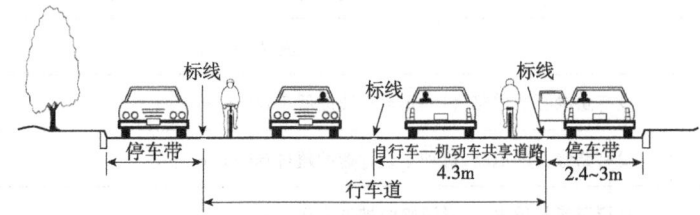

图 5-2-10　有路边停车带的自行车—机动车共享道路设置示意图

自行车—机动车共享道路宽度值　　　　　　　　表 5-2-8

推　荐　值	道路条件	推　荐　值	道路条件
4.0m	无路边停车带	4.3m	有路边停车带

2）路段空间资源的重新分配

为提供路段自行车道路通行条件，通常采用的方法是缩窄或减少现有机动车道路或路边停车道路。当道路的通行能力超过需求时，这种方法尤为可行。以下是几种路段空间资源重新分配的方式。

（1）当交通流量、速度或其他条件允许时，双向 4 车道的路段重新分配成 3 车道的道路，余下的空间可以用作自行车专用道或机动车—自行车共享道路。同样，在条件允许的情况下，也可缩窄双向 3 车道路段的机动车道宽度，形成双向 4 车道且具备自行车道的设置方法，如图 5-2-11、图 5-2-12 所示。

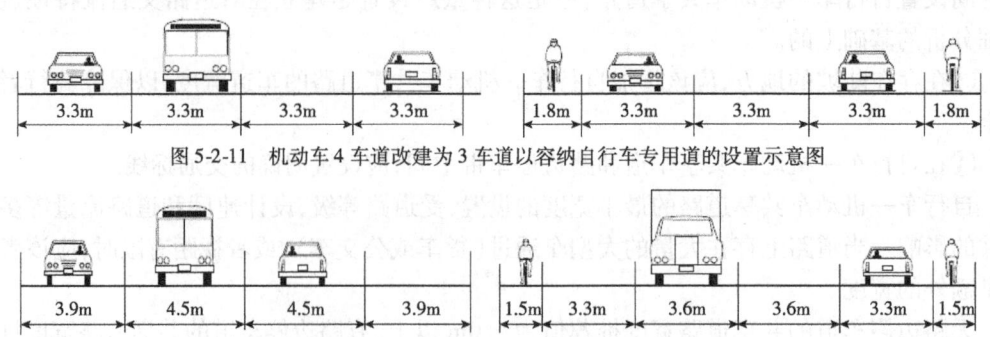

图 5-2-11　机动车 4 车道改建为 3 车道以容纳自行车专用道的设置示意图

图 5-2-12　缩窄机动车道以容纳自行车专用道的设置示意图

(2)当交通流量、速度或其他条件允许时,双向 3 车道的路段可以减少为两车道的设计。改变后余下的空间可以用作自行车专用道或机动车—自行车共享道路,参考图 5-2-13。

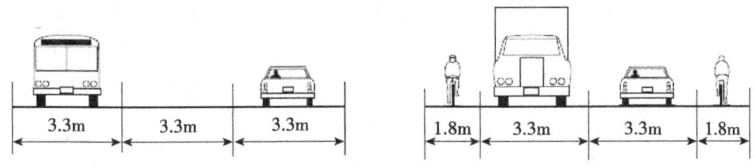

图 5-2-13 机动车 3 车道改建为两车道以容纳自行车专用道的设置示意图

(3)重新评估现有的路边停车。清除或重新配置路边停车带,同样可以为自行车专用道或机动车—自行车共享道路的设置提供空间资源。清除路边停车带通常有 3 种方法,一是缩窄路边停车带宽度,或只清除道路一边的停车带;二是将对角线停车转换成平行停车方式,将剩余的空间用作自行车道;三是将平行停车方式转换为港湾式停车方式。如图 5-2-14 所示。

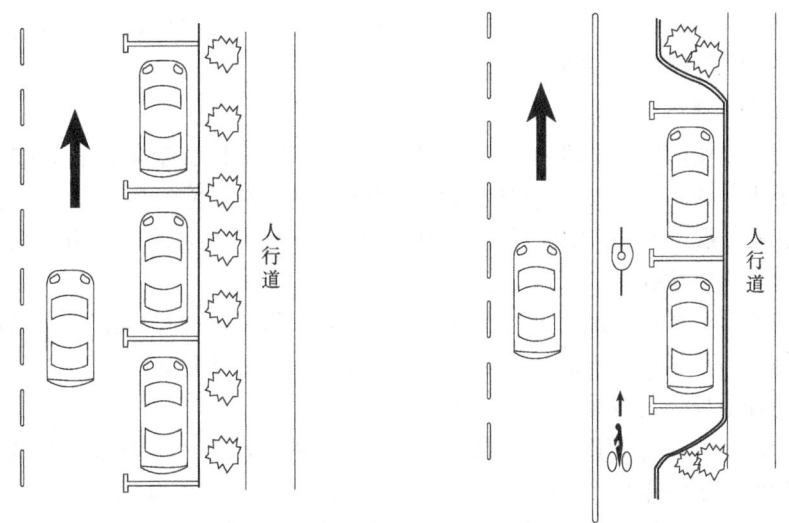

图 5-2-14 改建前后路边停车与自行车专用道路设置示意图

3)逆向自行车道的设置

逆向自行车道的设置,是指在机动车道的一侧(或两侧)设置与机动车行驶方向相反的自行车道。由于逆向自行车骑行违反了交通法规,并且增加了自行车和机动车碰撞的可能性,因此,一般仅在机动车单行交通管理条件下,才考虑设置逆向自行车道。并需要考虑以下交通管理措施:

(1)逆向自行车道应该用黄色实线从机动车道中划分出来,表明骑行者在该道路上通行是合法的。

(2)逆向自行车道应该设置在单行机动车道的左边。

(3)设置逆向自行车道的路段,不应该有或者很少有与之交叉的小巷和街道。

(4)一般逆向自行车道只设置一条,使得骑行者无法使用逆流自行车道停车或超车。当有迫切需要时,可以设置两条以上逆向自行车道。

（5）在设置逆向自行车道的交叉口，应设有交通标志提醒驾驶员单行街道两旁均设有自行车专用道。如图 5-2-15 所示。

另外，只有在一些特殊交通环境下才可以考虑设置逆向自行车道。特殊环境包括以下几点：

（1）当逆向自行车道非常短时（通常不长于一两个城市街区）。

（2）逆向自行车道的使用，大幅度提高了骑行者离开出发地和到达目的地的便利性。

（3）沿着逆向自行车道行驶的安全性，高于多条自行车道的设置。

（4）设置逆向自行车道的路段两端，具备可以安全、便利地融入其他交通流的条件。

（5）当有大量自行车骑行者需要使用这条街道时。

（6）出于交通管理目的，双向交通刚改变成单向交通时。

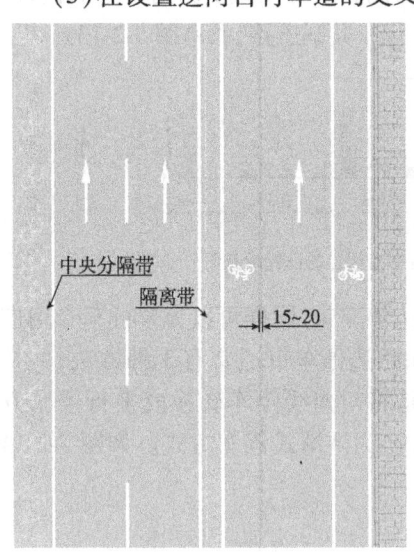

图 5-2-15　逆向自行车道设置示意图（单位：cm）

4）天桥和地下通道设置

由于自行车的使用对舒适性和接入性的要求非常高，任何要求骑行者直线通过长距离的障碍都是很不利的。天然障碍包括河道、溪流和山谷，人工障碍则包括高速公路、铁路。骑行者遇到这些情况，天桥或者地下通道就可能成为在保证交通运输网络连续性的前提下穿越这些障碍的重要途径。

要求沿着整个天桥或者地下通道，最好都能保证 0.6m 以上的侧向净空。考虑到会有缺乏经验的骑行者和孩童随意走动的情况发生，在设计时最好能保证较宽的人行道或者利用附加设施来物理地分隔自行车道。

文献［5］规定，自行车道路与铁路相交，遇下列 3 种情况之一时，应设分离式立体交叉：

（1）与Ⅱ级铁路正线相交、高峰小时自行车双向流量超过 10000 辆；

（2）与Ⅰ级铁路正线相交、高峰小时自行车双向流量超过 6000 辆；

（3）火车调车作业中断自行车专用路的交通，日均累计 2h 以上，且在交通高峰时中断交通 15min 以上。

5.2.4　交叉口自行车交通设施管理与设计

1）交叉口自行车交通管理的原则

（1）交叉口处自行车交通应该与机动车交通进行空间和时间分离，如果没有条件分离，也必须给出适当的空间，让自行车与机动车分道行驶。

教学录像

PPT

辅助视频

（2）采取必要措施，使自行车以较低的速度有序地进入交叉口。

（3）应尽量使自行车处于危险状态的时间减小到最少。

（4）如果空间允许，对自行车暂停的地方应该提供实物隔离的措施。

(5) 为了简化驾驶员在交叉口的观察、思考、判断以及采取措施的过程，自行车交通与机动车交通的冲突点应该尽量远离机动车交通之间的冲突点。

(6) 当自行车与机动车交叉口等待绿灯或通过交叉口时，应该保证相互间能看得清楚，特别是当自行车通过交叉路口时，应尽可能使机动车驾驶员知道自行车的行驶路线与方向。

2）交叉口自行车交通管理方法

从自行车交通的基本特性、自行车在道路交叉口的交通管理原则和提高通行能力等方面考虑，为了充分利用交叉口的时间和空间资源，交叉口内自行车通行管理设计方法可分别采用：右转弯专用车道、左转弯专用车道、左转自行车二次过街、停车线提前、左转自行车直行设计等。

(1) 自行车右转弯专用车道

利用现有的路面，开辟专门用于右转弯的自行车车道。在右转非机动车流量较大，且交叉口用地条件许可时，应给右转非机动车交通流划出专用通行区域或通行车道；采用设置绿化岛、交通岛、隔离墩或地面标线等手段，与其他非机动车的行驶空间加以区分。其优点是可以缓和交叉口的交通拥挤，有利于交通安全。设置右转弯专用车道，要求交叉口空间较宽，且骑车人必须严格遵守"各行其道"规则。

上述优化方法在实际的应用中，对右转自行车的分隔有两种情况：一是有渠化岛，另一个是无渠化岛。它们的设计参见图5-2-16所示。图中非机动车右转专用道入口离交叉口停车线的距离，视红灯期间直行及左转非机动车排队等候长度而定。

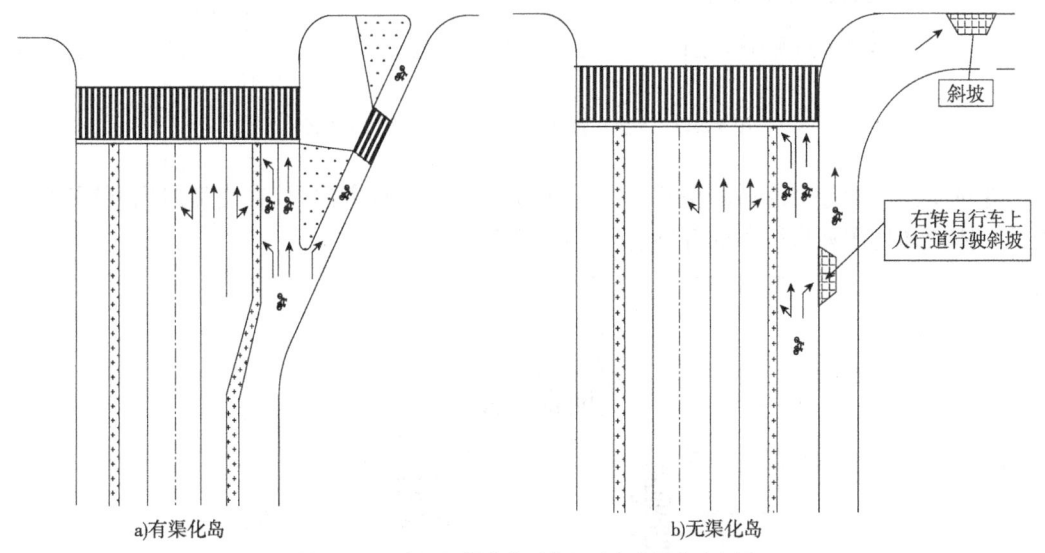

图5-2-16 有(无)渠化岛时非机动车专用道示意图

(2) 自行车左转弯专用车道

可以通过设置左转专用自行车道，来处理非机动车在交叉口的左转弯问题。使用彩色路面或标线来标示出自行车左转弯专用车道，同时配合专用左转相位，以减少左转自行车对直行机动车流的干扰，提高通行能力。这种设计方法对进口道宽度有一定的要求，一般适用于左转弯自行车交通流较小，机动车设有左转专用相位的交叉口。

(3) 左转自行车二次过街

当自行车在交叉口内直接左转时,若没有设置左转机动车专用相位,自行车与机动车之间的干扰很大,同时自身安全得不到保障。可以让自行车与行人以二次过街方式通过交叉口,在横向道路自行车进口道前设置左转自行车候车区。绿灯启亮后左转自行车随直行自行车运行至前方左转候车区内,待另一方向的绿灯亮时再前进,即变左转为两次直行。

①自行车与机动车共用停车线,先对右转自行车进行提前分离,控制直行自行车先于左转自行车进入交叉口,这样可以大大降低交叉口内用于自行车待行的空间,参见图5-2-17a)。

②在自行车流量较大的情况下,如自行车与机动车仍然共用停车线,可先对右转自行车进行提前分离,控制直行自行车先于左转自行车进入交叉口,见图5-2-17b)。

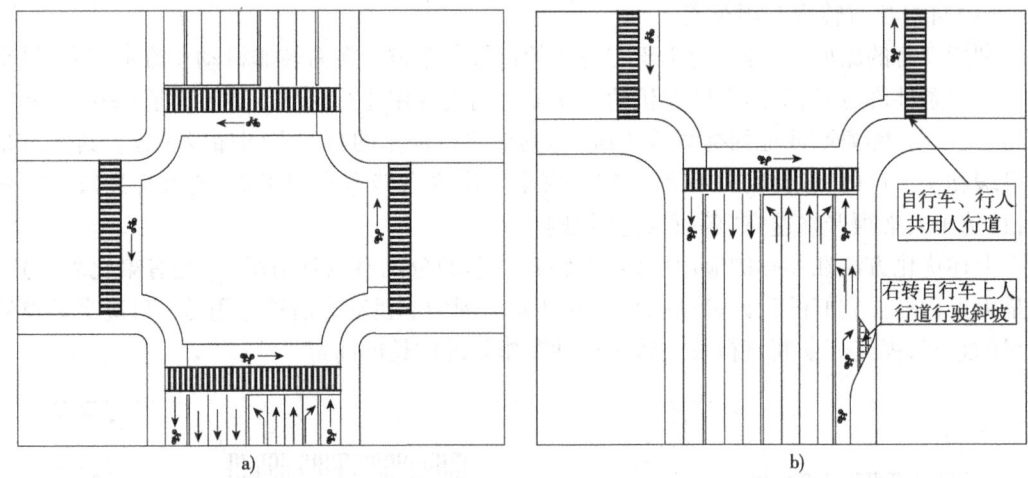

图5-2-17 一般左转自行车二次过街候车区示意图

③对于已经设置交通岛的交叉口,自行车二次过街设计方法是:在交叉口内利用四个角上的实体交通岛作为自行车的等待空间,如图5-2-18所示。

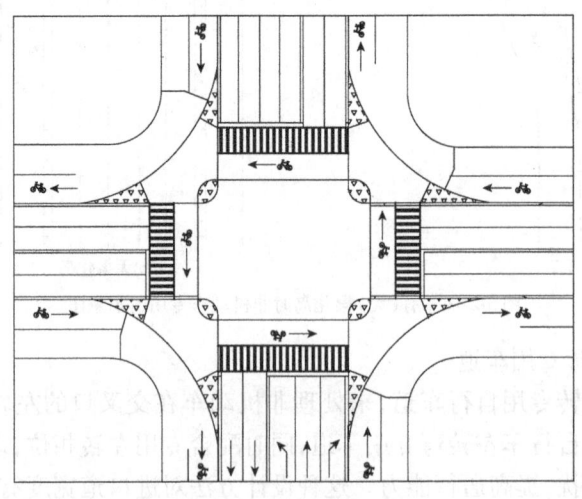

图5-2-18 特殊左转自行车二次过街候车区(利用四个角上的实体交通岛)示意图

左转自行车二次过街设计方法的优点是:首先,消除了左转自行车与机动车之间的干扰,可以提高自行车及机动车通过交叉口的运行速度与通行能力;其次,减少了左转自行车与直行机动车流的冲突点,有利于交通安全。左转自行车二次过街设计方法的主要缺点是:增加了左转自行车的绕行距离。

(4)自行车停车线提前

根据自行车启动快、骑车人急于通过交叉口的特点,可将交叉口进口道自行车停车线划在机动车停车线之前。红灯期间自行车在机动车前方待行;当绿灯启亮时,自行车先驶入交叉口,可避免主要自行车流与机动车流同时过街所产生的冲突与干扰,在一定程度上提高交叉口的通行能力和运行秩序。

自行车停车线提前的交叉口设计,主要有两种形式。

①针对进口车道较多的交叉口,辟出1条或多条机动车进口道供自行车排队停车。为了给自行车提供最大的方便,右转自行车可提前上人行道绕过停车线,避免前方停车过多阻碍右转自行车通行,同时可以让出更多的自行车停车空间。但由于自行车与机动车仍然共用停车线,所以有条件应使用自行车信号早启,否则会增加自行车对机动车的干扰,如图5-2-19所示。

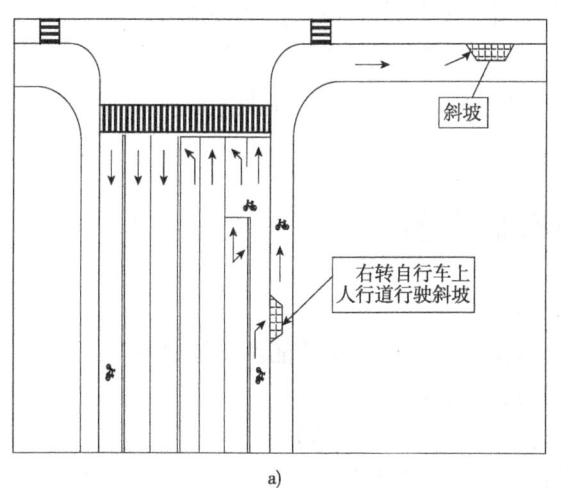
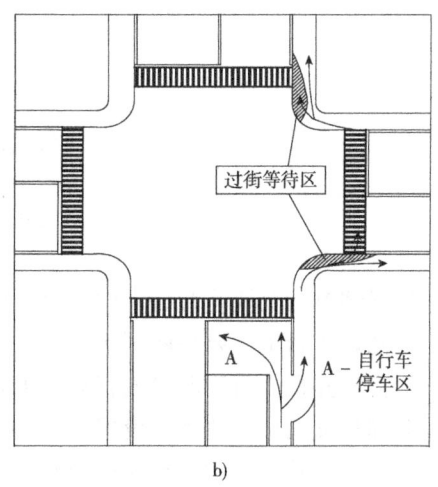

图5-2-19 自行车停车线提前示意图

②自行车停车线设置于人行横道线之前,达到自行车停车空间提前于机动车的目的。该方法适用于面积较小的交叉口,且自行车停车线的设置不应干扰垂直方向机动车交通流的运行。如图5-2-20所示。

自行车停车线提前的交通管理方法,适用于交叉口机动车进口车道数较少、两相位信号控制的小型交叉口,也适合左转弯自行车流量较大的情况。但是,只有对自行车骑车人加强管理与教育,使非机动车做到合理停车,才能发挥其作用。

(5)左转自行车直行设计

当交叉口左转自行车流较大,且无法提供专用信

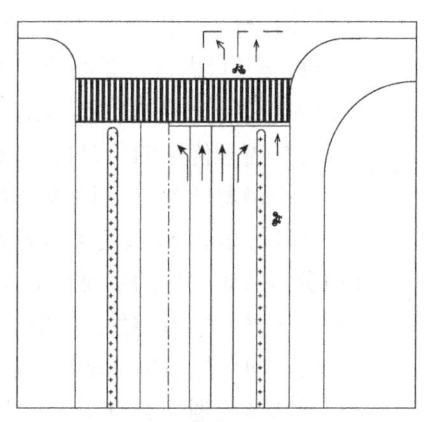

图5-2-20 小交叉口双停车线示意图

号相位通行时,所产生的排队车辆会对机动车流产生较大影响,产生交通安全隐患。因此,当交叉口临近范围存在可利用的次要道路(或街坊道路),可以在交叉口进口道采用禁止自行车流左转的管理措施,引导需要左转的自行车交通流先直行通过交叉口,再利用次要道路连续右转和直行,达到通过交叉口的效果。

该方法对交叉口可利用道路的要求较高,且需要在进口道提供明确的交通标志和标线进行说明,如图 5-2-21 所示。

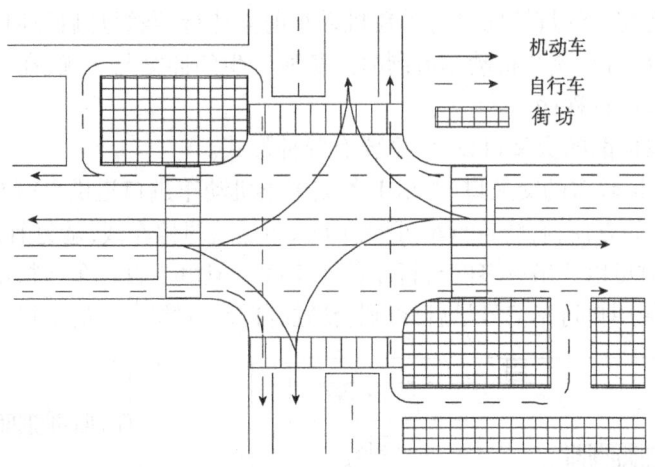

图 5-2-21　左转自行车直行设计示意图

习题及思考题

1. 描述慢行交通运行特性的主要指标有哪些?
2. 路段人行道主要功能区包括哪几部分,说明各部分主要功能及设计要素?
3. 简述路段人行道路接入管理的主要目的及措施。
4. 简述交叉口转弯半径设置大小对于行人过街交通管理的影响。
5. 分析影响道路中段行人过街设施设置的主要因素及管理方法。
6. 简述自行车专用道路的类型划分和车道宽度设置要求。
7. 简述自行车—机动车共享道路的类型划分和车道宽度设置要求。
8. 分析交叉口内自行车通行管理设计方法有哪些?
9. 以人行道路的路段(或交叉口)管理优化为主题,检索一篇以上相关文献资料。要求:
(1)分析管理优化的主要目的,相应的具体措施;
(2)结合教材学习,对相关措施的效果进行分析评价,提出可能的改进建议。
10. 以自行车道路(或交叉口)管理优化为主题,检索一篇以上相关文献资料。要求:
(1)分析管理优化的主要目的,相应的具体措施;
(2)结合教材学习,对相关措施的效果进行分析评价,提出可能的改进建议。
11. 以电动自行车交通或共享单车为研究对象,检索一篇以上相关文献资料。要求:
(1)分析该交通工具对于改善交通系统安全、效率、节源等方面的优缺点;
(2)选择某方面的现状缺点,提出可能的改进建议。

本章参考文献

[1] 边杨. 城市步行交通系统规划方法研究[D]. 南京:东南大学,2007.
[2] Brian R. Searles. Pedestrian and Bicycle Facility Planning and Design Manual. VERMONT Agency of Transportation. 2002.
[3] Highway Capacity Manual 2000[R]. Transportation Research Board. National Research Council, Washington D C,2000.
[4] 王迎华. 行人交通特性分析及交通组织的改善措施[D]. 哈尔滨:哈尔滨工业大学,2004.
[5] 中华人民共和国住房和城乡建设部. GB 50220—95 城市道路交通规划设计规范[S]. 北京:中国计划出版社,2006.
[6] 中华人民共和国道路交通安全法实施条例[S]. 北京:法律出版社,2008.
[7] Design and Safety of Pedestrian Facilities:A Recommended Practice of the Institute of Transportation Engineers (Publication). Institute of Transportation Engineers. 1998.
[8] 中华人民共和国住房和城乡建设部. CJJ 37—2012 城市道路工程设计规范[S]. 北京:中国建筑工业出版社,2012.
[9] 中华人民共和国行业标准. CJJ 75—97 城市道路绿化规划与设计规范[S]. 北京:中国建筑工业出版社,1998,5.
[10] Americans with Disabilities Act Accessibility Guidelines. Architectural and Transportation Barriers Compliance Board. 1999.
[11] 吴兵,李晔. 交通管理与控制[M]. 4版. 北京:人民交通出版社,2009.
[12] 徐良杰. 单点交叉口信号协调优化控制技术研究[D]. 南京:东南大学,2003.
[13] 单晓峰. 城市自行车交通合理方式分担率及其路段资源配置研究[D]. 南京:东南大学,2007.
[14] Guide for the Development of Bicycle Facilities. American Association of State Highway and Transportation Officials. 1999.
[15] 王炜,等. 交通工程学[M]. 南京:东南大学出版社,2000.

第6章 停车交通管理

车辆的停放,是交通运输系统的重要组成部分。车辆出行数量和频率的增加会引发停车设施需求的增加,车辆出行的起终点分布会影响停车设施的布局;而停车设施的数量、结构、布局和收费价格也会影响车辆出行的数量和频率,引起交通方式结构和交通流时空分布的变化。面对车辆与停车设施之间复杂的相互作用关系,需要采取科学的停车管理手段进行停车交通管理。

停车管理手段,是指能够优化停车合理需求和高效资源配置的政策措施和技术方案。适当应用停车管理手段,既可以显著减少特定条件下的停车需求量,又可以增加经济、社会和环境等方面的利益。在进行停车交通管理时应用以下原则[1],可以帮助指导规划决策从而支持停车设施管理。

(1)停车设施服务。停车设施供给应满足不同目的的停车需求。

(2)资源充分利用。停车设施的规划和管理应尽可能减少空余泊位数,提高设施利用率。

(3)使用者信息提供。驾驶员需要掌握关于停车和行车选择的信息。

(4)停车收费。停车者应为其使用的停车设施支付费用,停车收费是调节停车需求时间和空间分布的有效措施之一。

(5)停车需求高峰管理。应该特别注意处理停车高峰时段的需求。

本章以机动车停车为研究对象,内容包括停车设施的类型划分及特征指标描述、停车设施管理方法及信息化管理技术。

6.1 停车设施类型划分及特征指标

6.1.1 按照停车设施服务对象分类[2,3]

PPT

按照服务对象,可将停车场分为专用停车场、建筑物配建停车场和社会公共停车场3种。

(1)专用停车场。是指专业运输部门或企业事业单位所属建设的停车场地,仅供有关单位内部自有的车辆停泊,如公共汽车总站、长途客货运枢纽等等。专用停车场,几乎不为社会上其他车辆提供停车位。

(2)建筑物配建停车场。是大型公用设施或是建筑配套建设的停车场所,主要为与该设施业务活动相关的出行者提供停车服务。配建停车场服务对象,包括主体建筑的停车以及主体建筑所吸引的外来车辆。

(3)社会公共停车场。是为从事各种活动的出行者提供公共停车服务的停车场所,服务范围最广,通常设置在城市商业活动中心、城市出入口以及公共交通换乘枢纽附近。

应明确的是,建筑物配建停车场和社会公共停车场并非绝对意义上的不同。两者在停车服务的对象上既各有针对又相辅相成,其原因如下。

(1)配建停车场泊位建设的标准是依据主体建筑所产生的停车需求,但其泊位同时也承担了一部分由于主体建筑的吸引而产生的外来停车,因此配建停车场在一定程度上具有社会公共停车场的作用。

(2)配建停车场的建设通常以城市大型公用建筑为依托(如我国台湾省相关技术标准规定了面积在 $1000m^2$ 以下的建筑物无须附设配建机动车停车位),对于那些没有停车设施的公用建筑,其产生的停车需求将只能由社会公共停车场来承担。因此,从某种意义上说,社会公共停车场的布局选址和泊位建设规模,是由区域的配建停车场无法满足所产生的停车需求量而决定的。

6.1.2 按照停车场地的位置分类

停车场按其与城市道路系统所处的相对位置,可以分为路内和路外停车场两种类型。

(1)路内停车场。是指在城市机动车道(或非机动车道)的两侧或一侧划出若干路面供车辆停放的场所。路边停车场车辆存取方便,但是对城市机动车和非机动车交通的干扰较大,因此要求除去停车带以外,必须保留足够的道路宽度供各种车辆通行,并且通常仅限于短时车辆的停放。按照停车带与机动车道的设置角度差异,又分为平行式(车辆平行于行车道方向停放)、垂直式(车辆垂直于行车道停放)和斜列式(车辆与行车道边缘成一锐角停放,角度一般为 30°、45°、60°三种),如图 6-1-1 所示。

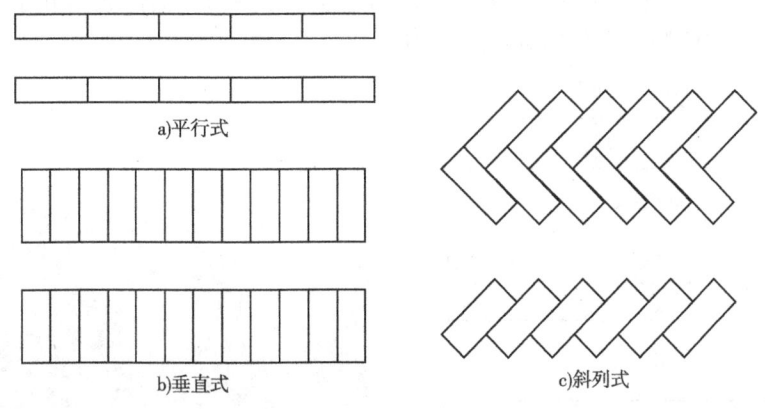

图 6-1-1 路上停车场布局形式示意图

在进行停车泊位设计时,需要考虑出入口数量、视距等要求,在车位能够灵活设置时,采用较大角度的斜列式或垂直式往往占用的单位面积相对较小,主要车型的机动车停车场设计参数可参见表 6-1-1[4]。

机动车停车场的设计参数值　　　　　　　　表 6-1-1

停车方式		平行式	斜列式				垂直式	
			30°	45°	60°	60°		
项目	车型	前进停车	前进停车	前进停车	前进停车	后退停车	前进停车	后退停车
垂直通道方向停车带宽(m)	1	2.6	3.2	3.9	4.3	4.3	4.2	4.2
	2	2.8	4.2	5.2	5.9	5.9	6.0	6.0
	3	3.5	6.4	8.1	9.3	9.3	9.7	9.7
平行通道方向停车带长(m)	1	5.2	5.2	3.7	3.0	3.0	2.6	2.6
	2	7.0	5.6	4.0	3.2	3.2	2.8	2.8
	3	12.7	7.0	4.9	4.0	4.0	3.5	3.5
通道宽(m)	1	3.0	3.0	3.0	4.0	3.5	6.0	4.2
	2	4.0	4.0	4.0	5.0	4.5	9.5	6.0
	3	4.5	5.0	6.0	8.0	6.5	10.0	9.7
单位停车面积(m)	1	21.3	24.4	20.0	18.9	18.2	18.7	16.4
	2	33.6	34.7	28.8	26.9	26.1	30.1	25.2
	3	73.0	62.3	54.4	53.2	60.2	51.5	50.8

注：1 指微型汽车；2 指小型汽车；3 指中型汽车。

我国 2010 年颁布的《城市道路路内停车泊位设置规范》(GA/T 850—2009)行业标准[5]，对于路内停车带设置形式及尺寸的规定如图 6-1-2 所示。

路内停车的另一种形式为利用人行道路加以设置(图 6-1-3)，由于不直接占用机动车道或非机动车道资源，因此对车辆行驶的干扰较小，但是过多的车辆停放不利于城市的景观，而且对行人交通的通畅和安全均有较大影响。

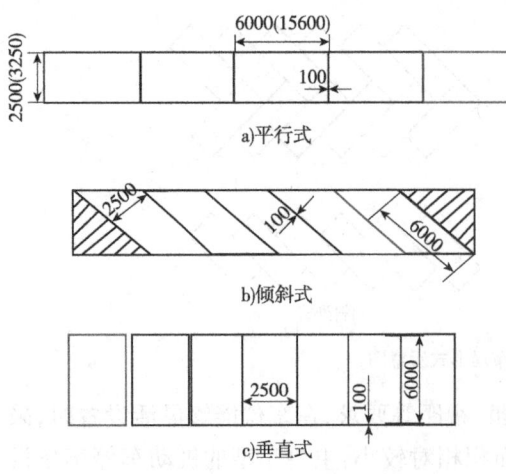

图 6-1-2　路内停车泊位排列形式示意图(单位：mm)

图 6-1-3　路缘停车场示意图

文献[5]规定,在人行道设置停车泊位后,剩余宽度应满足表6-1-2的规定,否则不宜设置。

人行道设置路内停车泊位后剩余宽度(单位:m)　　　　表6-1-2

项目	人行道剩余宽度	
	大城市	中、小城市
各级道路	3	2
商业或文化中心区以及大型商店或大型文化公共机构集中路段	5	3
火车站、码头附近路段	5	4
长途汽车站	4	4

(2)路外停车场。位于城市道路系统以外,通常由专用的通道与城市道路系统相联系,对动态交通的影响较小。路外停车场按其建造形式主要可以分为地面停车场(库)、地下停车库、立体(机械式)停车楼(图6-1-4)等类型。

图6-1-4　立体(机械式)停车楼及复合式停车架图例

①地面停车场。又称平面停车场,具有布局灵活、停车方便、成本低廉等特点,是最为常见的路外停车场形式。

②地下停车库。是指建立于地下的具有一层或多层的停车场,它缓解了城市用地紧张的矛盾,提高了土地使用价值,但由于需要附加的照明、空调、排水等系统维护费用,成本较高。

③立体(机械式)停车楼。立体停车楼是指专用或兼用停放机动车的固定建筑物。而机械式停车楼则是采用电梯或升降机械自动将所需停放车辆作上下和水平移动,进行车辆的存取。其优点是节省用地,可以建造在用地资源紧缺的城市中心区域或是不规则的用地上,是解决城市中心区停车问题的一种有效办法。

另外,复合式停车架也是立体(机械式)停车楼的一种应用,它采用半固定的多层钢结构,利用机械实现车辆在立体空间内的存取。复合式停车架可以安装在地面停车场或地下停车库,在相同用地面积条件下增加了停车泊位的数量。

不同的路外停车场建造形式有不同的优缺点,在具体规划选择时如何扬长避短,达到最优效果,取决于对各类建造形式的深入认识。各种停车场其他的特性,列于表6-1-3中。

停车场建造形式比较表　　　　　　　　　　表6-1-3

建造类型	平面停车场	地下停车库	立体停车楼
形式特点	1. 建造成本低； 2. 停车存取方便； 3. 平均每车位占地面积25~30m²； 4. 可供各类型车辆停放	1. 用地面积不受约束； 2. 平均每车位占地面积30~40m²； 3. 建造成本高于平面停车场； 4. 可配合大楼地下室设置	1. 每车位占地面积少，平均每车位占地面积15~25m²； 2. 适合中小型车辆停放； 3. 建造成本最高； 4. 对周围环境影响最小
适用范围	1. 地价低廉的地区； 2. 可建停车场面积足够大； 3. 停车需求量不高	1. 可作为公寓住宅停车场； 2. 作为一般大楼附设的停车设施； 3. 可建造大型停车场	1. 市中心地价昂贵地区； 2. 可用地形狭窄的位置； 3. 对环境要求较高场所

6.1.3 停车特征指标

为了描述车辆停放的主要特征和评价停车设施,对停车设施相关术语作如下定义。

　　PPT　　　　　教学录像

1)停车供应

指一定的停车区域路内、路外停放场地可能提供的最大停放车位数(或面积)。停放供应的计量,在调查中用实际可停数表示。

2)停车需求

指给定停车区域内特定时间间隔的停放吸引量,一般用工作日高峰期间的停放车辆数表示。

3)累计停车数

指统计时间段内特定停车设施(或区域)内累积停放车辆的次数,用 n 表示。

4)停放时间

指车辆在停放设施实际停放时间,它是衡量停车场交通负荷与周转效率的基本指标之一,其分布与停放目的、停放点土地使用等因素有关。平均停车时间,可以反映停放车辆的时间特性。其计算公式为:

$$\bar{t} = \frac{\sum_{i=1}^{n} t_i}{n} \tag{6-1-1}$$

式中：$\bar{t}$——平均停车时间,min；

　　　t_i——第 i 辆车的停放时间,min；

　　　n——累计停车数,辆。

5)停放周转率

停放周转率,是指在一定时间段内(一日、一个小时或几个小时等)每个停车泊位停放车辆的次数,即实际总停放累积次数与停车设施泊位容量的比值。停放周转率越高,泊位利用效率也就越高。其计算公式为:

$$R = \frac{n}{C} \tag{6-1-2}$$

式中：R——统计时间段内车辆停放周转率；
C——停车设施泊位数量，个；
n——统计时间段内累计停车数，辆。

6) 停车场的利用率

停车场的利用率，反映了停车泊位在统计时间段内的使用效率。其计算公式为：

$$g = \frac{\sum_{i=1}^{n} t_i}{C \times T} \tag{6-1-3}$$

式中：g——停车场利用率；
T——统计时长，min，其他参数同前。

6.2 机动车停车设施供需平衡管理方法

机动车停车设施的充分供应通常会刺激道路交通需求的增长，而停车设施的管理不善也会影响道路交通的运行效率。因此，以提高停车需求的合理性和停车资源供给的有效性为目标，机动车停车设施的管理重点主要包括两方面：一是必须取得停车设施容量和道路设施容量的协调发展，二是尽量减小静态交通设施设置对动态交通运行的影响。本节重点提出服务于机动车停车设施供需平衡的分区、分类、分时、分价交通管理方法。

6.2.1 城市不同用地功能片区停车泊位供需差异化管理

城市不同区域土地利用的多样性带来交通需求的差异，不同片区停车泊位供需差异化管理的目的就是从城市交通的全局出发，针对各区域的不同特点，从空间上进行不同停车供应指标的控制，以最少的资源实现停车效率最大化和保障城市综合交通体系最佳和谐发展。

PPT

1) 停车泊位供需总量分区调控[6]

(1) 停车泊位限制供应措施。适用于道路设施系统容量不足，同时在城市交通战略发展定位中确立了以公共交通为主体的发展目标的区域。该区域的停车泊位供给应采用"总量控制、适度供给"的原则，抑制机动车的出行量。停车设施供应水平适当低于城市交通需求水平，在停车泊位供应上采取"限制供应"模式，使白天停车需求，特别是长时间停车需求保持适度短缺状态。通过需求管理限制车辆的使用，并可以规定配建车位的开放比例，以提高停车设施使用效率，缓解车位不足的矛盾。该类分区的停车设施供应调控系数（指停车供给量与实际停车需求量的比值，下同）建议取 0.8~0.9。

(2) 停车泊位平衡供应措施。适用于交通矛盾不突出、公共交通线网不够密集，同时在城市交通发展战略定位中，公交供应水平无法确立主体引导地位的区域。停车泊位供应宜采取适度发展的"平衡供应"模式，提供相对充裕的泊位，基本满足停车需求，停车设施供应调控系数建议取 0.9~1.1。

(3) 停车泊位扩大供应措施。适用于片区处于建设、发展阶段，同时区域的公共交通无法承担主体引导功能，并允许小汽车与公共交通的友好竞争发展的条件。该片区停车泊位以公共建筑物配建为主,指标考虑一定的弹性,全面满足此类地区基本停车位需求的增长,以适应未来机动化发展。停车设施供应调控系数建议取1.1~1.3。

(4)交通枢纽区域停车泊位供应措施。应根据其区位、功能等,确定不同的供需调节方式。对位于城市中心区的枢纽,应注重非机动车的停车泊位设置,小汽车停车泊位设置标准不宜取高,停车设施供应调控系数建议取0.8~0.9;对于中心外围区域的交通枢纽,特别是城市外围主要出入口、大型公交场站、轨道交通枢纽等,应建设大容量"停车+换乘"设施,鼓励"P+R"的出行方式,促进停车换乘的发展,在停车设施供应上体现超前引导的思想,调控系数可取1.1~1.3。

2)城市中心区停车泊位供应措施

城市中心区通常是城市中用地开发强度最高的地区,一般集中了大量的金融、商贸、文化、服务以及大量的商务办公和酒店、公寓等设施,交通吸引强度最大,也是停车供需矛盾最为突出的地区。对城市中心区停车泊位供应的管理措施有不同的选择,并对应不同的效果,包括分区域供给停车泊位数量、分时间供应停车设施、停车泊位使用价格调整以及停车设施之间的相互整合利用等等。

(1)中心区的停车设施一般应采取限制供应的对策,发展以公共交通为主的出行方式结构,通过有限的停车设施供应引导居民出行向公共交通转变。同时,中心区的停车设施供应要和服务业发展相协调。

(2)对于中心区工作目的出行的停车,如果采用分区域供给停车设施的策略,在部分区域减少停车供给特别是减少配建,则上班出行可能会更换交通方式或者将车辆停到其他区域,可以有效减少中心区的小汽车交通吸引强度。

(3)对于中心购物目的的出行停车,如果采取在部分区域减少停车供给,有可能会导致两方面的结果:一方面,进入中心区的车流量减少,人们通过其他交通方式进入中心区;另一方面,也可能导致中心区的商业吸引力下降,逐渐衰落。因此,在确定分区域供给停车位数量时,应综合考虑商业发展、交通引导、公交配套等因素。

(4)根据中心区交通流和停车的时间分布特性,为了有效减少平日的交通量,在适当供给停车设施数量的同时,依据交通流情况,可以在中心区的适当位置划定限时和不限时的路内停车泊位,以缓解中心区购物出行停车难的问题,均衡不同时间段停车供应的矛盾。例如,在中心区商业中心周边的次干路或支路上,在不影响交通的前提下,划定周六、周日的临时停车泊位,以缓解周末停车困难问题;在中心区消费场所周边,利用晚间交通非高峰时间划定部分临时停车位。

3)城市居住区停车泊位供应措施

城市居住区的停车泊位供应主要由建筑物配建停车场提供,对处于城市不同停车分区、不同类型的居住区,可分别采取相应的停车供应对策。

(1)对于停车供应限制区内的居住区,应结合公共交通的发展,采取低配建的停车供应指标,鼓励利用公交出行;对于停车供应扩大区内的居住区,应采取高配建的停车供应指标,并引导车辆合理分布。

(2)对于高档住宅区,例如别墅、复式住宅等应采用高配建停车指标,而对于一般的公寓住宅应采取适中的配建停车指标。

(3)老式居住区可以通过小区内改造设置半地下停车设施,或充分利用小区内部道路实现停车和行人分离,利用小区周边支路设置限时路内停车泊位,利用周边公共停车设施晚间空闲资源等措施,缓解居住小区停车问题。新建小区应根据所在停车分区和开发住宅类型,合理选用停车配建指标。在交通引导发展成为约束性标准的条件下,应按照停车设施的配置规定来安排居住用地类别,建设相应的居住建筑。

4)就业密集区停车泊位供应措施

对于就业密集区的停车供应,总体上应采取限制泊位供应对策,一般采取以下主要方法缓解就业密集区停车难问题。

(1)通过用地布局引导交通减量,减少就业通勤需求。一是通过就业用地和居住用地混合建设,就近布局,促进交通减量,减少就业密集区停车;二是就业用地带状布局,以利于形成走廊式交通和停车需求,鼓励居民利用公交出行,从而有效减少和分散就业停车需求量。

(2)大力发展城市公共交通,减少就业通勤停车需求。将就业设施,特别是劳动密集型设施尽可能结合公交走廊集中布局,通过发展公共交通,方便居民通勤更多地利用公共交通方式出行,减少私人机动车出行需求,从而缓解就业密集区的停车问题。

(3)鼓励合乘方式,减少就业密集区停车需求。城市的交通效率不应以车辆的通行能力来衡量,而是要以车辆所运输的人和货物的数量来衡量。从20世纪70年代开始,国外部分城市道路中开始出现HOV专用车道,以鼓励HOV的使用,取得了非常好的效果。在我国一些大城市,可以尝试鼓励合乘方式,缓解城市中心区的交通及停车问题。

5)旅游地区停车泊位供应措施

城市旅游用地的停车需求特性突出表现为:节假日和工作日需求差异显著,以及停车需求高峰和其他用地需求高峰的错时段表现。因此,进行停车泊位供应的管理措施应有其针对性,可以采取直接扩大规模、周边停车设施共享以及辅助公交换乘等3种方法。

(1)直接扩大停车设施的规模。需要结合旅游地区用地条件、环境保护要求、进出景区道路交通状况等因素综合考虑,在满足条件的基础上适当建设停车设施。

(2)周边停车设施共享。主要是利用周边已建成的停车设施,应对周边(指人们可接受的从停车点步行到景区的距离)可供使用的停车设施数量进行调查,根据景区旺季一般需要的停车位数量确定可以合作的停车设施,制定并发布每个停车点详细的位置和车位数量。

(3)辅助公交换乘。采取开通从酒店到旅游地区公共交通的方法,使自驾车乘客能够从酒店改乘公交快速方便地到达景点。这种做法,能有效地减少景点自身的停车设施供给压力。另外,采取丰富季节景观、拓宽旅游范围、完善休假制度等措施,都可以有效缓解景区景点停车矛盾。

6)枢纽地区停车泊位供应措施

枢纽地区的停车设施布局必须与交通枢纽、主要道路相结合,与公交线路规划、场站设置等同时进行,动态调整,引导个体出行方式向公共交通方式转换。

在城市对外换乘枢纽区域内,应提供足够的停车设施,同时枢纽周边的道路条件应能够满足设施停车的集散要求。由于城市所具有的公共交通方式不同,公共交通换乘枢纽地区的停车设施供应方式和对策也应有所区别。表6-2-1列出了不同城市类型枢纽地区停车泊位供应的对策建议。

不同类型城市枢纽地区停车供应措施　　　　表6-2-1

城市类型	城市布局结构特点	交通方式结构	枢纽地区停车供应对策
城市带地区	城市密集地区，由于郊区城市化的作用，城市地域出现连片成带的趋势	以区域公交，如城际和市域轨道交通等为骨干，联系城市带内的主要城镇	在城市带的重要节点处设置换乘枢纽，引导居民使用区域公交实现城市间出行，在枢纽地区实行停车换乘的优惠政策，鼓励停车换乘
特大城市	多中心布局结构	以轨道交通为骨干，以常规公交为主体的多样化交通方式结构	在轨道交通节点周边安排停车换乘；城市中心区的公交换乘枢纽布置非机动车停车设施；鼓励自行车与公交的换乘；停车换乘枢纽预留停车设施用地；制定停车换乘优惠收费政策
大城市	组团型或带型城市	以地面快速公交或常规公交为主，多方式共同发展	整合现有的公交首末站和大型公交换乘枢纽，建立公交换乘体系，在公交枢纽站点布置自行车停车设施

6.2.2　城市不同类型停车泊位供需差异化管理

不同类型停车泊位供需差异化管理的目的，是合理确定不同停车片区的路外公共停车设施、路内公共停车设施、建筑物配建停车设施的比例和规模，通过停车设施不同类型的供应来达到调控优化分区土地利用、交通流分布、交通方式结构等效果。在停车设施规划与管理中，应该贯彻"以建筑物配建停车为主、路外公共停车设施为辅、路内公共停车设施为补充"的分类供应原则。针对不同城市以及城市的不同区域，根据实际情况合理确定各类型停车设施的供应结构比例。

1）路内与路外停车设施泊位供应措施

路内和路外停车设施供应往往会出现两个极端，一是路外停车发展缓慢，路内随意停车现象严重，导致城市停车秩序非常混乱；二是只重视发展路外停车，不加区别地一律限制路内停车。正确的管理措施应处理好路内与路外停车设施供应结构、空间布局的关系，促进两者协调发展。路内与路外停车设施的供应量，应满足停车设施利用效率最大化的根本要求。路内、路外停车设施的发展，需要根据城市道路条件及交通状况、停车设施建设等综合考虑确定，要在保证城市道路通畅和交通秩序良好的前提下设置路内停车泊位，强制缩短路内停车时间，将使更多停车者选择路外停车设施。当路外公共停车设施建成投入使用后，应对其周围一定范围内路内停车设施及时进行调整。从城市停车设施总体发展要求来看，路内停车泊位所占的比例应予严格的控制。

2）公共与配建停车设施泊位供应措施

公共建筑物配建停车设施主要面向主体建筑物内部人员使用，使用对象的单一性往往容易导致配建停车位的使用效率低下，特别是在主体建筑物停车高峰以外的其他时段，车位资源浪费现象严重。在城市公共停车设施供应短缺，而配建停车设施又大都利用率不高的情况下，应鼓励其向社会开放，既可以有效地缓解停车供需矛盾，又有助于提高配建停车位利用率，还可以合理获得直接经济效益，使现有的停车设施资源得到充分的利用。

6.2.3 城市停车泊位供需的分时管理

停车泊位供需的分时管理措施,是根据不同出行目的的停车需求时间分布特征,针对停车设施利用率时间差异性较大的特点,明确不同时段的停车设施供应对策,以调控道路交通流的峰谷值,并提高停车设施利用率。

PPT

1) 车辆停放的分时供应措施

如果车辆停放的高峰和平峰的差距明显,则停车设施利用率将会受到较大的影响。分时供应策略,就是通过调节停车供应时间分布,使停车设施利用在高峰和平峰更加均衡,从而实现停车设施资源的充分利用。分时供应措施还可调节区域交通流量的时间分布,缓解高峰时段的交通压力。

2) 停车泊位的错时使用措施

也称为停车共享措施。当不同的土地利用性质,在一天或一周中会有不同的停车需求高峰,这使得相邻用地之间泊位共享成为可能。在城市停车设施规划和管理中,如能将停车需求高峰时刻不同的一些用地相邻布置,统一进行停车设施错时使用,从而最大限度地实现停车泊位之间的共享,将能够提高停车设施利用率,并节约停车设施总用地。如公共建筑的配建停车设施夜间可向社会停车开放,居住区停车设施白天可向社会停车开放,综合性建筑内停车设施也可错时使用。

图 6-2-1[7]给出城市混合用地不同服务时间的差异性分析,当一天中有不同停车需求且有条件共同使用停车空间的混合用地,即可采用错时(共享)停车管理。混合用地之间的高峰停车需求在一天、一周或一年不同季节的变化越明显,停车共享的效果越显著。这种情况下,混合用地实际所需的总停车空间要比各类用地单独的停车空间累计量要小得多。

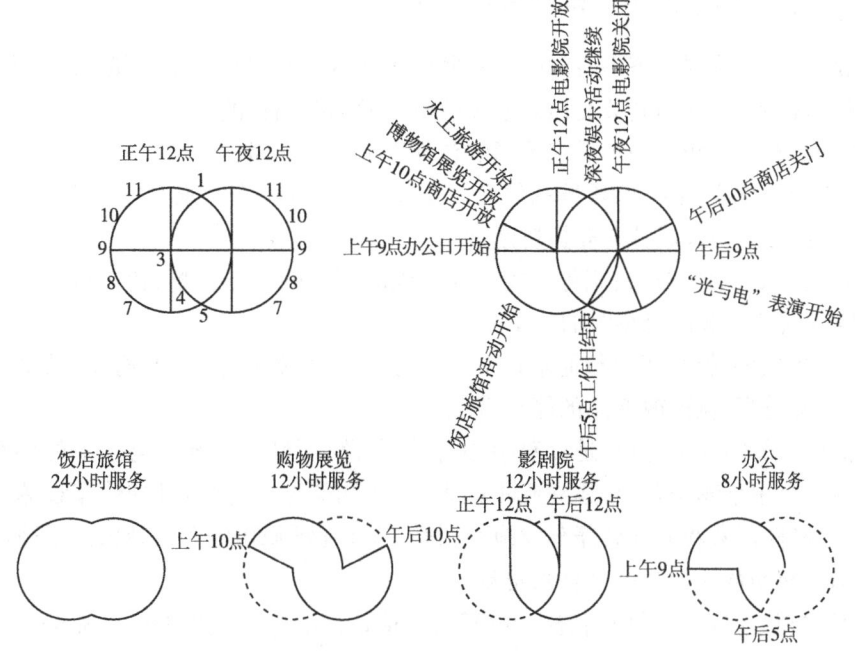

图 6-2-1 混合用地服务时间差异性分析图

停车泊位的错时使用,最重要的是要具体进行不同时段的停车需求调查,得到具体的数据,这样才可以进一步实施泊位共享。根据美国的调查,在工作日需求方面,办公与零售、旅馆与娱乐、零售与娱乐、办公与宾馆可以错时停车;在季节需求方面,学校与短期培训、需求高峰不同的季节性消费品销售可以错时停车。一个区域内,不同类型建筑物之间可以利用不同的停车时间需求高峰实现泊位共享,如表6-2-2所示[1]。

各种土地利用类型的一般停车高峰时段　　　　　表6-2-2

工 作 日	晚 间	周 末
1.银行和公共服务设施; 2.写字楼和其他办公中心; 3.停车换乘设施; 4.学校、托儿所和大学; 5.工厂和物流中心; 6.医院; 7.专业服务设施	1.礼堂; 2.酒吧和舞厅; 3.会堂; 4.饭店; 5.影剧院; 6.旅馆	1.宗教机构; 2.公园; 3.商场

表6-2-2指出了不同土地利用类型的停车需求高峰时段。错开各种土地利用类型之间高峰时段,可以使停车共享更高效。

3)收费价格的分时供应措施

在高峰、平峰时段收取不同停车费用,将引导停车者选择不同时段停车或缩短停车时间。分时定价包括两个方面:一是按停放单位时间累进收费,对于城市中心区,应鼓励缩短停放时间,提高停车泊位的周转率,因此对短时间停放车辆可定低价或不收费,对长时间停放车辆定高价;二是不同时间段区别定价,高峰时间高收费,非高峰时间低收费。

6.2.4　城市停车泊位供需的分价管理

停车收费,是指采用经济手段对进入某些停车区域(或停放点)的车辆收取停车费用,以增加车主的出行成本,达到调节交通需求和缓解交通拥挤的目的。

一般来说,停车收费对停车需求的影响包括以下几个方面。

(1)停车需求的空间分布:不同的停车收费策略会引起停车需求在空间位置上分布的变化,比如说从停车拥挤区域转向非拥挤区域。

(2)停车需求的时间分布:指停车需求在一天时间内的重新分配,比如说将部分高峰小时的停车需求转化为非高峰小时的停车需求。

(3)出行方式的转变:指出行需求在不同出行方式(比如说步行、自行车、公共交通出行等)之间的重新分配,从而改变总的停车需求量。

停车泊位供需的分价管理,是针对中心与外围、路内与路外、地面与地下的停车设施以及私人车辆与公用车辆等差异,建立起不同地区、不同类型、不同车种的停车设施分价供应对策,通过价格杠杆来调节各类停车设施利用率,从而保证城市停车设施供需平衡。

1)不同用地功能片区的分价供应措施

(1)对限制供应区,应采用高费率,拉开与其他地区的停车收费差距。充分发挥停车价格杠杆作用,调节限制供应区的停车需求,鼓励出行者使用便捷的公交系统,并通过提高停车收费改善停车经营状况。

(2) 对平衡供应区,停车收费定价应综合考虑车位建设的投资回报、停车经营盈利和使用者的经济承受能力,使停车建设与经营成为市场经济行为。并充分运用价格杠杆调节停车需求,提高各类停车设施的运转效率,达到停车需求和供应的相对平衡。

(3) 对扩大供给区,可实行停车低收费和计次收费的方法,提高停车设施利用率。在城市外围轨道交通和公共交通换乘车站提供足量、低费用乃至免费的停车泊位,鼓励车辆出行者换乘轨道交通和公共交通。

2) 不同停车设施类型的分价供应措施

根据不同的停车费率,可将停车设施分类为低费率停车设施和高费率停车设施。一般而言,对高周转率的停车设施采用高收费,而通过低费率停车设施满足长时间的停车需求。同一停车设施的停车费率也可变化,例如,可大幅提高路内停车泊位白天的停车收费,夜间则少收费或不收费,进行分时和分价的双调控,也可针对不同用地功能区域拉开停车收费差距,进行分区和分价的双调控。

坚持"停车收费路内高于路外、地面高于地下"的原则,运用价格杠杆调节路外公共停车设施、路内停车、建筑物配建停车收费,使各类停车的发展走上良性循环道路,最大限度优化配置停车设施资源。

3) 不同车辆种类的分价供应措施

根据城市功能布局和路网容量,通过采取不同车种的分价供应措施,对某些类型的车辆在规定的时间、路段和区域进行分离,可以净化车种,提高停车设施及道路的利用效率。

如前所述,城市停车设施按不同功能可以分为中心区、居住区、就业密集区和交通枢纽地区的停车设施,每种停车设施都有性质不同的交通流。因此,在采取不同车种的分价供应对策时,应根据停车设施的不同服务对象来确定分价调控的内容。对于城市不同的功能区域,车种禁限的需要是不同的。在城市中心区,结合道路交通组织,可以对白天的货车停放采取高收费,鼓励夜间货运。对于停车困难的就业密集区,可以对合乘的车辆停放采取优惠措施。对于风景旅游区,可对自驾游的车辆采取较高收费费率,促使其转乘旅游公交。

6.3 机动车路内停车设施管理方法

城市路内停车设施利用道路的空间资源作为停车载体,和路外停车设施相比具有设置灵活简单、建设成本低、占用空间少、方便直接等优点,但是由于路内停车不仅以道路作为其停放空间,其停放和驶离过程也直接影响路段动态交通的运行状态,因此如何尽量减小路内停车带的设置对动态交通的影响,是停车交通管理的重点。

PPT

路内停车场的设置位置主要有两种[8]。①停车带设置在机非混行车道上[见图6-3-1a),A型]。该位置主要存在于道路横断面是一幅路和二幅路的情况,设置停车带后,对机动车和非机动车都产生影响,应重点分析停放车辆对路段机动车交通流产生的阻滞和延误。②停车场设置在非机动车道上[见图6-3-1b),B型]。该位置主要存在于道路横断面是三幅路和四幅路的情况,设置停车带后,应侧重考虑对非机动车交通流的影响。

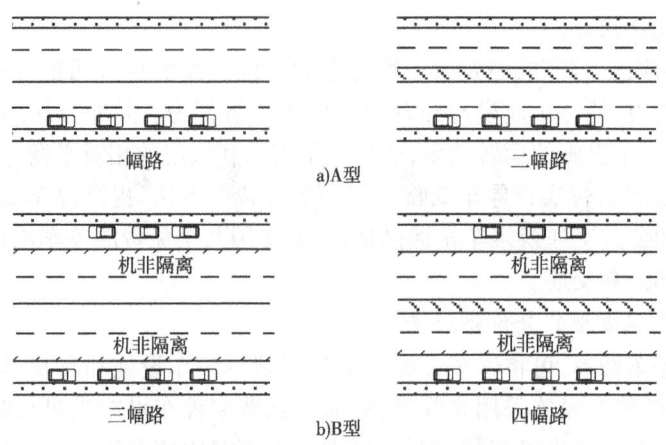

图 6-3-1 路内停车带与道路横断面关系图

6.3.1 路内停车交通管理的主要标志标线说明

与路内停车相关的交通标志标线设置,主要服务于允许停车和禁止停车两种交通管理方法。

1) 允许停车

主要通过停车位标线规定车辆停放位置和管理方式,并辅以标志设置。其中停车位标线颜色为蓝色时表示此停车位为免费停车位,为白色时表示收费停车位,为黄色时表示专用停车位,并在停车位内标注专用车辆的文字(校车、出租车等)。主要标志和标线如图 6-3-2 ~ 图 6-3-4 所示。

a)允许停车　　b)从标志处向箭头指示　　c)从标志处向箭头指示　　d)占用部分人行道
　　　　　　　　方向机动车可以停放　　　　方向机动车可以停放　　　　边缘停车

图 6-3-2 路内停车位标志设置示意图

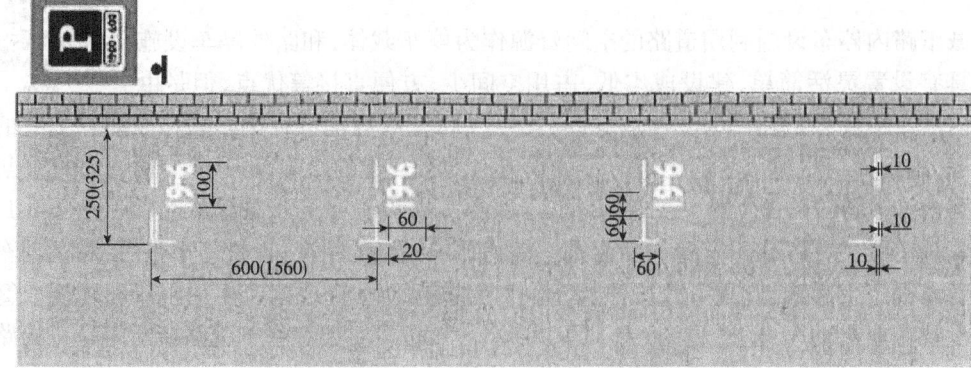

图 6-3-3 路内平行式停车位标线设置示意图(单位:cm)

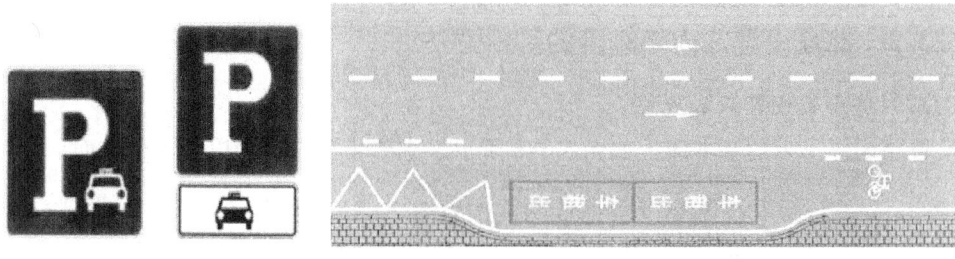

图6-3-4 路内出租车专用停车位标志和标线设置示意图

2)禁止停车

又包括禁止长时间停车和禁止停车两类交通管理方式。禁止停放的时间、车种和范围可以用辅助标志说明。

(1)禁止长时间停车标志标线,用于禁止路内长时间停放车辆,但一般情况下允许货物装卸或上下人员等的临时停放。主要标志标线如图6-3-5所示。

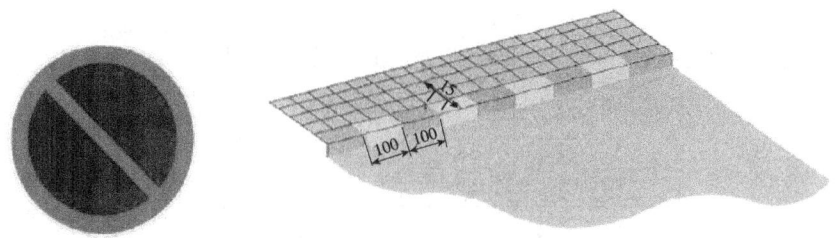

图6-3-5 禁止长时间路内停车标志和标线示意图(单位:cm)

(2)禁止停车标志标线,用于规定不允许车辆停放的范围,并通过标志方向和标线长度加以约束。主要标志标线如图6-3-6、图6-3-7所示。

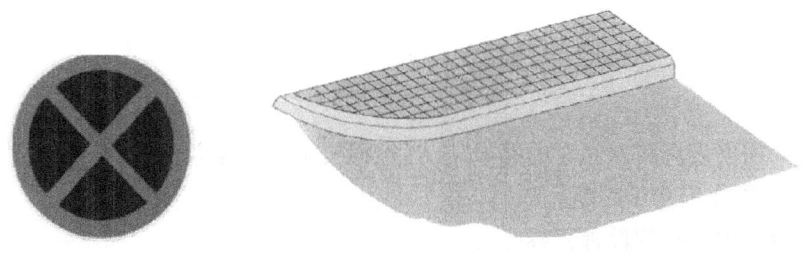

图6-3-6 禁止路内停车标志和标线示意图

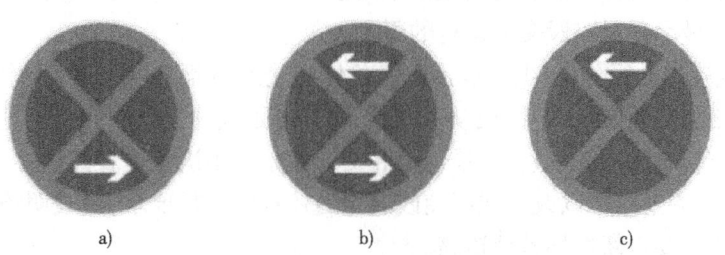

图6-3-7 禁止路内停车范围的交通标志示意图

注:a)和c)通常设置在禁停路段两端,如果路段较长,可重复设置b),也可配合辅助交通标志明确范围。

上述停车标志也适用于路外停车场的使用。

6.3.2 路段设置路内停车带的基本方法

1) 路内停车带设置基本流程

设置路内停车带的基本流程如图 6-3-8 所示。主要步骤可分为以下 5 个方面。

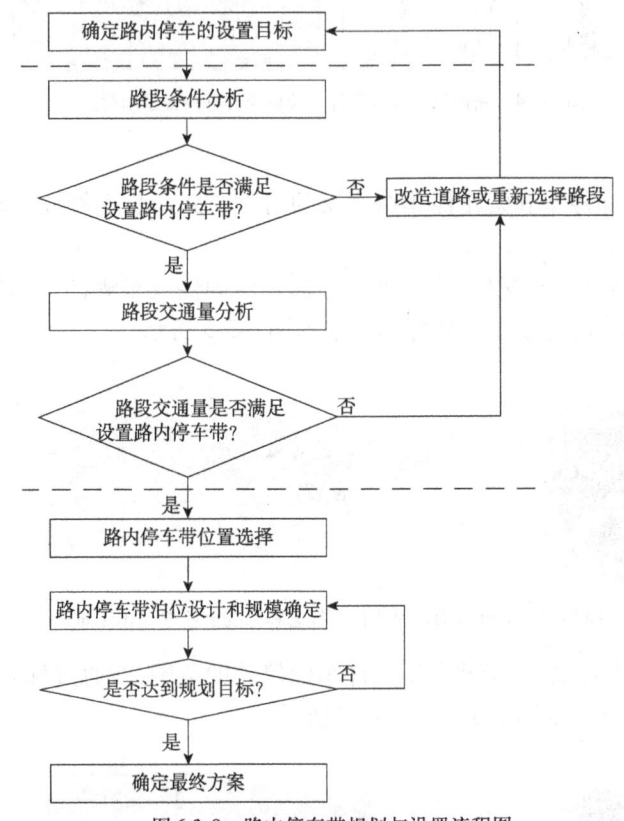

图 6-3-8 路内停车带规划与设置流程图

(1) 选择需要设置路内停车的路段,选择过程要根据道路条件与交通量状况对路段能否设置路内停车带作出初步判断。

(2) 确定路内停车的设置目标:

①泊位数量的设置尽可能满足周边停车需求;

②车辆停放最小化对路段交通运行的干扰。

(3) 对设置条件进行分析,主要包括道路条件与交通量条件两方面,其中道路条件包括路段宽度和道路横断面形式(包括机动车道数、机非车道隔离方式等);交通量条件包括路段机动车、非机动车和行人的流量。如果道路和交通量条件不满足设置路内停车带,则需要对道路进行改造,如果道路难以改造或即使改造之后还难以满足要求,则表明该路段不适合设置路内停车带或需要重新选择其他道路。

(4) 研究路内停车带合理位置的选择,分析路内停车带与信号交叉口和建筑物出入口及人行横道的间距关系,以及受地形条件及特殊交通环境的限制等。

(5) 对路内停车带泊位的设计方法及其适用性进行研究,并在此基础上考察路内停车带的设置是否满足设计目标,如果不满足,则还需重新设计路内停车带。

2) 道路宽度要求

路内停车带按设置位置可分为3种[8,9]:一是设置在路段人行道上;二是设置在机非分隔的非机动车道上;三是设在机非混行机动车道上。除了第一种以外,其他都占用道路宽度,影响路段机动车或非机动车的运行,为了保证路内停车带设置后路段车流能顺利运行,有必要对设置路内停车带的道路条件进行分析。

(1) 对于设置在人行道上的路上停车带,应保证行人的行程畅通,一般要求人行道宽度在4.3m以上才能设置。

(2) 对于设置在机非分隔的路内停车带,一方面保证自行车的通行,另一方面要保证停放车辆能顺利进入和驶出非机动车道,则一般要求非机动车道宽度在6m以上才能设置。

(3) 对于设置在机非混行车道的路内停车带,通常要求停车带设置后应至少预留宽度为1.5~2.1m的自行车道(见第5章自行车交通部分)。

文献[5]给出不同交通组织形式条件下路边停车的宽度设置标准,见表6-3-1。

设置路内停车带的道路宽度标准(单位:m)　　　表6-3-1

通行条件	车行道路路面实际宽度 W	泊位设置
机动车双向通行道路	W≥12	可两侧设置
	8≤W<12	可单侧设置
	W<8	不可设置
机动车单向通行道路	W≥9	可两侧设置
	6≤W<9	可单侧设置
	W<6	不可设置

3) 设置路内停车带交通量条件

在道路条件满足设置路内停车带的前提下,路段机动车流量、非机动车流量和行人流量等将是判断道路能否设置路内停车带的主要依据。

(1) 路段机动车流量

国外的相关研究表明[10,11],同一道路(同宽与相同交通条件)上没有路边停车时可通过的交通量比有路边停车时大得多,路边停车对道路通行能力的降低达1/4~1/3。英国《交通规划与工程》一书介绍,不间断的单向路边停车可使路上车流速度降低20%甚至更多。

在研究路上停车对道路通行能力的具体影响时,通常考虑路边停车占用道路车道宽度造成通行能力减小、路边停车产生车辆行驶侧向净空损失对通行能力的折减、车辆驶入驶离路边停车场地对通行能力的影响等3个方面。

假设道路原有通行能力为 N,则设置路边停车设施后的道路通行能力 Q 可表示为[9]:

$$Q = N \cdot r_1 \cdot r_2 \cdot r_3 \qquad (6\text{-}3\text{-}1)$$

式中:r_1——车道宽度折减系数;

r_2——侧向净空折减系数;

r_3——车辆出入路边停车场地对通行能力的折减系数。

(2) 路段非机动车流量

受非机动车流量影响的,主要是指设置在机非隔离和机非混行车道上的路内停车带。对于

设置在机非隔离机动车道的路内停车带,可采用交通量负荷系数指标判定服务水平,公式如下:

$$V/C = \frac{Q_{\text{非}}}{N_0 \times B} \quad (6\text{-}3\text{-}2)$$

式中:V/C——交通量负荷系数;

$Q_{\text{非}}$——非机动车实际交通量,辆/h;

N_0——每米宽度的自行车连续行车 1h 的通过量,辆/h;

B——设置路内停车带后的非机动车道的有效宽度,m。

将公式(6-3-2)计算得到的结果与第 5 章表 5-2-2 进行对比,可以得到服务水平结论。一般建议 V/C 比小于 0.7,否则非机动车车流无法保持稳定运行。

表 6-3-2 ~ 表 6-3-4 分别列出占用不同道路设置停车泊位的 V/C 比值条件[5],可作为是否设置路内停车带的判断依据。

占用机动车道设置停车泊位的 V/C 比值　　　　　　　　表 6-3-2

机动车单侧道路高峰小时 V/C	泊位设置
$0 \leqslant V/C < 0.8$	可设置
$0.8 \leqslant V/C < 0.9$	有条件的可设置
$V/C \geqslant 0.9$	不可设置

占用非机动车道设置停车泊位的 V/C 比值　　　　　　　表 6-3-3

非机动车单侧道路高峰小时 V/C	泊位设置
$0 \leqslant V/C < 0.7$	可设置
$0.7 \leqslant V/C < 0.9$	有条件的可设置
$V/C \geqslant 0.9$	不可设置

占用机动车、非机动车混行道设置停车泊位的 V/C 比值　　　表 6-3-4

机动车单侧道路高峰小时 V/C	非机动车单侧道路高峰小时 V/C	泊位设置
$0 \leqslant V/C < 0.8$	$0 \leqslant V/C < 0.7$	可设置
$0.8 \leqslant V/C < 0.9$	$0.7 \leqslant V/C < 0.9$	有条件的可设置
$V/C \geqslant 0.9$	$V/C \geqslant 0.9$	不可设置

注:两项 V/C 比值,达到其中一项即可。

(3) 行人流量

在人行道上设置停车带不仅占用了人行道宽度,同时停放车辆的驶入、驶出也会对路段行人产生影响。人行道行人利用率与道路有效宽度、行人流量相关,如图 6-3-9、图 6-3-10 所示[8]。

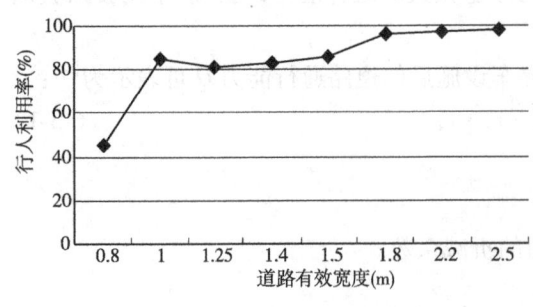
图 6-3-9　道路有效宽度与行人利用率关系图

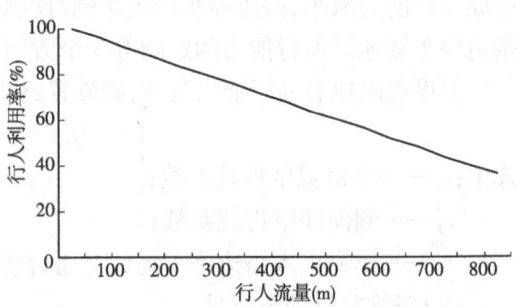
图 6-3-10　单位长度行人流量与行人利用率关系图

总体而言,随着宽度的增加,人行道路的利用率也逐渐提高。但应注意到:当宽度小于1m时,利用率出现陡降,当人行道宽度为0.8m时,利用率仅为47.3%;当宽度大于1.8m时,人行道利用率稳定在95%以上,此时宽度影响性减小。这个数字,也是英国道路设计规范中人行道最小宽度。

进一步观测人行道利用率与行人流量的关系,随着单位长度行人交通量(行人流量/m)的增加,人行道利用率呈明显下降趋势。如果因此导致行人占用非机动车道,不但会影响非机动车行驶,而且还会迫使非机动车驶入机动车道形成机非混行。因此,设置在人行道上的路内停车带要保证人行道的高使用率。调查数据分析显示,当行人流量 $q_p \leq 200$ 时,人行道最小宽度 W_p 保证在设置路内停车带后道路宽度大于1.8m;当行人流量 $q_p > 200$ 时,满足式(6-3-3)宽度的人行道宽度可设置路内停车带:

$$W_p \geq 0.009 \times q_p \tag{6-3-3}$$

4)与建筑物出入口及人行横道间的设计

路内停车带设置与道路沿线建筑物出入口和人行横道之间距离过短,往往会影响路段机动车驾驶员、人行横道行人以及进出单位车辆驾驶员的视距要求,容易发生危险,造成交通事故。因此,在与建筑物出入口及人行横道间的设计上,要充分考虑驾驶员和行人的视距要求。

(1)与建筑物出入口间距的设计

与建筑物出入口间距的设计,可采用"驶离视距三角形"(图6-3-11、图6-3-12)来规定路内停车带间距要求。

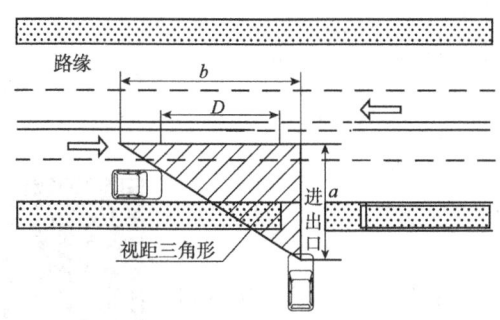 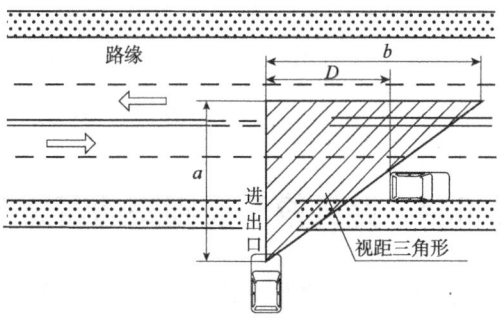

图6-3-11 冲突点由左方车辆引起时的视距三角形　　图6-3-12 冲突点由右方车辆引起时的视距三角形

图6-3-11、图6-3-12中,建筑物进出口驶出车辆与可能冲突车辆所构成视距三角形的边长包括 a 和 b,D 为路内停车带与建筑物进出口间必须保持的安全距离。则对于驶出进出口的车辆而言,当冲突车辆从左侧来时:

$$a = a_0 + L + \frac{B}{2} \tag{6-3-4}$$

式中:a——驶出车辆与车道中心线的距离,m;

a_0——驶出车辆与车道路缘线的平均距离,通常取4.4m,m;

L——路内停车带所占车道宽度,m;

B——行车道宽度,m。

当冲突车辆从右侧来时:

$$a = a_0 + 半幅路面宽度 + \frac{B}{2} \tag{6-3-5}$$

视距三角形的边长 b 采用下式计算：

$$b = 0.278V \times t_g \tag{6-3-6}$$

式中：V——道路机动车设计速度，km/h；

t_g——进出口车辆能插入或穿越道路车流的时间间隙，s。小汽车左转时取 7.5s，右转时取 6.5s。

则路内停车带与进出口间必须保持的安全距离 D 可表示为：

$$D = \frac{a_0 + L}{a} \cdot b \tag{6-3-7}$$

(2) 与人行横道间距的设计

路内停车带设计要同样保证人行横道行人的视距和安全（图 6-3-13），一般要求路内停车带在人行横道上游时要距离人行横道 5m 以上，在人行横道下游时要距离人行横道 3m 以上。

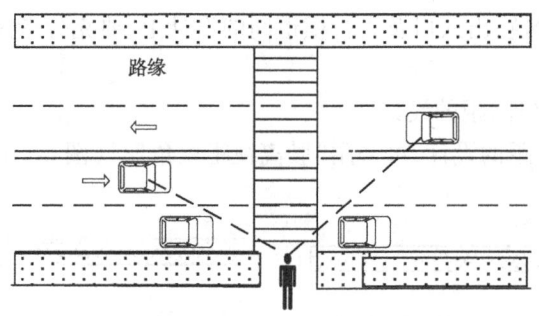

图 6-3-13　路内停车带与人行横道间关系示意图

6.4　路外停车设施交通管理方法

PPT

路外停车场的设置对城市动态交通的直接影响，主要在于停车场出入口的设置对路段车流的影响。因此，停车设施出入口的管理和优化设计是路外停车设施交通管理的重点。

6.4.1　路外停车场入口处交通管理原则

停车场出入口处交通管理及设计原则可以归纳为[2,3,8]：

(1) 城市公共停车场出入口的位置距离道路交叉口宜大于 80m，距离人行过街天桥、地道、桥梁或隧道等引道口应大于 50m，距离学校、医院、公交车站等人流集中的地点应大于 30m。

(2) 出入口应符合行车视距要求，安全视角不小于 120°，宜右转驶入临近道路。出口、入口宜分开设置，不应布置在主要道路上。为避免造成交叉口处交通组织的混乱，停车场出入口应尽量设置在次干道上，如设置在主干道旁，则应尽可能远离道路交叉口。

(3) 特大型地面停车场出入口数量不应少于 4 个，大、中型地面停车场出入口数量不应少于2个,出入口之间的间距应大于20m。出入口宽度不应小于7m,转弯半径综合考虑车型、车速和道路条件进行确定,纵坡不宜大于3%。

(4)地下停车场与停车楼宜为小型车提供停车服务,特大型地下停车场与停车楼出入口数量不应少于3个,大、中型地下停车场与停车楼的出入口数量不应少于2个,出入口之间的净距应大于15m,宜设置人流专用出入口,双向行驶时出入口宽度不应小于7m,单向行驶时出入口宽度不应小于5m,直线坡段纵坡不宜大于15%,曲线坡段纵坡不宜大于12%。

(5)出入口设置在城市主干路的城市公共停车场,机动车交通组织宜采用右进右出的方式,限制左转直接驶入(出)主干路;出入口设置在城市次干路、支路上的城市公共停车场,机动车交通组织宜采用右进右出的方式,在不影响对向道路交通的情况下,可采用左转方式驶入(出)。

(6)为尽量减少车辆出入停车场时对某些要求环境安静的建筑物产生噪声、废气污染的影响,停车场的出入口距某些建筑物应留有一定距离。

注:特大型停车场指标准停车泊位大于500个的公共停车场,大型停车场标准泊位为301~500个,中型停车场标准泊位为51~300个,小型停车场标准泊位小于或等于50个。

6.4.2 路外停车场入口处交通管理[2]

1)路外停车场入口道动态交通影响分析

停车场入口对城市动态交通的影响,主要体现在停车场的车辆驶入率、相应入口道长度的设计以及路外停车场的类型。

如果停车场的车辆驶入流量较大,入口道设计过短,会造成车辆排队等待,从而影响路段上车辆的通行。如果入口道设计过长,则既浪费土地资源又增加建设成本。

从停车场的建造类型分析,地下停车库从入口到停车位有较长的距离,可以为车辆进入停车场的排队提供较为充分的驶入空间;地上平面停车场可达性好,其中泊位较少的停车场对车辆的收费及服务还可以在停车场内进行,因此入口道的排队现象较少,对路段动态交通的影响也较少;立体停车库由于其空间特性,内部的入口道不可能设计过长,车辆的驶入和排队通常是依靠停车场外的连接道路实现,因此其入口应设置在通行能力不大的道路上或是与主干道有一定距离的支路上。

2)停车场入口道长度的计算方法

将车辆进入停车场视为需求与服务的过程,由于停车场的入口道通常只安排一条车道,可视为"单通道服务",可以用排队论的方法进行停车场入口道的设计[2]。假设车辆平均驶入率为λ,服从泊松分布,停车场对车辆的平均服务率为μ,则$\rho = \lambda/\mu$为入口道利用系数($\rho<1$),定义所设计的入口道长度所能够容纳的到达车辆不会发生对路段交通流产生干扰的可接受概率为Δ(通常取95%),则

入口道无车辆进入的概率为:
$$P_0 = 1 - \rho \quad (6\text{-}4\text{-}1)$$

入口道有n辆车进入的概率为:
$$P_n = \rho^n \cdot (1-\rho) \quad (6\text{-}4\text{-}2)$$

入口道可同时服务n辆车到达,且满足可接受概率为Δ条件所对应的设计长度$L_{设计}$为:

$$\begin{cases} P_{(>n)} = 1 - P_{(\leq n)} = 1 - \sum_{i=0}^{n} P_i \leq 1 - \Delta \\ L_{设计} \geq n \cdot L_{平均} + (n-1) \cdot L_{间距} \end{cases} \quad (6\text{-}4\text{-}3)$$

式中：n——满足接受概率为 Δ 条件的入口道排队最大车辆数，辆；

$L_{平均}$——驶入车辆平均长度，由驶入车辆的车型而定，通常 $L_{平均} = 5.0 \sim 7.0\text{m}$；

$L_{间距}$——驶入车辆车尾和跟驰车辆车头的平均间距，通常 $L_{间距} = 1 \sim 2\text{m}$。

【例题 6-1】 某路外停车场为单入口道设置，停车到达率为 60 辆/h，且服从泊松分布，入口处接受停车的服务能力为 120 辆/h。驶入的车辆平均长度为 6.0m，前后车辆的安全间距为 1.0m，停放车辆到达率服从泊松分布。要使得入口道不会发生对路段交通流的干扰的可接受概率为 95%，对应入口道的最小设计长度是多少？

解：

(1) 对应已知条件，$\lambda = 60, \mu = 120$，则 $\rho = \dfrac{\lambda}{\mu} = \dfrac{60}{120} = 0.5$。

(2) 计算入口道无车辆进入的概率为：$P_0 = 1 - \rho = 0.5$，带入公式(6-4-2)，有 n 辆车进入的概率为：$P_n = \rho^n \cdot (1-\rho) = 0.5^{n+1}$。进而得到 $P_1 = 0.25, P_2 = 0.125, \cdots$

(3) 令 $\Delta = 0.95$，代入公式(6-4-3)，可计算出满足接受概率 $\Delta = 95\%$ 条件的入口道排队最大车辆数 $n = 4$，对应 $\sum_{i=0}^{n} P_i = 0.968$。则 $L_{设计} \geq 4 \times 6.0 + (4-1) \times 1.0 = 27(\text{m})$。即入口道最小设计长度应大于 27m。

6.4.3 路外停车场出口处交通管理

1) 影响停车场出口设置的因素

出口道设置的主要影响因素，包括与停车场出口道连接道路的等级、停车场泊位规模、高峰小时驶出率以及出口处动态交通流量的组织状况。

(1) 道路等级条件

停车场(库)的出口设在不同等级的道路上，对汽车的可达性有较大的差异。如果设置在干道上，则进出车辆因交通条件和道路条件而承受延误的概率较小，但同时也可能直接干扰道路交通；而设置在支路上，则可能因其附加的交通量而产生拥塞。我国相关规划标准指出：城市高速路和快速路强调通过性交通，禁止两侧用地直接开口；主干路以通过性交通为主，原则上禁止两侧用地直接开口；次干路和支路以进出性交通为主，允许两侧用地直接开口。

(2) 道路交通流条件

对停车场出口处车流通行能力的分析，不仅包括路段上已有车流的分析，还包括由进出停车场产生的附加交通流，以及两种车流因相互干扰而造成的延误排队和道路通行能力的变化。

路段上车流的行驶可大致分为自由流、拥挤流和饱和流 3 种形态，通常用以计算这 3 种流态的临界流量的方法，主要有观测法、仿真法和概率分析法等。这里定义路段车流的单车道流量 400 辆/h 以下为自由流，400 ~ 800 辆/h 为拥挤流，800 辆/h 以上为饱和流。对这 3

种流态到达的概率分布一般可以假定为泊松分布、爱尔朗分布和定长分布等,并根据具体条件对分布参数进行修正[9]。由于路段出现饱和流(定长分布)时,从停车场驶出的车辆几乎不可能进入路段,因此本文侧重于对路段上出现自由流和拥挤流状态下的情况进行分析。表 6-4-1 为路段上不同交通流量、流态下的车头时距分布状况。

单车道交通对比分布表   表 6-4-1

车流行驶状态	车流量(辆/h)	服从分布
自由流	≤400	负指数分布
拥挤流	400~800	负指数分布
		K 阶爱尔朗分布
饱和流	≥800	定长分布

另外,停车场出口的设置还必须考虑规划年邻接道路红线可能的变化。如果道路红线有所改变,则相应的交通流量以及计算方法都将发生变化。

(3)车辆停放属性

路外停车场自身的泊位容量及车辆高峰小时的驶出率,对停车场出口道的设置同样具有较大影响。停车场具有的泊位容量,决定了高峰小时最大停车数量以及高峰小时停车的疏散速度。停车场规模的设置不合理,不但可能导致出口处车辆的拥塞,干扰路上车辆通行,还会因为疏散时间过长而影响停车场的服务水平,降低停车场使用效率。

2)停车场出口处交通影响计算方法

图 6-4-1 为停车场出口处车辆交织的两种形式,不同形式对路段动态交通的影响也各不相同。

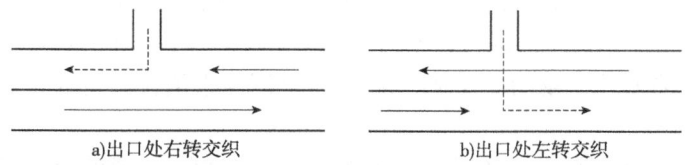

a)出口处右转交织   b)出口处左转交织

图 6-4-1 停车场出口处交通组织示意图

对于停车场出口道的交通组织而言,应保证路段上的车流具有优先行驶权,从出口道驶出的车辆只有等路段上车流车头时距大于一定时间间隔才能通过。这里定义临界间隙 t_c 为主路允许停车场出口道一等待插入车辆可以通过主要道路的最小间隙(对右转车辆通常取车头时距 $t_c = 4 \sim 6s$,对左转车辆取 $t_c = 6 \sim 8s$), t_f 为停车场出口处排队车辆连续插入路段时相邻两车之间的时间间隔,即排队车流在无其他车辆冲突影响下以饱和车流插入路段的车头时距。

这里参考停车让行道路中对于次要道路通行能力的计算公式[2],表达在路段上允许停车场出口处驶出的车辆数为:

$$C_a = \frac{q e^{-q t_c}}{1 - e^{-q t_f}} \tag{6-4-4}$$

式中: C_a ——主路上允许停车场出口处驶出的最大车流量,veh/h;

q ——主路车流量,veh/h。

假定停车场拥有停车泊位总数为 N,则一次疏散停车场内所有车辆需要的最长时间 T 为:

$$T = \frac{N}{C_a} \tag{6-4-5}$$

在进行停车场出口处交通影响分析时,应主要考虑停车场高峰小时的服务状况,这里定义:停车场出口高峰小时最大驶出量小于出口道允许驶出的最大车流量(即设计通行能力)时,满足停车场出口设计的要求;否则认为出口设计不合理,需增加出口道路,或者采用信号控制等其他管理措施。

【例题 6-2】 某路外停车场泊位数为 300 个,出口接入的主要道路流量为 1080 辆/h。主路车流上允许出口道等待插入车辆汇入的最小间隙为 6.0s,出口处排队车辆连续插入路段时相邻两车之间的时间间隔为 3.0s。已知高峰小时该停车场驶出车辆数为 330 辆/h,问:(1)停车场出口道能否满足设计要求;(2)一次性疏散所有停放车辆所需的时间上限。

解:

(1)已知 $q = 1080 \text{veh/h} = 0.3 \text{veh/s}$,$t_c = 6.0\text{s}$,$t_f = 3.0\text{s}$,代入公式(6-4-4),得到 $C_a = \frac{qe^{-qt_c}}{1-e^{-qt_f}} = \frac{0.3 \times e^{-0.3 \times 6.0}}{1-e^{-0.3 \times 3.0}} = 300.8\text{veh/h}$。即出口处最大允许驶出车辆数为 300.8 辆/h,低于高峰小时驶出需求,因此设计不符合要求,需做改动。

(2)采用公式(6-4-5)计算一次性疏散所有停放车辆所需的时间上限为:$T = N/C_a = 300 \div 300.8 = 0.997\text{h}$。

→ 6.5 机动车停车设施的信息化管理

PPT

停车设施的信息化管理,目的主要在于通过各种形式向驾驶员提供车辆停放信息,从而促进停车设施及周边道路的有效利用。从社会、驾驶员和停车场 3 个方面分析,停车设施信息化管理主要体现在以下 7 个方面的功效。

(1)减少使用者对停车场的寻找时间,减少车辆因搜索泊位产生的无效低速行驶,降低城市环境污染。

(2)减少部分道路交通流,避免由于等候或寻找停车泊位造成的无效行驶,有助于维护交通秩序。

(3)整合信息化停车资源,提高停车场的周转率,降低空置率,提高使用者便利性和停车场的使用效率,同时保障停车场的经济效益。

(4)调节驾车出行者的车内情绪,缓解他们因寻找泊位而可能产生的焦虑、急躁情绪,减少违章停车行为,降低交通安全隐患。

(5)全方位的停车信息采集,不仅为停车诱导管理提供了准确的车位数据和实时的交通信息,也为城市规划和交通管理提供决策依据。

(6)停车设施信息化管理的实施,要求高水平的停车场管理,这为停车场的规范化和智能化发展奠定了基础,可以提高停车服务的整体功能和管理水平。

本节从驾驶员出行前、出行途中和停车场内部 3 个方面提出信息化管理方法。

6.5.1 停车设施出行前信息化管理

建立停车设施出行前信息化管理系统,能够让驾驶员按自己的偏好和城市实时停车信息提前安排出行路径和预选停放地点,做好充分的出行准备,将有效消除驾驶员出行以后搜寻停车场的顾虑,并提高"冷门"停车设施的利用率。可以说,出行前信息化管理系统的建立,无论对驾车出行者还是城市停车设施,都具有积极的意义。出行前车辆停放信息主要通过 Internet、通信和媒体 3 种传输渠道发布,系统框架如图 6-5-1 所示。

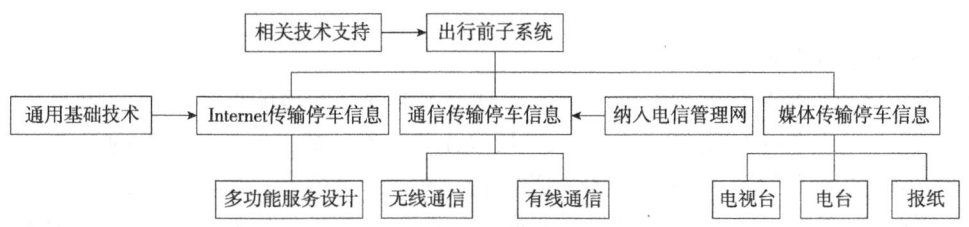

图 6-5-1　出行前子系统框架结构示意图

1)基于 Internet 传输查询的出行前信息化管理

基于 Internet 传输查询的出行前信息化管理服务应该充分利用资源匹配,体现动态、实时、可视化的优势,以人为本,满足用户个性化的出行前信息需求。应具备的主要功能如下。

(1)目的地停车场常规搜索

它属于出行前信息化管理的基本功能。主要采用以下 3 种搜索途径。

①直接搜索式。调用城市电子地图,显示出行目的地附近停车场的区位及其周边道路、建筑的拓扑关系。点击某停车场位置并以窗口表格的方式显示其属性数据,如图 6-5-2 所示。

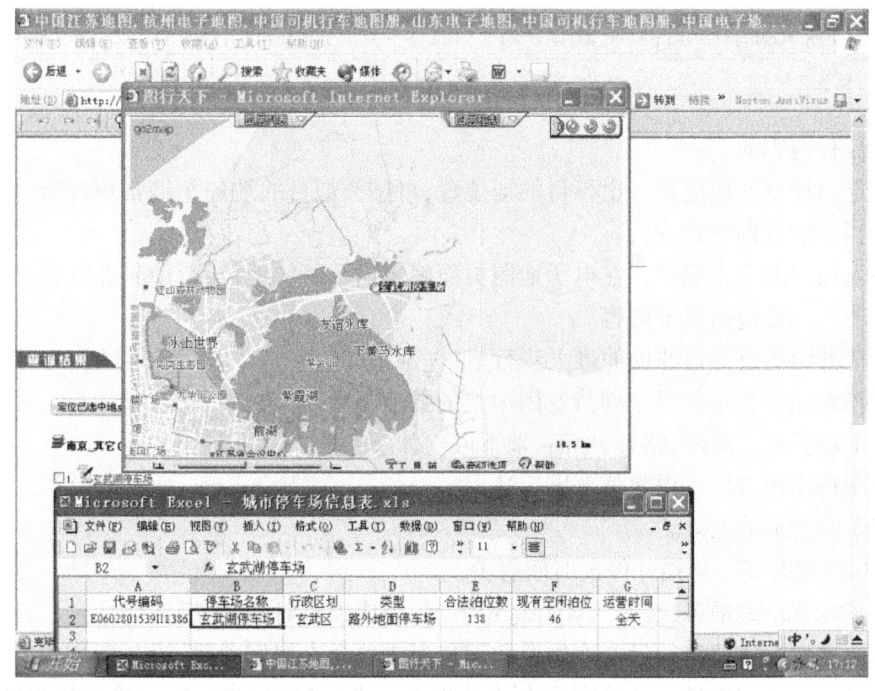

图 6-5-2　城市停车场信息显示窗口示意图

②名称搜索式。在网站提供的专用搜索引擎窗口内输入准确的停车场名称,通过电子地图迅速呈现其精准定位,同时弹出如图6-5-2形式的停车场窗口属性表格。

③编码搜索式。与②类似,在网站提供的专用搜索引擎窗口内输入准确的停车场编码,即可通过电子地图迅速呈现其精准定位,同时弹出如图6-5-2形式的停车场窗口属性表格。

(2)停车信息模糊查询

它属于出行前信息化管理的扩展功能。对于不熟悉目的地的驾车出行者,他们很可能难以直接在电子地图上确定目的地方位,一般也无法准确记忆目的地停车场的名称或编码,所以,停车信息模糊查询能够有效简化用户的使用难度。通常包括以下方式:

①停车场首字查询。在网站搜索引擎窗口内输入停车场名称的首字,出现罗列相关停车场的对话框,移动滚动条,选择目标停车场,即迅速进入电子地图界面,呈现其精准定位。

②停车场首字拼音查询。在网站搜索引擎窗口内输入停车场名称的首字拼音,后续步骤对应①剩余部分。

③停车场部分名称查询。在网站搜索引擎窗口内输入停车场名称的部分字词,后续步骤对应①剩余部分。

④停车场部分编码查询。在网站搜索引擎窗口内输入停车场的部分编码,后续步骤对应①剩余部分。

(3)停车行为选择查询

此功能明显有别于前两种方式,实质在于根据出行目的地寻求合适的停车场。智能停车选择的设计工作流程,如图6-5-3所示。

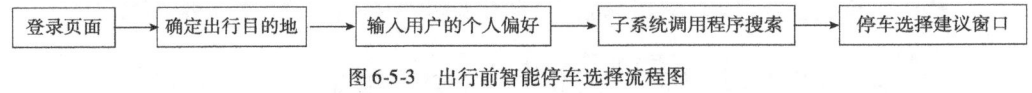

图6-5-3 出行前智能停车选择流程图

主要流程内容如下:

①确定出行目的地位置。出行目的地位置,可按类似目的地停车场常规搜索、停车信息模糊查询当中的查询方式进行。

②输入用户的个人偏好。在电子地图页面确定出行目的地位置,使其在线激活后,弹出对话框选项。主要包括以下内容。

a.停车场距离出行目的地的最大步行值(一般<350m)。

b.停车场泊位使用状况。期待空闲泊位的数值下限。

c.停车场类型。路内、路外、地面、地下或立体。

d.停车场泊位规模。以数值范围表达。

e.停车收费标准上限。

f.停车经营时间。与预计停放时间有关。

用户只需移动滚动条,按个人偏好选定各项,完成人机对话,随后提交。

③实施搜索。按照出行目的地位置和用户提交的个人偏好项目,服务器实施目标搜索,网页自动显示满足搜索条件的停车场名称的界面。点击某停车场,则可输出相应的属性表格窗口,参见图6-5-2所示的形式。

(4)停车泊位预约

在Internet上可利用表单[12]实现用户与服务器之间的交互式数据传输,以在线申请方式进行停车泊位预约。设想的停车泊位预约流程,如图6-5-4所示。

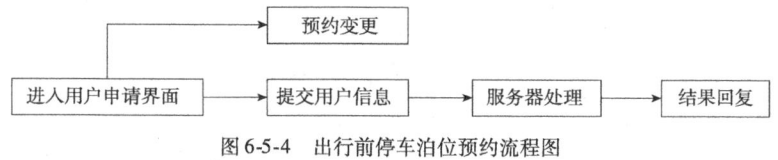

图6-5-4 出行前停车泊位预约流程图

2)基于通信传输的出行前信息化管理

除了直接利用Internet外,现代化的通信手段也为停车信息提供了理想的传输途径。采用通信传输停车信息,需要事先将停车信息数据纳入电信管理网(Telecommunications Management Network)。按照通信技术的特性,可分为无线通信和有线通信两种传输功能。

(1)无线通信传输

适合用于传输停车信息的,主要有"掌上电脑""手机"等支持无线上网和多媒体配置的设备。停车设施出行前信息化管理系统可以通过这些设备,提供给用户以下信息。

①电话查询城市停车信息。

②电话预约停车泊位。

③无线上网查询城市停车信息。

④无线上网预约停车泊位。

⑤申请定制停车短信接收。

(2)有线通信传输

固定电话是有线通信的典型代表。对于暂时不具备上网条件和只使用普通无线通信产品的低端用户,使用固定电话的机会依然不少。与Internet相比,固定电话虽然功能单一,但性能可靠、操作简便且不受电力供应的限制;可视化电话的出现还使它在图形图像传输方面迈进了一大步。所以,固定电话具有辅助提供停车信息的充分空间。固定电话通过语音通信可实施以下服务:

①通过热线或管理咨询电话了解城市停车信息。

②通过热线或管理咨询电话实施停车泊位预约。

3)基于媒体发布的出行前信息化管理

媒体是信息社会的重要组成部分,虽然由于受自身条件约束,媒体在动态信息方面总体上存在更新速度慢、实时性滞后、单向传输等弱点,但其凭借固有的广泛影响力,仍旧可以担当发布城市停车信息的补充形式。常用的媒体发布形式,包括电视台、广播电台、报纸等。

6.5.2 出行途中停车信息化管理

出行途中停车信息化管理的作用,主要是在驾车者出行途中为其提供实时的停车信息,综合考虑车辆内和道路上的硬件配备状况,将宏观区位和微观场所相结合,构建面向用户的多渠道、多层次的城市停车信息服务的子系统。通常通过停车诱导加以实施,其框架如图6-5-5所示。

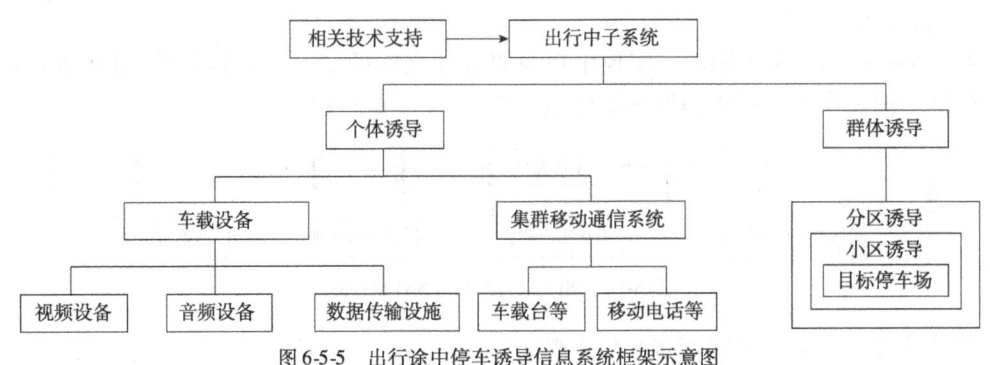

图6-5-5 出行途中停车诱导信息系统框架示意图

1) 出行途中停车诱导信息化管理服务对象的分类

根据诱导对象的差异,可将出行中停车诱导信息系统划分为群体诱导和个体诱导两种[12,13]。两种诱导方式的比较见表6-5-1。

群体诱导和个体诱导的比较 表6-5-1

比较内容	群体诱导	个体诱导	
		中心决定式	车载单元决定式
诱导对象	交通流	单个车辆	
诱导形式	被动诱导	主动诱导	
信息发布方式	可变信息板	车载诱导设备	
信息显示内容	停车场名称、泊位状况、行驶方向	目的地停车场和行驶路径的最佳选择	
需求满足程度	不能满足用户个性化的需求	能够满足用户个性化的需求	
系统投资	总体成本较低,设置方便	技术难度大,投资费用高	
通信要求	系统通信负担较轻	系统通信负担较繁重	系统通信负担较轻
诱导方案生成	由控制中心产生	由控制中心产生	由车载模块产生

(1) 群体诱导

群体诱导的主要信息发布方式为可变信息板。系统将交通状况信息或停车信息实时地显示在安装于路侧的可变信息板上,当驾车者看到诱导信息后,根据自己对路网的了解程度决定停车选择。群体诱导方式只提供停车场的名称、泊位状况和行驶方向等信息,而具体的停车选择(包括目的地停车场的选择和相应的路径选择)均是驾车者在获取信息后按照自己的理解来决定的。因此,群体诱导的效果取决于系统所提供的信息内容、信息发布地点、发布时间等方面,即在何时何地发布何种诱导信息,能够起到最佳的诱导效果。

群体诱导宜采用中心式动态诱导模式,即由控制中心根据实时采集信息,从系统角度出发确定可变信息板上提供的停车诱导信息,这样可以避免Brass矛盾效应,提高整个系统的效率,使诱导区域内的道路设施和停车设施得到充分合理的利用。所谓Brass矛盾效应,是指如果被诱导的车辆都接收到相同的停车信息,它们会被诱导到相同的、现状不拥挤的道路和停车场,而这些道路和停车场可能很快变得更为拥挤的效应。

(2) 个体诱导

个体诱导的主要信息发布方式为车载诱导设备。系统利用车载显示设备为单个车辆进行停车信息发布。其机理是利用实时交通信息采集、处理和发布技术、通信技术、车辆定位技术、电子地图、停车诱导软件等技术，使得车载诱导设备能够自动显示车辆位置、交通网络图和道路状况，为驾车者提供从出发地点到目的地的最佳停车选择，包括目的地停车场选择和相应的路径选择。个体诱导属于主动式诱导，系统需要根据用户的个性化需求，实时提供最佳停车选择，并通过车载显示设备，实时引导车辆的行驶方向。为了实现上述功能，个体诱导系统涉及车辆定位技术、地图匹配技术、停车场优选和路径优化等多项技术理论。显然，个体诱导无论在技术实施上还是理论研究上的难度，都要大于群体诱导。

个体诱导可按照停车诱导方案产生的地点，分为中心决定式和车载单元决定式。中心决定式，一般基于双向通信，由中央控制中心主机基于实时的道路信息和停车信息生成停车诱导方案，然后通过通信网络提供给个体用户；车载单元决定式，是依靠车载模块以通信网络接收到的实时交通信息和停车信息生成停车诱导方案，即诱导方案由每辆车自己生成。其中，车载单元独立式由于只利用自身存储的数据选择车辆自身的优化路径和停车场，未从整个系统的角度考虑路网上交通状况的动态变化和其他车辆的行为，可能会产生 Brass 矛盾效应。

（3）诱导方式的选择

个体诱导方式从硬件技术和费用上来讲，涉及有线和无线通信，技术难度大，投资费用高；而群体诱导系统的信息更新时间短，能起路线诱导的作用，且总体成本较低，设置方便。就我国目前的交通管理特点、技术水平以及交通监控系统的现状和趋势来看，群体诱导是较为适合的出行中停车诱导形式。

以路侧可变信息板为主的群体诱导，是较为理想的停车诱导方式。停车诱导标志是指符合道路标志标线的要求，专门用于引导驾车者找到停车场，方便停车的标志。停车诱导标志主要包括各种用于引导需要泊车的驾车者将车辆驶进停车场的指示牌或者显示屏。与其余道路交通标志不同的是，停车诱导标志是停车诱导信息系统中为方便驾车者停车而设立的特定的交通标志，不具有强制性。

2）出行途中停车信息分级诱导管理

停车诱导信息的繁简，对于停车诱导标志的诱导效果起到至关重要的作用。过于复杂的信息会增加驾驶员的反应和理解时间，甚至有可能产生驾驶员来不及理解的极端现象，从而使诱导失去意义。通过分级可以使每一级停车诱导信息简化，以简洁明了的方式使用户更快地搜寻到期望的停车场。

按照停车诱导信息分层的思想，将停车诱导标志按层次分为四级，各级诱导标志的基本特征见表6-5-2。

各级停车诱导标志的基本特征归纳　　　　表6-5-2

级　别	诱导对象	显示内容
一级停车诱导标志	预进入市区的车流	市区内主要区域的停车状况
二级停车诱导标志	预进入二级分区的车流	二级分区内主要停车场的信息
三级停车诱导标志	已进入二级分区的车流	沿线停车场名称、行车方向和实时停车信息
四级停车诱导标志	已到达停车场入口的车流	停车场的基本信息
		次选停车场的相关信息

(1) 一级停车诱导标志

即城市外围片区停车信息诱导标志。主要目的是向外埠车辆传达城市内主要商业区、商务区、旅游区等区域的停车泊位供应及行车方向。对于整个城市而言,一级停车诱导标志可设置于城市的各个主要出入口,具体布设位置应安装在交通流相对集中路段,且设置诱导标志的道路下游具有较强的分流能力(快速路、主干路等)。

一级停车诱导标志可以与其他交通信息动态显示屏共用,公布市区内主要道路的路况信息。通过将动静态交通信息同屏共享,可以节约资源和工程造价。

(2) 二级停车诱导标志

或称为区域停车信息诱导标志。提供区域范围预告性诱导功能,主要目的是向已经进入一级分区和预进入二级分区的驾车者提供主要停车场分布情况及泊位实时使用情况,通常设置于二级分区的对外直接通道上。

二级停车诱导标志与一级停车诱导标志均属于预告性的诱导标志,都是为了使驾车者对整个区域的停车情况有初步的了解。二者的区别在于一级停车诱导标志是向即将进入主城的驾车者传达主城内各重要区域的总体停车状况和行车方向,而二级停车诱导标志是向即将进入二级分区的驾车者传达二级分区内各主要停车场的停车信息和行车方向。因此,二级停车诱导标志与一级停车诱导标志的具体布设原则类似。

二级停车诱导标志建议采用图形和文字相结合的形式设计,版面由固定的停车标志 P、停车场分布地图、可变的 LED 行车引导线和可变的 LED 有效泊位显示模组组成,如图 6-5-6 所示。

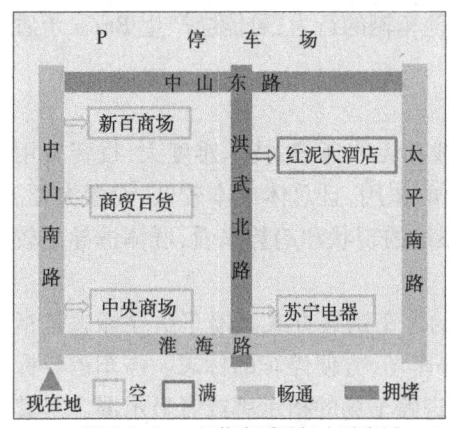

图 6-5-6 二级停车诱导标志示意图

(3) 三级停车诱导标志

也可称为路口停车信息诱导标志。主要目的是向已进入二级分区的驾车员提供道路沿线各个方向的停车场泊位实时利用情况及停车场入口行车方向,供车辆停放的选择决策。

三级停车诱导标志的作用是过渡、连接、引导,可以消除驾驶员的疑虑,合理把握行车方向,通常设置于二级分区内进入各停车场的主要道路交叉口附近。当两级诱导标志之间或者诱导标志与停车场之间距离较远时,可安装适当数量的该类标志,否则可以不设。

三级停车诱导标志的版面由固定的停车标志 P、停车场名称、引导行车方向的箭头组成,通过"空""满"等信息表达停车场实时泊位使用状态。另外,如果三级停车诱导标志距离停车场较远,还可以采用简化的信息提供模式,向需要停车的驾车者传达停车场名称和行车方向等信息。如图 6-5-7、图 6-5-8 所示。

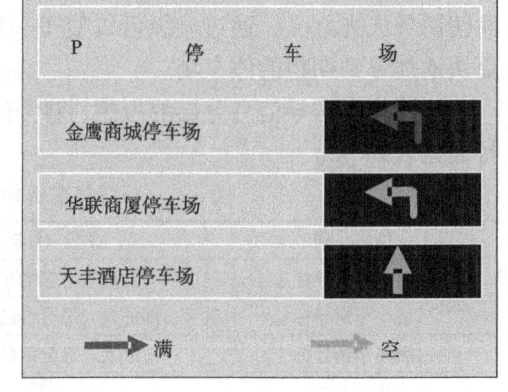

图 6-5-7 三级停车诱导标志示意图

(4) 四级停车诱导标志

也可称停车场入口信息诱导标志。一般安装在停车场的入口附近,其布设位置相对其他各级诱导标志最为固定,用于向驾车者传达停车场的名称、当前剩余车位数、营业时间、停车费、车型等信息。作为附加功能,若停车场车位已满,还可显示该停车场所在的三级分区内具有空余有效泊位的合适的次选停车场信息。

四级停车诱导标志的版面一般由停车标志 P、固定的停车场名称、LED 可变空车位数显示模组、营业时间、停车费率、限高等组成,如图 6-5-9 所示。

图 6-5-8　简化的三级停车诱导标志效果图

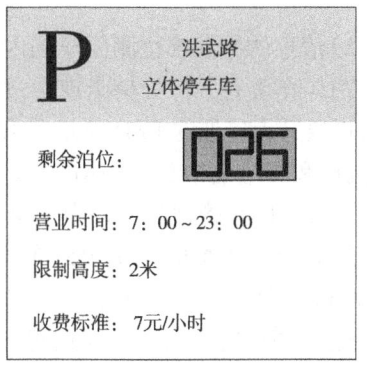

图 6-5-9　四级停车诱导标志示意图

6.5.3　停车场内部信息诱导管理

停车场内部信息诱导(或称为车位引导系统),主要服务于特大型或大型停车场地内部的停车泊位的信息指引,该管理措施通常适用于政府办公楼、高级宾馆、高级写字楼、大型购物中心、体育场馆及交通枢纽等公共停车场。

辅助视频

该系统的主要作用是将已经进入停车场的车辆有序、快速地引导到空余的有效泊位,它能够有效减少停车者寻找车位的时间和由此产生的烦躁情绪,提升车辆停放的安全性,降低车辆在停车场内停放时的尾气排放量,并能提高泊位利用率,使得停车场车位管理更加规范和有序。

1)停车场内部信息诱导流程

由于需要采用内部诱导的大型和特大型停车场,一般是多层立体停车楼(地下停车库)的建筑结构,或是泊位分布有多个功能子区,因此可采用区位引导和车位引导相结合的管理策略。

区位引导是将整个停车场首先划分为多个区位(如对于多层结构的停车场,可将每个楼层分别划为一个区位),然后在停车场入口处通过信息发布引导驾车者进入所指定的区位。车位引导是在区位内部显示当前空余泊位的位置和建议行车方向,指引驾车者实施车辆停放。

停车场内部信息诱导系统所需的设备,主要有引导控制器、LED 显示屏、引导照明路灯、通道感应器、车位检测器等。如图 6-5-10 所示。

诱导的实现,可以考虑在停车场的每一区位的入口和出口处分别安装车辆感应器,并在入口处的醒目位置设置 LED 车位显示屏。具体流程如下:

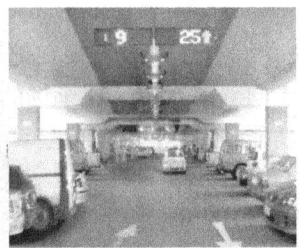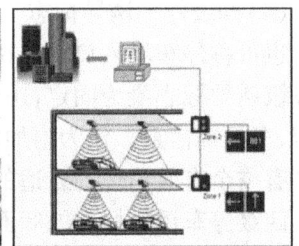

图 6-5-10　停车场内部信息诱导设备及显示效果图例

(1) 信息诱导系统检测停车场内部空余泊位的实时位置信息。

(2) 停车者在入口处持卡或通过自动吐卡机取卡后,系统按照预先设定的规则分配空余泊位,再通过入口处的 LED 显示屏和语音模块声效输出两种方式,同时向停车者提示所分配的区位和相应的泊位,具体的提示方式可采用:车牌号码 + 请停 + 区位名称 + XXXX 车位。最后,在停车管理数据库中记录本次入场过程并开闸放行。

(3) 系统将入场时识别出的车牌号码和行车方向信息,发送到停车场内车位对应行车线路的 LED 显示屏上显示。当车辆进入后,停车者根据 LED 显示屏上指示的方向行车。在行车过程中,当车辆驶上通道感应器之后,路灯照明控制模块立即根据预先的设置出发开启相应的场内照明路灯;当车辆驶离通道感应器之后,控制模块将延时自动关闭照明路灯。

(4) 通过上述诱导过程,将车辆引导至系统所分配的泊位。车位检测器检测到车辆驶入车位后,系统更新车位占用状态,并在显示屏上更新所显示的空余泊位数。

(5) 当车辆离开车位时,车位检测器将检测到该车位已空闲,将无车信号由控制器发送到诱导系统,更新车位占用状态。系统同时更新显示屏上所显示的空余泊位数。同样,当车辆驶上通道感应器后,路灯照明控制模块将开启相应的场内照明路灯。

2) 停车场内部信息诱导系统工作原理

如果停车场各个区位的泊位分布较为简单,仅采用区位引导即可,其工作原理如图 6-5-11[13]所示。如果停车场各个区位的泊位分布仍较为复杂,可继续采用车位引导,其工作原理如图 6-5-12 所示。

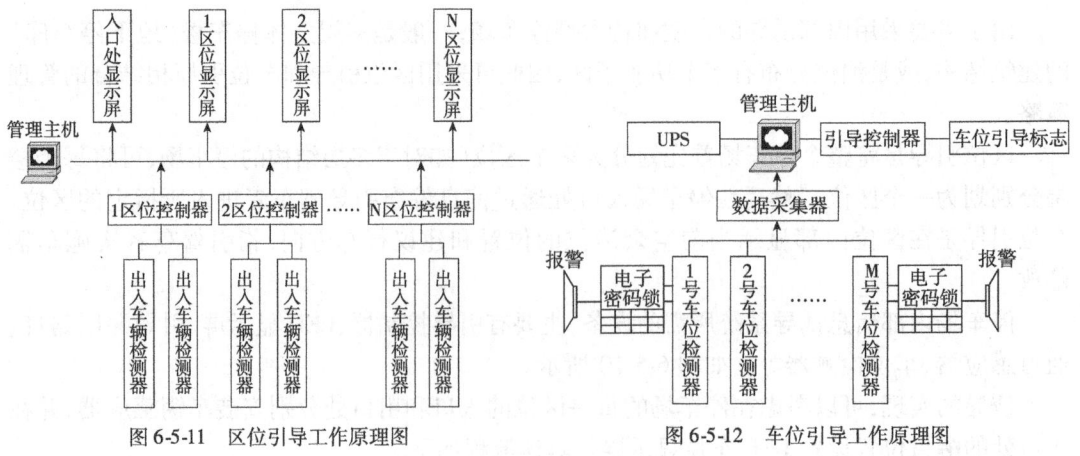

图 6-5-11　区位引导工作原理图　　　　　图 6-5-12　车位引导工作原理图

习题及思考题

1. 城市停车泊位供应的分区管理措施要点是什么?
2. 城市停车泊位供应的分类型管理措施要点是什么?
3. 城市停车泊位供应的分时段管理措施要点是什么?
4. 城市停车泊位供应的分价格管理措施要点是什么?
5. 简述城市路内停车带设置的主要步骤。
6. 对于例题 6-1,其他参数不变,当停车到达率分别为 80 辆/h 和 100 辆/h,计算对应入口道的最小设计长度是多少?
7. 某停车库有两个出口道,分别接入中山路和解放路,其中中山路高峰小时交通量为 1620veh/h,解放路高峰小时交通量 900veh/h。观测得到出口处右转车辆接入最小间隙为 5s,左转车辆最小间隙为 $t_c = 7s, t_f = 5s$,2 个出口道高峰小时驶出车辆数的需求均为 90veh/h。试分析 2 个出口处是否需要采用禁止转向的控制。
8. 分析出行前、出行中停车信息诱导的主要目的及管理特点。
9. 出行途中停车信息不同分级诱导的侧重点是什么?
10. 以停车收费管理为主题,检索一篇以上相关文献资料。要求:
   (1) 分析停车收费的主要作用、相应措施有哪些,与交通拥堵收费有哪些异同点;
   (2) 选择 1 个以上停车收费相关模型,总结建模思路,分析其对于促进停车供需平衡的主要作用;
   (3) 启发和建议。
11. 以停车交通信息化、智能化为主题,检索一篇以上相关文献资料。要求:
   (1) 分析信息化、智能化的主要作用、相应措施有哪些;
   (2) 选择 1 个以上停车信息化、智能化相关模型,总结建模思路,分析其对于提升路内(或路外)车辆停放效用的主要作用;
   (3) 启发和建议。

本章参考文献

[1] Todd Litman. Parking Management Strategies, Evaluation and Planning. Victoria Transport Policy Institute, 2008.

[2] 陈峻,等. 城市停车设施规划方法与信息诱导技术[M]. 南京:东南大学出版社,2007.

[3] 中华人民共和国住房和城乡建设部,国家发展和改革委员会. 建标 128—2010 城市公共停车场工程项目建设标准[S]. 北京:中国计划出版社,2010.

[4] 李朴. 新世纪城市停车场(库)设计图集[M]. 北京:中国电力出版社,2001.

[5] 中华人民共和国公共安全行业标准. GA/T 850—2009 城市道路路内停车泊位设置规范[S]. 北京:中国标准出版社,2010.

[6] 张泉,等. 城市停车设施规划方法[M]. 北京:中国建筑工业出版社,2009.

[7] 刘晓倩.基于混合土地开发的共享停车规划与管理研究[D].上海:同济大学,2009.

[8] 梅振宇.城市路内停车设施设置优化方法研究[D].南京:东南大学,2006.

[9] 陈峻.城市公共停车场规划方法研究[D].南京:东南大学,2000.

[10] W. S. Homburger,J. H. Kell,Fundamentals of Traffic Engineering. 11th Edition. 1990.

[11] "Parking Systems And Loading Facilities",TRANSPORTATION PLANNING HANDBOOK,Institute of Transportation Engineers,1987.

[12] 王泽河.大城市停车诱导系统设计方法的研究[D].北京:中国农业大学,2005.

[13] 季彦婕.城市停车诱导信息系统规划及关键技术研究[D].南京:东南大学,2008.

第7章 平面交叉口管理

道路与道路相交的部位称为交叉口。交叉口是城市干道重要的组成部分,也是路网中道路通行能力的"瓶颈"和交通事故的"多发源"。国内外城市中的交通阻塞主要发生在交叉口,造成车流中断,事故增多,延误严重。

对交叉口进行交通管理的主要目的,是为了保障交叉口的交通安全和充分发挥交叉口的通行能力。根据相交道路的主线高程是否相等,首先可以把交叉口分为平面交叉和立体交叉两种。本书中只讨论平面交叉口管理的相关内容。

7.1 平面交叉口的类型划分及交通管理原则

7.1.1 平面交叉口的类型划分

1)按相交道路条数及几何形状划分

平面交叉口(以下简称交叉口)按相交道路条数可分为三路交叉、四路交叉和五路交叉;按几何形式可分为T形交叉、Y形交叉、十字形交叉、X形交叉、多叉形交叉、错位交叉及环形交叉,如图7-1-1所示。

PPT

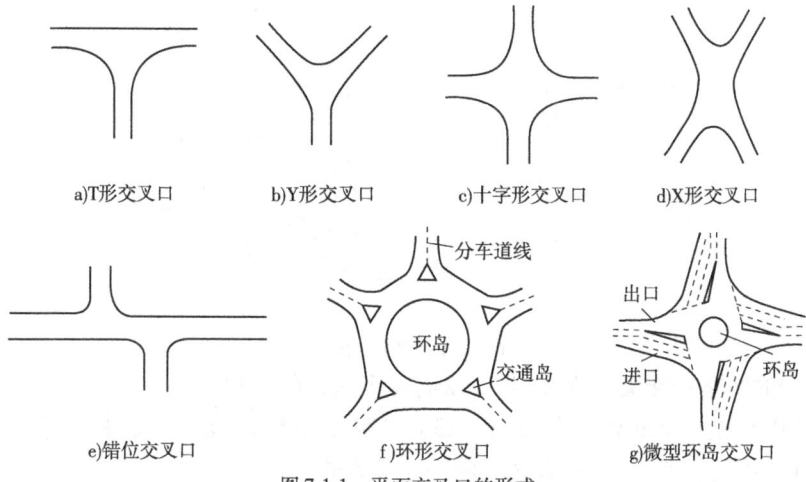

图7-1-1 平面交叉口的形式

其中,比较特殊的一类是环形交叉口,它是在几条街道相交的交叉口中央,设置圆岛或带圆弧形状的岛,使进入交叉口的所有车辆均沿同一方向绕岛行驶,其运行过程一般为先由不同方向汇合(合流),接着沿同一方向先后通过(交织),最后分向驶出(分流)。这样可以避免直接交叉、冲突和大角度碰撞,实质上是一种自行调节的渠化交通形式。其优点是车辆可以连续行驶,安全,无须管理设施,平均延误时间短;缺点是占地面积大,绕行距离长。

2)按交通管理和控制方式划分

按交通管制方式(放行方法)的不同,可分为全无控制交叉口、主路优先控制交叉口、信号(灯)控制交叉口等几种类型[1]。

PPT

(1)全无控制交叉口

全无控制交叉口,是指相交道路具有相同或基本相同的重要地位,从而具有同等通行权利的管理方式,通常流量较小,不采取任何管理手段的交叉口。

无控制交叉口通常没有明确的进口道停车线,在车辆到达交叉口时,驾驶员将在距冲突点一定距离处做出决策,或减速让路,或直接通过。驾驶员所做出的决策,很大程度上取决于在接近交叉口前对横向道路两侧的通视范围,其通行规则也需要通过交叉口"视距三角形"分析加以判断,在视距三角形内不应存在遮挡驾驶员视线的物体。

图 7-1-2 给出了交叉口某一角落处"视距三角形"△ABP 的几何图形[2]。当两个相互冲突的车辆 A 和 B 刚好可以看到彼此时,假定 A 车距离冲突可能发生的地点 P 为 d_A,B 车与该点的距离是 d_B。视距三角形应保证:位于这两条冲突路径上的两辆车在刚好能看到对方时,可以及时采取行动避免交通事故的发生[2]。

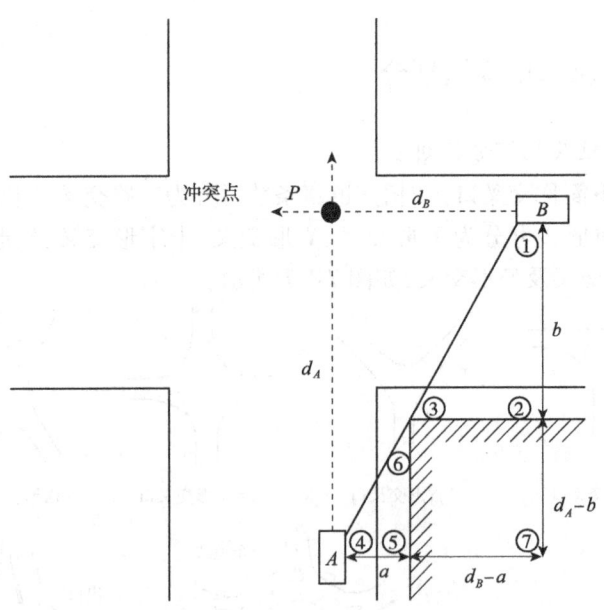

图 7-1-2 视距三角形

对于典型的两路相交叉的交叉口,通常有 4 个这样的三角形。

图 7-1-2 中存在 3 个相似三角形:△123,△174 和 △654。从 △123 和 △654 的相似性可以建立图 7-1-2 中关键距离 d_A 和 d_B 之间的一个关系式:

$$\frac{b}{d_B - a} = \frac{d_A - b}{a} \tag{7-1-1}$$

或者：

$$d_B = \frac{a \cdot d_A}{d_A - b} \tag{7-1-2}$$

式中：a——A 车与沿街遮挡视线建筑物的距离，m；

b——B 车与沿街遮挡视线建筑物的距离，m。

因此，如果知道了 A 车的位置，就可以确定两车彼此可见时 B 车的位置。当然，该公式也可以在改写之后，计算在已知 B 车位置条件下的 A 车位置。

为保证有充足的视距，使得每一辆车都可以及时避免由其他车辆造成的即将来临的危险，通常有以下两种计算方法[2]。

① 方法 1

方法 1，主要是检验交叉口的视距是否满足相互冲突的车辆能够安全停车的要求。也即是，当 A 车和 B 车的驾驶员刚好可以看到对方时，双方距冲突点 P 的距离不小于一个安全停车距离。如果该要求得到满足，发生冲突的双方都能在碰撞发生之前安全停车，计算步骤如下。

步骤 1：假定 A 车位于距冲突点一个安全停车距离的地方，则有：

$$d_A = \frac{v_A}{3.6} t + \frac{v_A^2}{2g(\varPhi \pm i) \times 3.6^2} \tag{7-1-3}$$

式中：v_A——A 车行驶速度，km/h；

t——反应时间，s；

g——重力加速度，9.8 m/s²；

$\varPhi$——汽车轮胎和路面的纵向摩阻系数；

i——道路纵坡（上坡 i 取正值，下坡 i 取负值）。

步骤 2：基于以上对 A 车位置的假定，由式(7-1-2)计算当 B 车刚好为 A 车驾驶员可见时 B 车的位置。该计算给出了 d_B 实际值，将其记为符号 $d_B(\text{act})$。

步骤 3：由于规则 1 也要求 B 车距冲突点的距离不小于安全停车距离，据此计算 d_B 的最小值：

$$d_B(\min) = \frac{v_B}{3.6} t + \frac{v_B^2}{2g(\varPhi \pm i) \times 3.6^2} \tag{7-1-4}$$

式中：v_B——B 车行驶速度，km/h；其他参数同上。

步骤 4：如果 $d_B(\text{act}) \geq d_B(\min)$，则表明交叉口为基本通行规则提供了充足的视距，在基本通行规则下运行的交叉口是安全的，否则 B 车的驾驶员不能及时看到 A 车，必须提供某种控制帮助驾驶员避免潜在冲突。

② 方法 2

方法 2，主要是检验交叉口的视距是否满足相互冲突的车辆能够安全地依次通过冲突点。即：在 B 车到达冲突点之前相距 l_B 时，A 车必须在冲突点之后相距 l_A 的距离，如图 7-1-3 所示。通常可将 l_A 取值为 5.5 m，l_B 取值为 3.7 m，于是有以下公式成立：

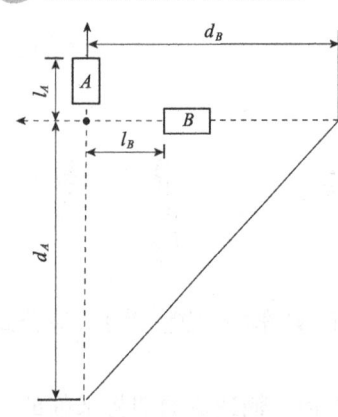

图 7-1-3 车辆依次通过冲突点示意图

$$\frac{d_A + 5.5}{v_A/3.6} = \frac{d_B - 3.7}{v_B/3.6} \quad (7\text{-}1\text{-}5)$$

或者:

$$d_B = (d_A + 5.5)\frac{v_B}{v_A} + 3.7 \quad (7\text{-}1\text{-}6)$$

除了步骤 3 之外,采用方法 2 评估基本通行规则可行性的步骤与方法 1 完全相同。对于方法 2,B 车所需的最小距离 $d_B(\min)$ 是用式(7-1-6)计算的。两种计算方法相比较,任何一个方法的严格程度都不必然地大于另一种方法;哪一个方法产生最大的 $d_B(\min)$,要视特定的情况而定。

为了保障无控交叉口安全地运行,交叉口四个拐角的视距都必须充足。此外还要强调的是,提供充足的视距是交叉口车辆通行的必要但非充分条件。即使有足够的视距,很大的交通需求、很高的进口道车速以及其他的交通条件都有可能使得交叉口的运行不切合实际或者不安全。因此,确定存在充足的视距并不能免除交通工程师分析是否采用信号控制或者停车/让行控制的责任。

PPT

【例题 7-1】 图 7-1-4 描绘了一个视距问题。图中的交叉口由一条单行道(南北向)和一条双向行驶的道路(东西向)相交而成,试分析两个视距三角形的视距能否满足安全行车的要求。

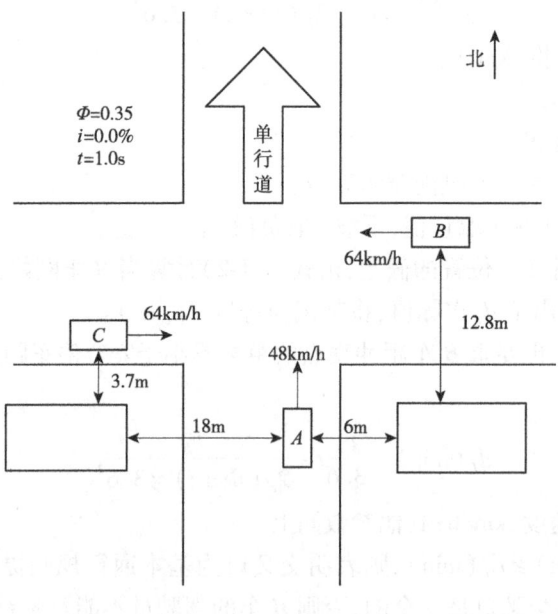

图 7-1-4

解:

步骤 1:假定 A 车距冲突点的距离是一个安全停车距离,则应用式(7-1-3)有:

$$d_A = \frac{48}{3.6} \times 1.0 + \frac{48^2}{2 \times 9.8 \times 0.35 \times 3.6^2} = 39.25\text{m}$$

步骤 2:假定 A 车距冲突点的距离是 39.25m,B 车在刚好被看到时的实际位置可以由式

(7-1-2)来计算:

$$d_B(\text{act}) = \frac{6 \times 39.25}{39.25 - 12.8} = 8.9\text{m}$$

步骤3:使用方法1[式(7-1-4)]或方法2[式(7-1-6)]分别计算 B 车所需的最小距离:

$$d_B(\min, F1) = \frac{64}{3.6} \times 1.0 + \frac{64^2}{2 \times 9.8 \times 0.35 \times 3.6^2} = 63.85\text{m}$$

$$d_B(\min, F2) = (39.25 + 5.5) \times \frac{64}{48} + 3.7 = 63.37\text{m}$$

步骤4:在本例中,方法1和方法2所要求的最小距离非常接近。最小要求值63.85m和63.37m远大于实际距离8.9m,因此,这个视距三角形不能为基本通行规则下的运行提供充足的视距。

在正常情况下,图7-1-4中 A 车和 C 车之间的视距三角形也要予以检查。只要有一个视距三角形不能满足要求,就需要采取控制措施,如停车/让行控制。在本例中,A 车和 B 车之间的视距三角形已经不能满足要求,因此也就没有必要检查 A 车和 C 车之间的视距。不过,为了给予一个完整的演示,下面给出这个分析过程。

步骤1:假定 A 车距冲突点的距离是一个安全停车距离。这个计算与上述完全一样,也即有 $d_A = 39.25\text{m}$。

步骤2:使用式(7-1-2)计算当 C 车刚刚能被 A 车驾驶员看见之时,C 车距冲突点的实际距离:

$$d_C(\text{act}) = \frac{18 \times 39.25}{39.25 - 3.7} = 19.87\text{m}$$

步骤3:由于 B 车和 C 车在进口道的速度相同,并且其他相关计算参数也完全一样,因此在规则1和规则2之下,B 车和 A 车所需要的最小距离也相同。于是,$d_C(\min, F1) = 63.85\text{m}$,$d_C(\min, F2) = 63.34\text{m}$。

步骤4:两种分析方法所要求的最小距离都远大于实际距离。第二个视距三角形也不能提供在通行规则运行之下所必需的视距。

在上述例子中,两个视距三角形都未能提供充足的视距,在基本通行规则之下的运行将是不安全的。因此,不管交通量的大小如何,该交叉口所应采取的最低控制形式是两路停车或让行。如果交通量或者其他条件符合信号控制的要求,也可采用信号控制。

由于交叉口存在许多冲突点,使得有些相互冲突车流的车辆不能同时通过交叉口,因此,在满足视距三角形要求的情况下,仍然需要有一个通行规则,确定各入口车辆以怎样的次序进入交叉口。根据我国现行的交通法规,车辆通过没有交通信号或交通标志、标线控制的交叉路口时,在进入路口前停车瞭望,让右方道路的来车先行;转弯的机动车让直行的车辆先行;相对方向行驶的右转弯的机动车让左转弯的车辆先行。

(2)主路优先控制交叉口

相交的两条道路中,常将交通量大的道路称主路或干路,小的称次路或支路(包括胡同和里弄)。规定主路车辆通过交叉口有优先通行权,次路车辆必须让主路车辆先行,这种控制方式称为主路优先控制。又分为停车让行和减速让行两类。

①停车让行

停车让行,是指进入交叉口的次路车辆必须在停止线以外停车观察,确认安全后,才准许通行。停车让行标志控制,按相交道路条件的不同又分为单向停车让行和多向停车让行。

A. 单向停车控制

单向停车控制,简称单向停车或两路停车。这种控制,通过在次路进口处设有明显的停车交通标志和标线加以明确。停车标志在下列情况下设置:

　a. 与交通量较大的主路平交的次路路口;

　b. 次路路口视距不太充分,视野不太好;

　c. 主路交通流复杂,或车道多,或转弯车辆多;

　d. 无人看守的铁路道口。

确定路口是否采用单向停车让行控制时,美国应用"次要道路50%车辆推迟行驶曲线"(图7-1-5),对最繁忙的12个小时(7:00～19:00)的车流量做检验,以每天至少有8h的交通流量的坐标点落在曲线右侧时,作为适于采用单向停车控制的条件。如果大多数交通量的坐标点落在曲线左侧,可不必安装停车标志,否则可能产生更大的延误。

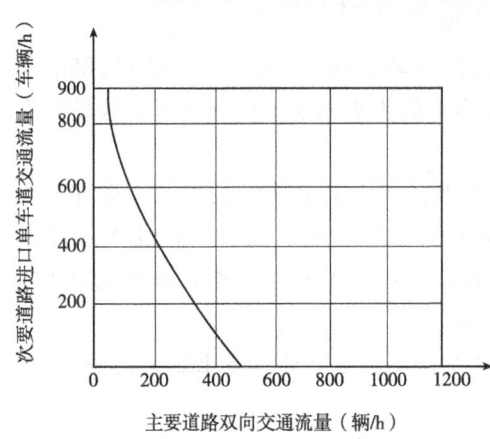

图 7-1-5　次要道路50%车辆推迟行驶曲线

B. 多向停车控制

多向停车控制,又可简称多路停车,各路车辆进入交叉口均需先停车后再通过,其中四路停车较多。其标志设在交叉口所有进口道右侧。在美国,多路停车设置依据主要考虑交通安全和交通流量两个方面。

交通安全方面,当交叉口在12个月期间,有5起或更多起交通事故发生,并且可以通过实施多路停车控制得以改善。所涉及交通事故的类型主要包括左转或者右转碰撞以及直角碰撞。

交通流量方面,当达到或者超过以下规定的最小流量时,可采用多路停车控制:

　a. 在一天24h内取任意连续的8h时间段,由主要道路进口道进入交叉口的车辆总数(主路两个进口道的交通量之和)平均至少为300辆/h。

　b. 同时,在这相应的8h内,由次要道路上进来的车辆、行人和自行车综合交通量平均至少为200个单位/h,并且在高峰小时期间,次要道路上车流的平均延误时间至少为30s/辆。

　c. 当主要道路进口道85%位地点车速超过64km/h,则上述两项有关最低交通量的标准可以降低为原规定的70%。

此外,在需要采取信号控制的平面交叉口,多路停车控制可以作为一项过渡性措施,以便快速实施,为信号控制设施的安装赢取时间。

②减速让行

减速让行,是指进入交叉口的次路车辆,不一定需要停车等候,但必须放慢车速瞭望观察,让主路车辆优先通行,寻找可穿越或汇入主路车流的安全"空当"机会通过交叉口。在美国,当接近路口安全速度为 16~24km/h 时,应考虑让路控制。减速让行控制与停车控制,差别在于后者对停车有强制性。

我国现行的交通规则对这种路口的通行权问题虽有相关规定(支路车让主路车),但实际管理难度较大。主要原因是让路的含义比较模糊,一旦发生车祸,责任不易裁决。因此,该类型管理方式较少采用。

与停车让行和减速让行相关的主要交通标志标线,如图 7-1-6 所示[3]。

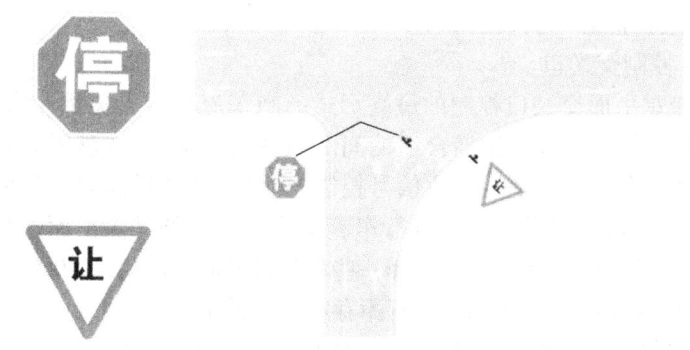

图 7-1-6 停车让行和减速让行标志、标线示意图

相关的研究发现:在主路优先控制平面交叉口(无信号控制交叉口),支路左转车辆的部分驾驶员出现不同程度的违规驾驶行为,导致了异常的左转车辆行驶轨迹,如图 7-1-7 所示[4]。其中,1 号和 2 号代表了正常行驶轨迹,而其余的则是异常行驶轨迹。

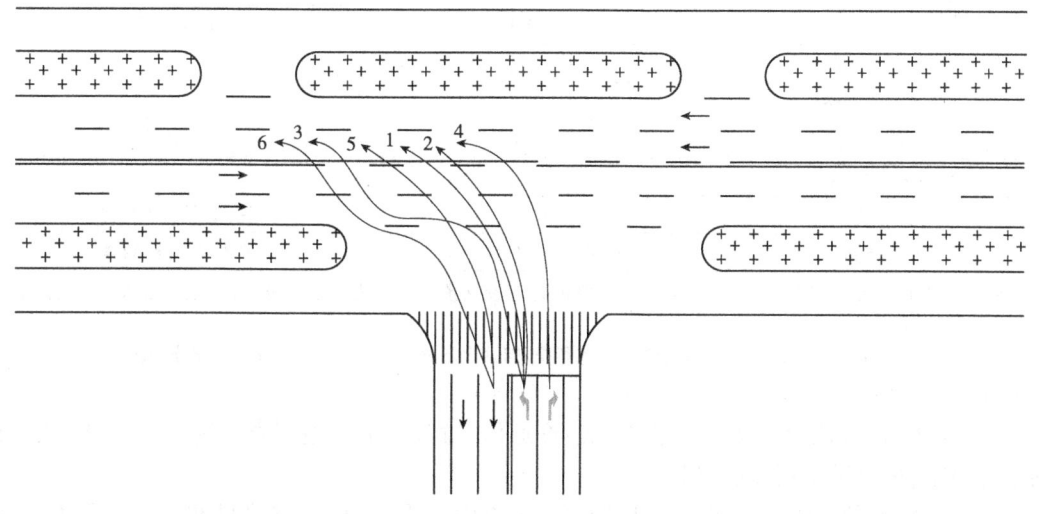

图 7-1-7 支路左转车辆行驶轨迹示意图

当主路交通流率很低,车头时距能够满足支路车辆的左转要求,驾驶员通常会选择 1 号轨迹;在受到行人或者非机动车的影响时,支路左转车辆驾驶员被迫减速,并采取了较为急速的转弯,形成 2 号轨迹。在支路车辆左转的过程中遇到阻碍时,驾驶员危险的违规驾驶行为导致了左转车辆的异常轨迹。当主路交通流率较高,无法为支路车辆的左转提供充足的车头时距,驾驶员沿主路车道逆向行驶,形成异常轨迹 3;为了绕开前方排队等待车辆,驾驶

员违规占据支路进口道的右转车道或者支路出口车道,伺机完成左转操作,形成异常轨迹4、5和6。

支路左转车辆驾驶员的违规行为严重影响交叉口的运行秩序和交通安全。为了杜绝和减少这类危险驾驶行为,除了需要对驾驶员加强教育之外,还要加强交通执法,加大对违规行为的处罚力度。在交通工程方面,可以通过限制车辆在交叉口进口道附近的行驶速度,合理布置交通岛和导流线(参见本章7.3节图7-3-20和图7-3-24),引导和鼓励驾驶员采取正确的驾驶操作,形成正常的行驶轨迹。

(3)信号(灯)控制交叉口

信号(灯)控制是平面交叉口控制的最高形式。当车流和行人流都非常大时,驾驶员将很难甚至无法在冲突的交通流中选择合适的间隙以便安全穿越,这就需要采取交通信号控制的形式。它的最基本的形式是两相位信号控制,交替给两条道路之一的所有流向分配路权。在这种形式下,左转车仍需在对向直行车流中选择合适的间隙。而多相位信号控制通常有左转保护的相位设计。也就是,有这样一些相位,期间与左转车发生冲突的对向直行车流被禁止通行,这样就保证左转车辆的运行不存在交通冲突。

与信号(灯)控制交叉口相关的理论方法,详见本书第9~12章。

3)平面交叉口的类型选择

我国《城市道路交叉口设计规程》(CJJ 152—2010)[5]提出,平面交叉口应按交通组织方式分类,并应符合表7-1-1的规定。

平面交叉口选型　　　　　　表7-1-1

平面交叉口类型	选　型	
	推荐形式	可用形式
主干路—主干路	平A1类	—
主干路—次干路	平A1类	—
主干路—支路	平B1类	平A1类
次干路—次干路	平A1类	—
次干路—支路	平B2类	平A1类或平B1类
支路—支路	平B2类或平B3类	平C类或平A2类

注:1. 人口在50万以上的大城市,主干路与主干路相交,经交通预测分析,是否需要设置立体交叉应根据交通需求实际预测结果。

2. 人口在50万以上的大城市,次干路与次干路相交,因景观需要,采用环形交叉口时,应充分论证。

在表7-1-1中,

(1)A类:信号控制交叉口。平A1类:交通信号控制,进口道展宽交叉口。平A2类:交通信号控制,进口道不展宽交叉口。

(2)B类:无信号控制交叉口。平B1类:干路中心隔离封闭、支路只准右转通行的交叉口(简称右转交叉口)。平B2类:减速让行或停车让行标志管制交叉口(简称让行交叉口)。平B3类:全无管制交叉口。

(3)C类:环形交叉口。平C类:环形交叉口。

7.1.2 平面交叉口的交通管理原则

交叉口交通管理应遵循以下基本原则[6]。

1) 减少冲突点

交叉口交通安全的根本是减少冲突点,可采用单行线、在交通拥挤的交叉口排除左右转弯、用多相位交通信号灯控制交叉口各向交通等方法(冲突点的定义和分析见本书第4章内容)。

2) 控制相对速度

可采用严格控制车辆进入交叉口的速度;对于右转弯或左转弯应严格控制其合流角,以小于30°为佳,必要时可设置一些隔离设施(如隔离墩或导向岛等)用以减小合流角等方法。

3) 重交通车流和公共交通优先

重交通车流,是指较大交通流量的交通流(干道或主干道上的交通流)。重交通车流通过交叉口应给予优先权。其方法是在轻交通流方向(支路)上设置减速让行或停车让行标志,或是延长在重交通车流方向上的绿灯时间。对公共交通,也可采取类似优先控制的方式。

4) 分离冲突点和减小冲突区

交叉口上的交通流是复杂的,各种车辆在合流与分流的过程中所产生的车辆交叉运动,有的路径太接近甚至重叠,有的偏离过大,导致交叉口上冲突点增多和冲突区扩大,安全性大大降低。此时,运用分离冲突点和减小冲突区的原则能收到较好效果。如按各向车辆行驶轨迹设置交通岛,规范车辆在交叉口内的行驶路线;左转弯时,规定机动车小迂回,而非机动车大迂回;画上自行车左转弯标示线(有条件时设置隔离墩),防止自行车因急拐弯而加大冲突区;在路口某些部分画上禁止车辆进入的标示线,限定车辆通行区域;或在交叉口上设置左、右转弯导向线等,这些都是分离冲突点和减小冲突区的有效办法。

5) 选取最佳周期,提高绿灯利用率

在用固定周期进行交通信号控制的交叉口处,应对各方向的交通流常做调查,根据流量大小计算最佳周期和绿信比,以提高绿灯利用率,减少车辆在交叉口的延误。

其他一些交叉口交通管理原则,如对不同的交通流采取分离;对机动车和非机动车画出各行其道的车道线;人行横道较长的道路(超过16m),在路中央设置安全岛等,都是常用且行之有效的管理原则。具体运用上述原则时,应注意到综合考虑,灵活应用。

7.2 平面交叉口功能区界定

7.2.1 平面交叉口功能区的定义

PPT

交叉口功能区的定义对交叉口交通运行的安全性和畅通性有着非常重要的意义。机动车进入交叉口要进行一系列复杂的过程:感知—反应、减速、排队等待、转向或穿越、加速等等,功能区则是实施这一系列复杂操作的空间范围,或者说是交叉口对其相交道路的影响区域范围。

在交叉口功能区之外,车辆以正常速度行驶,其特征符合路段交通特征。在交叉口功能区之内,交通流的运行非常复杂,频繁而密集地发生着交通流的交织运行、合流冲突、分流冲突和交叉冲突,还有大量的穿越交叉口的非机动车和行人,这使得交叉口功能区范围内的通行能力远远低于路段,成为整个道路系统的瓶颈。此外,交叉口功能区范围之内,车辆的速度差比较大,交通冲突发生的频率显著地高于其他地点,常常发生各种交通事故,成为交通事故的多发地带。

因此,交叉口及其功能区是整个道路系统的关键地点,是交通管理和控制的核心区域。如果在交叉口功能区内允许道路接入,会使得交叉口的运行更加复杂,极大地增加交叉口的运行负荷,并且诱发各种交通事故和交通拥堵。因此,在交叉口的功能区之内,要严格禁止次要道路的接入。

图 7-2-1 和图 7-2-2,分别给出交叉口物理区和交叉口功能区的空间范围[7]。其中:

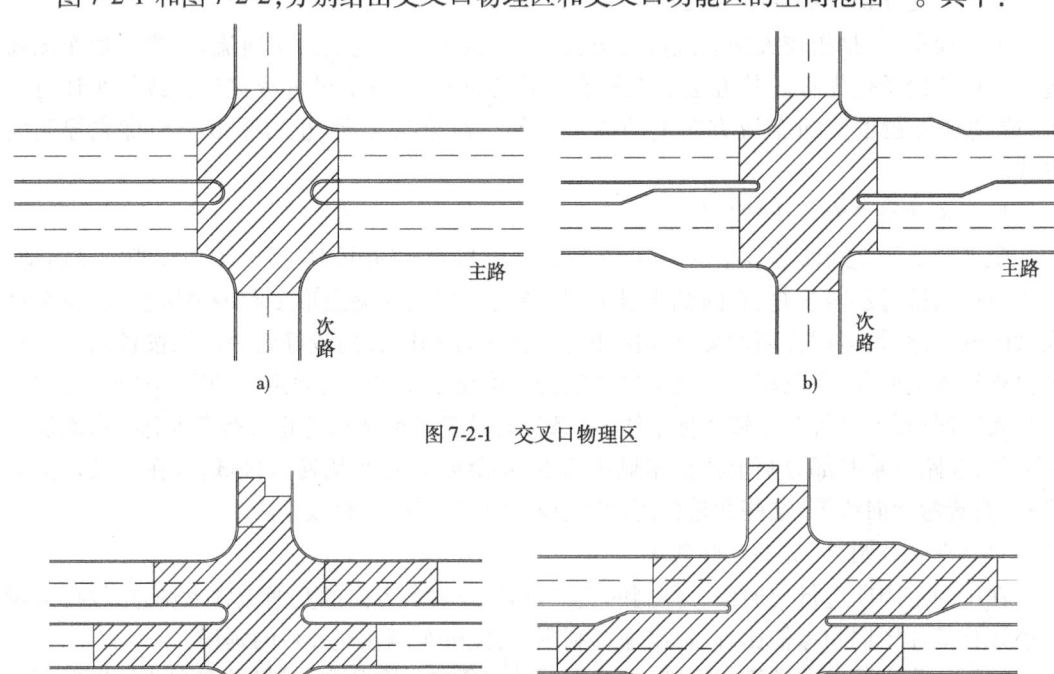

图 7-2-1 交叉口物理区

图 7-2-2 交叉口功能区

(1)交叉口物理区,是指交叉道路的重叠部分,它以交叉口转角及相邻的所有边界为限,通常被认为是交叉口的"入口"。

(2)交叉口功能区,是指交叉口物理区及其上游和下游车道的延伸,包括辅助车道。在交叉口功能区范围之内,车辆的主要运行特征:速度、加速度、车头间距、转弯和车道变换等,会受到交叉口的影响,交通冲突显著高于其他地点,驾驶员的驾驶操作也更加复杂。

7.2.2 平面交叉口功能区范围的界定

根据车辆在交叉口的驶入和驶出方向,可以分为上游功能区和下游功能区。驶入车辆受到影响的区域位于交叉口的上游,称为交叉口上游功能区;驶出车辆受到影响的区域位于交叉口的下游,称为交叉口下游功能区。交叉口功能区范围的界定,就是确定上、下游功能区的长度。通常,交叉口上游功能区的长度要大于下游功能区的长度,如图 7-2-3 所示。

1) 交叉口上游功能区

交叉口上游功能区通常由 3 部分组成:驾驶员的感知—反应时间内行驶的距离 d_1;车辆减速和侧向移动的行驶距离 d_2;车辆的最大排队长度 d_3。交叉口功能区上游长度 $d_{上游} = d_1 + d_2 + d_3$(图 7-2-4)[8]。

驾驶员发现交叉口的感知—反应时间内行驶的距离 d_1(m),取决于其感知—反应时间 t(s) 和行驶速度 v(km/h)。车辆行驶速度与道路的设计行驶速度和交通量有关。感知—反应时间主要取决于驾驶员对道路交通状况的熟悉程度以及驾驶员的警觉程度。对道路和交通状况非常熟悉、警觉好的驾驶员,所需的感知—反应时间较短。

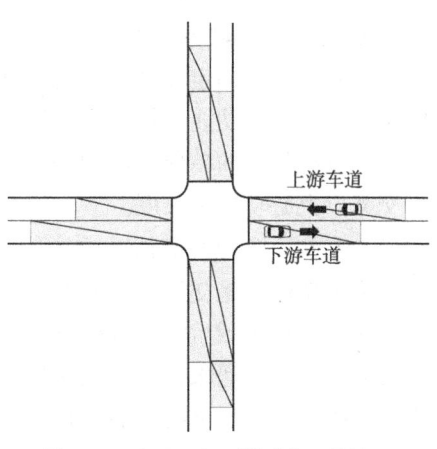

图 7-2-3　交叉口上、下游功能区范围

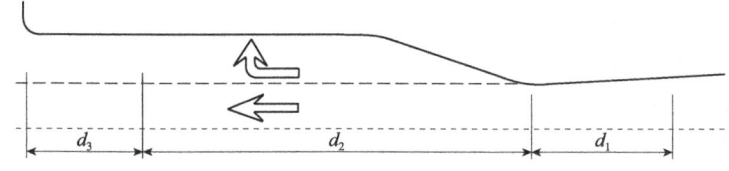

图 7-2-4　交叉口上游功能区的组成

此外,城市和城郊的交通状况使得驾驶员的警觉程度要高于行驶在乡村公路的驾驶员。因此,美国《接入管理手册》建议城市和郊区范围内感知—反应时间为 1.5s,乡村范围内感知—反应时间为 2.5s。我国的感知—反应时间建议值并没有按照驾驶员的行车环境进行细分。根据《公路项目安全性评价指南》(JTG/T B05—2004)[9]的规定,感知—反应时间取值为 2.5s,其中包括 1.5s 的判断时间和 1.0s 的运行时间。感知—反应时间内行驶的距离,也随着车辆行驶速度的增加而增加。可以按照式(7-2-1)计算 d_1。

$$d_1 = \frac{v \cdot t}{3.6} \tag{7-2-1}$$

式中:v——车辆的行驶速度,km/h;

　　　t——驾驶员的感知—反应时间,s。

在乡村地区,交叉口的转弯交通量通常不大,但是车辆的速度很高。因此,乡村地区交叉口的排队长度较短。但是,驾驶员在感知—反应时间内行驶的距离以及车辆减速和侧向移动的行驶距离会比较长,从而可能导致交叉口上游功能区的长度较长。

在城市,高峰时段和非高峰时段的交通状况差别非常大。与非高峰时段相比,高峰时段的交叉口具有更高的转弯交通量和较低的行驶车速。因此,在高峰时段,交叉口的上游功能区需要更长的距离以储存排队车辆;但是,所需要的感知—反应距离和减速及侧向移动距离则较短。所以,交叉口的上游功能区长度可以由高峰时段或者非高峰时段的交通状况所决定,取决于具有最大 $d_1 + d_2 + d_3$ 的那个时段。因此,对于城市道路系统,交叉口上游功能区长度的确定,需要同时分析高峰时段和非高峰时段的交通状况。

如图 7-2-4 所示,转弯拓宽车道(辅助车道)的物理长度,就是交叉口上游功能区长度减去驾驶员感知—反应时间内行驶的距离 d_1。辅助车道的物理长度主要和车辆的减速度和排队长度有关。在确定辅助车道的长度之后,可以根据车辆的行驶速度和驾驶员的感知—反应时间计算上游功能区长度。如果交叉口的转弯交通量和车辆的行驶速度在高峰时段和非高峰时段有较大的差异,就需要分别计算高峰时段和非高峰时段的 $d_1+d_2+d_3$,其最大值就是交叉口上游功能区长度。

2) 交叉口下游功能区

下游功能区是交叉口功能区的下游部分,是从人行横道往下游的延伸部分,也是车辆驶离交叉口物理区域后需要进行管理控制的部分。交叉口下游功能区的长度,应保证通过交叉口的车辆在遭遇来自下游交叉口的交通冲突之时能够安全停车。因此,可以由安全停车距离来决定交叉口下游功能区长度,计算公式如下:

$$d_{下游} = \frac{v}{3.6}t + \frac{v^2}{2g(\Phi \pm i) \times 3.6^2} \tag{7-2-2}$$

式中:v——车辆的行驶速度,km/h;

t——驾驶员的感知—反应时间,s;

g——重力加速度($g=9.8 \text{m/s}^2$);

Φ——滑动摩擦系数;

i——坡度。

7.2.3 平面交叉口接入窗口的辨识与管理

道路的两侧经常会有一些土地开发规划,如,大型的超市、商务办公、娱乐设施、文化设施的兴建,居民住宅区的规划,等等。这就需要有支路将开发项目与主要道路连接起来,以满足这些规划设施所产生的交通需求。在将支路接入到主要干道上之时,应尽量避免其对主干道交通的影响,特别是对主干道交叉口运行的影响,这就需要选择合适的接入地点。接入窗口,就是指主路两侧适合支路接入主路的一段区域。在理想状况下,接入点的位置应当位于交叉口的功能区之外[8]。根据这条原则,可以采用排除法来识别接入窗口。

要辨别主路上何处最适合接入,首先需要清楚何处不适合接入,排除这些区域之后,剩下的区域就是适合支路接入的接入窗口。在接入窗口接入支路,可以把对主路的交通影响降到最低;同时,也提高了接入道路的服务水平和安全性能。图 7-2-5 所示的区域,就是对被接入道路影响最小、最可行的接入窗口。根据这一思路,接入窗口的辨识流程可以表述如下[7]。

(1) 确定最近的交叉口位置(包括由主要干道相交而成的大型的交叉路口,以及小路的接入所形成的接入点交叉口)。

(2) 按重要程度对这些交叉口进行降序排列,如主要干线与主要干线相交的交叉口重要度最高,主要干线与次要干线相交的交叉口重要度次之,等等。

(3) 对每一交叉口,界定其上游功能区范围(即,驾驶员的感知—反应时间内行驶的距离 d_1,加上车辆减速和侧向移动的行驶距离 d_2,再加上车辆排队长度 d_3)。需要注意的是,最长的车辆排队可能位于直行车道上。

(4) 界定每一交叉口的下游功能区范围。

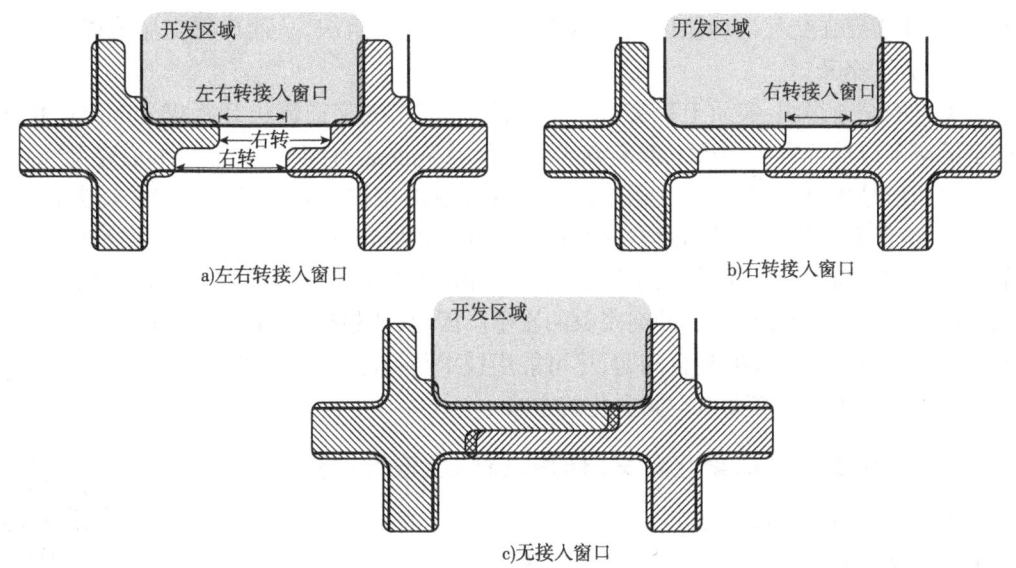

图 7-2-5 接入窗口辨识示意图

(5)辨识可提供最好的直接接入的窗口位置。窗口越大,总布局就越灵活,包括建设地点的选择、开发区内循环道路的设计和接入点的设计等等。需要注意的是,车辆排队长度和上游功能区范围对交叉口交通量及控制方式的变化非常敏感,会随之发生变化。

(6)分析接入地点和开发区域内部循环道路的设计是否能适应交通条件的变化。

(7)当接入窗口很小甚至没有时,应当思考如下问题:支路接入主路会带来多大程度的影响?有可能造成怎样的安全问题和运行问题?开发项目所产生的交通能否进、出接入点?如果不能,接入点可以在一天之中的什么时段接纳多少交通量?

位于交叉口功能区范围之内的接入道路,会干扰路段和进口道车辆运行的安全性和效率。此外,这样的接入道路同样会引起进出被接入区域车辆的长时间延误,给这些车辆的运行带来不便。虽然,最好的做法是避免在交叉口功能区之内进行道路的接入。然而,在城市里,道路之间的距离很短,道路与其两侧建筑物之间的空地狭小,这样的理想做法在某些情况下并不可行,在这种情形之下就必须允许在交叉口功能区之内接入道路。以下措施可以减少接入道路对交叉口的不利影响。

(1)要求接入点(接入道路与主路的连接处)尽量远离交叉口。

(2)限制接入点车辆的运动方向,譬如,规定车辆仅仅可以右转驶入或者右转驶出。

(3)限制使用接入道路的交通量。

此外,应该注意到,道路两侧的开发区域在接入到主路上时,接入道路与主路之间相交叉,从而构成了一个新的交叉口,只不过这样的交叉口规模较小,而且多是T形交叉口,可以称之为接入点交叉口。因此,在设计接入道路时,除了分析接入窗口之外,还要分析接入道路与被接入道路所构成的交叉口的功能区范围,这个范围应该位于接入窗口之内。

7.3 平面交叉口渠化方法

由于交通流在交叉口的分流、合流与冲突,容易导致运行秩序混乱、拥堵甚至交通事故等现象,因此需要在交叉口功能区内进行交通管理和运行组织,从而确保交通流能有序、安全、快速地通过交叉口。

交叉口的交通组织,实质上是交叉口不同流向、流量的交通流进行路权分配上的优化。在确定了交叉口放行方法(管理、控制方式)以后,首先要进行交叉口的渠化,通过交叉口的空间渠化和信号相位(见第8章)渠化来分离冲突点的位置或转变冲突性质。需要注意的是,交叉口空间渠化的作用是通过空间路权分配的方式固定冲突点的位置,重点是控制冲突点的位置;而信号相位渠化的作用是结合交叉口相位方案明确不同流向、不同种类交通流的时间路权,重点是控制冲突点上冲突现象的发生。因此,要根据不同条件、不同对象,注意解决好空间渠化与信号相位的整合问题,尽可能用技术与设施解决好冲突问题。

本节重点介绍平面交叉口空间渠化的方法。

7.3.1　平面交叉口渠化含义、作用、原则及设计要素

1)平面交叉口渠化的含义

平面交叉口渠化,是指在交叉口功能区内,运用交通标志、标线和实体设施以及局部展宽进口道等多种措施,对交通流进行分流和导向设计,使不同类型的交通、不同方向及不同速度的车辆能像渠道内水流那样,顺着一定方向互不干扰地顺畅通过,从而使车辆和行人安全有序地运行。组织渠化交通,可以有效地解决城市道路的交通拥挤和阻滞,提高行车速度和通行能力,保证交通安全,它对解决畸形交叉口的复杂交通问题尤为有效。

2)平面交叉口渠化的作用[10]

(1)分隔道路上不同类型的交通流

交叉口渠化可以将道路上不同类型的交通流分隔,减少同向车辆在行驶过程中的相互干扰,使交叉口各种车辆能按各自规定的车道行驶,从而提高行车速度和交叉口通行能力,同时保障交通安全。

(2)控制进入交叉口车辆的速度

在《中华人民共和国道路交通管理条例》中规定,主路车辆通过交叉口有优先通过权,次路车辆必须让主路车辆先行。交叉口渠化可以控制次路车辆进入交叉口的速度,避让主路上的车辆,从而保证速度相对较快的主路车流的安全顺畅。

(3)减少车流交叉角度

相交车流以大于120°角合流时,通常会发生类似正面碰撞的严重事故。通过交通岛的合理渠化设置,可以减少车流交叉角度,降低冲突车流的强度。这样既能提高交叉与合流的顺适性,又能提高交叉口的安全性,不但可以缩短交叉时间和交叉距离,而且便于交叉穿行速度的判断,减少交通事故发生概率。

(4)导流和导向

交通渠化具有导流和导向的作用,可以诱导车辆的行驶路线,使得在交叉口任何一点穿越至多有两个方向行驶路线。利用交通岛的布置,规范车辆行驶轨迹。

(5)减小交叉范围

交通渠化可以减少交叉面积,从而减少车辆行驶路线的不确定性,限制交通流,同时缩

小车辆与车辆和车辆与行人在交叉口的冲突区域,从而提高整个交叉口的安全性。

(6) 帮助驾驶员辨认和遵守交通规则

设置交通岛等设施可以增强路面标线和交通标志所不具备的易见性和强制性,帮助驾驶员辨认标志、标线,遵守交通规则。

(7) 保护过街行人

交通岛可以用作行人过街的安全岛,为在一个行人过街相位中未能及时通过交叉口的行人提供一个不受车流影响的停候安全区域,以实现二次或多次过街。

3) 平面交叉口渠化的主要设计原则

(1) 符合规范,简单明确,易于理解

交叉口渠化设计应符合国家相关标准和规范的规定,不能随意变更或改动。同时,设计后交叉口形状应力求简单明了,避免过于复杂的方案,便于各类交通参与者正确选择自己的交通路线和时间。

(2) 路线平顺,保证安全

交叉口渠化设计应尽可能使行驶轨迹平顺,能以最短时间或最短的路程通过,切忌迂回、逆向、急转或者有可能引起碰撞的尖锐角度。同时,各种交通流,即不同流向、不同车种、不同速度的交通流,应尽可能实现分道行驶,以减少相互干扰或碰撞,保证安全。

(3) 保证视距,净化视野

交叉口渠化设计应充分保证各方向各车道车辆和行人的视距,并净化机动车驾驶员的视野。交叉口附近的所有绿化栽植和街道上的市政公用设施,均应以不阻挡驾驶员视线为准则,凡妨碍视线的建筑或绿化,均应拆除或砍伐以确保行车的视距要求。

4) 平面交叉口渠化的主要设计要素

根据平面交叉口渠化控制的主要作用和原则,交叉口渠化设计中应注意如下设计要素[5]。

(1) 交叉口进口车道宽度

平面交叉口一条进口车道的宽度宜为 3.25m,困难情况下的最小宽度可取 3.0m;当改建交叉口用地受到限制时,一条进口车道的最小宽度可取 2.80m。转角导流交通岛右侧右转专用车道,应按设计速度及转弯半径大小设置车道加宽。

(2) 交叉口进口专用左转车道

当高峰 15min 内每信号周期左转车平均流量达 2 辆以上时,宜设左转专用车道;当每信号周期左转车平均流量达 10 辆时,或车辆左转所需左转专用车道长度达 90m 时,宜设 2 条左转专用车道。左转交通量特别大且进口道上游路段车道数为 4 条或者 4 条以上时,可设 3 条左转专用车道。进口道左转专用车道设置可采用下列方法:

① 拓宽进口道,以便新增左转专用车道。

② 压缩较宽的中央分隔带,新辟左转专用车道。压缩后的中央分隔带宽度,对于新建交叉口至少应为 2m,对于改建交叉口至少应为 1.5m,其端部宜为半圆形 [图 7-3-1a)]。

③ 道路中线偏移,以便新增左转专用车道 [图 7-3-1b)]。

④ 在原直行车道中分出左转专用车道。

(3) 交叉口进口专用右转车道

平面交叉口进口道右转专用车道设置可采用下列方法:

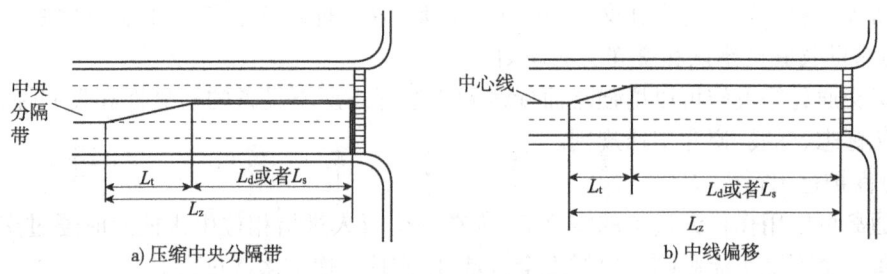

图 7-3-1 左转专用道设置

L_t-变换车道所需的渐变段长度(m);L_d-减速车道长度(m);L_s-相邻候驶车辆排队长度(m);L_z-左转专用车道最小长度(m)

①拓宽进口道,新增右转专用车道(图 7-3-2)。

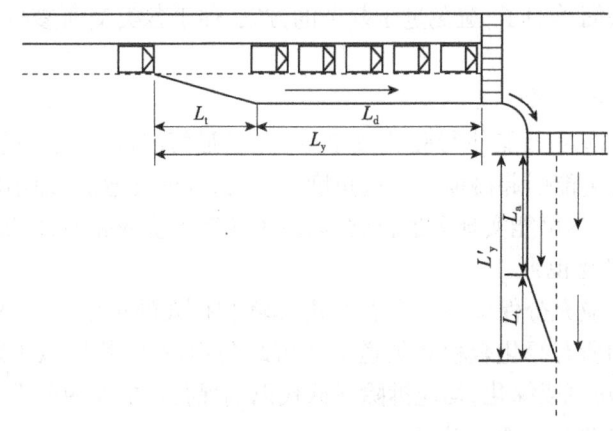

图 7-3-2 拓宽设置右转专用道

L_t-渐变段长度(m);L_d-展宽段长度,不小于相邻候驶车队长度(m);L_a-车辆加速所需距离(m);L_y-展宽右转专用车道长度(m);L'_y-展宽加速车道长度(m)

②在原直行车道中分出右转专用车道。

(4)交叉口进口道长度

平面交叉口进口道长度由展宽渐变长度(L_t)与展宽段(L_d)组成(图 7-3-2)。渐变段长度(L_t)按车辆以 70% 路段设计车速行驶 3s 横移一条车道时来计算确定。渐变段最小长度不应少于:支路 20m,次干路 25m,主干路 30~35m。展宽段最小长度,应保证左转或右转车不受相邻候驶车辆排队长度的影响。相邻候驶车辆排队长度(L_s)可由下式确定:

$$L_s = 9N \tag{7-3-1}$$

式中:N——高峰 15min 内每信号周期的左转或右转车的排队车辆数。

当需设两条转弯专用车道时,展宽段长度可取一条专用车道长度的 60%。无交通量资料时,展宽段最小长度不应小于:支路 30~40m,次干路 50~70m,主干路 70~90m,与支路相交取下限,与主干路相交取上限。

(5)交叉口出口道

出口道车道数,应与上游各进口道同一信号相位流入的最大进口车道数相匹配。条件受限的改建交叉口,流入最大进口车道数可减少一条。相邻进口道设有右转专用车道时,出口道应展宽一条专用出口车道。

出口道每条车道宽度不应小于路段车道宽度,宜为3.50m,条件受限的改建交叉口出口道每条车道宽度不宜小于3.25m。

出口道长度由出口道展宽段(L_a)和展宽渐变段(L_t)组成(图7-3-2)。展宽段最小长度不应小于30~60m,交通量大的主干路取上限,其他可取下限;当设置公交停靠站时,应再加上站台长度。渐变段最小长度不应小于20m。

(6)交通岛

交通岛可分为导流岛和安全岛。交通岛不应设在竖曲线顶部,面积不宜小于7.0m²,面积狭小时,可用路面标线表示。转角交通岛兼作行人过街安全岛时,面积(包括岛端尖角标线部分)不宜小于20m²。

导流岛间导流车道的宽度应适当,以免因过宽而引起车辆并行、抢道。当需设右转专用车道而布设转角交通岛时,右转专用车道曲线半径应大于25m,并应按设计车速及曲线半径大小设置车道加宽,加宽后的车道宽度应符合表7-3-1的规定。

右转专用车道加宽后的宽度(m) 表7-3-1

曲线半径(m)	设计车辆	
	大型车	小型车
25~30	5.0	4.0
>30	4.5	3.75

导流岛端部应醒目,并在外形上能诱导车辆前进方向,必要时可兼作行人过街安全岛。导流岛的偏移距、内移距及端部圆曲线半径(图7-3-3)最小值可按表7-3-2取用。导流岛各部分要素(图7-3-4)最小值可按表7-3-3取用。

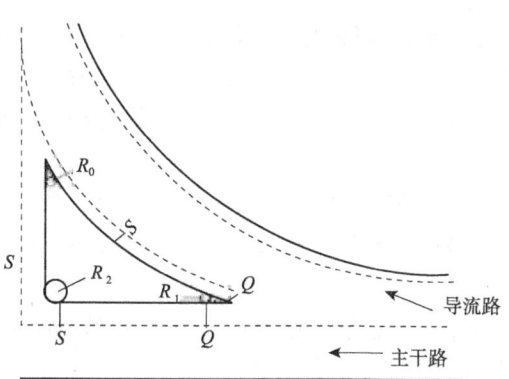

图7-3-3 偏移距、内移距及端部圆曲线半径最小值

导流岛偏移距、内移距、端部圆曲线半径最小值 表7-3-2

设计速度(km/h)	偏移距 S(m)	内移距 Q(m)	R_0(m)	R_1(m)	R_2(m)
≥50	0.50	0.75	0.5	0.5~1.0	0.5~1.5
<50	0.25	0.50			

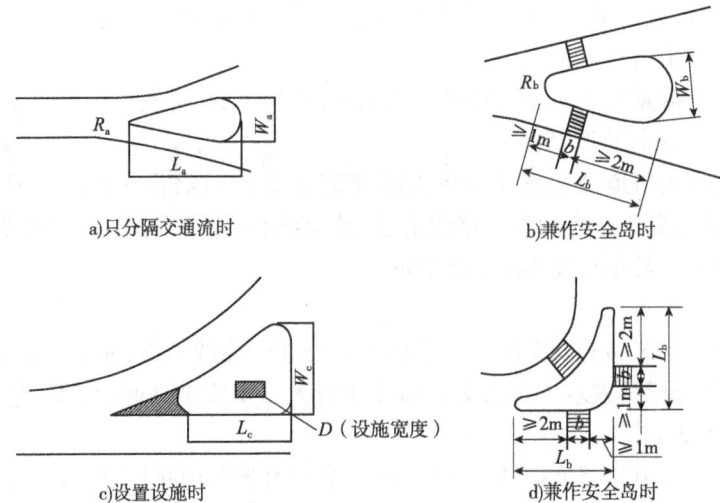

图 7-3-4 导流岛各部分要素

导流岛各要素最小值(m)　　表 7-3-3

图示	图 7-3-4a)			图 7-3-4b)、c)			图 7-3-4d)	
要素	W_a	L_a	R_a	W_b	L_b	R_b	W_c	L_c
最小值(m)	3.0	5.0	0.5	3.0	$b+3$	1.0	$D+3$	5.0

(7) 人行横道

交通岛人行横道宽度 3～6m 不等,根据实际需要设定。人行横道口实行无障碍设计。若人行横道长度大于 16m,则应在中间设置停留岛,以备行人二次过街。

(8) 环形交叉口

环形平面交叉,应采用交通岛、路面标线、交通标志进行渠化设计。在环道进出口各向车辆行驶迹线的盲区范围,可设计成三角形的交通岛,交通岛上布置绿化或交通附属设施时,应保证环道上绕行车辆的行车视距要求。在同地下设施相配合或地形有利的情况下,宜设置行人地下通道。

环形平面交叉口环道的车道数、宽度、断面布置,应符合下列规定:

①环道的机动车道数宜为 2～3 条。对现有大型环形交叉的改建或具有特殊要求的可放宽要求。

②环道上每条车道宽度,为正常车道宽度加上弯道上车道加宽的宽度。环道上车道加宽值,应符合表 7-3-4 的规定。

环道上车道加宽值(m)　　表 7-3-4

中心岛半径(m)		$10<R\leq15$	$15<R\leq20$	$20<R\leq30$	$30<R\leq40$	$40<R\leq50$	$50<R\leq60$
车型	小型车	0.80	0.70	0.60	0.50	0.40	0.40
	大型车	3.00	2.40	1.80	1.30	1.00	0.90

③非机动车道宽度不应小于交汇道路中的最大非机动车道的宽度,也不宜大于 6m。

④根据交通流的情况,环道可布置为机动车与非机动车混行或分行。分行时可用分隔

带、分隔物或标线分隔,分隔带宽度不应小于1m。

⑤中心岛上不应布设人行道。环道外侧人行道宽度,不应小于与该段环道相邻的相交道路路段上人行道宽度。

⑥环道横断面宜设计成以环道中线为路拱脊线的两面坡,中心岛四周低洼处应布设雨水口;环道纵坡度不宜大于2%。

对应主要设计要素平面交叉口渠化示意图,如图7-3-5所示。

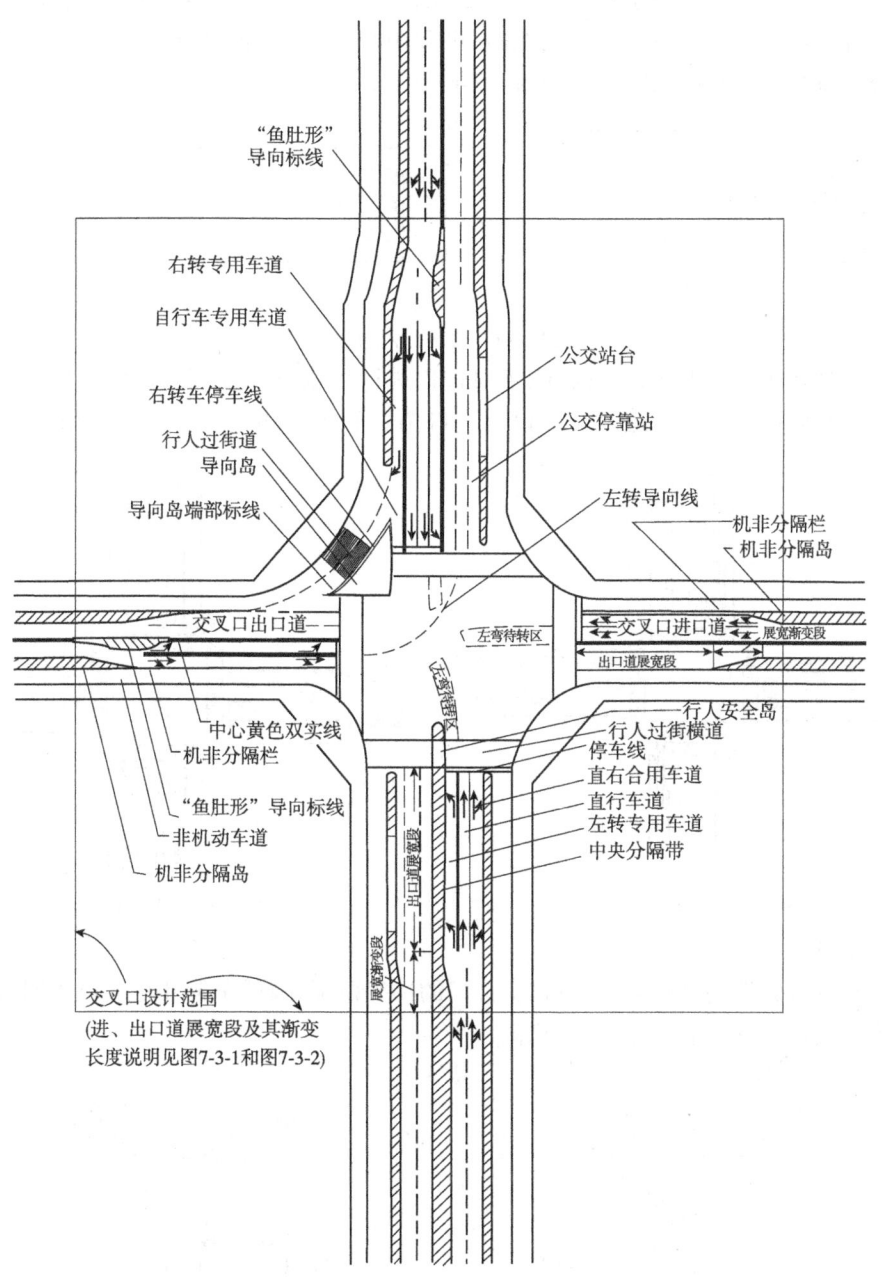

图7-3-5 对应主要设计要素平面交叉口渠化示意图

7.3.2 平面交叉口主要渠化措施

1) 交叉口功能区车道拓宽

当交叉口功能区车行道的宽度不足,又必须划分左转、直行及右转车道时,为了提高交叉口的通行能力,常采用向道路一侧或两侧拓宽的办法,以增加交叉口进口车道数来提高道路的通行能力。

PPT

交叉口拓宽的形式一般是向进口道左侧或右侧拓宽。向左侧拓宽时,可利用中央分隔带,或占用部分对向车道等;向右侧拓宽时,可利用行车道右侧绿化带,占用部分人行道,或拆迁部分建筑物等。具体拓宽形式如图7-3-6所示。

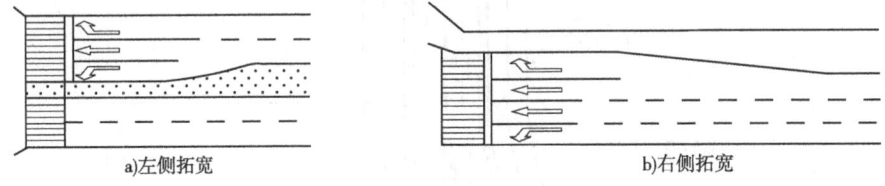

a)左侧拓宽　　　　　　　　　　　b)右侧拓宽

图7-3-6 交叉口扩宽形式

交叉口功能区拓宽渠化设计时,除了对进口进行拓宽以外,还可以对出口进行拓宽,交叉口出口拓宽同样是增设车道。交叉口的进口拓宽和出口拓宽常常同时采用。如图7-3-7和图7-3-8所示。

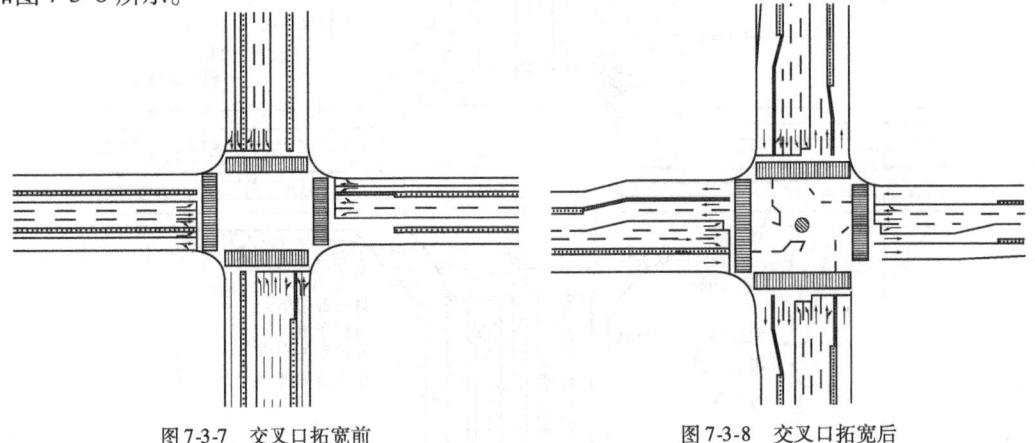

图7-3-7 交叉口拓宽前　　　　　　　　　图7-3-8 交叉口拓宽后

2) 减少冲突面积

规范车辆行驶轨迹,减小交通流在交叉口的冲突范围,降低车辆和行人过街时发生碰撞的危险[11]。如图7-3-9和图7-3-10所示。

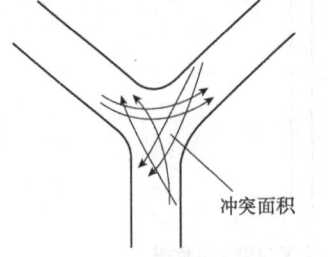
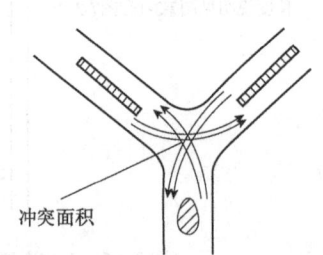

图7-3-9 渠化之前的交通冲突示意图　　　图7-3-10 渠化之后的交通冲突示意图

3）调整交叉角度

调整交叉角度，使对向车流尽可能成直角交叉，减少车辆行驶冲突的面积。如图 7-3-11 和图 7-3-12 所示。缩短交叉时间，为驾驶员提供判断车辆相对位置和速度的最佳条件。

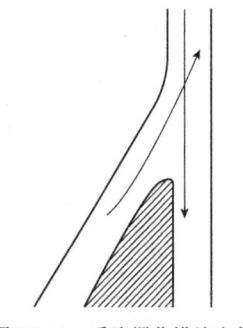 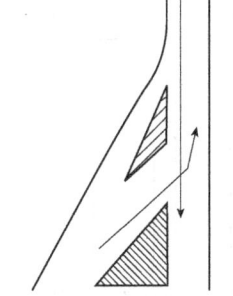

图 7-3-11　采取渠化措施之前　　　　图 7-3-12　采取渠化措施之后

4）减小合流角度

使交通流以 10°～15° 的合流角度，以最小的速度差进行合流，使汇合车辆可利用最小车头间距。如图 7-3-13 和图 7-3-14 所示。

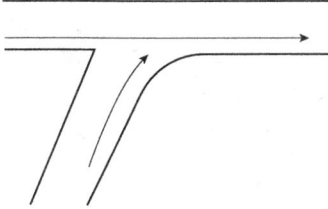 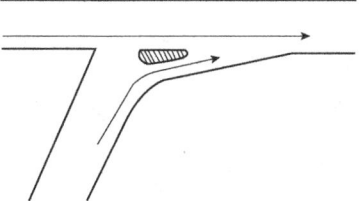

图 7-3-13　采取渠化措施之前　　　　图 7-3-14　采取渠化措施之后

5）缩小进口道宽度

缩小交叉口进口道宽度或使进口道路弯曲，使驶入交叉口的车辆通过减少驾驶员行驶道路空间，约束驾驶员操作行为，并减速行驶，尽可能减少对干道车流的影响。如图 7-3-15 ～ 图 7-3-18 所示。

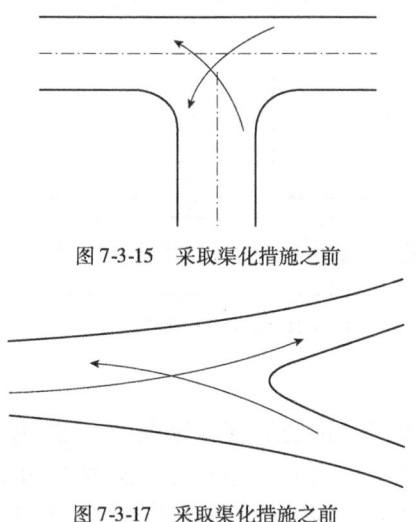 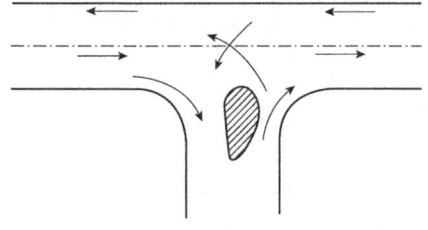

图 7-3-15　采取渠化措施之前　　　　图 7-3-16　采取渠化措施之后

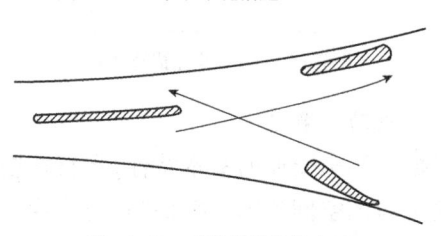

图 7-3-17　采取渠化措施之前　　　　图 7-3-18　采取渠化措施之后

6)分车道转弯

减少过多的机动车道,减少路基路面工程量,降低工程造价,并减轻右转车辆对直行、左转车辆的影响。如图7-3-19和图7-3-20所示。

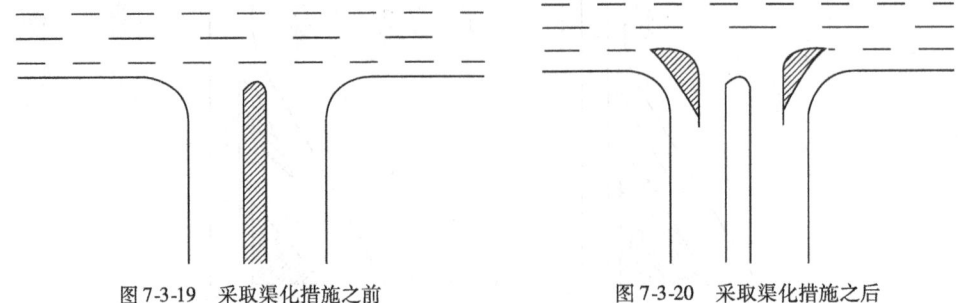

图7-3-19 采取渠化措施之前　　　　　图7-3-20 采取渠化措施之后

7)设置行人过街安全岛

合理利用交叉口空间布设交通岛,缩短行人单次过街的时间和距离,减少行人与车流的冲突,从而保障行人的安全,并提高车辆运行速度。如图7-3-21和图7-3-22所示。

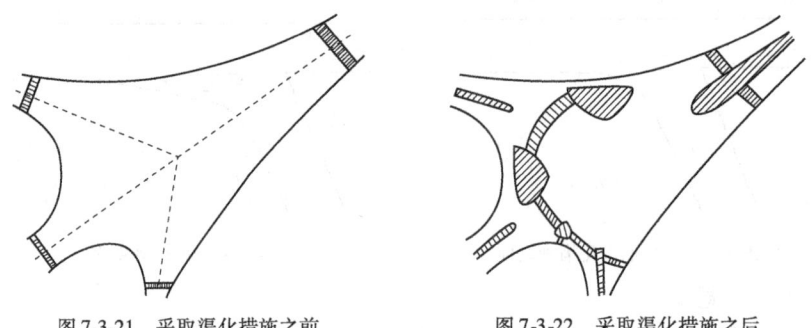

图7-3-21 采取渠化措施之前　　　　　图7-3-22 采取渠化措施之后

8)设置转弯候驶车道或区域

通过布置渠化岛,提高车辆运行速度,划分左转、右转专用车道或候驶区域,使车辆各行其道,避免相互干扰。如图7-3-23和图7-3-24所示。

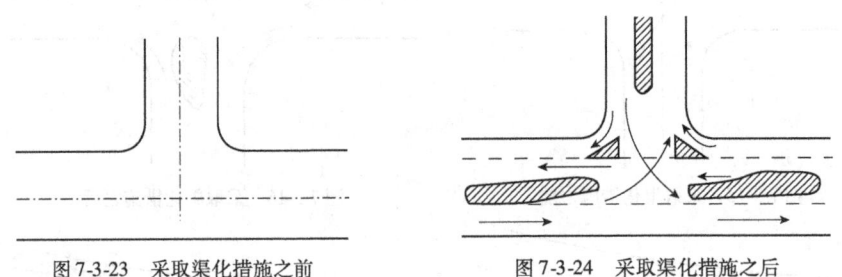

图7-3-23 采取渠化措施之前　　　　　图7-3-24 采取渠化措施之后

9)非机动车渠化

根据自行车交通的基本特性、自行车在道路交叉口的交通管理原则的考虑,为了充分利用交叉口的空间资源,交叉口自行车渠化设计方法可分别采用左转二次过街、机动车设置双停车线、非机动车停车线前移以及自行车与行人一体化设计等方法。参见本书第5

章相关内容。

10) 左转车流的交通组织

交叉口左转车辆是产生冲突点及影响直行车通行能力的主要因素,因此通过渠化措施合理地组织左转车辆的行驶路线是提高交叉口通行能力,保证交通安全的关键所在。交叉口左转车辆的交通组织有以下几种途径(图7-3-25)。

(1)信号灯(色灯)管制。在设置定周期自动信号灯的路口,实行绿灯信号伺机左转。在有条件的情况下,更应把左转信号灯与直行信号灯分开,设置专用左转信号,以便消除冲突点。

(2)环形交通。在四路以上的交叉口中央设置交通岛,使进入交叉口的车辆一律绕交通岛单向行驶,它把所有的冲突点变为交织的合流点。

(3)变左转为右转。这里又可分为两种情况:图7-3-25c)所示为街坊绕行;图7-3-25d)所示为远引式交叉。

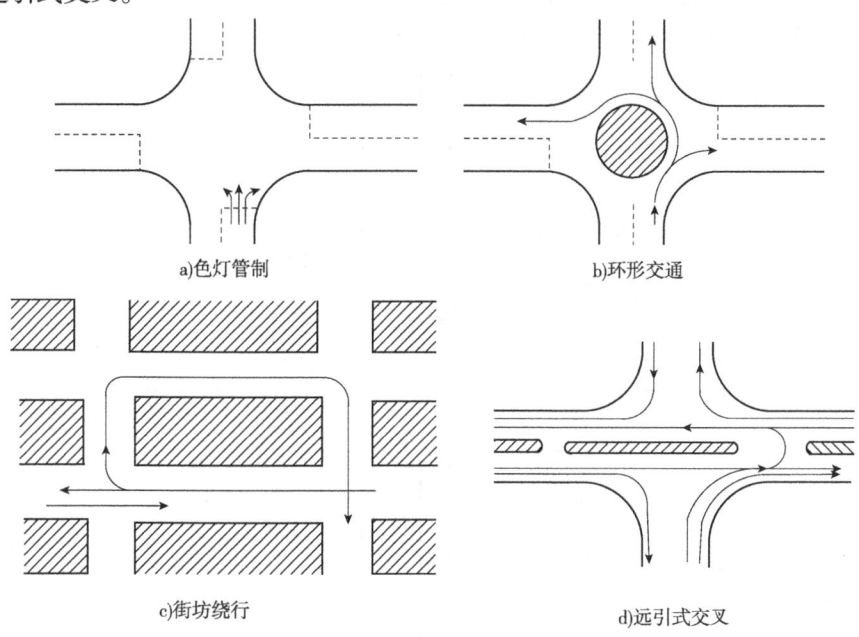

图7-3-25 交叉口左转弯车辆的组织

习题及思考题

1. 在某个交叉口进口道,车辆的行驶速度为60km/h,驾驶员的感知—反应时间为2.5s,滑动摩擦系数为3.5,坡度为0;车辆减速和侧向移动的行驶距离为83m;排队车辆的平均间距为6m,最大排队车辆数为8。请分析该交叉口的功能区。

2. 如习题7-2图所示,有两个相邻交叉口,在交叉口之间要进行土地开发,需要接入支路。驾驶员的感知—反应时间为2.5s,滑动摩擦系数为3.5,坡度为0;车辆减速和侧向移动的行驶距离为90m,排队车辆的平均间距为6m;在交叉口1附近,车辆的行驶速度为65km/h,最大排队车辆数为10;在交叉口2附近,车辆的行驶速度为70km/h,最大排队车辆数为12。

如果交叉口之间的距离是600m,请分析两交叉口之间的接入窗口,并用图形加以表示。

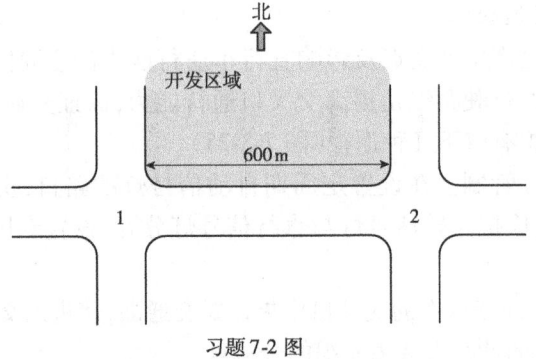

习题7-2 图

3. 习题7-3 图是两条公路相交而成的平面交叉口,试分析:
(1)在基本通行规则之下的运行是否安全?
(2)是否有必要安装停车让行或者减速让行标志?

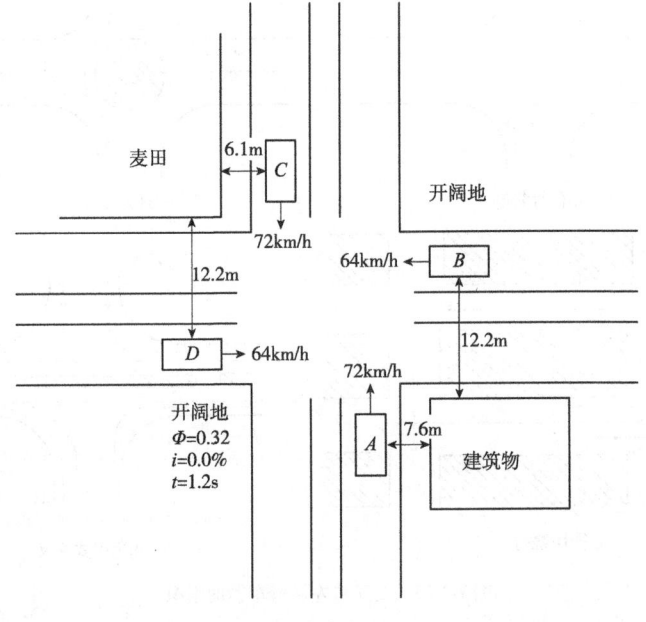

习题7-3 图

4. 在习题7-4 图中,东西方向双向行驶道路与北向行驶的单行道路相交而成平面交叉口,试分析:

(1)在基本通行规则之下的运行是否安全?
(2)如不安全,应如何改善?

5. 交叉口渠化控制设计中应注意哪些因素?
6. 交叉口改良设计的基本步骤有哪些?改良对策的关键有哪些?
7. 分析交叉口功能区的组成。
8. 交叉口的控制等级有哪些?
9. 如何保障在基本通行规则之下运行的交叉口具有充足的视距?

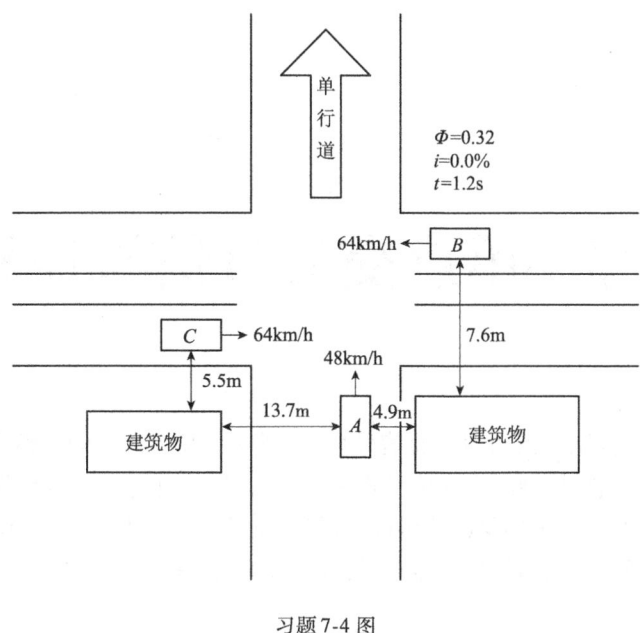

习题 7-4 图

本章参考文献

［1］吴兵,李晔. 交通管理与控制［M］. 4 版. 北京:人民交通出版社,2009.
［2］William R. McShane, Roger P. Roess, Elena S. Prassas. Traffic Engineering［M］. Prentice Hall,1998.
［3］中华人民共和国国家标准. GB 5768—2009 道路交通标志和标线［S］. 北京:中国标准出版社,2009.
［4］Zhang Guoqiang,Qi Yuli,Chen Jun. Exploring Factors Impacting Paths of Left-Turning Vehicles from Minor Road Approach at Unsignalized Intersections［J］. Mathematical Problems in Engineering, 2016（11）: 1-9.
［5］中华人民共和国行业标准. CJJ 152—2010 城市道路交叉口设计规程［S］. 北京:中国建筑工业出版社,2010.
［6］李江. 现代道路交通管理［M］. 北京:人民交通出版社,2000.
［7］Committee on Access Management. Access management manual. Transportation Research Board,Washington D C,2003.
［8］陆键,张国强,项乔君,袁黎. 公路平面交叉口交通安全设计理论与方法［M］. 北京:科学出版社,2009.
［9］中华人民共和国行业标准. JTG B05—2015 公路项目安全性评价规范［S］. 北京:人民交通出版社股份有限公司,2016.
［10］徐建闽. 交通管理与控制［M］. 北京:人民交通出版社,2007.
［11］徐吉谦. 平面交叉口渠化［G］. 南京:东南大学,2000.

第8章 单点交叉口信号控制基础

单点交叉口信号控制是指利用交通信号灯,对孤立交叉口运行的车辆和行人进行通行权的分配。单点交叉口信号控制以交通信号控制模型为基础,通过合理控制路口信号灯的灯色变化,以达到减少交通拥堵、保证城市道路畅通和避免发生交通事故等目的。单点交叉口信号控制是城市道路交通信号控制的基本形式,是城市道路交通控制最主要最基本的方法。

8.1 单点交叉口信号控制基本要求

8.1.1 交叉口信号控制的设置依据

事实上,并非所有交叉口都适合采用信号控制。对于交通量较低或是主次路权清晰的交叉口,有时采用减速或停车让行控制的效果会比信号控制更好。因此,在设计交叉口管理控制方案之前,应当考虑采用哪种控制方式为宜。

1)设置交通信号控制的利弊

广义的交叉口控制方式不仅包括信号控制,还包括停车让路控制和减速让路控制等。无论是停车让路控制还是减速让路控制,在通行权上处于次要地位的车流需要等待拥有优先通行权的车流出现可穿越间隙时方可通行,而对于何种间隙为可穿越间隙并没有强制性规定,不同驾驶员对可穿越间隙的执行标准也不相同。相比而言,信号控制对通行权的分配带有更多的强制性。驾驶员通过当前信号灯的颜色即可判断是否可以通行。因此,信号控制方式对通行权的分配最为明确,而其他控制方式在通行权的分配上弹性较大,对人主观判断的依赖性也较大。当交叉口的交通流量处于较低水平时,信号控制方式因其故有的红灯时间导致延误较大,而停车让路控制、减速让路控制方式则相对延误较小。另一方面,当交叉口的交通量处于较高水平时,拥有优先通行权的车流中可穿越间隙数量较少,导致通行权上处于次要地位的车流等待可穿越间隙出现的时间变长,因而致使延误的上升,同时,由于车流量的增大,车辆寻找可穿越间隙进行穿行变得困难,一定程度上增大了交通事故发生的概率。信号控制方式在交通量较大的情况下则更具有优势。信号控制通过对通行权的明确分配,不仅延误水平较低,而且规范了交叉口通行秩序,使交叉口的安全状况得到改善,安全水平得到提升。

值得一提的是,信号控制并非在所有情况下都能起到改善交通安全的作用。当车辆长时间等待红灯而又未发现其他进口道有车辆到达时,往往容易引发故意闯红灯的现象。因此,信号控制交叉口的交通事故,往往多发生在交通量较低的交叉口,或是交通量较低的时段内。

通过上述分析不难发现,交通信号控制并非适用于所有条件的交叉口。对于道路通行权主、次清晰且交通量较低的交叉口,设置信号灯并不利于交叉口延误的降低和交通安全状况的改善。因此,研究制订合理设置交通信号灯的依据十分重要。一方面,使信号灯设置有据可依,真正发挥信号控制方式的作用;另一方面,其也可避免无谓的投资浪费。

2)设置交通信号控制的理论依据

通常,对于主次通行权分明以及交通量较低的交叉口,采用停车让路控制或减速让路控制;对于交通量较大的交叉口则采用信号控制。决定是否应将停车让路控制或减速让路控制改变为信号控制时,应主要考察两个因素:交叉口的通行能力和延误。考察如继续采用停车让路控制或减速让路控制是否能满足交叉口实际交通量的通行要求,以及改为信号控制后交叉口的平均延误水平是否得到改善。

(1)停车让路控制或减速让路控制交叉口的通行能力

停车让路控制或减速让路控制交叉口的通行规则约定:拥有优先通行权道路上的车流行驶不受次要道路上行驶车辆的影响;而次要道路上的车辆到达交叉口时则需先减速或停车,等待主要道路上的车流出现可穿越的间隙后方可穿行通过交叉口。因此,主要道路的最大通行能力可接近其饱和流量;而次要道路的通行能力则与主要道路上车流的车头时距分布情况相关。当主要道路车辆到达率服从泊松分布(即车头时距服从负指数分布)时,根据上述通行规则,可以得到交叉口次要道路的通行能力的计算公式如下:

$$Q_{max} = \frac{q \mathrm{e}^{-\frac{q\tau}{3600}}}{1 - \mathrm{e}^{-\frac{qh}{3600}}} \tag{8-1-1}$$

式中:Q_{max}——次要道路的最大通行能力,pcu/h;

q——主要道路交通量,pcu/h;

τ——主要道路车流中可供次要道路车辆穿越的临界间隙时距,一般取值范围为 4.5~10s;

h——次要道路车辆连续穿越主要道路车流间隙时的饱和时距,一般取值范围为 2~3s。

利用式(8-1-1)可算出不同主要道路车流量水平下,次要道路的通行能力。不难发现,随着主要道路车流量的增大,次要道路的通行能力逐渐减小,如图 8-1-1 所示。

除次要道路交通量大于其通行能力时应采用信号控制外,当主要道路的交通量接近通行能力值时,次要道路车辆穿越主要道路车流通行已变得困难,排队长度和延误也迅速上升,此时也应考虑将该交叉口的控制方式改为信号控制。

(2)交叉口的平均延误时间

停车让路控制或减速让路控制的通行规则使得主要道路车流通过交叉口几乎无任何延误,然而这是以牺牲次要道路车辆的

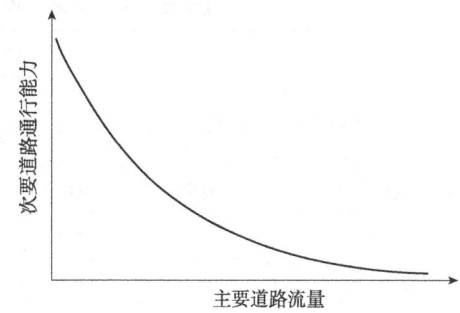

图 8-1-1 停车/减速让路控制方式下主要道路流量— 次要道路通行能力相关变化曲线

利益为代价的,可能导致次要道路的车辆延误很大。信号控制可以有效降低次要道路车辆的平均延误,但必然造成主要道路上部分车辆延误的增加。因此,当考虑是否将停车让路控制或减速让路控制改为信号控制时,还应当考察改变前后交叉口车辆平均延误的变化情况。

目前在停车让路控制和减速让路控制交叉口的延误计算方面,理论研究成果虽然不少,但能够真正实用的却不多。较为成熟的延误计算方法是美国《道路通行能力手册》(2000 版)[1]中提供的停车让路控制交叉口延误计算方法。然而,该方法中的模型是基于美国交叉口的通行规则和交通流特点建立的,主要模型参数也是基于美国道路交通状况标定的,因而该方法并不能完全适用于我国的道路交通状况。虽然对于停车让路控制和减速让路控制交叉口延误的理论分析较为困难,但定性分析仍然可以为交叉口控制方式的选择提供一定的参考和依据。

当主、次道路交通量的比值为固定值时,停车让路控制、减速让路控制和信号控制方式下的交通流量—延误时间变化图可用图 8-1-2 近似描述。比较图中曲线可以看出,当交叉口流量较小时,信号控制下的延误要高于停车让路控制和减速让路控制下的延误;随着交叉口交通量的增大,这两种控制方式的延误水平越来越接近,直至交通量增大到某一临界值(通常分布在 800 ~ 1200pcu/h 之间)时,两种控制方式的延误水平相同;随后,当交通量继续增大时,停车让路控制或减速让路控制方式的延误时间迅速上升,明显高于信号控制方式下的延误水平。

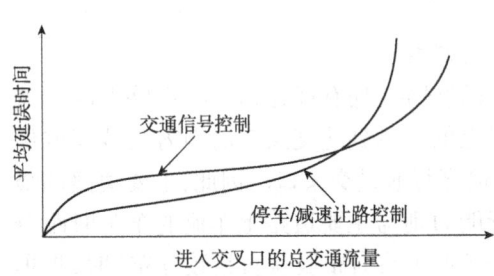

图 8-1-2 停车/减速让路控制方式与信号控制方式下交通流量—延误时间相关变化曲线

3) 设置交通信号控制的条件和标准

设置交通信号控制虽有一些理论依据,但这些理论依据大多包含大量的复杂模型,不便于交通工程人员的实际应用,且世界各国的交通条件又各有差异。因此,各国都根据上述理论依据,充分考虑各自交通实际状况,制定出合适的交通信号控制设置标准。以美国《统一交通控制设施手册》(简称《手册》)[1]为例,该《手册》详细给出了设置信号控制的条件,主要包括以下 8 个方面:

(1) 工作日任意 8 小时中每一小时的主要道路和次要道路的车流量大于《手册》中推荐的流量值,见表 8-1-1。

《手册》规定交叉口设置信号灯的 8 小时交通流量标准[2]　　表 8-1-1

条件 A——最小车流量							
进口道通车车道数		主要道路车辆数(pcu/h) (双向进口道的总和)				次要道路车辆数(pcu/h) (单向中流量较大者)			
主要道路	次要道路	100%	80%	70%	56%	100%	80%	70%	56%
1	1	500	400	350	280	150	120	105	84
2 及以上	1	600	480	420	336	150	120	105	84
2 及以上	2 及以上	600	480	420	336	200	160	140	112
1	2 及以上	500	400	350	280	200	160	140	112

续上表

进口道通车车道数		主要道路车辆数(pcu/h)（双向进口道的总和）				次要道路车辆数(pcu/h)（单向中流量较大者）			
主要道路	次要道路	100%	80%	70%	56%	100%	80%	70%	56%
1	1	750	600	525	420	75	60	53	42
2 及以上	1	900	720	630	504	75	60	53	42
2 及以上	2 及以上	900	720	630	504	100	80	70	56
1	2 及以上	750	600	525	420	100	80	70	56

条件 B——中断连续交通量

（2）工作日任意4小时中每一小时的主要道路和次要道路的车流量分布在《手册》中推荐的判定曲线上方，如图8-1-3所示。

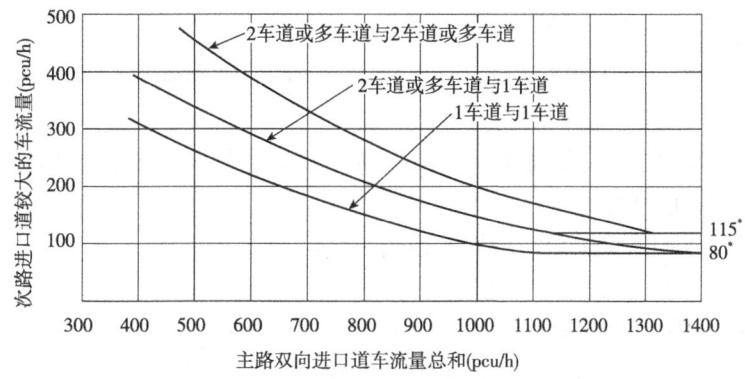

*注：115pcu/h是次路具有2车道或多车道的进口道流量下限，80pcu/h是次路进口道具有1车道的进口道流量下限。

图8-1-3 《手册》规定交叉口设置信号灯的4小时交通流量标准[2]

（3）工作日高峰小时车流量和延误同时大于《手册》中推荐的流量值和延误值。
（4）工作日行人过街流量大于《手册》中推荐的流量值。
（5）车流中实际出现的空当时间小于学童过街所需的空当时间。
（6）需要考虑与邻近交叉口设置联动信号系统。
（7）交叉口每年发生的交通事故多于《手册》中给出的警戒值，并且这些交通事故可以通过改用信号控制而避免其发生。
（8）工作日高峰小时的车流量至少达到1000pcu/h，并且预计未来5年工作日的交通量满足上述(1)、(2)、(3)条依据中的一个或数个条件。

我国于2006年颁布了国家标准《道路交通信号灯设置与安装规范》(GB 144886—2006)[3]，对信号灯的安装做出了如下规定：

（1）当进入同一交叉口高峰小时及12h交通量超过表8-1-2所列数值及有特别要求的交叉口可设置机动车信号灯。

我国规范规定交叉口设置信号灯的交通流量标准[3]　　　表 8-1-2

主要道路宽度(m)	主要道路交通流量(pcu/h)		次要道路交通流量(pcu/h)	
	高峰小时	12h	高峰小时	12h
小于 10	750	8000	350	3800
	800	8000	270	2100
	1200	13000	180	2000
大于 10	800	10000	380	4100
	1000	12000	300	2800
	1400	15000	210	2200
	1800	20000	150	1500

注:1.表中交通流量按小客车计算,其他类型的车辆应折算为小客车当量;

2.12h 交通量为 7:00~19:00 的交通量。

(2)设置机动车信号灯的交叉口,当道路具有机动车、非机动车分道线且道路宽度大于 15m 时,应设置非机动车道信号灯。

(3)设置机动车道信号灯的交叉口,当通过人行横道的行人高峰小时流量超过 500peds/h 时,应设置人行横道信号灯。

(4)实现分道控制的交叉口应设置车道信号灯。

(5)每年发生人身伤害事故 5 次以上的交叉口。

对于处于规划中的城市道路交叉口,我国《城市道路交叉口规划规范》(GB 50647—2011)[4]对是否采用交通信号控制也做了说明。对以下几类情况,该规范建议采用信号控制方式:

(1)规划中的主干路与主干路交叉口。

(2)规划中的主干路与次干路交叉口。

(3)规划中的次干路与次干路交叉口。

对于规划中的主干路与支路交叉口、次干路与支路交叉口以及支路与支路交叉口在选择交通控制方式时,需结合规划道路建成后预计的流量情况和交通管制情况加以考虑。

8.1.2　单点交叉口信号控制方式划分

单点交叉口信号控制根据控制方式的不同主要可以分为定时式控制、感应式控制以及自适应控制。

(1)定时式控制是指交叉口信号具有确定的控制方案,信号灯在控制时段内按照预先设定的控制方案周期式地进行信号控制。定时式控制具有工作稳定可靠,便于与相邻交叉口的交通信号进行协调,设施成本较低,安装、维护方便等优点,适用于交通需求波动小或交通量较大(接近饱和状态)的情况,但存在灵活性差、不适应交通需求波动的缺点。

(2)感应式控制是指交通信号灯能根据交通检测器检测到的交叉口实时交通流状况,采用适当的信号显示时间以适应交通需求的一种信号控制方式。感应式控制对车辆随机到达以及交通需求波动较大的情况适应性较强,然而存在协调性差、设施成本较高的缺点,详细内容见本章8.4节。

(3) 自适应控制是基于人工智能技术发展起来的一种信号控制方式,具有学习、抽象、推理和决策等功能,能根据环境的变化做出恰当的适应性反应。自适应控制具有较强的实时性、鲁棒性和独立性,但控制策略较为复杂,且需要配套相应的检测装置。

单点交叉口信号控制方式的选择应根据实际情况具体分析。本章将分别对单点交叉口定时式信号控制和感应式信号控制的基本原理和方法进行介绍。如不作特别说明,本章中出现的单点信号控制即指定时式信号控制。

8.1.3　单点交叉口信号控制的基本参数

交叉口信号控制方案的设计是一个复杂的过程,在深入探讨信号控制方案及进行信号控制分析之前,有必要先了解一下与单点信号控制相关的基础性概念,包括:

PPT

1) 信号周期

信号周期是指信号灯色按设定的相位顺序显示一周所需的时间,如图8-1-4所示,用 C 表示,单位为秒(s)。一般来说,每一种通行需求的交通流(各种不同转向的机动车流、非机动车流和行人过街交通流)都会在一个周期内获得至少一次绿灯信号。实际中,对于信号控制较为简单的中小型交叉口,信号周期取值一般在40~120s;对于信号控制较为复杂的大型交叉口,信号周期取值一般在180s左右。

2) 信号相位

在信号控制交叉口,每一种控制状态(一种通行权),即对各进口道不同方向所显示的不同灯色的组合,称为一个信号相位。一个信号相位中,获得通行权进口道的信号灯显示时间通常由绿灯时间和黄灯时间组成,大型交叉口有时还包括全红时间。所有这些信号相位及其顺序统称为相位(相位方案),一个信号控制方案在一个周期内有几个信号相位,则称该信号控制方案为几相位的信号控制。十字形交叉口通常采用2~4个信号相位。图8-1-4所示是一种最基本的两相位方案。过少的相位不能有效地分配交叉口的通行权,容易导致交通混乱以及交通安全性下降;而过多的相位虽然使交叉口的通行秩序和安全性得到了改善,然而却因过多的相位转换损失了大量的通行时间,导致交叉口通行能力下降和车辆、行人延误上升。

3) 控制步伐

对于某一时刻,交叉口各个方向各交通信号灯状态所组成的一组确定的灯色状态组合,称为控制步伐。控制步伐持续的时间称为步长。一般而言,一个信号相位通常包含有一个主要控制步伐和若干个过渡性控制步伐。主要控制步伐的步长一般由放行方向的交通量决定,过渡性控制步伐的步长取值一般在3s左右。

4) 控制链

控制链是在交通信号控制系统中相位方案在同一个控制器中的时间排序。

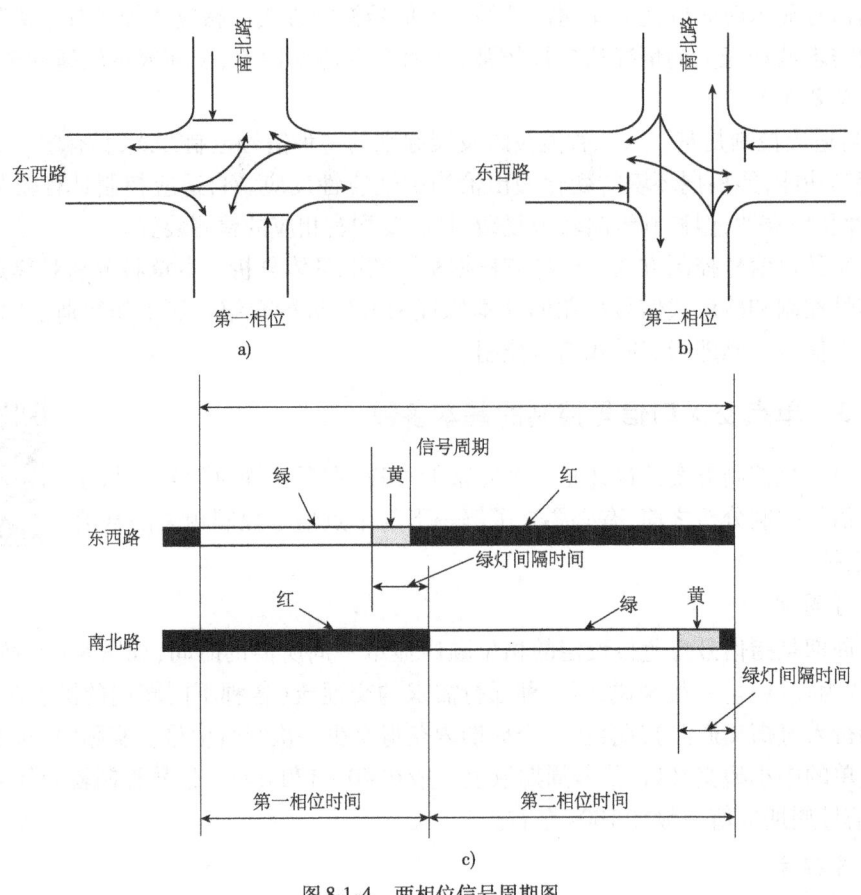

图 8-1-4 两相位信号周期图

5) 绿信比

绿信比是指一个信号周期内某信号相位的有效绿灯时长与信号周期时长的比值,一般用 λ 表示:

$$\lambda = \frac{g_E}{C} \tag{8-1-2}$$

PPT

式中: g_E——有效绿灯时长,s。

6) 黄灯时间

黄灯通常设置于信号相位中绿灯结束之后,提醒驾驶员红灯即将开启。黄灯时间一般不建议车辆驶出停车线进入交叉口,除非在黄灯开启之初,已经接近停车线,无法安全制动的车辆,可以开出停车线。黄灯时间如图 8-1-5 所示,黄灯时间为 $(t_5 - t_3)$,包括后补偿时间及后损失时间,其中后补偿时间是指黄灯期间有驾驶员驾驶车辆进入交叉口的时间。黄灯时长与驶入进口道的车速有关,实际使用时一般设置为 2~3s。

7) 全红时长

所谓全红信号是指交叉口所有进口方向的车道信号灯都为红灯的状态。全红信号通常设置于黄灯之后,主要功能是使黄灯期间进入交叉口而未能驶出交叉口的车辆能够在下一相位的首车到达冲突点前安全驶出交叉口。如图 8-1-5 所示,全红时长为 $(t_6 - t_5)$。全红时长与交叉口的几何尺寸有关,实际使用时一般设置在 3s 以内。

8)绿灯间隔时间

绿灯间隔时间是指一个相位绿灯结束到下一相位绿灯开始之间的时间间隔通常用 I 表示。设置绿灯间隔的作用是确保已通过停车线进入交叉口的车辆能够在下一相位的首车到达冲突点前安全通过冲突点,驶出交叉口。绿灯间隔时间,亦称相位过渡时间,通常由黄灯时间或者黄灯时间加上全红时间组成,如图 8-1-5 所示,绿灯间隔时间为 $(t_6 - t_3)$。

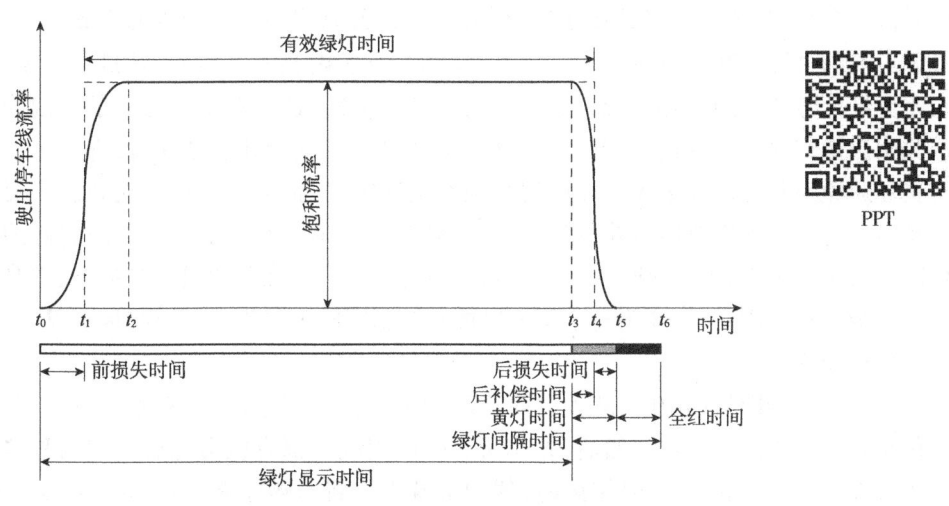

图 8-1-5　信号相位期间车流驶出停车线流量示意图

9)损失时间

损失时间是指在信号周期内无法被利用的时间,包括前损失时间、后损失时间以及全红信号时间。前损失时间又称为启动损失时间,是指绿灯刚启亮时由于驾驶员的反应延迟、车辆从静止加速到正常行驶速度造成的时间损失。后损失时间是指绿灯末期及黄灯期间驾驶员放缓车速损失的时间。全红信号损失即为全红信号时长。如图 8-1-5 所示,前损失时间为 $(t_1 - t_0)$,后损失时间为 $(t_5 - t_4)$,全红信号损失时间为 $(t_6 - t_5)$。

10)有效绿灯时长

所谓有效绿灯时长是指与信号相位内可利用的通行时间相等效的理想通行状态所对应的绿灯时长。在一个信号相位期间,车辆可通行时间包括绿灯显示时间和黄灯时间。然而,由于绿灯刚启亮时驾驶员存在反应延迟,而绿灯末期和黄灯期间驾驶员又要放缓车速,因此,一个相位通行时间首尾部分的通行效率是较低的。若所有车流始终以饱和流率通过停车线则只需要花费有效绿灯时长即可。如图 8-1-5 所示,有效绿灯时间与饱和流率的乘积在数值上等于实际驶出停车线流率曲线与时间轴围成区域的面积。有效绿灯时间与损失时间之和即组成一个完整的信号周期。值得注意的是,在实际工程应用中,后损失时间为 $(t_5 - t_4)$ 相对于前损失时间 $(t_1 - t_0)$ 而言时间较短,且较难观测。因此,在实际应用中,常常忽略后损失时间,仅考虑前损失时间 l 和全红时间,则有效绿灯时长可用如下式子表达:

$$g_E = g + A - l \tag{8-1-3}$$

式中:g——绿灯显示时间,s;

A——黄灯时间,s;

l——前损失时间(或启动损失时间),s。

有效绿灯时间与损失时间之和即组成一个完整的信号周期。

8.1.4 黄灯时间和全红时间的确定

PPT

在介绍交叉口信号控制方案设计之前,有必要先了解一下黄灯时间和全红时间的确定方法。在交叉口各相位之间转换过渡时,使用黄灯是非常普遍的做法。在欧洲,黄灯不仅被用于绿灯结束后,还经常设置在红灯结束到绿灯开启前的过渡时间。而在美国,从红灯信号转变为绿灯信号时使用黄灯信号是被禁止的。对于全红信号的使用,美国《统一交通控制设施手册》[1]认为并不是必要的。因为美国的大部分州法律都允许车辆在黄灯信号时进入交叉口。一旦绿灯信号开启,进入交叉口的车辆有责任避免与其他任何进入交叉口的车辆产生冲突,包括那些在黄灯期间进入交叉口的对向车辆。有些学者则指出这并不是一种合理的要求,由于不设全红信号而引起的交通事故也时有发生。可见,黄灯时间与全红时间的确定应紧密围绕着如何减少冲突,提高交通安全这一原则进行。为此,先介绍一个交叉口信号控制中的重要概念——两难困境。

1) 两难困境

当绿灯信号即将结束时,驾驶员面临两种选择:一是减速并安全停靠于停车线内;二是不停车并安全通过交叉口。然而,并非所有时候驾驶员都有机会完成上述两种选择。存在一种特殊的情况,当绿灯信号结束时,驾驶员既无法将车辆停靠于停车线内,又无法安全通过交叉口,当驾驶员处于这种情况时就称其处于两难困境。

如图8-1-6a)所示,令v为车辆速度,车辆以速度v_0驶入进口车道并最终减速停于停车线内,则车辆安全停靠的制动时间(忽略反应时间)为:

$$t_s = \frac{v_0}{a + 9.8g} \tag{8-1-4}$$

这段时间内的行驶距离为:

$$s = \frac{v_0}{2} \times \frac{v_0}{a + 9.8g} = \frac{v_0^2}{2a + 19.6g} \tag{8-1-5}$$

式中:t_s——停车时间,s;

a——车辆制动时的减速度,m/s²;没有实测数据时取3m/s²;

g——进口车道坡度;

s——制动距离,m;

v_0——初速度,m/s;

其他变量定义同前。

另一方面,如图8-1-6b)所示,当车辆以速度v_0从距停车线距离d处驶入进口车道时,保证车辆安全通过交叉口的必要时间为:

$$t_c = \frac{d + w + L}{v_0} \tag{8-1-6}$$

式中:t_c——交叉口安全清空时间,s;

d——车辆到达停车线的距离,m;

w——从停车线到远端对向冲突车道的距离,m;

L——汽车标准长度,通常取 5~6m。

正如图 8-1-6b)所示,当 $d<s$ 时,存在如图 8-1-6 中阴影区域所示的"两难区域",当驾驶员位于两难区域内时,即陷入既不能将车辆停靠于停车线之内,又不能安全驶出交叉口的两难境地。为了避免两难区域的出现,需要保证 $d \geqslant s$,并在此基础上确定黄灯信号和全红信号的时长。将式(8-1-4)代入式(8-1-5)并考虑驾驶员的反应时间,则:

$$I = \left(t + \frac{v_0}{2a + 19.6g}\right) + \left(\frac{w + L}{v_0}\right) \qquad (8\text{-}1\text{-}7)$$

式中:I——绿灯间隔时长,亦即黄灯信号和全红信号时长和,s;

t——驾驶员反应时间,s,一般取值为 1s。

其他变量定义同前。依据式(8-1-7)确定绿灯间隔时长则可以避免两难困境的发生。

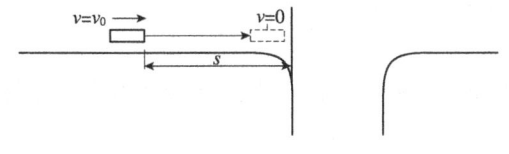

a)清空时间内安全停车

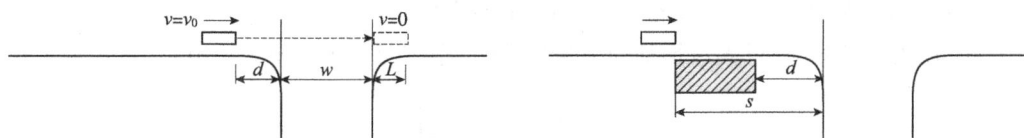

b)清空时间内不停车

图 8-1-6 两难困境区域示意图

2)黄灯时长

两难困境区域的界定,其意义不仅在于可以从信号控制层面合理地避免两难困境的发生,更为重要的是它为黄灯时长和全红时长的确定提供了依据。鉴于黄灯期间仍允许距离交叉口很近却又无法安全制动的车辆驶过停车线进入交叉口,因此黄灯时长的确定应当满足如下最不利情况,即当绿灯信号结束、黄灯开启时刻,驾驶员处于最小制动距离处时,恰好能够在黄灯结束时驶离停车线。不难发现,式(8-1-7)右边第一个括号内的部分即可作为满足这一条件的黄灯时长。安全起见,实际应用中通常使用第 85 百分位车速 v_{85} 替换式(8-1-7)中的车速 v_0,黄灯时长的表达式如下:

$$A = t + \frac{v_{85}}{2a + 19.6g} \qquad (8\text{-}1\text{-}8)$$

式中:A——黄灯信号时长,s;

t——驾驶员反应时间,s,一般取值为 1s;

v_{85}——85% 车速,或合理的速度限制值,m/s;

a——汽车减速度,m/s^2;

g——坡度,用小数表示;

19.6——2倍重力加速度值,m/s²。

3)全红时长

全红信号的作用是为黄灯期间进入交叉口却又无法完全驶离交叉口的车辆提供时间补偿,以便在下一信号相位开启前清空交叉口。据此可知,式(8-1-7)右边第二个括号内的部分,即为交叉口的安全清空时间,亦即全红时长。全红信号交通冲突示意图如图8-1-7所示。为安全起见,实际应用中通常采用第15百分位车速v_{15}替换式中的车速v_0,全红时长的表达式为:

$$r = \frac{w+L}{v_{15}} \quad (8\text{-}1\text{-}9a)$$

式中:r——全红信号时长,s;

w——从停车线到远端对向冲突车道的距离,m;

L——汽车标准长度,通常取5~6m;

v_{15}——15%车速,m/s。

当存在明显的行人过街交通流,或者存在行人过街保护相位时,全红时长宜采用下式计算:

$$r = \frac{P+L}{v_{15}} \quad (8\text{-}1\text{-}9b)$$

式中:P——从停车线到远端冲突行人过街横道的距离,m。

当有行人过街横道,行人过街交通流量中等时,全红时长采用下式计算:

$$r = \max\left(\frac{w+L}{v_{15}}, \frac{P}{v_{15}}\right) \quad (8\text{-}1\text{-}9c)$$

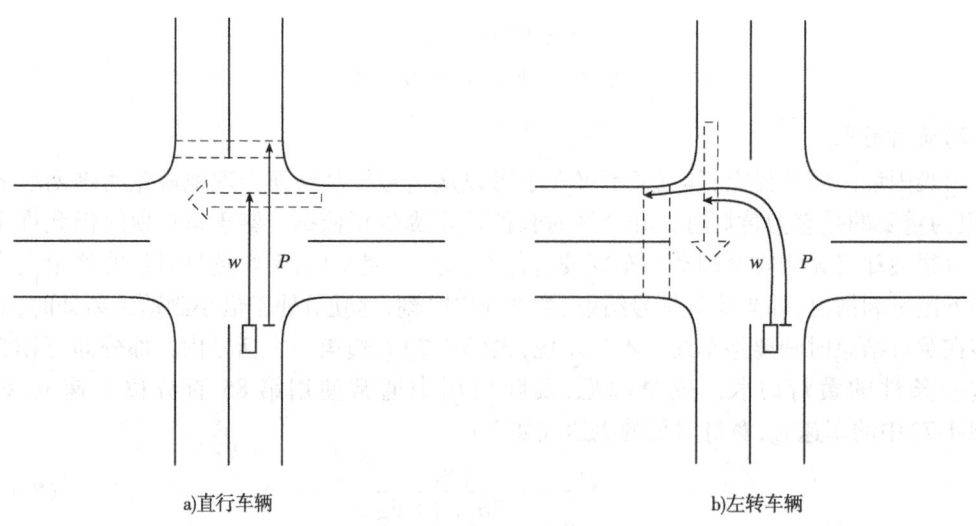

a)直行车辆　　　　　　　　　　　b)左转车辆

图8-1-7　全红信号交通冲突示意图

黄灯信号时长计算式中采用第85百分位车速,而全红信号时长则采用第15百分位车速。两者都是保守的假设,可使计算结果满足除了15%极限速度分布以外的其他情况。如果在分析时不能取得完整的速度分布,第85百分位车速可以用平均速度加上一个标准偏差来估计,第15百分位车速可以用平均速度减去一个标准偏差来估计。若得不到标准偏差值,可取经验值 2.2m/s。

【例题 8-1】 进口道平均车速 =36km/h(10m/s),坡度 = -2.5%,停车线到最远冲突车道的距离 =10m,停车线到对向人行横道的距离 =14m,标准车长 =5.0m,驾驶员反应时间 =1.0s。

此种情况的交叉口,黄灯和全红信号时长应如何进行设置?

PPT

解:

采用式(8-1-8)计算黄灯信号合理时长,由于缺少 85% 车速的实测数据,故采用平均车速加上一个标准偏差 2.2m/s 作为 85% 车速的估计值,为 $v_{85} = 10 + 2.2 = 12.2\text{m/s}$;由于缺少实测数据,车辆制动减速度取 3m/s^2。则黄灯信号时长:

$$A = t + \frac{v_{85}}{2a + 19.6g} = 1.0 + \frac{12.2}{2(3) + 19.6(-0.025)} = 3.2\text{s}$$

全红信号时长的计算公式取决于行人交通量的大小以及是否有行人过街信号。同时,15% 车速不同于黄灯信号计算时采用的 85% 车速,为 $v_{15} = 10 - 2.2 = 7.8\text{m/s}$。假设不考虑行人交通影响,则依据式(8-1-9a):

$$r = \frac{w + L}{v_{15}} = \frac{10 + 5}{7.8} = 1.9\text{s}$$

若存在行人过街信号,或者有大量的过街行人,则依据式(8-1-9b):

$$r = \frac{P + L}{v_{15}} = \frac{14 + 5}{7.8} = 2.4\text{s}$$

若中等规模的行人流,则全红信号时长为以下两者的较大值:1.9s 和 $r = \frac{P}{v_{15}} = \frac{14}{7.8} = 1.8\text{s}$,因此取 1.9s。

因此,若无明显行人交通流,则 $A = 3.2\text{s}, r = 1.9\text{s}$。$I = 3.2 + 1.9 = 5.1\text{s}$,这样就可以保证不存在两难困境区域。

8.2 单点交叉口的基本信号控制设计

信号设计最重要的方面之一是在给定条件下找到合适的信号控制方案。相比而言,信号设计中涉及的一些关键参数如周期长度、有效绿灯时间都可以依照公式计算得出,然而确定一种信号配时方案却没有简单的方法。此外,任何确定周期长度及绿灯时间的分析方法都依赖于对应的相位方案。因此,确定一种信号配时方案比确定信号配时参数包含更多专业性的判断。

对于信号配时方案的确定,最关键的步骤是考虑是否需要设置左转保护相位以及如何设置左转保护相位。当然,进行信号控制方案设计时还有许多方面需要考虑,但对左转保护相位的必要性分析是首要的。

最常用的信号控制方案一般是不设左转保护相位的,它是典型的两相位配时方案,其中所有的左转车流与对向的直行车流存在着冲突。左转保护相位可能在下面的几种情况时需要考虑:①进口道设有左转专用车道时;②左转车流量或对向直行车流量较大时;③采用左转复合相位设计时(详细内容见8.2.2)。

在确定合适有效的信号控制方案时，需要重点注意以下几点：

（1）信号控制可以通过分离冲突车流起到降低事故发生风险的作用（如左转车流与对向直行车流分离）。但是，信号相位数的增多会导致信号周期时间变长、延误增加和通行效率降低等不利影响。

（2）虽然相位数的增加导致了大量的时间损失，但是因为分离了冲突车流之间的相互干扰而使得饱和流率得到提高，在一定程度上能够消除上述不利影响。因此，在确定相位个数时需要慎重考虑并均衡利弊。

（3）信号控制方案的设计必须和交叉口几何特征、车道的划分、交通量、车辆行驶速度以及行人过街要求相一致。

例如，在没有左转专用车道时一般不设置专用的左转相位。否则，当左转相位变为绿灯时，停车线前排队的第一辆车可能不是左转车辆，无通行权，从而使其后每一辆车都必须等待，导致平均延误的增加。因此，便有了一个简单的原则：有专用左转相位时必须相应的设置左转专用车道。

下面章节将介绍和讨论一些常见的信号配时方案。信号配时方案一般用相序图（phase diagram）和控制图（ring diagram）来表示。习惯上，给定相位下车流的通行权一般用箭头表示。在有些文献中，不允许通行的车流也用箭头顶端画一条直线的方式表示出来。

PPT

图 8-2-1 给出了信号相序图或控制图中的一些基本车流通行权的表达形式，并以某四相位信号控制方案为例，运用左侧所列基本车流通行权表达形式表示相位方案。相关的定义和解释说明如下：

（1）实体箭头表示完全受相位保护，不与其他车流、人流发生冲突的车流。定义信号控制下的所有直行车流都是无冲突的。无冲突的左转车流表示没有对向直行车流的干扰。无冲突的右转车流表示右转时不受过街行人与自行车流的影响。

（2）存在冲突的左转和右转车流用虚线或点线表示。

（3）合用车道的转弯车流由连接在直行车流线上的箭头来表示车道共用。

（4）专用车道上的转弯车流由单独分开的箭头表示。

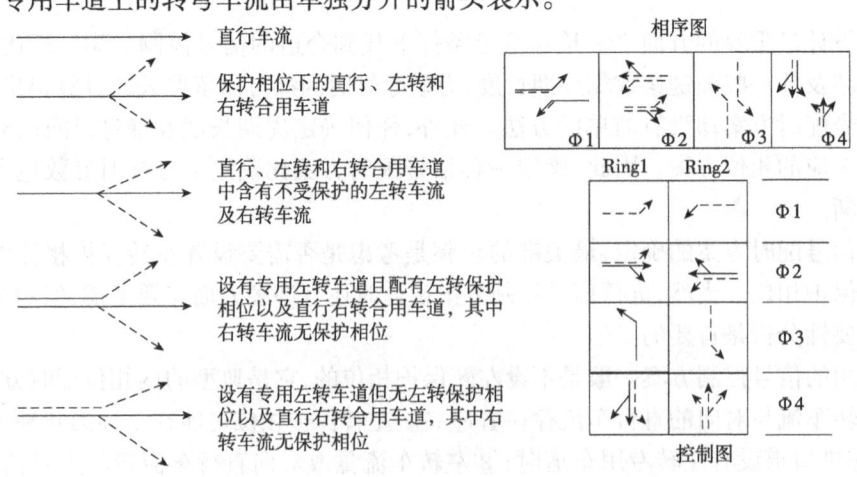

图 8-2-1 信号相位标志及相序图、控制图示意图

相序图将所有车流按照给定的相位顺序逐个表达。控制图则用于描述每一个控制链在各相位中所控制的车流通行状况。一条控制链一般固定控制相位中的一部分信号。因此，当一个相位中包含对立的两个直行车流时可以用一个相序图表示，而每个方向的直行车流则由两个控制链分别表示。有关相序图和控制图的特点和区别将在下面章节详细介绍。

8.2.1　基本信号控制方案：两相位控制

图 8-2-2 所示的是最简单、应用最广泛的信号控制形式，即两相位信号控制，每一条路上的车流在同一个相位。即使存在专用转弯车道，所有合用车道上的左转车辆和右转车辆都允许通行。当左转车辆与对向直行车辆混合行驶且不会因为左转车而造成不合理的延误增加和不安全时，可以采用两相位控制。

PPT

辅助视频

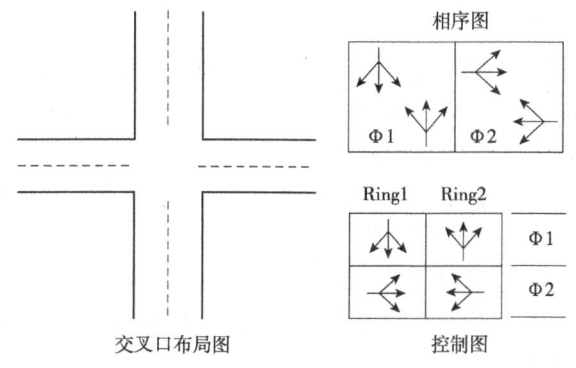

图 8-2-2　两相位信号控制方案示意图

如图 8-2-2 所示，南北向车流在相位一（用 Φ1 表示）通行，东西向车流在相位二（用 Φ2 表示）通行。值得注意的是，北面、南面信号灯在相位一分别受控制链 Ring1 和控制链 Ring2 控制放行，东西向信号灯在相位二受到控制链 Ring2 和控制链 Ring1 控制放行。对于简单的两相位信号控制，相序图和控制图的区别不大，相序图似乎更容易使人理解信号控制的方案。对于一些更为复杂的配时方案，控制图往往能比相位图提供更多的信息。在同一相位内，一条控制链只显示一个进口道的放行情况。本例中，每一个控制链中的相位是同时改变的，"相序的界限"能够很好地识别。需要说明的是在本例中，两个控制链的南、北相位可以调换，东、西相位也可以调换。

8.2.2　使用左转保护相位

由于两相位控制方式无法有效地分离左转车流和对向直行车流，因此，当左转车流量和直行车流量较大时，两相位信号控制无法保证一个周期内的左转车流在该周期内顺利通过交叉口，往往容易导致左转车辆延误大幅增加、左转车流与直行车流冲突数上升以及因左转车流无法及时通过交叉口而对进口道其他车辆通行造成阻碍。此时，最简单最常用的解决办法是为左转车流设置左转保护相位。

辅助视频

在进行左转保护相位设计时，通常给流量接近的对向两边左转车流设置同一左转保护相位。在美国等其他国家，左转保护相位通常设置在同一方向的直行相位之前。在我国，左转保护相位用于直行相位之后，并且在大型交叉口常有左转候驶区配合左转保护相位共同使用。

关于是否需要在某个交叉口进口或者所有进口设置左转保护相位的问题是非常复杂的,这牵涉到许多需要考虑的情况。下面给出 3 个一般性原则[5]:

(1) 左转车少于 100veh/h 时一般可不设置左转保护相位。

(2) 左转车大于 200veh/h 时通常应考虑设置左转保护相位。

(3) 左转车数介于两者之间时,左转保护相位的设置应考虑对向直行交通量及车道数、历史事故情况、区域信号协调控制和其他相关的因素。当无历史事故情况、区域信号协调控制等相关信息时,可采用以下方法进行判断:若左转车流量与对向单车道平均直行车流量的乘积大于 50000,则需要设置左转保护相位;反之,可不设。

上述第一个原则表明,即使是绿灯时间内对向直行车流量大到使所有左转车辆都无法通行,每个周期内仍有大约两辆左右的左转车辆可以利用绿信号结束后的黄灯和全红时间通过交叉口。因此,当信号周期为 60s 时,每小时约有 120 辆左转车辆可以在不设置左转保护相位的情况下通过交叉口。

上述第二个原则反映了实际应用的结果。考虑到通行能力和交通安全的要求,当左转车流量很大时,即使对向直行车流量很小,也需要设置左转保护相位。否则,左转车流和直行车流之间存在大量的冲突会造成车辆通行十分困难。

当左转车流量介于两者之间时,左转保护相位的设置必须考虑到交叉口的左转车流量、对向直行车流量、周期长度、绿灯时间、左转车辆延误和安全等其他方面因素。例如,当左转车流量为 150veh/h 时,如果对向直行车流量很小且直行车辆之间有足够的间隙,那么即使没有左转保护相位,左转车辆也可以顺利通过交叉口;相反,若对向直行交通量很大时就需要考虑设置左转保护相位。

需要说明的是,即使左转交通量小于 100veh/h,如果行车视距受到限制,或在不规则几何地形处左转车流和对向直行车流之间存在严重冲突时,左转保护相位也是可以使用的。

图 8-2-3 所示是一种典型的三相位信号控制方案,其中东、西进口方向设置了左转保护相位。值得注意的是,设有左转保护相位的进口道一般会设有左转专用车道,左转专用车道须有足够长度来容许每个信号周期内排队的车辆。

除了图 8-2-3 的三相位信号控制方案之外,左转保护相位还可以用于以下一些情况:

(1) 交叉口采用四相位信号控制方案,4 个进口方向都设置左转保护相位。这种四相位信号控制一般用于 4 个进口方向左转车流量都较大的大型交叉口,如图 8-2-4 所示。

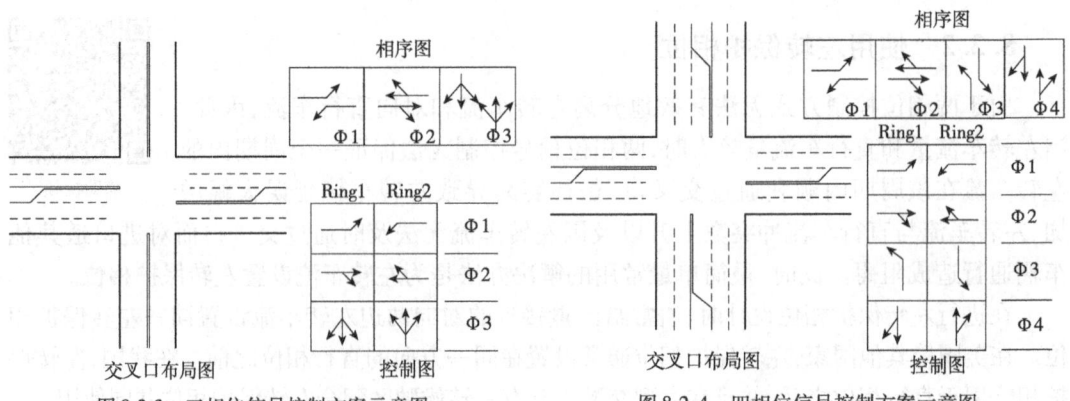

图 8-2-3 三相位信号控制方案示意图　　图 8-2-4 四相位信号控制方案示意图

(2)采用左转复合相位。所谓左转复合相位是指左转保护相位和非保护相位联合使用的组合相位方案。仍以上述三相位信号控制方案为例,若在相位二中,仍然允许东进口和西进口的左转车辆利用对向直行车流的间隙通行,则可以形成如图8-2-5a)所示的左转复合相位方案。同样,对于南进口和北进口也可以设置类似的左转复合相位,构成如图8-2-5b)所示新的四相位控制方案。

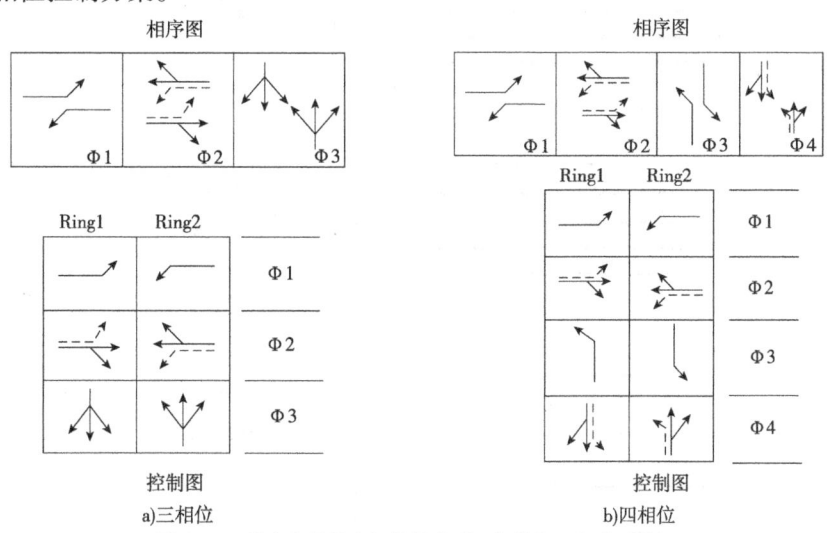

图8-2-5 带有左转复合相位的典型三相位与四相位示意图

需要说明的是,左转复合相位的使用能够减少左转车辆的延误,但往往会增加驾驶员理解上的难度,因而只有当左转车流量和对向直行车流量非常大以至于仅仅设置左转保护相位会使得周期长度过大,甚至不能满足通行能力要求时,才使用左转复合相位。

8.2.3 车道组及相关概念

在进行交叉口信号配时设计时,一个基本的原则是"均衡负荷",即在满足交叉口通行需求的前提下,尽可能使各相位、各车道处于相同的交通负荷水平之下。为此,首先介绍车道组及其相关概念。

1)车道组

驾驶员在进入交叉口时往往有多条车道可供选择,此时对车道的选择通常会采取这样一种策略,即尽可能选择交通负荷水平低的车道以尽快通过交叉口。当每一位驾驶员都采取这种车道选择策略后,交通流在这些备选的进口车道之间的分配就会逐渐趋于一种均衡的状态,使各条备选进口车道的交通负荷水平十分接近。于是,这些备选进口车道便构成了一种车道组合形式,习惯上称之为车道组。一般来说,所有的直行车道和直行右转、直行左转合用车道构成一个车道组;而左转专用车道、右转专用车道各自独立形成车道组。交叉口进口车道共有4种车道组构成形式,如图8-2-6所示。

需要注意的是,每一个车道组并非只含有一条车道,可以包含有多条车道,例如,图8-2-6所示的左转车道组可以包含两条左转专用车道。直行右转车道组可以仅由一条直行右转合用车道构成,也可由一条直行右转合用车道和多条直行车道共同构成。车道组的概念决定了一个车道组内的所有车道都应同时获得通行权,即同一车道组内的车道应属于同一信号相位控制。因此，在进行信号控制方案设计时，采用车道组作为基本单元进行分析既简单又符合实际情况。

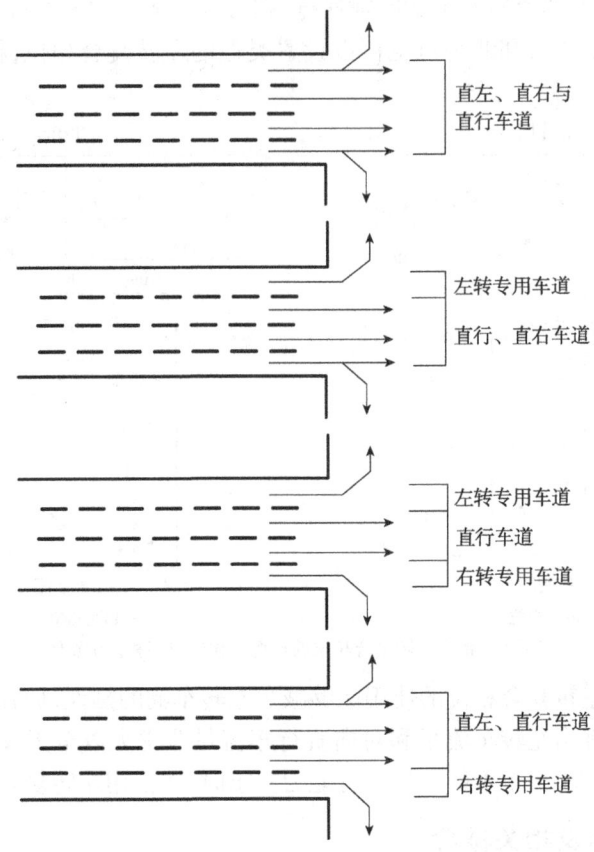

图 8-2-6　常见进口道车道组形式

2）饱和流率

所谓饱和流率是指某一车道或车道组在一次连续的绿灯信号时间内能够通过的最大流率值，单位是 pcu/h。车道或车道组的饱和流率并非定值，而是受到交叉口的几何条件、车道组的构成形式、各转向车流量的比例以及各流向交通冲突情况等诸多因素的影响，比较复杂。因此，饱和流率应尽量采用实测数据，实在无法取得实测数据时，如新建交叉口设计时，才考虑进行估算。

PPT

饱和流率的估算方法采用基本饱和流率乘以各影响因素校正系数的方法[1]，基本公式为：

$$S_i = S_o \cdot N \cdot \prod_i f_i \tag{8-2-1}$$

式中：S_i——车道组 i 的饱和流率，pcu/h；

S_o——进口车道基本饱和流率，pcu/h，在缺乏实测数据时取值 1900pcu/h；

N——车道组 i 所包含的车道数；

f_i——进口车道各类校正系数。

下面介绍几个最基本的校正系数的确定方法[1]。

(1) 车道宽度校正

交叉口理想的车道宽度分布在 3.0~3.5m 之间。车道宽度校正系数与车道宽度成正比。当车道宽度等于理想宽度时,车道宽度校正系数为 1;当车道宽度小于理想宽度时,校正系数小于 1;当车道宽度大于理想宽度时,校正系数大于 1。具体表达为:

$$f_W = \begin{cases} 1 & 3.0 \leqslant W \leqslant 3.5 \\ 0.4(W - 0.5) & 2.5 \leqslant W < 3.0 \\ 0.05(W + 16.5) & W > 3.5 \end{cases} \tag{8-2-2}$$

式中:f_W——车道宽度校正系数;

W——车道宽度,m。

(2) 车道纵坡校正

实测结果表明,进口道纵坡对饱和流率存在影响。当纵坡为上坡(正方向)时,坡度对饱和流率有抑制作用,反之,当纵坡为下坡(负方向)时,坡度对饱和流率有一定的提升作用。具体表达为:

$$f_g = 1 - 0.5G \tag{8-2-3}$$

式中:f_g——车道纵坡校正系数;

G——车道纵坡,弧度制。

(3) 大车校正

大车对进口道饱和流率存在着负影响,大车校正系数依下式计算:

$$f_{HV} = \frac{1}{1 + P_{HV}(E_{HV} - 1)} \tag{8-2-4}$$

式中:f_{HV}——大车校正系数;

P_{HV}——大车在车流中的比例;

E_{HV}——大车的小汽车当量,无实测数据时取 2.0。

(4) 右转车流校正

对于含有右转车流的车道组,通常有以下三类形式,即:由右转专用车道组成的车道组、包含直行和直行右转合用车道的车道组、仅包含一条直行左右转合用车道的车道组。对于这三类车道组,右转车流校正系数具有不同的形式:

$$f_{RT} = \begin{cases} 0.85 & \text{右转专用车道} \\ 1.0 - 0.15P_{RT} & \text{直行右转合用车道} \\ 1.0 - 0.135P_{RT} & \text{直行左右转合用车道} \end{cases} \tag{8-2-5}$$

式中:f_{RT}——右转车校正系数;

P_{RT}——右转车在车流中的比例。

(5) 左转车流校正

对于左转车流的校正是较为复杂的,通常含有左转车流的车道组存在以下 4 种基本情况:有左转专用车道且配有左转保护相位,有左转专用车道无左转保护相位,无左转专用车道有左转保护相位,无左转专用车道且无左转保护相位。在这 4 类基本类型中,第一种类型和第三种类型的左转车流校正系数较为简单,表达式如下:

$$f_{LT} = \begin{cases} 0.95 & \text{左转专用车道且配有保护相位} \\ \dfrac{1}{1.0 + 0.05 P_{LT}} & \text{直行左转合用车道有保护相位} \end{cases} \quad (8\text{-}2\text{-}6)$$

式中：f_{LT}——左转车校正系数；

P_{LT}——左转车在车流中的比例。

以上是最基本的几类校正系数的确定方法。除此之外，还有较为复杂的校正系数，包括对非左转保护相位的校正系数、对行人和自行车的校正系数等，本书将在第 9 章中做详细的介绍，在此不再赘述。

3）流率比

所谓流率比是指车道（组）的实际交通量或设计交通量与该车道（组）的饱和流率的比值。流率比是交叉口信号控制方案设计的关键参数，其本质上反映的是车道的交通负荷水平。根据定义，计算流率比首先应确定车道（组）的饱和流率。当饱和流率无法进行实测时，按照公式计算饱和流率较为复杂，特别对于合用车道而言，饱和流率的估计尤为复杂。因此，这里介绍另一种流率比的计算方法——直行当量计算法。

PPT

直行当量计算法是由美国《道路通行能力手册》中饱和流率模型简化而来的一种流率比简易计算方法，其思路是将左转和右转车流量都转化为等效直行车流量，从而将各种类型车道的流率比问题最终都转化为直行车道的流率比计算问题，而直行车道的流率比计算是相对简单的。这里的等效直行车流量是指在与左转车流或右转车流通行时间相同的时间内能够通过的直行车流量。等效直行车流量由左转或右转车流量乘以直行当量系数得到。直行当量系数并非定值，受到相位类型、对向直行车流量、对向直行车道数、行人和非机动车流量等诸多因素的影响。为了便于实际应用，将各种情况下直行当量系数的取值制成表格（表 8-2-1、表 8-2-2），以方便计算时查阅。

左转车流直行当量系数表[1]　　　　　　　　　　　　　　表 8-2-1

对向直行车流量 (pcu/h)	对向直行车流的车道数（条）		
	1	2	3
0	1.1	1.1	1.1
200	2.5	2.0	1.8
400	5.0	3.0	2.5
600	10.0*	5.0	4.0
800	13.0*	8.0	6.0
1000	15.0*	13.0*	10.0*
≥1200	15.0*	15.0*	15.0*
左转保护相位：$E_{LT} = 1.05$			

注：表中 E_{LT} 为左转车流的直行当量系数；带 * 的数值表示此时左转车流只能利用绿灯末期直行车流尾部的间隙通过交叉口；对于设有左转保护相位的左转车流，其直行当量系数取值为 1.05。

单点交叉口信号控制基础 第 **8** 章

右转车流直行当量系数表[1]   表 8-2-2

与右转机动车冲突的行人流量(peds/h)	E_{RT}	与右转机动车冲突的行人流量(peds/h)	E_{RT}
无(0)	1.18	高(400)	1.52
低(50)	1.21	非常高(800)	2.14
中(200)	1.32		

注：表中 E_{RT} 为右转车流的直行当量系数。

上述直行当量系数表中仅给出了部分流量值对应的直行当量系数，其他流量情况下的直行当量系数可采用线性插值获得。通过查找直行当量系数表，可以方便地将各种转向的车流量转换为等效直行车流量，从而计算出车道(组)的流率比，这在分析含有合用车道的车道组流率比时显得尤为方便。在应用直行当量法进行流率比分析时，直行车道的饱和流率的理想状态值为 1650veh/h，当实际条件为非理想状态条件时，直行车道的饱和流率需要依照各校正系数进行校正。下面举例加以说明。

【例题 8-2】 某交叉口西进口共 3 条进口车道，分别为一条左转专用车道、一条直行车道和一条直行右转合用车道(图 8-2-7)。高峰小时西进口直行车流量为 600pcu/h，右转车流量为 70pcu/h，左转车流量 35pcu/h；南进口行人过街流量为 200peds/h；东进口设有 2 条直行车道，直行车流量为 500pcu/h。试分析该交叉口西进口各车道的流率比情况。(直行车道饱和流率 $S_L = 1650$pcu/h)

PPT

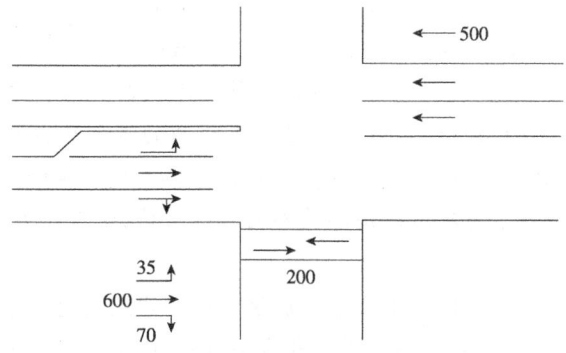

图 8-2-7 交叉口几何条件及流量分布示意

解：

首先，分析该交叉口西进口的车道组构成情况。由于西进口设置了左转专用车道，因而左转车道成为一个独立的车道组。直行车道和直右合用车道构成一个车道组，直行车辆在该车道组内的两条车道间可自由选择，使车道组内的两条车道交通负荷相当，即可认为直行车道与直右合用车道的流率比相同。

其次，分析信号相位方案。考虑到西进口的左转车流量很小，小于设置左转保护相位的流量要求，故可不设左转保护相位。由于设置了直行右转合用车道，直行车流和右转车流应在同一信号相位获得通行权。

接下来，分析西进口各车道的流率比。对于左转车道，注意到其对向直行车道共有 2 条，直行车流量为 500pcu/h，查表 8-2-1，无直行流量 500pcu/h 的情况，考虑采用插值法。注

221

意到表中对向直行车流量为400pcu/h和600pcu/h且车道数为2的直行当量系数分别为3.0和5.0,则由线性插值可知,对向直行车流量为500pcu/h且有2条直行车道的直行当量系数 $E_{LT}=4.0$。于是,西进口左转车流量的等效直行流量为:

$$V_L^E = V_L \cdot E_{LT} = 35 \times 4.0 = 140\text{pcu/h}$$

式中:V_L^E——左转车流的等效直行流量;

V_L——左转流量。

则西进口左转车道的流率比为:

$$\frac{V_L}{S_L} = \frac{V_L^E}{S_T} = \frac{140}{1650} = 0.085$$

同样,对于西进口直行右转合用车道,其中右转车流的直行当量系数查表8-2-2可得 $E_{RT}=1.32$。于是,右转车流的等效直行流量为:

$$V_R^E = V_R \cdot E_{RT} = 70 \times 1.32 = 92\text{pcu/h}$$

式中:V_R^E——右转车流的等效直行流量;

V_R——右转流量。

对于直行车道而言,其直行当量系数为1,等效直行车流量 $V_T^E = V_T = 600\text{pcu/h}$,其中 V_T 为直行流量。

由于直行车道和直行右转合用车道同属于一个车道组,这两个车道的流率比相同。因此,该车道组整体的流率比为:

$$\frac{V_T}{S_T} = \frac{V_{TR}}{S_{TR}} = \frac{V_T^E + V_L^E}{2S_T} = \frac{600+92}{2 \times 1650} = 0.210$$

通过上述例子,可以看出采用直行当量法计算流率比时无须计算各条车道的饱和流率值,这对于信号控制方案的初步设计以及精度要求不高的流率比分析不失为一种便捷的方法。但是,这种简易的流率比估计方法不够精确,如忽略了自行车的影响。理论上更为严谨流率比估计方法需要依赖于对车道组饱和流率的准确估计,这将在第9章中做详细介绍。

4) 饱和度

所谓饱和度是指交叉口进口车道实际交通量与进口道通行能力的比值。对于信号控制交叉口而言,进口道的通行能力并不等于饱和流率,还与该进口道在一个周期内的绿信比有关。进口道通行能力等于进口道的饱和流率与绿信比的乘积。因此,饱和度可以表达为如下形式:

$$\frac{V}{CAP} = \frac{V}{S\lambda} = \frac{V/S}{\lambda} \tag{8-2-7}$$

式中:V——进口车道实际交通量,pcu/h;

S——进口车道饱和流率,pcu/h;

CAP——进口车道通行能力,pcu/h;

V/S——进口车道流率比;

λ——进口车道绿信比。

从上式不难看出,信号控制交叉口的进口车道饱和度等于该进口道流率比与绿信比的比值,或者表述为进口车道流率比等于饱和度与绿信比的乘积。饱和度是交叉口信号控制方案设计中的又一个关键参数,经典的信号相位设计就是以"等饱和度"原则为基础建立的。

8.2.4 单点交叉口定时信号控制设计方法

PPT

交叉口信号控制方案的设计是一项复杂的系统工程,一个恰当方案的形成过程往往需要经过多次的迭代与方案比选。本节内容主要介绍信号控制方案的简易设计方法。了解简易设计方法有助于理解交叉口信号设计的基本原理,为进行信号控制的深入分析奠定基础。

单点定时信号控制的方案设计一般可分为以下几个步骤:①准备工作;②交叉口渠化设计与相位方案设计;③流率比分析;④周期时长确定;⑤相位绿时分配。

1) 准备工作

在进行信号控制设计之前要做好相关的准备工作,这些工作包括确定交叉口的几何特征以及设计小时的交通需求等。几何特征主要包括交叉口各进口道路的横断面形式、各进口车道的宽度、中央分隔带宽度和转弯车道的转弯半径等。其中设计小时的交通需求包括各进口各流向的所有车型以及行人过街的交通量。设计交通需求应从高峰小时实测交通数据中获取,对于某一交叉口的第 i 时段第 j 进口道第 k 流向的车流,其设计交通量可以用 q_{dijk} 表示:

$$q_{dijk} = 4 \times q_{ijk15\min} \quad (8\text{-}2\text{-}8)$$

式中:$q_{ijk15\min}$——实测的第 i 时段第 j 进口道第 k 流向车流的高峰小时中最高 15min 的流率,pcu/15mins。

当无高峰小时中最高 15min 的流率实测数据时,可按下式进行估算:

$$q_{dijk} = \frac{q_{ijk}}{(PHF)_{ijk}} \quad (8\text{-}2\text{-}9)$$

式中: q_{ijk}——第 i 时段第 j 进口道第 k 流向车流的高峰小时流量估计值,pcu/h;

$(PHF)_{ijk}$——高峰小时折算系数,对于主要进口道可取 0.75,对于次要进口道可取 0.8。

2) 交叉口渠化设计与相位方案设计

交叉口信号控制方案的设计与进口道渠化设计是紧密联系在一起的。交叉口交通控制的基本目的是实现交叉口时空资源的优化配置。对交叉口空间资源和时间资源的分配应当同步进行,不能割裂开来。

理想的信号控制方案应将交叉口各车道的交通负荷控制在一个恰当的水平,并且尽可能使各车道的饱和度相当,即尽可能使各车道拥有相同的利用率,以达到时空资源的均衡配置。在进行进口道渠化设计时通常遵循以下原则:

(1) 除右转车流量非常大或与右转机动车流冲突的非机动车流量、行人流量非常大这类情况以外,一般不采用右转专用车道的设置方式,而采用直行右转合用车道的设置形式;

(2) 尽可能提供左转专用车道,即便是对于不设左转保护相位的情况也是如此,对于设有对称式左转保护相位的进口道,则必须提供相应的左转专用车道;

(3) 在交叉口空间允许的情况下,增加进口车道数量,以降低各车道的流率比;

(4) 尽可能保证同相位下进口车道数与出口车道数相一致,保持进口道与出口道通行能力的匹配。

在进行信号相位方案设计时,通常从分析左转相位开始。首先根据8.2.2中介绍的一般性原则判断是否需要设置左转保护相位。若所有进口方向都不需要设置左转保护相位,则该交叉口可采用两相位信号控制。若仅有位于同一条道路上的两个进口方向需要设置左转保护相位,则采用三相位信号控制。若4个进口方向都需要设置左转保护相位,则采用四相位信号控制设计。需要注意的是,当各相关进口道左转车流量相近时,宜采用双向左转保护相位(即对向左转车流一起放行),否则,采用单向左转保护相位(对向左转车流分别放行)。当按照上述基本信号相位方案进行控制出现同一相位下各进口方向的车流量不均衡时,则可以考虑采用信号早启和迟断来提高交叉口的运行效率(详细阐述见8.3节)。

3)流率比分析与关键车流确定

当交叉口的进口车道划分和信号控制初步方案确定后,即可确定各进口方向的车道组构成,并进行车道组流率比分析。在简单的定时信号控制设计方法中,对于车道组流率比的分析可采用8.2.3中介绍的直行当量法进行计算。计算时,车道组的设计流量依照式(8-2-8)及式(8-2-9)确定。

对于同一个相位而言,通常有若干个车道组的交通流在该相位内同时获得通行权。这些通行权处于同一相位下的车道组各自的流率比往往并不相同。显然,其中流率比最大的车道组对于绿灯时长的确定最为关键。因此,我们把同一相位下流率比最大的车道组(或车流)称为关键车道组(或关键车流)。

4)周期长度确定

一般来说,较长的信号周期有利于提高交叉口通行能力和减少平均停车次数,但会导致交叉口车辆平均延误的上升。相反,采用较短的信号周期有利于降低交叉口的车辆平均延误时间,但会增加信号损失,从而导致通行能力下降。因此,出于不同的控制策略,周期的选择也有所不同。目前,应用最
广泛的单点交叉口信号周期有三种,分别是最短信号周期、实用信号周期以及Webster信号周期[5]。本节主要介绍前两种周期的计算方法,关于Webster信号周期的计算方法将在第9章做介绍。

(1)最短信号周期 C_m

既然较长的信号周期有利于交叉口的通行能力,那么就一定存在一个信号周期,使其刚好能够满足交叉口的通行需求,任何小于该信号周期时长的周期都会导致通行能力不足。我们把上述信号周期称为最短信号周期。在理想条件下,当信号周期时长为最短信号周期时,一个信号周期内到达交叉口的车流量恰好能够全部通过交叉口,既无滞留车辆,又无富余绿灯时间。因此,最短信号周期 C_m 应当恰好等于一个周期内各相位的关键车流通过交叉口所需的有效绿灯时间与总的信号损失时间之和,即:

$$C_m = L + C_m \frac{q_1}{S_1} + C_m \frac{q_2}{S_2} + \cdots + C_m \frac{q_n}{S_n} \quad (8\text{-}2\text{-}10)$$

式中:L——信号总损失时间,按下式计算:

$$L = \sum_{i=1}^{n}(l + I_i - A_i) \quad (8\text{-}2\text{-}11)$$

式中:l——启动损失时间,实测获得,无实测数据时可取3s;

I_i——第 i 相位末的绿灯间隔时间,s;

A_i——第 i 相位末的黄灯时间,s。

整理可得:

$$C_m = \frac{L}{1 - \sum_{i=1}^{n} \frac{q_i}{S_i}} = \frac{L}{1 - \sum_{i=1}^{n} y_i} = \frac{L}{1-Y} \qquad (8\text{-}2\text{-}12)$$

式中:q_i——第 i 相位的关键车流量,pcu/h;

S_i——第 i 相位的关键车道组饱和流率,pcu/h;

y_i——第 i 相位的关键车道组流率比;

Y——周期内所有相位的关键车道组的流率比之和。

以上最短信号周期公式要求关键流率比之和 Y 必须小于 1。关键流率比之和 Y 在一定程度上反映了交叉口的整体交通负荷水平,Y 值越接近于 1 则意味着该交叉口的交通负荷水平越接近饱和状态。在实际应用时,通常要求 $Y \leq 0.9$。当 Y 值不满足要求时,应当重新考虑交叉口的渠化方案以及相位设计方案,以降低 Y 值。

(2)实用信号周期

采用最短信号周期控制的交叉口刚好能够满足高峰小时设计交通量的通行需求,周期内没有任何富余的绿灯时间,缺少通行能力储备。当高峰时段交通流量出现波动时,很容易造成交叉口通行能力不足。为了克服这一问题,人们提出按照高峰小时交叉口饱和度控制目标进行信号周期设计的方法。于是产生了实用信号周期公式:

$$C_p = \frac{L}{1 - \dfrac{Y}{v/c}} \qquad (8\text{-}2\text{-}13)$$

式中:C_p——实用信号周期;

v/c——交叉口设计饱和度。

当设计关键车流量考虑高峰小时流量系数时,实用信号周期公式有以下表达形式:

$$C_p = \frac{L}{1 - \dfrac{Y}{\text{PHF} \cdot (v/c)}} \qquad (8\text{-}2\text{-}14)$$

式中:PHF——高峰小时流量系数。

上述公式中 v/c 一般小于 1,因此实用信号周期通常应大于最短信号周期。当交叉口设计饱和度为 1 时,实用信号周期即为最短信号周期。这说明最短信号周期本质上是实用信号周期的一个特例,或者说在最短信号周期控制下,高峰小时交叉口处于或接近完全饱和状态。

5)相位绿时分配

相位方案和信号周期长确定之后,即可为各相位分配绿灯时间。由于信号周期可分为信号损失和有效绿灯两部分,因而首先考虑有效绿灯在各相位中的分配。在经典的交叉口信号控制设计理论中,一个重要的原则是尽可能使各车道组具有相同的利用率,即饱和度相同。我们称这一原则为等饱和度原则。考虑到同一相位下不同车道组的流率比并不完全相同,因此,在信号控制设计时等饱和度原则常表述为使各相位关键车流的饱和度相同。根据这一原则要求,对信号周期内任意第 j 个相位及第 k 个相位,其饱和度有如下关系:

$$\frac{y_j}{\lambda_j} = \frac{y_k}{\lambda_k} \tag{8-2-15}$$

根据绿信比定义,有:

$$\lambda_j = \frac{g_{E,j}}{C} \tag{8-2-16}$$

$$\lambda_k = \frac{g_{E,k}}{C} \tag{8-2-17}$$

式中:$g_{E,j}$——j 相位的有效绿灯时间;

$g_{E,k}$——k 相位的有效绿灯时间。

将式(8-2-16)和式(8-2-17)代入式(8-2-15),可得:

$$\frac{g_{E,j}}{g_{E,k}} = \frac{y_j}{y_k} \tag{8-2-18}$$

由式(8-2-18)可以看出,相位的有效绿灯时间与该相位的关键车道组流率比成正比。于是,第 j 相位的有效绿灯时间为:

$$g_{E,j} = (C - L)\frac{y_j}{Y} \tag{8-2-19}$$

各相位的有效绿灯时间分配完成后,即可根据式(8-2-19)确定各相位的绿灯显示时间。以第 j 相位为例,绿灯显示时间:

$$g_j = g_{E,j} + l_j - A_j \tag{8-2-20}$$

直行相位的绿灯显示时间确定后,还需进行行人过街时间的检验。满足行人过街要求的最短绿灯时间按下式计算:

$$g_{min} = 7 + \frac{L_p}{v_p} - I \tag{8-2-21}$$

式中:g_{min}——最短绿灯时间,s;

L_p——行人过街道长度,m;

v_p——行人过街步行速度,m/s;

I——绿灯间隔时间,s。

当计算的直行相位绿灯显示时间小于相应的最短绿灯时间时,即当 $g_j < g_{min}$ 时,应延长计算信号周期的长度,重新进行各相位绿时分配,以满足最短绿灯的要求。

【例题 8-3】 如下情况的两相位信号控制交叉口(图 8-2-8),各进口道交通流量和饱和流量列于表 8-2-3,绿灯间隔时间为 7s,黄灯时间为 3s,启动损失为 3s,交叉口设计饱和度(v/c)为 0.9,试计算信号配时。

PPT

交叉口各进口道流量及饱和流量　　表 8-2-3

项　目	北进口	南进口	东进口	西进口
小时流量(pcu/h)	620	720	390	440
饱和流量(pcu/h)	2400	2400	1000	1000

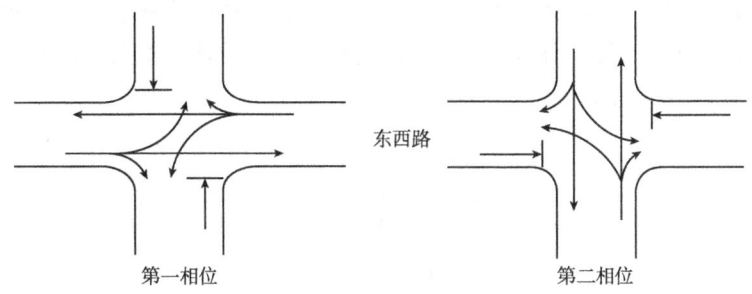

图 8-2-8 交叉口信号相位条件示意图

解:

步骤 1:各进口道流率比及关键车道组选择

首先对各个进口道流率比进行计算,即用进口道小时流量除以对应进口道饱和流量,计算结果见表 8-2-4。根据计算结果及交叉口信号相位设置,选择关键车道组。

各进口道流率比及关键车道组选择　　　　表 8-2-4

项　目	北进口	南进口	东进口	西进口
流率比	0.26	0.3	0.39	0.44
$\max(y_1, y_2)$	0.3		0.44	

步骤 2:每周期总损失时间计算

根据式(8-2-11),计算每周期总损失时间:

$$L = \sum_{i=1}^{n}(l + I_i - A_i) = 2 \times 7 = 14s$$

步骤 3:周期时长计算

根据式(8-2-13),计算最短周期时长:

$$C_p = \frac{L}{1 - \frac{Y}{v/c}} = \frac{14}{1 - \frac{0.74}{0.9}} \approx 78s$$

步骤 4:有效绿灯时长计算

$$G_e = G - L = 78 - 14 = 64s$$

$$g_{eNS} = \frac{0.3}{0.74} \times 64 = 25.9s,取整得 g_{eNS} = 26s$$

$$g_{eEW} = \frac{0.44}{0.74} \times 64 = 38.1s,取整得 g_{eEW} = 38s$$

步骤 5:显示绿灯时长计算

$$g_{NS} = g_{eNS} - A + l = 26s$$

$$g_{EW} = g_{eEW} - A + l = 38s$$

计算结束。

【例题 8-4】 如下情况的十字形交叉口,已知高峰小时流量系数 PHF 为 0.95,设计目标 v/c 为 0.95,驾驶员的反应时间为 1.0s,所有进口道的坡度均为 0,设计到达车速限制均为40km/h，行人过街步速为1.2m/s，行人过街流量中等，人行过街横道宽度为3m，交叉口渠化情况、几何条件及各进口方向机动车设计流量如图8-2-9所示。试为该交叉口进行信号控制方案设计。

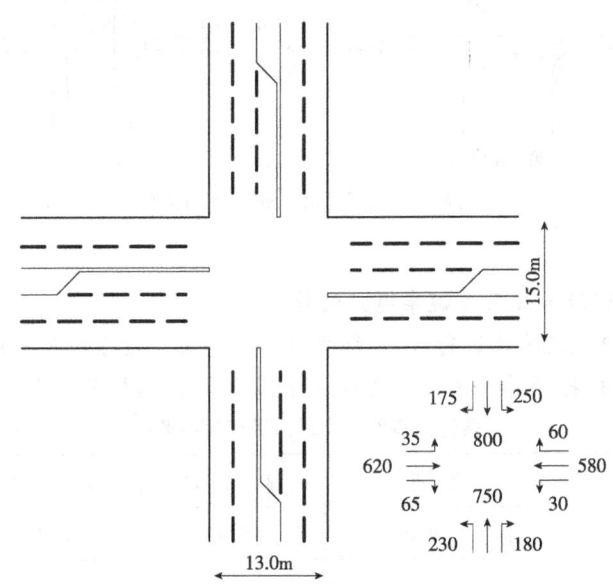

图8-2-9　交叉口几何条件及流量分布示意图

解：

步骤1：交叉口渠化设计与相位方案设计

首先分析各进口的车道功能划分情况。从交叉口的几何示意图可以看出，4个进口方向都向左拓宽出了车道，形成3个进口车道。考虑到4个进口方向的直行和右转车流量都不大，且各进口方向的行人过街流量都为中等流量强度，无须设置右转专用车道。因而右侧两个车道可以组成车道组共同承担直行和右转车流的需求，而左侧的拓宽车道可用作左转车的专用车道。

接下来，分析各进口道是否需要设置左转保护相位。按照本章给出的左转保护相位判别条件对各进口逐一进行判断：

西进口：$q_{LT}=35<200$ 且 $35×(580/2)=10150<50000$，无须设置左转保护相位

东进口：$q_{LT}=30<200$ 且 $30×(620/2)=9300<50000$，无须设置左转保护相位

北进口：$q_{LT}=250>200$，需要设置左转保护相位

南进口：$q_{LT}=230>200$，需要设置左转保护相位

考虑到南进口和北进口的左转车流量十分接近，因此可以设置对称式的左转保护相位。

于是交叉口的相位设计方案初步确定如下：相位一（Φ1）为南北向对称式左转保护相位，相位二（Φ2）为南北向直行和右转相位，相位三（Φ3）为东西向直行、右转和左转相位，如图8-2-10所示。

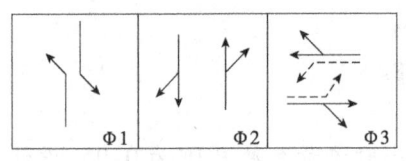

图8-2-10　交叉口相位示意图

步骤2：各车道组直行当量计算

查表8-2-1和表8-2-2，获得各进口道各转向车流的

直行当量系数,填写于直行当量计算表 8-2-5 中,计算得出各车道组的直行车流当量。

车道组直行当量计算 表 8-2-5

进口方向	转向	流量	直行当量系数	直行当量	车道组直行当量	平均单车道直行当量
西进口	左	35	4.80*	168	168	168
	直	620	1.00	620	706	353
	右	65	1.32	86		
东进口	左	30	5.30*	159	159	159
	直	580	1.00	580	659	330
	右	60	1.32	79		
南进口	左	230	1.05	242	242	242
	直	750	1.00	750	988	494
	右	180	1.32	238		
北进口	左	250	1.05	263	263	263
	直	800	1.00	800	1031	516
	右	175	1.32	231		

注:表中带 * 号直行当量系数采用线性插值法得出。

步骤 3:流率比分析与关键车流确定

绘制相位设计方案的相序图和控制图,并按照上表计算结果给各相位的车道组标上直行当量,然后比较分析,确定各相位的关键车流及其流量值,具体过程如图 8-2-11 所示。

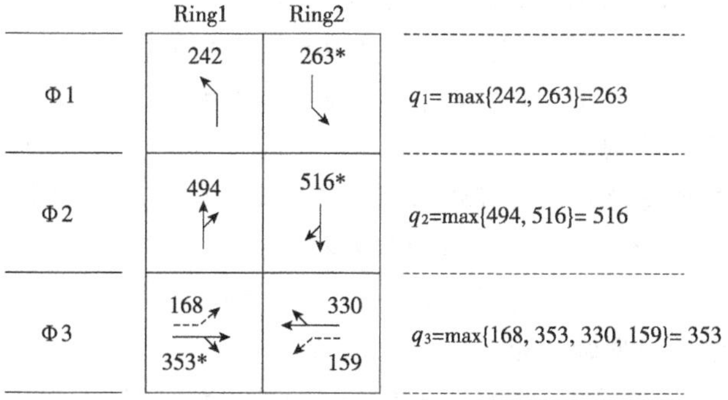

	Ring1	Ring2	
Φ1	242	263*	$q_1 = \max\{242, 263\} = 263$
Φ2	494	516*	$q_2 = \max\{494, 516\} = 516$
Φ3	168 / 353*	330 / 159	$q_3 = \max\{168, 353, 330, 159\} = 353$

图 8-2-11 关键车流分析示意图

对于东进口道和西进口道,每个车道宽度都为 3.0m,无纵坡,符合理想条件,因此直行道饱和流率值为 1650veh/h。南进口和北进口的车道宽度为 2.6m,直行道饱和流率应进行校正,根据车道宽度校正式(8-2-2)可得,南、北进口道直行饱和流率为 1386veh/h。于是,各相位的关键流率比如下:

$$y_1 = \frac{q_1}{S_T} = \frac{263}{1386} = 0.190$$

$$y_2 = \frac{q_2}{S_T} = \frac{516}{1386} = 0.372$$

$$y_3 = \frac{q_3}{S_T} = \frac{353}{1650} = 0.214$$

各相位的关键流率比之和为 $Y = y_1 + y_2 + y_3 = 0.190 + 0.372 + 0.214 = 0.776 < 0.9$,满足要求,可以进行下一步设计。

步骤4:确定黄灯时间和全红时间

应用式(8-1-7)与式(8-1-8)分别计算黄灯时长和全红时长。分析时,进口车道的车速采用设计车速限制值40km/h计算。由于各进口道的设计车速相同,故各相位具有相同的黄灯时长,计算结果如下:

$$A_{1,2,3} = 1.0 + \frac{40}{3.6 \times (2 \times 3.0 + 0)} = 2.9\text{s}$$

为计时方便,对黄灯时长取整,$A_{1,2,3} = 3\text{s}$。

全红时长与交叉口道路宽度有关,因此,相位一与相位二的全红时长相同,与相位三的全红时长不同。考虑到该交叉口有中等行人过街交通需求,因此,全红时长的确定应考虑人行过街横道的宽度,给予过街行人充分的保护。具体计算过程如下:

$$r_{1,2} = \frac{15 + 3 + 5}{40/3.6} = 2.0\text{s}$$

$$r_3 = \frac{13 + 3 + 5}{40/3.6} = 1.9\text{s}$$

式中5m为平均车辆长度。为计时方便,相位三的全红时长取整数2.0s。

因此,各相位的绿灯间隔时间为:

$$I_1 = A_1 + r_1 = 3.0 + 2.0 = 5.0\text{s}$$
$$I_2 = A_2 + r_2 = 3.0 + 2.0 = 5.0\text{s}$$
$$I_3 = A_3 + r_3 = 3.0 + 2.0 = 5.0\text{s}$$

步骤5:确定信号损失时间

一个周期的信号损失时间由所有相位的启动损失及全红时间组成。在没有实测数据的情况下,一般启动损失取3s,于是各相位的信号损失如下:

$$L_{1,2,3} = 3 + 2 = 5\text{s}$$

一个周期的总信号损失时间为:

$$L = L_1 + L_2 + L_3 = 5 + 5 + 5 = 15\text{s}$$

步骤6:确定信号周期时长

根据实用信号周期公式,该交叉口的信号周期为:

$$C_P = \frac{L}{1 - \frac{Y}{\text{PHF} \cdot (v/c)}} = \frac{15}{1 - \frac{0.776}{0.95 \times 0.95}} = 107.1\text{s}$$

为了便于控制,对计算周期取整,则得到信号周期时长为C=110s。

步骤7：绿时分配

根据式(8-2-19)，各相位的有效绿灯时长为：

$$g_{E,1} = (C - L)\frac{y_1}{Y} = (110 - 15) \times \frac{0.190}{0.776} = 23.3\text{s}$$

$$g_{E,2} = (C - L)\frac{y_2}{Y} = (110 - 15) \times \frac{0.372}{0.776} = 45.5\text{s}$$

$$g_{E,3} = (C - L)\frac{y_3}{Y} = (110 - 15) \times \frac{0.214}{0.776} = 26.2\text{s}$$

根据式(8-2-20)计算各相位绿灯显示时间并取整，可得：

$$g_1 = g_{E,1} + l_1 - A_1 = 23.3 + 3 - 3 = 23.3 \approx 23\text{s}$$

$$g_2 = g_{E,2} + l_2 - A_2 = 45.5 + 3 - 3 = 45.5 \approx 46\text{s}$$

$$g_3 = g_{E,3} + l_3 - A_3 = 26.2 + 3 - 3 = 26.2 \approx 26\text{s}$$

为避免绿灯显示时间取整过程中产生误差，对绿灯显示时间、黄灯时间和全红时间进行累加，检验是否与周期长相等。检验结果符合要求，进入下一步设计。

步骤8：行人过街时间检验

相位二和相位三期间，存在行人过街需求，因此，需要对相位二和相位三的绿灯显示时间进行检验，采用式(8-2-21)计算满足行人过街需求的最短绿灯显示时间，结果如下：

$$g_{\min}^{(2)} = 7 + \frac{L_P^{(2)}}{v_p} - I_2 = 7 + \frac{15}{1.2} - 5 = 14.5\text{s} < g_2$$

$$g_{\min}^{(3)} = 7 + \frac{L_P^{(3)}}{v_p} - I_3 = 7 + \frac{13}{1.2} - 5 = 12.8\text{s} < g_3$$

各相位绿灯显示时间满足行人过街需求，因此，该信号控制方案可行，设计结束。

【例题8-5】 如下情况的T形交叉口，已知高峰小时流量系数PHF为0.92，设计目标 v/c 为0.95，驾驶员的反应时间为1.0s，所有进口道的坡度均为0，设计到达车速限制均为40km/h，行人过街步速为1.2m/s，行人过街流量较低，人行过街横道宽度为3m，交叉口渠化情况、几何条件及各进口方向机动车设计流量如图8-2-12所示。试为该交叉口进行信号控制方案设计。

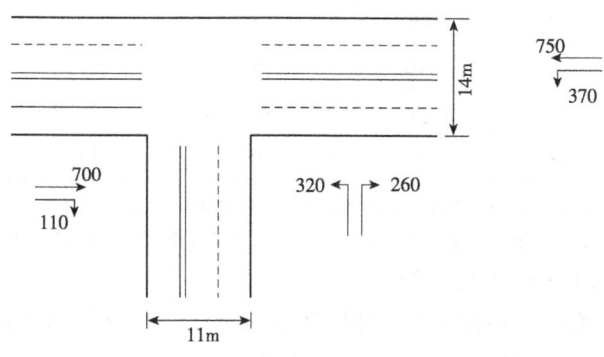

图8-2-12 交叉口几何条件及流量分布示意图

解：

步骤1：交叉口渠化设计与相位方案设计

首先分析各进口的车道功能划分情况。从交叉口的几何示意图可以看出，3个进口方向都包含两个进口车道。西进口右转车流量较低，且交叉口行人过街流量也较低，因此不设置右转专用车道，而考虑采用直行车道和直行右转合用车道的形式组成车道组。南进口的左转和右转车流量相当，因此南进口两车道分别设置为左转专用车道与右转专用车道。东进口的左转车流量较高，设置左转专用车道，另一条车道设置为直行车道。

接下来，分析各进口道是否需要设置左转保护相位。按照左转保护相位判别条件对各进口逐一进行判断：

东进口：$q_{LT}=370>200$，需要设置左转保护相位

南进口：$q_{LT}=320>200$，需要设置左转保护相位

考虑到东进口的直行车流仅与南进口的左转车流存在交汇冲突，与其他进口转向的车流都不存在冲突，因此，可对东进口的直行相位采用延迟控制，使其与西进口的相位有部分重叠。对于南进口的左转和右转车流可设置于同一相位内。具体相位方案如图8-2-13所示，这里相位一和相位二同属于一个相位的两个子相位，其中东进口直行车在相位一与相位二中都具有通行权，东进口的左转车流与西进口的直行右转车流的通行权分别在相位一和相位二中获得。相位三对应南进口方向的通行权。

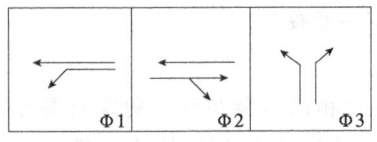

图8-2-13 交叉口相位示意图

步骤2：各车道组直行当量计算

查表8-2-1和表8-2-2，获得各进口道各转向车流的直行当量系数，填写于直行当量计算表8-2-6中，计算得出各车道组的直行车流当量。

车道组直行当量计算表　　　　　　　　　　　　表8-2-6

进口方向	转向	流量	直行当量系数	直行当量	车道组直行当量	平均单车道直行当量
西进口	直	700	1.00	700	833	417
	右	110	1.21	133		
东进口	左	370	1.05*	389	389	389
	直	750	1.00	750	750	750
南进口	左	320	1.05*	336	336	336
	右	260	1.21	315	315	315

注：表中带*号的左转车流直行当量系数按照左转保护相位的系数取值，对于T形交叉口这类特殊交叉口，该进口方向左转车流也可被看作对向直行冲突车流为0的情况，直行当量系数亦可按表8-2-1，取值1.10。

步骤3：流率比分析与关键车流确定

绘制相位设计方案的相序图和控制图，并按照表8-2-6计算结果给各相位的车道组标上直行当量，然后比较分析，确定各相位的关键车流及其流量值，具体过程如图8-2-14所示。

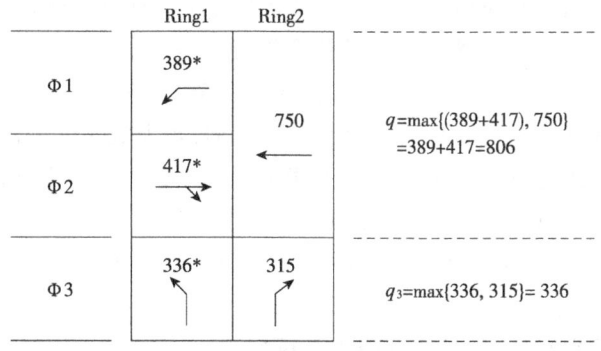

图 8-2-14 关键车流分析示意图

交叉口各进口车道宽度都大于 3.0m，无纵坡，符合理想条件，因此直行道饱和流率值为 1650veh/h。于是，各相位的关键流率比如下：

$$y = q/S_T = 806/1650 = 0.488$$
$$y_1 = q_1/S_T = 389/1650 = 0.235$$
$$y_2 = q_2/S_T = 417/1650 = 0.253$$
$$y_3 = q_3/S_T = 336/1650 = 0.204$$

各相位的关键流率比之和为 $Y = y + y_3 = 0.488 + 0.204 = 0.692 < 0.9$，满足要求，可以进行下一步设计。

步骤4：确定黄灯时间和全红时间

应用式(8-1-7)与式(8-1-8)分别计算黄灯时长和全红时长。分析时，进口车道的车速采用设计车速限制值40km/h计算。由于各进口道的设计车速相同，故各相位具有相同的黄灯时长，计算结果如下：

$$A_{1,2,3} = 1.0 + \frac{40}{3.6 \times (2 \times 3.0 + 0)} = 2.9\text{s}$$

为计时方便，对黄灯时长取整，$A_{1,2,3} = 3\text{s}$。

由于该交叉口行人过街流量较低，因此没有设置对行人过街的保护相位。穿越南进口的过街行人在相位二内通行，穿越东、西进口的过街行人在相位三中通行。全红时长确定时无须考虑行人过街横道的宽度。具体计算过程如下：

$$r_{1,2} = \frac{11 + 5}{40/3.6} = 1.4\text{s}$$

$$r_3 = \frac{14 + 5}{40/3.6} = 1.7\text{s}$$

式中5m为平均车辆长度。为计时方便，各相位的全红时长取整数2s。

因此，各相位的绿灯间隔时间为：

$$I_1 = A_1 + r_1 = 3.0 + 2.0 = 5.0\text{s}$$
$$I_2 = A_2 + r_2 = 3.0 + 2.0 = 5.0\text{s}$$
$$I_3 = A_3 + r_3 = 3.0 + 2.0 = 5.0\text{s}$$

步骤5：确定信号损失时间

一个周期的信号损失时间由所有相位的启动损失及全红时间组成。在没有实测数据的情况下，一般启动损失取3s，于是各相位的信号损失如下：

$$L_{1,2,3} = 3 + 2 = 5\text{s}$$

该信号控制中两个控制链各自包含的相位数不同，控制链Ring1包含3个相位（3个信号损失），控制链Ring2包含2个相位（2个信号损失）。以包含信号损失较多的控制链为计算依据，则一个周期的总信号损失时间为：

$$L = L_1 + L_2 + L_3 = 5 + 5 + 5 = 15\text{s}$$

步骤6：确定信号周期时长

根据实用信号周期公式，该交叉口的信号周期为：

$$C_p = \frac{L}{1 - \frac{Y}{\text{PHF} \cdot (v/c)}} = \frac{15}{1 - \frac{0.692}{0.92 \times 0.95}} = 72.1\text{s}$$

为了便于控制，对计算周期取整，则得到信号周期时长为$C = 75\text{s}$。

步骤7：绿时分配

根据式(8-2-19)，各相位的有效绿灯时长为：

$$g_{E,1} = (C - L)\frac{y_1}{Y} = (75 - 15) \times \frac{0.235}{0.692} = 20.4\text{s}$$

$$g_{E,2} = (C - L)\frac{y_2}{Y} = (75 - 15) \times \frac{0.253}{0.692} = 21.9\text{s}$$

$$g_{E,3} = (C - L)\frac{y_3}{Y} = (75 - 15) \times \frac{0.204}{0.692} = 17.7\text{s}$$

根据式(8-2-20)计算各相位绿灯显示时间并取整，可得：

$$g_1 = g_{E,1} + l_1 - A_1 = 20.4 + 3 - 3 = 20.4 \approx 20\text{s}$$

$$g_2 = g_{E,2} + l_2 - A_2 = 21.9 + 3 - 3 = 21.9 \approx 22\text{s}$$

$$g_3 = g_{E,3} + l_3 - A_3 = 17.7 + 3 - 3 = 17.7 \approx 18\text{s}$$

需要注意的是，东进口直行相位包含了相位一和相位二，因此，东进口直行相位的绿灯显示时间应等于相位一和相位二的绿灯显示时间与相位一的绿灯间隔时间之和，即47s。为避免绿灯显示时间取整过程中产生误差，对绿灯显示时间、黄灯时间和全红时间进行累加，检验是否与周期长相等。检验结果符合要求，进入下一步设计。

步骤8：行人过街时间检验

相位二和相位三期间，存在行人过街需求，因此，需要对相位二和相位三的绿灯显示时间进行检验，采用式(8-2-21)计算满足行人过街需求的最短绿灯显示时间，结果如下：

$$g_{\min}^{(2)} = 7 + \frac{L_p^{(2)}}{v_p} - I_2 = 7 + \frac{11}{1.2} - 5 = 11.2\text{s} < g_2$$

$$g_{\min}^{(3)} = 7 + \frac{L_p^{(3)}}{v_p} - I_3 = 7 + \frac{14}{1.2} - 5 = 13.7\text{s} < g_3$$

各相位绿灯显示时间满足行人过街需求，因此该信号控制方案可行，设计结束。

单点交叉口定时信号配时设计的流程，如图8-2-15所示。

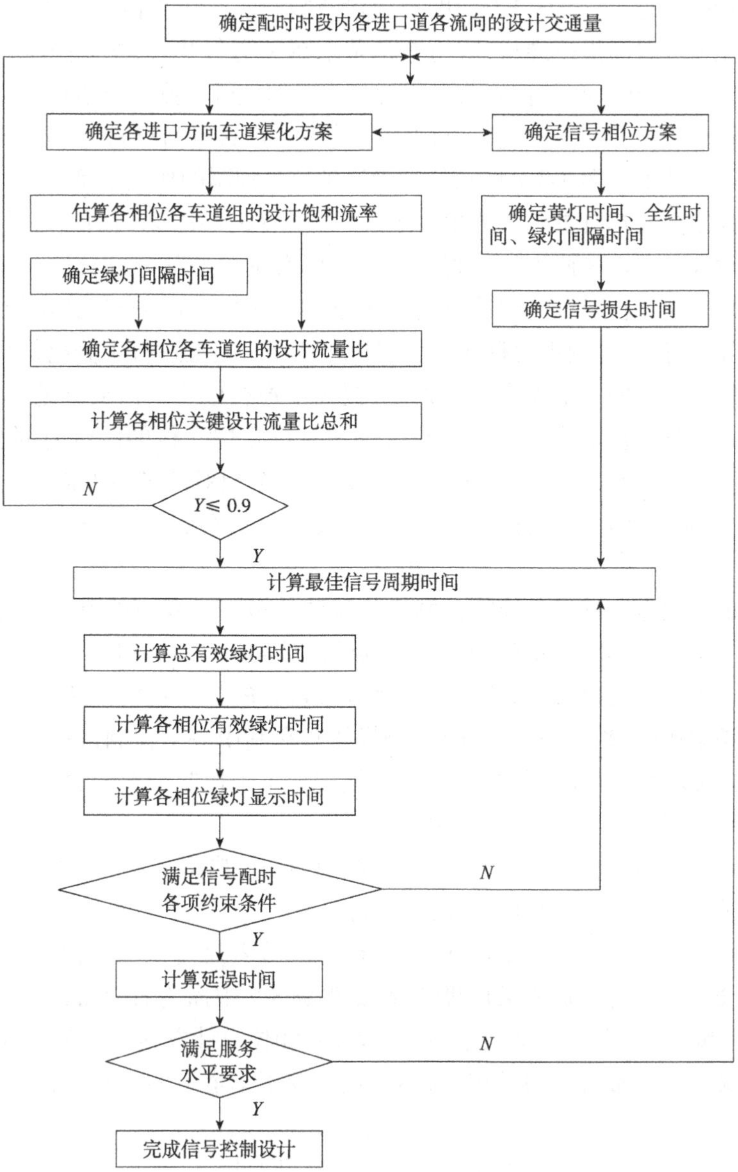

图 8-2-15　定时信号配时设计流程

8.3　单点交叉口早启迟断式信号控制

PPT　　　辅助视频

设置左转保护相位时,经常给两个对称方向的左转车流分配相同的绿灯时间。然而,当两个左转车流量相差非常大时,这种对称式左转保护相位会造成通行效率的降低。一个比较常用的解决方法是采用早启或迟断式信号控制方案。

在典型的早启迟断式信号控制方案中,两个相对的进口方向中的一个直行车流和左转车流先获得通行权,而另一个进口方向的车流没有放行。经过一段时间后获得通行权进口方向的左转车流通行时间提前结束,直行车流依然延续通行状态;与此同时,对向的直行车流也获得通行权。一段时间后,首先获得通行权方向的直行车流停止通行,与之相对方向的直行车流延续通行状态,同时,该进口方向的左转车流也获得通行权,直至该进口方向直行和左转车流通行权结束。图 8-3-1 所示的即为这种信号控制的典型案例。

这种信号控制方案具有重叠式的相位形式。在图 8-3-1 中,东西向道路采用了早启和迟断式控制。注意到东进口和西进口的直行绿灯时间有重叠的部分,但直行的总绿灯时间不相同。两个相对方向直行绿灯时间的非重叠部分恰好构成对左转车流的保护相位。换句话说,这种早启迟断式信号控制把对称式左转保护相位在时间上进行了分离,使各自方向的左转绿灯时间可根据自身的流量需求灵活设置,提高了通行效率。需要注意的是,在应用早启迟断式信号控制时,重交通方向的左转相位和直行相位获得的绿灯时间总是长于轻交通方向上相应相位的绿灯时间。因此,当交叉口的两个相对的进口方向中,存在某一进口方向的左转车流和直行车流分别大于对向的左转和直行车流时,可考虑应用早启迟断式信号控制。

一个关键的问题是这种信号控制方案中相位数是多少。有一种观点认为在图 8-3-1 的相序图显示有 4 个完全不同的相位,另一种观点认为相位一、二、三是一个重叠的相位,所以共有两个相位。事实上,这种特殊的信号控制方案包含的相位数可以从其控制图中找到答案。注意到在该案例中,相位一、二之间的分界线只在其中一个控制链中存在。同样,相位二、三之间的分界线也只存在于其中一个控制链中。每个控制链都包含 3 个相位,因此,该信号控制方案可以视为一个三相位信号控制方案。

图 8-3-1 所示的案例是早启和迟断式信号控制的一个典型例子。在实际应用中,对早启和迟断式信号控制还存在一些其他的设置方法:

(1)仅采用早启式绿信控制,而不采用迟断控制,或者反过来。这种情况多发生在有单向交通管制的交叉口或者 T 形交叉口等情况,如例题 8-5 中描述的情况。

(2)相位一和三中允许左转车流通行,形成复合相位设计方案。这对于不允许设置左转专用车道的交叉口是非常有用的,能够为不设左转专用车道下的左转车辆提供部分的保护相位。

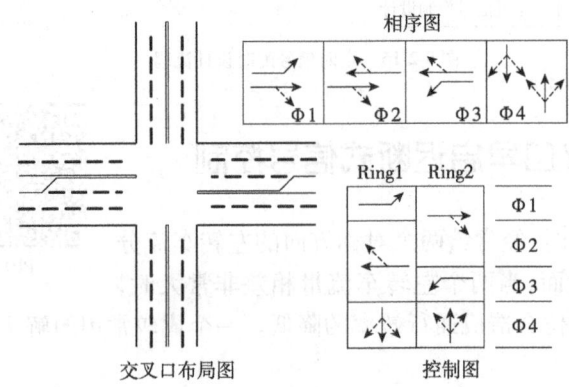

图 8-3-1 早启和迟断绿灯信号控制方案示例

（3）如果条件需要，在以上案例中也可以对南进口和北进口设置早启和迟断式信号控制。

需要说明的是，图 8-3-1 所示的早启和迟断式相位设置还可以存在一些变化，如图 8-3-2 所示。可以在相序上做一些调整，将两个对向的左转车流先放行，根据左转车流量存在的差异，对流量较大的进口方向的左转相位给予信号延迟，延迟的同时开启该方向的直行和右转车流，当左转延迟信号结束后，开启对向的直行和右转车流信号。

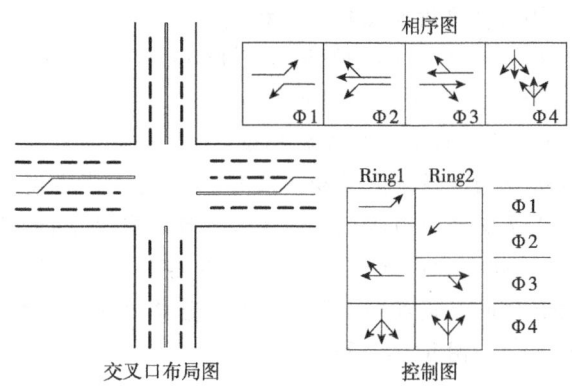

图 8-3-2 早启和迟断相位示意图

【例题 8-6】 如下情况的十字形交叉口，已知高峰小时流量系数 PHF 为 0.85，设计目标 v/c 为 0.90，驾驶员的反应时间为 1.0s，所有进口道的坡度均为 0，东、西进口道设计到达车速限制为 60km/h，南北进口道设计到达车速限制为 40km/h，无行人过街流量，交叉口渠化情况、几何条件及各进口方向机动车设计流量如图 8-3-3 所示。试为该交叉口进行信号控制方案设计。

PPT

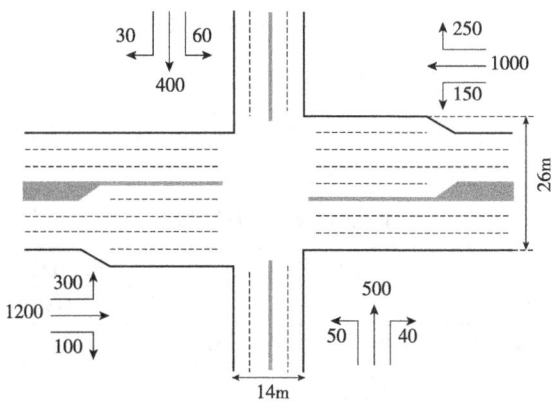

图 8-3-3 交叉口几何条件及流量分布示意图

解：
步骤 1：交叉口渠化设计与相位方案设计

首先分析各进口的车道功能划分情况。从交叉口的几何示意图可以看出，东、西两个进口方向都向左和向右分别拓宽出了车道，形成 5 个进口车道。因此，有条件设置左转专用车道和右转专用车道。南进口和北进口仅设有两条车道,注意到这两个进口方向的右转车流量与左转车流量都很低,且交叉口无行人过街流量,因此无须设置右转专用车道和左转专用车道,可采用一条直行左转合用车道和一条直行右转合用车道的形式组成一个车道组。

接下来,分析各进口道是否需要设置左转保护相位。按照8.2.2给出的左转保护相位判别条件对各进口逐一进行判断:

西进口:$q_{LT}=300>200$,需要设置左转保护相位

东进口:$q_{LT}=150<200$ 但 $150\times(1200/3)=60000>50000$,需要设置左转保护相位

北进口:$q_{LT}=60<200$,无须设置左转保护相位

南进口:$q_{LT}=50<200$,无须设置左转保护相位

考虑到东进口和西进口的左转车流量相差很大,因此可以考虑设置如图8-3-2所示的早启和迟断式信号相位。于是交叉口的相位设计方案初步确定如下:相位一为东、西向左转保护相位;相位二为西进口左转相位的延迟相位,同时开启西进口直行和右转相位;相位三为西进口方向直行和右转相位的延迟相位,同时亦是东进口的直行和右转相位;相位四为南、北向直行、右转和左转相位,如图8-3-4所示。

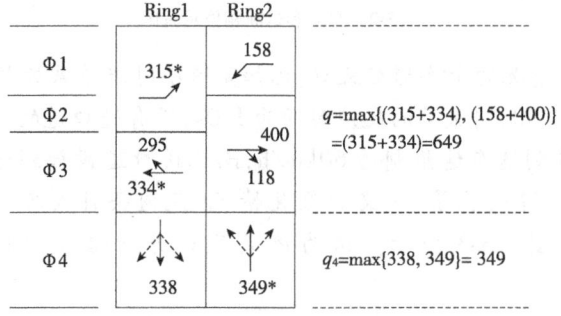

图8-3-4 关键车流分析示意图

步骤2:各车道组直行当量计算

查表8-2-1和表8-2-2,获得各进口道各转向车流的直行当量系数,填写于直行当量计算表8-3-1中,计算得出各车道组的直行车流当量。

车道组直行当量计算表　　　　　　　　表8-3-1

进口方向	转向	流量	直行当量系数	直行当量	车道组直行当量	平均单车道直行当量
西进口	左	300	1.05	315	315	315
	直	1200	1.00	1200	1200	400
	右	100	1.18	118	118	118
东进口	左	150	1.05	158	158	158
	直	1000	1.00	1000	1000	333
	右	250	1.18	295	295	295
南进口	左	50	3.00	150		
	直	500	1.00	500	697	349
	右	40	1.18	47		

续上表

进口方向	转向	流量	直行当量系数	直行当量	车道组直行当量	平均单车道直行当量
北进口	左	60	4.00*	240	675	338
	直	400	1.00	400		
	右	30	1.18	35		

注：表中带*号直行当量系数采用线性插值法得出。

步骤3：流率比分析与关键车流确定

绘制相位设计方案的相序图和控制图，并按照表 8-3-1 计算结果给各相位的车道组标上直行当量，然后比较分析，确定各相位的关键车流及其流量值，具体过程如图 8-3-4 所示。

交叉口各进口车道宽度都大于 3.0m，无纵坡，符合理想条件，因此直行道饱和流率值为 1650veh/h。于是，各相位的关键流率比如下：

$$y = \frac{q}{S_T} = \frac{649}{1650} = 0.393$$

$$y_4 = \frac{q_4}{S_T} = \frac{349}{1650} = 0.212$$

进一步，对于控制链 Ring1 有：

$$y_{1+2} = \frac{q_{1+2}}{S_T} = \frac{315}{1650} = 0.191$$

$$y_3 = \frac{q_3}{S_T} = \frac{334}{1650} = 0.202$$

对于控制链 Ring2 有：

$$y_1 = y \times \frac{158}{158+400} = 0.111$$

$$y_{2+3} = y \times \frac{400}{158+400} = 0.282$$

各相位的关键流率比之和为 $Y = y + y_4 = 0.393 + 0.212 = 0.605 < 0.9$，满足要求，可以进行下一步设计。

步骤4：确定黄灯时间和全红时间

应用式(8-1-7)与式(8-1-8)分别计算黄灯时长和全红时长。东、西进口车道的车速采用设计车速限制值60km/h计算，南、北进口道采用车速限制值40km/h计算。各相位黄灯时长计算结果如下：

$$A_{1,2,3} = 1.0 + \frac{60}{3.6 \times (2 \times 3.0 + 0)} = 3.8s$$

$$A_4 = 1.0 + \frac{40}{3.6 \times (2 \times 3.0 + 0)} = 2.9s$$

为计时方便，对黄灯时长取整，$A_{1,2,3}=4s$，$A_4=3s$。

全红时长与交叉口道路宽度有关，因此，相位一、二、三与相位四的全红时长不同，应分开计算。考虑到该交叉口无行人过街需求，全红时长的确定无须考虑人行过街横道的宽度。具体计算过程如下：

$$r_{1,2,3} = \frac{14+5}{60/3.6} = 1.1\text{s}$$

$$r_4 = \frac{26+5}{40/3.6} = 2.8\text{s}$$

式中5m为平均车辆长度。为计时方便,相位一、二、三的全红时长取整数1s,相位四的全红时长取整数3s。

因此,各相位的绿灯间隔时间为:

$$I_1 = A_1 + r_1 = 4.0 + 1.0 = 5.0\text{s}$$

$$I_2 = A_2 + r_2 = 4.0 + 1.0 = 5.0\text{s}$$

$$I_3 = A_3 + r_3 = 4.0 + 1.0 = 5.0\text{s}$$

$$I_4 = A_4 + r_4 = 3.0 + 3.0 = 6.0\text{s}$$

步骤5:确定信号损失时间

一个周期的信号损失时间由所有相位的启动损失及全红时间组成。在没有实测数据的情况下,一般启动损失取3s,于是各相位的信号损失如下:

$$L_{1,2,3} = 3 + 1 = 4\text{s}$$

$$L_4 = 3 + 3 = 6\text{s}$$

一个周期的总信号损失时间为各相位信号损失时间之和,注意到每个控制链中都包含有3个相位,且每个控制链的信号损失时间相等,因此,一个周期的总信号损失为:

$$L = L_2 + L_3 + L_4 = L_1 + L_3 + L_4 = 4 + 4 + 6 = 14\text{s}$$

步骤6:确定信号周期时长

根据实用信号周期公式,该交叉口的信号周期为:

$$C_p = \frac{L}{1 - \frac{Y}{\text{PHF} \cdot (v/c)}} = \frac{14}{1 - \frac{0.605}{0.85 \times 0.90}} = 67.0\text{s}$$

为了便于控制,对计算周期取整,则得到信号周期时长为 $C = 70\text{s}$。

步骤7:绿时分配

根据式(8-2-19),控制链 Ring1 的各相位的有效绿灯时长为:

$$g_{E,1+2} = (C - L)\frac{y_{1+2}}{Y} = (70 - 14) \times \frac{0.191}{0.605} = 17.7\text{s}$$

$$g_{E,3} = (C - L)\frac{y_3}{Y} = (70 - 14) \times \frac{0.202}{0.605} = 18.7\text{s}$$

$$g_{E,4} = (C - L)\frac{y_4}{Y} = (70 - 14) \times \frac{0.212}{0.605} = 19.6\text{s}$$

控制链 Ring2 的各相位的有效绿灯时长为:

$$g_{E,1} = (C - L)\frac{y_1}{Y} = (70 - 14) \times \frac{0.111}{0.605} = 10.3\text{s}$$

$$g_{E,2+3} = (C - L)\frac{y_{2+3}}{Y} = (70 - 14) \times \frac{0.282}{0.605} = 26.1\text{s}$$

$$g_{E,4} = (C - L)\frac{y_4}{Y} = (70 - 14) \times \frac{0.212}{0.605} = 19.6\text{s}$$

根据式(8-2-20)计算各相位绿灯显示时间并取整,可得:

$$g_1 = g_{E,1} + l_1 - A_1 = 10.3 + 3 - 4 = 9.3 \approx 9\text{s}$$
$$g_{1+2} = g_{E,1+2} + l_2 - A_2 = 17.7 + 3 - 4 = 16.7 \approx 17\text{s}$$
$$g_{2+3} = g_{E,2+3} + l_3 - A_3 = 26.1 + 3 - 4 = 25.1 \approx 25\text{s}$$
$$g_3 = g_{E,3} + l_3 - A_3 = 18.7 + 3 - 4 = 17.7 \approx 18\text{s}$$
$$g_4 = g_{E,4} + l_4 - A_4 = 19.6 + 3 - 3 = 19.6 \approx 20\text{s}$$

考虑到在对绿灯显示时间取整过程中可能出现误差,因此对每个控制链的绿灯显示时间、黄灯时间和全红时间进行累加,检验是否与周期长相等。检验发现控制链Ring1的信号时长比周期长多1s,故对控制链Ring1中的相位1+2的绿灯显示时间进行调整,由17s减少为16s。至此,完成了对该交叉口的信号控制方案的设计。

8.4 单点交叉口感应式信号控制

定时式信号控制具有固定不变的周期时长、相位序列和绿灯时间。然而,道路上的交通需求随时间而变化,并且常常会在短期内发生剧烈的波动,从而导致某个信号周期内或者一系列信号周期内排队车辆的大量积累,甚至会引起交叉口的严重堵塞。分析图 8-4-1 所示的例子,图中显示的是某个信号相位的连续 5 个周期的交通需求。该相位具有固定不变的通行能力:10 辆/周期,也即 5 个周期内最多可通行 50 辆车。图 8-4-1 中的例子具有与通行能力相等的交通需求:50 辆车。然而,交通需求是波动性的,到达率不均匀,因此,尽管 5 个周期内绿灯时间所提供的通行能力能够满足总的交通需求,而事实上这 5 个周期过去之后,仍然产生了 6 辆车的排队。

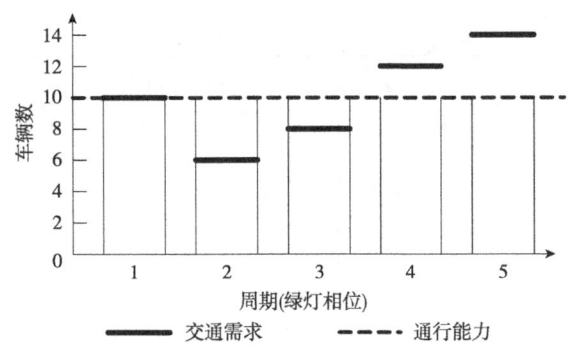

图 8-4-1 信号控制交叉口到达车辆的波动性

感应式信号控制就是要解决这类问题。通过使用车辆检测器,可以给感应式信号控制器提供当前交通需求的实时信息,从而可以根据信息随不同周期内交通需求的变化而决定绿灯时间的分配。在图 8-4-1 中,如果交通信号控制器根据交通需求的大小改变绿灯时间的分配,周期 2 和 3 会被给予较少的绿灯时间,而周期 4 和 5 会被分配以更多的绿灯时间。结果就不会出现排队或者仅仅出现很短的排队,可以有效地减少交叉口的延误,提高交叉口的服务水平。

8.4.1 车辆检测器基本工作原理

车辆检测器是感应式交通控制乃至交通信号协调控制系统的重要组成部分之一。最常用的是环形线圈检测器、脉冲超声波式检测器、地磁式检测器,另外还有雷达检测器、光电检测器等。

环形线圈检测器目前使用最为广泛。这种检测器将环形线圈埋置在路面之下,是检测装置中振荡器的一个元件(电感)。振荡器由电源供电,以谐振频率振荡。车辆行至线圈上方时,其铁质构件引起谐振回路中电感参数改变和谐振频率的值移。检测到此频率偏移,即表明车辆的存在。它是检测车辆存在和排队长度的最好的一类检测器,也能检测车辆的通过。

环形线圈尺寸随需要而定,常用的是2m×2m的线圈,每车道埋设一个,计数精度可达到±2%,排队长度测量可精确到±5%。测出流量、占有率之后,借助于预定的平均有效车辆长度还可估计出密度与时间平均速度。有些情况下,为了较准确地直接测量速度,还采用每车道连续埋置两个环形线圈的方案。这里仅介绍单线圈检测器的数据处理算法。

由图8-4-2可知,当车辆经过环形线圈上方时,检测器将产生一个方波信号。检测器中的微型计算机(或逻辑部件)对方波进行计数并测量其宽度,即可用如下算法估计出每个测量周期内的交通流量、占有率、交通密度和时间平均速度。

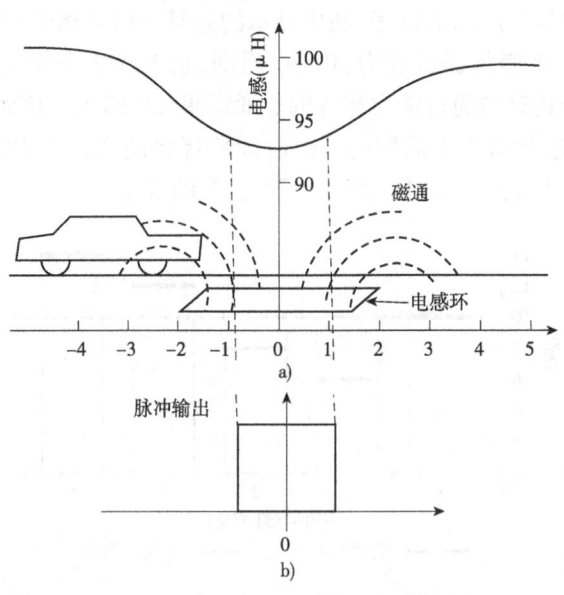

图 8-4-2 环形线圈车辆检测器工作原理示意图

1)流量计算

设 $N_i(k)$ 为第 k 周期内第 i 车道检测器的方波计数值,则该车道在该周期内的流量 $q_i(k)$ 可表达为:

$$q_i(k) = \frac{N_i(k)}{T} \tag{8-4-1}$$

式中:T——检测周期时长,s。

2) 占有率计算

占有率(或称为车辆占有率),定义为一路段内车辆占用的道路长度总和与路段总长度之比。设一路段平均有效车辆长度为 L_v,则占有率可表达为:

$$o = L_v \cdot \rho \cdot 100\% \tag{8-4-2}$$

式中: o——车道占有率,%;

ρ——车道车辆密度,veh/km。

由上式可知,车辆占有率与密度成正比关系,两者具有相近的概念。L_v 值可以由现场测量数据中估算得到,在实际应用中,常把 L_v 取为一个常数,例如道路上小汽车为主的车流,取 $L_v = 0.007 \text{km} = 7\text{m}$。

然而,由于基于上述定义的计算难于测量,因此通常用时间占有率替代。以环形线圈车辆检测器为例,当每辆车的车头进入环形线圈前沿时,即产生感应电信号,至车尾驶离环形线圈后沿时,信号停止。测出一周期内所有感应电信号的宽度,其宽度之和与周期时长之比即定义为时间占有率。

时间占有率和实际占有率之间存在偏差,即与一个信号宽度相对应的,不仅仅是一辆车的长度,还包括一个线圈的长度,两者之和称为有效车辆长度。实际计算中通常加以简化。

设 $t_i(k)$ 为第 k 周期内第 i 车道检测器的方波宽度总和(sec),则该车道在该周期内的占有率 $o_i(k)$ 可表达为:

$$o_i(k) = \frac{t_i(k)}{T} \cdot 100\% \tag{8-4-3}$$

3) 交通密度和平均速度计算

由式(8-4-1)~式(8-4-3),可得到该周期内该车道在检测器附件的交通密度和平均速度计算公式为:

$$\rho_i(k) = \frac{o_i(k)}{L_i(k)} \tag{8-4-4}$$

$$v_i(k) = \frac{q_i(k)}{\rho_i(k)} = \frac{L_i(k) \cdot q_i(k)}{o_i(k)} \tag{8-4-5}$$

式中: $\rho_i(k)$——第 k 周期内第 i 车道车辆密度,veh/km;

$v_i(k)$——第 k 周期内第 i 车道车辆平均速度,h/km;

$q_i(k)$——第 k 周期内第 i 车道平均流量,veh/h;

$L_i(k)$——第 k 周期内第 i 车道驶过所有车辆的平均有效长度,km。

如果某周期内 $q_i(k) = 0$,同时 $o_i(k) = 0$,则取 $v_i(k) = v_i(k-1)$。

由 N 条车道组成的道路总流量等于各条车道流量之和,密度也等于各车道密度值之和。总的平均速度等于总流量除以总密度所得的商。

8.4.2 感应式信号控制的类型划分及适用性分析

按照车辆检测器设置于交叉口进口道的数量、位置及控制方式的不同,可将感应式信号控制分为两类基本控制类型——半感应信号控制和全感应信号控制。

1) 半感应信号控制

半感应信号控制只在交叉口部分进口道上设置检测器的感应控制。该控制方式适用于主次道路相交且交通量变化较大的交叉口上，按检测器设置位置的不同可分为两类：

(1) 检测器设在次要道路上

这种感应控制适用于平时主路上总是绿灯，对次路预置最短绿灯时间的情况。当次路上检测器测到有车时，立即改变相位，次路为绿灯，后继无车时，相位即返回主路；否则，到达最短绿灯时，强制改换相位。这种感应控制的运行流程图如图8-4-3所示。

这种感应控制实质上是次路优先，只要次路有车到达就会打断主路车流。当次路车辆很少时，次路上的行人和非机动车往往要等待很长时间，直到有机动车到达时，才可随机动车通过交叉口。所以，这种半感应控制只是在某些特殊需要的地方才适用，如消防队、救护车重要机关出入口等。

(2) 检测器设在主要道路上

这种感应控制适用于平时主路绿灯总是亮的，当检测器在一段时间内测不到主路有车辆时，才换相位让次路通车；主路上测得车辆到达时，通车相位返回主路。这种感应控制的运行流程图如图8-4-4所示。这种控制方式可避免主路车流被次路车辆打断，且有利于次路上自行车的通行。

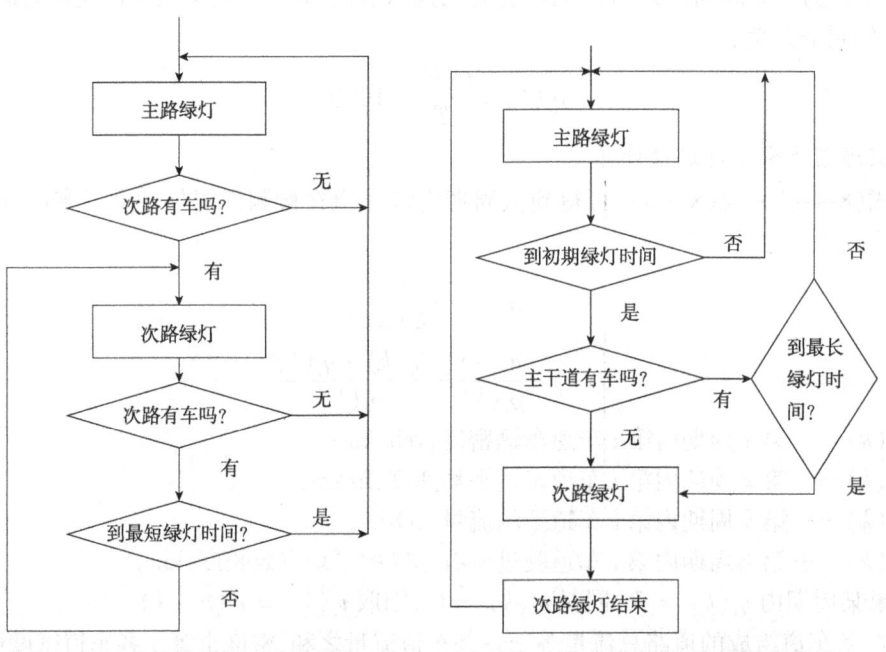

图8-4-3　次路检测半感应控制流程图　　图8-4-4　主路检测半感应控制流程图

2) 全感应信号控制

在全感应信号控制中，所有的进口道都安装有车辆检测器。根据各个进口道的服务需求决定信号相位的顺序。这类控制方式主要适用于相交道路等级相当、交通量相仿且变化较大的交叉口上。

全感应控制的基本机理是：当交叉口没有机动车到达时，信号机以定周期方式按最小周期运行。当某一方向来车时，则对来车方向放绿灯，并通过是否达到最大绿灯时间的判断，进行通行权力的转换。其运行流程图如图 8-4-5 所示。

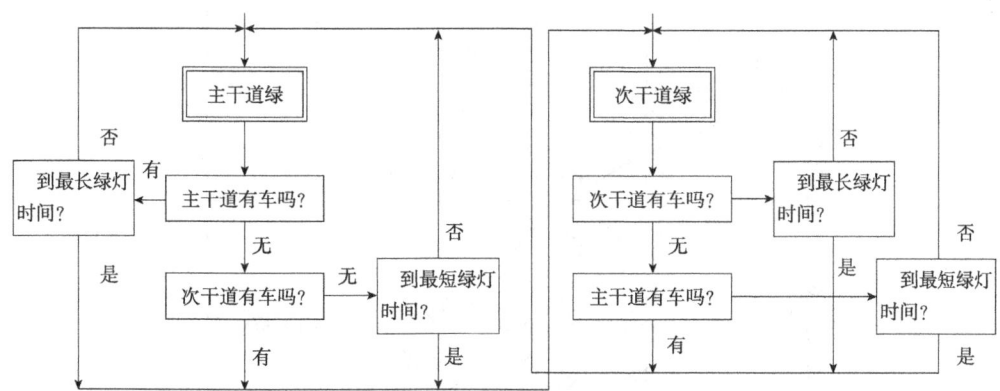

图 8-4-5　基本全感应控制流程图

3）交通量—密度信号控制

交通量—密度信号控制与全感应信号控制类似，并增添了一些能够响应交通需求波动的功能，通常应用于具有较高行驶速度要求的平面交叉口。这种控制方式通常需要使用存在检测器。除了具有感应式信号控制的主要特征外，交通量—密度信号控制还具有如下功能：

（1）可变最小绿灯时间。通过检测器识别排队等待的车辆数，使得交通信号控制机可以根据排队车辆数量的变化动态调整最小绿灯时间。

（2）逐步减少通过时间。对于一般的感应式信号控制，通过时间（详见 8.4.3）是一个固定不变的控制参数。然而，交通量—密度信号控制方式可以随着绿灯时间的延长而逐步减少通过时间。这样，在某相位交通量较高的情形下，随着绿灯时间的逐步延长，该相位保留绿灯将变得越来越困难。该功能的实现涉及以下控制参数：初始通过时间 PT_{max}（最大值）；最终通过时间 PT_{min}（最小值）；开始减少通过时间的绿灯时刻 T_1（在该时刻之后，通过时间逐步减少）；终止减少通过时间的绿灯时刻 T_2。在绿灯延长期间，当竞争相位发出车辆到达的"召唤"时，信号控制机开始逐步减少通过时间，这一过程将持续下去，直到通过时间达到最小值为止，如图 8-4-6 所示。

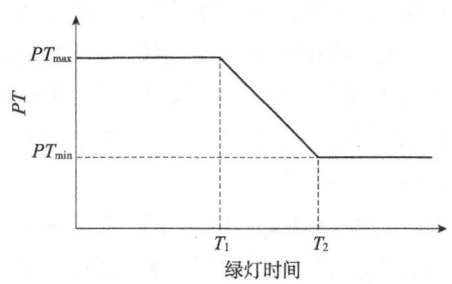

图 8-4-6　通过时间逐步减少绿灯时长感应控制示意图

4）单点信号控制交叉口控制方式选择

美国 NCHRP 组织过一个专题研究，确定了单点交叉口交通信号控制方式的选择适用性范围，如图 8-4-7 所示[6]。

图 8-4-7 的横坐标和纵坐标分别是主要道路关键车道交通量和相交道路关键车道的交通量。交叉口两相交道路关键车道交通量的坐标点落在哪一区域内，即以选用该区域所示的控制方式为宜。

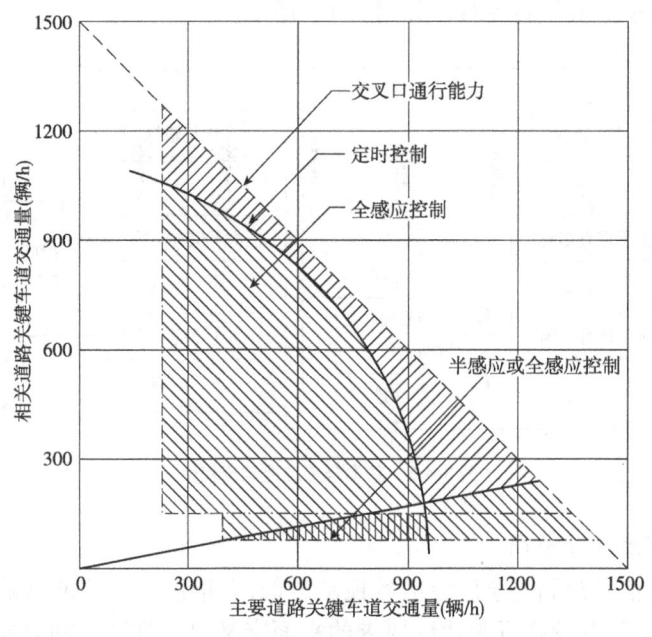

图 8-4-7　定时控制或感应控制选用图

8.4.3　感应式信号控制的参数

半感应信号控制的感应相位和全感应信号控制的所有相位都具有下述参数：

1) 最小绿灯时间 G_{min}

PPT

每一个相位都有一个最小绿灯时间 G_{min}，它是在绿灯启亮时所分配给相位的最少绿灯时间。旧式控制器将其分为两部分——一个初始绿灯时间和一个单位绿灯延长时间。初始绿灯时间是在相位的开始阶段所给予的通行时间，以确保从停车线到车辆检测器之间可能存在的排队车辆能够全部通过停车线。单位绿灯延长时间允许初始绿灯时间结束之前到达检测器的车辆可以通过交叉口。

2) 通过时间 PT

通过时间 (Passage Time, PT) 需要满足以下三项要求：

(1) 定义为连续通过某一检测器的车队保留绿灯所需最大感应时间间隔。

(2) 规定单位绿灯延长时间，它是检测器感应到车辆到达的情况下给予绿灯的延长时间。

(3) 满足车辆由检测器到达停车线所需时间。在一些旧式的控制器中，通过时间和单位绿灯延长时间可以分别设定。

3) 最大绿灯时间 G_{max}

每个相位都有一个最大绿灯时间 G_{max}。如果某一相位的交通需求很大，该相位的绿灯会一直延长到最大绿灯时间；此时，如果其他相位有"召唤"，该相位绿灯将立即终止。

4) "召回"开关

每个相位都有一个召回开关；当召回开关处于"开"的状态，不管该相位是否有交通需求,绿灯都会从一个结束的相位"召回"。当召回开关处于"关"的状态,只有在该相位接收到服务"召唤"之后绿灯才能启亮。

5) 黄灯时间和全红时间。

这些参数的设定方法和定时式信号控制一样,可以参考 8.1 节所述的内容。

图 8-4-8 描绘了一个感应式信号控制相位的运行过程。当绿灯启亮时,它至少要维持所设定的最小绿灯时间。在最小绿灯期间检测器可能会检测到车辆,如果检测到车辆的那一刻距离最小绿灯结束不小于一个通过时间,将不会增加该相位的绿灯时间。如果在最小绿灯期间有车辆到达,并且在其结束之前所剩时间小于一个通过时间,将在检测器感应到车辆的那一时刻起增加一段绿灯时间,其长度等于一个通过时间,正如图 8-4-8 中检测器感应到第一辆车的情形。随后信号控制器进入了相位绿灯的延长阶段。如果在绿灯结束之前再次检测到车辆,将会从检测到车辆的那一时刻起再次增加一个通过时间。这个过程将继续下去,最后绿灯以下述两种方式之一结束:

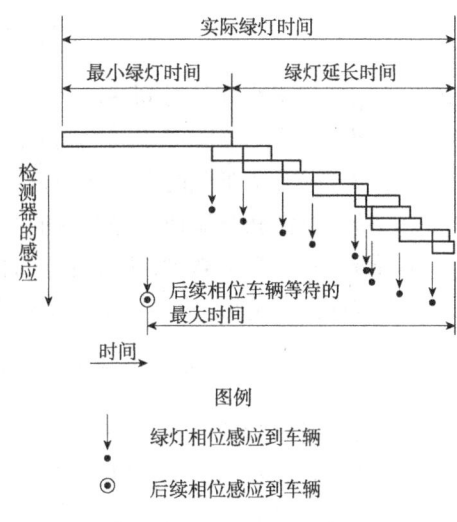

图 8-4-8 交叉口平面图

(1) 在后续的一个通过时间之内没有感应到车辆的到达。

(2) 到达了最大绿灯时间,并且在其他相位有车辆到达的"召唤"。因此,相位的长度介于最小绿灯时间和最大绿灯时间之间。只有当下一个相位的"召回"开关处于关闭状态,并且其他相位都没有需求时,最大绿灯时间才可以继续延长。

通常情况下,检测器测量到的单个车流内前后车辆之间的时距比实际值小。原因在于:当车辆经过感应线圈时,它触发了检测器的感应;然而,只有在车辆的尾部经过线圈之后该感应才结束。时距的实际值与测量值之间的偏差值就是车辆通过感应线圈所花费的时间。

另外一个实际问题与多车道有关。对于某个既定的相位,甚至在多车道的情形之下,通常只用一个引入电缆将多个车辆检测器和交通信号控制机连接起来。这种情况下,所测量的时距可能是由分别行驶在两条车道上的两辆车触发不同的检测器所致。因此,当涉及多个车道时,由车辆检测器检测到很短的时距并由此延长绿灯时间的概率就会大大增加。如果将每个检测器都分别和交通信号控制机相连,就能避免这个问题。但这会增加费用,故而不常用。

8.4.4 感应式信号控制配时参数的计算和检测器的位置

影响感应式信号控制配时参数的最重要因素之一是检测器的位置,即检测器距停车线的距离。本部分将重点讨论感应信号配时参数,以及对于既定的检测器位置如何计算这些参数。

1) 最小绿灯时间

最小绿灯时间应允许所有介于停车线和检测器之间排队的车辆都能进入交叉口。

由于感应式交通信号控制器只是记录是否存在车辆，但是不记录车辆数，因此必须假定在检测器和停车线之间排满了车辆。初始绿灯时间应允许停留在检测器和停车线之间的所有车辆都能够进入交叉口。除了每辆车需要 2s 外，还应包括 4s 的"启动"时间。于是有：

$$G_{\min} = 4 + h \times \text{Integer}\left(\frac{d}{l}\right) \tag{8-4-6}$$

式中：$G_{\min}$——最小绿灯时间，s；

d——检测器和停车线之间的距离，m；

l——排队车辆的车头间距，通常取 6m；

h——饱和车流通过停车线的车头时距，通常取 2s；

Integer——取整运算，按照自变量四舍五入取整数。

假定这样的情形：检测器位于距停车线 15m 的地方，进口道车速是 40km/h。于是有：

$$G_{\min} = 4 + 2 \times \text{Integer}\left(\frac{15}{6}\right) = 4 + 2 \times 3 = 10\text{s}$$

2）最小通过时间

通过时间应不小于车辆以一定的行驶速度（通常取进口道 15% 位地点车速）由检测器到达停车线所需要花费的时间，因此有：

$$P = \frac{d}{0.2778v} \tag{8-4-7}$$

式中：P——最小通过时间，s；

d——检测器到停车线的距离，m；

v——交叉口进口道车辆行驶速度，km/h。

对于任何给定了检测器位置的相位都可以用式（8-4-7）计算最小通过时间，作为通过时间取值区间的下限。然而，通过时间也用来作为延长绿灯时间可允许的检测器最大感应时间间隔。当检测器感应车辆到达的时间间隔大于该值时，绿灯时间将不再延长。

举例来说：进口道车辆速度为 40km/h，检测器距停车线 15m，则：

$$P = \frac{15}{0.2778 \times 40} = 1.35\text{s}$$

将 1.35s 作为通过时间是不合适的。实际上，只有当检测器感应的时间间隔小于该值时才能延长绿灯时间。饱和车流的车头时距通常在 2.0~3.0s 之间。因此，对于这样短的通过时间，几乎不大可能满足延长绿灯时间所必需的感应时间间隔。

如果由于车辆由检测器到达停车线的行驶时间太短而导致了过小的通过时间，就必须将通过时间提高到一个可接受的水平。总的来说，通过时间在大多数的情况之下介于 3~4s 之间。

3）最大绿灯时间

最大绿灯时间的设定：在假定采用定时式信号控制之下，计算最佳周期以及每个相位的绿灯时间。这可以根据前面所介绍的定时式信号配时的方法进行计算。之后，再将计算出的绿灯时间乘以 1.25 或者 1.5，就得到最大绿灯时间[5]。

4)检测器的位置

给定进口道车辆的行驶速度和期望的最小绿灯时间,就可以估计检测器放置的最佳位置。最短绿灯时间要尽可能短,以便车辆更加充分地利用最短绿灯时间,尽量减少由于交通需求不足所带来的最小绿灯时间的浪费。

【例题 8-7】 感应式信号控制交叉口进口道车辆的行驶速度为 60km/h,设定交叉口最短绿灯时间为 10s,以及 3~4s 的最大可允许时距。计算检测器放置的位置。

解:

方法1:应用式(8-4-6),在忽略取整运算符的情况下求解检测器距停车线的距离:

$$d = 3 \times G_{min} - 12 = 3 \times 10 - 12 = 18m$$

为了获得10s的最短绿灯时间,检测器应放置在停车线之后18m的位置。由于在式中忽略了取整函数 Integer,因此计算结果是期望值的一个近似。在上述例子中,计算结果刚好是6的一个整数倍,因此答案可行。如果不为整数,则需要将求出的 d 值反代入式(8-4-6)中计算 G_{min},以检验结果的合理性。

方法2:考虑将检测器放置在停车线后一定的距离,其大小等于车辆在 3~4s 之间的行驶距离,而 3~4s 也正是最大可允许时距的变化范围。于是有:

$$d = 0.2778 \times S \times (3) = 0.8334 \times S \quad (8\text{-}4\text{-}8a)$$

或者:

$$d = 0.2778 \times S \times (4) = 1.1112 \times S \quad (8\text{-}4\text{-}8b)$$

对于上面的例子,应用式(8-4-8a)计算得:

$$d = 0.8334 \times 60 = 50m$$

对于采用方法2所计算的检测器位置,按照式(8-4-6)重新计算最小绿灯时间,得到:

$$G_{min} = 4 + 2 \times \text{Integer}\left(\frac{50}{6}\right) = 20s$$

为了避免最小绿灯时间过长,车辆检测器在停车线之后的最大距离应在 40~50m 之间。

根据 3~4s 的规则,表 8-4-1 给出了与进口道行驶速度相对应的感应式信号控制参数:检测器后置停车线距离、最小绿灯时间和通过时间。随着进口道速度的增加,检测器的后置距离也随之增加,并导致最小绿灯时间的增加。

检测器的位置和感应式信号控制参数　　表 8-4-1

进口道车辆行驶速度(km/h)	检测器后置停车线距离(m)	最小绿灯时间(s)	通过时间(s)
24	12	8	3
32	18	10	3
40	24	12	3
48	30	14	3.5
56	41	18	3.5
64	52	22	3.5

然而,在工程实践中有许多因素会限制表 8-4-1 推荐值的使用。例如:当交叉口进口道附近存在接入道路,则检测器应放置在该接入道路的下游;否则,检测器将无法检测由接入

道路驶入的车辆。另外,在允许路边停车的情形下,检测器放置位置不当,可能导致其无法检测出来自路侧停放区域的车辆。对城市郊区的孤立交叉口,如果没有路边停车和支路接入,表 8-4-1 中的推荐值更容易实施。

8.4.5 考虑行人过街要求的感应式信号控制配时

行人对感应式信号控制的要求和定时式信号控制的要求相同。两者的主要区别在于感应式信号控制的最小绿灯时间很少能满足行人横穿道路的要求。因此,大多数的感应式信号控制相位必须有人行过街按钮以及行人过街相位。由于行人过街需要很长的时间,行人交通量过大的交叉口不适合采用感应式信号控制。

【例题 8-8】 图 8-4-9 是一个由主路和次路相交而成的平面交叉口。若采用定时式控制,按两相位信号配时计算,$C=22s$,主路和次路绿灯时间分配比例为 858∶135;每相位损失时间为 3s。主路车辆行驶速度是 64km/h,次路车辆行驶速度是 40km/h。由于交叉口几何设计的限制,检测器距离停车线不能超过 9m。主路行人穿越次路的步行距离为 5.4m,次路行人穿越主路的步行距离为 12.8m,行人步行速度为 1.2m/s,所需启动时间为 4s。如果该交叉口采取了半感应信号控制(检测器设置在次要道路),试分析主要配时参数。

解:

1. 次路检测器的位置及最小绿灯时间

题中说明次路车辆行驶速度是 40km/h,表 8-4-1 对应于这一速度的检测器后置距离推荐值是 24m,最小绿灯时间推荐值是 12s。检测器后置距离推荐值大于题中的最大要求值,因此只能将检测器后置停车线的距离取为所容许的最大值 9m。然后,由式(8-4-6)计算最小绿灯时间:

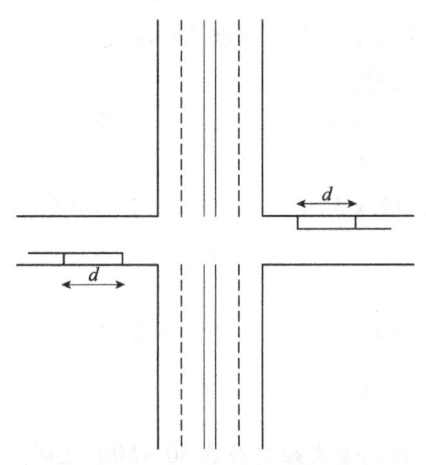

图 8-4-9 感应式信号控制相位的运行

$$G_{min} = 4 + \left[2 \times \text{Integer}\left(\frac{d}{6}\right)\right] = 4 + \left[2 \times \text{Integer}\left(\frac{9}{6}\right)\right] = 8s$$

在次要道路的两个进口道,检测器距离停车线的距离都是 9m,感应相位(次路)最短绿灯时间是 8s。

2. 次路通过时间和最大可允许时距

检测器离停车线的距离为 9m,由式(8-4-7)计算通过时间:

$$P = \frac{d}{0.2778S} = \frac{9}{0.2778 \times 40} = 0.81s$$

行驶中的前后两车之间不可能靠得太近,这个数值对于检测器感应车辆到达的"最大感应时间间隔"是不合适的。对于 40km/h 的行驶速度,表 8-4-1 中的推荐值是 3s。因此,将"通过时间"设定为 3s。

3. 次路最大绿灯时间

假定采取定时式信号控制,则次要道路相位二的最大绿灯时间为:

$$g_2 = (22-6) \times \frac{135}{858+135} = 2.18\text{s}$$

计算结果远小于最小绿灯时间8s。因此，可以将最大绿灯时间取为8s。在这种情况之下，次路的每个相位的最小绿灯时间都是8s，无法进行延长。如果次路的交通需求存在某些远高于均值的高峰时段，可以适当增加最大绿灯时间。

4. 主路最小绿灯时间

尽管主路相位（相位一）不是感应式的，必须确立其最小绿灯时间。这一参数可以防止次路频繁获取绿灯而影响主路的通行。只有当主要道路经历了最小绿灯时间之后次路才可能重新获得绿灯。

根据题意，主路最小绿灯与次路最小绿灯之比应为858:135，即有：

$$\frac{g_{1\min}}{g_{2\min}} = \frac{858}{135}$$

于是有：

$$g_{1\min} = \frac{858}{135} \cdot g_{2\min} = \frac{858}{135} \times 8 = 50.9\text{s}$$

取整后，主路最小绿灯时间取值为51s。

5. 行人过街要求

为了保证安全，必须检查行人的过街要求。所有相位的最小绿灯时间应满足行人穿越道路的要求。当无法满足时，应安装行人按触装置，以便在需要时启动一个能满足行人过街要求的最小绿灯时间。

当主路绿灯启亮时，最小绿灯是51s。主路行人穿过次路所需要的时间应小于主路最小绿灯时间+黄灯时间+全红时间=51+4.3+0.75=56.1s。已知主路行人穿越次路的步行距离为5.4m，步行速度为1.2m/s，启动时间为4s。于是主路行人横穿次路所需时间为：

$$4 + \frac{5.4}{1.2} = 8.5\text{s}$$

该值远小于主路最小绿灯时间与黄灯时间和全红时间之和。因此，不需要为主路行人穿越次路提供行人按触装置和行人信号灯。

次路行人穿越主路所需时间应不小于次路最小绿灯时间与黄灯时间和全红时间之和，即：8+3.2+2.3=13.5s。

已知次路行人穿越主路的步行距离为12.8m，步行速度为1.2m/s，启动时间为4s。于是次路行人穿越主路所需时间为：

$$4 + \frac{12.8}{1.2} = 14.7\text{s}$$

该值大于次路最小绿灯时间与黄灯时间和全红时间之和。因此，需要为次路行人穿越主路提供行人按触装置和行人信号灯。当行人启动装置时，将引发一个时间长度为14.7-3.2-2.3=9.2s的最小绿灯。

【例题8-9】 待分析的交叉口位于一个相对孤立的地点，交叉口几何设计如图8-4-10所示，具有三个相位（相位一：南北向左转，相位二：南北向直行与右转，相位三：东西向直行、右转与左转），黄灯时间为2.9s，全红时间为1.8s。若采用定时式信号控制，配时参数为：$g_1=9.4\text{s}$，$g_2=18.3\text{s}$，$g_3=13.3\text{s}$，

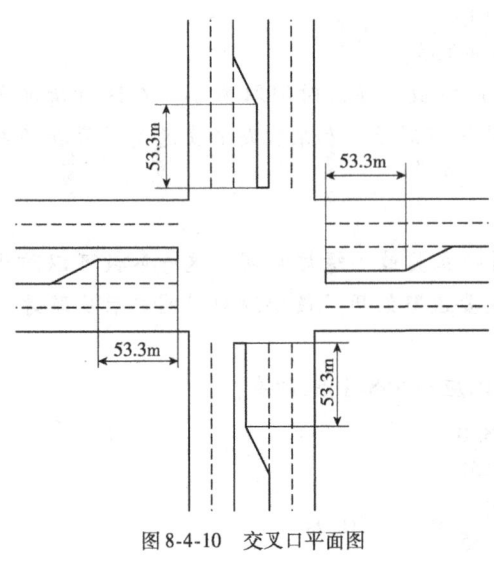

图 8-4-10 交叉口平面图

$L=9s$。交叉口每个进口道车辆的行驶速度都是 56km/h。在人行横道处，行人横穿道路的距离是 16.5m，步行速度是 1.2m/s，启动时间是 4s。如果该交叉口采取了全感应式信号控制，试分析主要配时参数。

解：

1. 最小绿灯时间和检测器的位置

对应于 56km/h 的行驶速度，表 8-4-1 建议将检测器放置在停车线之后的 41m 处。在不存在物理限制的情况下可以接受该值。根据式(8-4-6)计算最小绿灯时间：

$$G_{\min} = 4 + \left[2 \times \text{Integer}\left(\frac{d}{6}\right)\right]$$
$$= 4 + \left[2 \times \text{Integer}\left(\frac{41}{6}\right)\right] = 18s$$

计算结果正是表 8-4-1 中的推荐值。

2. 通过时间

根据检测器离停车线的距离，由式(8-4-7)计算通过时间：

$$P = \frac{d}{0.2778S} = \frac{41}{0.2778 \times 56} = 2.64s$$

这个数值偏小，几乎是通过时间所允许的最小值。对应于 56km/h，表 8-4-1 对该参数的推荐值是 3.5s。这个数值比上式计算的结果略大，因此可以采用该推荐值。

3. 最大绿灯时间

将定时式信号控制假定下所计算的绿灯时间乘以 1.5 倍，得到最大绿灯时间，于是有：

$$g_1(\max) = 9.4 \times 1.5 = 14.1s$$
$$g_2(\max) = 18.3 \times 1.5 = 27.5s$$
$$g_3(\max) = 13.3 \times 1.5 = 20.0s$$

$C(\max) = g_1(\max) + g_2(\max) + g_3(\max) + L = 14.1 + 27.5 + 20.0 + 9 = 70.6s$

以上计算结果与 18s 的最小绿灯时间相矛盾。这里解决方法有两个：

(1) 减少最小绿灯时间，同时将检测器前移，靠近停车线；

(2) 按比例增加最大绿灯时间。

在本例中，不存在妨碍检测器前移的问题。而最大周期时间的长度已超过了 60s，不宜延长最大绿灯时间。因此，采用前一种方法更合理。如果将检测器前移，使其距停车线的距离为 12.2m，则最小绿灯时间为：

$$G_{\min} = 4 + \left[2 \times \text{Integer}\left(\frac{d}{6}\right)\right] = 4 + \left[2 \times \text{Integer}\left(\frac{12.2}{6}\right)\right] = 8s$$

这里，将采用上述修订后的检测器位置和最小绿灯时间。

表 8-4-1 中的有关检测器的后置距离和最小绿灯时间推荐值有些大，它们适用于交通负荷较大的交叉口，较长的最小绿灯时间能够更好地满足较大的交通量。而在本题中，高峰时

期的交通需求不大,不需要过长的最小绿灯时间。

4. 行人过街要求

每个相位的最小绿灯时间(8s)与黄灯时间(2.9s)和全红时间(1.8s)之和是 8 + 2.9 + 1.8 = 12.7s,行人横穿道路所需时间应不小于该数值。

已知在人行横道处,行人横穿道路的距离是 16.5m,步行速度是 1.2m/s,启动时间是 4s。于是行人穿越道路所需时间是:

$$4 + \frac{16.5}{1.2} = 17.8s$$

该值大于最小绿灯时间与黄灯时间和全红时间之和。因此,必须为行人提供行人按触装置和行人信号灯。当行人启动该装置时,将引发一个时间长度为 17.8 − 2.9 − 1.8 = 13.1s 的最小绿灯时间。

8.5 其他类型信号交叉口

8.5.1 T形交叉口信号控制方法

T形交叉口由3条进出口道路交叉构成,通常路段上建筑物出入口和路外公共停车场出入口也可以理解为T形交叉口,在我国城市中非常普遍。目前T形交叉口的控制管理方式一般有两种:一是利用土建工程对道路及交叉口的形式进行改造;二是根据几何形状及交通状况,对交叉口进行渠化设计和交通信号优化设计。相比之下,交叉口的土建工程改造耗费大量人力、财力,且对道路交叉口周围环境的要求很高,实施难度较大,而渠化设计及交通信号优化设计更灵活,可行性强,如设计得当,亦能有效地提高交叉口的通行能力和服务水平。

1) T形交叉口冲突分析

为了更好地对相关内容进行阐述,结合图8-5-1,先对T形交叉口3条进出口道路进行定义。将T形交叉口3个方向分别定为1、2、3号进口道方向(下同)。在T形交叉口中,存在着3类冲突分别是交叉冲突、分流冲突和合流冲突,其中交叉冲突最为危险,对T形交叉口有序运行影响最大。因此,在制订信号灯控制相位时,应该主要避免交叉冲突的产生,将交叉冲突在时间上进行分离。

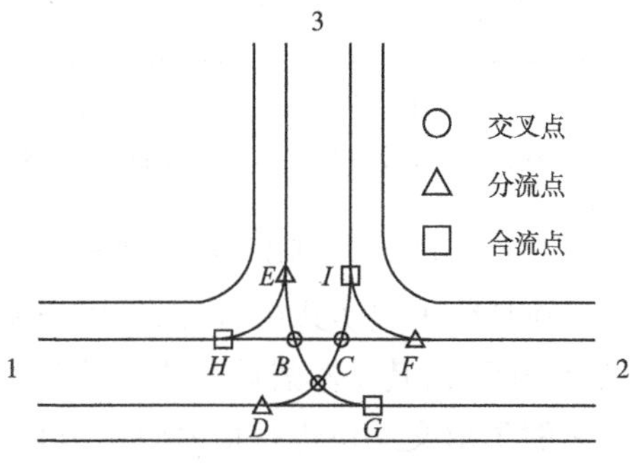

图 8-5-1 T形交叉口冲突分析示意图

2) T形交叉口信号控制常用相位设置

基于以上对冲突点的分析,为了将T形交叉口的交叉冲突进行分离,通常采用三相位进行控制,如图8-5-2所示。对于T形交叉口,考虑到将1方向的左转车流和2方向的直行车流进行分离,因此将1方向的左转车流单独设置为1个信号相位。对于非机动车和行人过街,在T形交叉口建议采用2次过街形式,直行和左转的非机动车和行人均通过人行横道过街,并配以相应绿灯信号时间。

T形交叉口具体信号相位设置为：相位一，允许方向1机动车流直行，方向2机动车直行和右转，方向3进口道处非机动车和行人过街；相位二，允许方向1机动车左转，方向2进口道处非机动车和行人过街；相位三，允许方向3机动车左转和右转。这种信号相位设置能够充分保证左转车流的通行权利，并且在保证机动车通行的同时，最大限度地满足非机动车和行人的过街需求，对于各方向机动车、非机动车交通量较为平均的T形交叉口较为适用。

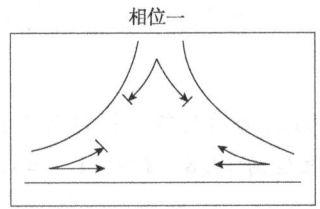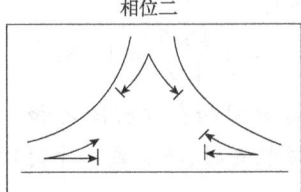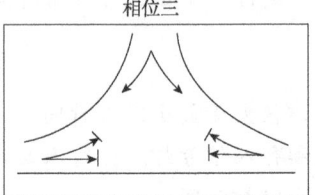

图 8-5-2　T形交叉口常用相位示意图

3）T形交叉信号控制配时方法

T形交叉口作为平面交叉口的一种，可以采用经典的韦伯斯特法进行配时计算，相关计算方法已经在本书前面相关章节进行了介绍，在此不做具体说明。

8.5.2　错位交叉口信号控制方法

错位交叉口是由两个或多个T形交叉口紧密相连（间距一般在150m以内）而形成的不规则的交叉口形式（图 8-5-3）。对于该类交叉口，由于单个T形交叉口之间紧密相连，在对其进行渠化管理时，如将其作为一个整体考虑，则交叉口的面积过大而不利于车辆的通过；如将其每个分别考虑，则可能造成连续的停车现象。

通常对于错位交叉口的交通管理与控制，一种方法是将其看成一个整体，通过土建工程改变其结构，成为规则的十字形交叉口；另一种方法是通过改善错位交叉口信号相位方案进行优化管理。前一种方案的不足在于工程量较大且难于实施，后一种方案则由于交叉口的错位性，使得交叉口面积过大，而造成车辆在交叉口内行驶的距离过长。

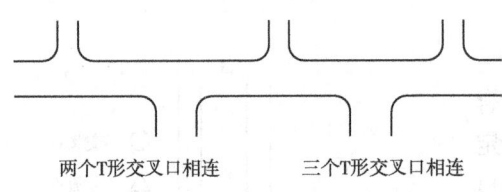

图 8-5-3　错位交叉口示意图

在具体工程实践中，可以采用交叉口协调控制的方法对错位交叉口进行交通组织（详见第 10 章），其基本思路是根据错位交叉口的几何特征和交通流量流向数据，合理地对各个相邻T形交叉口进行信号灯配时设计，并利用它们之间信号相位的相互配合，使得交叉口区域内的主车流在行驶时产生类似于"绿波带"现象，无停顿地通过交叉口区域。

下面通过一个实例来说明错位交叉口的信号控制方法。图 8-5-4 给出由两个T形交叉口组成的错位交叉口。其中，前进路承担着大量的东西向交通，压力较大，南北向的人民路与亭林路为次要道路。现状是仅在人民路与前进路交叉口处实行简单的三相位信号控制。由于交叉口①（前进路与亭林路）和交叉口②（前进路与人民路）的中心距离仅约60m，其东西向主交通流在经过该交叉口区域时要连续通过两个T形交叉口，如果管理措施不当，将会造成较大的延误甚至整个交叉口的阻塞。

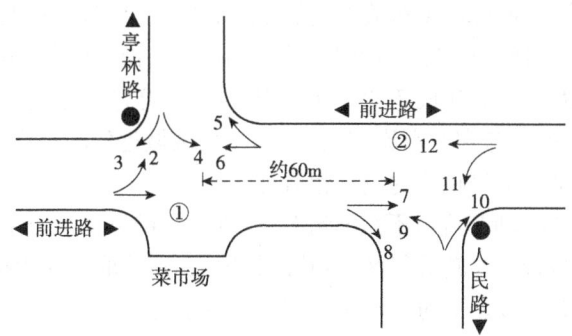

图 8-5-4　前进路与亭林路、前进路与人民路交叉口示意图

综上所述,对该错位交叉口实行信号控制方案的改进,并给出合理的配时方案,以求使得东西向交通主流在通过交叉口时无停顿(图 8-5-5),本实例中暂未考虑非机动车因素。

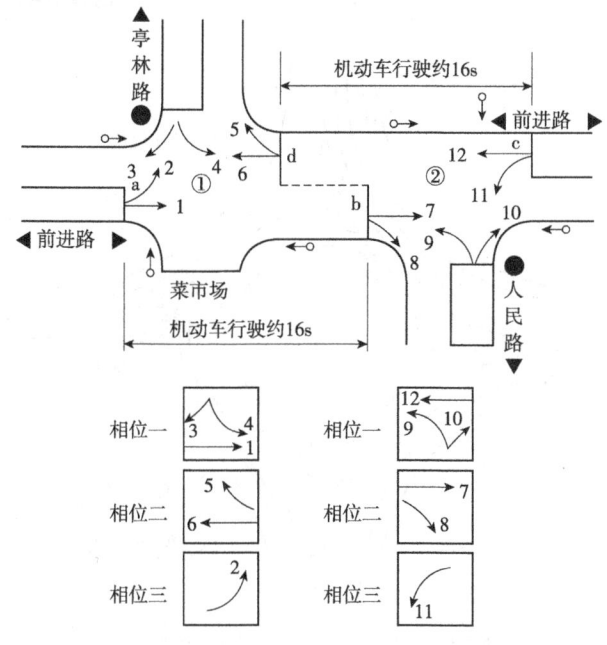

图 8-5-5　两个 T 形交叉口信号设计方案

(1)交叉口①和②均为三相位信号控制,相位长度相等,相位差为零,采用同步式信号配时。

(2)在同一个信号周期的三个相位中,相位一较为关键。根据实测数据显示,机动车由前进路西进口停车线 a 起动到达交叉口②的停车线 b,和由前进路东进口停车线 c 起动到达交叉口①的停车线 d,耗时平均约为 22s,因此可将相位一的时间长度设为 22s,且对东西向车流放行。

(3)相位二的车流放行设置与相位一相配合,时间长度视车辆数而定,应保证东西向的车流能够顺畅地通过。

(4)相位三则作为前两个相位的补充。以由西向东的主车流为例来说明车流在交叉口区域内的行驶情况。相位一开始后,主车流1由停车线a启动,与车流4汇成一股车流向交叉口②行驶,到达停车线b时,耗时约22s。此时信号周期进入相位二阶段,由车流1和4汇合而成的这股车流可不作停留,直接分流成7和8通过交叉口②,这样便达到了使主车流不停顿地通过交叉口区域的设计目的。考察主车流12,由于交叉口区域近似的对称性,该车流的行驶情况同前述。因此,两个交叉口信号相位的设计相对称。

需要补充的是,在非机动车流量不大的情况下,应配合错位交叉口主车流方向机动车的行驶,在交叉口内部可设自行车左转等待区;若其流量较大,则采取禁左等措施,将非机动车的左转车流分离到其他路口去,以避免对机动车主车流产生干扰。

8.5.3 环形交叉口信号控制方法

环形交叉口的信号控制,是在现有交叉口形式的基础上,安装交通信号灯设施,形成环形交叉口加信号灯控制的交通管理方式,如图8-5-6所示。

PPT　　　　辅助视频

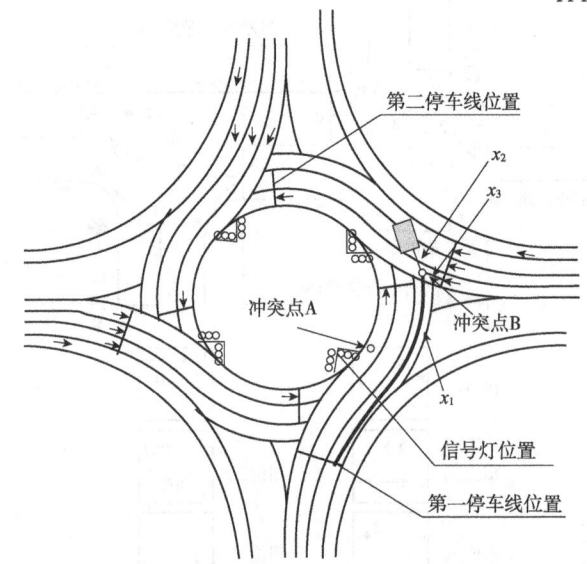

图8-5-6　环形交叉口信号控制方式示意图

1) 作用

类似于普通十字形平面交叉口,在停车(或让路)标志管理交叉口的基础上,当交通需求超过停车管理交叉口所能容纳的程度时,应改为信号控制交叉口。环形交叉口也可在原停车管理的基础上改用交通信号控制,以进一步提高其交通效益。环形交叉口的交通信号灯是用来给环内车辆及入环车辆轮流分配通行权,组织入环车辆与环内车辆之间的交织,而不同于普通十字交叉口用交通信号来控制两向车流交叉。因此,环形交叉口在信号灯的配置、信号灯头的面对方向、停止线位置的画法及信号控制方式上,同十字形交叉口都有所不同。而且用信号控制的环形交叉口的平面布局同常规环交也有差别。

2) 信号灯的配置

环形交叉口的每一个进口端上,应有两组信号灯:一组面对进口道上的入环车辆,称为入口灯;另一组面对这一进口道与上游进口道之间环道上行驶的车辆,称为环道灯。由这两组灯轮流给入环车辆与环内车辆分配通行权,使它们有条件以多股车流分时交织通过环道交织段。

3)停止线

相应于上述两组信号灯,在每个进口端也有两条停车线:一条画在进口道的入口端,在进口导向岛的角顶,作入环车流的停止线;另一条画在这个进口道上游方向的环道上,近右侧导向岛的前端角顶,作环内车流的停止线。

4)信号控制方式

环形交叉口,在交通需求甚大,达到需要多股车流交织程度时,才需要信号控制,所以一般以采用定时信号为宜。同时,为使同一行车方向上的车辆,不致在通过入口灯后,在其下游的环道灯前再次停车,同一方向上的进口道入口灯同其下游的环道灯应组织联动。

5)信号配时

多路环形交叉口信号周期时长优化时,周期时长范围的选择需要同时满足两个约束:①每个周期环道车流在环道内的停车容量约束。②出口道停车容量的约束。如果一个周期内环道停车线的排队长度超过环道的停车容量,则排队溢出将造成出环车辆无法出环;如果出口停车线的排队长度超过了出口道停车容量,也将造成排队溢出影响环道的正常运行,以上两种情况都将造成交叉口出现死锁现象。上游环道排队溢出,使得下个相位的环道车流无法出环,从而造成环交内车辆无法流动,各进口道尽被封堵的死锁现象出现。因此,信号周期时长在同时满足环道停车容量和出口道停车容量需求的基础上,尽可能取较大值以保证信号配时的绿信比最优。

(1)相位相序设计

应根据交叉口的实际交通流量流向、进口道渠化、左转车道设置的因素综合考虑环形交叉口的相位。下面给出一种较为常用的4路环形交叉口的相位设计供读者参考(图8-5-7)。

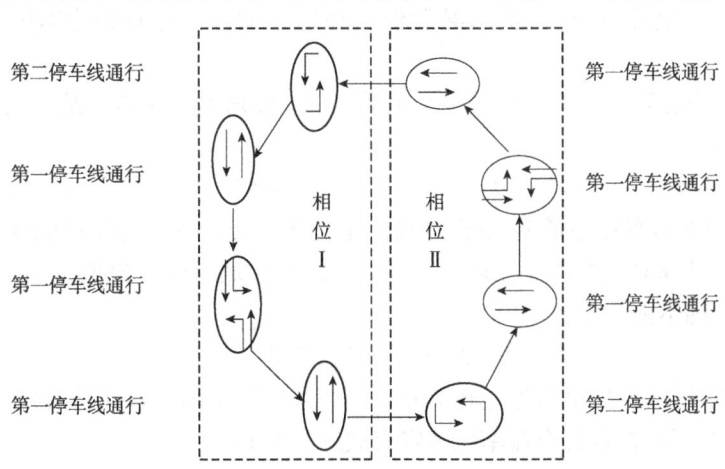

图8-5-7 相位相序图(以左转通行信号迟起早断为例)

(2)初周期时长 C_h 的确定

先确定各个环道红灯时长 R_i:

$$R_i = \frac{l_i \cdot N}{S_i \cdot (l_c + d_s)} \tag{8-5-1}$$

式中：l_i——i 进口环道停车线至 i 进口出环车道内边缘线之间的距离；

N——环道内的车道数；

l_c——标准小汽车车长（一般取 4.8m）；

S_i——i 进口停车线的车辆到达率，可由交叉口流量流向分析获得；

d_s——停放车辆两车间的安全距离（一般取 1.5m）。

环道周期时长为两相位红灯时长之和，每相位的红灯时长按照相应的环道中较小的 R_i 取值，即：

$$C_h = \min\{R_1, R_3\} + \min\{R_2, R_4\} \tag{8-5-2}$$

在进口道信号周期可按 Webster 公式：

$$C_e = \frac{1.5L + 5}{1 - Y} \tag{8-5-3}$$

式中：L——每周期的总损失时间；

$Y = \sum_{j=1}^{k} y_j$——周期内所有相位的关键车道组的流率比之和；

y_j——第 j 相位的直行车流率比的最大值（本次研究中，将直行车流定义为进口除右转外所有车辆均为直行车）。

环交周期时长取两者最长者：

$$C = \max\{C_h, C_e\} \tag{8-5-4}$$

(3) 有效绿灯时长

通常的配时方法是依据各进口道流量来确定，但本方案中，由于环道上允许停放的车辆数是确定的，因而每个周期的左转车的最大通行能力是定数。为此，确定信号周期时，必须考虑环道上左转车的通行能力，必须保证环道上的左转车在预定时间内完全通过交叉口。

设本向左转车在环道上允许停放的车辆数为 m 辆，则本向左转车从环道上排放完毕所需的理论时间为：

$$T_{本} = 15 + 2.7(m - 4) \tag{8-5-5}$$

式中：m——本向左转车在环道上，靠近环岛的第一条左转车道上的停放车辆数。

同样方法可计算对向左转车在环道上停放车量的排放时间理论值 $T_{对}$。于是环道上本相位的有效绿灯时间不能小于：

$$T_1 = \max\{T_{本}, T_{对}\} \tag{8-5-6}$$

当左转车流量较大时，可依据左转车允许停放车辆比来确定各相位有效绿灯时间；当直行车流量较大时，可依据直行车流率比确定有效绿灯时间。

(4) 绿灯间隔

设在黄灯初（或绿灯末）通过第一停车线的最外侧直行车道上的直行车的制动时间为 t_1，本条直行车道与右侧相邻进口道中最靠近道路中线的左转车道形成的冲突点 B 到本进口道停车线的距离为 x_1，本向直行车驶过该冲突点而相邻入环直行车驶至冲突点时两车的

安全距离为 x_2，该冲突点到右侧相邻进口道停车线的距离为 x_3，绿灯间隔时间为 I，则有

$$t_1 + \frac{x_1 + x_2}{v_0} \geqslant t_0 + \frac{2x_3}{v_0} + I \tag{8-5-7}$$

由上式可算得适合于本进口道 t_1 的理论值，同一方法可计算适合于其他进口道 t_1 的理论值，各进口道 t_1 值的最大者，取为绿灯间隔时间 I。

（5）行人过街信号与环道信号间的协调

过街信号时长：

$$t_{s1} = \frac{w_i}{1.2} + 2 \quad \text{（采用一次过街信号时长）} \tag{8-5-8}$$

$$t_{s2} = \frac{w_i}{0.6} + 2 \quad \text{（采用二次过街信号时长）} \tag{8-5-9}$$

在选取过街形式时，应当考虑机动车出环信号灯安放位置，保证机动车出环排队空间能满足出环车辆进行停放需求，还需考虑行人二次过街的安全驻足区空间能否满足其驻足需求。

过街信号与环道信号时间间隔：

$$t_i = \frac{l_{队}}{u_w} + \frac{v_0}{2a} + t_r + \frac{l_{队} + l_{ij}}{v_0} \tag{8-5-10}$$

式中：t_i——过街信号与环道信号时间间隔；

u_w——启动波速度，一般情况下可采用该交叉口自由流速度进行近似计算；

$l_{队}$——环道队列最大排队长度，可以用环道等待区长度进行计算；

v_0——环形交叉口设计速度；

t_r——驾驶员的反应时间；

l_{ij}——环道停车线至下一出口分流点之间的距离。

【例题 8-10】 案例为我国东部沿海某一环形交叉口。该交叉口分别连接 A、B、C、D、E 共 5 条道路，其中的 D、E 为城市主干道，C 将扩建为城市主干道，A、B 为城市次干道。该交叉口位于两条河流交汇处，被河道分隔为四个地块以及中央的一个中心岛，各地块相互间靠桥梁连接，从而构成一个中心岛直径 160m 的五路不对称环形交叉口。环形交叉口交通流量见表 8-5-1。

案例环形交叉口交通流量   表 8-5-1

流量(pcu/h)	A	B	C	D	E	合计
A 进口		101	336	377	352	1166
B	109		430	483	451	1473
C	195	232		862	805	2093
D	227	270	895		939	2332
E	198	236	781	877		2093
合计	729	839	2442	2599	2547	

1. 机动车道设计

交叉口环岛由三车道拓宽为四车道,对于各个路口的机动车道,具体设计如下:82省道、中心大道南和云西路均通过压缩中央分隔带,增加进、出口车道数分别为5条,中心大道北的进、出口车道数也分别改造为5条,与中心大道南相对应,同时,中山西路通过压缩中央分隔带由原先的双向四车道变为双向六车道。具体数据见表8-5-2。

机动车道渠化设计　　　　　　　　表8-5-2

项目	单位	进出口方向									
		A		B		C		D		E	
		进口道	出口道	进口道	出口道	进口道	出口道	进口道	出口道	进口道	出口道
道路等级	—	主干路		主干路		主干路		主干路		主干路	
断面形式	—	四幅路		四幅路		四幅路		四幅路		四幅路	
路幅宽度	m	50		28		62		50		62	
中央分隔带宽	m	7.5		2.5		14.5		7		19.5	
车道数	车道	5	5	3	3	5	5	5	5	5	5
车道宽	m	3.5	3.5	3.5	3.5	3.5	3.5	3.5	3.5	3.5	3.5
非机动车道宽	m	3.75	3.75	2.25	2.25	6.25	6.25	4	4	3.75	3.75

2. 非机动车和行人处理方案

在环岛内建设一座跨越海门河的行人、非机动车共用拱桥,使得行人和非机动车便捷快速地可以到达环形交叉口的各个方向。同时,环岛内阻挡行车视线、视距的各种景观及设施必须拆除,确保行车安全。在各个路口均布设人行横道引导行人和非机动车过街。在中心大道、云西路的出口道外侧路面通过地面引导标识、标牌引导行人和非机动车入岛;打通中山西路地下人行通道的断头路,在中山西路的进口道外侧路面也通过同样的标识、标牌方法予以引导。在中心大道北路口,布设平面过街人行横道。如果出口道一侧的地下通道废弃,则需另外修建一座地下通道引导行人和非机动车入岛,如果保留,则只需布设平面过街人行横道来引导其过街。82省道只布设平面过街人行横道,利用一侧已有的地下通道来引导行人和非机动车入岛。

3. 信号控制方案

中心大道环形交叉口采用"左转两步控制法",相应的进口道、停车线及信号灯设施布置如图8-5-8所示。

为使左转车辆在通过第一停车线后,不在其下游的环内第二次停车,进口道信号灯同下游的环道信号灯联动控制。第一相位,C、E进口道及A、D环道放绿灯,A、B、D进口道及C、E环道放红灯;第二相位,A、B、D进口道及C、E环道放绿灯,C、E进口道及A、D环道放红灯,其中,对A进口道信号采取迟启迟断方式调整其绿灯时间,以满足环道容量的约束,提高环道通行效率。相位相序如图8-5-9所示。

通过测量环岛停车线与出道口最内车道外延之间的距离,结合车辆道路率与环道上饱和流量进行计算,可得周期时长为150s。

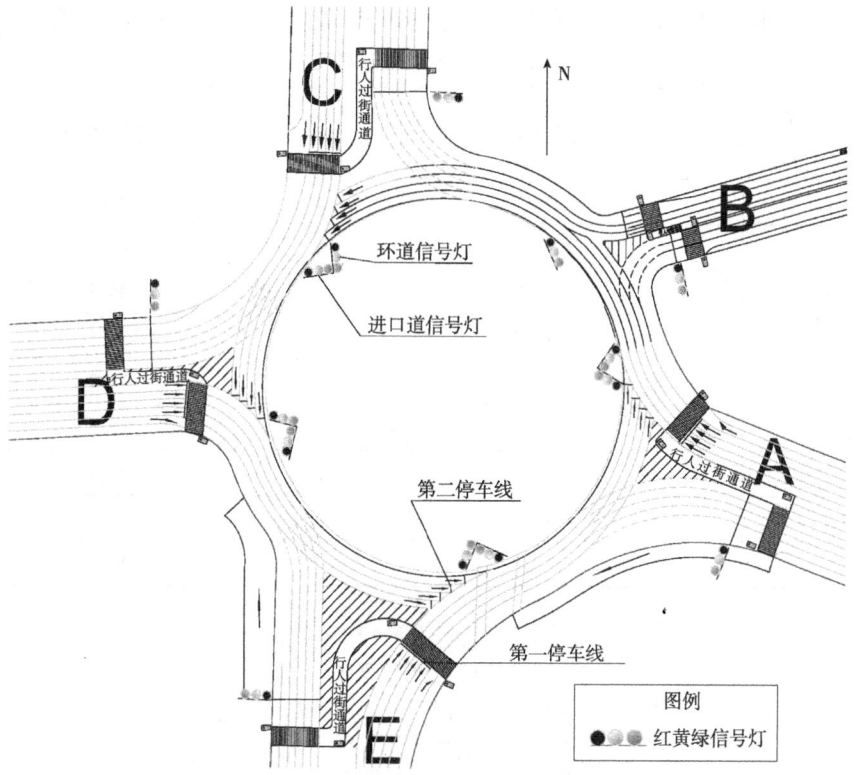

图 8-5-8　进口道、停车线及信号灯布置图

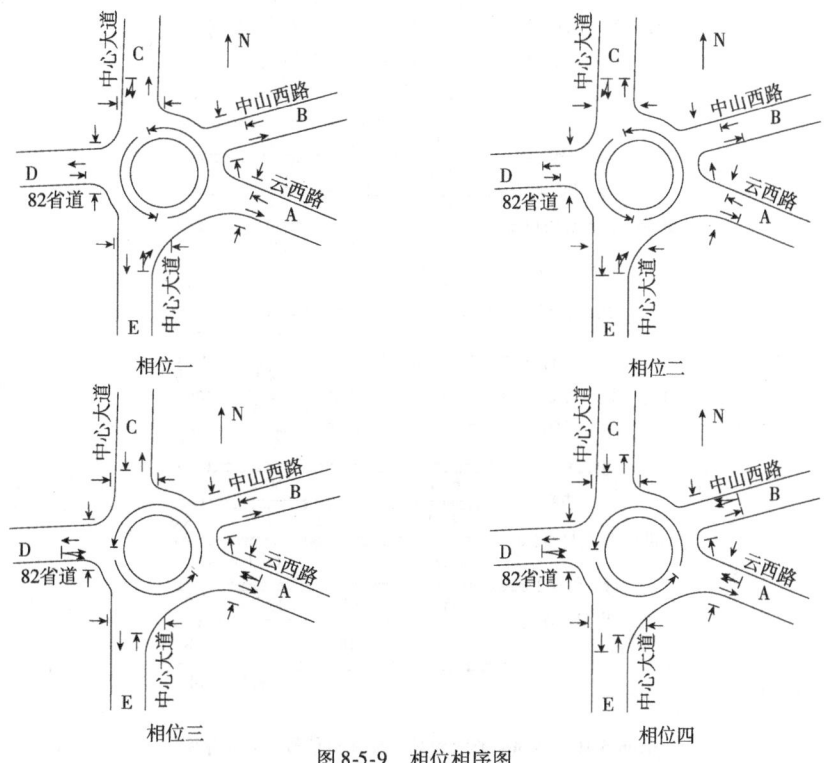

图 8-5-9　相位相序图

依据上述配时计算方法,采用自编程序进行计算,获得结果见表8-5-3和图8-5-10。

大转盘信号配时方案表　　　　　　　　　　　　　表8-5-3

位置＼配时	绿灯起始时间(s)	绿灯持续时间(s)
进口1	83.7	48.4
进口2	0	66.1
进口3	88.7	49.7
进口4	83.7	49.1
进口5	0	71.7
环道1	83.7	63.3
环道2	0	80.7
环道3	83.7	63.3
环道4	0	80.7

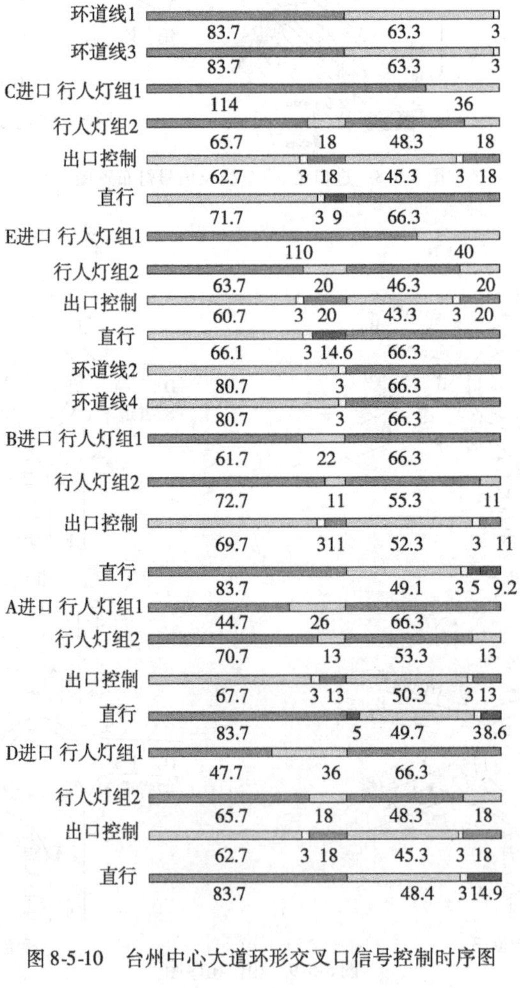

图8-5-10　台州中心大道环形交叉口信号控制时序图

习题及思考题

1. 某交叉口进口车道车辆平均到达速度为60km/h,无纵坡,停车线距最远冲突车道的外侧车道线13m,距最远冲突人行过街横道的外缘线16m。假设平均车长为5m,驾驶员反应时间为1.5s。考虑的行人过街的影响,则该进口车道的最佳黄灯时间和全红时间分别为多少?

2. 某交叉口的信号控制相位方案和初步流率比分析结果如习题8-2图所示。交叉口启动损失时间为3s,黄灯时长3s,无全红时间。试求:
(1)该交叉口可行的最短周期。
(2)尝试给出一些合理的交叉口 v/c 设计目标,并计算相应的信号周期时间。
(3)为各相位分配绿灯时间,使得各关键车道组的 v/c 大致相同。

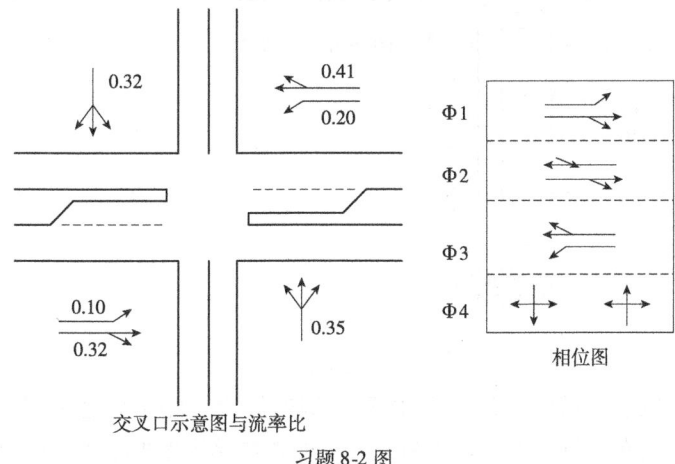

习题8-2图

3. 交叉口几何尺寸及流量需求如习题8-3图所示。已知:高峰小时系数 PHF = 0.94, v/c

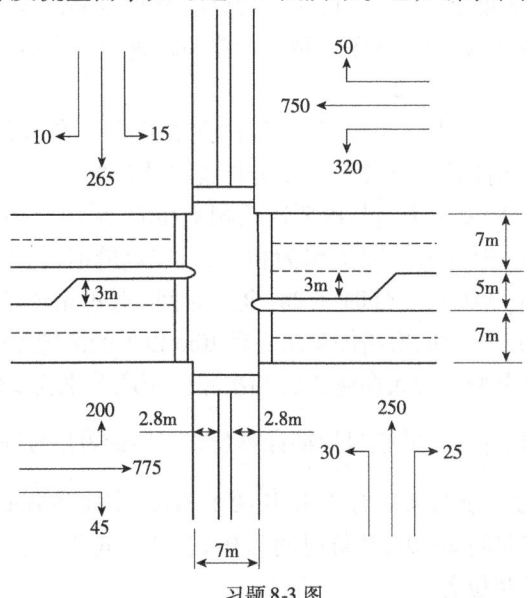

习题8-3图

设计目标为 0.95,各进口方向都存在中等行人过街流量,南北方向进口道时速 45km/h,东西方向进口道时速 60km/h,行人步行速度为 1.2m/s,驾驶员反应时间为 1.2s,各相位启动损失时间均为 3s。车道无坡度,人行横道宽度取 3m。试确定合适的初始信号配时方案,并计算各相位的黄灯时间和全红时间。注意保证行人有足够过街时间。

4. 交叉口几何尺寸及流量需求如习题 8-4 图所示。已知:高峰小时系数 PHF = 0.85,v/c 设计目标为 0.88,各进口方向都存在大量的行人过街流量,各进口方向的人行横道宽度均为 3m,各进口方向进口道时速均为 45km/h,行人步行速度为 1.2m/s,驾驶员反应时间为 1.2s,各相位启动损失时间均为 2.5s。试确定合适的初始信号配时方案,并计算各相位的黄灯时间和全红时间。注意保证行人有足够过街时间。

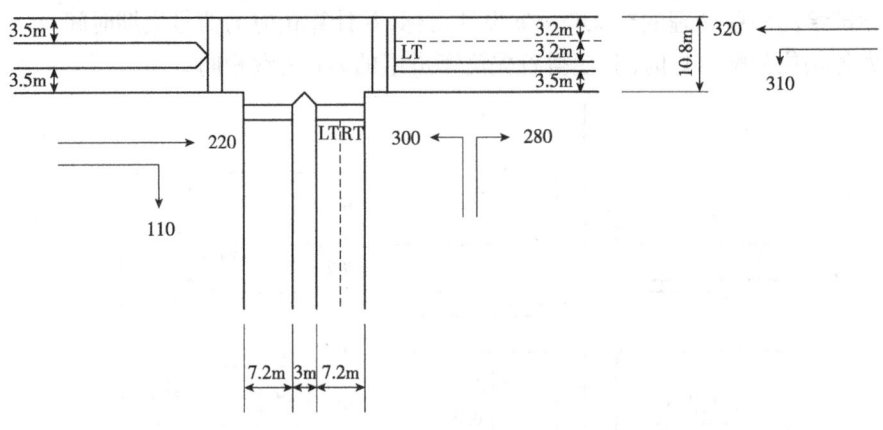

习题 8-4 图

5. 某交叉口采取了半感应控制方式,次路检测器放置在停车线之后,距停车线 23m 的位置。推荐的最大可允许时距是 3.0s。次路进口道车辆的行驶速度是 40.2km/h。

(1) 试分析次路的最小绿灯时间和通过时间。

(2) 假定行人的步行速度是 1.2m/s,行人步行启动时间为 4s,黄灯时间为 2s,全红时间为 1.8s,主路最小绿灯时间为 50s,行人横穿主路和次路的距离分别为 20m 和 6m,试分析该交叉口的信号配时能否满足行人的过街要求。

6. 一个平面交叉口采用了半感应控制,将检测器放置在次要道路。次路车辆行驶速度是 48km/h,次路最小绿灯时间不能超过 8s,试分析检测器位置。

7. 某个平面交叉口是由主干道路与次要道路相交而成,采用半感应式控制,检测器设置在次要道路。主要道路为相位一,次要道路为相位二;在高峰时段,两个相位的关键车道组流率比分别是:$y_1 = 0.6$,$y_2 = 0.2$,黄灯时间 2s,全红时间 2s,每相位信号损失时间为 4s。次路进口道车辆行驶速度为 32km/h,次路停车线之后 10m 以外的区域允许路边停车。行人步行速度为 1.2m/s,启动时间为 4s。行人穿越主路和次路的距离分别为 22m 和 7m。试分析主要参数以及行人的过街要求。$\left(定时式信号周期计算公式采用最短信号周期公式:C = \dfrac{L}{1-Y}\right)$

8. 一个全感应式信号控制交叉口有 A 和 B 两个相位,主要参数如下:最小绿灯时间 8s,通过时间 3.5s,最大绿灯时间 20.0s,黄灯时间 3.0s,全红时间 2.0s。

(1) 分析检测器的安装位置。

(2)假定相位一的绿灯开始于时刻 $t=0.0s$,以下数据是车辆陆续到达检测器的时刻:

相位一	相位二
2.10	
7.8	
9.10	
11.70	
14.70	
	16.10
16.90	
19.10	
	19.50
22.10	
24.30	
26.20	
	27.30
	29.30
29.20	
32.10	
34.80	
38.00	
40.70	
44.00	
	45.10
	46.90
	48.50

试分析信号灯在这一时期的运行过程并用图加以表示。

本章参考文献

[1] TRB. Highway Capacity Manual[J]. National Research Council, Washington, D. C., 2000.
[2] Hari Kalla, Eric Ferron, Bruce Friedman, et al. Manual on Uniform Traffic Control Devices [J]. FHWA,2009.
[3] 中华人民共和国国家标准. GB 14886—94 道路交通信号灯安装规范[S]. 北京:中国标准出版社,1994.
[4] 中华人民共和国国家标准. GB 50647—2011 城市道路交叉口规划规范[S]. 北京:中国计划出版社,2011.
[5] 袁振洲. 道路交通管理与控制[M]. 北京:人民交通出版社,2007.
[6] William R. McShane, Roger P. Roess. Traffic Engineering[M]. Prentice Hall, 1998.

第 9 章 单点交叉口信号控制分析

第 8 章对信号控制交叉口的基本概念及简单信号相位配时方法做了介绍。这种简单的信号配时方法有助于理解交叉口信号控制的基本原理和设计流程，亦可用于对信号控制方案的初步设计。然而，对信号控制交叉口交通特性更为全面、准确的分析还需要依赖于更为复杂和细致的模型。本章将介绍复杂情况下车道组饱和流率的计算方法以及信号交叉口通行能力和延误的分析方法。此外，对于信号控制分析模型中的一些主要参数的测量方法也进行了介绍。

9.1 复杂的饱和流率分析

在进行信号控制方案的设计时，一个关键的步骤是车道组流率比分析。严格的流率比分析依赖于车道组饱和流率的确定。在第 8 章中介绍了一种直行当量计算法来简化流率比的计算，然而，直行当量法仅是一种粗略的估计方法，不适用于对交叉口信号控制的细致分析。对车道组饱和流率的分析依然是进行交叉口信号控制方案设计的重要环节。在第 8 章中给出了车道组饱和流率模型的基本公式：

PPT

教学录像

$$S_i = S_o \cdot N \cdot \prod_i f_i \tag{9-1-1}$$

式中：S_i——车道组 i 的饱和流率，pcu/h；

S_o——进口车道基本饱和流率，pcu/h，在缺乏实测数据时取值 1900pcu/h；

N——车道组 i 所包含的车道数；

f_i——进口车道各类校正系数。

第 8 章已对最基本的几个校正系数做了介绍。本章节将继续介绍一些复杂情况下的饱和流率分析方法。

9.1.1 行人和自行车校正系数的确定方法

行人和自行车因素对饱和流率影响的分析方法很多，其中应用最为广泛的分析方法是美国道路通行能力手册[1,2]推荐的行人和自行车校正系数模型。下面对该模型做简要的介绍。

PPT

行人和自行车校正系数可表达为如下形式：

$$f_{Rpb} = 1.0 - P_{RT}(1 - A_{pbT})(1 - P_{RTA}) \quad (9\text{-}1\text{-}2)$$

$$f_{Lpb} = 1.0 - P_{LT}(1 - A_{pbT})(1 - P_{LTA}) \quad (9\text{-}1\text{-}3)$$

式中：f_{Rpb}——自行车/行人对右转车流影响的校正系数；
f_{Lpb}——自行车/行人对左转车流影响的校正系数；
P_{RT}——车道组中右转车辆所占的比例；
P_{LT}——车道组中左转车辆所占的比例；
A_{pbT}——非保护相位下自行车/行人影响因子；
P_{RTA}——保护相位内右转通行时长所占的比例；
P_{LTA}——保护相位内左转通行时长所占的比例。

不难发现，采用式(9-1-2)或式(9-1-3)计算自行车/行人校正系数的关键在于确定影响因子 A_{pbT}。影响因子 A_{pbT} 的确定过程如下：

步骤1：计算绿信号时间内的行人流率。
计算公式如下：

$$q_{pedg} = q_{ped} \frac{C}{g_p} \quad (9\text{-}1\text{-}4)$$

式中：q_{pedg}——行人通行相位内行人的流率，peds/hg；
q_{ped}——分析时段内的行人交通量，peds/h；
C——信号周期时长，s；
g_p——行人通行相位时长，当有行人过街相位时，其值等于行人绿信号时长与绿灯间隔时间之和；无行人过街相位时，其值等于机动车绿信号时长，s。

步骤2：确定机非冲突区的行人占用率。
计算公式如下：

$$OCC_{pedg} = \begin{cases} \dfrac{q_{pedg}}{2000} & \text{当 } q_{pedg} \leq 1000 \text{ peds/hg 时} \\ 0.40 + \dfrac{q_{pedg}}{10000} & \text{当 } 1000 \text{ peds/hg} \leq q_{pedg} \leq 5000 \text{ peds/hg 时} \end{cases} \quad (9\text{-}1\text{-}5)$$

式中：OCC_{pedg}——机动车与行人冲突区域的行人占用率。

步骤3：计算绿信号时间内的自行车流率及机非冲突区自行车占用率。
计算公式如下：

$$q_{bicg} = q_{bic}\left(\frac{C}{g_b}\right) \quad (9\text{-}1\text{-}6)$$

式中：q_{bicg}——自行车通行相位内的流率，bic/hg；
q_{bic}——分析时段内的自行车交通需求量，bic/h；
g_b——自行车通行相位时长，当有自行车过街相位时，其值等于自行车绿信号时长与绿灯间隔时间之和；无自行车过街相位时，其值等于机动车绿信号时长，s。

机非冲突区的自行车占用率按下式确定：

$$OCC_{bicg} = 0.02 + \frac{q_{bicg}}{2700} \qquad (9\text{-}1\text{-}7)$$

式中：OCC_{bicg}——机动车与自行车冲突区域的自行车占用率。

步骤4：确定机非冲突区域的总占用率 OCC_r。

机非冲突区域的总占用率需要同时考虑自行车和行人对机动车流的影响。下面分三类情况介绍：

（1）左转保护相位下的机非冲突区域总占用率

当存在左转保护相位时，自行车对左转机动车流影响较小，可忽略，主要考虑行人过街流量对左转机动车的影响作用。此时，机非冲突区域总占用率 OCC_r 可按下式计算：

$$OCC_r = OCC_{pedg} \qquad (9\text{-}1\text{-}8)$$

（2）非左转保护相位下机非冲突区域的总占用率

非左转保护相位下，左转车流主要受到对向直行车流以及行人过街流量的影响，因此，机非冲突区域总占用率 OCC_r 确定时需要考虑对向直行车流的流量大小和饱和状况，具体公式如下：

$$OCC_r = \begin{cases} 1.0 & \text{当 } g_q \geq q_p \text{ 时} \\ OCC_{pedg}\left[1 - 0.50\left(\frac{g_q}{g_p}\right)\right]e^{-(5/3600)q_o} & \text{当 } g_q < q_p \text{ 时} \end{cases} \qquad (9\text{-}1\text{-}9)$$

式中：g_q——绿信号中受到对向饱和直行车队阻碍的部分，s；

g_p——行人过街信号时长与绿灯间隔时间之和，s；

q_o——对向机动车直行车流量，veh/h。

其中，g_q 的确定方法将在后面非保护相位左转车流校正方法中介绍。

（3）直行右转相位下机非冲突区域的总占用率

在直行右转相位下，右转机动车同时受到直行自行车和过街行人交通的影响，基于概率学理论，该情况下机非冲突区域的总占用率按下式计算：

$$OCC_r = OCC_{pedg} + OCC_{bicg} - (OCC_{pedg} \cdot OCC_{bicg}) \qquad (9\text{-}1\text{-}10)$$

步骤5：确定非保护相位下自行车/行人影响因子 A_{pbT}。

非保护相位下自行车/行人影响因子按下式确定：

$$A_{pbT} = \begin{cases} 1 - OCC_r & \text{当 } N_{rec} = N_{turn} \text{ 时} \\ 1 - 0.60 \cdot OCC_r & \text{当 } N_{rec} > N_{turn} \text{ 时} \end{cases} \qquad (9\text{-}1\text{-}11)$$

式中：N_{rec}——左转车流或右转车流的出口道数量；

N_{turn}——左转车流或右转车流在进口道的数量。

【例题9-1】 如图9-1-1所示信号控制交叉口：东进口为两车道，西进口为三车道，南北向为单行线，方向由南向北；西进口有左转专用相位；高峰小时系数PHF=0.92；大车率10%（全时段）；行人过街流量为100peds/h；人行横道宽度2.4m（路缘线向后60cm设置）；信号周期为60s，无行人专用信号。信号相位配时示意图如图9-1-2所示。

试计算自行车/行人对右转和左转机动车流影响的校正系数。

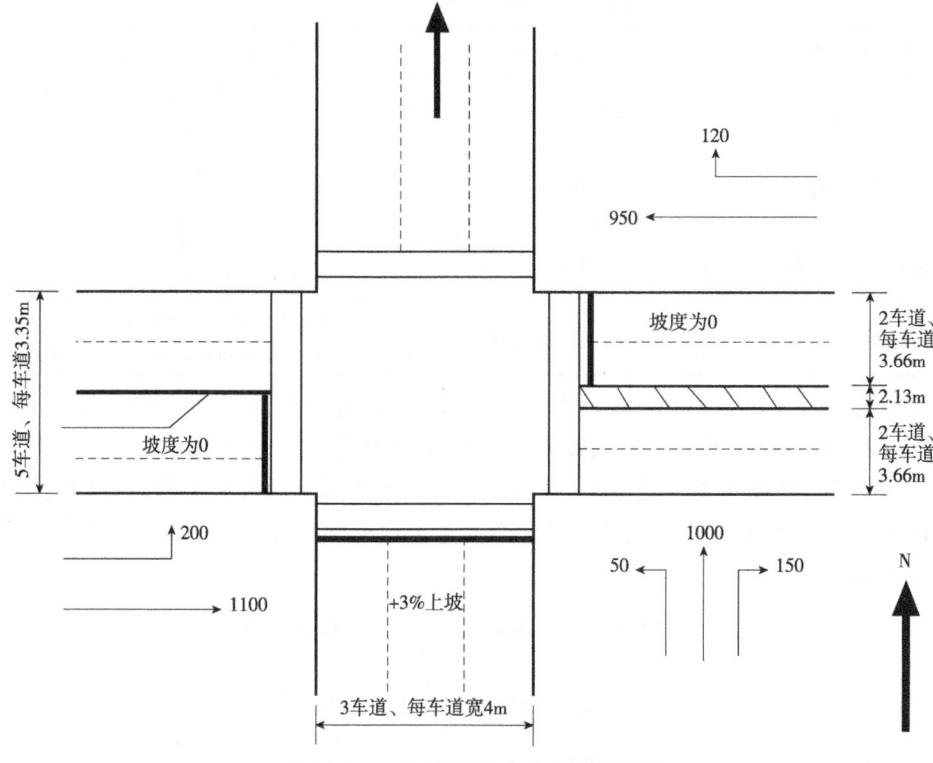

图 9-1-1 交叉口渠化及分方向流量示意图

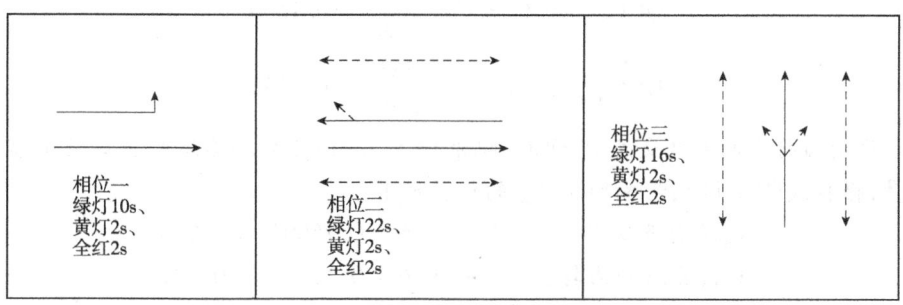

图 9-1-2 信号相位配时示意图

解：

1. 计算行人对右转车流影响的校正系数

采用式(9-1-2)计算自行车/行人对右转车流影响的校正系数：

$$f_{Rpb} = 1.0 - P_{RT}(1 - A_{pbT})(1 - P_{RTA})$$

式中：P_{RT}——车道组中右转车辆所占的比例；

A_{pbT}——非保护相位下自行车/行人影响因子；

P_{RTA}——保护相位内右转通行时长所占的比例。

对于本例，没有右转保护相位，所以对于所有进口道 $P_{RTA}=0.00$，P_{RT} 的计算见表9-1-1所示：

最高流率及转向车辆比例计算表　　　　　　　表 9-1-1

车道组	最高流率(veh/h)	车道组中左转/右转车辆所占比例
西进口左转	200/0.92 = 217	1.00 左转 0.00 右转
西进口直行	1100/0.92 = 1196	0.00 左转 0.00 右转
东进口直行/右转	(950 + 120)/0.92 = 1163	0.00 左转 120/(950 + 120) = 0.112 右转
南进口左转/直行/右转	(50 + 1000 + 150)/0.92 = 1304	50/(50 + 1000 + 150) = 0.042 左转 150/(50 + 1000 + 150) = 0.125 右转

人行横道行人流率为 100peds/h，且交叉口无自行车，则应用式(9-1-4)、式(9-1-5)、式(9-1-10)和式(9-1-11)计算非保护相位下自行车/行人的影响因子 A_{pbT}。

因在该交叉口没有行人专用相位，行人绿灯时间和机动车绿灯时间等同，行人在相位二期间穿过东西向主干路，相位二有 20s 可利用的行人过街时间；同理，在相位二内有 26s 行人过街时间。则：

$$q_{\text{pedg}}(相位三) = 100 \times \left(\frac{60}{20}\right) = 300\text{peds/hg}$$

$$q_{\text{pedg}}(相位二) = 100 \times \left(\frac{60}{26}\right) = 231\text{peds/hg}$$

将上述结果代入式(9-1-5)，可计算冲突区域的行人平均占用率，

$$\text{OCC}_{\text{pedg}}(相位三) = \frac{300}{2000} = 0.1500$$

$$\text{OCC}_{\text{pedg}}(相位二) = \frac{231}{2000} = 0.1155$$

对于没有自行车的右转交叉口，OCC_r 即为 OCC_{pedg}，因为右转车道的出口数量超过了进口道数量，根据式(9-1-11)，影响因子 A_{pbT} 的计算如下：

$$A_{pbT}(南进口右转) = 1 - (0.6 \times 0.1500) = 0.910$$

$$A_{pbT}(东进口右转) = 1 - (0.6 \times 0.1155) = 0.931$$

将以上结果代入式(9-1-2)可得右转校正系数：

$$f_{Rpb}(南进口) = 1 - 0.125 \times (1 - 0.910) \times (1 - 0) = 0.989$$

$$f_{Rpb}(东进口) = 1 - 0.112 \times (1 - 0.931) \times (1 - 0) = 0.992$$

2. 计算行人对左转车流影响的校正系数

采用式(9-1-3)计算自行车/行人对左转车流影响的校正系数：

$$f_{Lpb} = 1.0 - P_{LT}(1 - A_{pbT})(1 - P_{LTA})$$

式中：P_{LT}——车道组中左转车辆所占的比例；

A_{pbT}——非保护相位下自行车/行人影响因子；

P_{LTA}——保护相位内左转通行时长所占的比例。

本例中，只有西进口和南进口的车道组有左转车道，由于西进口的左转信号处于相位一中，而在该相位中，没有行人过街信号，因此有 $P_{LTA} = 1.00$，$f_{Lpb} = 1.00$。

对于南进口,左转车流在整个通行相位三中始终受到过街行人干扰,为非保护相位,因而 $P_{LTA}=0$,类似右转影响校正系数的计算步骤,可以得到南进口自行车/行人对左转车流影响的校正系数:

$$q_{\text{pedg}} = 100 \times \left(\frac{60}{20}\right) = 300 \text{peds/hg}$$

$$\text{OCC}_{\text{pedg}}(\text{相位三}) = \frac{300}{2000} = 0.1500$$

$$\text{OCC}_r = \text{OCC}_{\text{pedg}} = 0.1500$$

$$A_{\text{pbT}}(\text{南进口左转}) = 1 - (0.6 \times 0.1500) = 0.910$$

$$f_{\text{Lpb}}(\text{南进口}) = 1 - 0.042 \times (1 - 0.910) \times (1 - 0) = 0.996$$

对于其他不包含左转车道的车道组,其左转校正系数 f_{Lpb} 为 1.00。

9.1.2 非保护相位左转车流校正系数的确定方法

非保护相位下的左转车流分析是信号交叉口饱和流率分析中最为复杂的部分。左转车流在非保护相位下与对向直行车流存在冲突,且通行权优先级低于对向直行车流,因此,在绿

PPT　　　　教学录像

信号初期,红灯期间排队的对向直行车流以饱和流率释放,这段时间左转车流无法穿越交叉口,只能在停车线前等候。当对向饱和直行车队结束后,左转车流可利用对向直行车流的间隙穿越交叉口。这里需要注意的一个问题是,通常非保护相位下的左转车流是与直行车流合用进口车道。这意味着在第一辆左转车到达停车线之前,直行车流可以饱和流率通过交叉口;而在第一辆左转车停在停车线前等候对向饱和直行车流通过交叉口的同时,也对排在其后面的其他车辆造成阻滞,削减了合用车道的饱和流率。因此,第一辆左转车何时到达极为关键,根据第一辆左转车辆到达时刻的不同,可以将上述过程分成如下两种不同的情景。

第一种情景为第一辆左转车在对向饱和直行车流通过交叉口之前到达;第二种情景为第一辆左转车在对向饱和直行车流通过交叉口之后到达。如图 9-1-3 所示,则整个绿信号时长中的各个部分存在下述关系:

$$g_u = \begin{cases} g - g_q & g_q \geqslant g_f \\ g - g_f & g_q < g_f \end{cases} \tag{9-1-12}$$

式中:g——直行左转相位的有效绿灯时长,s;

g_q——绿信号中受到对向饱和直行车队阻碍的部分,s;

g_f——绿信号中第一辆左转车到达之前的部分,s;

g_u——绿信号中第一辆左转车驶离停车线后余下的不受对向饱和直行车队阻碍的部分,s。

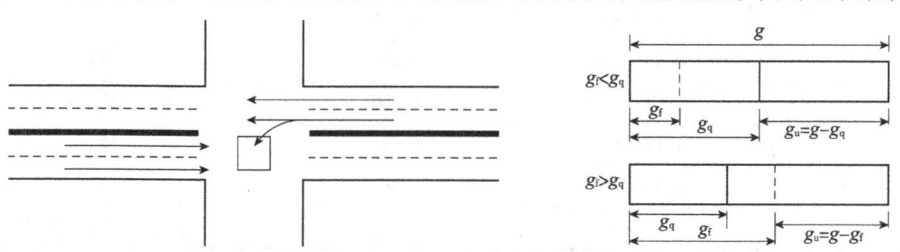

图 9-1-3　绿信号各组成部分示意

1) 基本模型

首先考虑对左转车所在进口车道的饱和流率的校正,采用如下公式:

$$f_{\mathrm{m}} = \frac{g_{\mathrm{f}}}{g}(1.0) + \frac{\max[0, (g_{\mathrm{q}} - g_{\mathrm{f}})]}{g}(F_2) + \frac{g_{\mathrm{u}}}{g}(F_1) \qquad (9\text{-}1\text{-}13)$$

式中:f_{m}——左转车所在进口车道的左转校正系数;

F_1——g_{u}部分时间的校正因子;

F_2——$(g_{\mathrm{q}} - g_{\mathrm{f}})$部分时间的校正因子。

整个车道组饱和流率中左转车流的校正系数f_{LT}按下式计算:

$$f_{\mathrm{LT}} = \frac{f_{\mathrm{m}} + 0.91(N-1)}{N} \qquad (9\text{-}1\text{-}14)$$

式中:f_{LT}——车道组饱和流率的左转车流校正系数;

N——车道组包含的车道数量。

2) 基本模型中各类参数估计方法

车道组饱和流率的左转车流校正系数基本模型中包含了5个主要参数,其确定方法如下。

(1) 参数g_{f}

对参数g_{f}的估计采用如下公式:

$$g_{\mathrm{f}} = \begin{cases} 0.0, & \text{左转专用车道} \\ G \cdot \exp(-0.882 \mathrm{LTC}^{0.717}) - t_{\mathrm{L}}, & \text{车道组含多条车道} \\ G \cdot \exp(-0.882 \mathrm{LTC}^{0.629}) - t_{\mathrm{L}}, & \text{车道组仅含一条车道} \end{cases} \qquad (9\text{-}1\text{-}15)$$

式中:G——直行左转相位的绿灯显示时长,s;

t_{L}——信号损失时间,s;

LTC——每个信号周期内左转车辆的数量,veh/cycle。

(2) 参数g_{q}

对参数g_{q}的估计采用如下公式:

$$g_{\mathrm{q}} = \frac{v_{\mathrm{olc}}[1 - R_{\mathrm{po}}(g_{\mathrm{o}}/C)]}{0.5 - v_{\mathrm{olc}} R_{\mathrm{po}}/C} - t_{\mathrm{L}} \qquad (9\text{-}1\text{-}16)$$

式中:v_{olc}——单个周期内对向单车道车流量,veh/(cycle·ln);

g_{o}——对向车流的有效绿灯时间,s;

R_{po}——对向车流中的车队率,取值参考表9-1-2。

不同到达类型下的车队率　　　　　　　　　　　　表9-1-2

到达类型	车队率R_{po}范围	R_{po}缺省值	信号控制效果描述
1	≤0.50	0.333	差
2	0.50~0.85	0.667	较差
3	0.85~1.15	1.000	中等(随机到达)
4	1.15~1.50	1.333	较好
5	1.50~2.00	1.667	好
6	>2.00	2.000	极好(接近理想状态)

注:引自HCM2000[2]。对于孤立交叉口,进口道车辆到达类型一般为3型。

(3)参数 F_1

对参数 F_1 的估计采用如下公式:

$$F_1 = \frac{1}{1 + P_L(E_{L1} - 1)} \tag{9-1-17}$$

式中:E_{L1}——在 g_u 时间内左转车的直行当量系数,取值见表9-1-3;

P_L——左转车所在车道中左转车的比例。

非保护相位下左转车流的直行当量系数表 表9-1-3

车道类型	对向直行车流量(veh/h)						
	1	200	400	600	800	1000	1200
合用车道	1.4	1.7	2.1	2.5	3.1	3.7	4.5
左转专用车道	1.3	1.6	1.9	2.3	2.8	3.3	4.0

注:引自参考文献[1]。其他流量情况的取值可采用线性插值法获得。

(4)参数 F_2

对参数 F_2 的估计采用如下公式:

$$F_2 = \frac{1}{1 + P_L(E_{L2} - 1)} \tag{9-1-18}$$

式中:E_{L2} 为在 $(g_q - g_f)$ 时间内左转车的直行当量系数,依下式计算。

$$E_{L2} = \frac{1 - P_{THo}^n}{P_{LTo}} \tag{9-1-19}$$

式中:P_{THo}——对向单车道车流量中直行车辆所占的比例;

P_{LTo}——对向单车道车流量中左转车辆所占的比例;

n——在 $(g_q - g_f)$ 时间内对向行驶的车辆数量,可按照 $(g_q - g_f)/2$ 估计。

(5)参数 P_L

P_L 是左转车所在车道中左转车的比例,这与左转车在车道组中的比例 P_{LT} 是不同的。通常,在进行交叉口设计之前已经将各种转向车流量确定下来,因此,P_{LT} 是容易确定的。然而,由于直行车辆不仅可以在车道组中的直行车道行驶,也可以在直行左转合用车道中行驶,因此直行左转合用车道中直行车辆的数量并非已知,需要估算。对于以下几种不同情况,参数 P_L 的表达形式也不同。当存在左转专用车道时,$P_L = 1.00$;当车道组中仅含有一条合用车道时,$P_L = P_{LT}$;对于其他情况,参数 P_L 的估计采用如下公式:

$$P_L = P_{LT}\left[1 + \frac{(N-1)g}{g_f + \left(\frac{g_u}{E_{L1}}\right) + 4.24}\right] \tag{9-1-20}$$

式中各变量及参数意义已在前面公式中介绍。

【例题9-2】 某孤立信号交叉口,某进口方向的车道组共包含三个进口车道,其中包括一条直行左转共用车道,车道组高峰小时总交通量为1200veh/h(根据高峰小时系数得到),其中左转车流量为35veh/h(根据高峰小时系数得到);该交叉口信号周期 $C = 90s$,直行左转信号的绿灯显示时长为 $G = 50s$;对向入口有三车道,对向高峰小时流量为900veh/h(根据高峰小时系数得到);每相位的信号损失为 $t_L = 4.5s/phase$。在这种情况下左转校正系数是多少?

解:
因为对向入口有三车道(多于两车道),根据式(9-1-13),左转车所在进口车道的左转校正系数计算公式为:

$$f_m = \frac{g_f}{g} + \frac{g_u}{g}F_1$$

绿灯相位的初始阶段时间依照式(9-1-15)计算:

$$g_f = G\exp(-0.882 LTC^{0.717}) - t_L$$

其中: $G = 50s$

$t_L = 4.5s$

$LTC = 35 \times 90/3600 = 0.875$

所以: $g_f = 50e^{-(0.882 \times 0.875^{0.717})} - 4.5 = 17.9s$

对向车道是多车道时,绿信号中受到对向饱和直行车队阻碍的部分按照式(9-1-16)计算

$$g_q = \frac{v_{olc}[1 - R_{po}(g_o/C)]}{0.5 - v_{olc}R_{po}/C} - t_L$$

其中: $v_{olc} = 900 \times 90/(3600 \times 3) = 7.5 \text{veh}/(\text{cycle} \cdot \text{ln})$

$g_o = G - t_L = 50 - 4.5 = 45.5$

对于孤立交叉口,车辆到达类型为3型,查表9-1-1得, $R_{po} = 1.0$

因此:

$$g_q = \frac{7.5 \times 1.0 \times 45.5/90}{0.5 - 7.5 \times 1.0/90} - 4.5 = 4.5s$$

在计算 g_u 时,利用式(9-1-12)中 $g_q < g_f$ 的情形:

$$g_u = g - g_f = G - t_L - g_f = 50.0 - 4.5 - 17.9 = 27.6s$$

利用式(9-1-20)计算 P_L,再用式(9-1-17)计算得到 F_1。根据对向合用车道直行车流量为900veh/h,查表9-1-2(车流量位于800veh/h和1000veh/h之间),进行线性插入取 $E_{L1} = 3.4$,因此:

$$P_L = P_{LT}\left[1 + \frac{(N-1)g}{g_f + \left(\frac{g_u}{E_{L1}}\right) + 4.24}\right] = \left(\frac{35}{1200}\right) \times \left[1 + \frac{(3-1) \times 45.5}{17.9 + \frac{27.6}{3.4} + 4.24}\right] = 0.117$$

$$F_1 = \frac{1}{1 + 0.117(3.4 - 1)} = 0.781$$

再用式(9-1-13)和式(9-1-14)计算得:

$$f_m = \frac{17.9}{45.5} + \frac{27.6}{45.5} \times 0.781 = 0.867$$

$$f_{LT} = \frac{0.867 + (3-1) \times 0.91}{3} = 0.896$$

9.2 通行能力分析

道路通行能力定义为道路交通设施在考察断面上,单位时间内能够通过的最多交通单元数量。对于信号控制交叉口而言,交叉口的通行能力分别按照交叉口各进口方向上的各条进口车道进行估算。信号交叉口一条进口车道的通行能力是该车道饱和流量与其所属信号相位绿信比的乘积。一条进口车道的通行能力为:

$$\mathrm{CAP}_i = S_i \lambda_i \tag{9-2-1}$$

式中:CAP_i——第 i 条进口车道的通行能力,pcu/h;
　　　S_i——第 i 条进口车道的饱和流量,pcu/h;
　　　λ_i——第 i 条进口车道所属信号相位的绿信比。

一个进口方向的通行能力是此进口方向上所有进口车道通行能力之和:

$$\mathrm{CAP} = \sum_i \mathrm{CAP}_i \tag{9-2-2}$$

式中:CAP——进口方向的通行能力,pcu/h。

9.3 延误分析与服务水平

单点信号交叉口延误分析的方法很多,最具代表性的分析方法主要包括 Webster 延误分析法、过饱和态下定数理论分析法以及近饱和态下过渡曲线分析法。

9.3.1 Webster 延误分析

Webster 于 1958 年提出交叉口的延误分析方法。Webster 延误分析理论包含三个部分:均衡相位平均延误、随机平均延误以及过饱和延误。

1)均衡相位平均延误

均衡相位平均延误假设各进口道的车辆平均到达率与通行能力在整个时间段内稳定不变。在一个信号周期内,进口道的到达车辆数($q \cdot C$)明显小于其最大可放行车辆数($Q \cdot C$),每次绿灯结束时进口道排队车辆都将得以清空。当不计信号损失时间以及黄灯时间时,进口道的车辆到达与驶离情况可简化为如图 9-3-1 所示。

图 9-3-1 中,A 点对应红灯起始时刻,B 点对应绿灯起始时刻,F 点对应绿灯结束时刻。斜线 AC 为该进口道的车辆到达数积累线,斜线 BC 为车辆驶离数积累线。从纵坐标轴引一条水平线分别与斜线 AC 和 BC 相交,交点分别表示第 i 辆车到达和驶离的时刻,则两交点之间的线段长即为第 i 辆车的延误时间。如果从横坐标某一时刻位置 t_j 引一条垂直线与斜线 AC 和 BC 相交,则两交点之间的线段长表示 t_j 时刻进口道的排队长度。射线 AC 的斜率为车辆到达率 q,斜线 BC 的斜率为进口道饱和流量 S,它们的交点 C 对应排队消失时刻 D。斜线 BC 的延长线与过 F 点的垂线相交于 E,线段 EF 等于一个绿灯时间(亦即一个信号周期)车

道最多能够放行的车辆数,斜线 AE 的斜率即为进口道的通行能力 Q,图中 AE 的斜率大于 AC 的斜率表明该进口道处于未饱和状态。

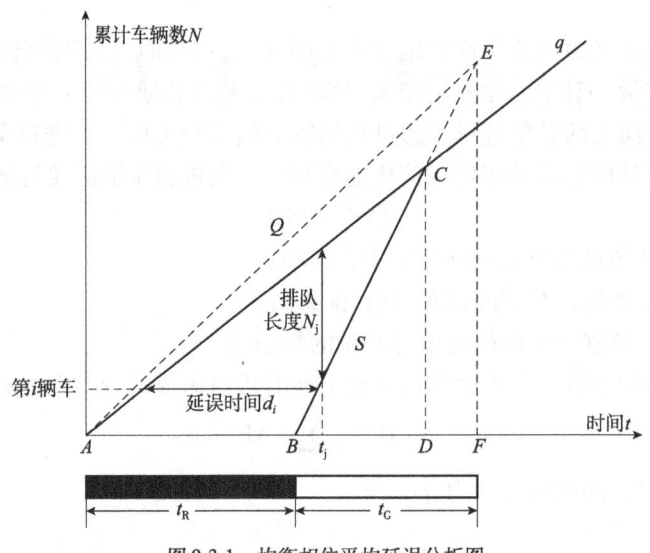

图 9-3-1　均衡相位平均延误分析图

从图 9-3-1 不难看出,在一个信号周期内,全部到达车辆的总延误时间 D 等于各车辆延误时间 d_i 的总和,等于延误三角形 ABC 的面积。即:

$$D = \sum d_i = S_{\triangle ABC} \tag{9-3-1}$$

在 $\triangle ABC$ 中,底边长 AB 等于红灯时间 t_R,高 CD 等于总的排队车辆数。由图 9-3-1 可以看出:

$$CD = BD \cdot S = \frac{q \cdot t_R}{S - q} \cdot S \tag{9-3-2}$$

再由式(9-3-1)与式(9-3-2)可得:

$$D = S_{\triangle ABC} = \frac{1}{2} \cdot AB \cdot CD = \frac{1}{2} \cdot t_R \cdot \frac{q \cdot t_R}{S - q} \cdot S = \frac{t_R^2 \cdot q \cdot S}{2(S - q)} \tag{9-3-3}$$

从而可以推得进口道的均衡相位平均延误时间 d_e 等于:

$$d_e = \frac{D}{q \cdot C} = \frac{t_R^2 \cdot q \cdot S}{2(S - q) \cdot q \cdot C} = \frac{t_R^2 \cdot S}{2(S - q) \cdot C} \tag{9-3-4}$$

将关系式 $t_R = C - t_G$, $\lambda = \frac{t_G}{C}$, $x = \frac{q}{S\lambda}$ 代入式(9-3-4)中有:

$$d_e = \frac{t_R^2 \cdot S}{2(S - q) \cdot C} = \frac{C \cdot (1 - \lambda)^2}{2(1 - x\lambda)} \tag{9-3-5}$$

从式(9-3-5)不难看出,均衡相位平均延误时间 d_e 随着进口道交通流量 q 以及信号周期 C 的增加而增加;随着进口道饱和流量 S 以及绿信比 λ 的增加而减少。此外,由于汽车的加速起动特性,实际均衡相位延误会略大于公式理论值。

2)随机平均延误

均衡相位延误是基于稳定到达率的基本假设推导出来的。事实上,车辆到达率在一个信号周期与另一个信号周期之间是有随机波动的。尽管在整个时间段内交通流量稳定不变,总的平均饱和度小于1,但却并不排除在个别信号周期内,车辆到达率的随机波动导致出现暂时的过饱和现象,使得停车线后的排队车辆在一次绿灯时间内都不能放空,从而大大增加了交叉口的延误。这种暂时过饱和情况所产生的延误称为随机延误,稳态理论对随机延误也给予了充分的估计。例如,Webster 利用排队论与数字计算机模拟相结合的方法,提出了进口道车辆随机平均延误时间 d_r 的计算公式:

$$d_r = \frac{x^2}{2q \cdot (1-x)} \tag{9-3-6}$$

式中:x——进口道饱和度。

从式(9-3-6)可以看出,随机平均延误随着进口道饱和度的增加而增加,特别是当饱和度接近1时,随机平均延误时间将趋向于无穷大。

3)延误最小的最佳信号周期

Webster 提出的信号控制交叉口延误计算模型包含了均衡相位平均延误和随机平均延误两部分。注意到,Webster 延误模型是一个关于信号周期时长的函数。将 Webster 延误公式对信号周期时长 C 求导,并令一阶导数为0,即可解出使延误值最小的信号周期时长,这里称该信号周期为最佳信号周期,整理后的最佳信号周期表达式如下[3]:

PPT

$$C_o = \frac{1.5L + 5}{1 - Y} \tag{9-3-7}$$

式中:C_o——最佳信号周期,s;
　　　L——信号总损失时间,s;
　　　Y——周期内所有相位的关键车道组的流率比之和。

9.3.2 过饱和态下定数理论分析

在稳态理论中,虽然也考虑到由于车辆到达率的随机波动,个别信号周期绿灯结束后会出现过剩滞留车队的情况,但过剩滞留车辆数并非按照一种确定的增长率持续增长下去,而是经过一两个信号周期后又恢复到原先的无滞留车辆的平衡状态。所以稳态理论把这种个别信号周期绿灯结束后出现

PPT　　　　教学录像

过剩滞留车队作为一种随机情况处理。而定数理论则恰恰与此相反,它是把过饱和阻滞作为一种确定的情况进行分析研究,而不考虑车辆的随机到达情况对受阻程度的影响。

定数理论假设各进口道的车辆平均到达率与断面的通行能力在整个时间段内稳定不变,且在整个时间段内,过饱和排队车辆长度随时间的增加而呈现直线增加。当交叉口处于过饱和交通状态且进口道的车辆到达率与其通行能力均为常数时,在一个信号周期内,进口道的到达车辆数($q \cdot C$)将明显大于其最大可放行车辆数($Q \cdot C$),每次绿灯结束时进口道存在滞留排队车辆,且滞留排队车辆数成线性增长。假若不计黄灯时间与信号损失时间,进口道的车辆到达与驶离情况可简化为如图9-3-2所示。

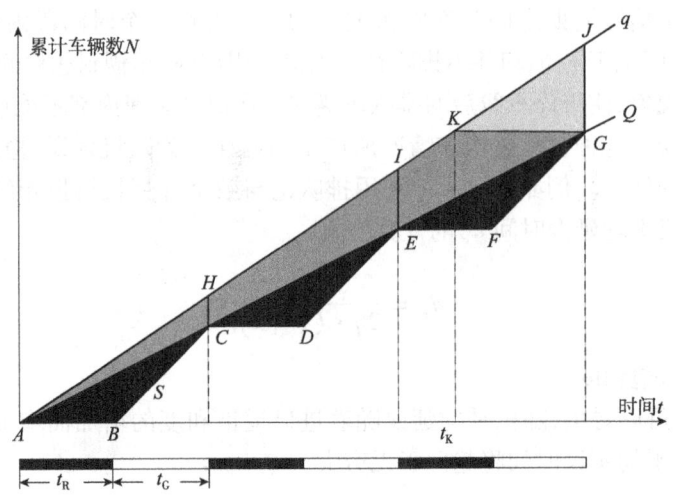

图9-3-2 过饱和进口道车辆延误分析图

图 9-3-2 中，A、C、E、G 对应红灯起始时刻，B、D、F 对应绿灯起始时刻，斜射线 AH 的斜率为车辆到达率 q，斜线 BC、DE、FG 的斜率为进口道饱和流量 S，斜射线 AC 的斜率为进口道通行能力 Q，AH 的斜率明显大于 AC 的斜率也表明该进口道处于过饱和状态。此外，车辆到达积累线（斜线 A-H-I-J）与车辆驶离积累线（折线 A-B-C-D-E-F-G）所围成的多边形又称为延误多边形。在延误多边形中，水平线段代表相应到达车辆的延误时间，垂直线段代表对应瞬时时刻的停车线车辆排队长度，其中垂直线段 HC、IE、JG 分别代表第一、第二、第三个信号周期绿灯结束时的停车线车辆排队长度，即积累下来的滞留车辆数。全部到达车辆的总延误时间等于各车辆延误时间的总和，等于延误多边形 $ABCDEFGJ$ 的面积。

事实上，过饱和交通状态对进口道的影响将一直延续到进口道滞留排队车辆消失，而并非截止于饱和度开始持续小于 1 的时刻。因此，在分析过饱和交通状态下的延误时，应从初始排队长度为零并出现过饱和状态的时刻开始，一直持续到滞留排队长度完全消失。简单起见，如图 9-3-2 假设过饱和交通状态持续若干个信号周期后出现未饱和交通状态（饱和度为 0），即车辆到达积累线 AH 延伸至 K 点后转为水平线，经一段时间后与车辆驶离积累线交汇于 G 点，此时恰好绿信号结束，进口道排队车辆完全消散。从过饱和状态开始出现到排队车辆完全消散，整个过程时间为 T。从图 9-3-2 中可以看出，整个过程中所有车辆的延误总和等于多边形 $ABCDEFGK$ 的面积。进一步讲，总延误由两部分组成。一部分为通行能力线 AQ 与车辆驶离积累线围成的面积，属于稳态均衡相位延误；另一部分为三角形 AGK 的面积，称之为过饱和延误。通过与上一节均衡相位平均延误类似的分析，可以得到过饱和态下的均衡延误为：

$$D_u = \frac{1}{2} t_R TQ \quad (9\text{-}3\text{-}8)$$

过饱和部分的总延误为：

$$D_o = \frac{1}{2} T^2 Q \left(1 - \frac{Q}{q}\right) \quad (9\text{-}3\text{-}9)$$

于是，过饱和态下的总延误为：

$$D = D_u + D_o = \frac{1}{2}TQ\left(t_R + T - \frac{TQ}{q}\right) \tag{9-3-10}$$

整个分析过程中,通过进口道的车辆总数为($T \cdot Q$),则过饱和态下车辆平均延误为:

$$d = \frac{t_R}{2} + \frac{T}{2}\left(1 - \frac{Q}{q}\right) \tag{9-3-11}$$

过饱和态下延误的特点是与时间相关,这一点与非饱和态下的均衡相位延误有显著不同。由于过饱和状态下车辆在进口道持续积累而得不到释放,故而过饱和态经历的时间越长,造成的车辆延误就越大。相反,在低饱和状态下,每个周期内到达的车辆都可以在该周期内驶离交叉口,不会对下一周期的车辆产生影响,因此,低饱和状态下车辆平均延误与分析时段的长短无关。

9.3.3 近饱和态下过渡函数曲线分析

PPT

事实上,稳态理论与定数理论均有各自的局限性。稳态理论在低饱和的情况下(饱和度 $x < x_P$)是比较切合实际的,然而随着饱和度的增高,车辆到达的随机性对性能指标的影响显著增大,车辆到达和驶离的稳态平衡条件很难维持,因而按照稳态理论计算出来的结果与实际情况偏差很大,尤其是当饱和度接近 1 时,稳态理论根本无法给出符合实际的计算结果。定数理论虽然对于过饱和情况下(饱和度 $x > x_Q$)性能指标的计算能给出比较理想的结果,但在饱和度等于或略大于 1 的情况下,车辆到达的随机性对性能指标的影响明显增加,此时定数理论计算方法也不能给出令人满意的结果。因此当饱和度接近 1 时($x_P \leq x \leq x_Q$),需要寻找新的分析理论与计算方法。

可以确定的是,当车辆到达率 q 逐渐增大时,饱和度 x 将随之逐渐增大,同时,进口车道相应的延误时间、停车次数、排队长度等性能指标 P 也将经历一个逐渐增加的过程。换句话说,交叉口的延误综合性能指标是随着饱和度单调增加的。因此,可以通过寻找一段"中间"($x_P \leq x \leq x_Q$)过渡曲线将低饱和度段($x < x_P$)曲线与过饱和度段($x > x_Q$)曲线有机连接起来,从而合理地描述延误综合性能指标随饱和度的变化趋势。

最早开始这项研究的是 P·D·怀廷,当时他为了建立 TRANSYT 程序中有关随机延误的数学模型,开始在稳态理论曲线与定数理论曲线之间寻求这种"中间"过渡函数曲线,以协调二者,保留二者适用部分,摒弃它们各自不适用的部分。1979 年 R·金伯与 E·霍利斯对稳态理论与定数理论的协调问题进行了深入研究,并给出了过渡函数的详细推导过程。过渡函数曲线开始于低饱和度阶段的稳态理论曲线,在过饱和阶段以定数函数曲线为其渐近线。过渡函数的建立不仅解决了近饱和交通状态下车辆受阻滞程度的定量分析问题,而且也弥补了过饱和交通状态下被定数理论所忽略的随机阻滞的影响。

依照过渡函数计算出的广义性能指标 P(排队长度、延误时间以及停车次数)包含以下三部分:"基准阻滞"部分、"随机阻滞"部分以及"过饱和阻滞"部分。广义性能指标 P 可表示为:

$$P = P_u + P_r + P_d \tag{9-3-12}$$

式中:P_u——"基准阻滞"项,它表现为式(9-3-5)中等号右边项,当饱和度 $x < 1$ 时,该项是关于饱和度的递增函数;当饱和度 $x \geq 1$ 时,该项为常数;

P_r——"随机阻滞"项,当饱和度 $x < x_P$ 时,它表现为式(9-3-6)中等号右边项;当饱和

度 $x>1$ 时,该项在式(9-3-11)中未能有所体现,这是定数理论所忽略的,因此在建立过渡函数关系时应当将该项补上;

P_d——"过饱和阻滞"项,它表现为式(9-3-11)中等号右边的第二项。对过渡函数曲线与广义性能指标的分析如图 9-3-3 所示。

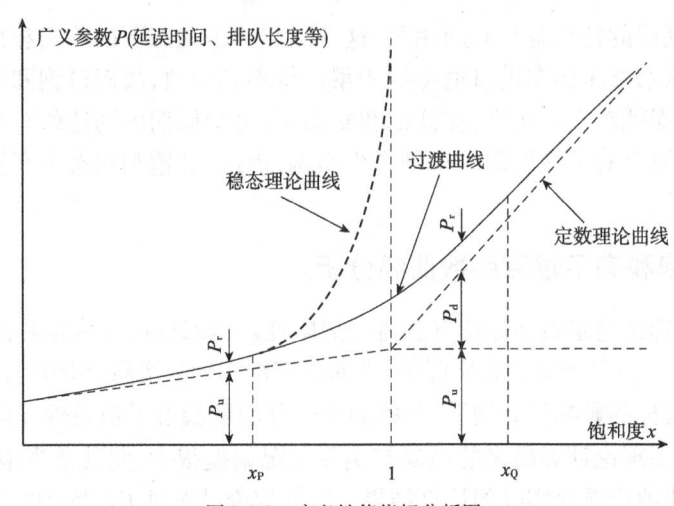

图 9-3-3 广义性能指标分析图

过渡曲线吸收了稳态理论和定数理论中的合理部分,改进了不合理部分,能够合理地描述各种饱和状态下交叉口的延误问题,因而在交通管理与控制中得到广泛应用。

9.3.4 交叉口延误实用模型

根据过渡曲线理论,交叉口的延误实用估计模型如下:

$$d = d_1 + d_2 + d_3 \tag{9-3-13}$$

式中:d——各车道车辆平均信控延误,s/pcu;

d_1——均衡延误,s/pcu;

d_2——随机附加延误,s/pcu;

d_3——初始排队附加延误,s/pcu。

1) 设计交叉口延误

对于设计交叉口,因需要满足设计服务水平的要求,故不应出现在分析初期留有上周期剩余排队车辆的情况,即不应存在初始排队附加延误,则设计交叉口的各车道延误用下式估算:

$$d = d_1 + d_2 \tag{9-3-14}$$

$$d_1 = \frac{0.5C(1-\lambda)^2}{1-[\min(1,x)\lambda]} \tag{9-3-15}$$

$$d_2 = 900T\left[(x-1) + \sqrt{(x-1)^2 + \left(\frac{8ex}{QT}\right)}\right] \tag{9-3-16}$$

式中:C——周期时长,s;

x——所计算车道的饱和度;

Q——所计算车道的通行能力,pcu/h;

T——分析时段的持续时长,h,一段取 0.25h;

e——交叉口信号控制类型校正系数,定时信号取 $e=0.5$;感应信号控制下 $e \leqslant 0.5$,且随饱和度的增大而增大。

2) 原有交叉口延误

对原有交叉口进行延误分析时,应考虑初始排队的延误,按照式(9-3-13)计算。其中,对于 d_2 可用式(9-3-16)计算;对于 d_1 可按照下式计算:

$$d_1 = d_s \frac{t_u}{T} + f_a d_u \frac{T - t_u}{T} \tag{9-3-17}$$

式中:d_s——饱和延误,s,按下式计算:

$$d_s = 0.5C(1 - \lambda) \tag{9-3-18}$$

d_u——不饱和延误,s,按下式计算:

$$d_u = \frac{0.5C(1-\lambda)^2}{1 - [\min(1,x)\lambda]} \tag{9-3-19}$$

t_u——在 T 中积余车辆的持续时间,h,按下式计算:

$$t_u = \min\left\{T, \frac{Q_b}{Q[1 - \min(1,x)]}\right\} \tag{9-3-20}$$

Q_b——分析期初始积余车辆,veh,需实测;

f_a——绿灯期间车流到达率校正系数,按下式计算:

$$f_a = \frac{1-P}{1-\lambda} \tag{9-3-21}$$

P——绿灯期间到达车辆占整周期到达量之比,可实地观测。

对于 d_3 的取值,根据前式算得的在 T 中积余车辆的持续时间 t_u 而定,可按下式计算:

$$d_3 = \begin{cases} 3600 \dfrac{Q_b}{Q} - 1800T[1 - \min(1,x)] & (t_u = T) \\ 1800 \dfrac{Q_b t_u}{TQ} & (t_u < T) \end{cases} \tag{9-3-22}$$

3) 交叉口平均延误

根据以上模型计算出各进口车道的延误后,交叉口各进口方向的平均信控延误可按该进口方向中各车道延误的加权平均数估算:

$$d_A = \frac{\sum_i d_i q_i}{\sum_i q_i} \tag{9-3-23}$$

式中:d_A——进口方向 A 的平均信控延误,s/pcu;

d_i——进口方向 A 中第 i 车道的平均信控延误,s/pcu;

q_i——进口方向 A 中第 i 车道的设计高峰小时交通量,pcu/h。

整个交叉口的平均信控延误,按该交叉口中各进口方向延误的加权平均数估算:

$$d^* = \frac{\sum_A d_A q_A}{\sum_A q_A} \tag{9-3-24}$$

式中:d^*——交叉口每车平均信控延误,s/pcu;

q_A——进口方向 A 的设计高峰小时交通量,pcu/h。

9.3.5 基于延误指标的服务水平

对于信号控制交叉口而言,延误和饱和度都是衡量该交叉口设施交通服务水平的重要指标。由于交叉口车辆平均延误与交叉口饱和度之间存在着单调的相关性,因而,交通工程界逐渐习惯于仅采用延误指标作为交叉口服务水平的评价标准。每车平均信控延误数值与信号交叉口的服务水平的对应关系见表 9-3-1。

信号交叉口延误—服务水平关系　　表 9-3-1

服 务 水 平	每车信控延误(s)	服 务 水 平	每车信控延误(s)
A	≤10	D	36~55
B	11~20	E	56~80
C	21~35	F	>80

对于现有交叉口服务水平的评价,延误应采用现场观测数值作为评价依据。对于设计交叉口的服务水平评价,延误可采用模型进行估算。新建、改建交叉口设计服务水平宜取 B 级,治理交叉口宜取 C 级。服务水平不合格时,应调整进口道渠化设计或信号控制方案,重新进行设计。

【例题 9-3】 以第 8 章中例题 8-3 为例,计算交叉口的通行能力与延误。

解:

步骤 1:计算该交叉口的通行能力。

北进口的通行能力:$CAP_1 = S_1 \lambda_1 = 2400 \times (26/78) = 800(pcu/h)$

南进口的通行能力:$CAP_2 = CAP_1 = 800(pcu/h)$

西进口的通行能力:$CAP_3 = S_3 \lambda_3 = 1000 \times (38/78) = 487(pcu/h)$

东进口的通行能力:$CAP_4 = CAP_3 = 487(pcu/h)$

步骤 2:计算各进口道饱和度。

北进口　　$x_1 = \dfrac{620}{800} = 0.78$

南进口　　$x_2 = \dfrac{720}{800} = 0.9$

东进口　　$x_3 = \dfrac{390}{487} = 0.8$

西进口　　$x_4 = \dfrac{440}{487} = 0.9$

步骤3:计算该交叉口的延误。
(1)均衡延误的计算。

北进口 $\quad d_1 = \dfrac{0.5C(1-\lambda)^2}{1-[\min(1,x)\lambda]} = \dfrac{0.5 \times 78 \times \left(1-\dfrac{26}{78}\right)^2}{1-\left[\min(1,0.78) \times \dfrac{26}{78}\right]} = 23.7(\text{s/pcu})$

类似地可以依次计算出其他各进口的均衡延误。南进口:$d_1 = 25(\text{s/pcu})$;东进口:$d_1 = 16.6(\text{s/pcu})$;西进口:$d_1 = 18.1(\text{s/pcu})$。

(2)随机附加延误的计算。

北进口 $\quad d_2 = 900T\left[(x-1)+\sqrt{(x-1)^2+\left(\dfrac{8ex}{QT}\right)}\right]$

$\qquad\qquad = 900 \times 0.25 \times \left[(0.78-1)+\sqrt{(0.78-1)^2+\left(\dfrac{8 \times 0.5 \times 0.78}{800 \times 0.25}\right)}\right]$

$\qquad\qquad = 7.4(\text{s/pcu})$

类似地可以依次计算出其他各进口的随机附加延误。南进口:$d_2 = 15.1(\text{s/pcu})$;东进口:$d_2 = 12.8(\text{s/pcu})$;西进口:$d_2 = 22.5(\text{s/pcu})$。

(3)该交叉口各进口道的延误。

北进口 $\quad d = d_1 + d_2 = 23.7 + 7.4 = 31.1(\text{s/pcu})$
南进口 $\quad d = d_1 + d_2 = 25.0 + 15.1 = 40.1(\text{s/pcu})$
东进口 $\quad d = d_1 + d_2 = 16.6 + 12.8 = 29.4(\text{s/pcu})$
西进口 $\quad d = d_1 + d_2 = 18.1 + 22.5 = 40.6(\text{s/pcu})$

9.4 主要信号控制设计参数的测量方法

在交叉口信号控制设计中,很多情况下,模型不能直接应用于分析,首先需要根据实际情况对模型中的参数进行标定,然后再应用模型进行分析。本章节将对交通信号控制模型中的几个基本参数的实测方法做简要介绍。

PPT

教学录像

9.4.1 饱和流率的测量

1)实际饱和流率的测量

对实际饱和流率的观测一般不直接进行,而是通过观测实际饱和车头时距进行推算的方法获得。车头时距一般在给定进口道的停车线处测量。定义前车的后保险杠通过停止线与本车的后保险杠通过停止线之间的时间间隔为车头时距。对于第一辆车的车头时距则定义为从绿信号开始至第一辆车的后保险杠通过停车线之间的时间。

表9-4-1是一张记录车头时距的表格。需要注意的是,每一条车道都是独立观测的,并且每一条车道的饱和流率也是独立计算的。

实地观测记录表

表 9-4-1

实地记录表——饱和流研究

地点：_____ 时间：_____ 城市：_____
日期：____/____ 交通范围：_____ 进口道方向：_____
观测者：_____ 天气：_____

允许的车辆转向方向
☐ 直行
☐ 右转
☐ 左转

观测所有车道以及所研究车道的运动

排队车辆	周期 1			周期 2			周期 3			周期 4			周期 5			周期 6		
	时间	HV	T	时间	HV	T	时间	HV	T	时间	HV	T	时间	HV	T	时间	HV	T
1																		
2																		
3																		
4																		
5																		
6																		
7																		
8																		
9																		
10																		
11																		
12																		
13																		
14																		
15																		

HV = 大型车
T = 转向车（L = 左转，R = 右转）

饱和流率的测量对于观测时间要求非常严格,观测时间内被观测车道的交通必须处于饱和状态。由于一列车队中的头4辆车存在较大的启动损失,因此车队的前4个车头时距不符合饱和条件。严格上的饱和条件的结束应以绿灯亮时停在停车线后的最后一辆车完全通过停止线的时刻为准。实际观测时,如果经观察者判断车头时距与前面饱和车队的车头时距相似,那么在绿灯启亮后加入到车队尾部的车辆亦可纳入计算。

因此,饱和流率的观测要求红灯期间车辆排队的长度至少为5辆车,同时要注意记录每个观测周期内车队的最后一辆车。

表9-4-2给出了一个交叉口进口车道的实际饱和流率观测案例,这个车道是一个直行车道。大型车辆以"H"表示,车队中的最后一辆车用一条下划线作为标志。

饱和流率实地观测示例 表9-4-2

排队车辆	车头时距观测值(s)和周期数						饱和车头时距之和	饱和车头时距数
	1	2	3	4	5	6		
1	3.5	2.9	3.9	4.2H	2.9	3.2	0.0	0
2	3.2	3.0	3.3	3.6	3.5H	3.0	0.0	0
3	2.6	2.3	2.4	3.2H	2.7	2.5	0.0	0
4	2.8H	2.2	2.4	2.5	2.1	2.9H	0.0	0
5	2.5	2.3	2.1	2.1	2.2	2.5	13.7	6
6	2.3	2.1	2.4	2.2	2.0	2.3	13.3	6
7	3.2H	2.0	2.4	2.2	2.2	2.3	14.5	6
8	2.5	1.9	2.2	2.3	2.4	2.0	13.3	6
9	4.5	2.9H	2.7H	1.9	2.2	2.4	12.1	5
10	6.0	2.5	2.4	2.3	2.7H	2.1	12.0	5
11		2.8H	4.0	2.2	2.4	2.0	9.4	4
12		2.5	7.0	2.9H	5.0	2.4	7.7	3
13		5.0		4.1		6.0	0.0	0
14		7.5					0.0	0
15							0.0	0
合计							96.0	41

要注意,每个观测周期中前4个车头时距是不用的,因为它们反映的是饱和车头时距与启动损失时间之和。此外,最后一辆排队车辆之后的车头时距一般也不用于分析。因此,在第1个周期中,第5辆车至第8辆车的车头时距可以用来反映饱和状况;在第2个周期中,第5辆车至第12辆车的车头时距可用;在第3个周期中,第5辆车至第10辆车的车头时距可用;在第4个周期中,第5辆车至第12辆车的车头时距可用;第5个周期中,可用的车头时距是第5至第11辆车的;在第6个周期中,可用的是第5至第12辆车的车头时距。

因此,这6个观察周期内饱和车头时距总和为96s。观测到的饱和车头时距总共有41个。平均饱和车头时距是:

$$h = \frac{96.0}{41} = 2.34\text{s}$$

观测到的饱和流率为:

$$s = \frac{3600}{h} = \frac{3600}{2.34} = 1538\text{veh/h}$$

2) 理想饱和流率的观测

饱和流率的实测方法使我们不需要用公式来估计实际饱和流率。然而,这种方法是有局限性的,因为它仅适用于对现有交叉口的分析。对于设计交叉口或一些无法进行实测的情况,则必须依靠饱和流率模型进行估算。

饱和流率模型中有一个最基本的参数——理想饱和流率。对理想饱和流率进行实地观测是一个很艰难的过程,因为严格的理想状态在现实中很难被观测到。一般说来,符合以下要求的路段即可被认为满足理想的几何条件:3.0~3.5m 宽的车道,无路边停车带,无坡度等。如果可能,最好是大于三车道的进口道,这样就可以对仅有直行车的中央车道进行观测。除此之外,需要注意的一个问题就是如何处理大型车。

假设一个进口车道的几何条件是理想的,那么怎样的车头时距可以被认为是理想状态的车头时距?显然,任何一个受大型车或转向车影响的车头时距都是不符合理想状态要求的。这些大型车辆或转向车辆不仅影响了它们本身的车头时距,同时也影响了行驶于其后的车辆。因此,只有出现在大型车或转向车之前车辆的车头时距才是"理想"的。此外,需要注意的是,与实际饱和流率的测量一样,车队中的前4个车头时距是不用的,因为它们包含了启动损失时间。

在表9-4-2 的实例中,假设车道的几何条件是理想的,那么在所有观测周期中只有周期2和周期3存在理想的车头时距。在其余任一周期中,都有一辆大型车出现在车队的前4辆车中。在周期2和周期3 中,第一辆大型车都是出现在车队的第9位。因此,这两个周期中,第5至第8个车头时距可以被认为是理想状态下的车头时距。表9-4-3 给出了这些理想状态下车头时距的记录情况。

表9-4-2 中数据的理想饱和流率计算　　　　　　　　　表9-4-3

排队车辆	车头时距观测值(s)	
	周期数	
	2	3
5	2.3	2.1
6	2.1	2.4
7	2.0	2.4
8	1.9	2.2
SUM	8.3	9.1
	17.4	

从表9-4-2中可以看出,观测时段内符合理想状态的车头时距共有8个,总和为17.4s。则,该进口车道的平均理想车头时距为:

$$h_{\text{idl}} = \frac{17.4}{8} = 2.18\text{s}$$

因此,理想饱和流率 S_{idl} 为:

$$S_{\text{idl}} = \frac{3600}{2.18} = 1651\text{veh/h}$$

这一结果现在可以用来作为该进口车道的基本参数,这样做可以使分析过程更准确地反映实际道路交通条件和驾驶特性。当然,校准用于模型分析的理想饱和流率不能仅依据对一个交叉口进口车道的几次短时的观测,而应在较长的时间内观测很多地点,然后参照上述的方法对理想饱和流率进行估计。

9.4.2 启动损失时间的测量

启动损失时间是计算信号交叉口周期以及通行能力的关键参数。启动损失时间的观测主要针对车队中前4辆车的车头时距,启动损失的计算以理想饱和车头时距的观测值为基础。

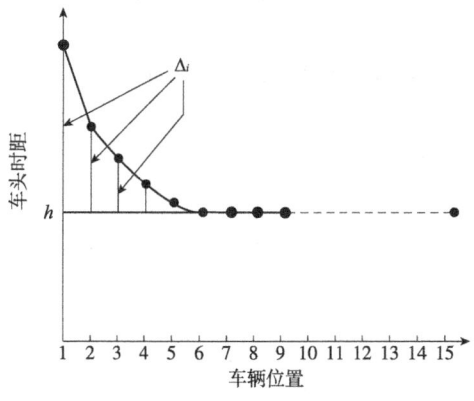

图9-4-1 车队启动过程中车头时距分布图

需要说明的是虽然标准做法要求使用每列车队的前4辆车的车头时距来计算启动损失,然而这并不是必需的,存在不同的研究认为计算启动损失时间也许要考虑车队前6辆车的车头时距才更为合理。可以通过绘制车队中不同位置车辆的车头时距分布图,然后找出从哪个车头时距开始数据趋于平稳,从而确定启动损失计算应考虑哪些车辆。以如图9-4-1为例,显然,前6辆车都存在较为明显的启动损失,因此,前6辆车的车头时距可以包括在启动损失时间的标定中,而从第7辆车开始以后的车头时距才可以用于饱和流率的标定。

实践经验表明,在大多数情况下,启动损失时间只需要考虑车队的前4辆车。表9-4-4具体说明了一条车道上一个单独观测车队的启动损失计算方法。要注意的是,既然启动损失时间是要在理想条件下测定的,那么任何一列在前4辆车的位置上有大型车或者转向车辆出现的车队数据都是不可用的。在表9-4-4的例子中,理想饱和车头时距是2.0s,因此,启动损失时间为前4辆车的车头时距观测值与2.0s之间的差值之和。

启动损失时间计算示例　　表9-4-4

排队车(veh)	车头时距(s)	车头时距 >2.0s
1	3.5	1.5
2	3.0	1.0
3	2.4	0.4
4	2.2	0.2
	启动损失时间 =3.1s	

同样，在模型实际使用时，启动损失时间的标定需要对来自不同地点的大量信号周期内的观测数据进行分析获得。

习题及思考题

1. 选择城市典型交叉口，对机动车进口车道的启动损失、饱和流率进行实地观测。

2. 计算第8章例题8-4所示交叉口的车道组饱和流率，并基于此计算车道组的流率比，与例题中流率比简易分析法的结果进行比较。

3. 计算第8章例题8-6所示交叉口的各进口车道组的通行能力与延误，若该交叉口东、西进口采用对称式左转保护相位控制，试确定新的相位方案及延误水平，并与早启迟断式控制方案的延误水平进行比较。

本章参考文献

[1] Roger P. Roess, Elena S. Prassas, William R. McShane. Traffic Engineering (Third Edition) [M]. Prentice Hall, 2004.

[2] Transportation Research Board. Highway Capacity Manual 2000 [J]. National Research Council, Washington DC, 2000.

[3] 全永燊. 城市交通控制[M]. 北京：人民交通出版社, 1989.

第10章 干线交叉口信号协调控制

由于密集的土地开发,在城市道路网络中,相邻交叉口之间的距离通常较近,交通量通常也较大。当采用交通信号灯控制的相邻交叉口距离较短时,就非常有必要协调相邻交叉口交通信号灯的绿灯启亮时间和信号配时方案,使车辆高效率地通过相邻的两个或多个交叉口。为了保持城市主干道的畅通,经常对主干道上的信号控制交叉口采取协调控制,通常称之为干线交叉口信号协调控制,或简称为干线协调控制。本章重点介绍与干线交叉口信号协调控制相关的基本概念和控制参数优化方法。

10.1 基本概念

10.1.1 协调控制的主要参数

1)周期时长 C

除了那些非常复杂的情形,干线协调控制要求系统内所有的信号灯均采用统一的周期时长。

PPT

这样要求的主要目的在于实现以下控制效果:在协调控制的整个过程中,系统内每个交叉口的协调相位,其绿灯启亮时间相对于上游或下游交叉口的协调相位始终处于同一时刻。在某些特殊的情形下,可以允许某些交通量特别大的关键交叉口采用更长的周期时长;譬如,可以取系统周期时长的2倍。

单就某个交叉口而言,协调控制时采用的周期时长很可能不是这个交叉口的最佳周期时长,交通信号的协调控制可能增加了车辆在该交叉口的停车时间。然而,从全局的角度来看,交通信号的协调控制可以改善整个系统的运行效果。如果整体效果没有改善,协调控制就失去了意义。

2)绿信比 λ

在信号控制系统中,各个交叉口信号的绿信比是根据各个交叉口各向交通量的流量比来确定的。因此,协调控制系统中,各个交叉口信号的绿信比不一定相同。

3)相位差 O_f

相位差也称时差,有绝对时差和相对时差之分。可以将时差予以标准化,将其表示为一个小于周期时长的非负数。

（1）绝对时差

绝对时差是指各个信号灯的绿灯或红灯的起点相对于某一个标准信号灯的绿灯或红灯起点的时间之差。

（2）相对时差

相对时差是指两相邻信号灯的绿灯或红灯的起点之间的时间之差。两个信号灯的相对时差等于其绝对时差之差。

为了更好地理解交通信号协调控制的有关概念，以图10-1-1予以说明。该图显示了车辆先后经过两个交叉口的时空轨迹。在时刻t_1点，第一个交叉口的信号灯变绿，经过若干延迟，车辆开始启动并沿着道路向前运行。一段时间之后，车辆于时刻t_2抵达下游交叉口。此时，车辆将根据下游交叉口交通信号灯的指示决定是否停车或者继续前行。这两个相邻交叉口的信号灯绿灯启亮时间之差就称为信号相位差，简称为时差（或者称之为"相对时差"）。

总而言之，可以将时差定义为绿灯启亮时间之差，按照下游的信号灯绿灯启亮时间相对于上游的信号灯绿灯启亮时间来计算。在图10-1-1中，两个交叉口的时差等于$(t_2 - t_1)$。除非特别说明，本章将使用时差的上述定义。

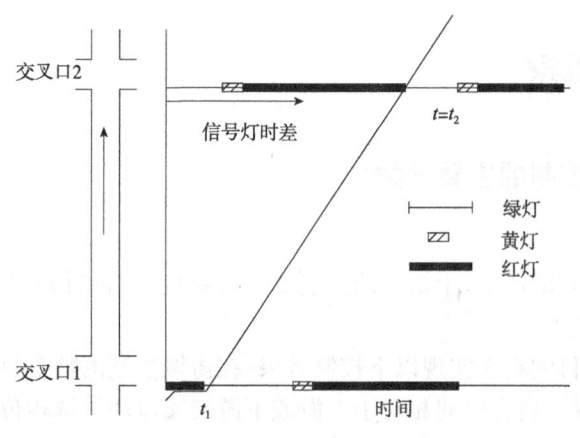

图10-1-1　车辆运行的时空轨迹

在实际控制系统中，一些硬件控制设施使用了红灯显示的时差概念而不是本章所定义的绿灯时差。而有些硬件选取了绿灯时间的中间时刻作为参照点。有些硬件采用秒来表示时差，还有一些硬件将时差表示为信号周期的一个百分数。因此，在将计算好的时差应用于特定的硬件设施时，应注意其对时差所做的定义。如果硬件对时差的定义有别于计算所使用的概念，应根据定义对时差进行相应的转换。

10.1.2　协调控制的效益

交通信号协调控制的主要效益是提高服务水平，停车次数和延误用于评价运行于两个相邻信号交叉口的车队的服务水平，主要体现在停车次数的减少和延误的降低两方面[1]。图10-1-2显示了时差对于停车次数和延误的影响。可以看到不同的信号时差设置对于服务水平有着非常大的影响：平均延误可以上升到30s/pcu,平均停车次数达到10次/周期。

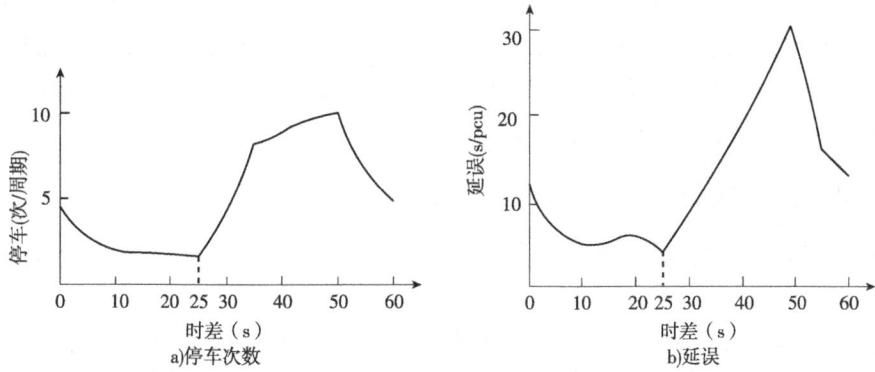

图10-1-2　不同时差对周期平均停车次数和车均延误的影响示意图

通常可以使用成本函数或者惩罚函数来评价协调控制方案的效果,函数的数学形式是对停车次数和延误的加权综合,如式(10-1-1)所示：

$$\text{Cost} = K_1 \times s + K_2 \times d + K_3 \tag{10-1-1}$$

式中：　　s——总的停车次数,次；

　　　　　d——总的延误时间,s；

　　K_1、K_2、K_3——待标定的参数,由工程人员或者分析者根据具体情况给出数值。

K_1和K_2反映了停车次数和延误的相对重要程度,可以根据交通参与者对于停车次数和延误的主观感受来决定K_1和K_2的大小,而K_3是指除了停车次数和延误之外的其他收益。例如,驾车者认为一次停车和5s的延误具有同样的成本,就有$K_1 = 5K_2$。当然,也可以根据停车次数和延误所带来的经济成本的估计来标定K_1和K_2。这样一来,就可以利用式(10-1-1)对各种备选方案进行成本—收益分析。

在实践中,只是在应用诸如TRANSYT之类的交通控制系统(详见第11章)来获取最佳的协调控制方案时,才会计算由停车次数和延误的减少所带来的全部效益。在手动计算协调控制方案时,工程师通常只优化一个指标,使得停车次数最小或者使得延误最小。

交通信号协调控制的另外一个有益效果是可以让车辆保持平稳的运行速度。将交通信号灯进行适当的协调以鼓励驾驶员使用某个特定的建议车速：按照建议车速行驶的车辆将很少被红灯阻止,而不接受建议车速的驾驶员将会频繁地遭遇红灯,从而促使所有的车辆都采用统一的建议车速。与车辆速度差异明显的交通流相比,速度统一的车流发生交通冲突和交通事故的可能性更小,具有更高的交通安全性能,并能够实现节约燃油消耗和减少空气污染的目的。因此,交通信号的协调控制可以通过协调和统一车辆的行驶速度而达到改善和提高整个道路系统交通安全的目的[2]。

此外,协调控制还可以使得车辆以排列紧凑的车队形式连续地、不停车地通过若干个交叉口,从而提高道路的使用效率。在一个排列紧密的移动车队中,尽管较快的行驶速度使得车辆之间保持了较大的车头间距,但是车辆之间的车头时距通常要小于由停止状态启动的车队的车头时距,从而可以更有效地利用交叉口的时空资源。

通过交通信号灯之间良好的协调,还可以减少交叉口停车线前所滞留的车辆数,这对于交叉口间距短和交通量大的城市主干道具有特别重要的意义。如果在交叉口停车线前滞留了大量的车辆,排队等待的车辆所形成的队列将溢出可供使用的排队空间,从而影响上游交叉口的运行,并进而影响周边的其他路段和交叉口。因此,协调控制可以有效地缓解城市道路在高峰时期的交通堵塞,避免大规模交通拥堵的发生。

10.1.3 协调控制需要考虑的主要内容

道路系统的空间布局和主要交通流的空间分布是交通信号的协调控制必须要考虑的内容。

首先,应考虑道路系统的类型:单向行驶的主干道路、双向行驶的主干道路、单向行驶的道路网、双向行驶的道路网、由单行道和双行道所构成的混合式道路网。以当前的道路网络为基础进行信号协调控制通常可以获得一定的效果,然而,有时候即使是最优的交通信号协调控制方案依然不能满足道路使用者和道路管理者的要求,此时,工程设计人员就必须要考虑改变道路系统的结构。在重新设计道路系统时,应对道路两个方向的通行能力及其他相关的问题都给予谨慎、详细的分析和研究,考虑各种备选方案及其可能的结果。

其次,必须对需要协调控制的交通流进行详细的分析和研究。在一个双向行驶的主干道路上,可以对某一个方向的交通流进行协调控制,也可以对两个方向的交通流都进行协调控制。如果需要对两个方向的交通流都进行协调控制,这两个方向的协调控制通常会存在一些冲突:优化某个方向协调控制效果的同时会损害另外一个方向协调控制的效果。因此,需要在这两个方向的协调控制之间达成某种程度的妥协和折中。在一个由交通信号灯所控制的道路网络中,必须确定需要优先考虑的路线方向,对在该方向上运行的交通流进行协调控制。

然后,需要设定信号灯协调控制的目标,可以选择的目标包括:最大带宽(运行车队连续通过一系列信号控制交叉口的"绿波带",具体见本书10.3.1);最小延误时间;最少停车次数;停车次数和延误加权综合的最小化。

10.1.4 影响协调控制效果的主要因素

有许多因素会对交通信号的协调控制带来不利的影响,使得协调控制的效果无法达到预期的目标。主要的影响因素包括如下方面。

1) 主线交通流中存在大量的转出交通流

转出交通流从主线密集排列的车队中转移出去,对主线车流保持高密度的车辆队列带来影响,甚至会破坏整个主线车队的形成,使得主线车辆之间产生大量的空隙,从而影响信号协调控制的效果。此外,从主线左转出去的交通流会影响对面直行车队的运行,给交通信号的协调控制带来更大的问题。

2) 主线交通流中存在大量的转入交通流

大量的转入交通流会使图10-1-2中的停车次数和延误曲线变得更加平缓,从而削弱设置某个特定的时差(譬如理想时差)所可能带来的好处。转入交通流可能会在主线车队通过交叉口之后的某个时刻转弯进入主线,此时,交叉口的绿灯时间可能已经结束,转入的车辆将无法获得信号灯协调控制所预期的服务水平。因此,转入的交通流量越大,信号灯协调控制的效果也就越差。

3) 主线交通流存在大量的路侧交通干扰

在道路两侧经常发生车辆的停放行为和路边装卸货物等现象会干扰主线车辆的运行,影响信号灯协调控制的效果。另外,主要道路两侧如果有大量的支路接入,转入或者转出支路的车辆也会对主线的车流运行带来严重的影响,不利于信号的协调控制。

4) 需要进行多相位信号控制的复杂交叉口

由多条道路相交而成的多路交叉口具有非常复杂的交通冲突(譬如五路交叉口),往往需要采取多相位控制,以便有效地化解复杂的交通冲突。而多相位的信号控制方案通常难以获得理想的协调控制效果[3]。

5) 信号交叉口之间的距离

在干线街道上,信号交叉口的间距可能在 100～1000m 范围内变化。信号交叉口之间的距离越远,线控效果越差,一般不宜超过 600m。

6) 街道运行条件

单向交通运行有利于线控系统的实施且实施效果也较显著,因而对实施单向交通的干道应优先考虑采用线控系统。

另外,交叉口通行能力的不足以及路段上各种车辆的行驶速度具有较大的差异等因素也会对信号协调控制带来各种不利的影响。

10.2 协调控制的理想时差

如前所述,交叉口信号协调控制中,时差的设置具有非常重要的意义[4-7],将直接影响协调控制的效果,本节重点对该参数进行讨论。

10.2.1 协调控制的时间—距离图

协调控制的时间—距离图(也称时空图),是将信号灯灯色的显示作为时间函数而绘制的两个及两个以上信号灯的协调控制图。时间—距离图按照一定的比例显示交叉口之间的距离,可以直观地将车辆的空间位置表达为关于时间的函数曲线。(通常将距离设为 Y 坐标,时间设为 X 坐标,也可相反)。

图 10-2-1 显示了四个信号控制交叉口的时间—距离图。在绘制协调控制的时间—距离图时,本章所遵循的一般规则是:用一段空白或者一根直线来代表信号灯的绿灯(——),用实心的线条代表红灯(▬)。图 10-2-1 中显示了一个以恒定的速度向北运行的车辆连续通过这几个交叉口的时空轨迹线。

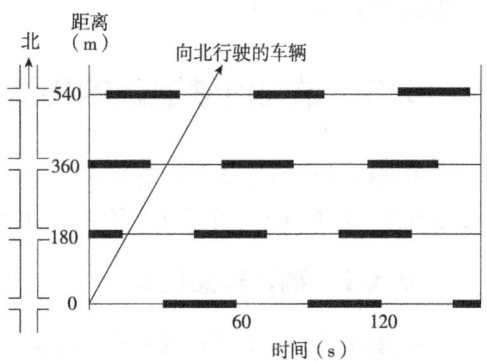

图 10-2-1 四个相邻信号交叉口协调控制时空图

10.2.2 理想时差的计算

时差是相邻交叉口的信号灯绿灯启亮时间之差,也就是下游的信号灯绿灯启亮时间减去上游的信号灯绿灯启亮时间。通常可以将时差表示为一个介于零和信号周期时长之间的非负数。

理想时差定义为:使得特定的目标最优地得到满足的时差。如果预定的目标是延误最小,则理想时差就是使得延误最小的时差。在图10-1-2b)中,最小延误的理想时差是25s。

通常将交通信号协调控制的理想时差理解为:使得信号灯的协调控制达到最理想状态的时差,即:当车队中的首车刚刚到达下游交叉口时,下游交叉口的信号灯刚好变绿。通常假定车队在通过上游交叉口的时候,车队处于运动状态,因此不存在车队的启动时间。这样,理想时差可以由下式计算:

$$O_f^i = \frac{L}{v} \tag{10-2-1}$$

式中:O_f^i——理想时差,s(定义 O_f 为未经标准化处理的时差);

L——上、下游相邻交叉口之间的距离,m;

v——车队的行驶速度,m/s。

如果由于某种原因车队在第一个交叉口的停车线之前停了下来,这样当交叉口的绿灯启亮时车队必须经过最初的启动延误之后才能加速到正常的行驶速度。对于这样的情况,可以在式(10-2-1)的后面添加一项,以反映车队在第一个交叉口启动时的延误。

在使用式(10-2-1)时,通常不考虑添加车队的启动延误时间(在2~4s之间)。该公式反映了期望最大带宽、最小延误和最少停车次数的理想时差。实际上,即便车辆在第一个交叉口之前会停车,在此之后的交叉口都将会畅通无阻。

需要引起注意的是,正向偏离理想时差与负向偏离理想时差相比,两者所引起的损失是不同的。以图10-1-2b)的计算结果为例,正向偏离理想时差(25+10)=35s时对应的延误大约为15s,负向偏离理想时差(25-10)=15s时对应的延误大约为6s。因此,时差35s所造成的系统损失(延误的增加)要远大于时差15s的系统损失,虽然它们距理想时差都是10s。

10.3 单向行驶道路的协调控制

单向行驶道路的协调控制相对简单。为了便于讨论和分析,这里假定系统的周期时长已经选定,系统内每一个信号灯的绿灯时间分配方案已经确定。

10.3.1 确定理想时差

考虑如图10-3-1所示的单向行驶的主干道,图中显示了相邻交叉口间各路段的长度。假定这些信号控制的交叉口都不存在车辆停车排队的情况,如果知道车队的速度,就可以计算理想时差。假定车队的速度为18m/s,则应用式(10-2-1)可以计算理想时差,结果见表10-3-1。

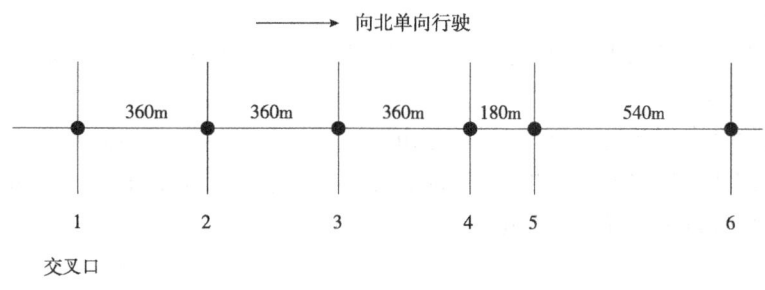

两相位,主、次干道通行时间分配比例为50∶50
$C=60s$

图 10-3-1　单向行驶的主干道

理想时差的计算(相对时差)　　　　　　　　　　　　表 10-3-1

交叉口编号	相邻的上游交叉口编号	理想时差(s)
6	5	540/18 = 30
5	4	180/18 = 10
4	3	360/18 = 20
3	2	360/18 = 20
2	1	360/18 = 20

为了正确地分析交通信号协调控制方案的效果,需要按照以下规则绘制协调控制的时间—距离图:

(1)在垂直方向上选定合适的空间尺度,以便能够在图上绘出协调控制系统所包括的全部信号控制交叉口;在水平方向上选定合适的时间尺度,以便能够在图上绘出三个或四个以上信号周期。

(2)按照选定的空间尺度,在图形最左端的垂直方向上,确定每个交叉口的空间位置。

(3)按照选定的时间尺度绘制第一个交叉口的信号灯灯色的显示过程。主要道路的绿灯通常在时刻 $t=0$ 启动(见图10-3-2中的点1),然后是绿灯显示时间和红灯显示时间(为了准确地描述,也可以绘制黄灯时间)。

(4)确定下游第二个信号控制交叉口相对于 $t=0$ 的绿灯启动时间,并确定这个时空点相对于第一个交叉口的空间距离。确定了这个时空点之后,依次画出第二个交叉口的绿灯、黄灯和红灯显示时间。

(5)对其余的交叉口依次重复上述过程,画出每个交叉口的信号灯灯色的变换过程。要注意:这里的时差是指某个交叉口相对于和其紧邻的上游交叉口的时差。譬如,对于信号控制交叉口3,时差被定位在点3,它相对于点2迟了20s。当然,相对于点1,它迟了20+20=40s。

图10-3-2 显示了上述问题采用表10-3-1 所计算的协调控制方案的时空图。图中没有显示黄灯时间。如果以第一个交叉口为参照交叉口,将时差定义为各个交叉口的绿灯启亮时

间相对于参照交叉口绿灯启亮时间之差,这就是"绝对时差"。绝对时差有两种计算方法:

(1)累加各个交叉口与参照交叉口之间的每个路段的时差(对于交叉口3,时差就是 $20+20=40s$)。

(2)累加各个交叉口与参照交叉口之间的距离除以速度[对于交叉口3,时差就是 $(360+360)/18=40s$]。

时差有时候会大于系统的周期时长,但由于信号灯具有周期循环的特性,可以将时差表示为一个介于零和周期时长之间的数字,成为标准化的形式。总的来说,任何时差都可以用如式(10-3-1)所示的形式进行标准化:

$$O_f^s = O_f + n \cdot C \tag{10-3-1}$$

式中:C——系统的信号周期时长;

O_f——未经标准化处理的时差;

O_f^s——标准化处理后的时差($0 \leq O_f < C$);

n——整数(可以是负整数或者零)。

譬如,在表10-3-1中(参看图10-3-2),交叉口5相对于交叉口1的时差为:$20+20+20+10=70s$。由于该协调控制的周期时长为60s,于是可将该时差标准化为:$70-60=10s$。

图10-3-2有一些重要的性质,可以借助图10-3-3予以说明。图10-3-3中的第一根虚线代表了车队的首车,第二根虚线代表了车队的尾车。假设车辆或者车队以18m/s的速度行驶,当车辆到达每个交叉口时,交叉口的信号灯刚好变绿。实际上,理想时差的计算也正是要实现这种理想效果。

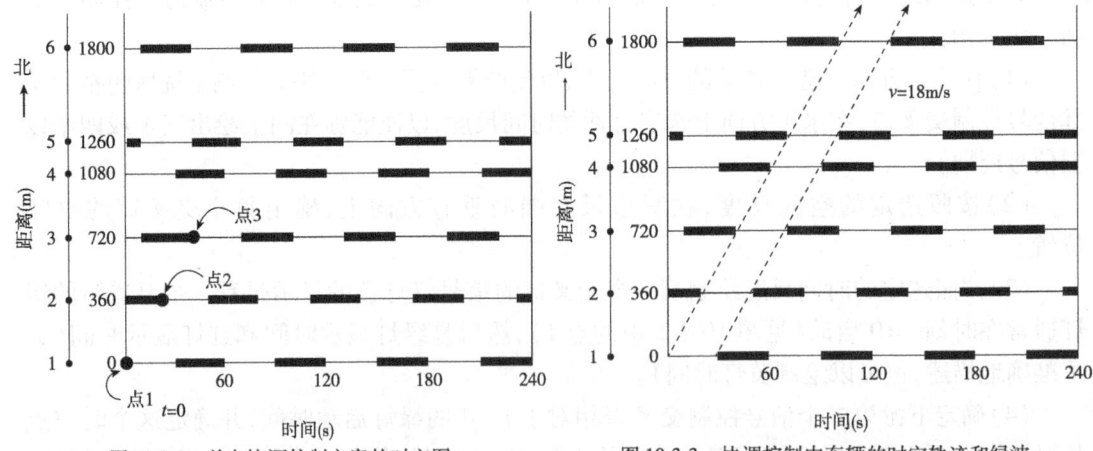

图10-3-2 单向协调控制方案的时空图　　图10-3-3 协调控制中车辆的时空轨迹和绿波

假定有观察者站在第一个交叉口向下游方向看去,将会看到绿灯的启亮顺序是从上游第一个交叉口开始向下游各个交叉口依次传递,在视觉上形成一个向前移动的"绿波",图10-3-3中的虚线斜率也代表了"绿波"的速度。与计划的车队行驶速度相吻合,协调控制系统内的信号灯将会依次启亮,在驾驶员的前方开启了一个"绿波"。但是,如果车辆行驶的速度较慢(譬如12m/s),"绿波"速度依然是18m/s,结果将导致车队的运行落后于"绿波"的运动,车队与"绿波"相分离,预期的协调控制的理想效果将受到影响。

此外，图 10-3-3 还展示了一个绿灯时间"窗口"。两根虚线就代表了这个时间窗口的上限和下限。在这个窗口期间到达的车辆可以不停车地连续通行于各个交叉口。这个窗口就是"绿波"的带宽。可以用它来评估不停车通过车队的规模大小，反映了协调控制的效果。在图 10-3-3 中，带宽等于整个绿灯时间（30s），协调控制取得了最为理想的效果。

当车队的行驶速度低于"绿波"速度时，车队的尾部车辆将遭遇红灯阻拦；当车队的行驶速度高于"绿波"速度时，车队的头部车辆将遭遇红灯阻拦。在这两种情形下，协调控制的效果将受到一定的影响，导致"绿波"的宽度出现不同程度的收窄。图 10-3-4 是车队行驶速度为 15m/s 的情形，带宽由原来的 30s（见图 10-3-3）大幅度削减为 10s。图 10-3-5 是车队行驶速度为 21m/s 的情形，带宽由原来的 30s（见图 10-3-3）削减为 15.7s。比较以上两种情形可以看出，车队行驶速度低于"绿波"速度的情形对带宽的影响更加显著。

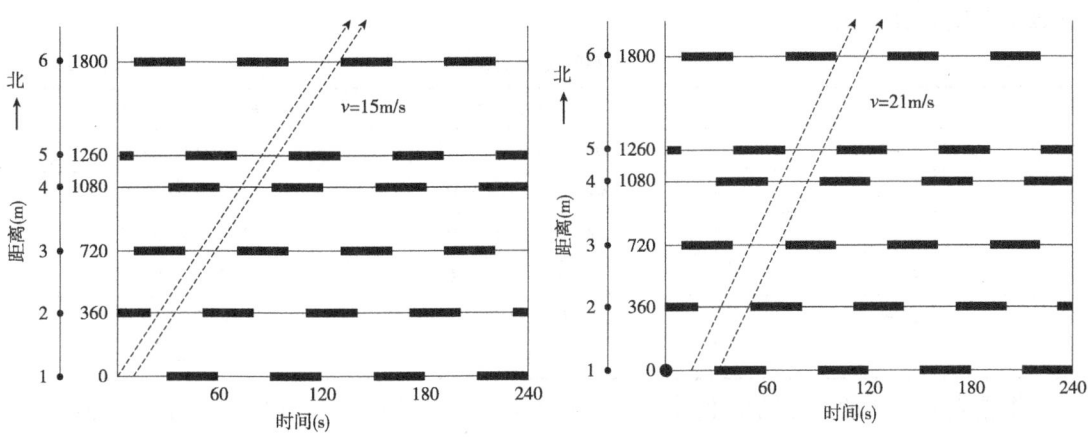

图 10-3-4　车速低于"绿波"速度　　　　　图 10-3-5　车速高于"绿波"速度

10.3.2　排队车辆对协调控制的影响

在信号灯协调控制系统中，车队尾部个别车辆偶尔会错过了绿灯而不得不等候下一周期绿灯的启亮。此外，红灯期间也会有少量转弯进来的车辆以及从路边停车带驶出的车辆。在上游交叉口的车队到达之前，这些车辆就已经在停车线前停下排队。在计算理想绿时差时，必须考虑这些排队车辆的影响，并对计算公式（10-2-1）进行相应的修正。此时，如果不考虑排队车辆的影响而继续使用式（10-2-1），协调控制将达不到理想的效果，具体情形参见图 10-3-6。

PPT　　　辅助视频

在存在排队车辆的情形下，理想时差可以按照式（10-3-2）计算：

$$O_f^i = \frac{L}{v} - (Q \cdot h + \text{Loss}_1) \quad (10\text{-}3\text{-}2)$$

式中：O_f^i——理想时差，s；

　　　L——上、下游相邻交叉口之间的距离，m；

　　　v——车队的行驶速度，m/s；

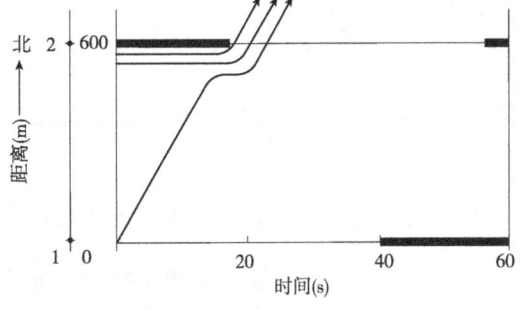

图 10-3-6　排队车辆的影响

Q——平均每车道排队等待的车辆数,pcu;

h——车辆的平均车头时距,s/pcu,通常取1.9s/pcu;

$Loss_1$——第一个交叉口的排队车辆由静止到运动的启动损失时间,通常取2.0s。

在应用式(10-3-2)计算理想时差时,通常只需要考虑在下游第一个交叉口排队车辆的启动损失时间。原因在于:如果下游第一个交叉口的排队等待车辆经历了由静止到运动的过程,按照计算公式需要将启动损失时间计入时差;由于时差具有可加性,该启动损失时间也将被自动地计入后续所有路段的时差中。图10-3-7显示了使用理想时差修正公式(10-3-2)所取得的效果。

假定在所有的路段上排队车辆数都是2辆/车道,到达的车流运行平稳,车队中第一辆车的行驶速度是18m/s。在考虑到排队车辆影响的情况下应用公式(10-3-2)重新计算时差,计算结果见表10-3-2。

理想时差的计算　　　　　　　　　表10-3-2

路段	路段时差(s)	协调控制的行进速度(m/s)
1→2	(360/18) − (4+2) = 14	360/14 = 25.7
2→3	(360/18) − (4) = 16	360/16 = 22.5
3→4	(360/18) − (4) = 16	360/16 = 22.5
4→5	(180/18) − (4) = 6	180/6 = 30.0
5→6	(540/18) − (4) = 26	540/26 = 20.8
总时差	78	—

根据表10-3-2的计算结果绘制协调控制的时空图(图10-3-8)。由于需要在车队到达下游交叉口之前清除下游交叉口排队等待的车辆,视觉形象上的"绿波"在以比车辆更快的速度向前移动。当"绿波"沿着道路向前移动时,"绿波"的速度(或称为"行进速度")会发生变化。可以根据时差计算协调控制在每个路段的行进速度,计算结果见表10-3-2。

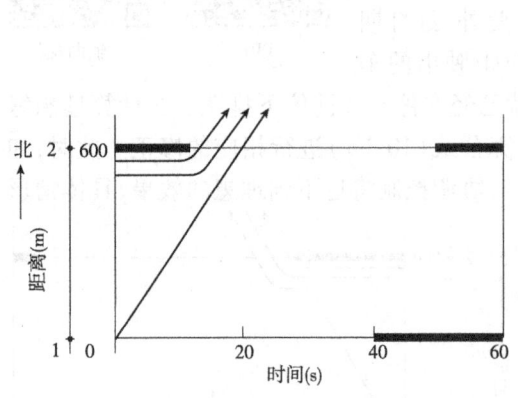

图10-3-7　绿灯启亮时间修整之后的协调控制效果

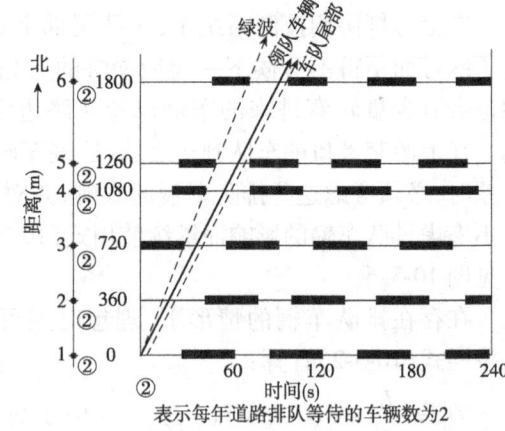

图10-3-8　排队车辆的清除对协调控制行进速度的影响

表10-3-2显示了信号协调控制的行进速度具有非稳定的特征。由于受图的尺寸限制,这一特征在图10-3-8中不是很突出。如果有观察者站在第一个交叉口向下游看去,将会感

受到行进速度的非稳定性,观测到平均的行进速度为"协调控制路段总长度/总时差 = 1800/78 = 23.1m/s",高于车队的运行速度(18m/s)。这样一来,"绿波"的运动就领先于车队的移动,在车队到达之前清除掉排队等待的车辆。

然而,上述对协调控制效果的正面描述却忽略了这样一个事实:在考虑排队车辆影响的情况下,车队不停车通行的"窗口"将会变得非常狭窄。图 10-3-8 中的实线和"车队尾部"虚线之间的宽度就是"绿波"的带宽,与图 10-3-3 相比,它已经变得非常狭窄。因此,虽然可以在车队的到来之前清除掉排队等待的车辆,为上游车队的不停车通行提供便利;但是,清除排队等待车辆本身也需要使用绿灯时间,从而使得"绿波"的宽度变窄。

为了应用式(10-3-2)分析排队车辆对理想时差的影响,必须知道每个交叉口前面的排队车辆数。准确地估计交叉口排队车辆的情况是一个十分困难的工作。不过,如果知道了交叉口前面存在排队并且能够估计排队长度的大致情况,就可以据此更好地设定路段时差。如图 10-3-9 所示,排队车辆的来源包括如下三个方面:

(1)从上游主干道两侧的次要道路转入的车辆(主干道是红灯而次要道路是绿灯)。

(2)从上下游交叉口之间的小路(或路外停车场)驶入的车辆,以及由路边停车带驶出的车辆。

(3)从上一个信号周期滞留下来的车辆;它们或者是由于落伍于车队而滞留的车辆,或者是由于绿灯时间不够而被迫滞留的车辆。

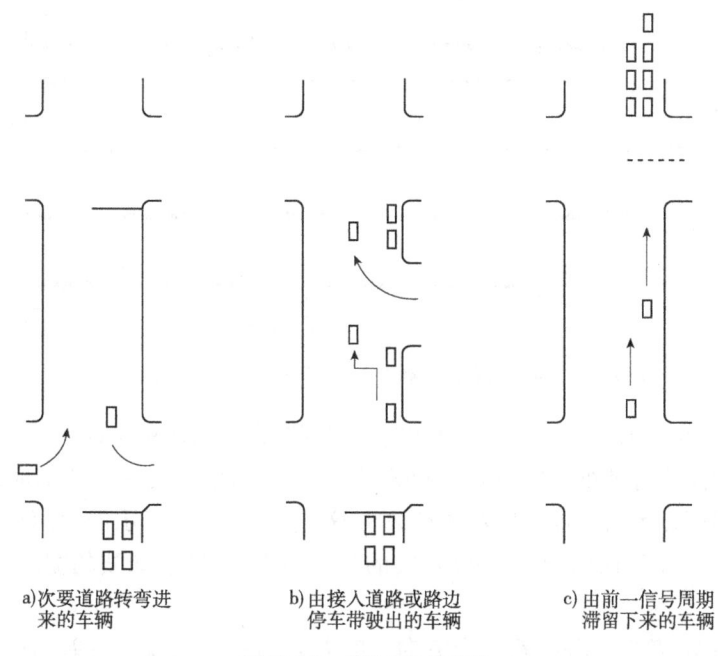

a) 次要道路转弯进来的车辆　　b) 由接入道路或路边停车带驶出的车辆　　c) 由前一信号周期滞留下来的车辆

图 10-3-9　排队车辆的来源

估计交叉口停车线前的平均排队长度非常困难而且需要花费大量的费用。而即使可以估计排队车辆的平均长度,实际的排队长度也可能在不同的信号周期内有着很大的波动,从而影响信号协调控制的效果。甚至调整协调控制时差本身也会影响排队长度。例如,从次要道路转弯进来的车辆数就有可能因时差的调整而发生变化。在工程实践中,估计排队车辆的排队长度是非常重要的，必须予以重视。

10.4 双向行驶道路和道路网络协调控制

PPT

10.4.1 双向行驶道路协调控制的时差

相对单向行驶道路而言，实现双向行驶道路的信号协调控制比较复杂。这里假定图10-3-3中的主干道不是单行道而是一个双向行驶的道路。图10-4-1绘制了交叉口6的绿灯刚刚启亮时进入该系统的第一辆车自北向南运行的时空轨迹。这个车辆有幸不停车地通过了若干个交叉口，最后在交叉口2遭遇红灯而停车，在交叉口1也同样因红灯而停车；它总共经历了两次停车，并产生了相当大的延误。在这种情况下，向南行驶的车队不可能不停车地通过所有的交叉口。当然，如果改变信号协调控制的时差或者车辆的行驶速度，则向南行驶的车队有可能不停车地通过该系统所有交叉口。

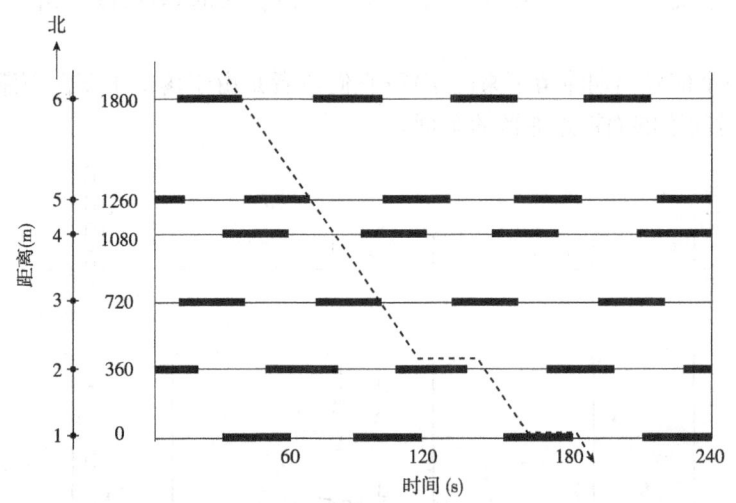

图10-4-1　向南运行的车辆在北向协调控制系统中的时空轨迹

应该注意到，在图10-4-1中，任何改变时差以保障向南行驶的车队不停车通过各交叉口的措施都会影响向北行驶车队的协调控制效果。譬如，如果将交叉口2的时差减少20s，则该交叉口处的绿灯显示图案也要向左移动20s，这样，图中虚线所示的向南行驶车辆就可以不停车地通过交叉口2；然而，对于向北行驶的车辆而言，将导致绿波的宽度变窄，由原来的30s缩减为10s。

以上例子说明：双向行驶道路两个方向的时差之间相互关联。时差的这种相互关联性是双向信号协调控制优化需要面对的最根本的问题。观察图10-4-2a)的一个完整的信号周期，可以发现同一路段两方向的时差之和等于周期时长。对于更长的路段(观察图10-4-2b)，同一路段两方向的时差之和可能会等于两个或者三个周期时长。实际上，如果考虑排队车辆对协调控制的影响(排队车辆的清场时间)，同一路段两方向的时差之和也可以是零或负数。以上分析结论可以进一步推广，得到双向行驶道路两个方向的路段时差应满足以下关系：

$$O_f^{1,j} + O_f^{2,j} = n \cdot C \tag{10-4-1}$$

式中：$O_f^{1,j}$、$O_f^{2,j}$——路段 j 在两个相反运行方向上的时差，(用1、2分别表示不同方向)；

C——周期时长；

n——整数(可以是正整数、负整数或者零)。

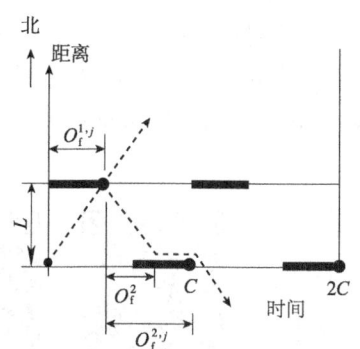 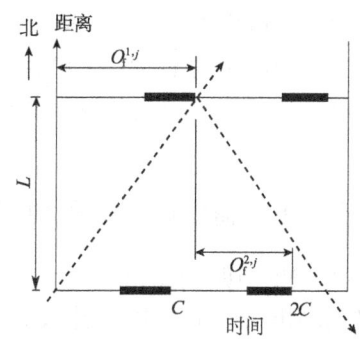

a)两个方向的时差之和等于一个周期时长　　b)两个方向的时差之和等于两个周期时长

图 10-4-2　双向行驶道路两个方向的时差之和等于周期时长的整数倍

由于同一路段两个方向的时差相互关联，因此在确定同一路段某个方向上的时差的同时也自动地确定了另一个方向的时差。在优化某个方向的协调控制的同时可能破坏了另一个方向的协调控制。因此，除了个别情况外很难做到同一路段两个方向的时差同时优化。同一路段两个方向经协调获得的时差为同一路段两方向的实际时差，实际时差和车辆的行驶时间(理想时差)通常不相等，注意区分两者的概念，如图 10-4-2a) 自北向南方向，车辆以固定车速从第一个交叉口驶向第二个交叉使用时间为 O_f^2，然后车辆停车等待绿灯通行，因此驶出该交叉口的实际使用时间为 $O_f^{2,j}$，此值为实际时差，O_f^2 为理想时差，为使该方向达到良好的协调效果，实际时差应等于理想时差。

虽然交通工程师总是希望同一路段两个方向的实际时差都等于车辆的行驶时间，以达到最理想的协调控制效果，而双向行驶道路中时差之间的相互制约往往使得理想时差难以实现。比较现实的做法是：尽量使两个方向上的时差接近理想时差，使得两个方向的协调控制的总体效果达到最优。

实际时差和理想时差之间经常存在一定的差异，可以将实际时差表示为如下的形式：

$$O_f^a(i,j) = O_f^i(i,j) + e(i,j) \tag{10-4-2}$$

式中：O_f^a——实际时差；

O_f^i——理想时差；

i,j——两个相邻信号控制交叉口的编号；

e——实际时差对理想时差的偏差。

以式(10-4-2)为基础，双向行驶道路的交通信号协调优化也就是要尽量地使得每个路段每个方向的实际时差都最大限度地接近理想时差，可以将优化目标表达为"最小化"实际时差和理想时差之间偏差的某个函数。最简单的函数形式可以采用以路段流量为权重对偏差的平方进行求和，即如式(10-4-3)所示：

$$Z = \sum_{i,j}[q(i,j)][O_f^a(i,j) - O_f^i(i,j)]^2 \tag{10-4-3}$$

也可以将上式改写为：

$$Z = \sum_{i,j}[q(i,j)][e(i,j)]^2 \tag{10-4-4}$$

式中：$q(i,j)$——由交叉口 i 驶往交叉口 j 的交通量。

当不考虑排队车辆对协调控制的影响时，使用式(10-2-1)用于计算理想时差，当考虑排队车辆对协调控制的影响时，使用式(10-3-2)用于计算理想时差，式(10-4-1)用于对时差变量进行约束。根据约束条件(10-4-1)，必须为每一个路段找到一个合适的整数，使得该约束条件得到满足。这个约束条件在很大程度上增加了运用数学规划求解最优协调控制方案的难度。

10.4.2 单向道路网络信号协调控制的时差

与单向行驶的道路相比，双向行驶道路的交通信号协调控制更加复杂和困难。这可能会让人得出如下结论：交通信号协调控制的最佳措施是构建单向行驶的道路，以避免双向行驶的道路在协调控制时所面临的问题。

PPT   　　PPT

单向行驶的道路系统确实有很多的优点，譬如：在路段上消除了两个相反方向的交通流之间的交通冲突；在交叉口消除了左转交通与对向直行交通之间的交通冲突。交通冲突的减少极大地提高了单向行驶道路网络的运输效率，降低延误和尾气排放，提高服务水平和交通安全水平，减少环境影响和能源消耗，具有非常重要的意义。尽管如此，在交通信号的协调控制方面，单向行驶道路网络通常很难完全避免由"闭合回路"对路段时差所施加的约束。回路是网络分析的一个基本概念，回路的第一个点和最后一个点相同，则称之为回路。因此，回路都是闭合的。

图 11-4-3a)对这种约束进行了说明。该图由 A、B、C、D 四条单向通行路段及相互交叉形成的 4 个交叉口组成，假定信号周期和各个交叉口的信号配时已经确定，则只需确定其中三条路段的时差，第四条路段(图中的路段 D)的时差也就同时被确定下来。也就是说，由于第四条路段的时差与其他路段的时差之间存在关联，不能够独立地根据理想时差的定义进行确定。

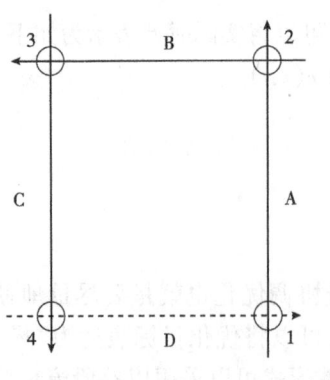 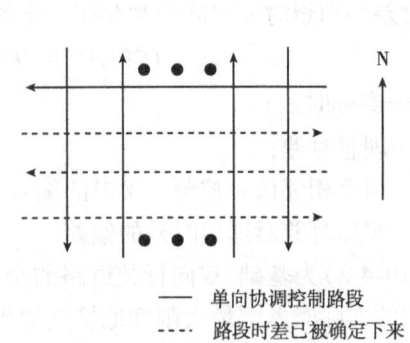

a) 路段D的时差由其他路段的时差所决定　　　b) 路网中路段时差的关联性

图 10-4-3 路网协调控制中的"闭合回路"

图 11-4-3b)将这种情况延伸到一个由单向行驶的道路所构成的道路网络。图中,假定所有南北方向的路段时差已经被独立地确定下来。此时,只要规定了一条东西方向道路的时差,也就完全锁定了所有其他东西向道路的时差。由此可以得出如下结论:对于一个由单向行驶的路段所构成的尚未形成闭合回路的路,可以独立地确定每个路段的时差;其他独立路段对导致闭合回路的那些路段构成了约束。

下面推导闭合回路的路段时差之间的约束条件,参见图 10-4-4。O_f^A、O_f^B、O_f^C、O_f^D 分别表示路段 A、B、C、D 的时差。$g_{1,EW}$ 表示交叉口 1 东西相位时长(包括绿灯时间、黄灯时间和全红时间),$g_{2,NS}$ 表示交叉口 2 南北相位时长,$g_{3,EW}$ 表示交叉口 3 东西相位时长,$g_{4,NS}$ 表示交叉口 4 南北相位时长。按照以下 9 个步骤进行分析。在各个步骤中,绿灯时间的启动是分析的关键。

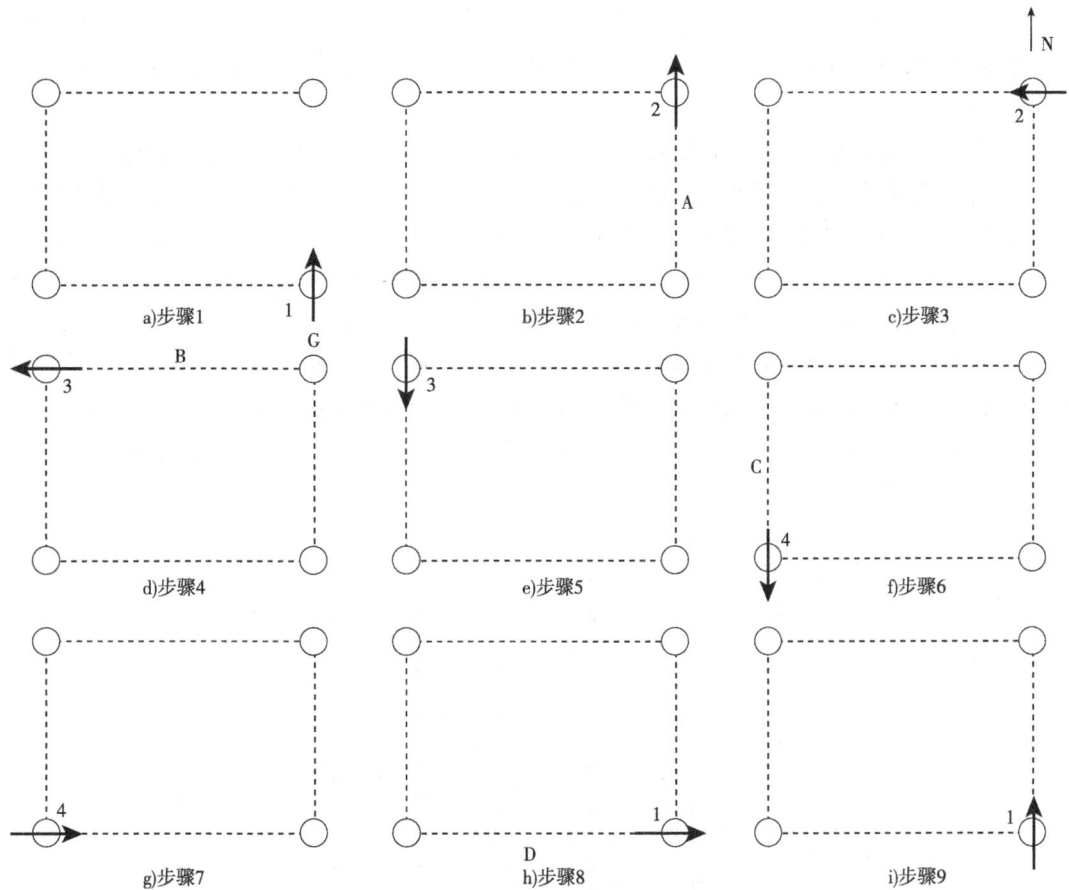

图 10-4-4 闭合回路的路段时差约束条件推导示意图

(1)从交叉口 1 开始分析,将绿灯的启动时间规定为系统的起始时间;在该时刻,$t=0$。

(2)由交叉口 1 移向交叉口 2,路段 A 的时差 O_f^A 规定了交叉口 2 南北方向的绿灯相对于其上游相邻交叉口(交叉口 1)的启亮时间,此时有:$t = 0 + O_f^A$。

(3)在交叉口 2,当南北方向的绿灯结束之后向西行驶的车辆才能得以放行;此时有:$t = 0 + O_f^A + g_{2,NS}$。

(4) 由交叉口 2 移向交叉口 3。与步骤 2 类似,路段 B 的时差规定了交叉口 3 东西方向的绿灯相对于其上游相邻交叉口(交叉口 2)的启亮时间,此时有: $t = 0 + O_f^A + g_{2,NS} + O_f^B$。

(5) 在交叉口 3,当东西方向的绿灯结束之后向南行驶的车辆才能得以放行;此时有: $t = 0 + O_f^A + g_{2,NS} + O_f^B + g_{3,EW}$。

(6) 向交叉口 4 移动,在原来的基础上又继续增加了路段时差 O_f^C。

(7) 在交叉口 4 等待南北方向的绿灯结束之后才可以左转,因此又增加了时间 $g_{4,NS}$。

(8) 向交叉口 1 移动,增加了路段时差 O_f^D。

(9) 在交叉口 1 左转,增加了交叉口 1 的东西向绿灯时间 $g_{1,EW}$。

在上述步骤结束之后,又回到了出发的地点,此时必然有 $t = 0$ 或者是周期时长的整数倍。因此,有下述等式成立:

$$n \cdot C = O_f^A + g_{2,NS} + O_f^B + g_{3,EW} + O_f^C + g_{4,NS} + O_f^D + g_{1,EW} \quad (10\text{-}4\text{-}5)$$

实际上,等式(10-4-5)是对等式(10-4-1)的推广;双向行驶的主干道可以看作一种特殊形式的道路网。

对于任何道路网络总会存在闭环回路。等式(10-4-5)所表达的时差之间的相互关联关系对于自由选择时差构成了约束。因此,构成闭环回路的各个路段的时差之间以及路段时差与交叉口的绿灯时间之间需要达成某种妥协。例如,在式(10-4-5)中,如果要改善路段 D 的时差,可以通过调整其他路段的时差或者交叉口的绿灯时间来实现。然而,这些调整可能会损害其他路段的交通信号协调控制或者某些交叉口的信号配时。

虽然有时需要从全局的角度分析整个道路网络,以便实现交通系统的全面优化。但是,交通工程在实践中通常把干线道路网络分解成无闭环回路的系统。协调主要流向的交通,忽略某些交通量较小的路段,可以形成如图 10-4-5 所示的无回路交通信号协调系统。

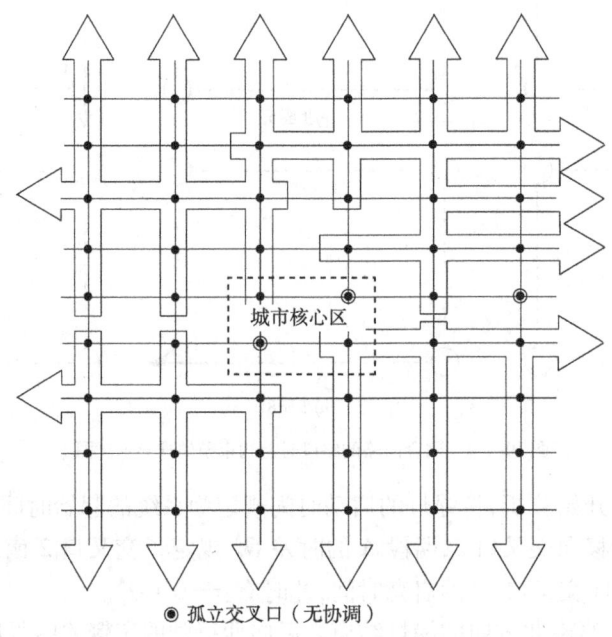

图 10-4-5 干线道路网络分解成无闭环回路的系统

10.5 带宽的概念及最大带宽

"带宽"通常是指绿灯"窗口",在"窗口"期间,车队可以连续通过一系列交叉口。在交通工程的实践活动中,带宽是非常重要的概念[8](另有一些文献将带宽描述为绿灯通行时间与信号周期时长的比值,本教程将其描述为带宽的效率)。这可以归结为以下原因:

(1)绿灯窗口对于工程人员和社会大众而言都是容易理解的可视化概念。

(2)通常可以根据这个概念以动手的方法经多次尝试而获得好的协调控制方案。

根据最大带宽的优化标准设计时差所存在的主要问题是:以带宽的概念优化时差会忽略交叉口内部的车辆排队现象。如果交叉口内存在车辆的排队,基于带宽的解决方法将使具体的优化目标不明确。

10.5.1 带宽的效率

带宽的效率 E 定义为带宽与信号周期时长之比:

$$E = \frac{BW}{C} \times 100\% \qquad (10\text{-}5\text{-}1)$$

式中:BW——带宽,s;

C——信号周期时长,s。

图 10-5-1 显示了一个协调控制方案的带宽(17s)。自南向北方向的效率为:$17/60 \times 100\% = 28.4\%$。自北向南的协调控制效率非常差——在所定义的系统中没有带宽,即效率为 0%。如果以带宽为系统的目标,这个交通信号协调控制系统的表现不是很好,需要重新调整协调控制方案,以便取得更好的效果。

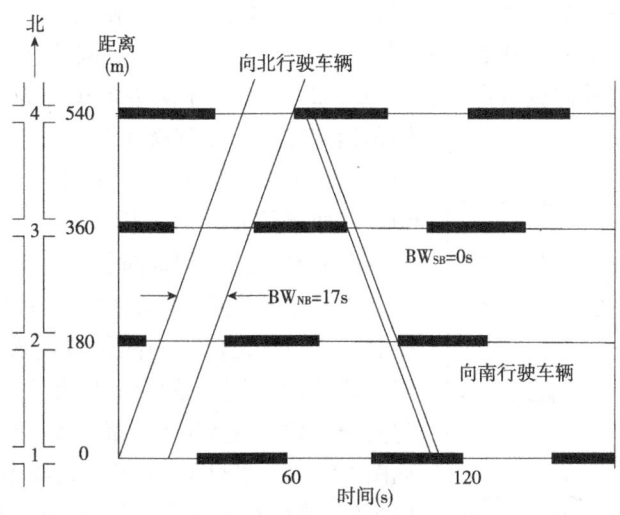

图 10-5-1 协调控制的带宽

假定车队的平均车头时距为 2s,如果分析不停车通过这个系统的车辆数,则自南向北方向的带宽每周期每车道可以允许 $17/2 = 8.5$ pcu 不停车通过整个系统,那么自南向北不停车通过的车辆数可以达到:$\frac{8.5}{60} \times 3600 = 510$ 辆/小时/车道。如果每车道的交通需求低于 510

辆/小时/车道,并且交通流以车队的密集形态到达系统(并且不存在内部的车辆排队),系统在自南向北方向将运行良好。

上述进行的运算可以概括为如下形式的计算公式:

$$NV = \frac{3600 \cdot (BW) \cdot (LN)}{h \cdot C} \tag{10-5-2}$$

式中:NV——不停车通过的车辆数,pcu/h;

BW——协调控制的带宽,s;

LN——在某个方向上的直行车道数;

h——运动车队的车头时距,s;

C——信号周期时长,s。

不过,式(10-5-2)不包括诸如车道利用系数等影响因素。这表明该公式的使用具有一定的范围,超出了这个范围,协调控制方案将达不到预期的效果,带来停车和排队现象。

10.5.2 带宽计算:试错法

双向行驶道路两个方向的带宽之间存在相互制约的关系。工程人员通常希望在某一个方向设计出最大带宽的协调控制方案。有时,某一个方向的带宽最大化的同时却完全忽略了另一个方向的带宽。更通常的做法是,让主干道两个相反方向的带宽与其交通量成比例,也即较大的交通量应取得更大的带宽。

构建协调控制的最大带宽可以采用直接试错的经验性方法或者手工精确计算的方法。目前,也有一些计算机程序可以计算最大带宽的控制方案。这里将介绍直接试错的经验性方法。该方法需要有一个原始方案,然后对原始方案进行调整和优化。

图10-5-2 显示的是一个由四个信号交叉口所构成的一个协调控制系统,该系统在两个方向上都取得了良好的协调效果。在图10-5-2 中,假定车队平均车速为18m/s,则自南向北的车辆从交叉口4 到交叉口2 需要花费 1080/18 = 60s 的时间,即一个信号周期时长(给定周期时长 C = 60s)。如果信号周期时长 C =120s,车辆到达交叉口2所花费的时间就是周期时长的一半,即$C/2$。

为了便于说明,假设在信号控制交叉口2 和信号控制交叉口3 之间的中间位置插入一个新的信号控制交叉口,这个新插入的交叉口在主、次干道之间的通行时间分配比例是50∶50。插入该交叉口之后的结果参见图10-5-3。很显然,为了在系统中插入这个新的交叉口,必须减少某个方向的带宽,或者使两个方向的带宽都削减(图中如新增交叉口恰好位于2 和3 之间,则带宽减少一半)。

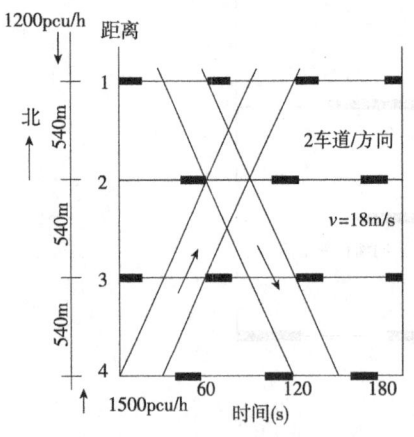

图10-5-2 四个信号交叉口的协调控制

为得到更好的协调控制方案,可以运用试错法对时差进行调整,该方法的具体步骤如下:

（1）给定协调控制系统的初始方案，包括系统的周期时长、交叉口之间的时差、每个交叉口的信号配时。

（2）绘制初始方案的时空图。在纵坐标上标明各个交叉口之间的相对位置；对应于纵坐标上的每个交叉口，沿水平方向（横坐标方向）绘制其信号配时图，描述协调控制相位的灯色随时间的推移而发生周期性变化的过程。由于周期时间在调整过程中可以发生变化，故不需要标明具体的时间，只需标明绿灯时间和红灯时间的相对比例即可，在时间轴上注明所经历的周期数。

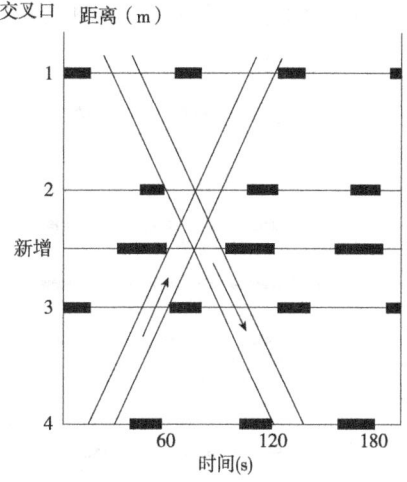

图 10-5-3　新增交叉口的影响

（3）水平移动一个或若干个交叉口的信号配时图，以改变其绿灯启亮时间，从而也就改变了交叉口之间的时差。

（4）根据新的时差重新确定绿波带。也即在图上，根据对各个交叉口绿灯启亮时间的调整，重新确定沿着某一协调控制方向不停车通过协调控制系统的第一辆车和最后一辆车的时空轨迹。绿波带通常表达为两根相互平行的射线，平行移动射线或者调整射线的斜率，以适应步骤3所做的调整。

（5）检查新方案绿波带的持续时间，计算绿波带宽度。

（6）分析新方案的绿波带宽度。如果绿波带宽度增加，并且已经达到要求，则该方案就是最终的优化方案，停止优化，输出结果。如果绿波带宽度增加，但是没有达到要求，则在新方案的基础上重复步骤（3）~步骤（5）。如果绿波带宽度减少，则抛弃新方案，并对原方案重复步骤（3）~步骤（5）。

（7）确定系统的周期时长。如果绿波带的斜率比初始方案显著地增加，则可以考虑增加周期时长；如果绿波带的斜率比初始方案显著地减小，则可以考虑减小周期时长。所选定的周期时长使得绿波带的斜率所代表的车辆行驶速度处于一个合理的范围之内。

（8）输出最终方案的周期时长、时差、车辆行驶速度、绿波带宽度和协调控制效率。

上述方法在对初始方案进行优化的过程中，不会改变每个交叉口的绿信比，而系统的周期时长、交叉口之间的时差、绿波带的斜率、车辆的行驶速度都会发生变化。为了方便上述方法的应用，可以考虑使用一些计算机绘图软件。

图 10-5-3 所示的由于添加交叉口所带来的协调控制问题，可利用试错的方法获得解决方案。图 10-5-4 中，周期时长 $C=120s$，车队平均车头时距为 2s，两个方向各有两条车道，带宽都是 40s，带宽的效率 E 都是 33%。40s 的带宽每周期可通过 $(40/2)=20$ 辆车/车道。根据式（10-5-2），如果交通量大于 $(3600 \times 40 \times 2)/(2 \times 120) = 1200 \text{pcu/h}$，将不可能让所有的车辆不停车地通过该系统。

图 10-5-2 中，自南向北的交通需求为 1500pcu/h，因此将有车辆无法不停车地通过交叉口 2。这些排在队尾的车辆被红灯截下成为排队等待的车辆。等到绿灯再次启亮，这些车辆从交叉口 2 中释放出来，然而在交叉口 1 又将遇到红灯刚好启亮。图 10-5-5 说明了这些情

况,它表明这些多余的车辆将会妨碍下一轮自南向北直行车辆的通行。

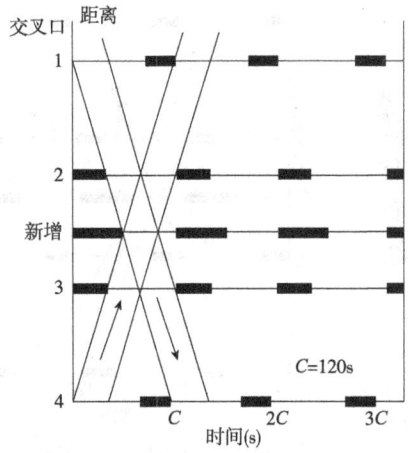

图 10-5-4　新增交叉口后的协调控制优化方案

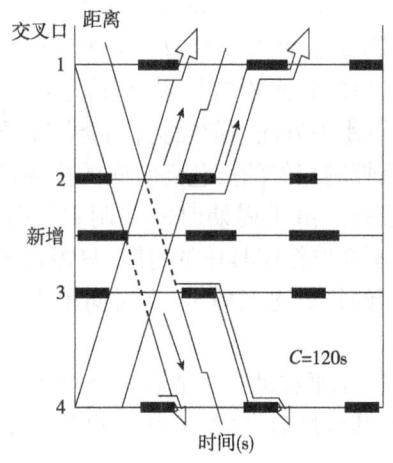

图 10-5-5　过量交通需求对协调控制的影响

图 10-5-5 说明了基于带宽的时差优化方法的局限性。当出现内部排队车辆时,这些排队车辆将扰乱带宽内车队的运行。如果自南向北的交通需求低于 1200pcu/h,就不会出现问题,带宽的解决方法将是有效的。

为了更全面地说明问题,图 10-5-5 也描绘了自北向南行驶的车队。它表明刚好等于 1200pcu/h 的交通需求可能会在交叉口 3 和交叉口 4 产生同样的问题,不过问题的严重性要低一些。

如果希望运用试错的方法对图 10-5-5 所示的方案继续优化,应注意到下面几点情况:

(1)如果交叉口 1 处的绿灯启亮时间提前,将有助于自南向北运行的车队避免排队车辆的干扰;然而,自北向南行驶的车队会提早释放,在交叉口 2 会遭遇停车和干扰。

(2)同样的,交叉口 2 绿灯启亮时间的调整在帮助北上车队的同时使南下车队遭受不利的影响。

(3)交叉口 3 绿灯启亮时间的改变在帮助南下车队的同时使北上车队产生更多的等待和延误。

以上分析表明,这个协调控制方案已经是帕累托最优方案(帕累托最优是资源分配的一种状态,在不使任何人境况变坏的情况下,而不可能再使某些人的处境变好),无法通过改变时差使得某个方向上的协调控制效果改善的同时不增加另一个方向协调控制的停车和延误。当然,可以将次要道路的部分绿灯时间分配给主路,从而改善协调控制的效果。由于自南向北行驶的交通需求量较大,因此也可以考虑给予北上的车队更多的带宽。

10.6　协调控制的方式选择策略

在前面各节所阐述的有关协调控制的概念、理论和公式的基础上,本节主要从宏观层面分析信号灯协调控制的主要策略。对于单行道路或者交通量方向不均匀系数较大的双向行驶道路,可以考虑采取单向协调控制的方式。对于双向行驶的道路,如果相邻交叉口的间距都相等,则容易实现一些比较理想的双向协调控制方式,如:交互式协调控制系统或者双重交互式协调控制系统。在交通工程的实践中,分析的重点在于从宏观的高度把握整个系统的道路、交通特征,并据此确定系统的协调控制方式。

10.6.1 单向行驶道路的主要协调控制方式

单向行驶道路的协调控制方式主要包括:简单协调(前向协调)、可变协调、逆向协调、同步协调[9]。

1) 简单协调

简单协调是指相邻交叉口绿灯的启亮能达到如下的控制效果:从上游第一个交叉口驶出的车队到达下游每一个交叉口时,绿灯刚好启亮。也就是,每一个路段时差都是由式(10-3-1)计算的理想时差,没有排队车辆。简单协调仅适用于单向行驶道路或者某一方向的交通量特别少可以被忽略的双向行驶道路。

由于简单协调所产生的绿波与车辆同向运动,所以也可以称之为前向协调。在前向协调控制中,交叉口的绿灯沿着街道由后向前逐个启亮,前向协调由此而得名。

2) 可变协调

可能出现这样的情形:在一天之中,执行两套或者多套简单协调控制方案,以便适应主要交通流向和流量的变化。城市道路交通的主流向在早高峰和晚高峰之间往往发生变化,而车队的期望行驶速度会随着交通量的变化而变化。这样的协调控制称之为可变协调。

3) 逆向协调

在某些情形下,协调控制系统内部部分交叉口的排队非常长,以至于由式(10-3-2)所计算的理想时差出现了负值。这意味着:下游交叉口的信号灯启亮时间必须先于上游交叉口信号灯,在上游车队到达之前给下游交叉口进口道排队车辆的驶出提供充足的时间。参见图 10-6-1,图中交叉口之间的路段长度180m,车队速度18m/s,每个交叉口进口道内部排队车辆数为7辆/车道,平均车头时距为2s。协调控制在视觉上产生了这样的景象:自下游向上游信号灯依次启亮,车队中的驾驶员看到绿波由远处向车队而来,与车队的运行方向相反,因此称之为逆向协调。

4) 同步协调

内部排队车辆过多会带来非常不利的后果,如图 10-6-1 所示:即使车队的第一辆车也不能不停车地通过这个系统,在第四个交叉口就遭遇了红灯;当车队经过第三个交叉口时,仅有12s绿灯可用,也即仅容许通过6pcu(12/2=6),其余车辆被红灯截留下来。在某些特殊情况下,内部排队车辆使得理想时差的计算值为零,这导致系统中的所有的信号灯同时变绿。因此,称之为同步协调。

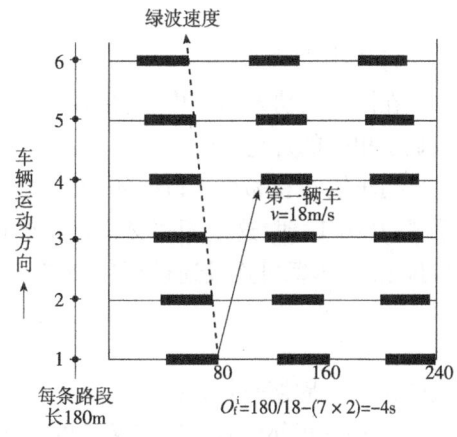

图 10-6-1 逆向协调控制

同步协调也可用于双向行驶道路的协调控制方式,以便在同一路段两个相反方向上平均分配带宽。它主要被应用于交叉口间距很短的情形。

10.6.2 双向行驶道路的主要协调控制方式

如前所述,双向行驶道路的协调控制非常困难,通常很难在同一路段两个方向同时取得良好的协调效果。两个方向的带宽存在"此消彼长"的现象。然而,对于某些特定的道路几何特征,可以在双向行驶道路同一路段两个相反方向同时获得高效率的协调控制效果。在协调控制中应注意以下要点:

(1) 为了提高协调的效率,应尽可能根据道路的几何特征和车辆的行驶速度来决定系统的信号周期时长。

(2) 如果能够将周期时长、路段长度和车辆行驶速度这三者恰当地匹配起来,就容易在双向行驶道路的两个方向同时取得良好的协调控制。

(3) 在对新城或者新开发区进行规划之时,应考虑周期时长、路段长度和车辆行驶速度三者之间的匹配问题,这个问题将从长远角度影响交通流的运行质量。

(4) 在现有的主干道系统中考虑安装新的信号灯之时,应注意确保周期时长、路段长度和车辆行驶速度之间维持适当的匹配关系,或者促进三者之间形成更合理的匹配关系。

固然应根据第8章所介绍的方法确定信号配时,但是在选择协调控制系统的周期时长时,主要考虑的是协调控制的效果。例如:对协调控制系统的分析表明系统需要选择70s的周期时长,但是其中某一交叉口要求80s的周期时长以获得合理的饱和度;在这样的情形下,有人可能认为应把系统的周期时长设置为80s,以便满足交叉口的信号配时要求。而正确的做法应该是尽量改善该交叉口的交通运行环境,使得该交叉口能够适应系统所要求的周期时长。选取合适的系统周期时长所取得的收益要远远大于改进单个交叉口所付出的成本。改善措施包括:设置转弯车道;移除路边停车;禁止转弯;重新分配绿灯时间,以适应更高的饱和度(饱和度小于1)的道路系统等等。

下面将介绍几种双向行驶道路的协调控制方式,并分析这些协调控制方式所应满足的条件。

1) 同步式协调

在同步式协调系统中,连接在一个系统中的相邻交叉口的信号,在同一时刻,对干道车流显示相同的灯色。

当车辆在相邻交叉口间的行驶时间等于信号周期时长时,即相邻交叉口的间距符合关系式(10-6-1)时,这些相邻交叉口正好可组成同步式协调控制。联动的相邻信号灯呈现同步显示时,车辆可连续通过相邻的交叉口。

$$C = \frac{L}{v} \tag{10-6-1}$$

式中:C——周期时长,s;

L——相邻信号控制交叉口的间距,m;

v——车辆行驶速度,m/s。

以上公式对于相邻交叉口间距、车队平均车速及周期时长的配合要求很高，因此在实际情况下很少出现，同步式协调控制更多应用于"信号控制交叉口间距很短，或者车辆的行驶速度很高"的条件，如图 10-6-2 所示。

同步式协调系统的效率和系统内信号控制交叉口的数目有关。对于几个等间距的信号控制交叉口，假定主、次干道通行时间分配比例为 50∶50，则系统的带宽效率 E 为：

$$E = \left[\frac{1}{2} - \frac{(N-1)L}{v \cdot C}\right] \times 100\% \qquad (10\text{-}6\text{-}2)$$

式中：N——信号控制交叉口的数目，个；

其余符号意义同前。

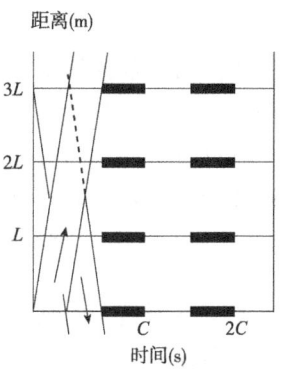

图 10-6-2　同步式协调控制系统

对于四个由等间距的信号控制交叉口所构成的同步式协调控制系统，假定主、次干道通行时间分配比例为 50∶50，如果 $L = 120\text{m}$，$C = 80\text{s}$，$v = 13.5\text{m/s}$，则由上述计算公式得到系统效率为 16.7%。对于该系统，如果 $L = 60\text{m}$，则该系统效率为 33.3%。以上计算表明，同步式协调仅在非常特殊的条件之下才是有效的，其中最重要的一个条件就是交叉口间距很短。此外，同步式协调还有其他优势，这些优势不能从"带宽"的分析中体现出来。在大交通量的情形下，同步式协调可以防止信号控制交叉口的失控和交通流的溢出：

（1）在大交通量的情形中，下游交叉口可能会出现大量的排队车辆，同步式协调给下游交叉口排队车辆的消散提供了时间。

（2）同步式协调将主干道上的车队分切成若干段，从而防止车辆在交叉口内部形成排队。

2）交互式协调

在交互式协调系统中，连接在一个系统中相邻交叉口的信号，在同一时刻，对干道车流显示相反的灯色。

对于某些主要干道，如果假定主、次干道通行时间的分配比例为 50∶50，相邻交叉口的间距都相等，并且可以选择一个可行的周期时长满足下述等式：

$$\frac{C}{2} = \frac{L}{v} \qquad (10\text{-}6\text{-}3)$$

式中，符号意义同前。

对于这样的情形，可以采取交互式协调控制方式，如图 10-6-3 所示。系统能够容纳的交叉口数目不受限制。

这种协调方式得名于信号灯的显示方式：当位于上游第一个交叉口的观察者向下游看去，将看到交互排列的灯色——绿灯、红灯、绿灯、红灯等。当灯色变换时，灯色依然交互出现——红灯、绿灯、红灯、绿灯等。

对于主要干道，同一路段两个方向的理想时差都是 L/v（假设没有排队车辆），因此两个方向的理想时差之和为：

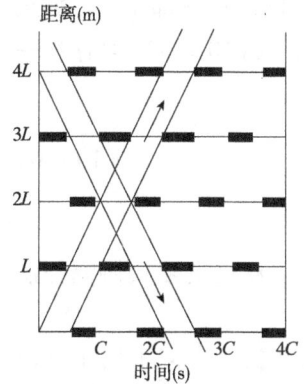

图 10-6-3　交互式协调控制系统

$$\frac{L}{v} + \frac{L}{v} = \frac{2L}{v} = C \qquad (10\text{-}6\text{-}4)$$

上式成立的前提条件是式(10-6-3)成立。即：车队在任意一个方向的路段行驶时间都恰好等于周期时长的一半，因此两个方向的行驶时间之和恰好等于周期时长。

在交互式协调的情况下，系统在每个方向上的带宽效率都是 50%。每个方向的带宽都包括了全部绿灯时间。每个方向不停车通过的交通量上限值为[参考式(10-5-2)]：

$$\frac{3600 \cdot (BW) \cdot LN}{h \cdot C} = \frac{3600 \cdot (C/2) \cdot LN}{2 \cdot C} = 900 \cdot LN \qquad (10\text{-}6\text{-}5)$$

如果在系统中的某些交叉口，信号灯对主次干道通行时间的分配比例不是 50:50，会产生如下效果：

(1)如果主干道被分配了更多的通行时间，将会产生多余的绿灯时间，适合于存在多种车辆类型的混合交通流。

(2)如果次干道被分配了更多的通行时间，将削减绿波带的带宽。

为了指导工程实践，下面分析采用交互式协调系统所适用的路段长度的取值范围。假定车辆行驶速度的变化范围为：14~23m/s，周期长度变化范围为：60~90s，运用式(10-6-3)可以得到路段长度的取值，见表 10-6-1。

交互式协调控制中与信号周期和车队行驶速度相对应的路段长度　　表 10-6-1

信号周期(s)	车队行驶速度(m/s)	路段长度(m)
60	14	420
60	23	690
90	14	630
90	23	1035

表 10-6-1 中信号控制交叉口间距的取值表明，交互式协调适用于城市郊区的高等级主干道。

3)双重交互式协调

假定城市主要干道满足下述条件：主、次干道通行时间的分配比例为 50:50；相邻交叉口之间的距离都相等。如果无法找到一个可行的周期时长满足式(10-6-3)，但存在一个可行的周期时长满足下述等式：

$$\frac{C}{4} = \frac{L}{v} \qquad (10\text{-}6\text{-}6)$$

式中，符号意义同前。

对于这类主干道道路，可以采取双重交互式协调控制方式，如图 10-6-4 所示。

在不存在内部排队的情况下，在任一方向上两个路段的理想时差都是 $2L/v$。因此，两个方向上两条路段的理想时差之和是：

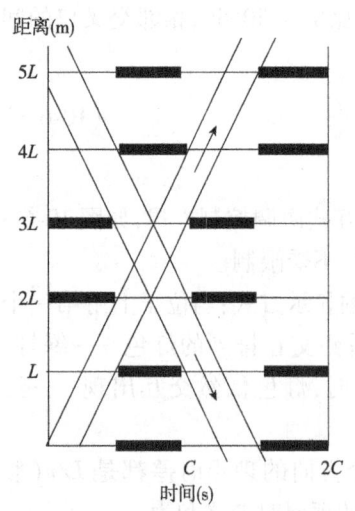

图 10-6-4　双重交互式协调控制系统

$$\frac{2L}{v} + \frac{2L}{v} = \frac{4L}{v} = C \tag{10-6-7}$$

上式成立的前提条件是式(10-6-6)成立。即：车辆在任一方向通过两个连续路段的行驶时间都恰好是周期时长的一半，因此车辆在两个方向上的行驶时间之和等于一个周期时长。系统能够容纳的交叉口数目不受限制。

这种控制方式得名于信号灯灯色双重交互显示的特点：位于上游第一个交叉口的观察者向下游看去，将观察到信号灯成双交互显示——绿灯、绿灯、红灯、红灯、绿灯、绿灯等。当灯色变换时，灯色依旧成双交互出现——红灯、红灯、绿灯、绿灯、红灯、红灯等。

沿着主干道路的每一个方向，双重交互式协调信号系统的效率都是25%。在每一方向，系统只利用了绿灯时间的一半。可以不停车通过系统的最大交通量为[参考式(10-5-2)]：

$$\frac{3600 \cdot (BW) \cdot LN}{h \cdot C} = \frac{3600 \cdot (C/4) \cdot LN}{2 \cdot C} = 450 \cdot LN \tag{10-6-8}$$

对于双重交互式协调系统，如果有某些交叉口的信号灯对主次干道通行时间的分配比例不是50:50，会产生如下效果：

(1)如果主干道被分配了更多的通行时间，将会产生多余的绿灯时间，适合于存在多种车辆类型的混合交通流。

(2)如果次干道被分配了更多的通行时间，将削减绿波带的带宽。

运用式(10-6-6)分析双重交互式协调系统的路段长度取值范围，见表10-6-2。

双重交互式协调控制中与信号周期和车队行驶速度相对应的路段长度　　表10-6-2

信号周期(s)	车队行驶速度(m/s)	路段长度(m)
60	14	210
60	23	345
90	14	315
90	23	518

表中的数据表明：部分信号控制交叉口间距适用于郊区的高等级主干道路；短周期所对应的信号控制交叉口间距适用于城市内的主干道设施。

10.6.3 协调控制方式的选择

干线交叉口协调控制的方式众多，但其本质却是在于获得理想时差，如式(10-3-1)所示。当系统的周期时长、信号控制交叉口间距和车辆行驶速度三者之间有着恰当的关系，可以实现非常理想的双向协调控制。具体来说，首先分析是否存在周期时长满足等式 $L/v = C/2$。如果满足，就可以采取交互式协调，效率高达50%。否则，分析是否存在时长满足等式 $L/v = C/4$。如果满足，可以采取双重交互式协调，效率是25%。

PPT

以下分别从交叉口间距、交通量、周期时长等角度讨论协调控制方式的选择。

1) 交叉口间距

图10-6-5用一比例尺度描绘了以上三种协调控制方式：交互式协调、双重交互式协调、同步式协调。图10-6-5中，C 表示信号灯的周期时长，L 表示相邻信号控制交叉口的间距。

该图表明,随着信号控制交叉口间距的减少,所适用的协调控制方式也随之发生变化,由交互式转变为双重交互式,再进一步转变为同步式。

图10-6-6描绘了一个一般性的主干道,它起始于信号控制交叉口间距大、人口密度低的郊区,然后进入市区,最后经过城市的中心商业区。道路在由郊区过渡到城市中心区的过程中信号控制交叉口的间距在发生变化,协调控制的方式也随之发生变化。

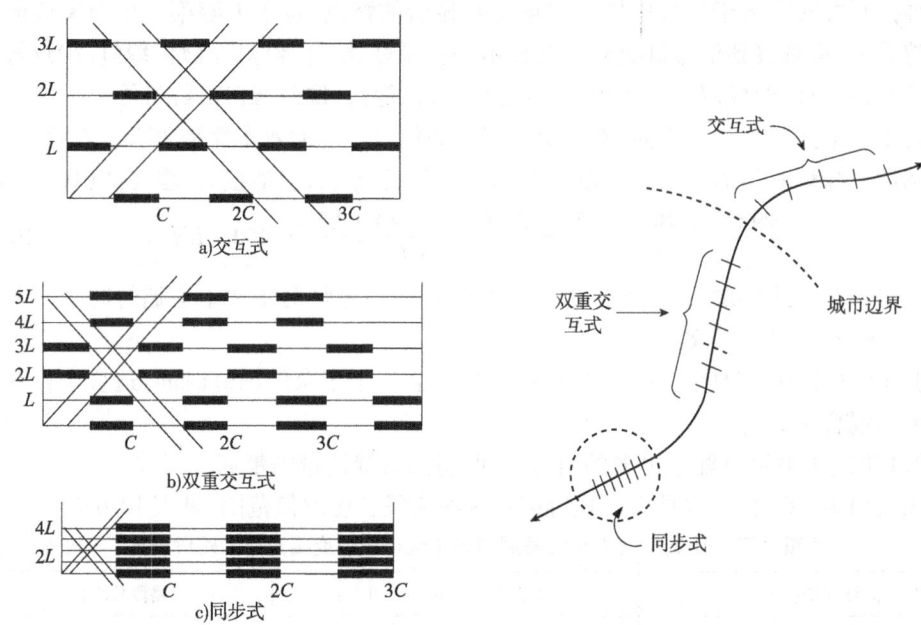

图10-6-5　三种协调控制方式的比较　　图10-6-6　不同协调控制方式在同一道路上的应用

以上分析表明,把一个大系统(例如图10-6-6中的主干道)分解成几个小系统,协调控制的效果会更好。对于更小的道路系统也是如此。例如一个由10个信号控制交叉口所构成的系统,有6个交叉口具有相等的间距;另外4个交叉口也具有相等的间距,但其间距不同于前者。可以将该系统分解为两个小系统,分别由等间距的6个交叉口和等间距的4个交叉口所组成。

上面所讨论的系统都是信号控制交叉口间距相等的情形,当信号控制交叉口间距不等时,可以以上面所推荐的方案为基础进行适当的调整。当现有的(或规划)的某个(或某些)信号控制交叉口不符合某个适当的协调控制方案,应剔除该交叉口,或者使其在一个方向上符合这个方案。

2) 路段交通量

如果没有系统内部的车辆排队并且直行交通量在某一固定区间范围时,交互式协调和双重交互式协调可以良好地运行。当交通量超过这个阈值时,情况将变得非常复杂。解决该问题的有效方法是控制进入主干道的交通量;通过限制目标信号控制交叉口绿灯时间的分配,把交通量控制在一个合适的水平。对于交互式协调,主干道交通需求的控制比较容易实现;而对于双重交互式协调,交通需求的控制将非常困难。

3) 系统周期时长

确定合适的周期时长具有非常重要的意义。然而,在工程实践中,通常是根据各个交叉口的交通量计算其周期时长,并进而决定整个系统的周期时长。从系统的角度来看,这种以单点信号配时为依据所制订的周期时长没有考虑信号灯相互之间在协调控制方面所存在的制约关系,很难适应系统协调控制的要求。譬如,在交互式协调和双重交互式协调中,系统的周期时长主要与交叉口的间距有关,而不是某个交叉口的交通量。本章的一个例子(图10-5-2~图10-5-4)说明了当系统中加入了一个信号控制交叉口之后,为了更好地适应这种变化,系统的周期时长进行了大幅度的调整。调整的主要依据是系统协调控制的整体性要求而不是某个信号控制交叉口的交通需求。

在交通工程的长期实践中,通常把信号控制交叉口看作是构成协调控制系统的基石,这种观点可能导致了对系统周期时长的忽视。其实,信号控制交叉口的运行状况和通行能力对于周期时长在一个较大范围内的变动并不敏感。因此,基于各个交叉口自身状况的分析来设定系统的周期时长往往不能取得良好的效果。然而,这却是人们长久以来的习惯做法:先对单个信号控制交叉口进行分析,计算单个交叉口的周期时长;然后把这些单个信号控制交叉口拼成一个系统,确定系统的周期时长。

这种习惯做法是错误的。由于信号控制交叉口对周期时长的变化(在一个比较大的范围)不敏感,在确定系统的周期时长时应使用本章的理论主要从系统的层面去分析和研究,制订出符合协调控制系统要求的周期时长(以系统协调控制的效果为主要目标,如"绿波"带宽的最大化)。

图10-6-7总结了周期时长、信号控制交叉口间距和车辆行驶速度三者之间的相互关系。

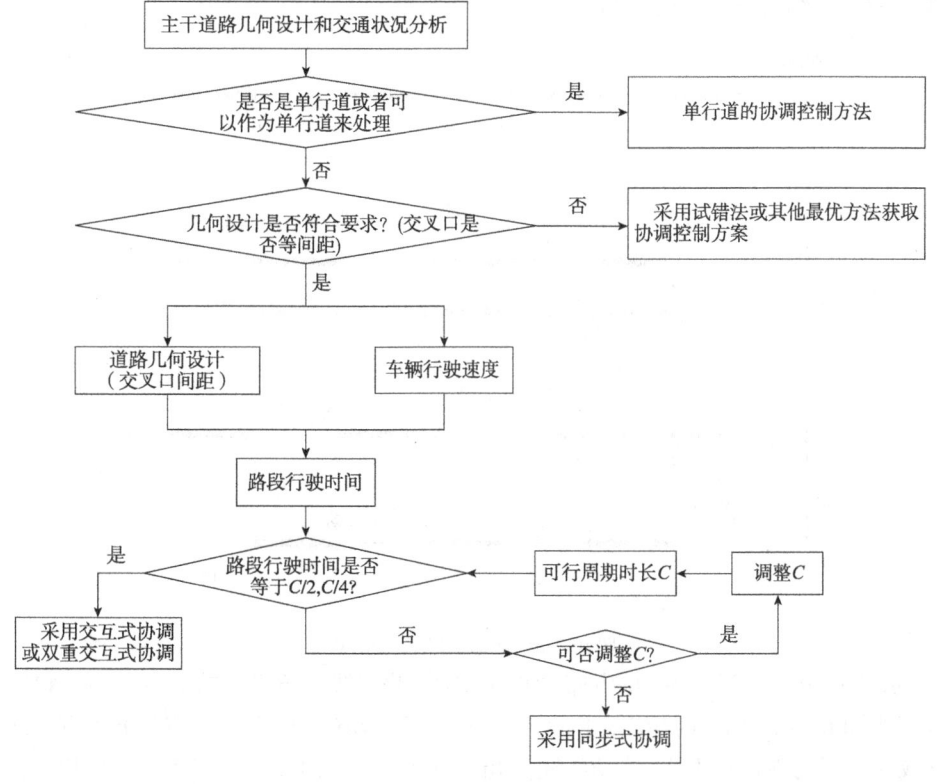

图10-6-7 协调控制方案的制订流程

其中,交叉口间距(道路几何特征)是具有决定意义的要素。如果交叉口间距不利于高效率的协调控制(譬如,主干道交叉口间距疏密不等,无法采用交互式协调或双重交互式协调),可以利用一些最优化计算方法提高系统协调的效率。尽管如此,随着日后交通状况的变化还会不断有新的问题出现。其原因在于:道路交通随时间的推移而变化,随着交通量的变化,道路几何设计方面的缺陷(协调控制系统的根本性缺陷)将会不时地表现出来。为了解决不断出现的协调控制问题,需要根据交通时空条件的变化而不断调整协调控制方案。因此,道路的规划与设计对于协调控制具有非常重要的影响,鲜明地体现了交通控制对道路规划与设计的依赖性。

10.7 双向协调控制系统时差的确定方法

双向协调控制系统时差的确定有以下两种比较实用的方法:图解法和数解法。

10.7.1 图解法

在时间—距离图上协调干线交叉口信号控制系统的时差,同时调整及确定通过带速度和周期时长。如图 10-7-1 所示,相邻五个交叉口(A、B、C、D、E),纳入一个协调控制系统,系统通过带速度宜在 36km/h 上下,相应的系统周期时长暂定为 60s。图中各横线上的粗线段表示红灯时段,如 A 交叉口横线 AA' 上的 1—2、3—4、5—6 段;细线表示绿灯时段。

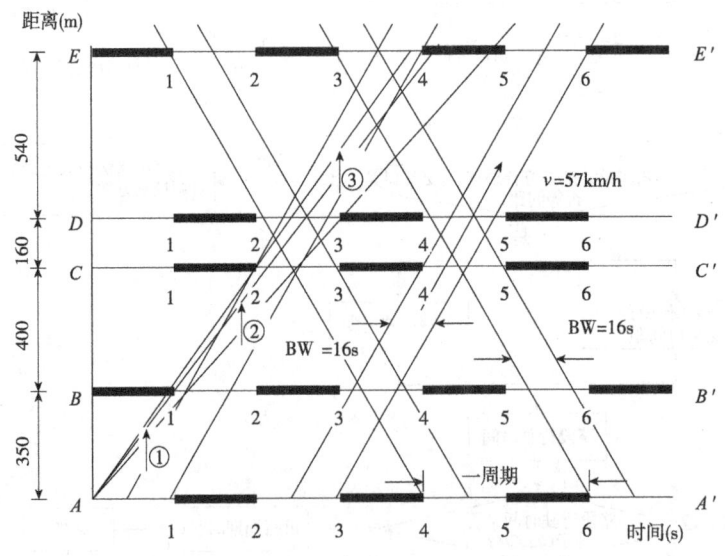

图 10-7-1 协调时差图解法示例

(1)从 A 点引一相当于36km/h 带速的斜线①,此斜线与 BB' 线的交点,同从 AA' 上 1 点所引垂直线同 BB' 线的交点(BB' 线上的 1 点)很接近。BB' 上的 1 点可取为 B 交叉口同 A 交叉口配成交互式协调的绿时差;在 BB' 线上相应于 AA' 线画出 2—3,4—5,6—7 粗线段,为交叉口的红灯时段。

(2)连接 A 点和 BB′上的 1 点成斜线②,线②同 CC′的交点,同从 AA′上 2 点所引垂直线与 CC′的交点(CC′上的 2 点)很接近,CC′上的 2 点也可取为 C 交叉口同 B 交叉口组成交互式协调的绿时差,所以在 CC′竖线上可画 1—2、3—4、5—6 各粗线段,为 C 交叉口的红灯时段。

(3)连接 A 点和 CC′的两点成斜线③,线③在 DD′上的交点同从 AA′上 2 点所引垂直线与 DD′的交点(DD′上的 2 点)很接近,所以 C 交叉口与 D 交叉口应是同步式协调,在 DD′上画与 CC′相同的 1—2、3—4、5—6 红灯粗线段。

(4)以下用同样的方法在 EE′线上做出红灯粗线段。这样就配成各交叉口由交互式与同步式组合成的双向线控制系统。

(5)在图 10-7-1 上做出最后的通过带,算得带速约为 57km/h,带宽 16s,为周期时长 60s 的 27%。这样的带速和实际车速相比过高,为了降低带速,有必要相应加长周期时长,为使带速控制在 40km/h 左右,延长周期时长为 85~90s。

(6)调整绿信比,实际上,各交叉口的绿信比都不相同,可用以下简单方法调整:不移动按上述方法求得的各交叉口红灯(或绿灯)的中心位置,只将红灯(或绿灯)的时间按实际绿信比延长或缩短即可。经这样调整后,通过带宽增加不少,但仍低于 50%C。

10.7.2 数解法

设有 A、B、C、…、H 共 8 个交叉口,它们相邻的间距列于表 10-7-1 第 2 行中,A、B 交叉口间距为 350m,BC 为 400m 等,为简便起见,取有效数字为 35、40 等。算得关键交叉口的周期时长为 80s,各交叉口的绿信比经计算列于表 10-7-3 第 4 行,相应的系统带速暂定为 $v=11.1\text{m/s}(40\text{km/h})$。

PPT

数解法[10]的原理是通过寻找 A、B、C、…、H 共 8 个交叉口组成交互协调或同步协调的"理想信号"的位置,即"理想信号"的间距,参见(1);再计算下游各交叉口实际信号位置同各理想信号错移的距离,其计算参见(2);由于各交叉口实际信号位置与理想信号的挪移量有大有小,显然,平均错移距离越小则信号协调效果越好。为了获得最小的平均挪移量,可计算挪移量相差最大的两个交叉口的挪移量之差,取实际挪移量为理想信号间距与该最大挪移量差值的一半,即可实现各交叉口实际信号位置与理想信号的平均挪移量最小;因为最大挪移量差值越大,则理想信号间距与该最大挪移量差值越小,于是实际挪移量也越小,所以寻求最合适的理想信号位置,需找出各行(各理想信号间距)的交叉口挪移量之差最大的理想信号间距,从而确定最合适的理想信号位置。故下面分两步进行,首先计算各行(各理想信号间距)的最大交叉口挪移量之差,即 b 值,参见(3);再比较各行(各理想信号间距)的最大交叉口挪移量之差 b 的大小,再找出最大交叉口挪移量差值即 b 值最大的行(理想信号间距),即为 A~H 各信号到理想信号的挪移量最小理想信号间距,以此确定最合适的理想信号位置,参见(4);确定了理想信号位置,再依次计算实际信号与理想信号的位置差以及因实际信号与理想信号位置不一致所产生的绿时损失,计算绿信比减去其绿时损失即为各交叉口的有效绿信比,计算连续通过带的带宽即为左、右两端有效绿信比最小值的平均值,参见(5);由于合用一个理想信号的左、右相邻实际信号间,可采用同步式协调;其他各实际信号间都用交互式协调,因此,可据此分别确定各交叉口之间的协调方式,并求得各交叉口实际信号与理想信号的绿时差,最后计算系统带速,确定系统调整方案,具体参见(6)。

数解法确定信号时差　　　　　表 10-7-1

a＼间距	AB 35	BC 40	CD 16	DE 54	EF 28	FG 28	GH 27	b
34	1	7	23	9	3	31	24	14
35	0	5	21	5	33	26	18	13
36	35	3	19	1	29	21	12	9
37	35	1	17	34	25	16	6	10
38	35	37	15	31	21	11	0	11
39	35	36	13	28	17	6	33	11
40	35	35	11	25	13	1	28	12
41	35	34	9	22	9	37	23	13
42	35	33	7	19	5	33	18	14
43	35	32	5	16	1	29	13	13
44	35	31	3	13	41	25	8	12
45	35	30	1	10	38	21	3	11
46	35	29	45	7	35	17	44	12
47	35	28	44	4	32	13	40	15
48	35	27	43	1	29	9	36	18
49	35	26	42	47	26	5	32	21
50	35	25	41	45	23	1	28	22
51	35	24	40	43	20	48	24	20
52	35	23	39	41	17	45	20	17
53	35	22	38	39	14	42	16	14
54	35	21	37	37	11	39	12	15

注:A~H 为交叉口名称。

1)计算 a 列

先计算 $vC/2 \approx 11 \times 80/2 = 440m$(取有效数字 44)。这就是说,相距 440m 信号的时差,正相当于交互式协调的时差(错半个周期);相距 880m 的信号,正好是同步式协调(错一个周期)。以 A 为起始信号,则其下游同 A 相距 $vC/2,vC,3vC/2\cdots$ 处即为正好能组成交互协调或同步协调的"理想信号"的位置。考察下游各实际信号位置同各理想信号错移的距离,然后将 $vC/2$ 的数值在实用允许范围内变动,逐一计算寻求协调效果最好的各理想信号的位置,以求得实际信号间协调效果最好的双向时差。以 44 ± 10 作为最适当的 $vC/2$ 的变动范围,即 34~54,将此范围填入表 10-7-1 左边的 a 列内,a 列内各行数字即为假定"理想信号"的间距。

2) 计算 a 列各行

以 $a=34$ 的一行为例,AB 交叉口实际间距为 35,同理想信号间距 34 的差值是 1,将 1 填入 AB 间的一列内。意思是 B 同其理想信号点的错移距离为 1,即 B 前移 10m 就可同 A 正好组成交互式协调。

B、C 原间距为 40,C 的理想信号错移距离需要加上 B 的错移距离,再考虑其与理想信号间距 34 的差值,则 $1+40-34=7$,即 C 同其理想信号的错移距离为 7,将 7 填入 BC 间的一列内。

同理,C、D 原间距为 16,则 $7+16-34=-11$,意思是 D 要后移 11,才同其理想信号点相合,可同 A、B、C 各信号组成交互协调;如不后移,则将同 C 组成同步协调,此时 D 距 C 的理想信号点为 $7+16=23$,记入 CD 间的一列内。

D、E 原间距为 54,则 $23+54-34=43$,距理想信号间距太大(大于 34),所以再减去一个理想信号的距离,即 $43-34=9$,记入 D、E 间的一列内。

依此类推,计算至 G、H 间的一列。$a=34$ 这一行的计算结束。

以下再计算 a 列内 $a=35\sim54$ 各行,同样把计算结果记入相应的位置内。

3) 计算 b 列

仍以 $a=34$ 一行为例,将实际信号位置与理想信号的挪移量,按顺序排列(从小到大),并计算各相邻挪移量之差,将此差值之最大者记入 b 列。$a=34$ 一行的 b 值为 14。计算方法见表 10-7-2。

计算 b 列   表 10-7-2

A	B	F	C	E	D	H	G	A
0	1	3	7	9	23	24	31	34
1	2	4	2	14	1	7	3	

依此类推,计算 $a=35\sim54$ 各行之 b 值。

4) 确定最合适的理想信号位置

由表 10-7-1 中可知,当 $a=50$ 时,$b=22$ 为最大值。取 b 为最大值时,对应的 a 值,即可得 A~H 各信号到理想信号的挪移量最小,即当 $vC/2=500\text{m}$ 时,可以得到最好的系统协调效率。如图 10-7-2 所示,图上 G~F 同理想信号间的挪移量之差最大,为 22,则理想信号同 G 间的挪移量为:$\frac{a-b}{2}=\frac{50-22}{2}=14$,也即各实际信号距理想信号的挪移量最大为 14。

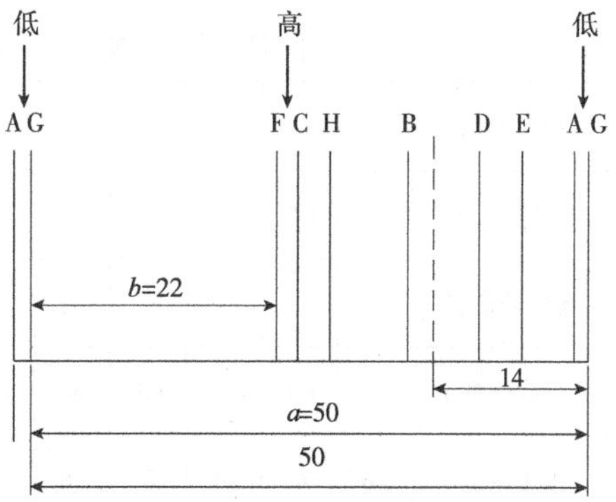

理想信号距 G 为 140m,则距 A 为 130m,即自 A 前移 130m 即为第一理想信号,然后按次每 500m 间距将各理想信号列在各实际信号间,如图 10-7-3。

图 10-7-2 理想信号位置

5) 作连续行驶通过带

在图 10-7-3 中把理想信号按次列在最靠近的实际信号下面(表 10-7-3 第二行),再把各信号(A~H)在理想信号的左、右位置填入表 10-7-3 第三行。

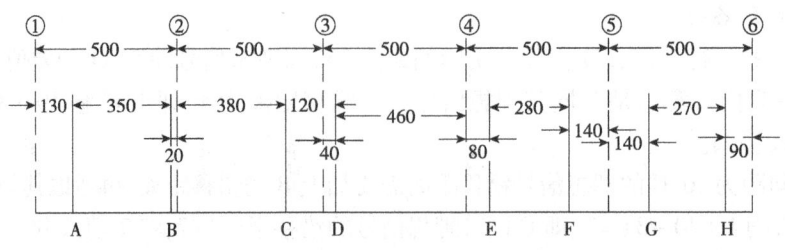

图 10-7-3 理想信号与实际信号的相对位置（单位：m）

把各交叉口信号配时计算所得的主干道绿信比（以周期的%计）列入表 10-7-3 第四行。因实际信号与理想信号位置不一致所产生的绿时损失（%计），以其位置挪移量除以理想信号的间距（即 $a=500$）表示，如 A 交叉口的绿时损失为 $130/500=26\%$，列入表 10-7-3 第五行。

将各交叉口的计算绿信比减去其绿时损失即为各交叉口的有效绿信比，列入表 10-7-3 第六行，则连续通过带的带宽为左、右两端有效绿信比最小值的平均值。表 10-7-3 中，连续通过带的带宽效率为 A 交叉口的有效绿信比 29% 与 H 交叉口的有效绿信比 32% 的平均值 30.5%。

6）求时差

从图 10-7-3 及表 10-7-3 可见，合用一个理想信号的左、右相邻实际信号间，采用同步式协调；其他各实际信号间都用交互式协调，因此，每隔一个理想信号的实际信号间便是同步式协调。此例中，则凡奇数理想信号相应的实际信号间为同步协调；而偶数理想信号相应的实际信号间为交互协调。于是，相应于奇数理想信号的实际信号的时差为 $(100\% - 0.5\lambda\%)C$；相应于偶数理想信号的实际信号的时差为 $(50\% - 0.5\lambda\%)C$。表 10-7-3 第七行为求得的时差值。

如保持原定周期时长，则系统带速须调整为：

$$v = \frac{2s}{C} = \frac{2 \times 500}{80} = 12.5 \text{m/s} = 45 \text{km/h}$$

以上计算结果，用时间—距离图示于图 10-7-4。

计 算 绿 时 差　　表 10-7-3

交叉路口	A	B	C	D	E	F	G	H
理想信号 N2	①	②	③	③	④	⑤	⑤	⑥
各信号位置	右	左	左	右	右	左	右	左
绿信比（%）	55	60	65	65	60	65	70	50
损失（%）	26	4	24	8	16	28	28	18
有效绿信比（%）	29	56	41	57	44	37	42	32
绿时差（%）	72.5	20.0	67.5	67.5	20.0	67.5	65.5	25.0

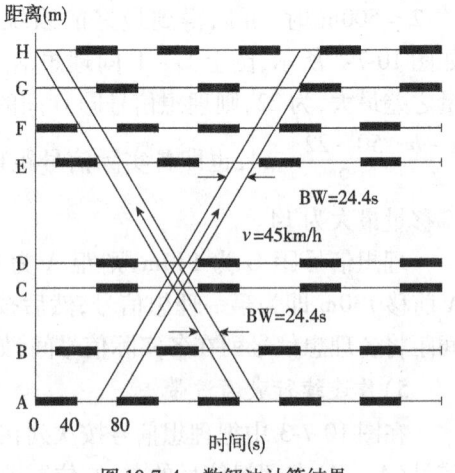

图 10-7-4 数解法计算结果

数解算法作为干道协调控制最为常用的一种数值计算方法,具有计算简洁、实现方便、可操作性强等优点。然而,该方法仍然存在一些需要改进之处。有学者对数解算法在理想信号间距取值范围的确定、通过带宽度的计算、最佳理想信号间距的选取以及各交叉口相位差的设置上存在的问题进行深入剖析,在此基础上对算法进行了一些有益的改进,取得了很好的效果[11]。

习题及思考题

1. 如习题 10-1 图所示由 A、B、C、D、E 五个路口组成的道路系统,系统周期时长为 140s,实测各相邻交叉口间车辆平均行驶时间是:$T_1 = 170s$,$T_2 = 156s$,$T_3 = 232s$,$T_4 = 183s$。试计算各路口的绝对相位差。

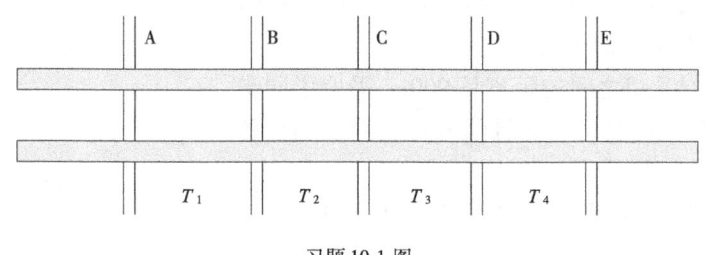

习题 10-1 图

2. 根据下面的数据(习题 10-2 表和习题 10-2 图)绘制协调控制的时空图。假定车辆的行驶速度是 15m/s,请估计绿波带宽度和协调控制的效率;分别计算向北和向南行驶的车队中,不停车通过的车辆数。

习题 10-2 表

信号交叉口	时差(s)	周期时长(s)	主次道路时间分配比例
6	16	60	50/50
5	16	60	60/40
4	28	60	60/40
3	28	60	60/40
2	24	60	50/50
1	—	60	60/40

注:表中的时差都是相邻交叉口之间的相对时差,所有的信号交叉口都是两相位。每个方向有两条车道。车头时距 h 取 1.9s/pcu。

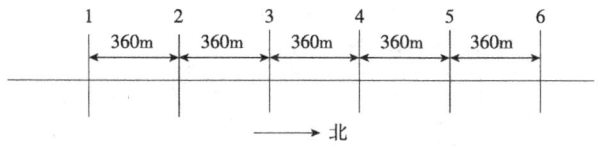

习题 10-2 图

3. 对于上题所描述的条件，根据下述假定分别进行协调控制方案的优化：

(1) 向北行驶的车流非常重要。

(2) 两个方向的车流同等重要。

(3) 车辆的行驶速度可以在 10～18m/s 的范围内变化。

4. 有一路段采取单向协调控制，长度为 450m，车队的行驶速度为 12m/s。

(1) 假定在下游信号控制交叉口没有排队车辆，请分析路段时差。

(2) 如果排队的车辆为 8 辆/车道，请分析路段时差。(注：车头时距 h 取 1.9s/pcu，启动损失时间 Loss1 取 2.0s)

5. 如习题 10-5 图所示的协调控制道路系统，周期时长为 80s，所有交叉口都采取两相位信号控制，两相位时间之比为 50:50，请分析时差 X。

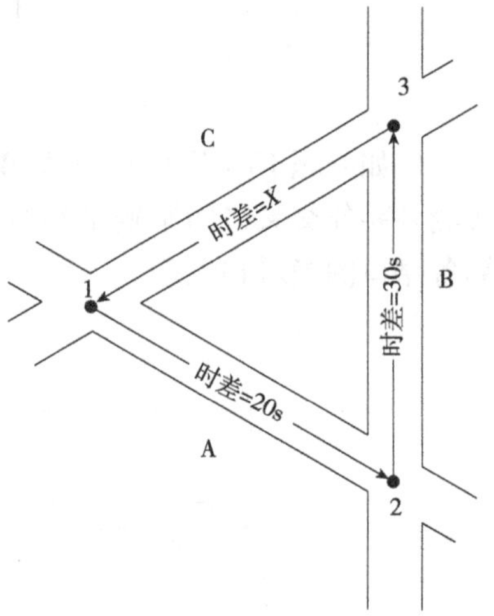

6. 两个信号交叉口之间的距离是 900m，采取了同步式协调控制，周期时间为 60s，并且信号灯在两个相位的时间分配比例为 50:50。

(1) 画出该协调控制系统的时空图，给出车辆行驶速度的建议值。

(2) 有房地产开发商准备在道路的一边修建大型的商业中心，需要在两个交叉口之间新建一个信号控制交叉口，以方便车辆进出该商业中心，请给出该交叉口的适当位置以及其相对于其他交叉口的时差，并绘制时空图。

习题 10-5 图

7. 在某城郊道路上，车辆的行驶速度为 18m/s，信号交叉口的间距是 720m，若采取协调控制，请分析所应采取的周期时长和时差。

8. 在某条主干道上有 20 个信号交叉口具有相等的间距。车辆的行驶速度是 15m/s，交叉口间距为 450m。应采取何种协调控制方式（同步式、交互式或者双重交互式）？信号周期长度应取何值？

9. 某主干道采取了协调控制，具有如习题 10-9 图所示的特征：

(1) 绘制该协调控制系统的时空图。

(2) 分析两个方向上的绿波带，用图形表示，并求出带宽。如果不存在带宽，请给予说明。

(3) 在交叉口 3 和交叉口 4 的正中间插入一个交叉口，其周期长度为 70s，两相位时间分配比例为 50:50，请推荐合适的时差。

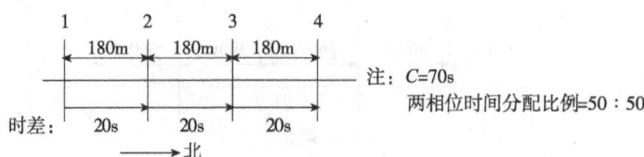

习题 10-9 图

10. 如习题10-10图所示,对相邻四个交叉口进行干道协调控制,根据交叉口的交通流信息确定了各个交叉口的周期时长分别为 $C_A = 75s, C_B = 100s, C_C = 85s, C_D = 90s$;各个交叉口干道协调相位的绿信比分别为 $\lambda_A = 0.60, \lambda_B = 0.58, \lambda_C = 0.70, \lambda_D = 0.64$。车辆在干道上的行驶速度为 $v = 10m/s$。根据已知条件运用数解法进行干道协调控制配时设计。

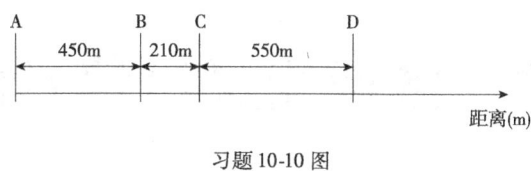

习题10-10图

本章参考文献

[1] William R. McShane, Roger P. Roess, Elena S. Prassas. Traffic Engineering[M]. Prentice Hall, 1998.
[2] 徐建闽. 交通管理与控制[M]. 北京:人民交通出版社,2007.
[3] 翟忠民. 道路交通组织优化[M]. 北京:人民交通出版社,2004.
[4] 杨佩昆,张树升. 交通管理与控制[M]. 北京:人民交通出版社,1999.
[5] 全永燊. 城市交通控制[M]. 北京:人民交通出版社,1989.
[6] 李江. 现代道路交通管理[M]. 北京:人民交通出版社,2000.
[7] 袁振洲,等. 道路交通管理与控制[M]. 北京:人民交通出版社,2007.
[8] 荆便顺. 道路交通控制工程[M]. 北京:人民交通出版社,1995.
[9] 吴兵,李晔. 交通管理与控制[M]. 4版. 北京:人民交通出版社,2009.
[10] 沈大吉. 基于交通冲突安全评价的城市干线交叉口信号协调控制研究[D]. 重庆:重庆交通大学,2010.
[11] 卢凯,徐建闽,叶瑞敏. 经典干道协调控制信号配时数解算法的改进[J]. 公路交通科技,2009.

第11章 区域交叉口信号协调控制

随着城市道路交通量的增长,路网密度的增大,交叉口之间的相关性日益明显。在一个区域或整个城市中,单个交叉口交通信号的调整往往会影响到相邻若干个交叉口交通流的运行状况,单个交叉口拥堵可能会随着时间的推移逐步波及周边数个交叉口乃至所在区域内的所有交叉口。因此,城市对交通信号控制的要求变得越来越高,以某个区域或者整个城市作为研究对象的区域信号协调控制方法也越来越受到研究人员的重视。如何从整个系统的战略角度出发,将区域内的所有交叉口以一定方式联结起来作为研究对象,同时对各个交叉口进行有效的区域信号协调控制设计,以提高整个控制区域内的交通运输效率,解决城市交通容量不足、交通拥堵与交通污染等交通问题,已成为城市交通控制的发展新要求。本章主要介绍区域信号控制的基本概念、分类、基本原理以及当前具有代表性的区域交通信号控制系统,并详细介绍它们的控制算法。

11.1 区域信号控制基本原理

11.1.1 基本概念

PPT

区域信号控制(简称面控制)系统的控制对象是城市或某个区域中所有交叉口的交通信号[1]。图11-1-1是三种基本的信号控制类型(单点、干线和区域控制)。过去交通工程师倾向于孤立的考察三种控制类型,对于把一个城市或区域范围内的各种交通信号作为一个信号控制系统来考察的概念则很少,往往把单纯的网络信号系统看成区域交通控制系统。区域信号控制系统正确的概念是:把城区内的全部交通信号的监控,作为一个指挥控制中心管理下的一个整体的控制系统,是单点信号、干线信号系统和网络信号系统的综合控制系统。

早期的区域控制系统着重于对周期、绿信比和时差等交通信号参数进行最优控制。现代的交通控制系统是多种技术的综合体,它包括车辆检测、数据采集与传输、信息处理与显示、信号控制与最优化、电视监视、交通管理与决策等多个组成部分。建立这种控制系统的好处是:

1)可整体监视和控制

整体监视和控制是使交通工程师能连续地监视和控制整个信号系统的一种概念。按此概念建立的系统,无论什么地方发生交通或设备故障,都可在较短的时间内检测出来,并且能从整个道路网上随时收集交通状态的数据。

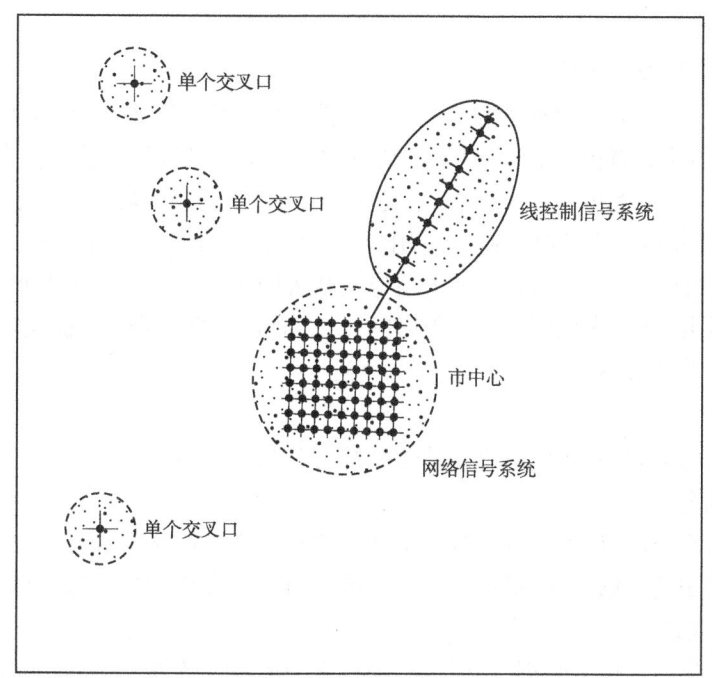

图 11-1-1　信号控制系统的类型示意图

2）可因地制宜地选用合适的控制方法

单点信号、干线信号或网络信号系统都有其有效、经济的适用条件,可根据城区各交叉口的不同情况,选用最合适的控制方法。

3）可有效、经济地使用设备

建立正确的区域交通信号控制系统概念,可按选用的各类信号合理地选用必要的设备。

区域控制系统可实施城市交通运输的策略,提高现有道路的交通效率,改善道路交通安全,节省能量消耗,减少环境污染,收集交通数据,提供交通情报,为整个社会带来综合的经济效益。实践证明,现代化的交通控制系统是缓解城市交通问题的重要措施,它具有投资省、效率高、见效快且有效范围广的优点。

11.1.2　区域控制分类

1）按控制策略分类

区域交通控制系统按其控制策略的不同基本上可分为以下两大类[2]。

(1) 定时式脱机控制系统

这种系统是利用交通流历史及现状统计数据,进行脱机优化处理,得出多时段的最优信号配时方案,存入控制器或控制计算机内,对整个区域交通实施多时段定时控制。定时控制简单、可靠且效益投资比高,但不能适应交通流的随机变化,特别是当交通流量数据过时后,控制效果明显下降,重新制订优化配时方案时,做交通调查将消耗大量的人力。

区域信号协调控制的定时式脱机操作控制系统通常需要确定的控制参数有:控制子区交叉口的公共信号周期、各交叉口各信号相位的绿信比、相邻交叉口之间的相对相位差以及控制子区的划分。

(2)适应式联机控制系统

这种系统是一种能够适应交通量变化的"自适应控制系统",也叫"动态响应控制系统",在控制区域交通网中设置检测器,实时采集交通数据并实施联机最优控制。自适应控制系统结构复杂、投资高、对设备可靠性要求高,但能较好地适应交通流的随机变化,提高控制效益。

然而,适应式联机操作控制系统在应用中的实际效果有时并不如定时式脱机操作控制系统,造成这种局面的主要原因是目前的适应式联机操作控制系统不能做到完全实时、迅速地对交通变化做出反应,优化算法的收敛时间过长,交通量的波动性与优化算法计算时延可能致使实际控制效果很不理想。

2)按控制方式分类

按控制方式的不同,交通信号自动控制系统可分为以下两大类。

(1)方案选择式

对应于不同的交通流,事先做好各类交通模型和相应的控制参数并储存在计算机内,按实时采集的实际交通数据,选取最适用的交通模型与控制参数,实施交通控制。

(2)方案形成式

根据实时采集的交通流数据,实时算出最佳交通控制参数形成信号控制配时控制方案,当场按此方案操纵信号控制机运行交通信号灯。

3)按控制结构分类

按控制结构的不同交通信号自动控制系统也可分为集中式计算机控制结构和分层式计算机控制结构:

(1)集中式计算机控制结构

利用一台中、小型计算机或多台微机连接区域内所有交叉口的路口信号控制机,在一个控制中心直接对区域内所有交叉口进行集中信号控制,其结构如图11-1-2所示。其原理、结构均较简单。

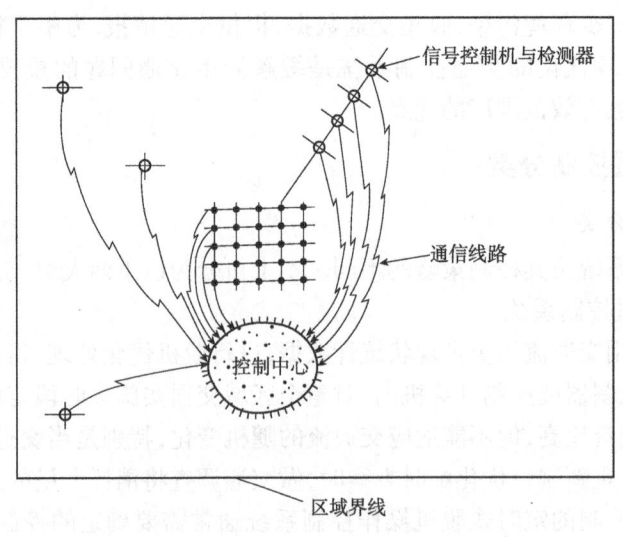

图11-1-2 集中式区域信号控制系统示意图

集中控制的优点是:
①全部控制设备位于一个中心。
②系统的研制和维护不太复杂。
③所需设备较少,维修容易。

集中控制的缺点是:大量数据的集中处理及整个系统的集中控制,需要庞大的通信传输系统和巨大的存储容量,这就极大地影响了控制的实时性,并限制了集中控制的区域范围。

当需要控制的信号数量很大,并分散在一个很大的地区内时,设计集中控制系统必须特别谨慎,要考虑以下几点:
①需要监视和控制的实时单元的数量(检测器、信号控制机及可变信息标志等)。
②对信号网和检测器收集并分配数据和指令所需通信传输线路的费用。
③可选用的控制方法和执行能力的灵活性。

(2)分层式计算机控制结构

这种结构把整个控制系统分成上层控制与下层控制,上层控制主要接受来自下层控制的决策信息,并对这些决策信息进行整体协调分析,从全系统战略目标考虑修改下层控制的决策;下层控制则根据修改后的决策方案,再作必要的调整。上层控制主要执行全系统协调优化的战略控制任务,下层控制则主要执行个别交叉口合理配时的战术控制任务。这种结构可以避免集中结构的缺点,且可有降级控制的功能,提高了系统的可靠性,但需增加设备,投资较高。分层多级控制如图11-1-3所示,它是一种三级控制结构。

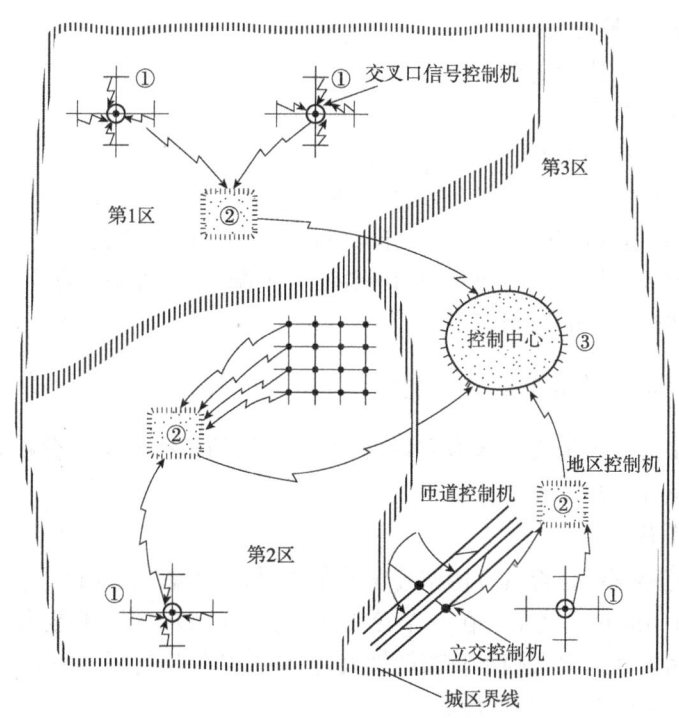

图 11-1-3 分层式区域信号控制系统示意图

①第一级:位于交叉口,由信号控制机控制,这级控制应包括下述功能:
a. 监视检测器。

b. 监视设备故障(检测器、信号灯和其他局部控制设施)。

c. 收集和汇总检测数据。

d. 有关交通流和设备性能的数据传送到第二级控制。

e. 接受上级下达的指令并按指令操作。

②第二级:位于所控制区域内的一个比较中心的地点,这级控制的功能应包括:

a. 监视从第一级控制送来的交通流和设备性能的数据并传到第三级控制中心。

b. 操纵第一级控制,决定要执行的控制类型(单点的或系统的),选择控制方法并协调第一级控制。

③第三级:位于城市内的一个合理的中心位置,应该起一种命令控制中心的作用。从这个中心能监视城市内任意信号交叉口的数据,接收、处理有关交通流条件的数据,并提供监视和显示设备。此外,控制中心能接收有关设备故障的情报,以便采取相应的措施。

多级控制的优点有以下几点:

a. 通过数据的预处理和集中传输,能减少传输费用。

b. 由于系统不依赖于一个中心控制或集中的传输机构,系统具有较高的故障保护能力(系统的一部分故障不影响其他部分),提高了系统的可靠性。

c. 能处理实时单元的容量较大(检测器、交叉口信号机等)。

d. 控制方法和执行能力比较灵活。

多级控制的缺点是:

a. 需要的设备多,投资大。

b. 现场设备的维护比较复杂。

c. 控制程序较复杂。

d. 要提供更多的控制地点。

在控制模型及算法上,当前的控制系统大部分是在正常交通条件下设计的,即在未饱和交通条件下,有的方案以降低延误、行程时间为目标,有的方案以减少停车次数为目标,有的则以提高通行能力为目标等。超饱和交通条件下的控制方案,曾是国际上的重要研究课题,目前已出现了一些超饱和的控制模型。

11.1.3 区域控制系统建立条件

建立区域网络控制系统必须从多方考虑,通过科学的可行性论证分析是否满足建立条件。一般可从以下几个角度分析。

1) 道路交通条件

在分析一个道路网络是否具备协调控制的条件时,应考虑如下因素:

(1) 交叉路口间的几何关系。在一个控制区中,交叉口的间距不能太大,通常在 600~800m 以内为宜,因为间距太大则车队离散性大,协调控制效果将明显下降。另外,交叉路口本身最好是规则的,比如十字交叉形。

(2) 交通流特性。在交叉路口之间的车队要求紧密、集中,即所谓车流是脉动的,这与车辆的种类和机动性有很大关系。比如,单一车种组成的车队离散小,容易协调控制,反之,混合车种组成的车队不易控制。

(3)交通流量的大小(级别)。如果相邻两交叉路口之间的交通流量大,则协调控制的效果明显,否则,流量很小时,控制效果将不显著。为了对一个网络进行定量分析,美国交通工程专家通过理论分析和试验研究,导出一个互联指数公式:

$$I = \frac{0.5}{1+t}\left[\frac{x \cdot q_{max}}{\sum_{i=1}^{x} q_i} - 1\right] \tag{11-1-1}$$

式中:I——互联指数;

t——车辆在两个相邻交叉路口之间的平均行驶时间,它等于该路段长除以平均车速,min;

x——上游交叉口驶出车流的转向构成数量(如驶出车流由直行、左转和右转构成,则$x=3$);

q_{max}——来自上游交叉路口的直行的交通流量(或q_i中的最大值);

$\sum_{i=1}^{x} q_i$——到达下游交叉路口的各种转向交通流总和。

由式(11-1-1)可见,$q_{max}=0$时,公式不能成立;当转弯车流量适中,交叉路口间距小时,I值大,具备协调控制的条件。反之,则不具备协调控制的条件。

作为一个研究工具,美国交通工程专家利用I值给出一个区分单点控制和协调控制的标准。我们可以通过用计算I值的方法来对一个城市或一个地区的道路交通条件进行评估,以确定是否满足进行联动控制的条件。当$I=0$时,表示完全不互联;当$I=1$时,表示互联最合理。一般当$I<0.3$时,不必互联;当$I>0.4$时,互联可取得较好效果。I在0.3~0.4时为模糊区。

2)技术条件

现代区域网络控制系统均集电子计算机、现代通信、控制技术于一体,技术复杂,设备众多。因此,拥有一支训练有素的技术队伍非常必要。如果缺乏良好的技术条件,系统的控制效果有可能发生"蜕变"。随着客观条件的变换,系统硬件、软件参数、控制参数应不断加以调整和更新。

区域网络控制系统的建立过程也是人才培养的过程。但是,在建立系统之前,首先必须有足够的技术骨干与管理力量,以便开展诸如可行性论证、系统选择设计、技术谈判等一系列工作。

3)经济条件

应当说这是首要的条件。要根据可能的经费和现有的交通设施条件,比如已有的控制器和通信设备是否可以为系统所使用,交叉路口改造难度是否很大等。所有这些都要在财力允许范围内按轻重缓急做出计划,分期分批地实施。切忌不顾主客观条件盲目实施,结果可能达不到预期的效果,产生不必要的浪费。

4)社会条件

这里是指一个城市是否具有一定的使用交通信号的历史,市民能否比较自觉地遵守交通法规。

这一点往往为人们所忽略,但它确是影响控制系统效益的很重要的因素。因为除了道路条件外,交通参与者的素质是影响系统环境质量的重要因素,比如,一个交叉路口在没有经过一定时间的单点控制时,不宜急于纳入网络系统控制。因为道路使用者有一个熟悉交通信号的过程和养成出行习惯的过程。

11.2 典型定时式脱机控制系统——TRANSYT系统

定时式脱机优化的区域协调控制系统,是根据交通网络的历史数据,应用计算机建模、优化与仿真技术,生成交通网络的固定信号配时方案。对于每个确定的交通网络配时方案,所有交叉口都将执行系统长度的信号周期,每个交叉口的各个信号相位都分配有各自固定的绿灯时间,每对相邻交叉口之间的相对相位差也将保持不变。

PPT

11.2.1 TRANSYT系统简介

TRANSYT系统是一种定时式脱机优化的区域协调控制系统,全称是 Traffic Network Study Tools。这一方法最初是由英国道路交通研究所(TRRL)于1966提出[3]的脱机优化网络信号配时的程序。TRANSYT问世以来,随着交通工程的实践,得到了不断的改进和完善,是目前世界各国流传最广,普遍应用的一种协调配时方法。除 TRANSYT 之外,还有其他一些广泛应用的版本如 TRANSYT7、TRANSYT – GN 等,这些都是由 TRANSYT 的某一版本经过修改而派生出来的。它用来确定城市交通运行指标(performance index)最小的信号网络的最佳绿信比和相位差。运行指标是用户指定的延误和停车次数的线性组合。

TRANSYT系统主要由两大部分构成,其一是交通仿真模型,用来模拟在信号控制交通网上的车辆行驶状况,以便计算在一组给定的信号配时方案作用下网络的运行指标,在模拟车流运动时,既考虑了在某些按优先规则通行的交叉口等候通行车流与享有优先通行权车流之间的相互关系,又考虑了在路段上行驶的车流中前后车辆之间的相互影响;其二是优化算法,通常采用"爬山法",使得整个配时方案的寻优计算时间相对较短,优化过程具有较好的收敛性。其基本原理如图11-2-1所示。

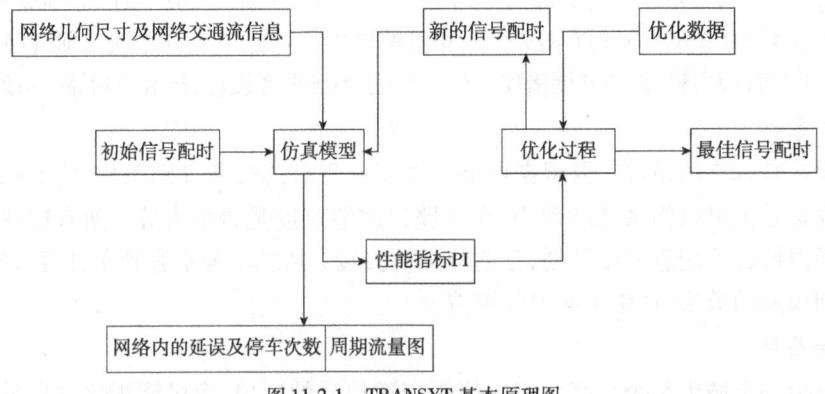

图 11-2-1　TRANSYT 基本原理图

11.2.2 交通仿真模型

建立交通仿真模型,其目的是用数学方法模拟车流在道路系统上的运行状况,研究路网配时参数的改变对车流运动的影响,以便客观的评价任意一组路网配时方案的优劣。为此,交通仿真应当能够对不同的配时方案控制下的车流运动参数(延误时间、停车率、燃油消耗量等)做出可靠的预测,以便客观地评价任意一组配时方案的优劣。

TRANSYT 所采用的交通仿真模型有四个假定条件。

(1)路网中全部路口交通信号均按共同的周期长度运行,或某些路口的交通信号按半周期运行,并且已经知道各信号灯交叉口的信号阶段划分情况及最小绿灯时间等详细数据。

(2)路网中所有主要交叉口都有交通信号灯或让路规则控制。

(3)路网中各车流在某一确定时间段内的平均车流量为已知,且维持恒定。

(4)每一交叉口的转弯车辆所占的百分数为已知,并且在某一确定时间段内维持恒定。

系统首先将网络的几何尺寸、交通流信息及交通信号控制参数送入系统的仿真部分,然后通过仿真得出系统的性能指标,即 PI(Performance Index)值作为优化控制参数的目标函数。下面就 TRANSYT 仿真模型的几个主要环节作些简要说明。

1)交通网络结构图示

TRANSYT 把一个复杂的交通网简化成适用于数学计算的图示,这个图示由"节点"和"节点"之间的"连线"组成。在交通网结构图上,一个"节点"代表一个由信号灯控制的交叉口;一条"连线"表示一股驶向下游"节点"的单向车流。"连线"切不可与"车道"混为一谈,一条"连线"可以代表一条或几条车道上的车流,而一个进口道上的几条车道则可用一条或数条"连线"表示。

在"连线"的划分方法方面,一般凡是可能在交叉口停车线右面单独形成不可忽视的等候车队的车流,均应以一条单独的"连线"表示。相反,对于某些排队长度微不足道的次要车流,则不一定要用单独的"连线"表示。但是,有专用保护相位的左转车流,为了把它与直行车流区分开,则要为这种左转车流单独设一条"连线"。如果几条不同车道上的车流到达停车线,并以差不多同等比例加入同一行等候车队中,而且这几条车道上的车流均属同一信号相位,就可以只用一条"连线"来代表这几条车道上的所有车流。

网络结构图上应标出所有节点和连线的编号,并以折算小客车为单位标出平均小时交通量以及转弯交通量的大小。

为了具体说明上述简化原则,如图 11-2-2 给出了一个简单路网的实例。在路网结构图上,不但标出所有节点和连线编号,还可以折算小客车为单位标出平均小时交通量以及转弯交通量的大小。

图 11-2-2a)表示一个简单的交通网络图,其中,从上游到交叉口 1、2、3 的流量分别是 600pcu/h、700pcu/h、700pcu/h,并且每个交叉口的转向流量都可以通过调查得出。根据上面所介绍的方法,根据各道路的车道数及其功能划分,对其进行简化,例如,用带箭头的直线代表节点之间的"连线",由节点 1 流向节点 2 的交通量为 400pcu/h,其中左转交通量为 50pcu/h,直行交通量为 350pcu/h,依此类推,结果得到便于数学计算的交通网络结构图,如图 11-2-2b)所示。

2)周期流量变化图示

周期流量变化图示是一种描述交通量在一个周期内随时间变化的图示(纵坐标表示交通量,横坐标表示时间,以一个周期时长为限),如图 11-2-3 所示。为了计算方便,通常将一个信号周期等分成若干时段,每个时段为 1~3s。在 TRANSYT 交通模型里,所有计算过程的基本数据均为每个时段内的平均交通量、转弯交通量及该时段的排队长度。图 11-2-3 可由 TRANSYT 程序计算得到,并作为一项输出内容打印出来。在 TRANSYT 的所有计算分析中,均以上述这种周期流量图示为依据。

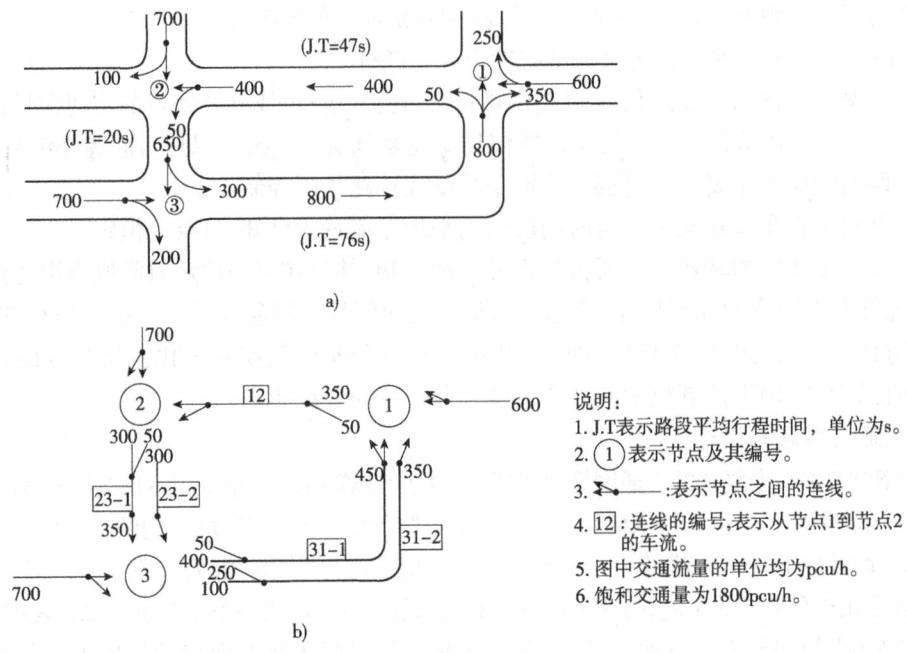

图 11-2-2 路网结构计算简图实例

需要指出,在 TRANSYT 中,周期交通量图示虽然仍以周期的等时段为单位,但配时优选则以"1s"为单位。其优点在于一方面提高了配时优选的精度;另一方面能节省计算机的 CPU 时间。有时在配时优选中,所得到的有效绿灯时间长度不是周期等分时段的整倍数,在这种情况下,TRANSYT 便按时间比例取用图 11-2-3 中相应部分的交通量值。

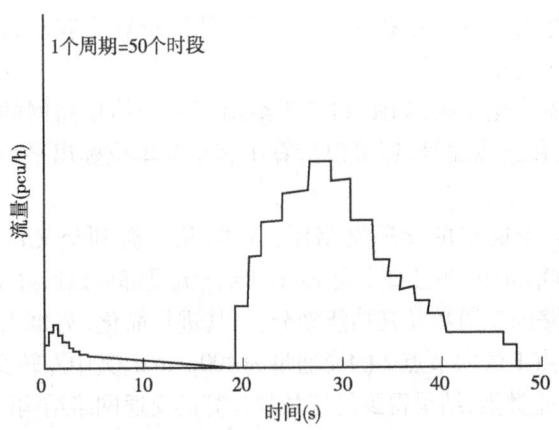

图 11-2-3 周期流量变化图式

3) 车流在连线上运行状况的模拟

为描述车流在一条连线上运行的全过程,TRANSYT 使用了如下三种周期流量图示,即:

(1) 到达流量图示(简称"到达"图示):这一图示表示车流在不受阻滞的情况下,到达下游停车线的到达率变化情况。

(2) 驶出流量图示(简称"驶出"图示):这一图示描述了车流离开下游交叉口时的实际流量的变化情况。

(3)饱和驶出图示(简称"满流"图示):"满流"图示实际上是一种以饱和流率驶离停车线的流量图示。只有在绿灯期间通过的车流处于饱和状态时才会有这种图示出现。

某一连线的"到达"图示直接取决于上游连线的"驶出"图示。在确定一条连线的车流"到达"图示时,不能忽略车流运行过程中的车队离散特性,离散特性可用离散平滑系数 F 表示。TRANSYT 采用的离散平滑系数 F 的计算公式如下:

$$F = \frac{a}{1+bt}$$
$$t = 0.8T \tag{11-2-1}$$

式中:F——离散系数;
  T——车队在连线上行驶时的平均行程时间,s;
  a、b——曲线拟合参数。

把上游连线"驶出"图示上的每一坐标值乘以 F 即可得到下游停车线的"到达"图示。综上所述,不难推算出第 i 个时段内,被阻于停车线的车辆数如下:

$$m_i = \max[(m_{i-1} + q_i - S_i), 0] \tag{11-2-2}$$

式中:m_i——在第 i 个时段内被阻于停车线的车辆数,辆;
  q_i——在第 i 个时段内到达的车辆数,由"到达"图示求得,辆;
  S_i——在第 i 个时段内放行的车辆数,由"饱和"图示求得,辆;
  m_{i-1}——在第 $i-1$ 个时段内被阻于停车线的车辆数,辆。

于是由式(11-2-2)便可求得在第 i 个时段内驶离连线的车辆数:

$$n_i = m_{i-1} + q_i - m_i \tag{11-2-3}$$

式中:n_i——在第 i 个时段内驶离连线的车辆数,辆。

由 n_i 值便可建立起连线的"驶出"图示,并由此推算下游连线的"到达""满流"和"驶出"图示,依此类推。

4)车辆延误时间和停车次数的计算

TRANSYT 计算的车辆延误时间是均匀到达延误、随机延误和超饱和延误之和。平均到达延误是当某一连线上平均驶入的交通量低于该连线的设计通行能力时,车流受红灯阻滞而延迟的时间。随机延误是由于到达停车线的车流不均衡造成的附加延迟时间。超饱和延误是在交通网络中某些连线上,由于车辆到达数超过交叉口的通行能力,在停车线后面的车辆排队随时间增长造成的延误时间。TRANSYT 计算的停车次数,也是分成均匀到达停车次数、随机停车次数和超饱和停车次数三部分。其中均匀到达延误和均匀到达停车次数可由流量周期变化图式分别求出,随机延误与超饱和延误、随机延误与超饱和停车次数则利用相应的计算公式获取。

5)优化目标函数 PI 的建立

在早期的协调配时方法中,基本采用单目标函数作为系统优化的标准。其中,车辆总延误时间作为目标函数使用得最为广泛。之后的许多学者发现,延误时间、停车次数与燃油消耗量之间相关性的规律,进而改进了综合目标函数的表达。如在 TRANSYT8 中,以直接运营费用(以英镑为单位),将目标函数表达为:

$$\text{PI} = \sum_{i=1}^{N} \left(W \cdot \omega_i \cdot d_i + \frac{K}{100} \cdot k_i \cdot s_i \right) \tag{11-2-4}$$

式中：PI——综合目标函数；
  W——每辆车延误 1h 所相当的经济损失值；
  ω_i——第 i 条连线上车辆延误时间的加权系数；
  d_i——第 i 条连线上车辆总延误时间；
  K——每 100 次停车所相当的经济损失值；
  k_i——第 i 条连线上车辆停车次数的加权系数；
  s_i——第 i 条连线上全部车辆完全停车次数总和；
  N——"连线"总数目。

式(11-2-4)的综合目标函数，不仅同时计入延误时间和停车次数两次不同的目标参量，而且还给每项赋予一个"加权系数"。这样，制订控制方案时，可以根据不同的路段在不同时间所具有的交通特点，分别给予不同的 ω_i 和 k_i 值，以着重限制这两个参量中的某一个，从而提高路网控制的灵活性。例如：在早高峰时间，对某些饱和度较高的交叉口，应以减少排队长度为主要控制目标，其余目标参量（停车次数、耗油量等）则是第二位的。相反，在非高峰时间，则应争取城市主要干道上车辆行驶的最佳连续性，即以减少停车次数和节省燃油消耗作为控制的主要目标。

每个城市有各自的交通特点，即使在同一个城市里，不同地段和不同时间的交通状况也可能千差万别，在确定配时方案时，需要因地制宜选取不同的目标函数作为主要优选目标。从这个意义上讲，综合目标函数比起单项目标函数能更好地符合客观实际需要。从当前发展趋势来看，作为控制方案的优选目标函数将朝着进一步"多元化"的方向发展，例如：有的学者建议应当将交叉口拥挤堵塞程度，直接作为一项目标参量纳入目标函数。因为拥挤是一个相对参量，比起排队长度或延误绝对值来说，更能反映客观实际对控制对策的要求。

11.2.3 优化的原理和方法

将交通信息和初始配时参数作为原始数据，TRANSYT 将仿真所得到的性能指标（PI）送入优化程序，作为优化的目标函数；用"爬山法"优化，产生较之初始配时更为优越的新的信号配时；把新信号配时再送入仿真部分，反复迭代，最后取得 PI 值达到最小标准时的系统最佳配时。"爬山法"优化计算原理如图 11-2-4 所示。

TRANSYT 优化过程的主要环节包括：绿时差的优选、绿灯时间的优选、控制子区的划分及信号周期时间的选择四部分。下面对这几个环节作简要说明。

1) 所需已知数据

使用 TRANSYT 方法进行优化设计时，设计者需要已知如下基本输入数据：路网几何尺寸、交通流量数据与经济损失折算当量。路网几何尺寸主要包括信号交叉口数目、路段长度、车道划分情况以及车道宽度等；交通流量数据包括每条进入协调控制区域道路上的交通流量、车道分流情况以及车流离散特性等；经济损失折算当量包括单位延误时间的损失费用指标、"百次标准完全停车"相当的损失费用指标以及车辆在不同行驶状态下的油耗指标。

TRANSYT 的优化算法需要设计者事先为之提供一套初始信号配时方案。初始信号配时方案既可以由设计者自行拟定，也可以由 TRANSYT 自身提供。TRANSYT 可以为所有交叉口的各信号相位自动选择一个初始绿灯时间，使得各股关键车流具有相等的饱和度，从而建立起一个"等饱和度"的初始信号配时方案。

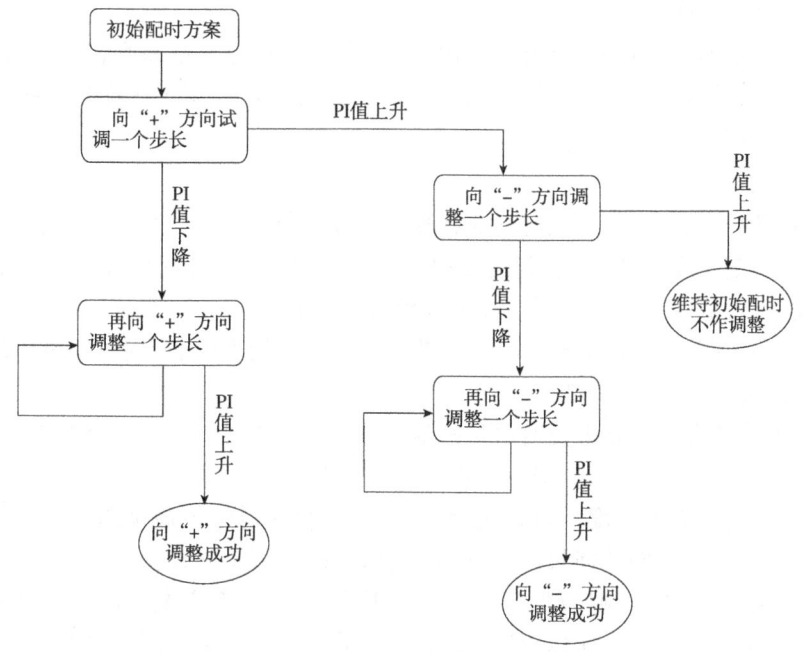

图 11-2-4　TRANSYT 优化算法"爬山法"计算流程图

2) 绿时差(相位差)的优化

在初始配时方案的绿时差(相位差)的基础上,以适当的步距调整交通网上某一个交叉口的绿时差(相位差),计算性能指标 PI。若这次求出的 PI 值小于初始方案的 PI 值,说明这种调整方向是正确的,还应当以同样的步距沿同一方向(指正与负而言)对该交叉口的绿时差(相位差)作连续调整,直至获得最小的 PI 值为止。反之,假若第一次调整的 PI 值比初始方案所对应的 PI 值大,则应朝相反方向调整绿时差(相位差),直至取得最小 PI 值为止。

按上述步骤,完成了一个交叉口的绿时差(相位差)调整之后,依次对所有其他交叉口作同样的调整。对所有交叉口的绿时差(相位差)依次调整一遍以后,还要回头来再从第一个交叉口开始依次对所有交叉口进行第二遍调整。如此反复多遍,直至求得最后的理想方案(PI 值最小)。

3) 绿灯时间的优选

TRANSYT 同样也可以对各信号相位的绿灯时间进行优化调整。做法是不等量地更改一个或几个乃至全体信号相位的绿灯长度,以期降低整个交通网的性能指标 PI 值。但在对绿灯时间作上述调整时,不允许任何一个信号相位调整后的绿灯时间短于规定的最短绿灯时间。

4) 控制子区的划分

一个范围较大的交通网络,在实行信号联网协调控制时,往往要分成若干个相对独立的部分,每一个部分可以有自己独特的控制对策,各自执行适合本区交通特点的控制方案。这样的独立控制部分称为控制子区。

在一个实际网络中,一方面各个部分交通状况存在较明显的差异,不宜整齐划一地执行同一种信号配时方案;另一方面,确实存在一些不必实行协调控制的连线。于是,在实际工作中,就往往以这些不宜协调的连线作为划分控制子区边界的参考依据,即子区边界点基本上均匀分布在这些连线上。

设计者需要根据子区划分原则,即距离原则、周期原则与流量原则,事先将范围较大的整个控制区域划分为若干个相对独立的控制子区,以便各个控制子区能各自执行适合于其交通特点的协调控制方案。

5) 信号周期时间的选择

TRANSYT 的优化过程虽不能通过随意改变信号周期时长进行优化,但设计者可以事先给出一组信号周期长度取值,然后利用 TRANSYT 计算不同信号周期长度取值下的性能指标,通过比较分析,从这一组信号周期长度取值选取出最佳信号周期时长。同时,TRANSYT 可以自动地为交通网各子区选择一个 PI 最低的共用信号周期时长,同时还可以确定哪几部分哪几个交叉口应当采用双周期。

TRANSYT 是最成功的静态交通信号控制系统,它被世界上 400 多个城市所采用,证明其产生的社会经济效益很显著。但也存在着许多不足:第一,计算量很大,在大城市中这一问题尤为突出;第二,周期长度不进行优化,事实上很难获得整体最优的配时方案;第三,因其离线优化,需大量的路网几何尺寸和交通流数据,在城市发展较快时,为保证可信度往往不得不花费大量时间、人力、财力重新采集数据再优化,制订新方案。但由于这种系统不需大量设备、投资低、容易实施,所以交通增长已趋稳定的地区,还是比较适用这种系统。

➡ 11.3 典型方案选择式区域协调控制系统——SCATS 系统

鉴于定时式脱机控制系统优化算法存在配时方案容易"老化"、控制对策缺乏灵活性、无实时交通信息反馈等弊端,人们开始着手研究能够根据实时交通状况、自动获取优化配时参数的区域信号实时优化算法。英国、美国、澳大利亚、日本等国家做了大量的研究和实践,用不同的方式建立了各有特色的自适应控制系统。归纳起来就是方案选择式与方案生成式两类。其中:方
案选择式以 SCATS 为代表,方案生成式则以 SCOOT 为代表。本节重点介绍方案选择式控制系统。

11.3.1 方案选择式控制系统的基本原理

方案选择式控制系统的控制参数是根据车辆检测器测量得到的交通状态来选择的。

1) 交通要求

通过在控制区内安装的车辆检测器来测量交通流量和占有率,以这两个参数的加权和来代表所测量的交通状态或交通要求。

$$M = \alpha \cdot q + \beta \cdot O \tag{11-3-1}$$

式中:M——交通要求;

q——交通流量;

O——占有率;

α、β——加权系数。

应注意的问题是交通结构并非总是固定的。对我国城市而言,交通流量由小汽车、公共电汽车、载货车、铰接车、自行车等多种交通成分组成。因此,单个车种的百分比必须以采样率为基础来计算,然后才能得出小客车当量(PCU)表示的等效交通流量。

占有率是另一项重要数据。它代表车辆通过检测器的时间。如果车辆快速通过检测区域,占有率就小,因为它们所需时间少,反之亦然。应当注意,靠近交叉路口的车速是比较低的,且不稳定,而在离交叉路口较远的地方车速较高也较稳定,因此,占有率的大小与检测器和停止线之间的距离有密切关系。

2)方案的参数选择

以交通要求为主要依据,方案选择式控制系统可对信号周期、绿信比、相位差(或其中某个参数)进行控制参数的选择。其基本原理如下所述:

(1)为每个子区单元先选择一个信号周期

预先将交通要求分成若干个等级,每个等级对应一个信号周期。在临界交叉路口根据实测的动态的交通要求,即每个相位的交通要求之和(每个相位交通要求取两股相对交通流中的最大的交通要求)来选择信号周期。当在每个子区单元的临界交叉路口检测出有交通阻塞发生时,周期的选择方法则有所不同,它是根据由阻塞检测器所测量的阻塞水平所构成的直角坐标来决定周期长的。

如果几个相邻子区单元之间周期的差值小于预先确定的某个值时,那么它们就结合在一起,形成一个新的子区,并以其中较大的周期为共用周期。反之则进行子区的拆分。

(2)为每个子区单元选择一个绿信比参数

每个子区单元预先存储若干个绿信比参数(优先绿信比、半优先绿信比、标准绿信比、轻交通绿信比等)。按照车流是否阻滞可分为两种选择方案:

①在一个直角坐标系中,假定其中一个轴代表一个交叉路口的南北向交通要求,另一个轴代表东西向交通要求。根据实测交通要求在直角坐标系中选出预先存储的绿信比参数(图11-3-1)。

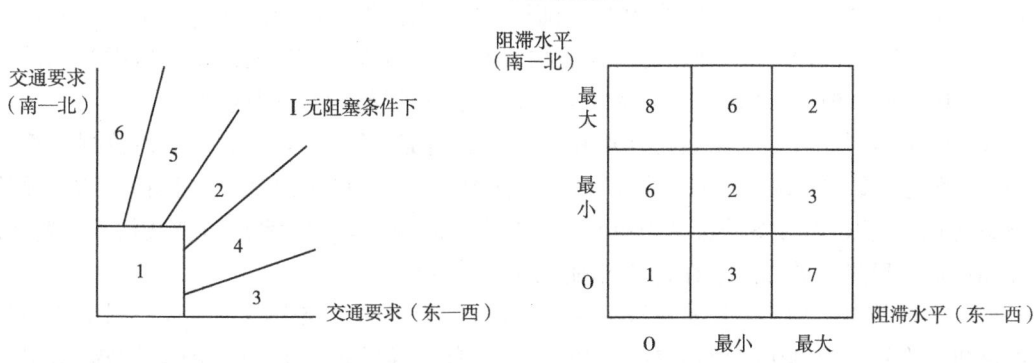

图 11-3-1　绿信比图形选择逻辑

1-轻交通的绿信比图形;2-典型的绿信比图形;4、5-具有轻度优先的绿信比图形;3、6-具有显著优先的绿信比图形;7、8-具有非常显著优化的绿信比图形

②当在临界交叉路口检测出交通阻塞时,其绿信比选择方法类似于周期的选择方法。

(3) 为每个子区单元选择一个相对相位参数(每个子区单元被分成若干个相位差单元,其中包括若干连线)。

每个相位差单元有若干个相位差参数,这些参数根据周期长度分成3组:第一组是轻交通要求,其他两组各有三个参数,即入境优先相位差、出境优先相位差和均衡相位差。

首先,根据子区周期长选择这三组中的一组,其次在每组的三个参数中确定一个,其根据是入境交通要求与出境交通要求的比(图 11-3-2)。

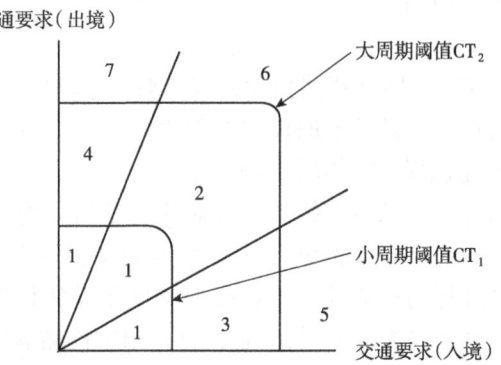

图 11-3-2　相位差图形选择逻辑

1-轻交通的相位图形;2、6-均衡相位差图形;3、5-给予入境交通以优先的相位差图形;4、7-给予出境交通以优先的相位差图形;2、3、4-当周期大于 CT_1,而小于 CT_2 时,应选的相位差图形;5、6、7-当周期大于 CT_2 时应选的相位差图形

例如,如果入境交通要求大于出境交通要求,则选择相位差3或者5;反之,如果出境交通要求大于入境交通要求,则选择相位差4、7;当出入境交通要求无明显差别时则选择2或者6。

11.3.2　SCATS 系统简介

SCATS(Sydney Coordinated Adaptive Traffic System)系统是一种实时自适应控制系统,由澳大利亚开发。20世纪70年代开始研究,随后80年代初投入使用。SCATS 系统[4]的最大特点在于,没有使用模拟实时交通流运行的数学模型,但却有一套以实时交通数据为基础的算法,利用一组简单的代数表达式来描述当前路网的交通调整和运行规律。

SCATS 系统是由实时交通数据计算和优化选择两部分组成,其中实时交通数据计算主要包括"类饱和度"与"综合流量"的计算,优化选择则主要包括公共信号周期的计算、绿信比方案的选择、相位差方案的选择与控制子区的合并问题。SCATS 系统对公共信号周期、绿信比和相位差所进行的优选过程是各自独立的。

SCATS 的控制结构为分层式三级控制,三级控制为中央监控中心→地区控制中心→信号控制机。在地区控制中心对信号控制机实行控制时,通常将每 1~10 个信号控制机组合为一个"子系统",若干子系统组合为一个相对独立的系统。系统之间基本上互不相干,而系统内部各子系统之间,存在一定的协调关系。随交通状况的实时变化,子系统既可以合并,也可以重新分开。三项基本配时参数的选择,都以子系统为核算单位。其系统结构如图 11-3-3所示。

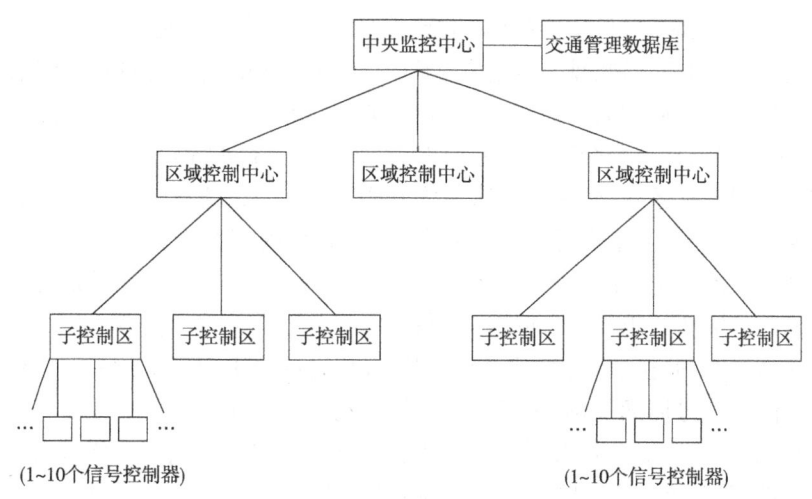

图 11-3-3 SCATS 系统的控制结构层次示意图

中央监控中心除了对整个控制系统运行状况及各项设备工作状态作集中监视以外,还有专门用于系统数据管理库的计算机。对所有各地区控制中心的各项数据以及每一台信号控制机的运行参数作动态储存(不断更新的动态数据库形式)。交通工程师不仅可以利用这些数据做系统开发工作,而且全部开发与设计工作都可以在该机上完成(脱机工作方式)。

SCATS 在实行对若干子系统的整体协调控制的同时,也允许每个交叉口"各自为政"地实行车辆感应控制,前者称为"战略控制",后者称为"战术控制"。战略控制与战术控制的有机结合,大大提高了系统本身的控制效率。SCATS 正是利用了设置在停止线附近的车辆检测装置,才能做到有效、灵活。所以,实际上 SCATS 是一种用感应控制对配时方案可作局部调整的方案选择系统。

11.3.3 SCATS 系统优化方法

下面简要介绍 SCATS 优选配时方案的各主要环节。

1) 子系统的划分与合并

SCATS 对子系统的划分,由交通工程师根据交通流量的历史及现状数据与交通网的环境、几何条件予以判定,所定的子系统就作为控制系统的基本单位。在优选配时参数的过程中,SCATS 用"合并指数"来判断相邻子系统是否需要合并。在每一信号周期内,都要进行一次"合并指数"的计算,相邻两子系统各自要求的信号周期时长相差不超过 9s 时,则"合并指数"累积值为(+1),反之为(-1)。若"合并指数"的累积值达到"4",则认为这两个子系统已经达到合并的"标准"。合并后的子系统,在必要时还可以自动重新分开为原先的两个子系统,只要"合并指数"累积值下降至零。

子系统合并之后,新子系统的信号周期时长,将采用原先两个子系统所执行的信号周期时长中较长的一个,而且原先两个子系统中的另一个随即放慢或加快其信号周期的增长速度,直到这两个子系统的"外部"绿时差方案得到实现为止。

2) SCATS 配时参数优选算法

SCATS 以 1~10 个交叉口组成的子系统作为基本控制单位。在所有交叉口的每一进口道上,都设置车辆检测装置,传感器(例如电感线圈)分设于每条车道停止线后面。根据车辆检测装置所提供的实时交通数据和停止线断面在绿灯期间的实际通过量,算法系统选择子系统内各交叉口的共用周期时长、各交叉口的绿信比及绿时差。考虑到相邻子系统有合并的可能,也需为它们选择一个合适绿时差(即所谓子系统外部的绿时差)。

作为实时方案选择系统,SCATS要求事先利用脱机计算的方式,为每个交叉口拟订四个可供选用的绿信比方案、五个内部绿时差方案(指子系统内部各交叉口之间相对的绿时差)以及五个外部绿时差方案(指相邻子系统之间的绿时差)。信号周期和绿信比的实时选择,是以子系统的整体需要为出发点,即根据子系统内的关键交叉口的需要确定共用周期时长。交叉口的相应绿灯时间,按照各相位饱和度相等或接近的原则,确定每一相位绿灯占信号周期的百分比。随着信号周期的调整,各相位绿灯时间也随之变化。

SCATS把信号周期、绿信比及绿时差作为各自独立的参数分别进行优选,优选过程所使用的算法以所谓"类饱和度"及"综合流量"为主要依据。

(1) 类饱和度

SCATS所使用的"类饱和度"(DS),是指被车流有效利用的绿灯时间与绿灯显示时间之比。DS和g'分别如式(11-3-2)和式(11-3-3):

$$\mathrm{DS} = \frac{g'}{g} \tag{11-3-2}$$

$$g' = g - (I_N - t \cdot h) \tag{11-3-3}$$

式中:DS——类饱和度;

g——可供车辆通行的显示绿灯时间总和,s;

g'——被车辆有效利用的绿灯时间,s;

I_N——绿灯期间,停止线上无车通过(即出现空当)的时间,s;

t——车流正常驶过停止线断面时,前后两辆车之间不可少的一个空当时间,s;

h——必不可少的空当个数。

参数 g、I_N 及 h 可以直接由系统提供。

(2) 综合流量

为避免采用与车辆种类(车身长度)直接相关的参量来表示车流流量,SCATS引入了一个虚拟的参量"综合流量"来反映通过停止线的混合车流的数量。综合流量 q' 是指一次绿灯期间通过停止线的车辆折算当量,它由直接测定的类饱和度 DS 及绿灯期间实际出现过的最大流率 S 来确定,见式(11-3-4)。

$$q' = \frac{\mathrm{DS} \times g \times S}{3600} \tag{11-3-4}$$

式中:q'——综合流量,辆;

S——最大流率,辆/h。

其余符号意义同前。

(3) 信号周期时长的选择

信号周期时长的选择以子系统为基础,即在一个子系统内,根据其中类饱和度最高的交叉口来确定整个子系统应当采用的周期时长。SCATS在每一交叉口的每条进口车道上都设有车辆检测器,由前一周期内,各检测器直接测定出的 DS 值中取出最大的一个,并据此定出下一周期内应当采用的周期长度。

为了维持交叉口信号控制的连续性,信号周期的调整采取连续小步距方式,即一个新的信号周期与前一周期相比,其长度变化限制在 ±6s 之内。

对每一子系统范围,SCATS 要求事先规定信号周期变化的四个限值,即信号周期最小值 C_{min},信号周期最大值 C_{max},能取得子系统范围内双向车流行驶具有较好连续性的中等信号周期时长 C_s 以及略长于 C_s 的信号周期 C_x。在一般情况下,信号周期的选择范围只限于 C_{max} 与 C_s 之间,只有当关键位置上的车辆检测器所检测到的车流到达量低于预定限值时,才采用小于 C_s 乃至 C_{min} 的信号周期值。大于 C_x 的信号周期值是要由所谓关键进口车道上的检测数据(DS 值)来决定选用的。这些关键车道是类饱和度明显高于其他车道,需要较多绿灯放行时间,因而需要从信号周期的加长得到"优惠"的那些车道。

(4) 绿信比方案的选择

在 SCATS 中,绿信比方案的选择也以子系统为基本单位。事先为每一交叉口都准备了四个绿信比方案供实时选择使用。这四个方案分别针对交叉口在可能出现的四种负荷情况下,各相位绿灯时间占信号周期长度的比例值(通常表示为百分数)。每一绿信比方案中,不仅规定各相位绿灯时间,同时还要规定各相位绿灯出现的先后次序,不同的绿信比方案中,信号相位的次序也可能是不相同的。这就是说,在 SCATS 中,交叉口信号相位的次序是可变的。

在 SCATS 的绿信比方案中,还为局部战术控制(即单个交叉口车辆感应控制方式)提供多种选择的灵活性。受车流到达率波动影响,某些相位按既定绿信比方案享有的绿灯时间可能有富余,而另外一些相位分配的绿灯时间又可能不足。因此,在不加长和缩减信号周期时长的情况下,有可能也有必要对各相位绿灯时间随实时交通负荷变化作合理的余缺调剂。这就要求在绿信比方案中对可能采用的调剂方式做出具体规定。在某些交叉口,可能有些相位的绿灯时间不宜接受车辆感应控制的要求而缩短,那么也要在方案中特别注意这些相位的绿灯时间只能加长不能缩短。

绿信比方案的选择,在每一信号周期内都要进行一次,其大致过程如下:在每一信号周期内,都要对四种绿信比方案进行对比,对它们的"入选"进行"投票"。若在连续三个周期内某一方案两次"中选",则该方案即被选择作为下一周期的执行方案。在一个进口道上,仅仅把类饱和度 DS 值最高的车道作为绿信比选择的考虑对象。

绿信比方案的选择与信号周期的调整交错进行。二者结合起来,对各相位绿灯时间不断调整的结果,使各相位类饱和度 DS 维持大致相等的水平,就是"等饱和度"原则。

(5) 绿时差方案的选择

在 SCATS 中,内部、外部两类时差方案都要事先确定,并储存于中央控制计算机中。每一类包含五种不同的方案。每个信号周期都要对绿时差进行实时选择,其具体步骤如下:

五种方案中的第一方案,仅仅用于信号周期时长恰好等于 C_{min} 的情况;第二方案,则仅用于信号周期满足 $C_s < C < C_s + 10$ 的情况;余下的三个方案,则根据实时检测到的"综合流量"值进行选择。连续五个周期内,有四次当选的方案,即被选为付诸执行的方案。对于每一有关的进口道,都要分别计算出执行三种绿时差方案(第三、四、五方案)时该进口道能够

放行的车流量及类饱和度。实际上,这与最宽通过带方法相似,SCATS 是对比上述三种方案所能提供给每一条进口道的通过带宽度。当然,所能提供的通过带宽度越大,说明这一方案的优越性越明显。

"外部"绿时差方案,也采用与"内部"方案相同的方法选择。

11.4 典型方案生成式区域协调控制系统——SCOOT 系统

本节以 SCOOT 为例,重点介绍自适应控制系统的另一种形式——方案生成式控制系统。

11.4.1 SCOOT 控制系统简介

PPT

SCOOT(Split,Cycle and Offset Optimization Technique)即绿信比—周期—相位差优化技术,是由英国运输研究所(Transport Research Laboratory,TRL;20 世纪 90 年代 TRRL 改名为 TRL)在 TRANSYT 基础上研制的自适应控制系统[5]。20 世纪 90 年代 SCOOT 系统进行了多次升级,其最新版本为 4.4 版,其版权为 TRL、PEEK 公司和西门子公司共同拥有。SCOOT 已经历了二十多年的发展,全世界共有超过 170 个城市正运行着该系统。

SCOOT 是在 TRANSYT 的基础上发展起来的,其模型及优化原理均与 TRANSYT 相仿。不同的是 SCOOT 是方案生成方式控制系统,通过安装与各交叉口每条进口道最上游的车辆检测器所采集的车辆到达信息,联机处理,形成控制方案,连续的实时调整绿信比、周期时长及绿时差这三个参数,使之同变化的交通流相适应。SCOOT 优化采用小步长渐进寻优方法,无须过大的计算量。此外,对于交通网络中可能出现的交通拥挤和阻塞情况,SCOOT 有专门的监视和应付措施。它不仅可以随时监视系统各组成部分的工作状态,对故障发出自动警报,而且可以随时向操作人员提供每一个交叉口正在执行的信号配时方案的细节情况,每一周期的车辆排队情况(包括排队队尾的实际位置)以及车流到达图示等信息,也可以在输出终端设备上自动显示这些信息。

SCOOT 系统的基本原理图如图 11-4-1 所示。

SCOOT 系统主要有如下几方面的特点:

(1)SCOOT 系统是一种两极结构,上一级为中央计算机,下一级为路口信号机。配时方案在中央计算机上完成;信号控制、数据采集、处理及通信在信号机上完成。

(2)通过车辆检测器获得交通量数据(每秒 4 次采样),以此为依据建立交通流模型。由于车辆检测器安装在本路口上游交叉口的出口处,因此关于本路口的交通量模型是一个短期预测模型,具有较高的准确性。该模型除了用于制订配时方案外,还可提供其他信息如:延误、停车次数和阻塞数据,为交通管理和规划服务。

(3)绿信比、相位差和周期的优化均通过模型进行。西门子系统通过定义饱和度,并考虑各个方向的阻塞情况优化绿信比;通过周期流量分布图(cycle flow profiles)优化相位差;周期的优化每 5min 进行一次。SCOOT 系统通过划分相互独立的控制子区;在同一子区内的交叉路口采用相同的信号周期,优化的目标是将子区内负荷最高的"关键"路口的饱和度控制在 90%。

(4) 为了避免信号参数突变对交通流产生不利的影响,SCOOT 在优化调整过程中均采用小增量方式。这样既避免了信号参数的突变给受控路网内的运行车辆带来的延迟损失,也可以频繁地调整配时参数,产生累加变化,与交通条件的较大变化相匹配。

(5) 具有公交车辆和紧急车辆优先功能。通过带有车型识别能力的检测器或自动车辆定位(AVL)系统检测公交车辆和紧急车辆,给出优先通行权。

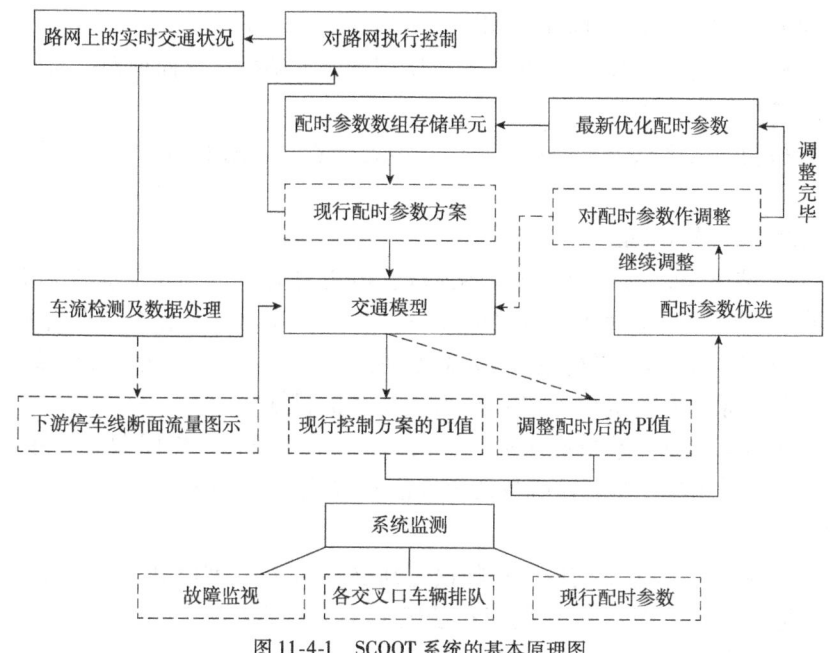

图 11-4-1 SCOOT 系统的基本原理图

现有 SCOOT 采用的是集中控制结构,难免具有结构上的缺点。在比较大的控制范围内,以改用分层控制结构为宜。

11.4.2 SCOOT 系统优化配时的主要环节

下面简要介绍 SCOOT 系统优化配时方案所包括的 4 个主要环节。

1) 检测

(1) 检测器

SCOOT 使用环形线圈式电感检测器实时地检测交通数据。路边不允许停车的情况下,可埋在车道中间。所有车道都要埋设传感器,一个传感器检测一条或两条车道,两条车道合用一个传感器时,传感器可跨在分道线中间。

(2) 检测器的合适位置

SCOOT 通过实时检测交通信息,达到实时预测停车线上的"到达"图示、预测 PI 的目的,所以检测器的位置应与停车线保持一定的距离,一般希望设在上游交叉口的出口,离下游停车线尽量远。选择设置传感器地点时,要考虑下列因素:

① 当两交叉口间有支线或中间出入口,其交通量大于干线流量的 10% 时,尽可能把检测器设在该支线或中间出入口的下游,否则需在支线或出入口上设置补充检测器。

② 检测器应设在公交车停靠站下游,避免其他车辆因绕道而漏测。

③检测器应设在人行横道下游。考虑到车辆通过检测器的车速要求基本上等于该路段上的平均车速,检测器距离人行横道至少应为30m。

④检测器设在离下游停车线距离至少相当于行车时间8~12s的路程,或一个周期内车辆最大排队长度以上。

上述设置检测器的好处有以下几点:

①可实时检测当周流量,实时预测到达停车线的周期流量图。

②可实时检测当周排队长度,避免因车辆队尾越过上游交叉口而加剧交通堵塞。

③可实时检测车辆拥挤程度。

上述设置检测器的优点是布设在靠近停车线处能实时检测饱和流量和执行感应控制的功能。

(3)车辆检测数据的采集

SCOOT检测器可采集的交通数据有交通量、占用时间及占用率和拥挤程度等。其中①占用时间即检测器应用车辆通过的时间;②占用率是占用时间与整个周期时长之比;③拥挤程度,用受阻车队的占用率来衡量,SCOOT把拥挤程度按占用率大小分为8级(0~7),称为拥挤系数。拥挤系数有时也作为SCOOT配时优化的目标之一。

为了能够准确采集到传感器有车通过与无车通过的时间,采样周期要足够短。SCOOT检测器每0.25s自动采集一次各传感器的感应信号,并作分析处理。

2)子区

SCOOT系统划分子区也由交通工程师预先判定,系统运行就以划定的子区为依据,运行中不能合并,也不能分拆,但SCOOT可以在子区中存在双周期交叉口。

3)模型

(1)周期流量图示——车队预测

周期流量图示的定义与TRANSYT相同,不同的是SCOOT根据检测器检测到的交通信息(交通量及占用时间)经实时处理后,实时绘制成上游检测器断面上的周期流量图,然后通过车流离散模型,预测到达下游停车线的周期流量图,即"到达"图示。SCOOT周期流量图纵坐标的单位是1pu(连线车流图单位),是一个交通量和占用时间的混合计算单位,其作用相当于pcu的折算作用。北京SCOOT所定的1pcu为一辆小客车,相当于171pu;一辆大汽车相当于321pu。交通量的计量单位用了1pu,相应地,停车线上的饱和流量的单位也改用1pu。

(2)排队预测

图11-4-2说明停车线上车辆排队长度预测的基本原理,右上侧是检测器实测的传感器断面上的"到达"图示,这个图每个周期都在更新;右下侧是停车线断面上预测的排队图。SCOOT计算机控制着亮红绿灯的时间,因此计算机了解信号的当前状态,并把红灯期到达的车辆加入排队行列。

绿灯启亮后,车辆以确定的"饱和流率"(事先储存于计算机数据库中)驶出停车线,直到排队车辆全部消散。由于车速、车队离散等都难于精确估算,因此,对预测的排队必须实地检验并给以修正。通常用实际观测的车辆排队长度同显示的预测排队长度作对比,例如预测排队长度未到达检测器断面,但实际上检测器已被车辆所占,说明SCOOT模型低估排队长度。

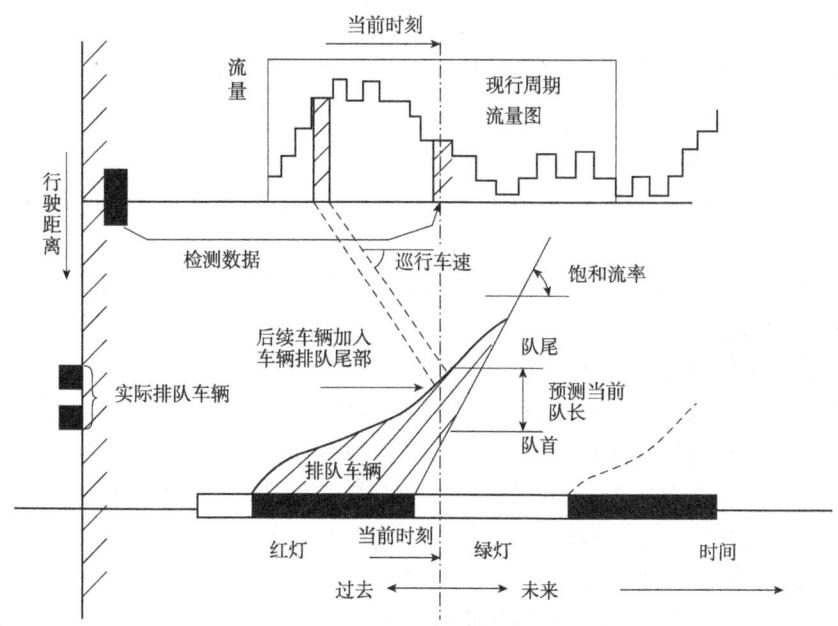

图 11-4-2　车辆排队预测

（3）拥挤预测

为控制车辆排队延伸到上游交叉口，必须控制受阻排队长度。交通模型根据检测的占用率计算"拥挤系数"，可以反映车辆受阻程度，同时因 SCOOT 传感器设在靠近上游交叉口的出口道上，因此当检测器测得有车停在传感器上时，表明排队即将延伸到上游交叉口。

（4）效能预测

同 TRANSYT 一样，SCOOT 用延误和停车数的加权值之和或油耗作为综合效能指标 PI，但 SCOOT 有时也用"拥挤系数"作为效能指标之一。

从上述的排队预测中，SCOOT 可预测各配时方案下的延误与停车数。

拥挤程度对信号配时优化的影响，随拥挤程度的加剧而增长。在配时优化中考虑降低拥挤程度，把拥挤系数也可列为综合效能指标之一。综合效能指标中取用的指标，应视控制决策而定。例如，在高峰时以降低车辆延误，把延误和停车数作为控制目标；在短距离交叉口，考虑到要避免车辆排队堵塞上游交叉口，可把拥挤系数作为控制目标之一。

另外，SCOOT 把饱和度作为优选周期时长的依据，因为饱和度随周期时长的加长（减短）而降低（增加）。饱和度达到 100% 势必发生严重的交通阻塞，所以 SCOOT 控制饱和度不超过 90%。

4）优化

（1）优化策略

SCOOT 的优化策略是：对优化配时参数随交通到达量的改变而作频繁和适量调整。调整量虽小，但由于调整次数频繁，就可由这些频繁调整的连续累计来适应一个时段内的交通变化趋势。这样的优化策略是 SCOOT 成功的主要原因之一，它有以下好处：

①各配时参数的适量调整，不会出现过大的起落，可避免因配时突变而引起的车流的不

稳定。

②由于对配时参数只需作适量的定量调整,大大简化了优化算法,实时运算的自适应控制才可能得到实现。

③频繁地调整,可减少对车流作长时间预测的难度。

④配时参数每次调整量不大,但因调整频繁而总能适应跟踪交通变化的趋势。

(2) 优化次序

SCOOT 在每次改变信号配时方案前,频繁按此轮流优化周期时间、绿信比与绿时差。

(3) 绿灯时长优选

绿灯时长优选即绿信比优选,有以下几个要点:

①SCOOT 对每个交叉口都单独处理其绿灯时长的优选。

②每一相位开始前几秒钟都要重新计算"现行"绿灯时长是否需要调整。

③绿灯时长的调整以 ±4s 为步长进行优选绿灯时长,即以调整 ±4s 后的交通效能指标同维持原状的交通效能指标作对比,选其中交通效能指标最小的方案,并发送至信号控制机。该变化属于"临时"性改变。

④伴随每次临时性改变,系统控制机将绿灯时长做一次 ±1 s 的"永久"性改变,存储之后,作为下一次变化的起始点,这种趋势性调整,有利于跟踪在一个时段内的交通变化趋势。

⑤SCOOT 定绿灯时长时,还需考虑交叉口总饱和度最小、车辆排队长度、拥挤程度及最短绿灯时长的限制等因素。

(4) 绿时差优选

绿时差优选有以下要点:

①SCOOT 优选绿时差,以子区为单位。

②SCOOT 对控制小区内每一个交叉口(无论其相位起始时间是否改变)在每周期前都要作一次绿时差优选运算。

③绿时差的调整量也是 ±4s。

④优选绿时差的方法与优选绿灯时长一样,但以全部相邻道路上的 PI 总和最小为优化目标。

⑤优选绿时差,必须考虑短距离交叉口间的排队,避免下游交叉口的排队队尾堵塞上游交叉口的交通,SCOOT 首先考虑这些交叉口间的通车连续性,必要时,可牺牲长距交叉口上信号间的协调控制(可容纳较大的排队车辆),以保证短距交叉口上不出现排队堵塞上游交叉口的现象。

(5) 周期时长优选

周期时长优选有以下要点:

①SCOOT 优选周期时长以子区为单位。

②SCOOT 每隔 2.5~5min 对控制小区每个交叉口的周期时长作一次运算。以关键交叉口的周期时长作控制子区内的共用周期时长。

③周期时长优选以控制子区内关键交叉口的饱和度低于 90% 为目标。饱和度小则递减周期时长,可使饱和度上升,降低延误时间及停车率;接近 90% 时,停止降低周期时长;饱和度大则递增周期时长,提高通行能力,可使饱和度下降。

④周期时长的调整量为 ±4 ~ ±8s。

⑤SCOOT 在调整周期时长时,同时考虑选择"双周期"信号,如因配"双周期"信号而能使整体 PI 最优时,对选定的周期时长可另作调整。

⑥SCOOT 还需考虑最短周期时长与最大周期时长的限制。

⑦在周期时长优选中,不考虑交通拥挤系数的影响,所以 SCOOT 系统中,仅在绿信比与绿时差优选中考虑拥挤系数。

5) 改进

为了增加 SCOOT 预防和处理饱和或超饱和情况的功能,SCOOT 的 2.4 版及以后的版本有相应的改进,主要有:

(1) 闸门控制

闸门控制的主要目的是限制交通向敏感地区流动,以便防止该地区形成过长的车队或发生阻塞,而把车队重新分配到容纳更长车队的道路上。为了实现闸门控制,SCOOT 必须能够修改交叉路口的信号配时,这些路口可能离相关区域很远甚至可能在另外的子区,闸门逻辑允许把一条或多条连线定义为临界连线或瓶颈连线。闸门连线是被指定为储存车队的连线,如果没有这些连线,瓶颈连线将被阻塞。当瓶颈连线达到一个预定的饱和度时,闸门连线的绿灯要减少。

全部逻辑都包含在绿信比优化器中。对一个瓶颈连线,交通工程师要确定它的临界饱和度,超过这个值预计会发生的问题。这个临界饱和度被用来触发闸门算法,后者可能的作用是:如果饱和度小于或等于临界饱和度,而且两次判决皆如此,则闸门不起作用。如果闸门的饱和度大于临界饱和度,而且两次判决都如此,则闸门将起作用。通常是减少闸门连线的绿灯时间。然而,闸门逻辑也可能引起瓶颈下游的闸门连线的绿灯时间的增加,以便尽快释放闸门连线的车队。所有的改变都要受正常的绿信比优化器的支配。

(2) 改变相位差

在饱和条件下,对一条连线相位差的要求,与正常情况下的要求——使连线的延误最小有所不同。此时的相位差应该这样设定:使得通行能力最大,而当上游交叉口向临界入口显示绿灯时,此连线不会发生饱和,当一条连线被测出饱和时,将强制进行相位差的改变。

(3) 利用相邻连线的信息,处理饱和问题

为解决饱和问题,一条连线可把本身的信息和来自另一条连线的饱和信息共同使用,或者仅使用后者。如果一条连线的车队过长,达到上游连线的检测器上,则其上游连线饱和,可看作由该连线的饱和造成。这时,要把上游连线当作连线的饱和信息源,而把连线下游交叉口的配时方案予以调整。

SCOOT 系统的主要优点包括:有一个灵活、准确的实时交通模型,不仅用于制订配时方案,还可以提供各种交通信息;SCOOT 采用对下一周期的交通量进行预测的方法,提高了结果的可靠性和有效性;SCOOT 调整参数时采用频繁的小增量变化,既避免了信号参数突变给路网上车辆带来的损失,又可通过频繁的累加变化来适应交通条件的变化;SCOOT 的车辆检测器埋设在上游路口的出口处,为下游交叉口信号配时预留了充足的时间,且可有足够时间做出反应以预防车队阻塞到上游交叉口。同时,当检测器故障时,它亦能做出相应调整,减少影响。

SCOOT 的主要不足包括:交通模型的建立需要大量的路网几何尺寸和交通量数据,因而费时费力;相位不能自动增减,相序不能自动改变,因此有可能难以响应每个周期的交通需求变化;独立的控制子区的划分不能自行解决,需人工确定;饱和流率的校核未自动化,使现场安装调试时相当烦琐。

11.5 集方案生成和方案选择于一体的区域协调控制系统——ACTRA 控制系统

11.5.1 ACTRA 控制系统简介

ACTRA 控制系统(Advanced Control & Traffic Responsive Algorithm)是一种集方案生成和方案选择于一体的区域协调控制系统[6],由西门子美国公司开发,是目前世界上技术比较先进的交通信号控制系统软件之一。

ACTRA 的控制结构由三大模块组成(图 11-5-1):中心控制模块、通信模块及路口信号控制模块。系统结构图如图 11-5-2 所示。

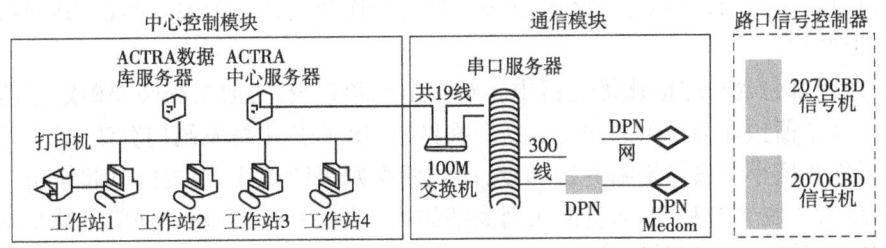

图 11-5-1 ACTRA 系统的模块组成

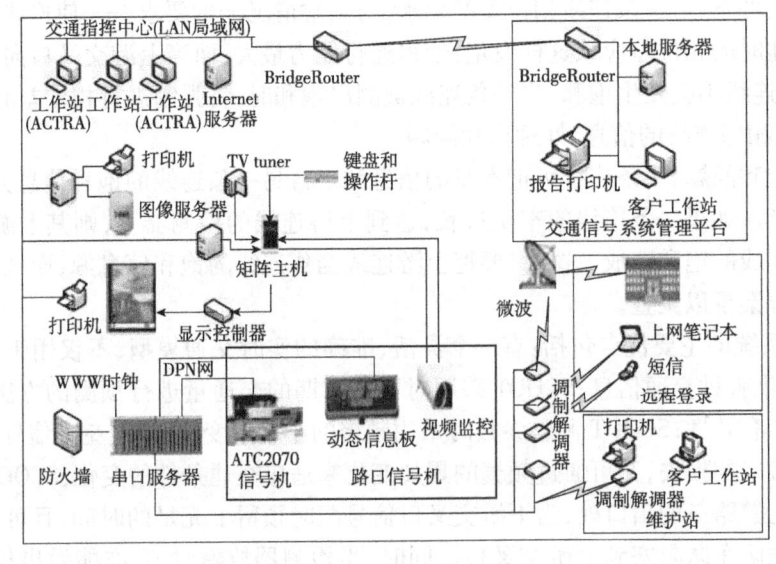

图 11-5-2 ACTRA 系统结构图

11.5.2 ACTRA 系统的控制模式及优化

1) ACTRA 系统控制模式

ACTRA 系统有多种控制模式，大体分为 14 种，系统时间表控制、干线协调控制、交通响应控制、区域协调自适应控制（ACS-L）、行人控制、优先控制、快速路出入口控制、中心强制控制、可变标志控制、手动控制、闪烁控制、本地感应控制、本地时间表控制、快速反应控制。这里重点介绍有别于其他系统的 4 种控制模式。

(1) 系统时间表控制。时间表控制为一组路口设定 1 天或 1 周的配时方案，该模式属于方案选择式控制模式，适用于交通流特性稳定的路口。

(2) 干线协调控制。协调控制可进行时间表和感应式线协调控制。感应式协调在保证干线协调控制时，根据非协调相位或冲突方向的请求，自行调整绿信比和相位差。

(3) 交通响应控制。交通响应控制时 ACTRA 系统根据路口检测的流量和占有率，动态调整系统的周期、绿信比和相位差等参数，然后再选择方案库里最为匹配的方案进行实施。

(4) 区域协调自适应（ACS-L）。ACTRA 采用的是区域协调自适应算法 ACS-L（Adaptive Control System Lite）。该算法根据系统检测器的交通信息，对交通参数自动进行优化并执行优化配时方案，以提高区域通行能力。

2) 优化

ACTRA 系统区别于 SCOOT 的最大优点是它所具有的感应式线协调控制功能[7]。感应式线协调控制是在线协调控制的基础上，在保持周期恒定的同时，通过检测器实时感应来自各个方向的交通请求，合理分配协调相位以及非协调相位时间长度。

ACTRA 系统采用区域协调自适应算法 ACS-L。该算法基于先进的分布式系统，实时采集交通数据，实现区域优化。ACS-L 自适应流程是：首先在交通响应或时间表控制模式框架中利用当前战略控制周期、绿信比和相位差，然后执行 ACS-L"在线优化"，即当前时刻相位差和绿信比的优化，进行这两个参数微调的战术控制，最后通过过渡执行器，平滑过渡转换的模式来执行优化方案。ACS-L 自适应算法结构如图 11-5-3 所示。

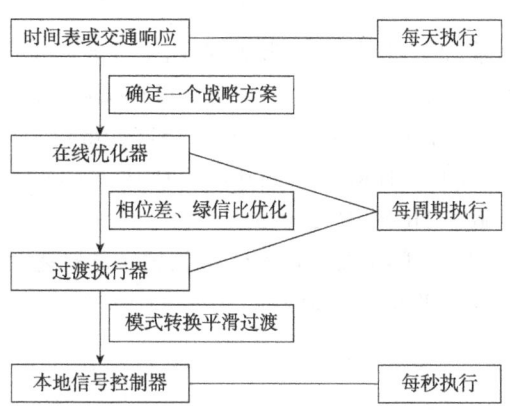

图 11-5-3 ACTRA 自适应控制算法结构图

(1) 绿信比优化。首先设置合理饱和度值，然后通过小步长的增加和减少比较所有相位的饱和度最大值,在满足相位约束条件情况下,尽量使各相位处于较低的饱和度水平。在进行绿信比优化时需要利用检测器的检测流量数据。

(2)相位差优化。根据路口上游设置的检测器检测到的断面流量,计算从检测器到信号灯的行驶时间和不同绿灯起始时间,并考虑协调相位车流以及对下游信号的影响,采用小步长实现模式转换最小化尽可能使绿灯时间覆盖最大车流。

习题及思考题

1. 请说明区域信号协调控制的概念和分类。
2. 比较 SCOOT 和 TRANSYT 的不同之处及其适用性。
3. 当今具有代表性的交通面控系统有哪些?他们各有什么样的优缺点?
4. 河南省新乡市,作为一发展中的城市,交通基础状况属于混合道路交通,交通基础设施不够完善,并且利用效率不高,路网密度不大但人口密度大,自行车交通大量存在,且市区主要道路没有机非隔离设施,交通规划和交通设计还存在着不完善之处,甚至某些方面仍无规划与设计。目前城区中心区域平交路口车流量已达 3200 辆/h,这对于仅有单左转、单直行、单右转机动车道渠化并且机非混行的路口来说,其通行能力已接近饱和状态。此外城区 78 万人口和 40 多万辆非机动车也构成了不容忽视的交通需求增长。新乡市平交路口均采用多相位交通信号控制方式。四相位交通组织最为普遍。按照交通工程学理论,多相位信号灯控制与二相位交通控制相比,周期大、行车延误大、绿灯损失多、通行效率低。

请根据新乡市的交通现状和城市特点,选择一种智能交通控制系统来改善和充分发挥现有交通网络的通行潜力,并说明选择此种控制系统的理由。自适应联机控制系统的主要优缺点是什么?

5. 在我国,照搬 SCATS 和 SCOOT 系统进行区域控制会遇到哪些问题?

本章参考文献

[1] 杨佩昆,张树升.交通管理与控制[M].北京:人民交通出版社,1995.
[2] 袁振洲.道路交通管理与控制[M].北京:人民交通出版社,2007.
[3] FHWA. TRANSYT-7F User's Manual[G]. US. DOT,1983.
[4] Sydney Co-ordinated Adaptive Traffic System[G]. DMR. Australia.
[5] SCOOT Traffic Handbook. TRRL[G]. 1983.
[6] 亿阳信通股份有限公司.ACTRA 交通控制系统控制功能简述[R].北京市公安局公安交通管理局交通信号系统验收报告,2006.

第12章 高速公路交通管理与控制

高速公路是为车辆连续、高速运行提供的专用道路。一般采取限制出入、分隔行驶、汽车专用、全部立交、高度监控以及设置具有较高标准的完善的交通工程设施等一系列措施，保证车辆的快速、大量、安全、舒适、连续地运行。本章重点介绍高速公路交通管理与控制的主要特点和方法。相关方法也适用于城市快速道路的交通管理和控制。

12.1 高速公路交通管理与控制的主要内容

12.1.1 高速公路交通的主要特点

PPT

高速公路区别于一般公路的最主要特征是具有中央分隔带，双向四车道以上，全立交、全封闭，有先进的交通检测与控制等设施。具体来说，有以下几个方面：

1）行车速度快

高速公路上的行驶车速相当快。速度的提高，极大地缩短了旅行时间，从而带来巨大的社会经济效益，对政治、经济、军事、人民生活都具有十分重要的意义。高速公路一般要限制最高和最低速度，对各种车型的速度也有规定，见表12-1-1 和表12-1-2[1]。

高速公路最高时速限速规定   表12-1-1

车辆类型	最高限速(km/h)
小型载客汽车	120
其他机动车	100
摩托车	80

高速公路最低时速限速规定   表12-1-2

车道位置	最低限速(km/h)
同方向有2条车道的左侧车道上	100
同方向有3条车道以上的最左侧车道上	110
同方向有3条车道以上的中间车道上	90

2) 通行能力大

高速公路是按车辆分道行驶，互不干扰，平均车速高，因此通行能力大。据统计，一般双车道公路的通行能力为 5000~6000 辆/昼夜；而一条四车道的高速公路通行能力可达 34000~50000 辆/昼夜，六车道和八车道可达 70000~100000 辆/昼夜。对于每个车道来说，为了满足高峰小时交通量的需要，要求每一个车道每小时的通行量为 1500~2000 辆。由于通行能力大，运输能力大大提高，能够保证车辆在高峰时间流畅通行。

3) 设置中央分隔带

中央分隔带一般在 3~20m 之间，主要受用地的限制。国外还有利用地形，将上、下行分置于两个高程上，中央分隔带的宽度更大。中央分隔带除了分离交通，减少夜间灯光耀眼，增加绿化面积以外，还有一个重要的作用就是用于布设丰富的通信、检测、控制和管理设施。

4) 全部立体交叉

立体交叉比平面交叉交通容量大，事故少。当高速公路与铁路相交时修成非互通式立交。在城市地区有时要修成多层的互通式立体交叉。

5) 全封闭式运行

为了保证汽车在道路上达到高速、安全、通过能力大的要求，高速公路规定了专门的出口和入口。也就是车辆要从高速公路驶出必须经过出口，而要进入高速公路必须经过专设的进口通道。

6) 通道与主线监控，并控制出入

为了保障高速公路安全、快速的通行，需要对高速公路通道内的所有公路，包括高速公路主线及平行公路进行监控，根据高速公路主线及平行公路的交通流状况，分别控制进入高速公路的流量与从高速公路出去的流量。

7) 服务设施齐全

高速公路的沿线都有完善的服务设施如停车场、加油站、汽车检修站和旅馆、饭店等。

12.1.2 高速公路主要交通问题

目前，高速公路存在的主要交通问题是交通拥挤、交通事故，以及交通拥挤和交通事故所造成的交通延误[2]。

1) 交通拥挤

交通拥挤是高速公路交通管理要解决的主要问题之一。图 12-1-1 为交通流量 Q 和交通密度 K 之间的关系曲线。当 K 从 0 增加到某一值 K_1 时，Q 随之增加，这时的交通流称为非拥挤交通流。当 K 从 K_1 增大到 K_m 时，Q 达到最大值 Q_m。若 K 继续增大，交通拥挤开始发生，交通流量随 K 的增加而趋于下降。理论上当 K 增大到阻塞密度 K_j 时，交通流量下降到 0。交通密度大于 K_m 时的交通流称为拥挤交通流，K_2 称为拥挤交通密度。拥挤密度的值取决于多种因素，如快速道路的几何形状，交通构成及气候条件等。

按交通拥挤的发生特征，可把交通拥挤分为两类，

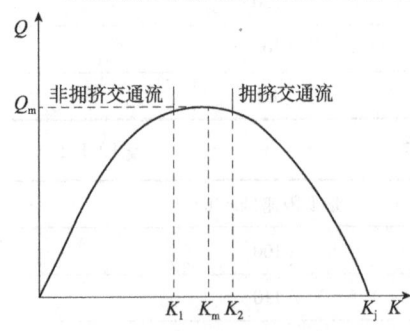

图 12-1-1 拥塞与交通流量、密度之间关系

第一类称作常发性拥挤,第二类称作偶发性拥挤。常发性拥挤的发生主要是交通需求超过通行能力和道路本身的几何特征的限制而引起的交通拥挤。交通需求过大可能是由于经济的持续增长导致了交通总体需求的增长,也可能是没有受到很好控制的出入匝道接纳了过多的其他道路的流量;几何特征的限制主要表现在一些路段车道数的减少、车道宽度变窄、交织段过短以及弯道、坡度的存在。偶发性拥挤的发生主要是因为交通事故、车辆抛锚、车辆货物撒落、突发的恶劣气候或道路养护维修等临时性封闭车道而引起路段通行能力的暂时降低,从而造成交通拥挤。

2) 交通事故

高速公路某一路段的安全性可通过分析导致死亡、伤害或财产损失的事故频率以及死伤人数来测定。在分析一定长度的高速公路时,这些数据和总行程(以 100 万车·公里计)有关;若针对某一地点而言,这些数据和交通量(以 100 万辆车计)有关。把这些数据与基本的改进安全标准做比较,即可决定是否需要采取措施。

3) 交通延误

延误是快速道路上交通拥挤和事故的主要后果,它可以转换成诸如油耗、空气污染等其他指标来量度,还可转换成用户成本,以供综合评估用。

PPT

由交通阻塞所引起之延误可依据图 12-1-2 确定,图中交通需求线和通行能力线所围成的面积表示延误。对于一组实际数据,整个面积可分成一系列小面积,利用简单的代数方程分别计算各小面积所表示的某一时段的延误值。

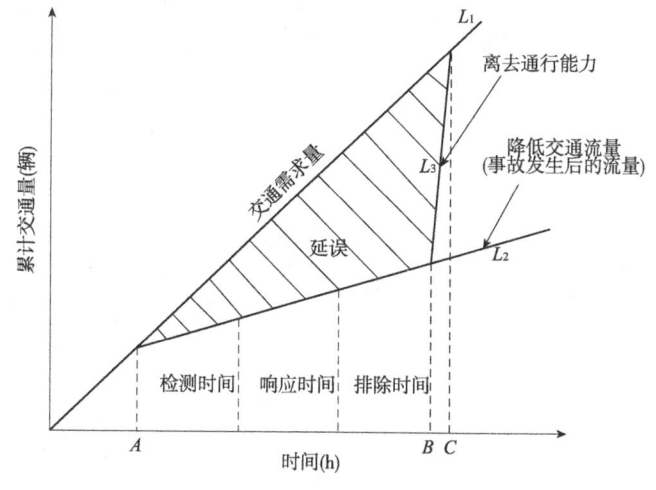

图 12-1-2 交通拥塞引起的延误

(1) 事故引起的延误

任何阻塞高速公路车道的事故都会引起延误。因在给定的时段内能通过阻塞地段的车辆数减少了,即使是被转移到路肩上的事故,也由于驾驶员的放慢速度而使交通流量显著降低,从而增大延误时间,故对延误计算必须考虑交通量的减少及减少的持续时间。图 12-1-2 中,横轴表示与事故有关的某一事件的发生时间以及测定事故影响交通流的整个持续时间,纵轴表示累计交通量或在特定时段内通过快速道路某断面的车辆总和。图 12-1-2 中 L_1 代表交通需求流量(使用快速道路的车辆总数)直线,发生事故在 A 时刻后,因车道阻塞导致交

通流量降到 L_1 以下的直线 L_2，直到事故排除时刻 B 为止，这时排队的车辆以接近通行能力的离去率直线 L_3 驶出。当到达时刻 C 时，排队的最后一辆车恢复到正常车速，于是交通量回到交通需求流量。直线 L_1、L_2、L_3 所围成阴影图形的面积即是因事故引起的总延误量（以车小时计）。

(2) 总延误的估算

交通事故产生总延误的影响因素有：通行能力、交通需求流量、降低的交通流量、离去率、事故持续时间。其中降低的交通流量与事故持续时间是最重要的两个影响因素，它们与事故处理过程有关，事故持续时间包括事故检测时间、事故响应时间及事故排除时间等。因此减少事故持续时间可大大地减少总延误量。影响总延误的重要因素的量值或取值范围一经确定，则总延误可按图 12-1-2 和图 12-1-3 估算，分别估算在一般情况下和特定情况下适合各种不同管理程序的延误。一般延误

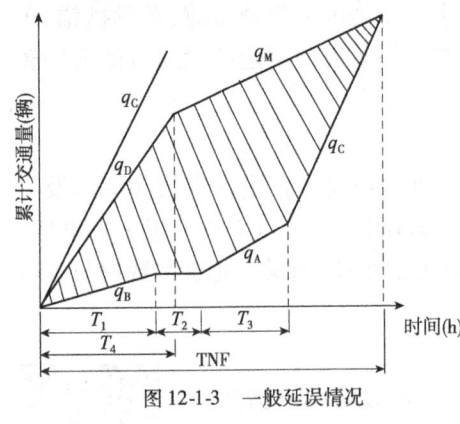

图 12-1-3　一般延误情况

公式适用于复杂情况。在多数情况下，使用简化公式，适用于如图 12-1-4 所列的 4 种特殊情况。

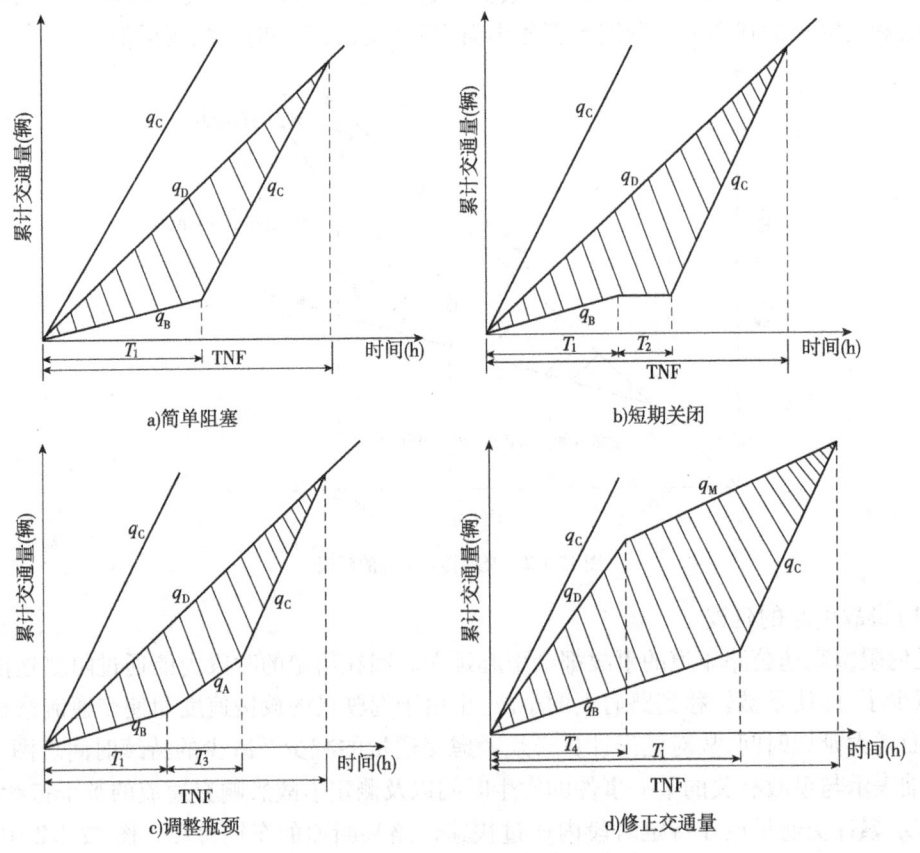

图 12-1-4　四种特殊延误情况

延误估算应知道或估计至少 3~5 种与延误情况有关的交通流量,有些流量不难在现场观测到,而有些则需利用综合研究成果得到。现有的公路研究文献载有许多关于通行能力的资料,这些流量可看作事故发生后,排队车辆通过清除现场所保持的离去率上限值。在缺乏表 12-1-3 流量资料时,可假定离去率等于通行能力,推荐通行能力为 1850 辆/h,表 12-1-3 为估算延误用的典型交通流量表。对于事故持续时间应由熟悉当地事故管理系统的规划人员来估算或按观察到的持续时间来确定(参见图 12-1-2 中的时刻 A 至时刻 C)。

估算延误的典型交通量(辆/h)　　　　　　　　　　　　表 12-1-3

单方向车道数	通行能力=离去率(q_C)	车道内事故——阻塞一条车道(q_{n1})	路肩上事故(q_{n2})
2	3700	1300	3000
3	5550	2700	4600
4	7400	4300	6300

① 一般情况下的延误计算

$$D = [T_1^2(q_C - q_B)(q_M - q_B) + T_2^2 q_C q_M + T_3^2(q_C - q_A)(q_M - q_A) - T_4^2(q_C - q_D)(q_D - q_M) + 2T_1 T_2 q_C(q_M - q_D) + 2T_1 T_3(q_C - q_A)(q_M - q_B) + 2T_1 T_4(q_C - q_B)(q_D - q_M) + 2T_2 T_3 q_M(q_C - q_A) + 2T_2 T_4 q_C(q_D - q_M) + 2T_3 T_4(q_C - q_A)(q_D - q_M)]/2(q_C - q_M) \tag{12-1-1}$$

$$\text{TNF} = \frac{T_1(q_C - q_B) + T_2 q_C + T_3(q_C - q_A) + T_4(q_D - q_M)}{q_C - q_M} \tag{12-1-2}$$

式中:q_C——通行能力,辆/h;

q_D——初始交通需求流量,辆/h;

q_B——瓶颈处初始交通流量,辆/h,参见表 12-1-3;

q_A——调整的瓶颈交通流量,辆/h,视用途而定;

q_M——修正的交通需求流量,辆/h,取值范围为 q_D 的 15%~30%;

T_1——事故开始至第一次变化所需持续时间,h;

T_2——关闭总持续时间,h;

T_3——调整交通流量的事故持续时间,h;

T_4——初始交通需求的延续时间;

D——总延误,辆·h;

TNF——事故发生至交通流恢复正常所需总时间。

② 简单阻塞延误情况

若事故不发生,可能通过的车辆数(交通需求流量)为 q_D;事故发生后,实际通过的(实际流量)减少,以 q_B 表示。从事故发生至排除的持续时间为 T_1,事故排除后,被事故延误的排队车辆以接近道路通行能力的离去率 q_C 离开事故现场,直至排队消失为止。于是 $T_2 = T_3 = T_4 = 0$,$q_D = q_M$,$q_B = q_A$,式(12-1-1)和式(12-1-2)简化为:

$$D = \frac{T_1^2(q_C - q_B)(q_D - q_B)}{2(q_C - q_D)} \tag{12-1-3}$$

$$\text{TNF} = \frac{T_1(q_C - q_B)}{q_C - q_D} \tag{12-1-4}$$

③短期关闭延误情况

为了排除事故，必须将高速公路完全关闭一段时间 T_2 ，一旦事故排除，交通流恢复到离去率 q_C ，于是 $T_3 = T_4 = 0$ ， $q_D = q_M$ ， $q_C = q_A$ ，式(12-1-1)和式(12-1-2)简化成为：

$$D = \frac{T_1^2(q_C - q_B)(q_D - q_B) + T_2^2 q_C q_D + 2T_1 T_2 q_C (q_D - q_B)}{2(q_C - q_D)} \tag{12-1-5}$$

$$\text{TNF} = \frac{T_1(q_C - q_B) + T_2 q_C}{q_C - q_D} \tag{12-1-6}$$

④调整瓶颈延误情况

在完全排除事故之前，提高现有的通行能力。例如，在事故开始可能有两条车道阻塞，但在事故完全转移之前已排除了一条车道。于是 $T_2 = T_4 = 0$ ， $q_D = q_M$ ，故

$$D = \frac{T_1^2(q_C - q_B)(q_D - q_B) + T_3^2(q_C - q_A)(q_D - q_A) + 2T_1 T_3(q_C - q_A)(q_D - q_A)}{2(q_C - q_D)}$$

$$\tag{12-1-7}$$

$$\text{TNF} = \frac{T_1(q_C - q_B) + T_3(q_C - q_A)}{q_C - q_D} \tag{12-1-8}$$

⑤修正交通需求延误情况

交通需求流量的减小是由于上游交通有计划的或无计划的分流，或者由于高峰期结束后，交通需求的减少而造成的。此时 $T_2 = T_3 = 0$ ， $q_B = q_A$ ，于是

$$D = \frac{T_1^2(q_C - q_B)(q_M - q_B) - T_4^2(q_C - q_D)(q_D - q_M) + 2T_1 T_4(q_C - q_B)(q_D - q_M)}{2(q_C - q_M)}$$

$$\tag{12-1-9}$$

$$\text{TNF} = \frac{T_1(q_C - q_B) + T_4(q_D - q_M)}{q_C - q_M} \tag{12-1-10}$$

12.1.3 高速公路交通管理与控制的主要内容

高速公路的管理、控制，以及附属交通设施是保证高速公路上的车辆能以高速安全运行的必要条件。若交通管理控制设施与高速公路不相适应，就无法达到预期的效果，甚至导致交通事故层出不穷，生命财产受到重大损失。

1) 高速公路交通管理与控制的重点

根据交通流理论，道路上的车速与密度如果维持在一定的量值关系上，就会获得最短的旅行时间，最少的延误以及最少的环境污染，安全性也能大大提高。如果破坏了这一量值关系，就会在道路上形成时走时停的不稳定车流，浪费道路容量，使车与人的延误增加，并容易造成大的环境污染与交通事故。因而高速公路管理与控制的重点是通过主线及出入口的调节控制，达到并保持车速—密度—间隙处于最佳组合状态。

2) 主要方法

高速公路交通管理与控制的主要方法是在高峰期间使用设置在匝道上和临近道路系统上的车辆传感器，将控制范围内的车辆运行情况传送到交通管理情报中心，由电子计算机决

定不同方向的路口的开放与关闭情况;同时对整个系统的出入口发出信号,指示车辆按指定方向运行,以获得车速—密度—间隙的最佳组合。

3) 主要控制系统

高速公路交通管理与控制是提高高速公路行车安全和交通效率的重要措施。在各国得到广泛应用的交通控制系统主要有4种:

(1) 入口匝道交通控制系统。
(2) 出口匝道交通控制系统。
(3) 高速公路主线控制系统。
(4) 通道交通控制系统。

4) 基本原则

(1) 交通信号的说明要完整和简明

例如:标明两地之间的千米数;对可能引起误解的信号,要附加文字说明;避免出现模棱两可的信号。此外,在短时间内呈现的信号又不宜过多,应以驾驶员及时注视和理解为限。

(2) 交通信号安排要有连续性

例如:预告某地出口处将要到达的标志牌要连续排成:①某地出口处3km;②某地出口处2km;③某地出口处1km;④某地出口处。

(3) 及时预告以利驾驶员决策

道路沿途服务设施如加油站、维修站、临时停车带等,若不设置预告牌,当驾驶员在车辆高速运行过程中发现该建筑物时,即使有需要而想停车也无法实现。提前预告可使驾驶员有思想准备,避免决策失误;特别是在匝道出入口,由于高速公路禁止随便掉头行驶,瞬间错过可能需要绕道很远才能到达目的地,这是与一般道路的不同之处。

(4) 交通信号或标志要突出

高速公路上由于行驶车辆速度较快,行车环境背景单调,因此要求交通信号或标志的面积比普通道路上的尺寸要大,并且颜色鲜明,位置突出。为了贯彻突出性原则,夜间照明尤为重要。标志线要用反光材料,以提高可视性。尽管交通标志的颜色、形状、格式的统一性是易于辨认的一种基本要求,但更应因地制宜,布设过程中要充分考虑并注重与设置位置、尺寸及周围环境的对比。

(5) 标志要安放在驾驶员容易疏忽的地方

驾驶员都有一些习惯性行为,而道路交通情况千变万化,稍有疏忽就会发生车祸。因此,要在驾驶员容易疏忽的危险地段设置标志牌或其他交通信号。

12.2 高速公路交通管理与控制方法

PPT

辅助视频

12.2.1 入口匝道控制

入口匝道控制是一种使用最广泛的高速公路控制形式。其目的是减少或避免因高速公路拥挤引起的运行问题。原理是通过限制进入高速公路的车辆数,从而使高速公路本身的需求不至于超过容量。期望的结果是通过把高速公路上的延误因素转移到入口匝道,从而在高速公路上维持一个既不间断也不拥挤的交通流。

实施入口匝道控制的前提包括：

①在主线通道上有可供使用的额外容量(即有可替换的线路、时段或运输方式)；

②入口匝道上可提供足够的停车空间；

③交通容量的匹配，即从入口匝道进来的车辆数加上主干道已有的交通量不能超过该路段的容量。

本节分别介绍5种入口匝道的控制形式：封闭式、定时调节、交通感应调节、入口汇合控制、匝道系统控制。

1) 入口匝道封闭式控制

在交通高峰期封闭入口匝道是最简单又较可靠的一种入口匝道控制形式，但它也存在着很大的局限性，如缺少控制的灵活性。因此，该种控制方式通常只在以下几种有限的情况下使用：

(1) 在入口匝道上没有足够的停车空间，这时封闭匝道可以消除车队积存的问题。

(2) 入口匝道下游的高速公路的交通需求已达到道路容量，而可替换道路上还有足够的容量可使用。

(3) 匝道下游发生特殊事件，而产生交通拥堵。

封闭入口匝道的主要方法有：

(1) 人工设置栅栏。

(2) 自动设置栅栏。

(3) 交通信号及标志控制。

2) 入口匝道定时调节式控制

在高速公路入口匝道处限制进入高速公路的交通流量，称之为调节。若调节相对于某一时段是固定的，这种控制方式就称为定时调节。

(1) 调节率

调节率作为定时调节式控制的重要参数，是指在1h内控制进入高速公路上的入口匝道交通流量。一般调节率小于900辆/h，大于180辆/h。确定定时调节的调节率一般从以下两个方面来考虑：

①消除高速公路上的拥挤

调节率应该大于或等于上游需求与下游容量之差。图12-2-1中，若入口匝道调节率控制在300辆/h以上，可以保证交通不拥挤。当然，在入口匝道入口就出现了需要转移的交通量(300辆/h)。

同时，在进行定时调节时，也必须考虑如何转移入口匝道上"多余"的交通量，入口匝道上是否有足够的等待空间。此外，如果调节率过小，就要考虑是否关闭匝道或调节上游其他匝道。

②改善合流运行的安全

当匝道车辆驶入高速公路主线时，将产生合流现象，合流运行所产生的主要安全问题是尾端冲撞事故和换车道时的冲撞。这是由于匝道上的一辆或多辆车抢占主线交通流的间隙而引起的。可选择这样的调节率，使得入口匝道每辆车在跟随着进入汇合区之前都有一个汇合时间。如果平均汇合时间是6s，则调节率为10辆/min或600辆/h。

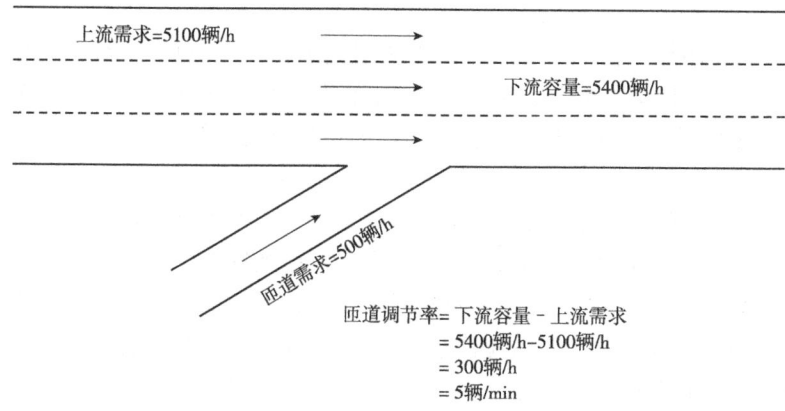

图 12-2-1 定时的入口匝道调节率计算实例

有时要兼顾消除拥挤与汇合安全来设置调节率。

(2) 定时调节系统

图 12-2-2 是一个定时入口匝道调节系统的布局。

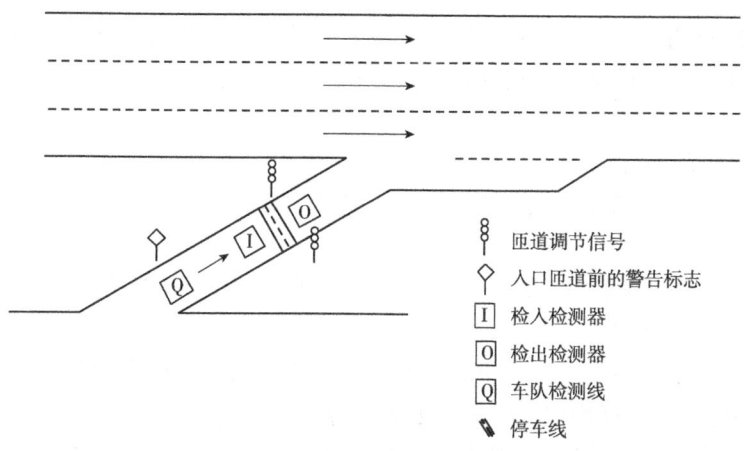

图 12-2-2 定时入口匝道调节系统布局

使用定时调节系统时,匝道信号机以由调节率计算得到的周期来运行。红、绿、黄信号的间隔取决于所使用的调节形式:包括单车进入调节和车队调节两种。

① 单车进入调节

每次绿灯加黄灯的时间(一般 3s)只够入口匝道一辆车通过。如果调节率是 600 辆/h(10 辆/min),则绿加黄的时间为 3s,红灯也为 3s。如调节率为 300 辆/h(5 辆/min),则绿加黄的时间为 3s,红灯时间为 9s。

② 车队调节

当调节率很大时,有时就要用车队调节。根据调节率和每周期放行的车辆数来决定周期时长。例如,调节率为 1080 辆/h(18 辆/min),每周期放 2 辆车,则每分钟有 9 个周期,周期时间 6.67s;如果每周期放过 3 辆车,则每分钟有 6 个周期,周期时间 10s。周期内各灯色的间隔取决于车队调节的形式:串行的还是并行的。

③检测器

如图12-2-2,使用检入检测器可感应出车辆到达了匝道调节信号范围,使用检出检测器可感应出车辆离开了匝道调节信号范围。另外,车队检测可以感应到匝道调节信号区前停有车队,以便于减小调节率以缩短车队长度,以免影响平交街道。

(3) 评价

定时调节系统的效益一般从以下几个方面来衡量:旅行时间的缩短;延误的减少;高速公路速度的提高;高速公路服务质量的提高;汇合运行更加安全。

定时调节的优点是提供了一种可靠的交通需求与容量适应方法。其主要缺点是系统不能适应需求量的明显变化,也不能适应偶然事件引起的不正常的交通状况。一般在使用定时调节时,设定的调节率总要小于道路容量,以防非正常情况出现。

3) 入口匝道交通感应调节式控制

(1) 基本方法

入口匝道交通感应调节的基本方法是:利用交通检测器,获得高速公路上交通流量的实时测量值,判断当前交通流的状况,确定允许进入高速公路主线而又不至于引起拥挤的最大匝道交通流量。

对于交通感应调节,交通量和占有率是两个经常用于描述高速公路交通状况的参量。占有率定义为车辆占据道路上某点的时间百分比。其式为:

$$O = 100KL \tag{12-2-1}$$

式中:O——占有率,%;

K——密度,每车道单位长度道路上的车辆数,辆/m;

L——平均车长,m。

(2) 交通感应调节的基本方式有需求—容量控制和占有率控制两类

①需求—容量控制方法

需求—容量控制是根据上游需求和下游容量的实时比较来选择调节率。确定下游容量值应考虑到气候条件、交通构成和事故等因素对容量的影响。

如果上游需求大于下游容量,则使用最小的调节率(3~4辆/min)。建议不要使用零调节率或关闭匝道,因为调节率过小,在匝道上等待的车辆会误以为信号失灵,而选择在红灯时通过。此外,关闭匝道在交通感应调节所使用的短周期是不实际的。

②占有率控制方法

实际测量入口匝道的上游及下游占有率,在若干预定的调节率中选择一个合适的作为下一个控制周期(一般为1min后)的调节率。而预定的调节率则是根据在每个观测站上收集的交通量—占有率的历史统计数据曲线来确定。从这样的曲线上,可以确定某一容量下的占有率值,可以计算出一个调节率,它等于预定的容量估算值与交通量的实际值之差。同样,若测出的占有率大于或等于预定的容量占有率,则采用最小调节率。

(3) 交通感应调节

图12-2-3是交通感应式入口匝道调节系统的布置。在某些交通感应调节系统中还包括有能检测交通构成和气候条件的检测器。

交通感应调节系统的运行与定时调节系统相类似,不同之处主要是调节率的选择基于实时测量得到的交通参量。

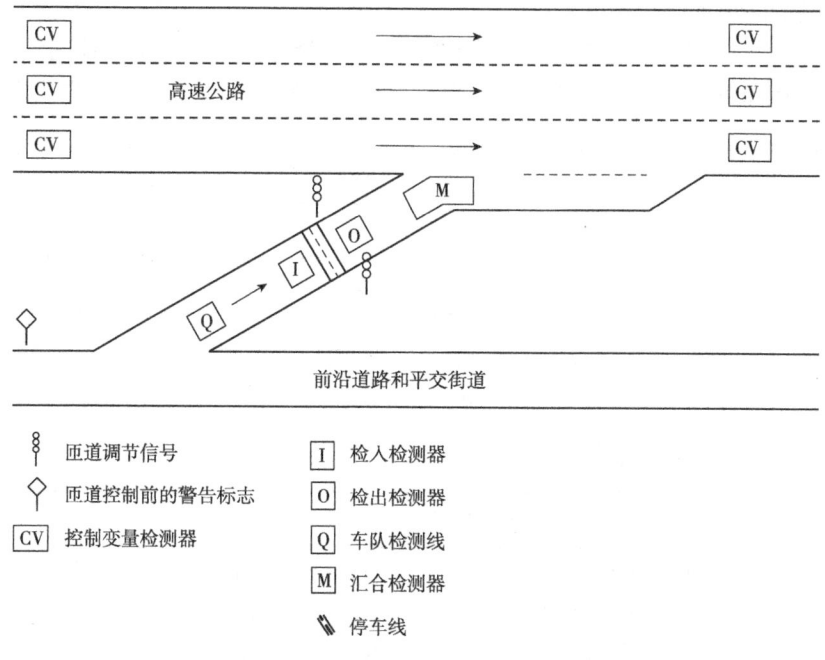

图 12-2-3　交通感应式入口匝道调节系统的布置

此外,交通感应调节系统还有一些其他的改进特性,表现在:

①车队检测器连续动作:当匝道上等待车队过长而影响到前沿街道或平交街道时,就要采用较高的调节率。

②汇合检测器动作:发现在匝道主要汇合区等待车辆,在"单车进入调节"方式时应发出适当信号,使等待汇合的车辆离开汇合区。

③若给出一个绿信号后,检出检测器没有动作:表示有一辆车错过了绿信号,因而,信号应返回绿信号或继续维持绿信号。

④若车队检测器连续动作,而检入检测器没有动作(在匝道调节信号保持红灯的情况下):表示车队太长,有些车停的位置离检入检测器太远,匝道调节信号应转为绿信号让车通过。

(4)交通感应调节系统的评价

交通感应调节系统的效益分析与定时调节系统一样,也可以从旅行时间、延误、行驶速度、服务质量、汇合运行的安全几个方面来分析。

交通感应调节系统的主要优点是它可以适应交通流的变化,但由于需要有监视设备和后备系统,因而其主要缺点是造价较高。

4)入口匝道汇合式控制

入口匝道汇合式控制的目标是通过使入口匝道上的车辆最好地利用高速公路的间隙,来改善高速公路交通流的分布和运行。它不需要根据需求—容量条件计算匝道调节率,而是研究如何把入口匝道车辆纳入高速公路交通流的间隙。

汇合式入口匝道控制系统有两种基本形式:可接受间隙汇合控制和移动汇合控制。其差别在于引导匝道车辆的方式不同。

（1）可接受间隙汇合控制

可接受间隙汇合控制把普通的匝道调节信号用于引导匝道车辆,是一种比较简单的汇合控制方式。系统布置如图12-2-4所示。一些检测器的功能,结合系统的使用方式进行说明。

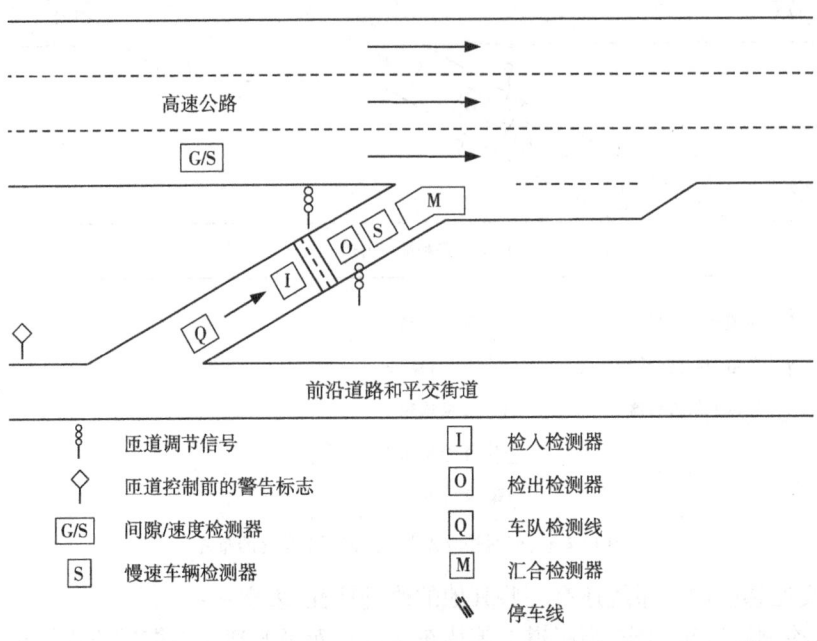

图12-2-4 可接受间隙调节控制系统的布置

①单车进入调节

这种运行方式的步骤是：

a. 当有车停在匝道调节信号标志前时,检入检测器I就动作并发出信息。

b. 控制器开始接受从间隙/速度检测器送来的间隙和车辆速度。该检测器G/S设在汇合处的高速公路上游处。

c. 控制器将测得的间隙和预定的最小间隙比较,从而决定这个间隙是否是一个可接受间隙。最小间隙取决于几何形状、车辆性能、驾驶员、交通条件等因素。

d. 如果该间隙不能接受,则控制器继续检查下一个间隙。如该间隙可接受,则控制器计算出该在什么时候放入口车辆通过匝道,使车辆和可接受间隙同时到达汇合地点。

e. 在适当的时候,控制器控制匝道调节信号灯变为绿灯。

f. 匝道调节信号保持一个固定时段绿灯,放过一辆车。然后经过很短的黄灯（亦可不要）回到红灯。一般绿灯加黄灯时间约为3s。

g. 匝道调节信号保持足够长的红灯,使下一辆车能及时到达信号前,使检入检测器I动作。

②车队调节

当入口匝道需求超过了单车的最大调节率,并且在车辆要汇入的那个车道上有较多可利用的间隙时,则可在一个绿灯信号时间内允许2辆及其以上的车辆通过。这就是可接受间隙入口匝道控制的车队调节方式。其基本原理与单车进入调节类似。

③可接受间隙控制的几个改进

a. 低速的固定比率调节:当高速公路上出现拥挤交通流时,车队行驶速度低,较小的车—车间隙会持续较长的时间,这就会使间隙—速度检测器 G/S 误以为高速公路上有较大的车间间隙而误将匝道车辆放入已经拥挤的高速公路之中去。因而,当高速公路上的车流速度下降到某一值时,就应该用最小调节率来控制匝道车辆。

b. 慢速车辆时延长红灯时间:使用慢速车辆检测器 S 可以测量车辆从匝道调节信号行驶到该检测器所在位置所需的时间。若这个时间大于预定值,则匝道信号保持红灯,一直到这辆车过了汇合检测器 M。

④可接受间隙系统的评价

对于几何形状(如车道宽度、视距等)较好的入口匝道,可接受间隙汇合控制不如定时调节和交通感应调节,其效益成本比不大。但在几何条件较差的地方,以及需要优先考虑汇合安全的地方,使用这种控制方式更为合理些。

(2)移动汇合控制

这是一种在匝道的侧面带有连续显示装置的可接受间隙汇合控制方式。显示装置可以表示出匝道车辆将要汇入的那个高速公路车道上接近入口匝道的间隙与匝道车辆的关系。该系统也称为移动汇合控制的绿带系统,由于比较简单、经济合理,更受人们喜爱。图12-2-5是该系统的设备构成。

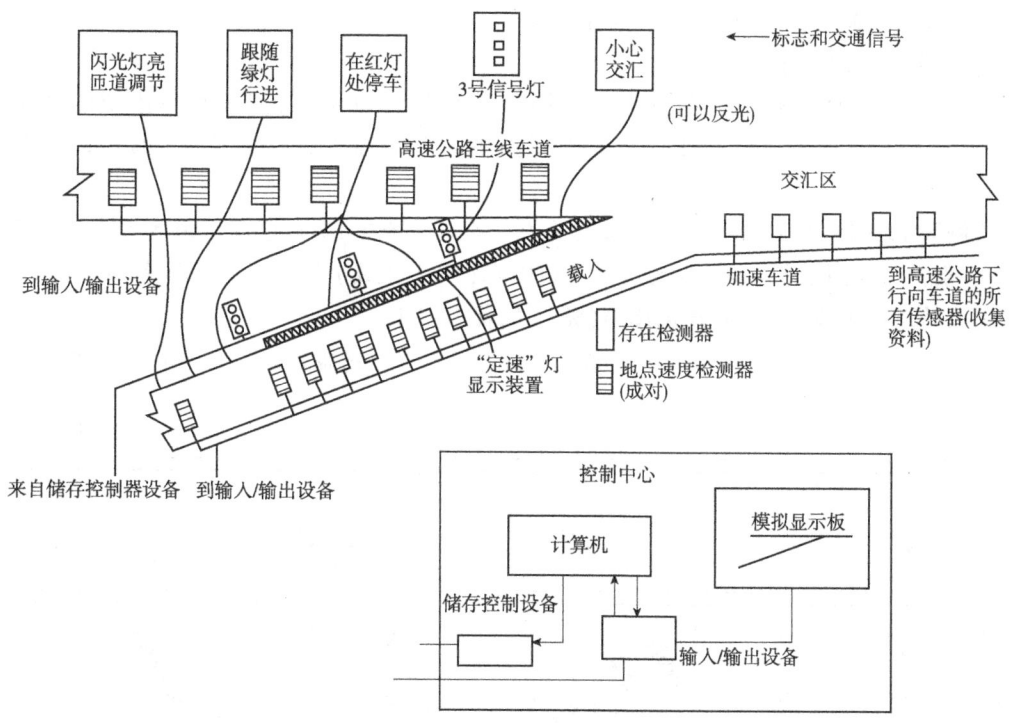

图 12-2-5　移动汇合控制的绿带系统示意图

绿带系统是根据开环概念工作的。系统按下述三种模式之一工作:

①移动模式:计算机计算每个间隙的大小及移动的速度,然后控制匝道侧边的显示器显

示绿带。绿带移动的速度是根据要汇入的车道上平均 3min 速度和交通量测量值选择的。在匝道入口端的速度标志显示出建议的速度。

②停止的可接受间隙模式:当高速公路上交通流增大,平均 3min 速度下降到某一预定值以下时,系统就转入停止可接受间隙模式。匝道调节信号平时保持红灯,有车辆使检入检测器动作时,计算机开始搜索可接受间隙。如发现情况,则匝道信号变为绿灯,并且正好在匝道调节信号改变之前开始显示出一个加速的绿带。

③定时调节模式:当高速公路上交通量进一步增加时,平均 3min 速度比停止的可接受间隙还要低时,系统转入定时调节模式。匝道信号平时为红灯。当检入检测器动作时,只要红灯时间超过一个最小红灯时间,调节信号就变为绿灯。绿灯时间依赖于系统确定的调节率。当车辆驶过匝道信号处并使检测器动作时,信号在经过 0.5s 黄灯后恢复红灯。

移动汇合控制提供了更完全的汇合。在几何标准较低,易引起汇合危险的入口匝道处使用绿带系统最有益。

5)匝道入口系统控制

匝道入口的系统控制,指的是在设计一段包含有一个以上匝道的高速公路入口匝道控制系统时,统筹考虑这些匝道的控制问题,不只考虑某一个别匝道的需求—容量关系,以避免高速公路可能出现的拥挤现象。这一概念可应用于以下几类系统中:定时调节、交通感应调节、可接受间隙汇合控制。下面分别讨论:

(1)系统的定时调节

系统的定时调节就是把调节率方法用于一系列入口匝道,其中每一匝道的调节率根据它本身的容量—需求条件以及其他匝道的容量—需求条件来确定,通过以下算例说明。

【例题 12-1】 图 12-2-6 中高速公路存在 4 个进口匝道,形成包括上游主线在内共 5 个入口编号。已知:D_i 是入口 i 处的实际交通需求;B_j 是主线 j 路段的交通容量;A_{ij} 是在入口 i 处进入并通过主线路段 j 的车流比率(%),见表 12-2-1。

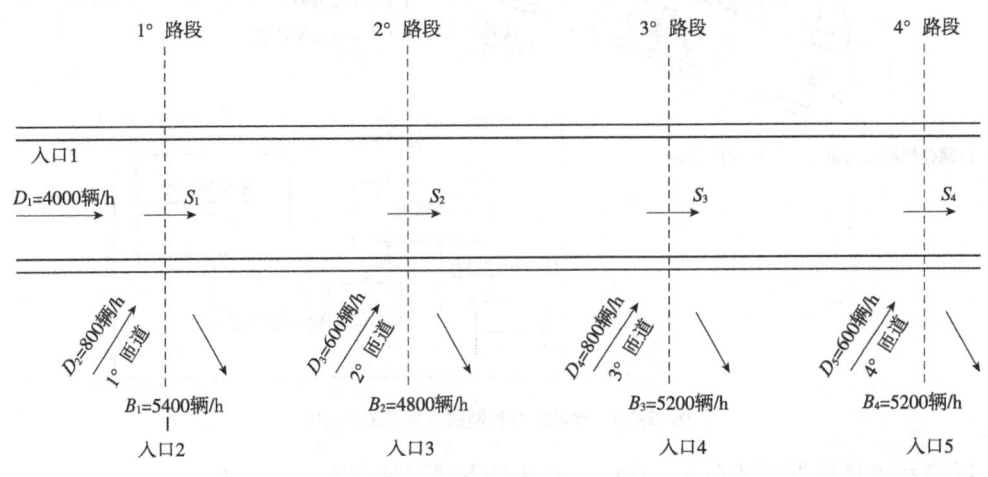

图 12-2-6

在入口 i 处进入并通过主线路段 j 的车流比率值   表 12-2-1

i \ j	1	2	3	4
1	1.00	0.95	0.90	0.85
2	1.00	0.75	0.70	0.60
3	—	1.00	0.90	0.85
4	—	—	1.00	0.90
5	—	—	—	1.00

各值已标于图上,求四个入口匝道(入口编号 2~5,对应匝道编号 1~4)的控制形式。

解:

定义 X_i 是入口匝道 i 处实际容许通过的交通流量,S_j 是主线路段 j 的实际交通需求量。将高速公路主线上游交通需求量 D_1 理解为入口匝道 1 处的实际交通需求量,在例 12-1 中,路段 j 的需求量 S_j 由下式计算:

$$S_j = \sum_{i=1}^{j} A_{ij} X_i + A_{j+1,j} D_{j+1} \tag{12-2-2}$$

式中:参数符号同上。

(1) 已知 $X_1 = D_1 = 4000$ 辆/h,则主线路段 1 处的实际需求量

$S_1 = A_{11} \cdot X_1 + A_{21} \cdot D_2 = 1.0 \times 4000 + 1.0 \times 800 = 4800$ (辆/h) $< B_1 = 5400$ (辆/h)

即实际需求小于交通容量,入口 2(匝道 1)无须控制交通需求。且 $X_2 = D_2 = 800$ 辆/h。

(2) 计算主线路段 2 处的实际需求量

$S_2 = A_{12} \cdot X_1 + A_{22} \cdot X_2 + A_{32} \cdot D_3 = 0.95 \times 4000 + 0.75 \times 800 + 1.0 \times 600 = 5000$
$> B_2 = 4800$ (辆/h)

即实际需求大于交通容量,入口 3 需控制交通需求。且

$X_3 = B_2 - (S_2 - A_{32} \cdot D_3) = B_2 - (A_{12} \cdot X_1 + A_{22} \cdot X_2) = 4800 - (0.95 \times 4000 + 0.75 \times 800)$
$= 4800 - 4400 = 400$ (辆/h)

(3) 计算主线路段 3 处的实际需求量

$S_3 = A_{13} \cdot X_1 + A_{23} \cdot X_2 + A_{33} \cdot X_3 + A_{43} \cdot D_4$
$= 0.9 \times 4000 + 0.7 \times 800 + 0.9 \times 400 + 1.0 \times 800 = 5320$ (辆/h)
$> B_3 = 5200$ (辆/h)

即实际需求大于交通容量,入口 4 需控制交通需求。且

$X_4 = B_3 - (S_3 - A_{43} \cdot D_4) = 5200 - 5320 + 800 = 680$ (辆/h)

(4) 计算主线路段 4 处的实际需求量

$S_4 = A_{14} \cdot X_1 + A_{24} \cdot X_2 + A_{34} \cdot X_3 + A_{44} \cdot X_4 + A_{54} \cdot D_5$
$= 0.85 \times 4000 + 0.6 \times 800 + 0.85 \times 400 + 0.9 \times 680 + 1.0 \times 600 = 5432$ (辆/h)
$> B_4 = 5200$ (辆/h)

即实际需求大于交通容量,入口 5 需控制交通需求。且

$X_5 = B_4 - (S_4 - A_{54} \cdot D_5) = 5200 - 5432 + 600 = 368$ (辆/h)

(5) 结论:1 号匝道:不需控制;2 号匝道:以 400 辆/h 的比率调节;3 号匝道:以 680 辆/h

的比率调节;4 号匝道:以 368 辆/h 的比率调节。

例 12-1 中每匝道计算得到的调节率不受其他匝道的需求—容量的影响。

【例题 12-2】 除主线需求量 D_1 以 4600 辆/h 代替 4000 辆/h 以外,其他的数据及要求同例 12-1。求入口匝道的控制形式。

解:

(1)匝道 2,3,4 的调节率完全由它们各自的下游需求—容量条件所决定的。这与例 12-1 的计算方法相同。

(2)匝道 1(入口 2)的调节率,除决定于主线路段 1 的需求—容量条件外,还要根据匝道 2(入口 3)的需求—容量条件进行选择。这是因为不控制匝道 1($X_2 = 800$ 辆/h)的需求时,尽管能够满足 $S_1 = B_1$,但是主线路段 2 的实际需求量为:

$$S_2 = A_{12} \cdot X_1 + A_{22} \cdot X_2 + A_{32} \cdot D_3 = 0.95 \times 4600 + 0.75 \times 800 + 1.0 \times 600 = 5570 \text{ 辆/h},$$

它比路段 2 的容量 B_2(4800 辆/h)超出 770 辆/h。即使关闭匝道 2($X_3 = 0$),路段 2 的需求量 S_2 也仅下降到 4970 辆/h,仍然大于 B_2。此时,只有减少允许进入匝道 1(入口 2)的交通量 X_2。

为使实际需求 S_2 减少 170 辆/h,X_2 也应减少足够的数量,这个量值为 170 辆/h 除以 A_{22}(即 0.75),则可知,X_2 应减少 $\frac{170}{0.75} = 227$ 辆/h。因此,在匝道 1 处允许的交通量 X_2 应为 $X_2 = 800 - 227 = 573$ 辆/h(对应的 $X_3 = 0$),而不是 800 辆/h。

【例题 12-3】 已知条件同例 12-1。如果不对匝道 2(入口 3)的交通需求进行控制(X_3 保持 600 辆/h),试计算如何通过控制匝道 1 的交通量,以满足主线容量要求。

解:

对于上述问题,可认为 $X_3 = 600$ 辆/h,式(12-12)可表达为:

$$S_2 = A_{12} \cdot X_1 + A_{22} \cdot X_2 + A_{32} \cdot D_3 = 0.95 \times 4000 + 0.75 \times X_2 + 1.0 \times 600 = B_2 = 4800$$

则:$X_2 = 533.3$ 辆/h,即匝道 1 的交通量必须减少 267 辆/h,才能满足题目要求。

进一步计算,可以得到各匝道实际运行通过量见表 12-2-2。

各匝道实际运行通过量　　　　表 12-2-2

匝 道 编 号	实际运行通过量(辆/h)	匝 道 编 号	实际运行通过量(辆/h)
1	533	4	352
2	600	合计	2172
3	687		

通过对比可以发现,例 12-3 实际允许匝道进入交通量之和 2172 辆/h 小于 2248 辆/h(例 12-1 的计算结果)。因此,一定存在一种使允许实际匝道交通量总和达到最大值的优化方法,这种方法可获得稳态的非拥挤交通流条件下的最佳系统输出,系统中的总旅行量也可以达到最大值。

计算最佳的允许入口匝道交通量,可按下列线性模型的程序进行:

步骤 1:确定目标函数,使 $\sum_{i=1}^{n} X_i$ 最大,其中 n 为研究范围内入口数量;

步骤 2:确定约束条件,包括:

①主线需求容量约束：
$$S_j = \sum_{i=1}^{j} A_{ij}X_i + A_{j+1,j}D_{j+1} \leq B_j \quad (j=1,\cdots,n-1) \quad (12\text{-}2\text{-}3)$$

②允许的主线交通量 = 主线需求量：
$$X_1 = D_1 \quad (12\text{-}2\text{-}4)$$

③允许的入口匝道交通量 ≤ 入口匝道实际需求量：
$$X_i \leq D_i \quad (i=2,\cdots,n) \quad (12\text{-}2\text{-}5)$$

④允许的入口匝道交通量 ≥ 最小的允许匝道交通量
$$X_i \geq X_{i\min} \geq 0 \quad (i=2,\cdots,n) \quad (12\text{-}2\text{-}6)$$

注：最后一个约束条件表明，采用优化方法计算得到的匝道调节率如果太小，往往不符合实际控制要求，还需作适当调整。

应该指出，要得到 A_{ij} 可靠的估算值往往较为困难。这些值随时间而变，而且一般变动都较大，通常需要借助先进的交通检测器和实时交通需求预测技术加以实现。

（2）系统的交通感应调节

系统的交通感应调节是交通感应调节在一连串入口匝道的集成应用。每个匝道的调节率根据系统及局部的需求—容量条件来加以选择。

①系统运行：在每个控制周期内，对交通变量进行实时测量（一般是测量交通量、占有率和速度），用这些数据来确定每个入口匝道的需求—容量条件。然后，在这些测量的基础上，每个入口匝道计算一个独立的调节率和一个集总的调节率。在两者之间选一较小者用于下一个连续的周期。

②调节率：计算调节率的方法基本上与定时调节中的方法相同。可不实时计算，而是对于一个范围内期望的需求—容量条件预先计算一组调节率，然后实时地从这一组中选用某个调节率。此外，调节率还受到交通感应调节中的汇合检测器、车队检测器和最大的红灯时间等的影响。

（3）系统的可接受间隙汇合控制

系统的可接受间隙汇合控制把可接受间隙汇合控制用于一连串的入口匝道。在这里，各个匝道上的可接受间隙汇合控制受到系统需求—容量的限制。

①调节率：调节率的计算同样可参照定时调节率方法。系统根据对用于确定系统的需求—容量条件的各交通量的实时测量，为每个匝道计算调节率。然后，对于每个入口匝道设置一个最小的可接受间隙，它将产生一系列符合系统调节率要求的匝道交通量。

②最小的可接受间隙：最小的可接受间隙是匝道车辆将要汇入的高速公路交通流上的最小间隙。最小的可接受间隙越大，得到的允许通过匝道交通量就越低，反之则越大。

（4）系统匝道控制与单个匝道控制的比较

系统匝道控制是希望能获得更大的效益，在旅行时间、总旅行量、事故减少方面有所改善。此外，在交通感应调节和交通感应汇合控制的情况下，系统匝道控制提供的灵活性较大，能使系统对因高速公路上的交通事故引起的交通需求和容量的各种变化做出最佳反应。

12.2.2 出口匝道控制

出口匝道控制很少作为高速公路交通控制的一种手段。有效地使用它的机会很有限。在很多情况下，出口匝道控制实际上和安全有效地使用高速公路的目的是矛盾的。此外，这种方式只能用在通过改变出口能够很方便地到达目的地的地方。当与高速公路平行的公路发生拥挤或其他特殊情况下,如从高速公路出口下道车流会加重平行公路的拥挤,甚至出口下道车流倒灌影响高速公路主线的通行安全,这时就需要对出口进行控制。下面简单介绍一下出口匝道调节和出口匝道关闭两种方式。

1) 出口匝道调节

底特律曾在高速公路与高速公路立体交叉处使用过出口匝道调节。实际上是一种出口/入口匝道控制形式。不过,在使用中还存在着几个问题。一般说来,在减少相接的平面街道拥挤的同时,往往会增加高速公路上行车的危险和拥挤。

2) 出口匝道关闭

如果由于匝道之间分布过近而导致大量车辆交织或者由于出口匝道车队过长而引起匝道上的拥挤和危险,那么,可采用关闭出口匝道的方式来减少这一拥挤和危险情况。当然,关闭出口匝道往往导致绕行距离的增加,是驾驶员不愿接受的。

12.2.3 主线控制

1) 高速公路主线控制的目的

主线控制是有关高速公路本身的交通调节、警告和诱导。作为高速公路交通控制系统的一个基本组成部分,主线控制具有广泛的应用。主线控制的基本目的也是改善高速公路运行的安全和效率。具体地可表现在如下几个方面:

　　　　　　　　　　　　　　　　　　　PPT　　　　　　辅助视频

(1) 当交通需求接近道路容量时,改善交通流的均匀性和稳定性以提供高速公路利用率并预防拥挤。

(2) 如果发生拥挤,要能防止尾端冲撞。

(3) 简化事故处理并从拥挤状态恢复到正常状态。

(4) 把高速公路上的交通量转移到可替换道路上,以便更好地利用道路容量。

(5) 减少驾驶员的不满和失误。

(6) 使用可逆车道改变高速公路不同方向上的容量。

主线控制可以是定时的,也可以是交通感应式的。采用交通感应式控制可以提高主线控制的效率。本节将介绍下述几种主线控制方式:①可变速度控制;②驾驶员情况系统;③车道关闭;④调节控制;⑤可逆车道。

2) 可变速度控制

可变速度控制用于把高速公路上的速度限制到最大交通量相适应的水平。通过改进高速公路上交通速度的均匀性,减少在发生拥挤时,可能产生的尾端冲撞。

通常,最佳速度要根据使用可变速度控制的交通流条件的历史统计数据来确定。如果采用定时控制,那么可根据一天中不同时段来选择控制速度;如果交通流条件以一个或多个交通参量(速度、占有率)的函数来表示,则可根据这些参量的实际测量值来选定建议的速度范围。

可变速度控制也可用在非高峰期间作为防止事故的一种提前报警系统。在事故的现场或交通障碍之前设置速度限制,使车辆减速并告知驾驶员前面有危险。此外,在下雾、结冰、路面打滑等危险的行驶条件下,还可以使用更低的速度限制。

在英国,几乎所有的高速公路上都使用可变速度控制作为一种提前报警系统。可以显示的限制速度为 10~60mile/h(1mile/h=1609.344m/h)。沿高速公路设置紧急电话作为检测事故发生的主要情报来源,而在城市路段则利用主车道上的环形线圈检测器进行检测。按一定的时间间隔(约7s)询问环形检测器,就可以确定通过检测的车辆速度,特别是可以确定是否有车队存在。如果检测到车队或其他潜在的危险条件时,就由操作者决定适当的速度限制的时间和空间序列并自动显示。在两条使用了这种系统的高速公路上,标志的间隔为 1km(城市地区)及 3km(乡村城区),已分别减少事故 18% 和 50%。

但在有些国家使用时,也发现这种方法有如下的不足:

(1)驾驶员不认为可变速度标志是一种规定,不按照规定限速行驶。

(2)可变速度控制不能增加关键的瓶颈路段的通行能力。

3)驾驶员情报系统

驾驶员情报系统作为主线控制的一种形式,主要用于为高速公路上的驾驶员提供前方情况。使驾驶员开车更安全,并在必要时转移到可替换道路上去。此外,还可减少驾驶员的烦躁和失误。

用于主线控制的驾驶员情报系统有:单一情报标志、可变情报标志、路旁无线电等。

(1)单一情报标志

单一情报标志可用来警告驾驶员前方行驶条件的危险性。显然,由于标志必须与出现的危险相对应,因而需要有直接检测手段。

(2)可变情报标志

可变情报标志用于向驾驶员提供多种情报,包括:

①交通状况(拥挤程度、地点、持续时间);

②路线(关闭出口匝道,可供利用的替换道路);

③天气和环境状况(雾、冰等)。

向驾驶员提供这类情报是为了增加每个驾驶员的行车安全和舒适,改善高速公路运行的总体安全和效率。

满足这些要求的关键在于是否具有较完善的高速公路监视系统。交通情况虽然也可以通过人工观察来定性估计并控制,但最好是能在电子监视数据定量分析的基础上进行计算机自动识别及显示。

(3)路旁无线电

路旁无线电也是一种驾驶员情报系统。信息由路旁发射机发送到驾驶员车辆上的无线电接收器。它具有灵活、便宜、及时传送情报的优点。但这种方法还依赖于车内一定要具有接收设备以供驾驶员使用,因而,路旁无线电的使用和服务对象存在一定的局限性。

4)车道关闭

车道关闭就是禁止车辆进入高速公路的一个或多个车道,一般限于以下几种应用:车道堵塞;改善入口匝道汇合运行;转移交通;隧道及桥梁控制。

(1)车道堵塞

车道控制标志可以根据事故或临时施工等不同情况,结合可变速度控制用于向驾驶员预告车道堵塞。这种系统可控制主线上的一切交通,其优点是可减少高速公路上事故的发生率和严重性。预告车道堵塞也可另外使用专门的预告标志。

(2) 改善入口匝道的汇合运行

一些国家和城市在高速公路与高速公路的互通式立交处使用封闭部分车道来减少大交通流汇合运行时产生的拥挤。图 12-2-7 显示了一个双车道的入口匝道与三车道的主线汇合而后进入一个四车道主线段所引起的问题。如果入口匝道上检测到车队时,主线最右车道上就显出红色的"X"表示关闭该车道以便于入口匝道车队的汇合运行。若未在入口匝道上检测到车队时,则主线右车道上显示绿箭头。这种方式可给汇合运行提供方便,但会增加高速公路主线上的交通延误。

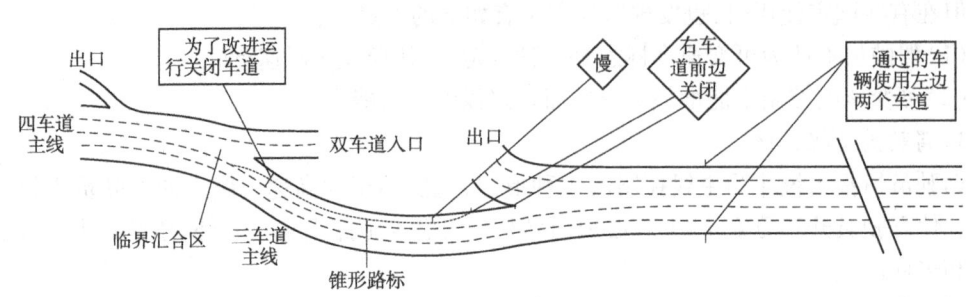

图 12-2-7 互通式立交处主车道关闭控制示意图

(3) 转移交通

在特殊情况下,可使用信号控制或其他交通标志设施关闭所有主线车道,并将主线车流转移到可替换道路上去。

(4) 隧道控制

车道关闭方法还常用于主线上对隧道等瓶颈区域的控制。例如,在意大利那不勒斯市的系统中,如果通过检验速度和占有率发现隧道内有事故或非常慢的车辆时,就用普通的红—黄—绿交通信号灯禁止车辆进入隧道。当隧道检测不到车辆时,就可重新开放隧道。

5) 调节控制

主线控制一般不宜采用调节控制的概念,但在交通需求超过通道容量的地方,主线上车辆时开时停,用入口匝道控制已不能解决高速公路上发生的拥挤现象。这时,就可能需要在高速公路主线上接近入口匝道控制的地段上设置主线调节。

尽管这样做可能使上游主线产生拥挤,但是,在通过控制地段的下游主线上可以保持不拥挤。此外,还能允许较多的交通量进入入口匝道下游的路段,这就能在沿高速公路的不同的交通需求之间以更能为公众接受的方式分配高速公路的容量。

6) 可逆车道

可逆车道用于改变高速公路不同方向的容量,以适应高峰时某一方向的交通需求。一般是当高峰双向交通量不均匀性较大时(如方向不均匀系数大于 75%),并且预计到在未来若干年中还会继续存在时,才可使用可逆车道。利用可逆车道可更经济、更有效地使用道路空间和通行能力。

美国西雅图北部的 5 号州际路上,有一段 7.5mile(1mile = 1609.344m) 长的可逆车道。这一可逆车道有如下的特点:

(1) 可逆车道与其他衔接道路仅在路段两端有转换点。

(2)与可逆车道连接的匝道是由一些设备控制的,用水平剪式门、垂直开降门及可变情报标志来通知这一方向上的驾驶员,该车道是否可以使用,这些装置可以在匝道现场操纵,也可以从高速公路附近的中央控制室远距离操纵。

(3)在远距离操纵交通控制装置时,使用闭路电视监视匝道现场。

(4)为使驾驶员熟悉这一系统,每周7d中在同一时刻进行车道换向。

12.2.4 通道控制

1)通道控制的目的

通道控制的目的是在交通需求和通道的容量之间获得最佳平衡。高速公路通道的容量是由为交通需求提供服务的高速公路自身容量以及可换用的平行公路或街道的容量共同组成的。一条高速公路通道除了高速公路和它的匝道外,还包括以下一些道路:

(1)高速公路前沿道路(如果有的话)。

(2)可作为换用道路的平行干线公路或街道。

(3)连接高速公路和换用道路的交叉道路。

通道控制综合了高速公路与城市道路控制的概念。从理论上讲,考虑定时的或交通感应式的通道控制都是可以的。但实际上只有交通感应式通道控制才能够提供更好的控制效果。通道控制的目的和范围本身就要求实行交通感应式控制。因此,通道控制的关键是对交通状况的监控。

通道控制主要有两种形式:限制和转向。所谓限制,是指限制通道上各个道路的交通需求,使其低于道路容量;所谓转向,是指把车辆从超负荷的道路上引导到有剩余容量的道路上。限制是通过各种管理控制,如匝道控制、主线控制、单一交叉口控制、干线道路控制以及网络控制来实现的。转向是通过这些管制性控制进行引导并借助于驾驶员情报系统来实现的。

通道控制中用于促进交通转向的驾驶员情报系统是一种诱导性的措施而并非具有强制性。作为通道的驾驶情报系统的技术有:单一情报标志、可变情报标志、路旁无线电、车载显示器及电话等。

2)通道控制的主要内容

通道控制综合运用了通道上各种控制技术及驾驶员情报系统,以便最佳利用通道容量。它涉及:

(1)前沿道路与平行可换道路上的交通信号协调。

(2)高速公路与干线交叉口公路或道路的互通式立交交通信号的协调。

(3)匝道控制的车队改进特性与前沿道路交叉口控制的协调,以防止车队阻塞这些路口。

(4)在前沿道路和其他可换道路与通往高速公路匝道的横向公路或街路相交的交叉路口提供转弯信号灯。

(5)匝道控制和前沿道路使用的协调。

对高速公路通道上的交通流进行优化,主要有3种技术:

(1)建立系统的匝道调节率。这一调节率等效于用系统匝道控制的基本方法计算出来的那些调节率,这种技术在入口匝道上还建立了控制一系列驾驶员情报标志的方法。这些标志上的建议是根据旅行时间最短而给出的。

(2) 建立一种运行状态分析程序，求出能形成高速公路和前沿道路之间交通流最佳分配的入口匝道调节率。

(3) 考虑的思路是：在高速公路上发生事故之后，找出在什么时间，车辆从哪个入口匝道上转移到前沿道路上去最好。这种方法涉及排队论，目的是使受损函数降低至最小。

12.2.5 公共汽车和合用车的优先控制

1) 公共汽车和合用车优先控制的基本方式

公共汽车和合用车（HOV）优先控制作为一种高速公路控制概念，对使用高速公路的公共汽车和合用车提供优先处理。优先处理时希望通过鼓励人们高效地利用车辆资源来缓解交通拥挤。其目的是通过引导更多的人利用公共汽车和合用车以满足人们对于高速公路的需求，同时减少车辆的需求。这样，除了可以减少拥挤，提高车辆载客率之外，还可以减少空气污染，降低燃料消耗。

这里介绍的控制技术包括公共汽车和合用车。最初，人们认为只有公共汽车应该给予优先处理，但是一些文献指出，如果优先处理仅仅限于公共汽车，效率一般比较低，而且会使总延误增加。而对于公共汽车和合用车均提供优先处理往往更有效，可以把合用车加到公共汽车之间的空隙中。

然而，对于公共汽车和合用车都实行优先处理，要比只对公共汽车实行优先处理更困难。经验表明，人们对合用车的优先规则要比公共汽车的优先规则更容易违反，这主要是因为违反者似乎觉得和其他车辆混在一起时并不显眼。此外安全问题也不容忽视，因为某种对于专职的公共汽车驾驶员是安全的情况，对于合用车驾驶员来说可能是危险的。因此，对于公共汽车和合用车是同时给予优先处理，还是只限于对于公共汽车，必须根据不同情况做出决定。

2) 公共汽车和合用车优先控制的基本技术

公共汽车和合用车优先控制的基本技术有：隔离路基、逆流车道、入口匝道上的旁路车道、瓶颈上游的专用车道。

美国加利福尼亚运输部的一份报告总结了使用上述技术的一些经验，包括以下几点：

①公共汽车和合用车的优先处理可以大大减少总延误时间，从而更有效地利用高速公路。

②在入口匝道设有专用合用车旁路的地方，合用车数目增加一倍。因此，将来对于合用车的优先处理应给予更多的注意。

③无论在设计阶段还是在使用阶段，对于优先控制的实施、安全和违反等各种情况必须给予认真地考虑。对于合用车来说，这更为重要。

④在合适的地方应该修建隔离路基。

(1) 隔离路基

隔离路基能把优先车辆和其他车辆运行进行物理分隔。隔离路基可以设计成专供公共汽车使用，或者允许合用车加入公共汽车之间的空隙。在加利福尼亚，很多新的高速公路隔离带上预留了空地，以备将来可能建立这种隔离路基或者修建其他运输设施。

为优先车辆修建隔离路基这种技术的优点包括以下几方面：

①不会降低现有高速公路的效率。

②优先车辆可以高速地安全运行。
③隔离路基使用寿命长并且使用费用低。
④优先控制实施容易,可以明显减少违反控制的情况。
为优先车辆修建隔离路基这种技术的缺点是:
①基建费用高。
②修建需要相当长的时间,因而拖延了使用。
③在高峰期间很少使用这些设施。

(2) 逆流车道

逆流车道是指在高峰期间高速公路中央隔离带左移为优先车辆提供的车道。一般是在一个空的缓冲车道中央设置锥形交通标志以便和非高峰方向的反向车流分隔开。

公共汽车逆流车道的优点是:
①由于公共汽车移到中央隔离带的左侧,因而增加了高峰方向的通过能力。
②基建费用比较低。
③能够迅速实现这种技术。
④违反的情况很少。

公共汽车逆流车道的缺点是:
①如果非高峰方向的交通量较高,实行这种技术就可能引起非高峰方向的严重拥挤。
②运行费用高。
③由于速度高,易引起正面碰撞,因而在安全方面存在问题。
④必须修改高速公路中央隔离带,以提供侧向通路。
⑤在这种车道上优先车辆必须保持较低的速度(例如 40mile/h)。
⑥需要有特殊的方法来处理交通事故。

(3) 入口匝道上的旁路车道

在任何入口匝道调节有效的地方,都可以在匝道上提供旁路车道,使公共汽车和合用车避开匝道上其他车辆排队所产生的延误,同时在高速公路上仍然维持非拥挤交通流。

美国的洛杉矶市和圣地亚哥市使用这种技术后发现,合用车数量增加了一倍多。在洛杉矶市,晚高峰期间合用车数量从 125 辆迅速增加到 275 辆。在圣地亚哥市,早高峰期间合用车从 12 辆迅速增加到 30 辆以上。

使用这种优先控制技术的优点主要包括:
①采用旁路车道,可以避免高速公路专用车道因公共汽车和合用车太多而发生的拥挤问题。这是因为优先车辆可以在没有显著延误的情况下进入高速公路。与此同时其他车辆则要根据需求—容量限制进行调节。
②实施较容易,违反者在进入高速公路之前的入口匝道上就可以被发现并控制。
③基建和使用费用较低。
④旁路车道的使用寿命较长。

入口匝道上的旁路车道控制技术的主要缺点是:
①当高速公路因事故产生拥挤时,也会影响优先车辆。
②要求匝道和附近的平面街道上具备提供旁路车道的条件。

（4）瓶颈上游的专用车道

在瓶颈的上游提供一个通过拥挤路段的专用车道已在若干地方取得成功。但是，这种技术的可实现性取决于高速公路上有可利用的额外宽度。如果在瓶颈上游可以利用这种车道，那么基建费用将很低，并且可以迅速实现；但是，如果没有额外的宽度可供使用，那么基建费用就很高并且实现起来也很慢。在后一种情况下，把投资用于扩建瓶颈路段将更合理些。

利用瓶颈上游的专用车道的主要优点是：
①经过适当的规划，这种办法对其他车辆没有影响或者影响很小。
②运行费用较低。
③优先车辆行驶很快，因而节省了大量时间。

使用专用车道的主要缺点有以下几方面：
①在专用车道上的优先车辆和邻近车道上的拥挤交通流之间存在较大的速度差，对安全是一个潜在的危险。
②匝道上的优先车辆和拥挤交通之间有发生纠缠的危险。
③如果把现有的高速公路车道转为专用车道，就可能导致其他车道上发生交通拥挤。
④实施较困难，特别是当允许合用车使用专用车道时。

习题及思考题

1. 简述高速公路交通的主要特性。
2. 试分别阐述一般延误以及常见特殊延误（简单阻塞、短期关闭、调整瓶颈、修正交通量）情况下的总延误估计方法。
3. 什么是入口匝道控制的调节率？高速公路入口匝道控制有哪些主要控制方法？
4. 用习题 12-4 图进行入口匝道控制的调节率计算。

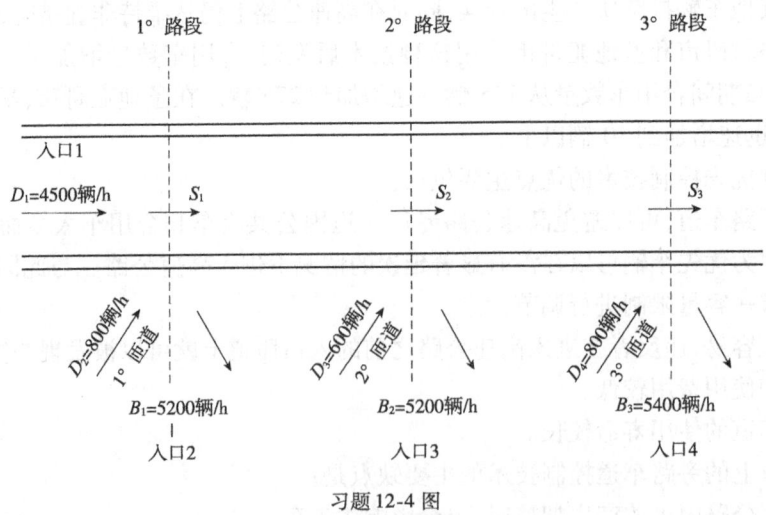

习题 12-4 图

习题 12-4 中高速公路存在 3 个进口匝道，形成包括上游主线在内共 4 个入口编号。已知:D_i 是入口 i 处的实际交通需求;B_j 是主线 j 路段的交通容量;A_{ij} 是在入口 i 处进入并通过主线路段 j 的车流比率(%),见习题 12-4 表。

习题 12-4 表 在入口 i 处进入并通过主线路段 j 的车流比率值

i \ j	1	2	3
1	1.00	0.95	0.90
2	1.00	0.75	0.70
3	—	1.00	0.90
4	—	—	1.00
5	—	—	—

如果保持 2 号匝道(即入口 3 处)500 辆/h 的调节率,试问 1 号匝道,3 号匝道(即入口 2,入口 4 处)是否需要匝道控制,调节率多少?

5. 高速公路出口匝道控制要注意哪些问题?
6. 高速公路主线控制方法有哪些?
7. 什么是高速公路通道控制技术?其主要控制内容有哪些?
8. 公共汽车和合用车的优先控制有哪些基本技术?

本章参考文献

[1] 张金.中华人民共和国道路交通安全法[M].北京:中国环境科学出版社,2004.
[2] 吴兵,李晔.交通管理与控制[M].4 版.北京:人民交通出版社,2009.
[3] 中华人民共和国国家标准.GB 5768—2009 道路交通标志和标线[S].北京:中国标准出版社,2009.
[4] 全永燊.城市交通控制[M].北京:人民交通出版社,1983.
[5] 段里仁.道路交通自动控制[M].北京:中国公安大学出版社,1998.
[6] 乔凤祥.交通控制讲义[G].南京:东南大学,2000.

附录 本书配套数字教学资源

序号	资源类型	资源名称	学习目的	来源	时长	大小	对应页码
1	教学录像	机动车交通运行管理——限速管理方法	深入学习限速管理方法	东南大学 陈峻	23分26秒	789M	P75
2	教学录像	机动车交通运行管理——单向交通交叉口复杂性	深入学习单向交通交叉口复杂性	东南大学 陈峻	6分55秒	233M	P79
3	教学录像	机动车交通运行管理——变向交通	深入学习变向交通	东南大学 陈峻	5分57秒	202M	P83
4	教学录像	机动车交通运行管理——公交专用道实例分析	深入学习公交专用道	东南大学 陈峻	6分25秒	216M	P93
5	教学录像	机动车交通运行管理——公交停靠站实例分析	深入学习公交停靠站	东南大学 陈峻	11分8秒	379M	P96
6	教学录像	慢行交通管理——交叉口人行横道管理	深入学习交叉口人行横道管理	东南大学 陈峻	17分30秒	590M	P119
7	教学录像	慢行交通管理——交叉口自行车管理	深入学习交叉口自行车管理	东南大学 陈峻	12分52秒	440M	P138

续上表

序号	资源类型	资源名称	学习目的	来源	时长	大小	对应页码
8	教学录像	停车交通管理——停车特性	深入学习停车特性	东南大学 陈峻	17分26秒	592M	P148
9	教学录像	单点交叉口信号控制分析（一）	深入学习单点交叉口信号控制分析	武汉理工大学 徐良杰	19分34秒	814M	P266
10	教学录像	单点交叉口信号控制分析（二）	深入学习单点交叉口信号控制分析	武汉理工大学 徐良杰	21分19秒	976M	P271
11	教学录像	单点交叉口信号控制分析（三）	深入学习单点交叉口信号控制分析	武汉理工大学 徐良杰	22分51秒	1.02G	P275
12	教学录像	单点交叉口信号控制分析（四）	深入学习单点交叉口信号控制分析	武汉理工大学 徐良杰	22分58秒	1.12G	P277
13	教学录像	单点交叉口信号控制分析（五）	深入学习单点交叉口信号控制分析	武汉理工大学 徐良杰	24分2秒	1.06G	P283
14	辅助视频	交通需求管理概述（美国盐湖城）	（1）了解交通需求管理的含义及原因；（2）了解交通需求管理的主要类别，包括停车管理，降低出行量和鼓励替代交通方式等	Youtube 公开网站	3分24秒	8.64M	P8
15	三维动画	变向交通车道转换三维动画	（1）了解变向交通车道的实施优点；（2）了解变向交通车道的实施条件和具体应用方式；（3）了解变向交通信号灯的动态显示控制方法	Youtube 公开网站	5分钟	75.6M	P82
16	辅助视频	接入管理主要措施及功能（美国）	（1）了解接入管理的概念及其意义；（2）了解接入管理技术在不同交通条件下的具体应用方法	Youtube 公开网站	14分13秒	38.2M	P86
17	辅助视频	公交车反向交通运行组织要点与仿真	（1）了解公交反向运行组织方法；（2）通过仿真技术检验公交反向运行组织的实施效果	Youtube 公开网站	3分6秒	335M	P90
18	辅助视频	交叉口自行车交通优化设计	（1）了解交叉口范围内优化自行车道的自行车交通设置方法；（2）了解交叉口范围内优化自行车通行条件的自行车交通组织方法	Youtube 公开网站	2分20秒	7.44M	P138

续上表

序号	资源类型	资源名称	学习目的	来源	时长	大小	对应页码
19	辅助视频	智能化停车信息诱导系统演示	(1) 了解智能化停车信息诱导系统的主要流程和实现方式； (2) 了解智能化停车信息诱导系统对停车设施以及周边道路的有效利用的促进作用； (3) 了解智能化停车信息诱导系统在提高停车服务的整体功能和管理水平方面的重要意义等	优酷公开网站	5分7秒	21.6M	P173
20	辅助视频	典型两相位交叉口信号配时	(1) 了解两相位十字交叉口的交通组成及交通运行情况； (2) 了解两相位十字交叉口的信号相位设置及配时结果	实拍原创制作	1分钟	28.1M	P215
21	辅助视频	典型四相位交叉口信号配时	(1) 了解四相位十字交叉口的交通组成及交通运行情况； (2) 了解四相位十字交叉口的信号相位设置及配时结果	实拍原创制作	2分20秒	74.4M	P215
22	辅助视频	典型早启迟断信号配时	(1) 了解典型早启迟断相位交叉口的交通组成及交通运行情况； (2) 了解典型早启迟断信号相位的设置及配时方法	实拍原创制作	2分29秒	199M	P235
23	辅助视频	典型T型交叉口信号配时	(1) 了解T型交叉口的交通组成及相位设置及配时结果； (2) 了解T型交叉口的信号相位设置及配时结果	实拍原创制作	1分41秒	74.6M	P253
24	辅助视频	典型环形交叉口信号配时	(1) 了解环形交叉口的交通组成及交通运行情况； (2) 了解环形交叉口的渠化设置和信号相位设置	实拍原创制作	5分8秒	75.2M	P256
25	辅助视频	信号协调控制及实证分析	(1) 了解干线协调控制的实施方法； (2) 了解干线协调控制的实施效益和优势	Youtube公开网站	4分9秒	104M	P297
26	辅助视频	高速公路匝道入口信号控制	了解高速公路匝道入口信号控制方法和实施效果	实拍	1分12秒	1.91M	P357
27	辅助视频	高速公路通道控制实例	(1) 了解国外高速公路通道控制实施的条件和效果； (2) 了解高速公路通道控制的具体实施措施	Youtube公开网站	9分31秒	36.9M	P368
28	PPT	交通管理与控制的概念、目的与作用	教材关键知识点学习	东南大学	—	2.1M	P1

续上表

序号	资源类型	资源名称	学习目的	来源	时长	大小	对应页码
29	PPT	交通管理与控制的主要原则	教材关键知识点学习	东南大学	—	2.8M	P4
30	PPT	交通需求管理的含义、目的及意义	教材关键知识点学习	东南大学	—	3.4M	P8
31	PPT	交通需求管理策略	教材关键知识点学习	东南大学	—	1.8M	P9
32	PPT	交通管理效果评价	教材关键知识点学习	东南大学	—	1.1M	P40
33	PPT	全局性管理与局部性管理	教材关键知识点学习	东南大学	—	1.1M	P48
34	PPT	道路交通标志和标线	教材关键知识点学习	东南大学	—	2M	P50
35	PPT	交通标志、标线设置原则及配合使用要求	教材关键知识点学习	东南大学	—	2M	P63
36	PPT	限速及其依据	教材关键知识点学习	东南大学	—	1.9M	P73
37	PPT	限速措施	教材关键知识点学习	东南大学	—	3.2M	P75
38	PPT	单向交通管理1	教材关键知识点学习	东南大学	—	1.5M	P77
39	PPT	单向交通管理2	教材关键知识点学习	东南大学	—	0.6M	P77
40	PPT	变向交通管理	教材关键知识点学习	东南大学	—	1.1M	P82
41	PPT	道路的接入管理	教材关键知识点学习	东南大学	—	0.3M	P86
42	PPT	专用车道管理	教材关键知识点学习	东南大学	—	1M	P89
43	PPT	常规公共交通优先通行管理	教材关键知识点学习	东南大学	—	2.1M	P92
44	PPT	步行交通管理	教材关键知识点学习	东南大学	—	1M	P110
45	PPT	路段人行道设施管理与设计	教材关键知识点学习	东南大学	—	3M	P115
46	PPT	道路中段行人过街管理与设计	教材关键知识点学习	东南大学	—	1.6M	P125
47	PPT	路段自行车交通设施管理与设计	教材关键知识点学习	东南大学	—	1.2M	P133
48	PPT	交叉口自行车交通设施管理与设计	教材关键知识点学习	东南大学	—	0.8M	P138
49	PPT	停车设施类型划分及特征指标	教材关键知识点学习	东南大学	—	1.8M	P144
50	PPT	停车特征指标	教材关键知识点学习	东南大学	—	0.7M	P148

续上表

序号	资源类型	资源名称	学习目的	来源	时长	大小	对应页码
51	PPT	城市不同用地功能片区停车泊位供需差异化管理	教材关键知识点学习	东南大学	—	1.4M	P149
52	PPT	城市停车泊位供需的分时管理	教材关键知识点学习	东南大学	—	1.4M	P153
53	PPT	机动车路内停车设施管理方法	教材关键知识点学习	东南大学	—	1M	P155
54	PPT	路外停车设施交通管理方法	教材关键知识点学习	东南大学	—	0.3M	P162
55	PPT	机动车停车设施的信息化管理	教材关键知识点学习	东南大学	—	0.3M	P166
56	PPT	平面交叉口的类型划分及交通管理原则	教材关键知识点学习	东南大学	—	0.6M	P177
57	PPT	平面交叉口安全视距计算	教材关键知识点学习	东南大学	—	0.6M	P178
58	PPT	平面交叉口安全视距分析案例	教材关键知识点学习	东南大学	—	0.5M	P180
59	PPT	平面交叉口功能区划分与接入管理	教材关键知识点学习	东南大学	—	0.5M	P185
60	PPT	交叉口渠化含义、作用、原则及设计要素	教材关键知识点学习	东南大学	—	0.7M	P190
61	PPT	平面交叉口主要渠化措施	教材关键知识点学习	东南大学	—	0.6M	P196
62	PPT	信号控制交叉口适用条件	教材关键知识点学习	东南大学	—	1M	P202
63	PPT	单点交叉口信号控制基本要素	教材关键知识点学习	东南大学	—	0.5M	P207
64	PPT	有效绿灯时间,绿信比,流率比	教材关键知识点学习	东南大学	—	0.4M	P208
65	PPT	饱和流率与信号损失	教材关键知识点学习	东南大学	—	0.4M	P209
66	PPT	两难区域与黄灯、全红时长计算	教材关键知识点学习	东南大学	—	0.5M	P210
67	PPT	黄灯与全红时长的案例分析	教材关键知识点学习	东南大学	—	0.3M	P213
68	PPT	信号控制的相位图和相位差	教材关键知识点学习	东南大学	—	0.4M	P214
69	PPT	基本信号控制相位方案初步设计方法	教材关键知识点学习	东南大学	—	0.5M	P215
70	PPT	关于饱和流率计算的问题	教材关键知识点学习	东南大学	—	0.4M	P218

续上表

序号	资源类型	资源名称	学习目的	来源	时长	大小	对应页码
71	PPT	基于首行当量的流率比计算方法	教材关键知识点学习	东南大学	—	0.4M	P220
72	PPT	流率比计算实例	教材关键知识点学习	东南大学	—	0.3M	P221
73	PPT	基本信号配时方案设计	教材关键知识点学习	东南大学	—	0.6M	P223
74	PPT	最短信号周期与实用信号周期	教材关键知识点学习	东南大学	—	0.5M	P224
75	PPT	信号控制方案设计案例分析	教材关键知识点学习	东南大学	—	0.7M	P226
76	PPT	早启迟断式相位设计	教材关键知识点学习	东南大学	—	0.5M	P235
77	PPT	早启迟断式相位设计方案设计案例	教材关键知识点学习	东南大学	—	0.6M	P237
78	PPT	感应式信号控制的条件与工作原理	教材关键知识点学习	东南大学	—	0.5M	P241
79	PPT	感应式控制的基本参数	教材关键知识点学习	东南大学	—	0.3M	P246
80	PPT	感应式信号控制案例分析	教材关键知识点学习	东南大学	—	0.4M	P251
81	PPT	特殊交叉口信号控制——T形交叉口	教材关键知识点学习	东南大学	—	0.6M	P253
82	PPT	特殊交叉口信号控制——环形交叉口2次停车控制	教材关键知识点学习	东南大学	—	0.7M	P256
83	PPT	饱和流率修正方法	教材关键知识点学习	东南大学	—	0.6M	P266
84	PPT	行人和自行车冲突条件下饱和流率修正方法	教材关键知识点学习	东南大学	—	0.7M	P266
85	PPT	冲突条件下左转车流饱和流率修正方法	教材关键知识点学习	东南大学	—	1.2M	P271
86	PPT	信号交叉口通行能力计算及实例分析	教材关键知识点学习	东南大学	—	0.4M	P275
87	PPT	信号控制交叉口延误概述	教材关键知识点学习	东南大学	—	0.6M	P275
88	PPT	控制性延误分析的稳态理论	教材关键知识点学习	东南大学	—	0.4M	P275
89	PPT	最佳周期公式	教材关键知识点学习	东南大学	—	0.7M	P277

续上表

序号	资源类型	资源名称	学习目的	来源	时长	大小	对应页码
90	PPT	控制性延误分析的定数理论	教材关键知识点学习	东南大学	—	0.3M	P277
91	PPT	过渡函数曲线与延误实用公式	教材关键知识点学习	东南大学	—	0.5M	P279
92	PPT	饱和流率和启动损失的实测方法	教材关键知识点学习	东南大学	—	0.4M	P283
93	PPT	信号协调控制的基本要素	教材关键知识点学习	东南大学	—	0.4M	P289
94	PPT	单向绿波基本设计方法	教材关键知识点学习	东南大学	—	0.4M	P294
95	PPT	考虑排队车辆的单向绿波设计	教材关键知识点学习	东南大学	—	0.5M	P297
96	PPT	双向绿波的相位差特征	教材关键知识点学习	东南大学	—	0.4M	P300
97	PPT	单向绿波闭回路约束	教材关键知识点学习	东南大学	—	0.3M	P302
98	PPT	单向绿波闭回路分析案例	教材关键知识点学习	东南大学	—	0.3M	P302
99	PPT	干线信号协调控制的设计流程	教材关键知识点学习	东南大学	—	0.5M	P313
100	PPT	双向绿波相位差确定的图解法	教材关键知识点学习	东南大学	—	0.4M	P316
101	PPT	双向绿波设计的数解法	教材关键知识点学习	东南大学	—	0.4M	P317
102	PPT	干线信号协调控制数解法结果分析	教材关键知识点学习	东南大学	—	0.5M	P320
103	PPT	区域控制概述	教材关键知识点学习	东南大学	—	0.6M	P324
104	PPT	TRANSYT控制系统	教材关键知识点学习	东南大学	—	0.6M	P330
105	PPT	SCATS系统	教材关键知识点学习	东南大学	—	0.8M	P336
106	PPT	Scoot系统与ACTRA控制系统	教材关键知识点学习	东南大学	—	1M	P342
107	PPT	高速公路交通管控概述	教材关键知识点学习	东南大学	—	1M	P351
108	PPT	高速公路延误分析	教材关键知识点学习	东南大学	—	0.6M	P353
109	PPT	高速公路入口匝道控制	教材关键知识点学习	东南大学	—	0.7M	P357
110	PPT	高速公路主线控制方法	教材关键知识点学习	东南大学	—	0.5M	P368

注:1. 为帮助师生对《交通管理与控制》进行更加深入和立体化的学习,我们针对本书中的重点、难点章节,制作了与之配套的数字教学资源(包括教学录像、辅助视频、动画和PPT课件4种内容形式)。

2. 广大师生在使用过程中,可以通过扫描书中相应页码设置的二维码进行下载观看。